정서중심치료

– 내담자가 자신의 감정을 다루도록 코칭하기 –

Leslie S. Greenberg 저 | 윤명희 · 정은미 · 천성문 공역

Emotion-Focused Therapy
Coaching Clients to Work Through Their Feelings, 2nd Edition

학지사

현대 사회에서 정보가 넘치고 IT와 인공지능이 발전할수록 사람 간의 소통과 공감이 점점 더 소중해지고 있다. 근래에 들어서 상담이나 가족치료, 심리치료에서 정서를 중요하게 다루고 있다. 정서를 다루지 않고서는 개인이나 가족을 있는 그대로 이해하고 공감대를 형성할 수 있는 방법을 찾기가 어려울 것이다. 그린버그 (Greenberg)는 우리에게 깊이 숨어 있는 정서에 도달하면 자기를 이해할 수 있고, 부정적인 정서와 멀어지면서 타인과 연결된다고 한다. 그에 의하면, 우리는 정서에 의해 정보를 얻고 움직이므로 정서를 경험해야 하고, 변화를 위하여 정서에 접근할 수 있어야 한다. 단순히 정서에 대해서 말하거나, 그 정서들의 근원을 이해하거나, 믿음을 바꾸는 것에 의해서 정서를 변화시키지는 못한다. 정서는 어떤 상태를 결정하는 것이 아니라 더 좋은 방법을 찾도록 끊임없이 신호를 보낸다. 이 신호를 알아차리고 그 뒤에 숨은 정서를 느끼고 표현하고 더 긍정적인 정서를 느낌으로써 예전의 부적응적인 정서를 변화시키고 새로운 삶의 이야기를 만들어 가는 것이 우리 삶의 여정인 것이다. 자신의 기쁨, 슬픔, 분노, 수치심과 같은 정서들에 접근하여, 거기서 나타나는 새로운 정서를 느끼고 새로운 이야기를 펼쳐 나가는 과정이야말로 자기, 타인 및 관계를 이해하는 지름길임을 이 책을 통하여 확신하게 되었다.

우리는 인간관계에서 어떤 문제로 힘들어할 때 주변의 어른들로부터 "측은하게 생각하고 그냥 봐줘라." 혹은 "너그러운 마음으로 보면 미워하는 마음도 사라진다." 라는 말을 많이 듣는다. 그러한 마음은 미워하는 마음을 사라지게 하는 정서일 것이다. 이는 그린버그의 정서중심치료(Emotion-Focused Therapy: EFT)의 핵심인 정서를 다른 정서로 바꾸는 것과 크게 다르지 않을 것이다. 이미 우리 조상들은 딱딱하고 힘든 정서를 부드럽고 편한 정서로 달래고 조절하는 방법을 터득하고 있었던 것이다. 따라서 우리가 EFT를 적용하고 사용하는 것이 그다지 낯설지 않을 것이라 생각한다.

15년 전에 미국 뉴햄프셔대학교의 가족치료 석사 과정 중에 부부 치료의 주요 접근법 중의 하나인 정서 중심 부부 치료(Emotionally Focused Couples Therapy: EFCT)를 공부하게 되었다. EFCT는 수 존슨(Sue Johnson)이 1982년에 개발한 이래 다양한 임상 경험을 바탕으로 한 실증적인 연구로서 그 효과가 검증된 부부 치료의 접근법이다. 그 후 EFT를 주제로 한 상담심리 박사논문을 준비하면서 연구방법으로 그린버그가 창안한 과제분석법(task analysis)을 사용하였다. 이 방법은 질적 연구와 양적 연구를 통합한 연구법으로 실제 사례를 분석하는 데 효과적이다. 그러한 과정에서 그린버그와 관련된 자료와 원서들을 연구하면서 이 책을 발견하였고, 정서에 대한 심층적인 이론에서부터 정서의 분류, 접근방법, 정서 사용법, 사례 예시, 맥락과 관련된 적용 방법 그리고 연습 방법에 이르기까지 정서에 관한 한 이보다 더 훌륭한 문헌은 찾아볼 수가 없었으며, 따라서 치료사나 내담자 모두에게 많은 도움이 될 것이라고 믿는다.

『정서중심치료: 내담자가 자신의 감정을 다루도록 코칭하기』(제2판)의 큰 장점 중의 하나는 책의 구성이다. 제1부는 정서에 대한 이론적인 개관을 다루고 있고, 제2부는 정서를 다루는 방법을 9단계로 나누어 자세하게 설명하고 있다. 제3부는 특정 정서를 다루는 방법을 그리고 제4부에서는 부부 관계, 리더십, 자녀양육의 맥락에서 정서를 어떻게 지능적으로 지혜롭게 사용하는가를 제시하고 있다. 또한 부록에서는 독자가 스스로 정서를 다루는 연습을 할 수 있도록 따로 정리되어 있다. 따라서 이 책은 정서를 이해하고자 하는 학생이나 전문가뿐만 아니라 자신과 타인을 이해하고 타인과의 관계를 잘 유지하고자 하는 독자에게도 많은 도움이 될 것으로 생각한다.

책을 번역하고자 마음먹었지만 역자의 역량이 많은 분량과 너무나 광범위한 영역의 단어들, 난해한 문장들에 미치지 못할까 봐 망설여지기도 하였으나, 한 문장 한 문장 성실하게 독자에게 이해되도록 번역하고자 하였다. 저자의 의도가 왜곡되지 않도록 가능한 한 의역을 피하고 직역을 하고자 하였으며, 문장 내의 대명사가 지칭하는 바가 분명하게 밝혀져야 뜻이 더 잘 이해되겠다고 생각한 경우에는 일일이 그

지칭하는 바를 일반명사나 고유명사로 바꾸려고 하였다. 또한 그린버그 특유의 만연체의 긴 문장을 이해하기 쉽도록 짧은 문장으로 바꾸고자 노력하였으나, 문장을 끊음으로써 뜻이 오히려 모호해지는 문장들은 그대로 통째로 번역하였다. 은유적이고 시적인 표현 또한 원 문장의 의미를 살리고자 하였으나 독자에게 이해되지 않는 부분들이 있을 것이다. 몇 번의 교정 과정에서 의미 전달이 잘 안 되는 부분을 수없이 발견하면서, 독자의 어떠한 피드백도 겸허히 받아들여야 함을 느끼고 있다.

끝으로, 이 책의 출판을 흔쾌히 승낙해 주시고 아낌없이 성원해 주신 학지사 김진환 대표님과 세밀한 부분까지 점검하며 장기간의 작업에 정성을 다해 주신 편집부 직원 여러분께 감사드린다.

대표 역자 윤명희

로버트는 평화롭게 책을 읽으면서 책상에 앉아 있다. 창문을 통해 들어오는 기분 좋은 산들바람이 얼굴 위로 쏟아지는 태양의 열기를 식혀 준다. 갑자기 창문 밖에서 들리는 펑 하는 큰 소리에 그가 고개를 든다. 소리가 들리는 동시에 그는 몸을 숙여 의자를 뒤로 뺀다. 호흡과 심박수가 증가하였다. 그는 '총소리였나? 요즘 세상은 도통 알 수가 없네?'라고 생각한다. 재빨리 자세를 되찾고 창밖을 유심히 살피니 속도를 내어 달리는 자동차의 소리가 점차 멀어진다. '아, 배기가스가 뿜어져 나오는 소리였네!'라고 생각하고는 안심하고 독서를 계속한다.

로버트의 정서 체계가 위험을 감지하였다. 그의 두려움이 그를 도망가도록 신속하게 조직하였고 다가올 위험을 알려 주었다. 이는 그가 상황을 의식적으로 평가할 수 있기 한참 전에 일어났다. 그는 굉음을 들었다. 깜짝 놀랐다. 두려움으로 몸을 숙여서 도망갈 준비를 하면서 머리는 동시에 소리 나는 쪽으로 향하였다. 그의 정서 체계가 그의 평화로운 안전이 위험하다고 자동적으로 알려 주었다. 그러고 나서 이성이 위험에 대한 상황을 더 철저하게 평가하고 무슨 일인지 이해하였다. 일어나서 위험이 있을지도 모르는 상황을 조사하기로 결정하는 것은 현명한 것 같다. 굉음으로부터 안전하려고 도망치는 것은 그를 매우 어리석어 보이게 했을 것이다. 하지만 흥분의 어떤 면을 다루기 위한 표현이나 행동은 좋았다. 창밖을 조심스럽게 살펴본 것도 좋은 생각이었다. 로버트는 두려움으로 인해 발생할 수 있는 위험 문제를 분석하여 소리의 근원을 합리적으로 단정하고 위험이 없는 것으로 보았다.

이 간단한 이야기는 정서, 의식적 사고 및 행동 사이의 복합적인 상호작용을 보여 준다. 정서가 어떻게 상황에 대해 알려 주고 상황에 참여하도록 동기를 부여하는지 보여 준다. 사회에서 지능적으로 행동하려면 생각과 행동만큼 정서에 주의를 기울여야 한다. 자동적인 정서와 의도적인 이성의 통합은 전체가 부분의 합보다 큰 결과를 낳는다. 정서 경험만 갖고는 현명한 행동을 할 수 없다. 정서 경험을 이해하고 현명하게 이용해야 한다. 정서 자각과 정서가 합리적 행동에 정보를 제공할 수 있는 것은 정서지능에 꼭 필요한 것이다(Mayer & Salovey, 1997).

정서중심치료

이 책은 정서중심치료(Emotion-Focused Therapy: EFT)(이하 EFT)를 어떻게 제공할 것인가에 대해서 설명한다. EFT는 심리치료를 받는 내담자가 자신의 정서를 인식하고 생산적으로 사용할 수 있도록 고안된 신인본주의적인(neohumanistic) 접근이다. 정서는 기본적인 처리 과정의 작동 모형을 설정하는 것으로 보인다(Greenberg, 2002, 2011). 예를 들어, 두려움은 위험을 탐색하도록 우리를 조직하고, 분노는 우리가 침해에 초점을 맞추면서 분노 처리 과정을 움직이도록 설정한다. EFT를 통해 내담자는 자신의 감정을 더 잘 확인하고, 경험하고, 수용하고, 탐색하고, 이해하고, 변화시키고, 유연하게 관리할 수 있게 도움을 받는다. 그 결과, 내담자는 정서가 내포하고 있는 자신과 세상에 대한 중요한 정보와 의미에 보다 능숙하게 접근할 수 있을 뿐만 아니라, 해당 정보를 사용하여 활기차고 적응력 있게 생활할 수 있다. 내담자는 또한 치료에서 두려움의 정서를 처리하고 변화시키기 위하여 그 정서에 직면하도록 고무된다. EFT 개입을 이끄는 주요 전제는 자신을 있는 그대로 받아들이지 않으면 자신을 변화시킬 수 없다는 것이다. 또한 정서 변화는 지속적인 인지 및 행동 변화의 핵심으로 여겨진다.

EFT는 두 가지 주요 치료 원칙, 즉 공감적인 치료적 관계의 **마련** 및 정서에 대한 치료적 작업의 **촉진**을 기반으로 한다(Greenberg, Rice, & Elliott, 1993). 공감적 관계는 그 자체가 하나의 치유 요인으로 보이며, 모든 사람과 모든 치료에서 발생하는 정서 중심의 특정 치료 과업의 치료 작업에 촉진적인 환경을 제공하는 것으로 간주된다. 이것은 치료사의 높은 수준의 현전(現前, presence)과 더불어 공감이 뒤따르는 접근 방식을 형성하며, 치료사가 내담자들이 다른 시간에 다른 형태의 정서 처리에 참여하도록 도와주고, 시너지 효과를 감각의 흐름으로 결합시킨다. 이러한 치료 과정은 내담자 경험과 탐색을 심화하고 정서 처리 과정을 촉진하기 위하여, 내담자와 치료사 모두 강요하지 않는 방식으로 서로에게 영향을 미치는 공동 구성 과정으로 간주된다. EFT 치료사는 내담자의 경험이나 행동의 의미에 대한 전문가가 아니라, 내담자가 정서와 욕구에 접근하고 인식하도록 돕는 방법에 대한 전문가이다.

EFT의 핵심 특징은 개념적인 앎과 체험적인 앎을 구별하는 것이고, 사람들이 그들의 지적 능력보다 더 현명하다고 보는 것이다. EFT는 '나는 생각한다. 고로 나는 존재한다.'보다는 '나는 느낀다. 고로 나는 존재한다.'는 생각에 기반을 두고 있으며, 개인적으로 어떤 의미 있는 경험이라도 느끼는 만큼만 생각한다고 본다. 정서 경험의 생생함을 강화하고 인식에서 정서 경험을 상징화하기 위해서 아직 형성되지 않은 정서 경험에 주의를 집중시키기 위하여 유도된 지각 실험이 사용된다. EFT에서는 정서 변화를 촉진하기 위하여 정서를 내적인 경험에 초점화하고 수용할 뿐만 아니라 직접적으로 함께 작업한다. 마지막으로, 자아 및 타자와의 존재 방식의 이야기에서 정서를 분명한 말로 표현하는 것이야말로 우리 삶의 역사를 제공하는 것이다(Angus & Greenberg, 2011).

이 접근법의 핵심은 정서를 안내자로 사용하여 정서 문제를 바꿀 필요가 있을 때 그리고 정서 조절이 필요할 때 알아차리도록 돕는 것이다. EFT의 주요 원칙은 정서에 의해 정보를 얻고 움직이기 위하여 정서를 경험해야 하고, 변화를 위하여 정서에 접근할 수 있게 해야 한다는 것이다. 사람들은 단순히 정서에 대해서 말하거나, 그 정서들의 근원을 이해하거나, 신념을 변화시키는 것에 의해서 정서를 바꾸지 않는다. 그보다는 정서를 수용하고 경험함으로써, 변화시키기 위하여 서로 다른 정서를 병치시킴으로써 그리고 새로운 이야기의 의미를 만들기 위하여 정서에 반영함으로써 정서를 변화시킨다.

정서 변화는 인간 문제의 기원과 치료의 핵심으로 여겨지지만, EFT의 초점이 정서를 다루는 것에만 있는 것은 아니다. 대부분의 문제는 생물학적 · 정서적 · 인지적 · 동기부여적 · 행동적 · 생리적 · 사회적 및 문화적인 것에 원인이 있으며, 이 중의 많은 부분에 주의할 필요가 있다. EFT는 동기부여, 인지, 행동 및 상호작용에 대한 통합적인 관점을 가지지만 정서를 일차적인 변화 경로로 간주한다.

EFT는 다양한 형태의 광범위한 내담자 집단에 적용할 수 있다. EFT가 공감적인 기반과 인정과 수용에 초점을 두고 정서 활성화와 정서 조절 모두를 포함한다는 점을 감안하면, 관계 과정과 정서 활성화 및 조절에 대한 강조를 다양화함으로써 정동장애에서부터 외상, 섭식장애, 다른 성격장애에 이르는 내담자 문제에 도움이 될 수 있다(EFT에 대한 임상 연구 요약은 제2장 참조). 단, 이면의 정서에 초점화하기 전에 행동적으로나 신경화학적으로 조절되고 대처할 필요가 있는 장애를 가진, 심각한 기능장애를 겪고 있는 사람들에게는 첫 단계의 개입으로 EFT를 적용할 수 없다.

EFT는 다른 치료와 어떻게 다른가

이 책의 초판 이후 10년 동안 강산이 바뀌었다. 심리치료의 모든 접근법이 이제는 정서의 중요성을 인식하고, 많은 접근법이 정서에 중점을 둔다. "우리는 정서를 다룹니다."라고 말하는 많은 치료사를 만난다. 나는 모두가 정서의 중요성을 인정하고 있다는 것이 너무 기쁘다. 하지만 치료사들이 정서를 다루는 방식에는 여전히 상당히 큰 차이가 있다는 점을 인식하고 이해해야 한다. 각 접근법이 유용한 점들을 제시하지만, 정서를 다루는 데 있어서의 복합성과 차이점은 규명되어야 한다. 치료사에 따라 정서를 통제하거나, 정서를 이해하거나, 정서를 허용하거나, 정서를 변화시키기도 한다.

치료사가—가장 먼저 그리고 최우선으로—정서 변화에 초점을 두는 것이 핵심이기 때문에 정서 중심 접근법은 적절한 명칭인 것 같다. 내담자의 눈에 눈물이 날 때 치료사가 "눈물이 무엇을 말하고 있나요?"라고 묻는데, 이는 정서가 정보를 제공한다는 것을 암시한다. 그리고 나서 치료사는 내담자와 함께 정서가 무엇을 필요로 하는지 또는 정서가 내담자에게 어떤 영향을 미치게 되는지 탐색하면서 욕구 충족과 미충족 및 행동 경향성에 초점을 둔다. 마지막으로, 치료사는 내담자가 적응력 있는 정서를 따르고 더 적응적인 정서를 활성화함으로써 부적응적인 정서를 바꾸도록 돕는다.

반대로, 내담자의 눈에서 눈물이 날 때, 어떤 치료사들은 다음과 같은 질문을 할 것이다. "그 정서가 무엇을 의미합니까? 어디에서 오나요?" 또는 "어떤 형식으로 반영합니까?" 다른 치료사들은 그 정서를 일으킨 생각에 더 집중하게 하고, 정서 조절

방법에 대해서 정신 교육을 하거나, 그 사람을 상황이나 정서에 노출시켜 둔감화나 습관화를 촉진하는 데 집중할 것이다. 이러한 개입방법들은 정보, 욕구 및 행동 경향성을 밝히기 위하여 자체적으로 탐색해야 할 것처럼 정서의 내적 경험에 직접 초점을 맞추지 않을 것이다. 반면에 EFT는 "몸의 느낌은 어떠한가요?"로 시작된다. EFT 치료사는 내면에서 일어날 수 있는 것을 공감적으로 상징화하는 데 도움이 될 말을 제공하며, 유형을 찾거나 정서와 관련된 생각에 도전하거나 증상적인 정서를 억제하는 것보다는 내적 경험에 주의를 집중하도록 일관되고 부드럽게 안내한다. 정서에 도달하고, 잠시 그 정서에 머무르고, 정서가 말해야 하는 것을 얻고 난 후, EFT 치료사는 "무엇이 필요합니까?"라고 묻고 이면에서 나타나는 욕구와 감정을 인정한다.

최근에 EFT의 광범위한 훈련을 마친 후 임상 심리 프로그램의 박사과정을 졸업한 학생이 자신의 경험과 생각을 나에게 이야기하였다.

> 이제 저는 정서가 어떻게 모든 인간 경험의 중심이 되는지 이해합니다. 정말 놀랍습니다. 하지만 저의 모든 임상 훈련과 인턴십에서 한 번도 정서를 중심으로 관찰하거나 저 자신이나 치료에서 정서를 관찰하라는 말을 듣지 못했습니다. 분명한 것은 사람들의 정서를 인간 경험의 엔진으로 보는 것이 정말 중요하다는 것입니다. 훈련 과정에서 우리는 많은 치료 회기의 비디오테이프를 관찰했고, 순간 순간의 정서 처리 과정을 추적했으며, 소그룹에서 정서의 자가 경험에 대한 개인적인 작업을 했습니다.

그는 계속하여 "교수님이 하신 것처럼 회기의 실제 처리 과정을 관찰하는 것에 대해서는 누구도 말한 적이 없으며, 순간순간의 처리 과정을 실제로 관찰할 때 정서가 얼마나 중추적인가 하는 것이 너무 분명해졌습니다."라고 말하였다. 나는 "그래요, 치료 과정을 이해하기 위해서 그 과정을 관찰해야 하는 것은 확실한 것 같아요. 그리고 적합한 렌즈를 가지고 관찰했는데 사람들의 말과 행동과 변화 방식에서 정서가 그렇게 중심적인 역할을 한다는 사실을 볼 수 없다면 그것이 놀라운 일이지요." 라고 대답할 수밖에 없었다.

심리학과 심리치료에서도 오랫동안 기피되어 온 '사실(fact)'이 있다는 것을 그렇게 누구나 알고 있다는 것이 나는 당황스럽다. 최근에 교육적인 훈련을 받지 않은 치료사가 "하지만 EFT가 새로운 것이라는 건 무슨 말이지요? 모든 치료가 정서에 대한 것이 아닌가요?"라고 하였다. 나는 "음, 그렇습니다. 그러나 그러한 견해가 지배적이거나 성장할 수 있는 패러다임으로 인식되는 것은 아니지요."라고 다소 조심스럽게 대답하였다. 나는 정서를 다루는 인본주의적 전통에서 훈련을 받았지만 정서가 과학적이지 않아서 주목을 받지 못하였다고 본다. 내담자 중심 치료와 게슈탈트 치료가 나의 기반이었으며, 비록 이러한 접근법들이 정서에 중점을 두기는 하였지만, 정서에 대한 이론이나 정서로 개입하는 체계적인 방법은 없었다. 정서는 항상 직관적으로 다루어졌으며, 사람들은 자신이 하고 있는 것을 실제로 말할 수 없다. 워크숍을 마친 후에 많은 과정 지향적인 치료사가 내게로 와서, "제가 하고 있는 것을 교수님이 설명하고 있으며, 저는 그걸 묘사할 수가 없었는데 교수님이 제가 하는 것을 말로 표현할 수 있게 해 주셨습니다."라고 말하였다. 정서를 다루는 순간순간의 과정을 말로 표현하는 이것이 바로 EFT가 하고자 하는 것이다. 치료에서 사람들이 어떻게 변화하는가에 대한 녹화 테이프 관찰에 의한 종단연구를 통해 우리는 정서 변화가 일어나는 방식을 설명하고 모형을 개발하고자 하였다.

용어와 독자

이 책의 초판이 나왔을 때, 내가 제시한 심리치료법은 비교적 새로운 것이었고, 나는 그것을 정서 코칭이라고 불렀다. 그 후에 코칭이 치료와 다른가에 대한 질문이 종종 있었다. 나는 **코칭**(coaching)이라는 용어를 치료와 구별하기보다는 치료를 넘어서 확대 적용하는 데 사용하였다. 나는 치료에는 치료사가 내담자를 따라가는 것(following)과 안내하는 것[guiding(coaching)]이 정서 코칭에 포함된다고 간주하지만, 인간 발달과 조력을 도모하는 다른 많은 접근법이 정서 코칭을 실시하고 있는 것으로 볼 수 있다고 생각한다. 부모, 교사, 커플 파트너, 관리자, 의료 보건 실무자 및 다른 많은 사람을 조력하는 데 더 효과적으로 정서 코칭을 적용할 수 있다고 본다. 그러므로 정서 코칭은 치료나 사람과 함께 하는 다른 형태의 작업에서 정서를 다루는 하나의 접근법을 말한다. 따라서 이 책은 치료사, 코치, 인간관계 및 발달 관계자, 교육자 그리고 인간을 돕는 직업을 준비하는 학생을 위한 것이다.

『정서중심치료: 내담자가 자신의 감정을 다루도록 코칭하기』(제2판)에서는 EFT라는 용어를 정서 코칭, 코칭 그리고 치료라는 용어로 서로 바꿔서 사용한다. 또한 제공자는 코치 또는 치료사라고 하며, 수혜자는 내담자라고 한다.

제2판에서 새로운 부분은 무엇인가

EFT는 이 책의 초판이 출간된 이후 10년 동안 성장하여 왔다. 이 접근법은 효과적인 첫 결과와 함께 불안장애, 외상 및 섭식장애가 있는 사람들을 포함하여 더 많은 임상 집단에 적용되고 평가되었다(Dolhanty & Greenberg, 2008; Elliott, 2013; Paivio & Pascual-Leone, 2010; Shahar, 2014; Wnuk, Greenberg, & Dolhanty, 출판 중). 또한 개인 및 부부 치료(Greenberg, Warwar, & Malcolm, 2008, 2010) 그리고 조직의 리더(Greenberg & Auszra, 2010)에서부터 정서적인 상처를 입은 사람들에게까지 도움이 되는 것으로 밝혀졌으며, 여러 문화에 적용 가능하다. EFT의 개인 및 부부 치료 응용 프로그램은 이론적으로나 임상적으로 계속 성장하고 정교화되고 있다. 또한 변화가 일어나는 방식에 대한 이해에 있어서 유의하게 이론적이고 실증적인 진전이 있었다. 정서로 정서를 바꾸는 것(Herrmann, Greenberg, & Auszra, 출판 중), 오래된 부적응 정서를 바꾸기 위하여 새로운 적응 정서 활성화의 필요성(A. Pascual-Leone & Greenberg, 2007) 그리고 생산적인 정서 처리 방식(Auszra, Greenberg, & Herrmann, 2013)에 있어서의 중요성들이 모두 실증적으로 입증되었다. 이야기와 EFT(Angus & Greenberg, 2011), 치료적 현전(Geller & Greenberg, 2012) 및 EFT의 사례 공식화(Goldman & Greenberg, 2015)에 관한 책들이 모두 출판되었다. 개인과 부부 모두를 위한 많은 EFT 시연 DVD가 미국심리학회 DVD 시리즈에서 제작되었으며, 훌륭한 교수 자료로 사용되고 있다(American Psychological Association, 2007a, 2007b, 2007c, 2012a, 2012b). 이 모든 발전이 제2판에 영향을 미쳤다.

제2판은 이론과 연구를 업데이트하는 것 외에도 코칭 단계를 확장하여 고통스러운 정서의 기저에 있는 근본적인 욕구에 접근하는 것의 중요성을 강조한다. 이 책은 특정한 지표로 유도된 개입과 사례 공식화에 대한 장뿐만 아니라 리더십에서의 용서와 정서에 관한 장을 포함하고 있다. 일부 자료는 그 유용성을 최대화하기 위해 재편성하였다.

책의 구성

이 책은 EFT의 기초적인 것부터 시작된다. EFT의 목표는 내담자가 정서지능을 향상시키는 데 도움을 주는 것이므로, 제1장에서는 정서지능이 어떠한가에 대해 설명한다. 제2장에서는 정서의 본질, 즉 정서의 형성 방식, 정서가 생각 및 신체와 연관되는 방식 및 정서 변화방법에 대한 연구를 알아본다. 제3장은 일차 정서, 이차 정서, 도구적 정서, 적응 정서, 부적응 정서 등의 여러 가지 정서 유형을 자세히 설명한다. 정서중심치료사는 내담자와 일할 때 이러한 종류의 정서들을 식별할 수 있어야 한다.

제4장에서는 치료사와 내담자 간의 효과적인 치료 관계에 대해 설명하고, 정서 코칭 과정의 개요를 보여 준다. 정서 코칭 과정은 '정서에 도달하는 것'과 '정서를 떠나는 것'이라는 두 가지의 기본적인 국면(phase)을 포함하고 있다. 각 국면에는 서로 다른 단계들이 있다. 이 장은 또한 치료사가 자신의 감정을 인식하는 것이 중요하다는 점을 강조한다. 제5장에서는 사례 공식화(즉, 내담자의 핵심 부적응 정서가 무엇인지에 대한 작업가설)를 수행하는 방법뿐만 아니라, 어떤 정서 지표가 존재하는가에 따라 치료 과정 전반에 걸쳐 사용될 수 있는 구체적인 개입방법을 설명한다.

제6장부터 제9장까지는 제4장에서 소개된 두 가지 정서 코칭 국면에 대해 자세히 설명한다. 그런 다음 제10장과 제11장에서는 일반적으로 문제가 되는 네 가지 정서의 전체적인 처리 과정에 적용한다[분노와 슬픔(제10장) 및 두려움과 수치심(제11장)]. 제12장은 그 처리 과정을 내려놓기와 용서하기를 강조하면서 내담자가 정서적 상처를 입은 상황에 적용한다.

앞에서 시사한 바와 같이, 정서지능은 모든 맥락에서 중요하다. 따라서 제13장부터 제15장에 걸쳐 부부(제13장), 부모 및 조직의 리더(제14장)에게 정서지능이 어떻게 나타나는지 보여 준다. 마지막으로, 정서지능을 높이기 위한 연습이 들어 있는 부록으로 끝을 맺는다.

이 책이 치료적 변화에서 정서가 어떻게 작용하는지 이해하는 데 도움이 되고, 무슨 일이 일어나고 있는지 설명할 말을 제공하고, 이 처리 과정을 촉진하도록 치료사로서의 여러분을 돕기를 바란다. 나는 정서를 다루는 것이 주로 정서를 없애거나 약화시키는 것이 아니라 정서를 이용하고, 정서를 이해하고, 필요할 때 정서를 전환시키는 것임을 보여 주고자 한다.

🐦 차례

Part
1

기본 원리

Chapter 01

정서지능과 정서의 목적

우리의 지식으로 도저히 가늠할 수 없는 것을 다룰 때 우리가 의지하는 것이 정서이다.

— 브라이언트 맥길(Bryant H. McGill)

감정이 없는 인간은 없다. 아기의 첫 울음에서부터 삶의 마지막 숨에 이르기까지 모든 인간 경험 속에 감정이 구석구석 스며들어 있다. 따라서 사회에서 현명하게 행동하도록 기대된다면 정서에 주목해야 하고, 정서를 생각이나 행동과 대등한 지위에 두어야 한다. 정서지능(emotional intelligence)이란 정서를 인식하는 능력이자, 정서라는 정보를 통해 합리적인 행동에 대해 알려 줄 수 있는 능력이다(Mayer & Salovey, 1997). 정서지능은 네 가지 요소, 즉 자기와 타인의 정서를 인식하는 능력(정서의 인식 능력), 정서가 사고에 접근하여 사고 능력을 촉진하는 능력(정서의 사고 촉진 능력), 정서 간의 관계를 이해하고 평가하는 능력(정서 자각의 활용 능력) 그리고 정서를 의식적으로 관리하고 통제하는 능력(정서의 관리 능력)으로 구성된다. 정서중심치료(EFT)의 목적은 내담자의 정서지능을 향상시키는 것이다. 즉, 정서 능력를 인식하고, 접근하고, 이해하고, 조절하며, 필요한 경우 전환할 수 있는 능력을 키우는 것이다.

이 장에서는 정서지능이 어떻게 합리적인 행동에 대해 알려 주는가에 중점을 두고 정서지능에 대해 심도 있게 살펴보고자 한다. 또한, 정서가 어떻게 우리를 도울 수 있는지 또는 해칠 수 있는지도 살펴볼 것이다.

정서의 목적

사람들은 왜 정서를 가지고 있으며, 정서로 무엇을 하는가? 사람들이 정서를 가지고 있는 이유는 정서가 생존과 의사소통 및 문제 해결에 있어서 매우 중요하기 때문이다(〈표 1-1〉 참조, Frijda, 1986; Izard, 1991; Tomkins, 1963, 1983). 정서는 없애거나 무시해도 되는 귀찮은 것이 아니라 인간의 본질적인 측면이다. 정서는 귀기울여 들어야 할 신호이다. 정서는 위험이나, 경계 침범에 대한 메시지, 안전하고 친숙한 사람에게 느끼는 친밀감이나, 이 사람의 마음이 딴 데 가 있다는 메시지를 전달해 준다. 또한 정서는 상황이 어떻게 진행되고 있는지를 알려 주고 그 상황에 신속하게 반응할 수 있게 만듦으로써 일이 제대로 진행되게 해 준다. 특히, 정서는 행동을 변화시킴으로써 다양한 환경에 적응적으로 반응하게끔 한다. 사람들은 두려움으로 움츠러들고, 분노로 불끈 솟구치며, 슬픔에 마음을 닫고, 관심사에는 마음을 연다. 사람들은 정서를 통해 스스로 변화함으로써 환경과의 관계를 변화시키는, 지속적인 과정 속에 있다. 마치 갈대처럼 바람이 부는 대로 자신의 성향과 방향을 바꾼다.

정서는 사람들에게 그들의 유대 관계의 본질에 대해서 알려 준다. 그들의 관계가 향상되고 있는지, 방해를 받고 있는지, 고칠 필요가 있는지에 대해 알려 준다. 정서는 자신의 현재 상태, 욕구, 목표 및 성향을 다른 사람들에게 신속하게 전달함으로써 그들의 행동을 규제한다. 정서는 얼굴과 목소리를 통해 보이고 들리기 때문에 정서를 통해 다른 사람의 생각을 알 수 있고 자신과 다른 사람을 조절할 수 있다. 정서는 또한 관계 주제를 설정한다. 슬픔은 상실에 관한 것이고, 분노는 목표 좌절이나 불공평, 두려움은 위험 그리고 질투는 지각된 대체나 배신에 관한 것이다. 각 정서는 사람들 간의 관계 또는 사람과 환경 간의 관계를 정의한다(Oatley, 1992).

표 1-1 정서의 기능

- 정서는 타인과의 관계 또는 환경과의 관계에 대해 사람에게 신호를 보낸다.
- 정서는 타인과의 관계 또는 환경과의 관계 상태에 대해 타인에게 알린다.
- 정서는 행동을 위하여 정서를 조직한다.
- 정서는 인간관계의 상태를 모니터링한다.
- 정서는 일이 제대로 진행되고 있는지 여부를 평가한다.
- 정서는 학습을 향상시킨다.

정서는 분명히 지능을 향상시킨다(Mayer & Salovey, 1997). 두려움은 위험에 처해 있음을, 슬픔은 중요한 것을 잃어버렸음을, 기쁨은 바람직한 목표에 도달했음을 알려 준다. 정서는 사람들에게 자신의 복지와 관련된 정보를 제공해 준다. 예를 들어, 정서는 그들의 욕구나 목표가 달성되었거나 좌절되었음을 알려 준다. 직감은 고려해 볼 대안들을 빠르게 제외시켜 나가게 함으로써 의사결정으로 안내한다. 예를 들어, 휴가를 어떻게 보낼지 결정할 때 정서는 그 사람에게 산보다는 해변으로 가는 것을 선호한다고 알려 줄 수 있다. 정서적인 선호는 사람들이 고려해야 할 선택지의 폭을 좁혀서, 그들이 너무 많은 정보에 압도당하지 않게 해 준다.

많은 연구 결과가 정서의 중요성에 대한 인식을 높였다. 예를 들어, 정서지능과 관련된 주요 정서 연구 결과에서 정서적 대응 능력을 상실한 뇌 손상 환자는 의사결정을 내리고 문제를 해결할 수 없다고 밝혀졌다. 이들은 의사결정과 문제 해결 과정을 안내하는 '직감'을 잃어버린 것이다. 다마지오(Damasio, 1994)는 뇌 손상을 입은, 매우 이성적인 환자의 이야기를 들려주었다. 느끼는 능력을 상실했기 때문에 눈보라 속에서 운전하는 것에 대한 두려움이 없었던 그는 다른 모든 환자가 진료 예약을 취소한 영하의 날씨에도 예약 시간을 지키려고 병원으로 왔다. 지적장애가 없는 이 환자에게 다음 화요일이나 목요일에 다시 약속 잡기를 원하는지 물었을 때, 그에게는 어느 날에 올지 결정하는 데 어려움이 있었다. 그는 의사결정을 내리는 데 정서적으로 기반이 되어 줄 선호 체계가 없었던 것이다. 정서 뇌는 고려할 수 있는 선택지를 신속하게 줄여서 의사결정 능력을 향상시킨다. 정서 뇌는 '그것이 맞다.'는 느낌으로 특정 대안을 강조하고, '그쪽으로 가지 마.'라는 느낌으로 다른 대안들을 제거한다.

정서의 중요하면서 약간 다른 기능은 정서가 학습을 향상시킨다는 것이다. 정서는 특정한 것에 '잊지 말아야 할 것'이라는 각인을 남김으로써, 한번의 학습 기억을 강화하고 학습의 신속성을 증가시킨다. 뜨거운 난로에 한번 데인 사람은 다시는 그렇게 하지 않도록 학습하게 된다. 그들은 그들의 뇌가 이러한 경험을 정서 기억에 저장하여 결코 잊어서는 안 되는 강한 정서적 반응을 갖게 되기 때문에 이러한 것들을 배우게 된다. 뇌는 부정적인 정동에 대해서는 찍찍이처럼 서로 달라붙고, 긍정적인 정동에 대해서는 테프론 코팅처럼 잘 떨어진다고 한다. 부정적인 감정은 고착된다. 그렇게 하는 것이 생존에 도움이 되기 때문에 부정적인 감정과 그 원인을 기억한다. 긍정적인 감정은 튕겨 나가 증발한다. 우리는 자신을 확장하기 위하여 감정을 느끼는 동안 감정을 최대한 사용한다.

나는 이 책의 초판을 집필하는 동안, 난로에 화상을 입는 것만큼이나 쓰라린 학습 경험을 하였다. 어느 날 아침, 책의 어느 부분을 쓰고 있던 중에 전화벨 소리를 듣고 응답했다. 그리고 다시 컴퓨터로 돌아와서 몇 줄을 더 타이핑했다. 그런데 갑자기 컴퓨터가 먹통이 되어 버렸다. 나는 아침 내내 작업한 것을 하나도 저장하지 않은 상태였다(이 컴퓨터는 대략 1997년 제품이었다). 재앙이 직감되었다. 공황 상태에서, 불안에 빠져 자판기를 치기 시작했다. 컴퓨터를 작동시키고 소중한 텍스트를 잃지 않으려고 내가 알고 있는 모든 조치를 취해 보았으나 허사였다. 그 일에 대해 굳이 나의 생리적 상태, 감정, 행동 경향성 또는 언어에 대해 세세하게 설명하고 싶지는 않고, 그냥 잘 되지 않았다고만 말하겠다. 나는 미친 듯이 컴퓨터 AS 서비스를 불렀다. 진실은 끔찍한 상처를 남겼다. 아침에 작업한 것을 구할 수 있는 방법이 없었다. 결국 나는 컴퓨터 AS 기사와 함께 재시동 버튼을 누름으로써 컴퓨터를 할복시키고 말았다. 내 앞에서 화면을 '죽이고' 아침에 작업한 것을 잃고 말았다. 나는 배웠다. 그 일로 인한 정서적 반응 덕분에 나는 확실히 주의하게 되었다. 그 이후로는 규칙적으로 작업한 것을 저장하게 되었다.

이런 종류의 정서 학습은 사람들에게 많은 것을 가르쳐 준다. 예를 들어, 사람들이 뭔가 잃지 않도록 하는 데 도움이 된다. 지갑, 여권 또는 가방을 분실한 적이 있는가? 잃어버린 것을 다시 구입하는 것은 번거로우며, 금전적인 손실뿐만 아니라 그 당시에 겪는 정서(놀람, 불안, 슬픔 등) 또한 너무나 강렬하여 다시는 그런 어리석은 짓을 하지 않겠다고 다짐하게 된다.

사람들은 지능만 가진 것보다 분명히 더 현명하다. 정서가 추론을 이끌어 주기에, 우리는 정보를 의식적으로 분석할 수 있는 것보다 훨씬 더 빠르게 세상의 패턴을 파악할 수 있다. 정서는 단순히 통제되어야 할 지속적인 삶의 혼란이 아니라, 우리가 참여해야 할 과정들을 조직한다. 정서는 이성과 결합하여 사람들이 세상에 빠르게 적응하고, 적응적으로 문제 해결을 하도록 하여 끊임없이 변화하는 환경에서 사람들을 더욱 효율적으로 만들어 준다. 욕구와 관련된 상황을 자동적으로 평가함으로써 많은 정서가 발생한다. 정서는 현재 필요한 것이 무엇인가에 대해 신호를 제공한다. 여기에는 평가의 형태인 인식과 욕구의 형태인 동기부여가 포함되므로, 인지나 동기부여만 있는 것보다 더 포괄적인 경험이 된다. 정서는 우리에게 중요한 모든 것, 즉 우리의 의미, 욕구 및 가치에 다채롭게 들어와 있다. 따라서 정서가 없으면 사람들은 만족스러운 삶을 살 수 없다.

부적응 정서

정서는 적응적일 뿐만 아니라 부적응적일 수도 있다(Flack, Laird, & Cavallaro, 1999). 적응력을 향상시키도록 정서가 진화되었지만, 이 체계가 부적응적이 될 수 있으며 여기에는 몇 가지 방식이 있다. 우리는 때때로 최선의 의도에 반하여 자신을 아프게 하고, 자극에 도발되어 폭발하고, 자녀를 미워하는 것처럼 느끼고, 가까이 있는 사람들에게 분노한다는 것을 알고 있다. 때때로 우리는 권위에 대한 집착을 두려워하고, 친구들을 부러워하고, 연인들에게 심하게 위축되거나 질투하고, 사소한 도발에도 혐오감이나 분노를 느낀다. 우리는 종종 우리가 경험한 정서, 경험했던 정서의 강도나 그것을 표현한 방식에 대해 후회한다.

부적응 정서 발달에는 여러 가지 원인이 있다. 우리는 많은 경우에 상실에 대한 슬픔이나 위협에 대한 두려움, 폭력에 대한 분노와 같이 선천적으로 정서적 반응을 일으키는 상황에서 배운다. 부적응 정서가 조직화되지 않고 변화에 저항하는 정도는 정서를 경험한 시기, 경험한 정서의 강도와 빈도, 정서를 활성화시키는 상황에 따라 다르다. 그 외에 기질적 요인과 유기적 요인도 사람들의 기분에 영향을 미치며, 다른 정서의 활성화 임계치에 영향을 미친다. 피곤하거나 짜증이 나면 분노가 활성화될 가능성이 더 높아지고, 부적응적인 분노로 이어지는 학습 이력이 있는 경우에 과도하게 분노 반응을 할 가능성이 높다. 또한 유사한 주제 상황에 핵심 도식이나 각본이 적용되는 정도는 부적응적인 분노의 활성화에 영향을 미친다. 따라서 과거의 심하고 자주 겪었던 유기 경험, 거부 또는 지배당한 느낌 등은 비슷한 주제나 이야기가 있는 현재 상황에서 활성화될 수 있다. 배우자의 부주의함은 사랑이 없는, 어린 시절의 강한 유기감을 활성화시킬 수 있다. 이러한 감정들은 현재 상황에 대해 부적응적으로 반응하게 할 수 있다.

일단 도식이나 정동 프로그램으로 학습되거나 조직되고 나면, 새롭게 획득한 정서 반응들이 그것에 통합되어 마치 내재된 생물학적인 적응 반응처럼 자동화된다. 이제 사람들은 포식자로부터 도망갈 뿐만 아니라 자기 존중감 향상에 방해가 되는 것에도 화를 낸다. 타고난 정서 반응과 학습된 정서 반응은 빠르게 통합되어 학습된 자극에 의해 활성화될 수 있다(Griffiths, 1997). 정서 반응은 투입과 학습에 분명히 개방되어 있는데, 이는 유연한 적응 체계를 만들 뿐만 아니라 부적응적이 될 가능성도 열어 둔다. 획득된 부적응 반응은 종종 사람들이 원하지 않을 때 일어나며, 도움이 되지 않을 뿐만 아니라 바꾸기도 어렵다.

따라서 정서는 단순하거나 오류가 없는 지침이 아니며 순수한 행복의 공급자가 아니다. 정서는 기쁨, 사랑, 관심뿐만 아니라 인생에서 많은 불편과 고통을 낳는다. 그러므로 정서는 사람들의 지성으로부터 혜택을 얻도록 지능적으로 관리되어야 한다. 정서의 즉시성과 정서를 이성과 통합시킬 수 있는 사람들의 능력은 인간을 더욱 복잡하고 적응력 있는 존재로 만들었다. 가끔은 신속하고 자동적인 정서의 행동 경향성과 느리고 반사적이고 신중한 행동 사이의 명백한 대립이 사람의 효율성을 더 높여 준다. 고착된 행동 패턴과 이미 만들어진 행동 코스를 제공했던, 내재되고 신속한 정서 체계는 적절한 시기에 일어났던 어떤 자극을 따르는 거위처럼 초기 인류를 이리저리 뛰어다니게 했을지도 모른다. 그것은 사람들에게 많은 도움이 되지 못했다. 화날 때 공격하고 두려울 때 도망가도록 사람들을 자동화하면 아주 예측하기 쉽고 조작하기 쉬워진다. 그러나 인간은 훨씬 복잡한 문제 해결사이며, 정서는 사람들이 문제와 그것을 일으키는 상황에 대해 무언가 동기를 부여하게 하는 문제를 알려 준다. 사람들은 정서를 가질 뿐만 아니라 그 정서를 다루어야 한다. 정서 조절 기술의 발달은 정서지능의 중요한 부분이다.

정서지능의 기술

정서적인 순간은 하루 종일 발생한다. 가정에서, 직장에서, 놀이에서, 육아에서, 결혼에서, 친구와 함께 그리고 혼자서, 정서적인 순간은 우리에게 동기부여 상태에 관해 알려 준다. 깨어나는 순간, 사람들은 어떤 형태의 의도를 가지고 세상에 대해 느끼고 지향한다. 그들은 자신의 하루를 간절히 기대하거나 다가오는 회의를 두려워할 수도 있다. 매일은 지속적인 감정의 과정이다. 모든 것이 잘된다면 사람들은 복지와 흥미에 대한 감각을 느낀다. 모든 것이 잘되지 않고 비정상적인 상황을 만나면, 그들은 특정 유형의 정서적 자극을 알아차리고 다른 감정을 경험하게 된다.

자신의 정서가 자신의 삶을 수행하는 방식에 대해 무엇을 알려 주는지 이해해야 한다. 불쾌한 감정을 경험할 때, 그것은 주의할 필요가 있는 잘못된 것이 있음을 의미한다. 감정 표현이 때때로 도움이 되더라도 상황을 바로잡을 수는 없다. 그 대신, 자신의 반응이 알려 주는 메시지를 읽은 다음 상황을 바로잡기 위해 현명하게 행동해야 한다.

이 절에서는 정서지능 기술에 대해 설명한다. 〈표 1-2〉는 그 기술들을 요약한 것이다.

표 1-2 정서지능 기술

- 정서 이해하기
- 정서 표현하기
- 정서 조절하기
- 타인의 정서를 이해하고 인정하기(공감)
- 현재, 과거, 미래를 이해하기
- 정서 반영하기, 이야기하기, 의미 만들기

정서 이해하기

사람들은 자신의 정서에 의하여 정보를 얻고 감동을 받을 뿐만 아니라 정서를 이해하고 표현하는 상황에서 어떤 행동을 취하고 어떻게 정서를 가장 잘 표현할 것인지 결정해야 한다. 예를 들어, 감정은 우리에게 언제 고통스럽고 상처받는가를 알려준다. 정서는 일어나고 있는 일을 경험하는 매우 직접적인 방법이다. 정서는 메시지를 보내고 이성을 통하여 해결해야 할 문제를 제기한다. 그러므로 인지는 사람들이 정동적인 목표를 달성하는 데 도움이 된다. 그런 다음 표현과 행동에 관한 결정을 내려야 한다. 생각은 또한 상처를 설명하고, 관점을 부여하고, 이해하고, 정당화하거나 합리화한다. 그것은 치료법을 결정하는 데 도움이 된다.

정서는 사람들이 좋아하든 좋아하지 않든 몸을 통하여 흐르고 있다. 인류사 초기에 사람들은 정서를 수동적으로 받아들였기 때문에 정서를 열정이라고 했다. 가장 최근의 몇 세기 동안, 운동, 움직임, 행동 경향성 측면을 강조한 정서라는 용어가 사용되기 시작했다. 그러나 우리 조상들이 알고 있듯이 정서를 시도하고 그에 저항하는 것은 어리석은 일이다. 오히려 정서의 자동 자극으로 우리의 의식적인 노력을 조정해야 한다. 인간은 정서를 가지지 않으려고 노력하는 대신 정서와 함께 무엇을, 어떻게 할 것인가에서 **주체성**(agency)을 훈련해야 한다.

사람들은 정서 경험을 통제하거나 방해하거나 변화시키거나 피하려고 시도하기보다는 그것과 조화롭게 살아가는 것을 배워야 한다. 과도하게 통제된 분노나 슬픔은 에너지를 고갈시킨다. 욕구의 표현과 상처의 개방은 종종 더 나은 결과를 가져온다. 이를 달성하기 위해 사람들은 정서에 내몰리거나 정서를 차단하지 않으면서 정서와 이성을 통합하는 법을 배워야 한다. 열정적이고 반영적으로 살려면 머리와 마음을 통합해야 한다.

정서 표현하기

상황에 적합한 방식으로 정서를 표현하는 것은 매우 복잡한 정서지능 기술이며, 생물학과 문화의 지표들을 통합하는 것이다. 사람들은 적절한 표현 양식을 학습한다. 장례식에서의 울음조차도 학습된 표현 양식이다. 탄자니아의 마콘데(Makonde)

부족의 장례식에서의 울부짖는 폭발적 고음을 다른 문화권 사람들은 울음소리로 인식하기 어렵다(Kottler, 1996). 반면, 마콘데 사람들에게는 손수건을 가지고 우는 것이 이상한 서양 문화 형태일 것이다. 따라서 표현은 사회적으로 매개되는 과정이며, 정서 자각이 곧 표현이 될 수는 없다. 정서지능의 개발은 정서를 언제, 어떻게 표현하는 것이 좋으며, 어떤 때에 정서 표현이 도움이 안 되는가에 대해서 배우는 것이다.

정서 조절하기

정서지능으로 행동하려면 자신의 정서 경험과 정서 표현을 조절하는 법을 배워야 한다(Frijda, 1986; Gross, 1999). 조절이란 당신이 원할 때 정서를 가질 수 있고, 원하지 않을 때 정서를 가지지 않을 수 있다는 것을 의미한다. 반응을 적절한 시기로 연기하고, 반응이 무엇인지 알고, 그것을 본질적으로 인간의 기술이라고 생각할 수 있는 능력이다. 정동 조절은 주요한 발달 과업이다. 유아기부터 아기들은 자신을 진정시키기 위해 엄지손가락을 빠는 것을 배우며, 어린아이들은 어둠 속에서 두려움을 가라앉히기 위해 휘파람 부는 것을 배운다. 어른들은 열까지 세면서 분노를 조절하는 법을 배우고, 심지어 상황에 따라 기쁨을 조절하고 적절하게 표현하는 법을 배울 수 있다. 정서지능의 일부는 부적절하게 정서를 유도하지 않도록 정서를 조절하는 능력이다. 그래서 우리는 정서에 의해 안내를 받지만, 정서에 함몰되지 않는다.

때로는 정서의 강도를 적정 수준으로 조절해야 한다. 각성 수준과 수행력 간의 비선형적 관계가 오래전부터 받아들여졌기 때문에(Yerkes & Dodson, 1908), 정서적인 강도와 적응 값 간의 관계는 곡선으로 간주될 수 있다. 예를 들어, 불공평한 대우에 대한 반응으로 분노가 너무 적으면 이용당할 여지가 있고, 분노가 너무 많으면 마찰을 일으킬 수 있다. 침범에 대한 적정량의 분노는 자기주장을 촉진시킨다. 마찬가지로, 위험에 대한 반응으로 두려움이 너무 적으면 부주의하게 되고, 두려움이 너무 많으면 부적절해져서 그 자신을 압도하고 탈출 시도를 방해할 수 있다. 따라서 적응 값과 강도는 역U형 곡선과 관련이 있다. 강도가 증가하는 지점까지 적응 값이 증가하고, 강도가 감소함에 따라 적응 값이 감소하기 시작한다.

사람들은 무엇을 표현하고 무엇을 억압할지 관리할 수 있어야 한다. 밀려드는 불안을 막을 수 있어야 한다. 궁극적으로 건강으로 이끄는 것은 정서와 인지의 통합이다. 사람들은 자신의 정서에 따라 움직이고 진정시키고 반영할 수 있어야 한다. 정서 조절의 첫 단계는 복합적인 감정을 만들어 내기 위하여 몸으로 느껴진 정서와 행동 경향성을 인식하면서 상징화하는 것이다. 처음으로 집을 떠날 때 그냥 울기보다는 슬프다고 말할 수 있어야 한다. 자녀들에게 분노로 행동하기보다는 화난다고 말할 수 있도록 가르쳐야 한다. 아이가 화났다고 말하려고 한다면, 그것은 화가 나서 행동하는 것보다 낫다. 어떤 아이가 자신의 장난감을 가져가려고 한다면, 그 아이를 때리는 대신 언어적 한계를 설정하고 자신의 경계를 말로써 보호하는 법을 배울 수 있게 해야 한다. 즉, 정서지능에는 정서를 가지는 것뿐만·아니라 그 정서를 다루는 것도 포함된다.

정서는 신경화학적인 것에서부터 생리학적·심리적·사회적 수준에 이르기까지 모든 수준의 정서 과정에서 조절된다. 상황과 사람들이 어떻게 느끼는가에 따라, 상황과 다른 사람들을 찾거나 피함으로써 행동을 조절할 수 있다. 정서가 각성된 사람은 그 정서를 조절하기 위해 그것을 이해한다. 자신의 반응을 전환하거나 조절하기 위해 상황을 검토하고 자신의 정서의 의미를 바꾼다. 만약에 사랑하는 사람이 떠나서 슬프다면, 그 사람이 다시 돌아오는 것을 상상함으로써 그에 대처하기 시작하고, 다른 관심사에 주의를 돌림으로써 슬픔을 잊거나 자신은 분리가 좋다고도 말할 수 있다. 그 밖에도 상실에 대한 견해를 바꾸기 위한 다른 많은 독창적인 고안을 할 수 있다.

정서적 충동 또한 억제되어 행동뿐만 아니라 인식에서 사라지거나 강화될 수 있다. 사람들은 행동하려는 충동이나 행동 자체를 억제할 수 있다. 정서는 사람들을 행동하도록 조직하지만, 의사결정은 행동과 행동의 형태를 실행시킨다. 따라서 사람들은 화를 내고 분노로 고생할 수도 있고, 감정을 억제하고 분노를 느끼지 않을 수도 있다. 일단 정서가 살아나면 없어지게도 할 수 있다. 정서는 자발적이거나 비자발적인 많은 절차에 의해 특정 범위 내에서 유지될 수 있다. 사람들은 (a) 자신이 노출되는 상황을 관리하고, (b) 상황을 검토하여 반응을 바꾸거나, (c) 반응을 억제하거나 강화함으로써 자신의 감정을 조절할 수 있다. 일반적으로 상황을 검토하여 반응을 조절하는 것이 억제하는 것보다 훨씬 낫다.

첫 번째 단계에서 정서를 활성화시키는 자극의 입력을 조절할 수 있다. 무감각은 자연이 인간에게 주는 선물 중의 하나로 고통을 없애기 위해 자동적으로 발생한다. 무감각은 사람들에게 상실을 자기 것으로 흡수할 시간을 주는 보호 기제인 것이다. 정서적인 무감각 상태에서는 상실이나 외상의 사실을 알고 있지만 그 의미가 아직 구현되지 않았기 때문에 아무것도 느끼지 않는다. 앞에서 언급했듯이, 더 자발적으로 정서를 다루는 과정에서는 정서 유발 상황을 피하는 방법을 사용한다. 고소공포는 그러한 공포를 유발하는 곳에 가는 것을 통제함으로써 두려움을 피할 수 있고, 거절하는 파트너와의 만남을 끝내면 질투나 거부감을 피할 수 있다. 주의를 산만하게 하거나 다른 것에 집중하면 사람이 어떻게 할 수 없는 문제나 위험에 신경 쓰지 않음으로써 수행력을 향상시킬 수 있다. 그리고 당면한 작업에 집중하면 상실이나 위험에 대한 생각이 스며들지 않게 막을 수 있다.

정서는 외부 사건에 의해 활성화되는 것 외에도 일련의 이전 감정, 기억, 이미지, 생각 등에 의해 내면적으로 자가생성되며, 이는 이익이 되거나 불이익이 될 수 있는 방식으로 조절될 수 있다. 현실이나 자신의 감정을 부정할 수도 있고, 자신의 경험을 허용하고 수용한 다음 자신의 감정을 관리하고 변화시키는 데 도움이 되는 새로운 의미를 구성할 수도 있다. 의미 구성은 단일 수준의 과정이 아니므로 경로를 따라 여러 지점에서 이 과정을 중단하여 정서를 조절할 수 있다. 그러나 일반적으로 방어에 대한 방어는 도움이 되지 않는다. 비록 현실의 공포를 부인하고 까다로운 세부 사항에 초점을 맞추지 않는 것이 두려움과 혐오감을 피하는 데 도움이 되지만, 무엇이 있는지 안 보거나 내면적으로 의미를 바꾸려는 과정은 특히 그것이 인식 없이 자동적으로 수행될 때 문제가 될 수 있다. 즉, 무언가에 화가 나거나 화를 내는 것을 부정하는 것은 문제 해결과 관련된 특정 정보를 빼앗게 된다. 따라서 이 과정의 다른 수준에서 의미 구성 과정을 중단하고 경험을 조절하는 것이 더 좋게 수행될 수도 있고, 더 나쁘게 수행될 수도 있게 한다.

일단 정서가 일어나고 인식되고 나면, 정서지능의 중요한 측면은 상황을 재평가하고, 새로운 의미를 창출하고, 더 넓은 관점에서 사물을 배치하여 대처하려고 노력한다는 것이다. 이 모두가 중요한 정서 조절 전략이다. 의식적인 사고가 정서를 조절하거나 유지하는 데 확실히 도움이 된다. 부정적인 생각이 나쁜 감정을 유발하는 것은 아니지만 생각이 정서를 유지하고 강화시키는 경향이 있기 때문에 생각을 바꾸려는 노력은 정서 조절에 도움이 된다. 정서, 특히 불쾌한 정서를 느낀다는 것은 해결해야 할 문제가 있다는 것이다. 사람들은 드리워진 정서의 색조에 눈 감음으로써 그 정서의 억제에 집중하기보다는 자신의 정서를 건설적인 행동으로 유도하거나, 문제 해결에 더 유리하고 더 도움이 되는 정서로 전환해야 한다. 사람들은 일어나고 있는 일의 다른 측면을 강조함으로써 정서를 변형시킬 수 있다. 그것은 무슨 일이 일어났는지 설명하고, 다른 결과를 계획하고, 다른 내외적 자원에 접근하는 데 집중하고, 다른 대처 전략을 고안할 수 있다. 이를 통해 실망은 새로운 시도로 유도되고, 상실은 받아들일 수 있는 것으로 전환될 수 있다. 이러한 모든 인지 전략은 정서 경험을 크게 변화시킬 수 있다. 이성은 정서와 가장 잘 통합되어 정서가 환기되도록 돕는다. 이를 토대로, 사람들은 자신의 정서에 대항하지 않고, 사회적이고 문화적인 지식과 개인적인 가치와 목표를 신체 기반의 정서적 지식과 통합하여 자신을 이끌어 가게 된다.

여기서 중요한 이슈 중의 하나는 자신의 정서를 건설적·인지적으로 변형시키거나 상황을 방어적으로 재평가할 수 있다는 것이다. 사람들은 바람직하지 않은 특정한 일들을 자각하지 못하도록 하거나, 바람직하지 않은 경험을 허용한 다음에 맹렬하게 대처할 수 있다. 혹은 감정을 다른 것으로 바꾸기 위해 정신적으로나 행동적으로 무엇인가를 할 수 있다. 일반적으로 첫 번째 방법은 두 번째 방법보다 훨씬 덜 효과적이다.

방어의 역설 중 하나는 다음과 같다. 경험이 무엇인지 먼저 알지 못한 채 경험이 인식되지 못하게 방해하는 것이 어떻게 가능할까? 사람들은 뉴스가 충격적이라는 것을 알지 못하면서, 어떻게 충격적인 뉴스로부터 자신을 충격적이지 않게 할 수 있을까? 사람들은 용납할 수 없는 감정을 느끼고 있다는 사실을 알지 못하면서, 어떻게 화를 내거나 슬퍼하는 것에 대한 인식을 막을 수 있나? 그것은 사람들이 많은 수준에서 정보를 처리하며, 그중 단지 일부의 과정만 완전 의식 수준에서 처리하기 때문에 일어난다. 칵테일파티 중에 누군가의 등 뒤에서 무심결에 나누어지는 대화가 그 사람의 이름이나 성적인 주제와 같은 중요한 관심사에 닿기 전까지는 의식적으로 듣거나 이해되지 않는 것과 같다. 이러한 무심결의 메시지는 어떤 한 시점에서만 처리되며, 처리될 때에만 인식된다. 그 시점이란 조금 들린 내용이 의식적으로 상징화되지 않고 흔적 없이 초단기 기억 저장소에서 사라지기 전에 그 관심사에 닿는 때이다.

사람들의 정보 처리는 여러 수준에서 중단될 수 있다. 들려오는 갈대 소리의 의미 인식 또한 보이는 것들에 대해 결정하는 처리 단계에서 중단될 수 있고, 그 소리를 다른 의미와 연결하는 단계에서 중단될 수 있다. 무감각은 새로운 것을 받아들이는 것을 방해하고 매우 빠르게 중단시킬 수 있다. 인식 부족은 선택적 주의일 수 있다. 상위 수준의 중단인 분리는 어떤 개인적인 관련성을 처리하지 않는 것을 의미하지만, 회피는 주의를 딴 데로 돌리는 전략을 수반할 수 있다.

어떤 사람들은 다른 단계에서 처리의 방향을 바꿀 수 있다. 고통이나 분노를 느끼고 나서 유머 감각을 갖고, 대안을 보고, 현실을 구축할 수 있으며, 이러한 자신의 반응에 대해 주체성(agency)을 느낌으로써, 자신이 상황에 의한 희생자가 아닌 자기 결정감을 가진 존재라는 효능감을 갖게 된다. 사물을 도전적인 것으로 보면 대처 전략을 동원하게 되고, 자연적이고 필연적인 것으로 보면 비난하지 않는 대처법을 사용하게 된다. 사람들의 놀라운 능력을 사용하여 의미를 구성하는 모든 수단은 고통스러운 정서 반응을 인도하고 변화시키는 좋은 방법이다.

정서 조절에 대한 두 가지 관점이 있다. 하나는 파괴적인 정서나 잘못된 정서를 통제하여 조절한다는 것이고, 다른 하나는 적시에 적절한 수준에서 원하는 정서를 갖게 한다는 것이다. 첫 번째 관점은 먼저 정서가 생성되고 그다음으로 정서의 조절이 일어난다는 2요인 관점이다(Gross, 2002). 두 번째 관점은 정서 조절을 정서 생성 경험에서 본질적인 것으로 보는 1요인 관점(a one-factor view)이다. 정서 조절은 자기통제가 아니라 정서 생성에 필수 요소이며, 정서와 일치하는 것으로 간주된다(Campos, Frankel, & Camras, 2004). 정서 체계는 다른 정서나 애착 관계의 안전성과 같은 의식적인 인지 과정 이외의 과정에 의해 전환되거나 조절될 수 있다(Greenberg, 2002). 필수적이고 정동적인 자기조절 과정은 자기통제보다는 자기유지 관리에 관여하며 대부분 자동적으로 발생한다.

정서의 신경학적인 관점은 2요인 관점(a two-factor view), 즉 의식적인 통제 관점(Cozolino, 2002)보다는 정서 생성과 통합된 정서 조절의 1요인 관점을 지지한다. 정동과 관련된 뇌 기능의 복합성을 감안하여, 흔히 정서 조절은 여러 하위 피질 영역을 위아래로 움직이는 일련의 빠른 효과에 포함된 것으로 간주된다. 우리는 정서를 인지적으로 통제하는 대신, 정서가 뇌의 서로 다른 부분 간의 상호작용으로 동기화되어 전체 뇌의 자기조직화를 일으키는 거대한 피드백 루프를 가지고 있다고 본다.

허약한 성격상의 문제는 정서와 정서적 강도에 대한 보다 암묵적인 형태의 조절 부족으로 인해 가장 많이 발생하지만, 고의적인 행동과 인지적 형태의 조절(더 좌반구적인 과정)은 통제력을 상실했을 때 대처 기술로 유용하다. 그러나 시간이 지남에 따라 그것은 매우 연약하고 성격이 무질서한 내담자에게 중요한, 암시적이거나 자동적인 정서 조절 능력을 구축한다. 암묵적 형태의 조절은 교육 기술로 훈련되거나 학습될 수 없는 경우가 많다. 관계적이거나 비언어적 방법(더 우반구적인 과정)으로 진정 효과가 발생하는 것을 직접 경험하는 것은, 자기진정을 위한 암시적 능력을 구축하는 가장 좋은 방법 중 하나이다. 처음에는 보호적인 대상의 진정 기능을 내면화함으로써 자아를 진정시킬 수 있다(Stern, 1985). 시간이 지남에 따라 다른 사람으로부터의 공감이 내면화되고 자아에 대해 공감하게 된다(Bohart & Greenberg, 1997).

타인의 정서를 이해하고 인정하기(공감)

마지막으로, 머리와 마음을 통합하는 능력인 정서지능은 다른 사람들의 감정에 공감한다. 공감(empathy)은 감정에 대한 최상의 반응이다. 그것은 다른 사람의 감정에 대한 반응뿐만 아니라 자신의 감정에 대한 반응으로도 필요하다. 사람들의 공감은 그들과 다른 사람들을 더욱 인간적으로 만든다. 공감은 감정을 조절하고 자신에게 반영하도록 도와준다. 다른 사람의 감정을 인식하기 위해서는 먼저 자신의 감정에 민감해야 한다. 그리고 다른 사람의 감정을 인식하고 확인하면, 그들이 자신의 감정에 대해 정보를 줄 수 있도록 도와야 한다. 정서적인 순간에 보다 합리적이거나 현실적인 해결책의 장점에 대해 다른 사람들에게 조언을 하는 것은 그들의 경험을 무효화하는 것이다. "마음을 가다듬어라." "진정하라." 또는 "산책하라."와 같은 조언은 도움이 되지 않는다. "그에게 전화할 수 있어요." 같은 방식의 대화조차 도움이 되지 않는다. 우리는 다른 사람의 감정을 인정해야 한다. 이를 통해 그들은 자신의 감정을 이해하고, 자신의 감정이 자신을 이해시키고 있음을 표현해야 한다. 사람의 가장 기본적인 감정을 무효화하는 것은 사람이 다른 사람에게 할 수 있는 심리적으로 가장 해로운 일 중 하나이다. 그것은 정서장애의 중요한 원인이 된다. 감정은 인식되기를 요구한다. 그렇지 않으면 점점 감정이 상승되거나 밑으로 가라앉으며,

모든 것이 매우 복잡해지기 시작한다. "울보야, 울지 마!"라는 말을 듣고 있는 목마른 아이와 "당신은 울 이유가 없습니다."라는 말을 들으며 울고 있는 어른의 경험은 모두 무효화되고 있다. 사람들의 정서적 경험을 인정하는 가장 좋은 방법은 정서적 반응이 이해될 수 있고 자신의 상황이나 일반적인 삶의 맥락에서 의미가 있다는 것을 알려 주는 것이다. 최근 한 어머니는 성인기 딸이 자신의 인생의 관계에 대해 불평했을 때 충고를 하는 대신에 처음으로 딸의 감정을 잘 듣고 이해하였더니 딸이 흥분을 가라앉히고 진정되었다고 하였다.

감정이 일단 다른 사람들과 자신에 의해 인식되면, 여전히 안내되어야 하지만 통제되지는 않아야 한다. 충동적으로 행동하기보다는 감정을 반영하는 것이 머리와 마음의 통합에 중요하다. 논의한 대로, 정서는 움직이면서 동시에 알려 준다. 사람들은 자신의 감정을 느끼고 그대로 행동만 하는 것이 아니라 그것에 이름을 붙여야 한다. 이름 붙이기 방식의 반영을 촉진하는 것은 다른 사람의 감정을 공감하는 데 도움이 된다. 그것은 상대방이 자신이 느끼고 있는 것을 상징화하고 정서를 감각과 행동의 영역에서 정신 영역으로 가져오게 한다. 머리와 마음의 통합이 시작되는 단어로 감정을 상징화함으로써 감정에 대한 의식을 갖게 된다. 우리는 충동이 맹목적으로 자신의 행동을 결정하게 하지 않고, 자신의 신체가 말하는 것을 느낄 필요가 있다. 사람들은 유아기에서 성인기까지 발달 과정에 따라 중요한 욕구와 관련된 새로운 상황에 정서적으로 반응하게 된다. 이때 양육자들이 공감적 태도를 보이는 것이 그들 자신의 감정에 주의를 기울이고 상징화하는 데 도움이 된다. 성인기의 직업 변화나 실망 또는 의미 있는 성취에 대한 아직 형성되지 않은 새로운 감정 또한 경험의 상징화를 도와주는 다른 사람들의 공감적 반응에 의해 확인되고 명확해진다. 이를 통해 자신에 대한 뚜렷한 감각을 형성하고, 자신의 경험을 확인하며, 자신이 느끼는 것과 자신의 존재에 대해 더욱 헌신하게 된다. 공감은 정서지능의 결정적인 기술이다.

현재, 과거, 미래 이해하기

정서는 본질적으로 현재에 초점을 맞춘다. 정서는 현재를 색칠하고 즉각적인 목표를 향해 행동을 이끈다. 선(禪)이나 게슈탈트 치료(Perls, 1969; Polster & Polster,

1973)와 같은 전통의 옹호자들은 현재에 사는 것의 중요성을 강조했다. 그러나 일부 비평가는 이에 동의하지 않았고, 현재에 사는 것이 건강하다고 믿지 않는다 (Cushman, 1995; Lasch, 1979, 1984). 현재에 사는 것은 충동적인 삶으로 이어지게 할 수 있으며, 감정을 가이드로 삼음으로써 행동에 대한 미래의 결과를 무시하게 할 수도 있다고 주장한다. 그런데 이 비평가들은 현재에 사는 것과 현재를 위해 사는 것을 구분하지 못한다.

현재에 살기

현재에 사는 것은 건강하며 고양된 의식을 수반한다. 현재에 사는 사람들은 환경과 그에 대한 즉각적인 정서적 반응을 모두 자각하고 있다. 예를 들어, 사람들은 사랑하는 사람이 그들을 보고 웃을 때 기쁨을 자각한다. 또는 명상적인 순간에는 지나가는 숨결을 알아차리고 스스로에게 "호흡하면서 나는 고요하다. 숨을 내쉬면서 나는 기쁨을 느낀다."라고 말한다(Kabat-Zinn, 1993). 현재 순간에 머물면서 편안함을 느낀다. 그러나 순간을 위하여 사는 것은 무모한 충동과도 같다. 즉, 그 순간을 위하여 사는 사람들은 기분이 좋으면 그 결과를 고려하지 않고 무언가를 한다. 비평가들에게 현재에 사는 것(현재를 위하여 사는 것처럼 보이는)은 직업윤리와는 상반되는 것으로 보인다. 이 윤리는 많은 사람들이 정서를 성취와 자기지원의 적으로 생각하게 하고 정서는 통제되어야 하는 것으로 믿도록 했다. 하지만 현재에 사는 것은 방향과 에너지를 가져온다.

사람들은 현재의 세계를 몸으로 체험한다(Damasio, 1999). 그들은 자신의 느낌을 담아 두는 어떤 말을 제공하기 전에 느낌과 감각으로 가득 차 있다. 정서지능을 발휘하려면, 위험에 직면했을 때 몸속의 아드레날린이 치솟는 것을 인식할 필요가 있다. 예를 들어, 성적인 매력이 있는 사람이 시야에 들어올 때 몸에 영향을 미치는 호르몬 변화를 자각할 필요가 있다. 사람들은 그들의 사랑, 욕망, 정서적인 고통이 초래하는 치열한 결과를 인식해야 한다. 자기에게 집중함으로써 이러한 인식 과정을 시작하고, 처음에는 자기 자신에게 그다음에는 적절한 때에 다른 사람들에게 자신의 느낌을 상징할 수 있어야 한다. 사람들은 자신에게 "나는 느낀다."라고 말할 수 있어야 하며, 이러한 감정을 이해하기 시작해야 한다. 자신의 경험을 이해하기 위해서는 '머리를 써야' 한다. 정신은 신체적으로 느껴지는 경험을 말로 표현하고, 의식적 경험으로 씻겨 내려가는 신경화학적인 폭포를 통합하여, 그것들을 개인적인 의미로 상징할 필요가 있다. 간단히 말해서, 지능적으로 살기 위해서는 머리와 마음이 통합되어야 한다. 내담자가 자신의 감정을 이해할 수 있도록 돕는 것이 바로 이 책의 목적이다.

과거에 의해 알게 됨

정서는 현재를 기반으로 하지만, 과거의 영향을 받아 미래에 영향을 미친다. 과거는 그것이 현재의 사건에 대한 개인의 경험에 영향을 미치는 정도까지 지속된다. 상황과 관계에 대한 사람들의 현재 반응은 종종 그들의 정서적인 역사로부터 만들어진다(Luborsky & Crits-Christoph, 1990).

기억은 종종 정서가 일어나게 한다. 유아기부터 성인기까지 사람들이 배운 교훈은 정서적 기억 속에 저장되어 있다(Singer & Salovey, 1993). 많은 불쾌한 정서가 과거로부터 침습될 때 일어난다. 예를 들어, 어떤 사람은 돌아가신 부모님을 연상시키는 그림을 볼 때 슬픔이 일어날 수 있다. 사람들의 현재 경험은 과거의 정서적인 장면, 현재에 무례하게 침입한 기억들에 의해 뚫릴지도 모른다. 그러한 침입은 종종 걷잡을 수 없는 방법으로 일어난다. 그래서 현재의 경험은 종종 과거의 경험에 관한 것이다. 과거에 대한 정서는 현재에 대한 생생한 정서적인 반응과 다르다. 기억된 과거의 정서는 흔히 정서적 문제의 근원이 된다. 정서를 가이드로 사용하여 코칭할 때 가장 중요한 구분은 과거 사건에 대한 미해결 감정을 현재 상황에 대한 정서적 반응과는 다르게 다루는 것이다.

미래 상상하기

미래의 사건을 예측하는 것 또한 감정, 특히 걱정을 야기할 수 있다(Borkovec, 1994). 일어날지도 모르는 사건에 대한 감정을 다루기는 어렵다. 과거의 삶은 기억 속에서 살아 있으며, 적어도 그 정서는 실제 상황에 대한 반응으로 야기된 것이다. 즉, 과거 사건들에 대한 반응으로 느껴지는 정서에는 실제적인 무언가가 있다. 그러나 미래에 관해서는 마음의 내부 극장에서 펼쳐지는 미래 장면의 리허설에 대한 반응만을 제공하기 때문에, 정서는 생각의 부차적인 것이 된다.

그러나 미래 사건을 상상하고 생각하는 것은 중요한 능력이다. 왜냐하면 미래 사건에 어떻게 반응할지를 예상하는 데 도움을 주기 때문이다. 사람들은 이 능력을 이용하여, 현재 '시범적으로 실행된' 정서적 경험을 만들어 낼 수 있다. 배우자나 파트너가 없는 삶이 어떨지 상상해 보면 얼마나 외로울지 실감할 수 있을 것이다. 이것은 그 사람에게 충실하라는 결정을 부채질할 수도 있다. 마음이 예기된 미래를 떠올리고 그것을 현실처럼 대할 때는 미래와 관련된 정서들이 문제가 된다. 이러한 정서는 가상현실에 대한 반응이기 때문에 거의 '가상' 정서라고 생각할 수 있다. 그러므로 문제는 사람들이 미래에 대한 환상을 현실과 혼동하고 미래가 지금 일어나고 있는 것처럼 반응할 때 발생한다. 이것이 사람들이 진짜 곤경에 빠지는 길이다. 그들은 종이호랑이로부터 도망치고, 아직 던져지지 않은 모욕에 분개하며, 중요한 대상이 아직 현존해 있는 동안에도 그 사람을 잃은 것에 대해 애통해한다. 미래에 대한 환상이 계획과 행동에 동기를 부여할 정도로 미래 사건에 대한 감정 반응을 상상하는 것은 건강하다. 사람들이 마치 지금 일어나고 있는 것처럼 아직 일어나지 않은 사건들에 대해 괴로워할 때, 그들은 자신이 현재에 가지고 있는 유일하고 너무나 짧은 순간을 망치게 된다.

미래와 관련된 정서에 두 번째 문제는 현재의 감정에만 충실하고 그로 인한 행동의 미래 결과를 고려하지 않을 수 있다는 점이다. 예를 들어, 수술에 대한 두려움은 치료를 전혀 받지 못했을 때의 결과를 고려하지 않게 할 수 있다. 정서는 사람들에게 현재에 문제나 염려가 있다고 알려주고 즉각적이고 유용한 반응을 하도록 한다. 그러나 정서는 미래를 들여다볼 수 없고 사람들에게 그것이 시사하는 행동의 미래 결과에 대해 알려 줄 수 없다. 미래의 결과를 예측하기 위해서는 생각하고 상상하는 것이 요구된다.

미래의 시나리오를 상상하고, 가능한 행동 과정을 평가하고, 사고하고, 추론하는 사람들의 능력은 생존과 번영을 위한 능력을 대폭적으로 증대시킨다. 건강한 방식으로 행동하기 위해서는 정서에 의해 자극을 받을 뿐만 아니라 자신의 행동으로 일어날 수 있는 미래의 결과에 대해서도 생각할 필요가 있다. 예를 들어, 사람들이 섹스 중에 피임 기구를 사용하기로 결정할 때마다 이성과 정서는 신체적으로 건강한 생활을 보장하기 위해 함께 작용한다. 감정에만 반응했다면 결과를 생각하지 않고 무방비 상태의 섹스를 했을 수도 있다. 행동의 미래 결과를 예측하고 그것을 현재의 경험과 통합할 수 있는 능력은 더 건강한 행동으로 이끌 수 있게 한다. 사람들은 여전히 현재의 만족에 대해 걱정하겠지만, 이제 앞으로의 결과도 고려할 수 있게 한다.

과거, 현재, 미래를 통합하기

정서가 현재를 얼마나 심오하게 지배하고 자신의 세계에서 어떻게 지향해 나가게 하는지를 인식할 필요가 있다. 감정은 진행 중인 사건에 대한 현재의 반응을 지속적으로 알려 주며, 그것이 시작되는 순간에 자신이 누구인지를 금방 알게 해 준다. 사람들이 첫 자아를 더 복잡한 자아로 변화시키기 전에 감정은 첫 접촉의 영향을 알려 준다. 이러한 첫 번째 감정은 그들이 어떻게 반응하고 있는지를 말해 준다 (그들이 어떻게 반응해야 하는지, 혹은 어떻게 반응하고 싶은지, 그들이 실제로 반응하고 있는 자아가 어떻게 반응하고 있는지를). 생물학적인 지혜로 가득 찬 정서는 살아 있는 경험의 용광로 속에서 현재의 자아로 만들어진다(Stern, 1985). 자라면서 좋은 대우를 받으면 세상을 안전한 곳으로 지각하고 기분이 좋다. 좋은 대우를 받지 못하면 세상을 위험하게 감지하고, 세상에 무반응하고, 세상을 두려워하는 자아의식을 형성하기 시작한다. 자아는 사물을 느끼면서 이 내재된 지식에 반응한다. 따라서 다른 사람의 얼굴 표정을 가지고 곧 다가올 갈등의 신호로서 공기 중에 있는 위험이나 긴장의 암시라고 해석하면서 두려움을 느낀다. 또는 데이트가 그들이 교제한 날짜를 감지할 수 없을 정도로 급속하게 진행되고 있는 것에 대해 아직 분명히 표현되지 않은 관심을 나타내는 것으로 여기고 만족감을 느낀다. 이러한 직관적인 느낌이 없다면, 사람들은 어떤 직관적인 지향성의 결여로 인해 어설픈 상황에 직면하게 될 것이다. 신체적으로 느끼는 이러한 정서의 지혜는 사람들을 평탄한 상태에 있게 하는 회전의(gyroscope) 역할을 한다.

그러나 만일 사람들이 단순히 그다음에 드러나는 정서의 물결을 서핑하면서 정서만을 나타내며 살아간다면, 인간이 적응적 삶에 대한 언어와 문화를 통해 학습한 모든 것을 스스로 털어 버리게 될 것이다. 언어에 기초한 지식은 생물학과 경험에 더하여 인간이 학습한 모든 것을 전달하는 데 결정적인 역할을 해 왔다(Gergen, 1985; Neimeyer & Mahoney, 1995). 그러므로 사람들은 항상 그들의 정서적 기반의 생물학적 지식을 자신이 익히 알고 있는 개인적이고 문화적인 지식과 통합시킬 필요가 있다. 우리가 알다시피 기분이 좋아서 무언가를 하는 것이 항상 가장 좋은 행동지침이 되는 것은 아니다. 행동하기 전에 그들의 사회적 배경과 미래를 고려해야 한다. 어떤 특정한 맥락에서든 수용적이고 효과적인 많은 행동이 학습되고, 일차적이고 생물학적인 기반의 정서 경험과 통합될 필요가 있다. 다른 사람이 자신을 짜증나게 한다고 해서 즉시 소리를 지르는 사람이나, 자신이 매력적이라고 생각하는 다른 사람과 즉시 사랑을 나누는 사람은 관련 정보를 충분히 고려하지 않는 사람이다. 반면에 짜증나거나 끌리는 느낌을 무시하는 것은 그 사람에게서 지식, 즐거움, 활력의 깊은 원천을 빼앗아 가는 것이다. 그러므로 현재의 느낌은 미래의 결과에 대한 인식과 통합되어야 하며 과거의 학습에 의해 알려져야 한다. 현재만을 위해 살고 결과를 무시하는 것은 현명하지 못하다. 오늘 한 일은 내일 일어날 일에 영향을 미칠 것이다.

정서 반영하기, 이야기하기, 의미화하기

정서를 인식한 후에 경험을 이해할 수 있고, 그렇게 함으로써 다른 사람의 도움을 받을 수 있는 능력이 생긴다. 여기서 의식적인 의미를 창조하고 말로써 감정을 상징할 수 있는 놀라운 인간의 능력과 합리적으로 생각하고, 반성하고, 계획하고, 상상하는 능력이 중요해지는 것이다. 이러한 재능의 조기 적용은 해로울 정도로 잘못된 것이며, 적용의 부족은 잠재적으로 재앙이 될 수 있다. 사람은 빵만으로 살 수 없는 것과 마찬가지로 정서만으로 살거나 이성만으로 살 수 없다. 사람들의 정서 두뇌는 그들이 언제 무엇을 느낄지 거의 통제하지는 못하지만, 사건의 후속 과정을 인식하고 통제할 수 있도록 디자인되어 있다. 감정을 느끼는 시간, 감정을 가지고 하는 일을 조절할 수 있고, 첫 감정의 급류에 따르게 하는 중요한 감정과 생각의 순서를 이해할 수 있다. 이것은 다음 예에서 증명된다.

에린은 길을 걷다가 그녀에게로 다가오고 있는 한 남자를 본다. 그녀는 그를 만난 적이 있고, 알 수 없는 이유로 그에게 깊은 매력을 느낀다. 그녀는 그녀의 애증의 대상이 자신을 보고 있다고 느끼고, 심장이 두근거리고 몹시 긴장된다. 그녀는 무슨 말을 해야 할지 계획하면서 혼미한 마음으로 그에게 다가간다. "어떻게 시작할까? 무슨 말로 그의 관심을 끌 수 있을까?"라고 스스로에게 묻는다. 하지만 그녀의 환상에 사로잡힌 완벽한 파트너는 바로 그녀를 지나쳐 버린다. 그는 그녀를 알아보지 못하는 것일까, 아니면 너무 생각에 잠겨서 그녀와 거리의 다른 사람을 의식하지 못하는 것일까? 에린은 모른다. 그녀는 망연자실하였다. 수치심, 그리움, 고통, 외로움이 모두 그녀의 몸속으로 스며든다. 그녀는 그 모든 경험의 충격으로 거의 허리가 접힐 듯이 휘청거리면서 길을 걸어간다. 그리고 생각한다. '어떻게 된 거야? 그냥 걸어가다가 갑자기 이런 감정의 폭풍이 왔어. 나는 마음을 가라앉혀야 해. 우리는 거의 만나지 않았어. 우리가 어떻게 될지, 아니면 우리에게 공통점이 있는지 정말 모르겠어. 그가 나를 봤는지 못 봤는지도 모르겠어.'라고 생각한다. 이제 자신의 감정을 차례대로 반영하여 이 감정의 범람을 자신이 이해하게 한다. 그녀는 생각하기 시작한다. '이 감정들은 유령에 대한 반응이야. 그에게는 일종의 예리한 자존감인 민감성과 결합된 자기충족성(self-containedness)이 있어. 내가 그의 그런 점을 너무 좋아하고. 나의 어떤 점이 내가 이렇게 반응하도록 하는 걸까?' 그리하여 그녀 자신과 상황에 대한 고찰이 시작된다.

사람들은 자신의 정서 외에도 적응적으로 살기 위해 의식적인 모든 능력과 그 시대의 문화적 학습이 필요하다. 그들은 사고 작용 없이 자신의 안녕에 중요한 무언가가 일어나고 있음을 알려 주는 정서가 필요하며, 정서가 지적하고 이성이 해결해야 하는 문제들을 다루기 위해서 사고 능력이 필요하다. 우리는 자신이 느끼는 감정을 인식하고, 이 반응을 적절한 것으로 받아들일지를 고려해야 한다. 이 능력을 개발하고 적용하는 것은 정서지능의 중요한 측면이다.

그렇기에 감정의 상징화와 반영이 중요하다. 상징화와 반영은 상황과 행동 사이에 마음을 집어넣는다. 어떤 정서적 반응도 결국 흥분과 억제를 포함한다. 느껴지거나 표현되는 것은 내려놓기와 붙잡기 사이의 변동적인 균형에 달려 있다. 생물학적 시스템에서 흔히 볼 수 있듯이, 정서는 이중 조절을 한다. 정서는 조절 체계를 포함하고 있으며, 이성과 반영은 그 체계의 중요한 기제이다. 문명의 가장 중요한 특징 중 하나는 이성과 반영을 통해 사람들이 자신의 정서에 대해 더 잘 알고 반응할 수 있다는 것이다. 이성과 반영은 정서적인 반응 그리고 그 이유와 관련하여 일어난다. 반영을 통해 건강하게 정서 조절을 하는 개선된 관행은 보다 문명화되었다는 표시이다. 오늘날의 사람들은 모두 자신이 느끼는 것과 그 이유에 대해 이전 세대보다 훨씬 더 많이 생각한다. 여기에 미래에 대한 희망이 있다. 머리와 마음의 더 큰 통합이다. 이러한 반영과 정서적 자극의 통합이 자발성을 반드시 약화시키거나 파괴하는 것은 아니다. 오히려 자유로운 표현을 통해 적절하고 적응적인 시기를 인식하게 됨으로써 표현을 강화시킬 수 있고, 표현을 위한 특별한 시간을 만들 수 있으며, 나아가 정서 조절의 자발적인 능력을 개발할 수 있는 더 큰 기회를 만들어 낼 수 있다.

감정 일기를 쓰는 것은 고통스러운 기억을 극복하는 데 매우 도움이 되며, 면역 체계의 기능과 건강을 증진시킨다(Pennebaker, 1990). 그것은 또한 경험을 상징하고 재구성하는 데 도움이 되며, 자신의 경험을 더 잘 이해하고 그것을 기존의 의미 구조로 동화시키는 데 유용하다. 예를 들어, 한 10세 소녀는 부모의 쓰라린 이혼 합의 때문에 설명도 없이 여름휴가 동안 사랑하는 친조부모와 함께 지내는 것을 금지당했다. 그녀는 조부모님이 자신을 사랑하지 않는다고 가정했기 때문에 혼란스러웠고, 거절당했다고 느끼고 상처를 받았다. 일기에 자신의 감정적인 경험에 대한 글을 쓴 것은 청소년으로서 그녀가 그 경험을 이해하도록 도왔고, 그녀의 조부모가 그녀를 돌보지 않는 것이 아니라 그들 모두가 이혼의 희생자라는 것을 더욱 분명하게 깨닫게 해 주었다. 이것은 젊은 여성으로 성장한 그녀가 조부모를 용서하고, 그들에게서 받은 사랑을 받아들이고, 그들과 다시 연결되도록 노력하는 데 도움이 되었다.

앵거스와 내가 논한 바와 같이(Angus & Greenberg, 2011; Greenberg & Angus, 2004), 인간은 의미를 창조하고, 개인적인 경험을 이야기나 담론으로 만들기 위해 언어를 사용한다. 흔히 외상성 정서적 상해와 상처에 직면하여 신뢰를 크게 상실한 경우, 내담자는 일어난 일에 대해 조직적으로 서술적 설명을 할 수 없고, 그 고통스러운 정서적 경험에 대한 의미를 부여할 수 없다. 정서의 의미화를 위해서는 자신과 타인의 감정, 관심사 그리고 마음에 간직하였던 소중한 신념을 깊이 펼쳐야 한다. 예를 들어, 자신을 사랑스러운 아내이자 파트너로 자부해 온 한 중년 여성이 결혼 25년 만에 어느 날 갑자기 이혼당한('내버려진') 자신을 발견하고는 가슴이 무너져 내리고 자신의 전반적인 정체성과 세상이 어떻게 돌아가는지에 대한 이해마저 뿌리째 흔들리게 된다. 그런 경우에 외상이나 손상된 관계가 치유되기 전에 일어났던 사건들은 반드시 서술되고 정서적으로 재경험되어 복원되어야 한다. 자기와 타인의 행동을 이끈 역할과 의도에 대한 그럴듯한 설명이 나올 수 있도록 이야기되어야 하며, 일어난 일의 상황과 그 일이 어떻게 경험되었는지를 일관성 있게 설명해 주는 새로운 의미가 나타나야 한다.

서술은 단절된 경험과 기억에 형태를 부여함으로써 자기반영과 자기구성의 여지를 제공하고 우리 경험에 대한 해석과 의미를 부여한다. 실제로 인격적 정체성을 갖는 감각은 우리의 경험을 이야기하는 행위에 의해 다른 사람들과 공유되고 새로운 자기이해를 위해 반영된다(Bruner, 1986). 다른 사람의 도움을 받아 자신의 정동을 조절하고 타인과의 정서적 경험에 대한 논리적인 설명을 엮을 수 있을 때 우리의 안전감이 발달한다. 우리가 자기 자신의 이야기의 화자가 될 때 다른 사람들과 함께할 수 있고, 자신의 과거를 선택적으로 되돌아보고, 상상의 미래가 이루어질 수 있도록 자신의 개성을 형성해갈 수 있다.

이야기는 사건을 시간적으로 배열하고, 우리의 삶에서 행동, 사물, 사람을 협응하게 하고, 우리의 경험에 관점과 의미를 제공한다(Angus & McLeod, 2004). 상황에 따른 경험의 패턴을 상징화함으로써 자기에 대한 일관성과 안정감을 확립한다. 때로는 일관성이 없는 의미와 서로 다른 상황과 관계에서 우세한 자아 측면에 대한 담론적인 설명을 제공한다(Angus & McLeod, 2004). 이러한 모든 노력은 '나는 누구인가?'와 '나는 무엇을 의미하는가?'라는 의문이 제기되는 자기이해와 정체성 달성의 지속적인 인생 프로젝트에 기여한다. 자아가 끊임없이 변화하는 복잡한 자기조직의 집합체라는 점을 감안할 때, 자기이야기를 창조하는 것은 안정된 정체성의 확립에 결정적이다.

모든 이야기는 정서적인 주제들에 의해 형성된다. 이야기는 우리의 정서를 이해하는 데 도움이 된다. 우리가 낭만적인 경험에 관한 이야기를 할 때, 우리는 우리의 감정을 이용하여 우리의 파트너들의 마음과 마음속에 있는 '진정한' 것이 무엇인지 평가한다. 의도, 목적, 목표, 희망 그리고 욕망의 내면세계를 평가한다. 만약 우리가 파트너를 신뢰할 수 없다고 생각한다면, 우리는 그의 친절한 행동에 사악한 동기가 있다고 생각할 수 있다. 정서 경험을 이야기로 꾸미는 것은 우리에게 경험이 무엇을 의미하는지 반영적으로 이해할 수 있게 해 주고 알려 준다는 점을 유념해야 한다. 동시에 모든 정서는 이야기에 의해 모양을 갖춘다(Sarbin, 1986). 우리는 누군가가 우리에게 친절하게 대해 준 상황에 대한 이야기를 할 때 행복하거나 감사함을 느낀다. 우리는 다른 사람들이 우리를 해칠 의도를 가지고 있는 것을 볼 때 화가 나거나 두려워한다.

이야기는 정보가 경험적으로 이용 가능한 자기상태로 정리되고 합성되는 신체, 감각 운동 및 정서적 하위 체계의 복잡한 네트워크와 상호작용한다. 이러한 상호작용은 인간의 경험과 우리의 연속성을 구현하는 데 필수적이다.

삽화: 정서지능에 관한 작업

이제 정서가 사람들을 어떻게 더 현명하게 하고 지능을 향상시키는가에 대한 예를 보자. 트레버는 4개월간의 출장 때문에 처음으로 아내와 떨어져 있다. 아내는 전화로 그가 없이 어떻게 지내는가에 대하여 이야기하였다. 아내는 더 독립적이 될 수 있다는 것에 정말로 기분이 좋고 그의 도움에 의존하지 않고도 자신의 정체성을 보다 쉽게 정의할 수 있었다고 한다. 트레버는 흥미롭게 들으며 그녀의 목소리가 상기되어 있음을 느낀다. 아내는 자신의 일정에 따라 더 자유롭게 일을 할 수 있으며 그에게 맞춰 주지 않아도 되고 자신의 리듬을 잃지 않아도 되는 것이 너무 좋다고 계속 얘기한다. 비록 그녀가 그를 그리워하고 있으며 그와 함께해서 좋다고 얘기하면서 그를 안심시키고 있지만, 트레버의 몸 안에서는 점차 뭔가가 일어나고 있다. 계속해서 그녀는 자신이 항상 분리되려고 하였으며 자신이 무엇을 좋아하는지 알려고 하였고 정체성에 대한 확신을 느끼려고 노력하여 왔다고 말한다. 그녀의 얘기를 들으면서 트레버의 내면에서는 뭔가 휘젓는 느낌이 점점 커지고 있다. 그 느낌이 그의 가슴과 배를 통하여 올라오기 시작한다. 그것은 마치 맛없는 느끼한 액체를 마신 것과 같아 뱉어 버리고 싶지만, 뱃속을 이미 지나고 있기 때문에 그럴 수 없다. 트레버는 그녀가 농담하듯이 "당신도 알다시피 당신의 욕구를 들어주는 것이 때로는 너무 힘들어. 잠시 동안 관계가 안고 있는 어쩔 수 없는 타협에서 자유롭다는 것이 좋아."라고 말하는 것처럼 들린다.

이제 트레버는 자신이 사실상 아내의 말을 들을 수 없음을 알게 된다. 그녀의 말을 듣고 그 말을 이해도 하지만 머리가 어쩔어쩔한 느낌이 들기 시작하고, 그녀의 말들이 아득하게 멀게 느껴지고 의미 있게 다가오지 않고 그냥 스쳐 지나가 버리는 것 같다. 그는 그녀의 말을 따라가려고 애를 쓰지만 자꾸 멀어지는 자신을 발견한다. 그의 호흡이 얕아지고 배, 어깨, 턱이 약간 긴장하고 있다.

그의 아내는 여전히 스스럼없이 열심히 말하고 있고, 트레버는 그녀가 비판적이거나 적대적이지 않다는 것을 알 수 있다. 사실 그녀의 목소리는 다정하고 따뜻하다. 그러나 그는 뭔가 위협적이고 거부당하는 것으로 느껴진다. 그는 상처받았지만 보호받을 수 있는 자신의 내면의 깊은 곳으로 간다. 그는 슬프고 외로운 느낌이 든다. 이런 느낌을 처음 가진 것은 아니며 그 느낌을 잘 알고 있지만 지금 전화기를 그의 귀에 대고 앉아서 이렇게 마음이 위축되어서는 그 느낌에 대해 말하기가 어렵다. 이번에는 그가 거부당한다고 느꼈던 다른 때와는 다르다. 그는 전화를 받으면서 자신의 불안과 우려를 더 잘 알 수 있게 되었다. 도움이 되게 반응을 하거나, 자신의 견해를 주장하거나, 화를 내거나, 무슨 일인지 분석하는 것과 같은, 멀어지는 느낌을 가진 채로 침묵을 지킨다. 전화기에는 긴장된 침묵이 흘렀다. 그는 무언가를 말하고 싶지만, 아내와 닿기 위하여 혼란에서 벗어나려고 헤엄치는 것처럼 보일 수는 없는 것이다.

결국 어떻게 해서든지 트레버는 자신을 밖으로 끌어내기 위하여, 용기를 내기 위하여 자신의 내적 자원을 활용하는데, 이는 그가 자신이 느끼는 것에 대해 "이건 듣기 힘들고 상처가 돼." 혹은 비슷한 다른 말을 한다. 그의 아내는 자신이 가끔 사용하는 방어적인 방식이 아닌 안심을 시키는 방식으로 대답하지만, 그는 여전히 멀어진 느낌이 들며 자신의 목소리가 내면의 깊은 동굴 속에 숨어 있는 자신에게로 메아리가 되어 돌아오는 것 같다. 그는 '그녀가 무슨 말을 하려는지 잘 알아. 하지만 좀 거부당하는 느낌이 드는데.'라는 생각이 든다. 이렇게 하는 것이 약간의 도움은 되지만, 그는 여전히 담쌓은 곳에서 나와서 다음과 같은 말을 하려면 자신에게 도움이 되는 내면의 자원을 꺼내려고 노력하여야 한다. "나도 당신과 떨어져 있으면 당신과 똑같이 자유롭고 당신한테 덜 맞춰 줘도 되는 느낌을 가지고 있기 때문에 당신이 하는 말을 이해해. 하지만 나를 멀리하는 것에 너무 열중한 것 같고 당신이 나와 분리되어야 한다는 것을 너무 강조하는 것 같아. 당신은 항상 나를 밀어내려고 노력하는 것 같아. 당신의 투쟁에 너무 깊이 몰입해서 내가 멀리 밀려나는 느낌을 받아. 때로는 나도 당신이 나와의 연결이 필요하다는 말을 더 듣고 싶어." 그는 덧붙여서 말한다. "내가 때때로 감정적으로 요구하고 있다는 것을 알고 있어. 하지만 내가 당신에게 짐이 된다는 말을 듣기가 정말로 힘들어." 아내는 그의 마음을 헤아리면서 이러한 것이 그들의 관계에 항상 문제가 되었지만 그녀는 남편과의 관계를 소중하게 생각해 왔음을 분명하게 느끼며 자신이 하는 말이 위협적인 게 아님을 이해해 주길 바란다고 말했다. 그는 마음이 놓이기 시작하고 숨지 않고 직면하는 것으로 돌아오는 것을 느낀다. 그가 다가갈 수 있었던 것은 그녀의 말만큼 그의 마음을 헤아리는 그녀의 목소리이다. 그는 더 편안하게 숨을 쉬고 머리에서 맴돌던 느낌이 떠나기 시작하며, 바라보고 있던 식탁 위의 그릇이 밝은 색임을 알아차린다. 아내는 그가 괜찮은지 물어보고, 그는 전화기 너머로 전해져 오는 그녀의 염려하는 마음을 느낀다. 그들은 지금은 이러한 대화를 끝내고 그가 집으로 돌아오면 계속하기로 한다. 그는 몇 가지 다른 일에 대해 이야기하고, 작별인사를 한다. 10분 후에 다시 그녀는 전화를 하여 보통 때는 그가 쉽게 말을 잘하는데 이번에는 정말 그의 말을 듣기가 슬프고 은근히 아픔을 느꼈다고 하면서 그가 괜찮기를 바란다고 한다. 그는 그녀가 이렇게 전화를 해 줘서 기분이 좋고 고맙다고 말한다.

이 대화가 힘들었을지 모르지만, 트레버와 그의 아내는 서로에 대해서 감정적으로 정직하고 서로를 염려하는 마음이 있었기 때문에 이러한 대화로 인하여 더 깊은 신뢰를 갖게 되었다. 상호 간의 연결성과 각자의 자율성에 대한 부부의 요구가 인식되었다. 부부로서 그들은 이 상호작용을 능숙하고 민감하게 다루었고, 마침내 더 가까운 느낌을 갖게 되었다. 다른 사람들이었다면 통제 불능 상태로 빠져들어갈 수도 있었다. 대화는 공격과 철회 또는 공격과 역공격 그리고 어쩔 수 없이 방어하게 되는 악순환으로 치달을 수도 있었다. 그렇게 되면 두 사람 모두 마모되고 힘이 빠지는 느낌을 가졌을 것이며, 한동안 부부의 연결성이 손상된 채로 지내야 했을 것이다. 다행히 트레버는 쉽지는 않았지만 철회하는 태도에서 빠져나올 수 있었다. 두 사람은 해냈다. 그는 상처받은 마음으로 말했고, 아내는 그의 감정을 들어주고 인정하였다.

이 삽화에서 정서지능은 다음과 같은 역할을 하였다.

- **정서는 아내와의 관계 상태에 대해 그에게 신호를 보냈다.** 트레버의 정서는 부부 관계가 안전하다는 이성적인 판단에도 불구하고 아내가 주는 위기감과 거부감을 느끼고 있음을 알려 준다. 이러한 정서는 그에게 주요한 관심사(그가 누구인지, 그리고 그의 인생사에 있어서 연결에 대한 그의 요구)가 될 어떤 것이 위험에 처해 있을 가능성을 말하여 준다.
- **정서는 그를 행동하도록 조직하였다.** 트레버의 위기감으로 인하여 그의 복합적인 내적 요인이 그를 안전한 장소로 물러나도록 하였다. 그곳에서 그는 진행되고 있는 것을 기민하게 살피면서 아내의 거부와 유기의 단서를 체크하고 그다음에 해야 할 일을 고심하였다.

- 정서는 그의 관계 상태를 보여 주었다. 그의 정서는 그가 아내와의 관계에서 수용, 거부, 친밀감 및 거리감의 정도에 항상 주의를 기울이면서 버려질 것 같은 두려움으로 거의 얼어붙게 됨으로써 있을지도 모르는 아내의 거부에 반응함을 보여 주었다.

- 정서는 그의 방식대로 가야 할지 여부를 평가하였다. 트레버는 의식적으로 이것을 결정하기 전에 오랫동안 안전에 대한 그의 욕구가 위기에 처했다는 경고를 느꼈다.

- 정서는 그의 아내에게 그들의 관계 상태에 관해 알려 주었다. 통화에서는 대부분의 신호를 음색으로 알 수 있다. 음색은 얼굴 표정 다음으로 풍부한 신호 체계이다. 트레버는 그의 아내가 염려하면서 안심시켜 주는 목소리로 말하는 것을 들었고, 이것이 결국 그날의 위기를 넘길 수 있게 하였다. 그녀는 남편이 두려움으로 인하여 침묵하거나, 행동을 멈추거나, 망설인다는 것을 알고 그에 맞게 행동을 하였다. 이러한 비언어적인 신호가 없었다면 두 사람은 항상 말을 하여야만 하였을 것이다. 언어적인 의사소통은 중요하기 때문에 그 자체에만 의지하고 배우자가 느끼는 것이 항상 사실이기를 기대한다면 두 사람의 문제는 끝이 없을 것이다.

- 정서는 그를 도왔다. 좋든 싫든, 그는 버려질 것 같은 자신의 약함을 느꼈고, 그것에 주의를 기울이고 어떻게 대처해야 하는지를 배워야 하였다. 그는 설명할 수 없을 만큼 혼란스럽고 위축될 위험에 있으면서도 그것을 무시할 수 있었다. 트레버가 다음과 같은 정서지능 기술을 사용하지 않았다면 상황이 다르게 끝날 수 있었다.

- 그는 정서를 이해하였다. 트레버는 가슴과 배에서 느껴지는 혼돈스러운 느낌을 인식하고 주의를 기울였고, 신체의 불편한 느낌이 위기감을 알려 준다고 판단했다. 그는 자신이 느끼는 것을 항상 좋아하지는 않았고 그 느낌이 항상 현실과 잘 맞지도 않았지만, 느낌이 있었고, 그것이 그를 조직하였다. 그는 그것을 자각하고 이해할 필요가 있었고, 그에게 맞게 건설적으로 대처할 방법을 찾았다. 자기 자신과 아내에 대한 트레버의 지식은 진상을 올바르게 보도록 하는 데 중요한 도움이 되었다. 유기감에 대한 과거의 상담치료가 도움이 되었다. 그는 자신이 느끼는 것을 빨리 이해하고, 아내의 거부에 대한 두려움이 실재하

는 것이 아니라고 평가하고, 힘들게 하는 것에 대한 관점을 바꿀 수 있었다. 또한 그가 이것을 말로 표현하고 내면의 안전감을 사용할 수 있었기에 지난 세월 동안 아내가 자신을 아껴 주었던 모든 것을 놓치지 않고 붙잡을 수 있었고, 이를 미래의 가능성으로 투영하는 데 도움을 받았다. 이는 그가 바쁘게 마음을 움직였음을 뜻한다.

• 그는 적절한 방법으로 자신의 정서를 아내에게 표현하였다. 트레버는 모든 것을 표현하지는 않았다. 오랫동안 자신의 문화의 대인관계에서 배운 것과 과거의 심리치료에서 배운 것이 그의 표현에 담겨 있었는데, 비난하기보다는 자신이 느낀 바를 말하는 것이었다. 자신의 감정을 무시하고 아무런 영향을 받지 않은 것처럼 하였더라면 트레버는 소외되거나 혼란스러웠을 것이다. 상처가 되는 부분을 아내에게 말하기로 결정한 것이 그의 입지를 되찾는 데 도움이 되었다.

정서는 트레버에게 그가 위기감과 거부감을 느꼈다는 것을 알려 주었고, 그는 이를 아내에게 말로 옮기기 전부터 비언어적으로 신호를 보냈다. 처음에 그는 무질서하고 자동적으로 반응하였으나, 차츰 자신의 반응을 이해하기 위해 열심히 노력하여 소통할 수 있었다. 그의 아내는 언어적으로나 비언어적으로 확고하게 이해하는 태도로 의사소통하면서 남편의 감정에 반응하였다. 이러한 유형의 반응은 정서적 상호작용을 건설적으로 만드는 데 매우 중요하다.

결론

정서지능이란 머리와 심장을 통합하는 것을 포함한다. 이것은 현재 내재된 정서 경험의 자각, 적절한 표현 및 정서 반영과 정서 조절을 뜻한다. 정서는 현재 몸에서 일어나며, 과거와 미래에 영향을 끼치고 또 영향을 받는다. 본질적으로, 우리는 모두 정서적으로 거의 비슷하다. 부적응적인 정서를 변화시키고 새로운 의미를 만드는 데 있어서 경험과 반영 둘 다 중요하다. 다른 사람의 정서에 대한 공감은 정서지능의 중요한 측면이다.

Chapter 02

정서의 특성

정서가 그 생각을 찾고 생각이 말을 찾았을 때 시가 된다.
– 로버트 프로스트(Robert Frost)

정 서지능을 향상시키는 방법을 알아보기 전에 정서가 어떻게 작용하는지 이해해야 한다. 이 장에서는 정서의 특성에 대해 우리가 알고 있는 것을 요약한다. 즉, 정서가 형성되는 방법, 정서가 물리적인 신체, 문화, 생각과 상호작용하는 방법 그리고 부적응적인 정서가 변화되는 방법에 대해서 알아본다. 정서에 대한 간략한 개념화로 시작하여 이러한 견해가 시간이 지남에 따라 어떻게 진화했는지 설명한다.

정서란 무엇인가

정서는 생각과는 매우 다른 누뇌 현상이다. 그것만의 신경화학적이고 생리적인 기반을 가지고 있다. 정서는 뇌가 신체를 통해 말하는 독특한 언어이다. 제1장에서 논의했듯이 정서는 생존을 위해 필수적이며, 몇 가지 중요한 기능을 수행한다. 하지만 철학자들은 정서에 대한 이런 견해를 항상 견지한 것이 아니었다. 고대 그리스의 스토아학파는 열정을 영혼의 질병으로 대했고, 열정이 없는 상태를 유지하기 위하여 일종의 인지치료를 내세웠다. 이에 반하여, 후에 초기 기독교 철학자인 아우구스틴과 아퀴나스는 열정을 인지와 대립되는 격렬한 힘으로 보면서, 더 이상 두려움과 슬픔을 겪지 않는 사람은 진정한 평화를 얻을 것이지만 모든 인간성을 상실할 것으로 보았다(Augustine, 2006). 계몽사상가 스피노자(Spinoza, 1677/1967)는 정서가 나쁘고 통제되어야 한다는 견해와는 다르게 정서가 중요한 생활 기능으로 작용한다고 보았다. 그는 공리 19에서 "인간의 마음은 신체가 영향을 받는 애착 사상을 통해서만 육체가 존재한다는 것을 느끼며, 우리가 그 열정에 마음을 담아 정서를 창조해야 한다."(p. 47)라고 주장했다. 다른 한편으로는 식욕과 욕구에 대한 열정과 감성에 대한 생각(외견상 더 정신적인 경험)이 구별되기 시작했는데 이것이 이때부터 19세기 초까지 감정 관점의 뼈대를 제공하게 되었고, 이후 다윈의 감정 진화적 관점과 제임스의 행동적 감정 관점으로 절정을 이루게 되었다.

1884년 윌리엄 제임스(William James)는 정서를 심리적 범주로 공식화하려는 유명한 질문인 정서란 무엇인가?에서, 정서란 세상의 대상에 대한 인식이 가져온, **본능적인 변화의 생생한 정신적 느낌 경험**이라고 답하였다. 제임스가 몇몇 전임자들의 관점을 확고히 하기 이전에는 정서라는 단 하나의 범주도 없었다. 오히려 민속심리학적·철학적·종교적 저술에서 신체에 영향을 미치는 것에 대한 용어가 한 가지 이상 있었으나, 그것은 열정과 이데아 간의 간극처럼 정신과는 명확하게 구분되는 것이었다.

현재, 정서에 대한 우리의 견해는 제임스의 의견에 부분적으로 동의하는 것이다. 정서는 신체가 우리에게 말해 주는 것을 이해할 수 있는 정신적 방법이고, 번성하는 데 중요하며, 단일 과정 이상의 것이다. 2010년, 이저드(Izard)는 정서학자들을 조사·연구함으로써 정서에 대한 정의를 내리려고 시도했다. 그는 정서의 가장 일반적인 특징으로 신경 회로, 반응 체계 그리고 인지와 행동을 동기화하고 조직화하는 감정 상태/과정으로 요약했다.

정서의 보편성에 관한 연구

　정서에 대한 우리의 현재 이해는 많은 조사연구에 근간을 둔다. 과학적인 심리학에서 정서 측정에 대한 신뢰할 만한 방법이 개발되었을 때, 정서 연구의 첫 번째 중요한 돌파구가 생겼다(Ekman & Friesen, 1975). 1970년대에는 적어도 여섯 가지 기본 정서가 확립되었는데, 이러한 정서는 주로 얼굴 표정으로 알 수 있는 타고난 것이라고 한다. 미국 대학 2학년생이든, 일본 학생이든 혹은 보르네오 부족민이든, 분노, 두려움, 슬픔, 혐오, 놀라움, 기쁨을 불러일으키는 상황에서는 똑같은 얼굴 표정을 보일 것이다. 정서를 서술하는 말이나 개념은 서로 다를 수 있지만, 표현은 똑같다. 북미 지역의 대학 캠퍼스에서 '혐오감'이라고 불리는 것이 보르네오 숲에서는 '썩은 돼지의 냄새'라고 불리지만, 두 문화 모두 동일한 표정을 사용하고 인식한다. 이 보편적인 정서 언어는 태어난 곳에 상관없이 인간을 하나로 묶는다.

　또한 생리적인 상태의 차이는 여섯 가지 상이한 정서와 관련이 있으며(Ekman, Levenson, & Friesen, 1983), 상이한 정서들은 상이한 신경 체계에 위치하고 있다 (Harmon-Jones, Vaugh-Scott, Mohr, Sigelman, & Harmon-Jones, 2004). 심박수는 행복보다는 분노와 공포로 더 증가된다. 피부가 움찔하는 정도는 행복에 대한 공포와 혐오감 때문에 더 커진다. 이것은 긍정적인 정서가 부정적인 정서와 생리적으로 구별될 수 있음을 시사한다. 서로 다른 부정적인 정서 사이에도 생리적인 차이가 있다. 분노, 공포 그리고 슬픔 모두 혐오보다 심박수가 더 증가된다. 손가락 온도 상승은 분노보다 두려움에서 더 크다. 놀람은 행복보다 심박수 증가가 덜했다. 따라서 정서는 고유의 생리적 특성을 갖고 있다.

　표현의 보편성 외에도, 선천성 실명을 가진 사람들의 표정의 유사성, 표현 언어의 종 간 유사성, 신경화학적이고 전기적인 자극으로 특정 표현을 할 수 있는 것 등의 정서 본질에 대한 다양한 연구 결과들이 발표되었다. 그렇기에 맹인 유아가 분노나 슬픔의 표정을 결코 볼 수는 없음에도 불구하고 그들의 사납고 작은 비명 소리와 슬퍼서 울먹거리는 표정은 슬퍼하는 원숭이의 얼굴 표정이나 조산아의 얼굴 표정과 유사하다. 고양잇과 동물과 유인원의 두뇌에 전기 자극을 가하면 사람의 얼굴 표정과 흡사하게 비명을 지르는 표정을 짓는다. 다윈(Darwin)은 1872년 그의 책 『인간과 동물의 정서 표현(The Expression of Emotions in Man and Animals)』에서 종들의 표현 형태의 이러한 유사성에 처음으로 주목하였다. 이러한 관찰을 정서 표현에 대한 엄격한 연구로 발전시키는 데 거의 한 세기가 걸리긴 했지만, 마침내 얼굴 표정처럼 구체적인 것에 정서의 근간을 둘 수 있었기 때문에 정서 측정의 발달을 가져올 수 있었다. 또한 과학의 필수 조건인 신뢰할 수 있는 측정 기술의 발달은 심리학에서 정서 연구를 시작할 수 있게 하였다.

이러한 기본적인 정서 이론은 최근에 정서가 자연적인 것이 아니라 일반적인 심리 과정에서 구성되며 기본적인 심리-정동적인 운동 프로그램과 같은 것은 없다고 보는 심리적 구성주의 관점에 의해 이의가 제기되었다(Barrett & Russell, 2015). 심리적 구성주의자들은 개념화를 정서의 핵심으로 본다. 그들은 두려움, 분노, 슬픔과 같은 기본 정동이 핵심 정동의 변화에 의해 구성된다고 본다(생리학적 균형과 자극의 상태로 특징지어짐). 이러한 정서는 그것의 개념화가 일어날 필요에 의해서 자각된다(Barrett, 2014). 르두(LeDoux, 2012)는 정서의 본질에 대한 질문에 무게를 두어, 정서(emotion)라는 용어 대신에 특정한 적응 목적에 부합하는 통합적인 감각-운동 생존 회로를 제안한다. 회로는 도전과 기회를 탐지하고 반응함으로써 유기체가 생존하고 번성하도록 하며, 최소한의 방어, 에너지 유지, 체액 균형, 체온 조절 및 재생산과 관련된 회로를 포함한다. 심리치료와 생활 영역에서 다루는 복잡한 정서는 일반적으로 기본적인 정동 프로그램과 의미 구성을 복합적으로 통합하고 있다.

언제 어디서 태어나든 간에 사람은 기본적으로 공통된 인간성으로 작용하는 동일한 정서 체계를 가지고 세상에 나온다. 물론 특이한 경험은 사람들의 정서성에 지울 수 없는 낙인을 남기기도 하고, 더 이상 인식하지 못할 것으로 비틀어 왜곡시키기도 한다. 문화도 사람들이 정서를 숨기거나 특정한 방식으로 감정을 표현하도록 훈련시킨다. 자연적이고 수용 가능한 문화권에서 사람들은 감정적인 열정에 사로잡힌 행동을 하거나 마르디 그라 거리에서 즐겁게 춤을 추는 것과 같이 스스로를 표현할 수 있다. 그러나 이런 다양한 경험과 훈련에도 불구하고 사람들은 모두 거의 비슷하다. 어떤 문화권의 나서지 않는 겸손과 다른 문화권의 노골적인 자기주장의 이면에는 타인을 이해하기 위한 인간적인 토대로 작용하는 정서적 인간성의 공통되는 핵심이 있다.

여러 나라의 치료사를 훈련시킨 나의 경험에 의하면, 우리가 가지고 있는 정서 문제의 유형과 정서적으로 해결할 수 있는 형태 모두는 핵심적인 면에서 비슷하다. 중국, 일본, 싱가포르, 북미 또는 남미, 스칸디나비아, 스페인, 슬로바키아 또는 유럽, 인도, 아프리카 또는 오스트레일리아의 어느 도시에서 온 사람들이건 상관없이 보호자와의 미해결 과제로 인한 분노와 슬픔, 자기비난으로 인한 수치심을 느끼며, 문화와 상관없이 고통스러운 감정의 회피로 인하여 괴로워하고 있다. 문화에 상관없이 모든 사람은 이러한 어려움을 해결하기 위해 동일한 과정을 거친다. 중국 사회주의 국가의 가정의 한 자녀로 성장했든, 자본주의 국가 미국에서 다자녀 가정의 한 어린이로 태어났든, 또는 알프스 산이나 인도양에 살고 있든지 간에 정서 과정은 다른 사람들의 그것과 상당히 유사하다. 부끄러움을 주거나 상처를 주는 것은 다를 수 있지만, 부끄럽거나 상처를 입거나 화를 낼 때 사람이 느끼는 것에는 강한 유사성이 있다. 표현에 대한 문화적 규칙은 서로 다르지만, 근본적인 정서 경험은 적어도 현대의 도시 환경에서는 그러한 영향을 그다지 받지 않는다. 그러나 나는 원시 부족 마을에 살고 있는 사람들이 지구촌의 사람들과 같은 유형의 정서 문제와 해결 과정을 가지고 있는지는 아직 발견하지 못했다.

정서와 신체 사이의 연계

정서에 대한 과학적 연구는 정서와 몸이 복잡하게 연결되어 있음을 보여 준다. 특히 우리는 이제 변연계(모든 포유류가 갖고 있는 뇌의 일부)가 공포와 같은 기본적인 정서 과정을 담당한다는 것을 알고 있다(LeDoux, 1996). 변연계는 신체의 생리 과정의 많은 부분을 제어하며, 이로 인해 신체 건강, 면역 체계 및 대부분의 주요 신체 기관에 영향을 미친다. 르두(1996)는 정서 생성에 두 가지 경로가 있음을 발견하였다. (a) 편도체가 위험을 감지하고 뇌와 신체에 긴급 스트레스 신호를 보낼 때는 빠르고 '낮은' 경로로 나오고, (b) 똑같은 정보가 시상 하부를 통해 대뇌 피질로 옮겨질 때는 더 천천히 '높은' 경로로 나온다. 더 짧은 편도체 경로는 신피질 경로보다 두 배 이상 빠른 신호를 전송하기 때문에, 우리는 신속하게 세상에 맞출 수가 있어서 자동적으로 생존 지향적으로 행동하게 된다. 이 모든 것이 생각하기 전에 일어나기 때문에, 생각 두뇌는 정서적인 반응을 멈추기 위해 적시에 개입하지 못하는 경우가 많다. 따라서 자동적인 정서 반응은 사람이 뱀에게서 물러나거나 배려심 없는 배우자를 받아치거나 할 겨를이 없이 일어난다. 어떤 상황에서는 신속하게 반응하는 것이 적응적이라는 것이 분명하다. 반면에 어떤 상황에서는 반영을 통하여 정서를 인도하는 것이 더 기능적인 결과를 가져오는데, 이는 인지를 정서적 반응으로 통합하는 것이다.

이 책에서 중점을 두는 세 가지 중요한 정서 과정을 인간 뇌의 해부학에서 보여 주고 있다. 그것은 (a) 정서를 가질 수 있는 능력, (b) 정서에서 의미를 만들 수 있는 능력, (c) 정서를 조절하는 능력이다. 이러한 각 과정은 치료를 위한 작업장이 된다. 정서에 효율적으로 개입하기 위해 치료사는 사람들이 정서 경험을 피하기보다는 자각하고, 감정을 이해하고 조직하기 위하여 일관되고 도움이 되는 이야기를 만들고, 조절된 정서를 가지도록 도와야 한다.

정서는 존재의 일차적인 자료이다. 즉, 정서는 자기자극에 감응하는 고유수용적 (proprioceptive) 경험인 내적 자아감을 제공한다. 촉감과 냄새 감각처럼 정서도 사람의 몸을 통하여 일어난다. 정서는 극히 주관적인 정보를 제공하면서 의식에 배여 있는 사적인 내면의 정보에 해당된다. 정서는 그 사람이 자랑스럽다, 굴욕적이다, 짜증난다, 또는 고갈되었다고 느끼고 있음을 사람들에게 알려 준다. 정서는 흔히 사람들이 그냥 일어나서 살아 있는 순간순간의 끊임없는 과정 속에서 움직이도록 한다. 사람들은 항상 생각하지 않고 행위(그다지 의식적으로 생각하지 않고 일어나기, 움직이기, 껴안기, 미소 짓기, 긁기 등)를 한다. 자각 다음으로, 정서는 인생에 색깔, 의미, 가치를 제공한다. 이러한 수준의 경험에 머무를 수 없다면, 세상에서 방향감이 결여되고 개인적으로 중요한 것의 의미를 잃게 될 것이다.

생물학적 과정이 정서를 촉진할 뿐만 아니라 정서도 생물학적 과정에 영향을 준다. 예를 들어, 스트레스는 분노, 공포, 슬픔, 수치심과 같은 미해결 정서가 우리 몸에 미치는 영향에 대한 미분화된 이름으로 인식되고 있다. 감정은 면역계와 생리와도 분명하게 연관되어 있다(Pennebaker, 1995).

정서는 또한 언어가 발달하기 전에 인류가 직면한 다양한 상황에 대한 독특한 생리 반응을 이끌어 낸다. 어른거리는 물체나 뱀, 기어 다니는 곤충 또는 밤에 움직이는 커다란 그림자를 볼 때 (다른 여러 생리 반응과 함께) 심장이 뛰는 경향이 있다. 또는 큰 소음이나 비명을 들을 때와 이런 조건하에서 일어나는 다른 생리적 변화는 위험을 감지하는 역할을 한다. 생리적 변화는 이러한 상황에서 발생하며, 이러한 배선(wiring) 중 일부는 타고난 것이고 일부는 학습된 것이다. 정서가 활성화될 때, 적절한 생리적 변화가 일어난다.

정서와 의식적 사고 사이의 연계

정서 뇌(변연계)는 분석적 사고나 추론을 할 수 없고, 빠르게 이루어지는 평가는 부정확하다. 따라서 정서 정보를 사용하기 위해 자신의 감정을 관찰하고 반영해야 한다. 예를 들어, 운전 중 자동차 엔진의 소음을 들었을 때는 놀람이나 두려움 같은 정서적 반응을 작동 방식의 이해와 통합할 필요가 있다. 그런 다음 즉시 멈출 것인지, 수리점까지 운전할 것인지, 아니면 더 적응적인 융통성을 발휘해 줄 이성의 안내에 맡겨 둘 것인지 결정해야 한다. 정서 체계와 추론 체계의 통합에 의존하면 반응의 복합성 또한 향상된다.

어느 것이 먼저인가

대부분의 정서 이론가는 인간의 정서가 자극 평가의 형태를 띠며, 그에 더하여 생리적 환기, 표현적 행동 및 도구적 행동에 대한 충동 그리고 일종의 주관적 감정을 수반한다는 것에 동의한다. 그러나 이러한 요소들의 순서에 관한 논쟁은 수년 동안 격렬하였다. 이 논쟁은 사람이 도망가기 때문에 곰을 무서워한다는 윌리엄 제임스(1890/1950)의 초기 주장이 발단이 되었다. 이는 사람들이 겁이 나기 때문에 곰에게서 도망간다는 전통적인 관점과 반대되는 것이다. 이러한 논쟁은 정서와 사고가 선형의 인과관계로 연결될 수 있다는 가정에 근거하고 있다. 하지만 해석, 주관적 감정 및 본능적인 운동 반응은 근본적으로 불가분의 인과관계가 아니다. 오히려 그것은 시간이 지남에 따라 전개되는 과정이다. 신체의 모든 피드백이 주관적으로 느낀 어떤 것이 나오기 전에 뇌에 도달해야 한다거나, 상황에 대한 해석이 신체가 반응을 시작하기 전에 완료되어야 한다거나, 복잡한 정서 경험이 해석이 시작되기 전에 일어나야 한다고 믿을 이유는 없다. 대신 해석은 시간이 지남에 따라 감정이 하는 것처럼 연속적으로 상호작용하며, 매우 빠르게 전개된다. 즉, 우리가 느낀 것을 구성하기 위해 많은 요소가 끊임없이 상호작용하며 통합되는 과정이 전개된다.

　두려움과 같은 정서가 일어나게 되는 사건의 연쇄 사이클을 생각해 보라. 위험한 일이 발생하고, 두뇌가 자동으로 위협을 인지한다. 위협과 안전을 감지하는 하위 신경 체계인 이 뉴로셉션(neuroception; Porges, 2011)은 정서 네트워크나 정서 구조를 활성화시켜 여러 가지 신체 변화를 유발한다. 이들 변화는 또 다른 상태, 즉 신체적 인식에 의해 등록된다. 신체적 인식은 신체 변화에 의해서 직접적으로 바로 일어나지만, 사건의 전체 연쇄 사이클을 시작한 위험에 의해서는 우회적으로 일어난다. 그것은 신체의 변화에 반응함으로써 위험에 대한 정보를 전달한다. 이러한 방식으로 정서는 명시적으로 묘사하지 않고도 핵심적인 관계주제를 표상할 수 있다. 정서는 유기체-환경과 서로 신뢰성 있게 상호작용하는 몸의 상태를 나타내 주며, 간접적으로 유기체-환경과 상호작용한다. 각 정서는 내적인 신체 모니터이며 동시에 위험, 위협, 상실 또는 관심사의 탐지기이다. 정서는 우리 몸을 이용하여 우리가 세상에서 어떻게 대처하고 있는지 알려 주는 본능적인 반응이다.

　표면으로 나타나는 단서에 대한 주의나 아주 단순한 자동 지각적인 평가는 정서 영역으로의 진입 지점으로서의 역할을 하는데, 특히 환경과의 상호작용 맥락에서 그러하다(Ellsworth, 1994; Frijda, 1986; Scherer, 1984b). 진부함, 매력, 혐오감 또는 불확실성에 대해 주의하는 느낌에서 하나의 과정이 시작된다. 하지만 표면으로 나타나는 각 단서나 평가는 완전한 정서를 불러일으키는 것이 아니라 뇌, 신체 및 주관적인 감정의 변화에 해당될 수 있다. 유기체의 의식의 흐름과 동시에 뇌의 신경 회로가 활성화된다(LeDoux, 1993, 1996). 심박수가 올라가고 머리가 회전하거나 호흡이 바뀐다. 이제 다른 느낌을 갖기 시작할 것이다. 자극이 매력적이거나 혐오스럽다고 유기체가 감지하면, 그 이상의 네트워크가 활성화되고 감정과 신체 반응이 다시 변한다. 이어지는 각각의 평가가 나올 때마다 마음과 몸과 느낌이 변한다. 빠르든 늦든 간에 모든 필요불가결한 평가가 이루어졌을 때, 그 사람이 분노나 슬픔 같은 별개의 정서로 알려진 것 중의 하나와 일치하는 상태에 있다고 알려 줄 것이다. 경험이 하나의 구성 과정으로 간주될 때 인지가 우선이라든가 신체적 반응 또는 정동이 우선이라는 논쟁은 그다지 의미가 없다. 그보다 필요한 것은 하나의 통합적인 관점이다. 그것은 인간을 자신의 실존감을 적극적으로 구성하고 경험을 만들기 위하여 많은 정보를 자기조직적으로 통합하는 역동적인 체계로 행동하는 존재로 보는 관점이다(Greenberg & van Balen, 1998; Guidano, 1991; Mahoney, 1991; Thelen & Smith, 1994).

우리가 주장한 것처럼 평가는 어떤 의식적인 생각 없이 매우 자동적인 방법으로 정서-행동 반응을 활성화한다. 예를 들어, 갑자기 자기 앞을 지나가는 다른 자동차를 자동적으로 피하려고 한다. 마지막으로, 정서 상태 그 자체인 기분(mood)은 정서적 반응보다 오랜 시간 동안 지속되며 정서와 생각 모두에 중요한 영향을 미치는 정서적 결정 요인이다(Forgas, 2000). 기분은 사물을 보거나 느끼는 방식에 큰 영향을 준다. 따라서 서로 다른 접점에서 정서 속의 생각 정도가 다르고 생각 속의 정서 정도가 다르지만, 생각은 분명히 정서의 주된 결정 요인이 아니다.

치료 목적을 위하여 정서와 사고의 과정에 대해서 [그림 2-1]에 제시한 순서는 이 책에서 내가 제시하려는 정서 처리 과정을 독자가 마음에 그리는 데 도움이 될 것이다. 좀 더 복잡한 형태의 과정은 그린버그와 파스쿠알-레오네(Greenberg & Pascual-Leone, 2001)의 연구를 참고하기 바란다.

[그림 2-1]에서는 자극에 대한 전의식적인 주의(attending)가 정서 도식을 활성화시키는 것임을 보여 준다. 그다음에는 활성화된 정서 도식이 의식적인 정서, 욕구, 사고 및 행동 경향성을 발생시킨다. 이들 모두는 서로 영향을 주고받아서 최종 행동으로 전환된다. 여기서 정서 도식은 안녕에 대한 자극의 중요성을 평가하는 어떤 정서기반의 각본과 관련된 정보처리의 기본 모형이다. 정서 도식은 다음 절의 주제인 정서 처리 과정에서 중요한 역할을 한다.

이 그림은 단지 생각을 위한 도구라는 점에 주의하기 바란다. 실제로, 과정이 이

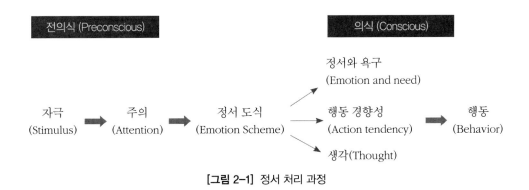

[그림 2-1] 정서 처리 과정

렇게 직선적이지 않고, 요인들 간의 상호작용과 통합은 그림으로 나타낼 수 있는 것보다 훨씬 더 많다. 그리고 나는 행동 경향성, 정서와 욕구, 생각 자체가 동시에 일어나지는 않는다고 확신한다. 중요한 것은 정서를 만드는 것이 생각이 아니라는 것이다.

21세기가 시작되면서 정서 반응이 의식적인 평가에 앞서는 것인지 아니면 뒤따르는 것인지에 대한 의문이 본질적으로 멈춘 상태에 있다(LeDoux, 1996). 인지에 대한 정의를 합리적인 의식적 사고에 임의적으로 국한시킬 때만 인지를 정서의 반대 위치에 둘 수 있다. 그렇게 되더라도 그 위치가 확고하지 못할 수밖에 없다. 정서 표현 그 자체는 정교한 인지 처리 작업이며 뇌 속의 여러 원천이 통합된 자료에서 일어나며(흔히 0.001초 이내에), 주요한 외부의 인식에서 일어난다. 평가, 해석 그리고 경험의 설명에 대한 의식적인 이야기 흐름(보고된 정서 이야기)은 정서가 경험된 후에 나온다. 이야기적 설명은 경험 기억의 기록으로는 의미가 있지만, 계속하여 일어나는 정서의 생성 과정과는 크게 관계가 없다.

심리치료에서 인지와 정서가 어느 것이 먼저 오는가 하는 것을 확인하는 것보다 인지와 정동 체계가 어떻게 함께 작용하고 각각이 어떻게 서로 섞이는가에 대해서 생각하는 것이 훨씬 더 유익할 것이다. 분명한 것은 단순한 직선적 나열—인지가 정서를 이끈다는 정서에 대한 고전적인 인지 치료적 관점(Beck, 1976)—은 정서가 생성되는 것의 가장 단순한 의미만을 다룬다는 점이다. 이러한 과단순화는 정서, 인지, 동기 및 행동의 복잡한 상호작용을 잘못 이해하도록 이끌 수 있다. 왜냐하면 사람들이 정서가 일어나는 내적 과정을 목격하려고 하지 않게 되기 때문이다(Bargh & Chartrand, 1999).

정서는 일차적으로 적응을 도모하기 위하여 만들어졌기 때문에 매우 신속하며, 광범위하고 다양한 안전과 안락에 대한 위협 신호에 시간이 소모되는 인지 과정이 필요하지 않다. 분노가 장애, 경계 설정 및 공격성을 해소하는 것을 돕는 반면에, 많은 정서는 공격성을 줄이는 것에 목표를 둔다. 슬픔, 수치심, 후회와 같은 감정은 사회적 기능을 조화롭게 하고, 고통과 무력감에서 나오는 눈물은 지지와 위로를 불러온다(Vingerhoets, 2013). 또한 감사, 경외, 의기양양 및 혐오와 같은 정서는 가치와 도덕성에 기여한다(Haidt, 2007). 정서는 큰 위협에 직면했을 때 도움이 될 뿐만 아니라 복잡한 사회적 맥락 속에서 사회적 기능을 증진시키기도 한다. 포가스(Forgas,

2000)가 지적한 것처럼 필요한 정보 처리 과정이 깊어질수록 정서가 인지에 영향을 더 많이 미친다. 예를 들어, 외식비 계산의 정확도에 대한 판단이 정서의 영향을 받는 것보다 누구와 데이트하거나 결혼하는 것과 같은 복잡한 사회적 판단이 정서의 영향을 더 크게 받는다고 할 수 있다.

정서는 분명히 전인지적으로 나타날 뿐만 아니라 다양한 인지 방식으로 나타난다. 예를 들어, 정서는 자동적이고 주의적이며 평가적인 과정이므로 넓은 의미에서의 인지를 포함하지만, 계산이나 명제에 관한 인지 형태보다는 그 범위가 넓다. 정서는 신체에서 느껴질 뿐만 아니라, 우리의 안녕에 대해 평가한다는 점에서 개인적인 의미를 전하기도 한다. 궁극적으로 정서와 인지는 정서 도식으로 불리는 복잡한 정서-인지 구조를 형성하여(다음 섹션을 보라; Greenberg, Rice, & Elliott, 1993; Oatley, 1992), 그것은 정서적 학습과 기억을 수행하면서 정서 경험의 대부분을 제공한다. 마지막으로, 정서와 의식적인 생각은 이야기의 의미를 만들기 위하여 끊임없이 언어로 상호작용한다(Angus & Greenberg, 2011; Greenberg & Angus, 2004). 따라서 정서는 인지로부터 자유롭지 않으며, 궁극적으로 우리는 생각 없이 정서를 가질 수 없다. 하지만 정서가 단순히 인지 후에 일어나는 것은 아니다.

의식적인 사고와 전의식적 사고 사이의 상호작용에 대해 살펴봐야 할 또 다른 특성은 사고의 두 가지 흐름이 우리의 존재에 대한 최종적인 의미를 만들기 위해 지속적으로 통합된다는 것이다. 이 과정에서 한 흐름, 즉 더 의식적인 사고의 흐름은 처음의 경험적인 흐름을 자기반영적으로 평가하는 것이다(Angus & Greenberg, 2011; Greenberg & Pascual-Leone, 1995; Guidano, 1995; Rennie, 2001; Watson & Greenberg, 1996). 정서는 사람에게 어떤 것이 좋고 나쁜지에 대한 일차 평가를 하게 하며, 관련된 욕구나 욕망을 표현하는 행동 경향성을 제공한다. 그러나 인간됨의 두드러진 특징은 자신의 욕망, 감정 및 욕구를 평가할 수 있다는 것이다(Taylor, 1989). 따라서 사람은 되고 싶은 자기를 결정함에 있어서 일차적인 감정과 욕구를 가지거나 가지지 않을 수 있다. 이러한 이차적이고 더 높은 차원에서는 욕구의 가치 평가가 이상적이거나 갈망적인 기준에 반대될 수도 있다. 즉, 자기로 존재한다는 것은 자기평가적으로 반영하는 것이며, 고차원적인 욕구를 발전시키는 것이다. 이는 본질적으로 감정에 대한 감정, 욕구에 대한 욕구를 발전시키는 것을 의미한다. 일차적인 정서 체계의 평가는 '나에게 좋은가 나쁜가?'로 간단하게 이루어진다. 반면에 자기반영적인 평가에는 정서에 대한 판단과 정서에 수반되는 욕구의 가치에 대한 판단이 포함된다. 사람들은 자신의 감정과 욕구가 좋은가 혹은 나쁜가, 용감한가 혹은 비겁한가, 유익한가 혹은 파괴적인가를 평가한다. 그리하여 사람들은 자신이 원하는 행동과 행동 가치에 대해 주관적인 판단을 내린다(Rennie, 2001; Taylor, 1989). 그러므로 정서의 촉발에 대한 사려 깊은 반영은 정서지능의 중요한 부분이다. 이는 의식적인 사고가 중요한 역할을 하는 부분이다. 사고는 정서 촉발이 자신과 타인에게 가치롭게 여기는 것과 일치하는가의 여부를 판단하기 위해 사용되어야 한다.

정서에 대한 반영에서 고차원적인 사고의 역할 외에도, 정서 자체는 우리가 그다음에 일어나는 정서에 참여함으로써 입증할 수 있으므로 일반적으로 사고 없는 정서는 존재하지 않는다. 정서 경험은 몸으로 느끼는 것과 생각하는 것의 조합이다. 신체 감각 외에도 정서에는 거의 항상 정신적 사고가 포함된다. 사람들은 정서를 경험할 때마다 신체 감각뿐만 아니라 관련된 생각들로 넘쳐난다는 것을 알게 된다. 분노는 감각적 측면에서는 위장을 통하여 몸의 중앙 축에서 뿜어져 나와서 가슴 한가운데로 빠르게 퍼져 나가는 불타는 감각이다. 사고 측면에서는 '이제 더 이상은 안 돼!' 또는 '그/그녀가 어떻게 감히?'와 같이 부당한 대우와 항의에 대한 생각을 동반한다. 이러한 생각에 따라 냉담하고 무정한 타인에 대한 동정심 없고 비판적인 이미지들이 떠올라 사람의 마음을 엇갈리게 할 수도 있다.

슬픔은 때로는 몸의 특히 위쪽으로 폭포처럼 떨어지는 눈물 뒤에 있는 강렬한 어떤 것으로 온다. 이로 인해서 사람들은 공처럼 몸을 웅크리고 '포기했어.' 또는 '너무 외로워.'와 같은 생각을 하게 된다. 거대한 우주 속에서 홀로 작은 것으로 존재하고 있는 이미지가 때로는 이러한 생각을 가져오게 한다. 이러한 몸의 느낌, 정신적인 사고 그리고 이미지의 교향곡이 정서이다. 사람들이 자신의 내면에서 일어나는 것에 초점을 맞추고 이해하기 위하여 배워야 하는 것이 바로 이러한 교향곡이다.

정서 도식: 인간 경험의 토대

다른 학자들(예: Oatley, 1992)과 함께 나와 동료들은 앞 장에서 논의한 통합된 유형의 처리 과정을 설명하기 위하여 사고보다 더 근본적인 기본 모형으로 정서 도식의 처리 과정에 대한 개념을 발전시켰다(Greenberg & Paivio, 1997; Greenberg, Rice,

& Elliott, 1993; Greenberg & Safran, 1986). 기본적으로 정서, 동기부여, 인지, 그리고 행동은 통합된 반응의 묶음으로 일어난다. 자동으로 활성화되는 프로그램이나 각본의 유형이 있으며 그다음에 사전에 프로그래밍된 작업들이 실행된다. 따라서 사람들은 펼쳐지는 통합된 전체 속에서 모든 것을 느끼고, 열망하고, 생각하고, 행동한다. 연쇄적인 사고(sequence thought)는 초기 연상학자들(Titchener, 1909; Wundt, 1912)에 의해 제기되었던 것처럼 단순히 연상에 의하여 생성되며, 정서와 욕구의 상이한 수준에 의해서도 생성된다. 오히려 사고는 의식으로 표상된 것에 대한 기분이나 신속한 정서적 방향 정립에 좌우되고 동기화된다. 그 결과, 정서와 사고가 의식적 경험으로 고도로 통합된다.

외부의 대상이 우리 안에 정서를 일으킬 때, 대상과 신체 변화 사이에 직접적인 인과관계는 없다. 미끄러지듯이 나아가는 뱀은 그것과 우리의 피부 사이를 매개하는 연결 없이는 우리의 피부를 기어 다니지 못한다. 어떤 내적 과정 기제가, 소위 우리가 부르는 정서 도식이 뱀을 발견하고는 생리적인 변화가 일어나게 한다. 따라서 정서는 내적인 원인을 가진다. 정서가 일어나는 내적 경험은 뱀에 대한 두려움의 원인처럼 의식적인 판단이 아닌 지각/경험 상태이다. 예를 들어, 사랑하는 사람의 얼굴을 보며 즐거움을 경험할 수 있고, 어떤 판단도 없이 적의 얼굴을 보는 순간 분노를 경험할 수 있다. 각각의 경우에 과거의 어떤 정서와 일치하는 시각적 경험을 자주 하게 되면 그 정서를 활성화시키게 된다. 지각 상태(예: 음식을 보는 것)를 그 경험적 상태(예: 혐오)와 관련하여 생긴 정서적 반응과 연관시키는 것이 정서 도식을 시작하는 데 필요한 전부이다. 기억은 정서와 그 정서를 끌어낸 특정 대상의 표상 사이를 연결한다.

다마지오(Damasio, 1999)는 인간의 의식이 느낌의 형태로 존재하게 되었다고 하였다. 느낌은 대상이 존재 상태를 변화시켰음을 가장 먼저 나타내는 표상이다. 두뇌가 감정을 표상하는 방식을 살펴본 다마지오는 신체 상태에 미치는 대상의 영향에 대한 이야기에서 삶의 원천을 알 수 있다고 결론지었다(Spinoza, 1677/1967 참조). 이러한 영향의 표상이 느낌이다. 두뇌는 유기체 내에서 그리고 그것과 관련하여 시간이 지남에 따라 일어나는 것을 지도화하고, 그럼으로써 환경에 대한 유기체의 경험에 대해 말없는 이야기를 자연스럽게 만들어 간다. 따라서 아는 것은 먼저 대상의 처리와 관련하여 신체에 어떤 일이 일어나는지에 대한 느낌으로 떠오른다. 기본적으로 두뇌는 '그 대상이 이런 식으로 내 신체 상태에 영향을 미쳤을 때 이런 일이 일어났다.'고 부호화하여 정서 도식을 형성한다. 정서 도식은 우리 삶의 경험을 이해하는 데 도움이 되는 바로 첫 번째 이야기이다. 사람들은 대상과 사건이 원인과 결과의 시간 순서에 따라 자신에게 미치는 영향을 한 줄로 늘어놓는다.

정서적인 에피소드에 대한 기억은 하나의 정보 네트워크로 볼 수 있는데, 여기에는 정서적 자극을 표상하는 단위, 신체적이거나 내면적인 반응, 관련된 의미론적인 (해석적인) 지식 등이 포함된다(Lang, 1994). 기억은 일부 표상과 일치하는 입력에 의해 활성화되며, 연결된 네트워크의 요소도 자동으로 활성화된다. 회로가 연관되어 있을 때, 어떤 장치라도 활성화 과정을 시작하거나 이후에 기여할 수 있다. 따라서 정서적 경험은 경험에 의해 내부 조직으로 형성된다. 이러한 내부 조직이 정서 도식으로, 정서의 미래 경험에 영향을 미치는 정서 처리 과정의 기본 단위이다. 살아 있는 경험은 그 경험이 만든 신체 상태의 표상과 관련이 있으며, 그리하여 정동적 의미를 부여받는다. 이런 식으로 신체 상태, 내장 경험은 특정한 경험의 표식이 되어 기억에 저장된다(Damasio, 1999). 이러한 신체 표식은 정서 도식을 환기시키는 현재의 신호에 의해서 접근될 수 있다. 좋지 않았던 이전의 결과는 본능적으로 불쾌한 느낌으로 경험될 것이며(Damasio, 1994), 이런 종류의 불쾌한 사건으로 이끌리지 않도록 결정을 내리는 경향이 있을 것이다. 정서는 이런 방식으로 우리의 결정을 안내하며, 신체는 안내 도구로 이용된다. 직감적 감정을 활성화시키는 정서 도식에 저장된 이전의 경험을 기반으로 하여 미래의 결과를 우리가 예측하도록 도움으로써 안내하는 것이다.

인지 도식과 달리 정서 도식은 대체로(때로는 전적으로) 전언적(preverbal)이고 정동적인 요소(예: 신체 감각, 행동 경향성, 시각적 이미지, 냄새까지)로 구성된다. 정서 도식은 내면적이며, 시작, 중간, 끝, 행위자, 대상 및 의도로 구성되어 말 없는 이야기로 표상되는 네트워크이다(Angus & Greenberg, 2011; Greenberg, 2011). 정서 도식은 활성화될 때 자아의 토대를 형성하는 고차원적 경험의 조직을 생성하는 살아 있는 경험으로부터 만들어진다(Greenberg, 2011).

이러한 구조에 의해 생성된 정서 경험은 분노, 두려움, 슬픔과 같은 본래의 생물학적인 토대의 정서보다 더 높은 수준에서 분노, 두려움 및 슬픔과 같은 더 기본적인 정서를 제공할 뿐만 아니라 세상의 정상에 있거나 쓰레기통 속에 있는 것과 같은 감정과 위험이나 매력을 감지하는 것과 같은 고차원적인 감정을 제공한다(Damasio, 1999; Greenberg & Safran, 1986). 이러한 정서 반응은 경험에 의해 정보를 얻고 학습의 도움을 받는다. 성인의 대부분의 정서 경험은 학습에 의하여 생성된 고차원의 독특한 도식으로서 미래 결과를 예측하고 의사결정하는 데 영향을 미친다(Damasio, 1999). 기억에 기반을 둔 정서 도식이 자동으로 촉발되어 활성화되면, 편도체와 전측 대상회에 신호를 주어, 내장, 골격근, 내분비, 신경 펩타이드, 신경 전달 물질 시스템 및 뇌의 다른 운동 영역에 변화를 가져온다. 이러한 변화들은 전두엽 피질에서 흔히 나타나는 암묵적인 의미와 함께 세상 속에서 인간의 복잡하고 통합되고 체화된 자아감을 만들어 낸다. 이 자아감은 의식적인 자각 속에서 상징화되고 자기, 타인 및 세상에 대해 이야기적인 설명의 틀을 형성한다.

이 두 번째의, 더 높은 수준의, 인지적으로 더 복잡한 정서유형의 예를 들자면, 예기치 않게 전 배우자와 마주쳤을 때 겪을 수 있는 위경련을 들 수 있다. 계기는 분명히 후천적으로 획득된 것이지만, 과정은 여전히 자동적이다. 그 경험이 나중에 완전히 표현될 수 있는지 여부와 상관 없이(즉, 정확하게 무엇을 느끼고, 왜 느끼고, 어떻게 느끼는지와 상관 없이), 경험은 암묵적으로 생성된다. 아마도 가장 중요한 것은, 기억에 기반한 이 정서 도식이 평가와 편향된 결정을 이끌며, 생리적인 환기와 행동을 위한 청사진 역할을 한다는 것이다. 그것은 이성과 의사결정을 향상시키기 위해 우리가 종종 참조해야 할 중요한 가이드 역할을 한다. 이러한 정동적/인지적/동기적/행동적인 정서 도식은 치료적으로 주의해야 할 중요한 초점이며, 부적응적일 때 치료적 변화의 중요한 표적이 된다(Greenberg & Paivio, 1997).

욕구

우리는 이론적인 선입견인 미리 결정된 동기 체계에 의해 지배받는다는 견해를 벗어나서 생각할 필요가 있다. 나는, 욕구는 본능이나 반사 작용과 같이 주어진 것이 아닌 발생적인 현상으로 복잡한 발달 과정에서 구성된 것으로 본다. 심리적 욕구는 단순히 타고난 것이 아니라 배고픔이나 갈증이나 생존과 번영을 위한 기본적인 동기 같은 생물학적인 충동과 같은 것이다. 오히려 인간의 욕구는 드러나서 관계

속에서 상호 구성된다. 정서 중심 관점에서 정서는 욕구보다는 기본적인 정신 단위로서 자기를 한 방향 또는 다른 방향으로 편향시키는 초기 가치나 선호를 제공한다. 이 관점에서 보면, 욕구는 비선형이고 역동적인 자기조직적인 과정에서 나타나며, 기본적인 선호, 편견 및 환경 경험 간의 상호작용이다. 그러므로 애착, 자율성, 의미 창조나 통제와 같은 기본 동기들을 가정하는 대신, 유아가 태어날 때 가지고 있는 기본적인 정동적 가치와 상호작용 경험에서 욕구가 구성된다고 볼 수 있다.

영향을 조절하고 의미를 창조하는 동기를 포함하는 출발점으로 생존하고 번영하려는 동기 이상의 모든 다른 욕구는 보다 기본적이고 정서적인 선호와 상호작용에서 나온다. 유아는 정동 체계를 통하여, 예를 들어 따뜻함, 친숙한 냄새, 부드러움, 웃는 얼굴, 높은 음조의 목소리 및 서로 쳐다보기를 좋아하도록 미리 정해져(prewired) 있다. 이 모두가 즐거운 정동을 주므로 추구한다. 따라서 욕구는 충동(drives)으로부터 파생되는 것이 아니라 정동(affect)으로부터 파생된다.

그렇다면 욕구는 어떻게 발달할까? 내가 말했듯이, 욕구는 정동 체계가 부여한 제한된 기본 가치 세트로부터 스스로 조직된다. 느낌으로 경험하는 편견, 선호와 같은 비교적 작은 정동 기반 세트에 따라 유아의 행동과 경험은 내적 편성표로(욕구와 정서 기억 도식으로) 지도를 만들고 범주화된다. 처음에는 어떤 촉발 요인이 자극에 대하여 지각하거나 의식하거나 또는 자동적으로 반응하도록 미리 설계된 뉴런을 활성화하고, 그에 이어서 느낌이 일어난다. 1차 신경 지도는 신체 상태 변화를 재설계하는 결과로 감정(사적인 내부 신체 경험)을 일으키는 반면, 고차원적인 신경 활동을 표상하는 2차 신경 지도는 완성된 정서 도식과 드러나는 욕구를 구성한다. 경험의 결과로 선택적으로 강화되거나 약화되는 신경 접합부들은 욕구가 되는 회로들을 만들어 나간다(Damasio, 1999). 욕구 회로는 생명을 지닌 경험의 기반 위에서 조직된다. 정동 조절과 의미 창조에 의한 생존과 번영보다 좁게 고정된 보편적인 충동은 존재하지 않는다. 오히려 관계 연결, 인정 및 성취와 같은 욕구는 초기의 편견과 경험에서 형성된다.

따라서 욕구는 더 즐겁거나 적응적인 정서 경험을 제공한 대상이나 상황에 대한 욕망으로 생각할 수 있다(Lars Auszra, 개인적 커뮤니케이션, 2015. 2). 이런 방식으로 우리는 내적 설계가 되어 있다고 생각할 수 있다. 예를 들면, 우리는 추위보다 따뜻함을, 신체적인 억제보다 이동의 자유를 선호하는데, 이는 생존에 도움이 되기 때문이다. 따라서 유아가 따뜻함이 결핍되어 있을 때 슬픔을 느끼고 옮으로써 타인이 만져 주는 것과 따뜻함이 위안이 된다는 것을 알게 된다. 그리고 행동을 제지당할 때 분노를 느끼고 자신이 주체적으로 움직이는 것이 억제로부터 벗어나 자유를 얻게 한다는 것을 알게 된다. 즉, 유아는 편안함을 추구하는 행동을 늘리는 것이 자신에게 더 긍정적인 상태를 제공하고 생존에 도움이 된다는 것을 경험을 통하여 배우게 된다. 타인이 달래 주는 경험이나 주체적 행동의 증가에 대한 내적 표상은 슬픔과 분노에 대한 경험적인 학습과 연관된다. 따라서 괴로운 정서 상태가 나타날 때, 이러한 대체적인 연관된 정서 상태는 정동 조절을 위한 기본 동기의 힘으로서 불쾌한 상태에 대한 해독제가 된다. 요컨대, 학습을 통하여 부정적인 상태 감소와 관련되는 더 긍정적이고 적응적인 정동을 증가시키거나, 부정적인 정동을 적응적으로 감소시켜 나가는 상태를 추구하는 것이 욕구이다.

　보편적 동기의 개념에 대해 나는 생존과 번영에 대한 동기는 근본적인 것으로서 두 가지의 근본적인 체계에서 나타나는 것으로 본다. 그것은 정동 조절이 핵심 동기인 전상징적인(presymbolic) 정동 체계와 의미에 대한 의지가 핵심 동기인 상징적인 의미 구성 체계이다. 이 두 체계 간의 상호작용이 경험을 결정하여 우리는 정서에 의해 움직이고 의미에 의거해 살아가는 것이다.

　이 관점에서 인간은 정서를 추구하도록 구조가 만들어져 있는 것으로 간주되며, 인간이 느끼도록 정서가 이끌어 가는 방법이 생존에 도움이 되기 때문에 인간은 느끼고자 한다. 이것은 사람들이 즐거움을 찾고 고통을 피한다는 단순한 쾌락주의적인 관점이 아니다. 오히려 사람들은 자신의 정서와 관련된 욕구/목표/관심사를 성취하거나 획득하기 위해 노력한다. 즉, 슬픔에서 그 결핍을 알 수 있는 친밀과 근접성, 두려움에서 그 결핍을 알 수 있는 안전, 수치심에서 그 결핍을 알 수 있는 주체성 그리고 효능감과 같은 목표들이다. 이와 같은 감정을 가진 사람들은 그렇지 않은 사람들보다 더 잘 해내고 생존하고 번창하였다.

　하지만 사람들이 항상 단순히 즐거움을 추구하고 기분 좋은 것만은 아니다. 예를 들어, 외과 의사는 생명을 구하기 위하여 여러 시간 동안 스트레스, 불안, 피로를 이겨 낸다. 이는 즐거움이 아니라 소명에 대한 만족, 성취에 대한 자부심 그리고 아마도 자비 때문일 것이다. 사람들은 시험 공부나 발표 준비와 같은 목표를 이루기 위하여 불안 상태를 종종 유지한다. 사람들은 또한 장애를 극복하기 위해 화를 내고 번지점프에서 공포를 즐긴다. 물론 사람들은 평온함, 기쁨, 즐거움, 자부심, 흥분, 흥미와 같은 긍정적인 느낌을 갖고자 하는 것과 같은 선상에서 고통과 수치심과 두려움을 느끼지 않으려고 하지만, 이는 고통과 즐거움을 삶의 지침으로 보는 것보다 훨씬 더 복잡하고 분화되어 있다. 따라서 정서 추구는 동기를 부여하는 중요한 힘이며 정동 조절(생존에 도움이 되는 정서를 가지는 것과 가지지 않는 것)은 행동의 주요 동기부여 요인이다.

불안과 고요함이 없으면 어떤 애착도 있을 수 없고, 두려움이 없으면 해로운 회피도 없을 것이며, 관심이 없으면 어떤 개입도 없을 것이다. 또 분노 없이는 어떤 주장도 없을 것이며, 자부심과 수치심 없이는 정체성도 없을 것이며, 기쁨 없이는 연결되는 즐거움도 없을 것이다. 정서가 없다면 우리는 타인을 찾지 않을 것이고, 유대감이나 지지받는 느낌이 없을 것이고, 성취와 목표를 추구하지 않을 것이다. 왜냐하면 정동이 이러한 동기들을 발전시키고 확장시키는 데 도움이 되기 때문이다. 생존에 도움이 되는 정서를 가지도록 이끄는 정동 조절 외에도, 의미 탐색 또한 보편적인 동기로 보인다. 빅토르 프랭클(Vicktor Frankl, 1959)이『인간의 의미 탐색(Man's Search for Meaning)』에서 조명했듯이, 의미는 살 의지를 지탱하여 주며, 살 이유를 가지고 있는 사람들은 어떤 상황에서도 견딜 수 있다. 그는 또한 주어진 환경에서 자신의 태도를 선택할 수 있는 것이 인간의 마지막 자유라고 하였다. 그러므로 우리는 분화와 이야기의 의미를 창조하고 현실을 구성하기 위하여 태어났다(Bruner, 1986). 우리는 의미를 창조하지 않을 수 없다. 의미를 찾는 것은 행복의 한 모습이며, 의미 없이 이어지는 즐거움은 없을 것이다. 우리는 스토리, 신화, 설명과 같은 이야기를 통하여 세상 경험을 조직하고 구성한다. 이야기는 불가피한 인간 경험의 틀이다. 우리의 의식을 지배하거나 근본적으로 구성하는 것은 줄거리 속의 자아와 세상에 대한 이해이다. 이야기를 구성하는 힘을 상실한 사람은 자신의 자아를 상실한다. 이처럼 두 번째의 기본 동기는 의미를 만들려는 욕구일 것이다.

그러므로 내면 깊은 곳에서 나오는 욕구는 생리, 경험 및 문화에 의해 구성되고 영향을 받는다. 사람들은 많은 욕구를 가지고 있으며, 이러한 욕구는 사람들 주위에서 일어나는 일에 대한 반응으로 끊임없이 나타난다. 욕구는 느낌처럼 자동적으로 나타난다. 미리 확정되지 않기 때문에 기본적인 인간 욕구를 확인하는 것은 불가능할 것이다. 하지만 심리치료에서 사람들과의 협력을 통하여 애착과 정체성과 관련된 욕구가 대부분의 사람에게 가장 큰 심리적 관심사임을 알게 되었다. 연결되고, 보호받고, 효율적이며, 소중하게 되고 싶은 욕구는 사람들의 기본적인 대인관계 특성인 것으로 나타난다. 사랑, 권력, 연결성 및 지위는 인간 경험을 이해하는데 중요하다(Gilbert, 1992). 안전, 흥미, 호기심 그리고 숙달에 대한 욕구 역시 기본적인 인간 본성인 것처럼 보인다. 따라서 안전하게 애착되고 싶은 욕구, 애정, 소속 및 타인에게 소중하게 되고 싶은 욕구, 참신함과 숙달에 대한 욕구는 극히 중요하다(Bowlby, 1969; White, 1959). 우리 조상은 집단에 소속되고 호기심이 있었다면 살아남았을 것이다. 호기심이 생기면 생존에 필요한 것이 요구되기 전에 미리 상황에 대해 알게 되어 상황에 숙달해지기 때문이다. 발명가를 지원할 수 있는 집단에 의해 증진된 인간의 호기심은 이성과 연계되어 문명 발전의 가장 강력한 원동력이었다. 애착, 흥미 및 호기심이 없었다면 우리는 여전히 석기 시대에 살고 있을 것이다.

사람들은 애착이나 숙달에 대한 욕구와 연결되어 흥미와 호기심을 회복할 때 더 많은 힘을 얻는다. 수동적인 희생자보다 능동적인 행위자처럼 느낀다. 사람들은 자신을 이완시키고 심지어 달래고 싶은 욕구와 같이 자신의 특이한 현재 관심사와 접촉할 수 있으면, 자기 자신을 위하여 행동할 수 있게 된다. 예를 들어, 사람들은 좋아하는 음악을 듣거나, 산책하거나, 수영을 하거나, 휴식을 취할 수 있도록 자원을 동원할 수 있다. 치료에 있어서 욕구에 대한 권리를 가지고 있다고 느끼는 것은 정서 코칭 치료사가 그 욕구의 타당성을 입증해 줄 때 더 확고해진다. 자신이 직접 움직이고 욕구를 인정하는 것은 이전의 감정에 대한 자신의 반응에서 새로운 핵심 정서를 느끼기 시작하도록 이끌기도 한다. 따라서 그들은 상실감으로 슬픔을 느낀 후에 자신이 가진 것에 대한 기쁨을 느끼기 시작한다. 또한 방임된 것에 대해 분노한 후에 자신이 놓친 것에 대하여 슬퍼한다. 이러한 새로운 기쁨이나 슬픔은 동기부여가 강하며, 이성과 통합될 때 종종 교정적인 행동이나 대처방법을 이끌어 낸다. 기쁨은 살고 싶은 욕망으로 인도하고, 슬픔은 상실을 동화시키고 떠나보내도록 한다.

이 시점에서 다음과 같은 중요한 질문을 던질 수 있다. 핵심적인 일차 정서와 관련된 관심사나 욕구가 항상 좋은 지침이 될까? 그것이 항상 사람들에게 성장과 긍정적인 재구성에 대해 알려 줄 것이라고 믿을 수 있는가? 그 욕구가 나쁘고, 이기적이고, 파괴적이고, 분열시키는 욕구가 될 수도 있을까? 사람들의 모든 욕구는 선하고 사람들의 어떤 것도 본질적으로 파괴적인 것은 없다고 가정하는 것은 합리적이지 않을 것이다. 예를 들어, 부버(Buber, 1958)는 선과 악이 단순히 사람들이 취할 수 있는 방향일 뿐 실체는 아니라고 하였다. 그러므로 사람들은 선택한다. 어떤 사람이 선과 악의 경향을 모두 갖추고 있다면 코치는 여전히 삶의 최선의 지침으로 그 사람의 욕구와 목표를 자각하고 평가하도록 권할 수 있을까?

하지만 인간은 자신의 안녕을 위해 고도로 진화된 유전자 기반 생리 체계뿐만 아니라 문화가 전하는 사회적으로 발전된 생존 전략에 의존한다. 행동을 일으키기 위해서는 의식적인 추론과 숙고가 필요하다. 사람들은 타고난 지혜로 완전한 것도 아니고, 고상한 야만인도 아니며, 본성에 친사회성이라고는 찾을 수 없는 야수도 아니다. 비록 인간의 잔혹 행위가 발생하지만, 가해자는 가슴보다 머리에 의해 더 동기화된다. 정치적이고 종교적인 이상주의는 개인의 잔혹 행위보다 더 큰 혼란을 야기하였다. 또한 폭력과 탐욕 행위가 종종 약물에 영향을 받거나 매우 폭력적인 하위문화에 빠져 있는 사람들에 의하여 저질러진다. 인간의 굶주림, 욕망 및 분노가 폭식, 강간 및 살인으로 진행되는 것이 일반적인지에 대해서는 확인되지 않는다. 이는 친사회적인 생존 전략이 적극적으로 전달되고 가치가 주어지는 사회에서 자란 사람이라면 특히 그렇다. 정서 코칭에서 잠재적인 역기능에 초점을 맞추기보다는 사람들이 건강한 방향을 선택하고 보다 건강한 단계를 만들도록 돕기 위해 노력해야 한다. 사람들은 건강한 방향을 선택하고 보다 건강한 단계를 만들어 내려고 한다. 사람들은 성장을 돕고 타인의 성장 과정을 촉진하는 방법을 배우는 단계를 밟아야 한다. 이 과정에서 자신의 판단에 이의제기할 필요가 있을 뿐 아니라 자신의 감정과 욕구가 무엇인지에 대해 세심한 주의를 기울여야 하며, 그것들을 창의적으로 통합해야 한다. 인간 본성에는 근본적으로 파괴적인 과정이 개발될 수 있다. 그러나 정서 코치는 사람들이 건강하고 성장하는 과정에 초점을 맞추고 그것을 발달시킬 수 있도록 도와야 한다.

그러면 어떤 방향이 성장을 돕는지 어떻게 알 수 있는가? 때로는 사람들이 성장하는 데 도움이 되는 방향이 명확하고 의심의 여지 없이 나타날 것이다. 반면에, 내적인 통합이 덜 되었을 때 작은 목소리로 나타나기도 하는 자아의 한 부분이 나머지 다른 부분은 열정적으로 원하는데도 어떤 방향의 장점을 의심할 수 있다. 이 경우 코치는 내담자가 행동하기 전에 이 목소리와 협력하도록 도와야 한다. 사람들은 어떤 욕구를 따라야 할지 그리고 그것을 어떻게 이행해야 할지 결정해야 한다. 핵심 경험의 어떤 부분이 건강하고 어떤 부분이 건강하지 않은지 평가해야 한다. 이러한 평가를 하는 데서의 기술은 항상 자아의 모든 부분을 경청하고 모든 측면을 하나의 행동으로 통합하는 것이다. 그 결과 내적인 조화를 이루며 성장에 도움이 되는 발걸음을 내딛게 된다.

정서의 이원성

심리치료에서 정서를 다루는 것을 이해하려면, 하나의 단일 현상으로 정서를 다루기보다는 정서 과정에 대한 이원적인 이론이 필요하다. 심리치료에서 정서를 다룰 때 적어도 두 가지 중요한 이원성이 관찰된다. 첫 번째 이원성은 정서가 정보적이고 쾌락적인 기능을 갖는다는 것이다(Stein, 1991). 정서는 지식의 운반자이자 즐거움/고통의 제공자이다. 두 번째 이원성은 자동적으로 활성화된 편도체에 기반을 둔 '낮은' 경로의 정서와 보다 정교한 전전두엽 피질 처리 과정이 들어 있는 '높은' 경로의 정서 간의 차이에 있다(LeDoux, 1996).

정보 측면의 정서는 매개체 없이 개인적인 방식으로 자신과 타인에 대해 즉각적이고, 친밀하고, 개인적으로 의미 있는 정보를 제공하는 지식 형태로 작용한다. 앞에서 언급한 아우구스티누스의 애정과 조금 더 비슷하다. 이 정서는 느껴지는 것을 예민하고 분명하게 하고 자기이해를 증진하기 때문에 분명하게 발음을 해야 한다. 하지만 감정이 그 기능을 바꿀 때 한 가지 중요한 점이 있다. 고통/즐거움과 같은 감정의 강력한 차원을 감안할 때, 의미부여 기능을 잃어버리고 압도되거나 파괴적인 경험이 될 수 있다. 이는 스토아학파가 우리에게서 제거하고 싶어 하였던 열정과 더 흡사하다(비록 그 학파는 고통 그 자체보다는 열정의 육욕적인 기능으로부터 우리를 자유롭게 하는 것에 더 관심이 있는 것 같기는 하였지만). 참을 수 없을 정도의 고통과 괴로움을 지닌 감정의 쾌락적 측면(또는 묘사할 수 없는 쾌락의 느낌)은 견디기 힘든 경험을 만들 수 있고, 심리적인 존재에게 위험이 될 수 있으며, 위협과 외상의 원천이 될 수 있다. 이러한 경우에 그 감정들은 자기일관성에 대한 축을 유지하기 위하여 조절되어야 한다.

정서와 작업하는 데 있어서 중요한 두 번째 이원성은 정서가 생성되는 방식의 차이에서 나온다. 낮은 길로의 처리 과정에 의하여 생성된 정서는 자동적이고 전체적으로 발생하며, 수동적으로 받아들이는 우리의 열정처럼 우리의 통제 밖에서 일어난다. 그러나 기능이 잘 되면 이러한 정서는 적응적인 지능의 원천이 된다. 환경에 대한 자각을 높이고 방향을 제시할 수 있다. 역기능적일 때 정서를 변화시키려면 그 정서에 접근해야 한다. 역기능적일 때, 낮은 길(low-road) 정서는 자동적이고 전반사적이며 육체적으로 느껴지는 정서의 본질을 다룰 수 있도록 고안된 정서 변화의 원리를 사용하여 다루어야 한다.

반면, 높은 길(high-road) 처리 과정에 의해 만들어진 정서는 훨씬 더 인지적으로 도출되고 문화에 영향을 받는다. 이성은 그 생성과 변화 모두에 관여한다. 이 시스템에서의 역기능은 인지적 오류에 기인하며, 변화는 추론이나 학습의 오류를 다루기 위해 고안된 인지 변화의 원리를 수반한다. 잘못된 사고나 기술 결함과 같은 의식적인 과정에 기인하는 이러한 문제들은 효율적인 정신 교육이나 이성적인 방법으로 도움을 받을 가능성이 더 많다. 이러한 형태의 개입은 내담자의 사고와 학습된 행동과 같은 보다 의도적인 통제하에서 변화시키고 새로운 대처 기술 훈련을 증진하는 것을 목표로 한다.

하지만 이성이 침투할 수 없는 경우에는 추론과 의식적인 처리 과정에 호소하는 인지적이고 정신 교육적인 방법은 효과가 없을 것이며, 정서적 변화 과정이 필요하다. 편도체에 기반을 둔 정서 영역에서의 변화는 정서의 자각과 정서 변형이다. 정서에 접근하여 주의를 기울이고, 참아 내고, 상징화하고(대부분 말로서), 정서를 촉발하는 '단서'에 깨어 있게 되면서 정서 자각이 촉진된다. 문제적인 부적응 정서를 활성화하고, 새롭게 나타나는 반대되는 정서에 노출시키고, 일관성 있게 새로운 이야기의 의미를 구성하고, 느껴진 변화를 새로운 설명으로 통합함으로써 정서 변형이 일어난다.

정서를 적응을 위한 자원과 의미 체계로 보는 견해가 등장함에 따라 인간관계와 심리치료에서 정서의 역할에 대해 다르게 이해하게 되었다. 즉, 정서를 이성에 의하여 카타르시스적으로 제거하거나, 수정하거나, 교정할 대상으로 보지 않게 된 것이다. 이 '새 관점'은 어떤 조건하에서 정서가 인간 경험에 결정적인 역할을 하며 어떻게 일어나는가를 알아보기 위하여 심리연구에 새로운 의제를 설정하기 시작하였다. 정서가 인지를 앞서는가 아니면 그 반대인가에 대한 의문은 어떤 조건하에서 정서가 사고에 또는 사고가 정서에 영향을 미치는가, 그리고 우리는 어떻게 하여 정서 변화를 가장 잘 이끌어 낼 수 있는가 하는 의문으로 대체되었다. 임상가에게 중요한 이슈는, (a) 정서에 대한 접근과 인식, (b) 정서 전환 그리고 (c) 조절된 정서의 최선의 촉진방법이다. 연구를 통해 앞서 제시한 의문과 관련된 결과가 도출되었다.

정서 코칭 관련 주요 정서 연구 결과

정서 연구에서 다섯 가지 중요한 발견은 치료에서 정서를 다루는 방법에 대한 질문에 답하는 데 도움이 된다. 그것은 (a) 정서는 인식 밖에서 발생하고, (b) 신체적 정서 경험의 인식 및 상징화는 정서적 환기를 하향 조절하며, (c) 정서는 애착 관계의 안전성과 연결성에 의해 조절되고, (d) 정서가 정서를 변화시키며, (e) 정서 기억은 기억의 재구성 기간 동안 새로운 교정적 정서 경험에 의해 변화된다는 것이다.

정서는 외부 인식을 일으킨다

신체 감각과 관련된 내장 운동 반응과 신체 운동 반응이라는 의미에서 정서는 자각을 벗어나서 일어난다(Lane, 2008). 예를 들어, 정서는 의식하의 자극에 의해 활성화될 수 있으며(Whalen et al., 1998), 자극의 정서적 내용은 이어서 일어나는 행동에 영향을 미칠 수 있는데, 이는 행동에 미치는 그러한 영향을 자각하지 않고 일어나는 완료 행동과 같은 것이다(Winkielman & Berridge, 2004). 따라서 정서적으로 반응하는 것의 큰 문제는 사람이 그것을 자각하지 못한 채로 일어날 수 있다는 것이다. 하지만 정서와 동기는 억압하는 힘이 극복될 때까지 표현되기를 기다리면서 완전히 형성된 무의식에 존재하지 않는다. 오히려 전관념적이고 전언어적인 감각 운동 도식을 구성하는 미분화된 형태로 존재한다. 암시적인 정서 또는 몸으로 느껴지는 감각은 느껴진 감각을 말로 표현함으로써 어떤 정서에 대한 별개의 의식적인 경험으로 변형될 수 있다(Lane, 2008). 이러한 과정을 통하여 어떤 특정한 정서를 느낄 수 있고 느끼는 것이 무엇인지 '알게' 된다.

정서에 이름을 붙이면 통제 완화에 도움이 된다

점점 증대되고 있는 연구 결과에 따르면 정서에 이름을 붙이고 자신의 느낌에 말을 붙이면 정동을 하향 조절하는 데 도움이 된다(Lieberman et al., 2007). 따라서 화난 얼굴을 보고 그것에 화를 표현하는 단어를 붙이면 편도체에서의 반응이 줄어든다. 정동에 이름 붙이는 것의 이점은 자기가 느끼는 것을 앎으로 얻어지는 실제적인 통찰을 능가한다. 이름 붙이기(labeling)는 환기를 실제로 감소시킨다. 이러한 현상에 대한 기초 연구는 거미를 무서워하는 사람들의 연구에서 반복적으로 거미에 노출되는 동안에 자신의 정동에 이름을 붙인 집단에서 그렇게 하지 않은 집단보다 피부 전기전도도가 감소하고 접근 행동이 소폭 증가하는 것으로 나타난 실제적인 임상 결과와 맥을 같이하는 것으로 밝혀졌다. 또한 노출되는 동안 불안과 두려움이라는 단어를 더 많이 사용하면 두려움에 대한 반응이 크게 감소하였다. 커칸스키, 리버만과 크레이크(Kircanski, Lieberman, & Crake, 2012)는 뱀 공포증이 노출 기간 동안의 감정 명명에 의해 현저히 감소되었음을 발견하였다.

기능적 자기공명영상 자료 분석에서 부정적인 정동을 조절할 수 있는 경로 중 하나로 복외측 전전두피질(VLPFC)의 활동을 증가시켰다. 그리고 두려움 소멸에 대한 연구에서는 편도체로 하향 조절하는 것으로 보이는 내측 전전두피질(Lieberman et al., 2007)을 통하여 중간 연결부를 지나면서 편도체의 활동을 위축시켰다. 한편, 리버만 등(2007)은 반대 현상에 대한 흥미로운 연구에서 사회적 고통에 대한 두뇌 기반이 신체적 고통의 뇌 기반과 유사하다는 것을 발견했다. 이는 말이 막대기와 돌만큼 상처를 줄 수 있으며, 거부당함과 비통함이 칼로 베이고 멍드는 것만큼 신체적인 영향을 줄 수 있음을 시사한다.

또한 신체적으로 감지된 느낌을 자각으로 통합하고 말로 상징화할 수 있는 것은 건강을 증진한다는 증거가 점점 늘어나고 있다. 페니베이커(Pennebaker, 1990)는 감정을 상징화하고 조직화하는 것의 중요성을 보여 주는 탁월한 연구에서 외상적이거나 기막히는 사건에서 정서적으로 경험한 것을 적어도 네 번, 매번 20분 동안 글로 쓰는 것이 건강과 안녕에 통계적으로 의의 있는 효과가 있음을 입증하였다. 수많은 연구에서는 정서적으로 스트레스가 많은 것에 대한 글을 쓰는 것이 자율신경계 활동, 면역 기능 및 신체적·심리적 건강에 긍정적인 영향을 미치며, 이러한 유익한 효과에 기본적으로 필요한 기제로 제시되었다(Pennebaker, 1995). '정서 일기'를 쓰면 사람들이 자신의 경험을 이해하고 자신의 경험을 더욱 일관되게 만드는 이야기나 줄거리를 만들 수 있다. 인식 속에서 정서를 상징화하는 것은 새로운 의미를 만드는 정서 반영을 촉진하고, 이는 내담자가 자신의 경험을 설명하는 새로운 이야기를 전개하는 데 도움이 된다. 언어를 통해 개인은 정서적 경험과 감정을 자극했을 수 있는 사건을 체계화하고 구조화하여 궁극적으로 자기 것으로 만들 수 있다. 감정이 말로 표현되면 사람들은 자신이 느끼는 것을 생각하고, 새로운 의미를 만들고, 자신의 정서적인 경험을 평가하고, 다른 사람들과 경험을 공유할 수 있다.

또한 스탠튼과 동료들(Stanton et al., 2000)은 정서 표현을 통해 유방암에 대처하는 여성들의 병원 방문이 적어지고, 신체적 건강과 활기가 증진되며, 고통이 줄어들었다고 최근에 발표했다. 이러한 결과는 정서 표현이 정서 처리만 하는 것보다 더 유익하다는 것을 제시한다. 전자는 '나는 나의 정서를 표현하기 위하여 시간을 들인다.'로 표현될 수 있으며, 후자는 '나는 내가 실제로 느끼는 것을 파악하기 위하여 시간을 들인다.'로 표현될 수 있다. 또한 정서 표현은 행동할 의지와 희망이 있는 사람들에게만 효과적인 목표 추구를 유도하는 것으로 나타났다. 현명한 사람들은 항상 자각과 표현 사이의 균형을 찾으려고 하였다. 아리스토텔레스(Aristotle, 1941)는 천년 전에 이것을 알고 있었지만, 이러한 지혜는 세대를 거치면서 잊혔다. 그는 누구나 화를 내게 될 수 있으며 화를 내는 건 쉽지만, 합당한 사람에게, 합당한 정도로, 합당한 시간에, 합당한 목적으로, 그리고 합당한 방법으로 화를 내는 건 쉽지 않다는 것에 주목하였다. 이는 머리와 가슴의 통합을 나타낸다. 보허트(Bohart, 1977)는 그의 우수한 실험에서 미해결된 분노 감정을 표현하고 반영하는 것을 촉진하도록 처치된 조건의 내담자들이 표현 또는 반영만 촉진하는 조건의 내담자들보다 자신의 감정을 효과적으로 해결하였음을 보여 주었다. 통합이 이긴 것이다.

안전성과 연결성이 정서 조절을 돕는다

정서에 영향을 미치는 관계에 관한 연구에서는 애착 대상과의 연결이 위협과 고통을 감소시키는 것으로 나타났다(Coan, Schaefer, & Davidson, 2006). 예를 들어, 장기간의 연애 관계에 있는 여성 참가자가 파트너의 사진과 통제 이미지를 보는 동안 그들이 받는 고통 자극을 스캔하였다(Eisenberg et al., 2011). 연구 결과는 고통 자극을 받는 동안 파트너 사진을 보는 것이 자가 보고된 통증률의 감소, 통증과 관련된 신경 활동(배측 전대상 피질, dorsal anterior cingulate cortex, 전방 인슐라)의 감소 및 복외측 전전두피질에서의 활동 증가를 나타냈다. 이 결과는 애착 대상이 안전을 의미할 수 있다는 생각과 일치한다. 더구나 파트너의 안전값에 대한 응답에서 전전두엽의 역할이 강조되면서, 파트너 사진에 대한 반응에서 전전두엽 활동이 더 커지는 것은 장기간의 관계와 더 큰 지각된 파트너의 지원과 관계가 있었다. 또한 파트너 사진을 보는 동안에 전전두엽에서 더 커진 활동은 통증률의 감소 및 통증 관련 신경 활동의 감소와 관련이 있었다. 저자들은 역사적으로 생존에 위협이 되었던 자극(예: 뱀, 거미)을 공포 자극에 대비해 온 것과 같은 방식으로, 생존에 역사적으로 도움이 되었던 애착 대상이 준비된 안전 자극으로 작용하여 현전의 위협이나 디스트레스와 관련된 반응을 줄이는 것으로 결론지었다.

현재의 신경과학 연구는 치료사의 공감과 존재를 통한 내담자의 안전에 대한 신경학적 토대를 밝히기 시작하고 있다. 다미주신경(Polyvagal) 이론은 내담자가 치료자와 함께 함으로써 안전하고 안심됨을 느낄 때 두뇌는 안전에 대한 '신경 수용' 상태를 확립한다고 설명한다(Porges, 1998, 2011). 신경 수용 상태는 치료사에 대한 신뢰감을 높이고 치료 작업을 시작하고 치료의 가능성을 높여 주는 내담자의 안전감을 만든다. 이 이론에 따르면, 육체적인 느낌과 정서는 타인의 존재에 영향을 받을 수 있다. 따라서 사람들의 신경계와 그들의 사회적 환경을 구성하는 사람들 사이에는 양방향적인 의사소통만이 있는 것은 아니다.

자율신경계의 초기 개념화는 두 가지 상반된 특징을 강조했다. 즉, 싸움이나 도망을 동원하는 전략으로 특징지어지는 높은 환기 상태를 지지하는 교감신경계와 건강, 성장 및 복원과 관련된 침착한 고정 상태를 지지하는 부교감신경계이다. 다미주신경 이론에 따르면 대부분의 척추동물은 횡경막하 기관(즉, 횡격막 아래의 내장 기관)의 신경 조절을 통하여 건강, 성장 및 회복을 지원하는 기능을 하지만, 포유류에서만 발견되는 새로운 수초 회로는 횡경막 위의 기관(예: 심장 및 폐)을 조절한다. 최신의 미주신경 회로는 활성 상태일 때 교감신경과 '오래된' 미주신경 회로 사이의 협응을 기능적으로 관리하여 횡경막하 기관의 항상성 기능을 유지한다. 또한 뇌간 기제를 통하여 생리학적으로 얼굴과 머리의 가로무늬근을 조절하는 뇌신경과 연결된다. 이는 사회적 관여 행동과 관련된 일차적 구조이다. 따라서 더 새로운 수초 미주 신경 회로는 사회적 관계의 영향을 받을 뿐만 아니라, 긍정적인 사회적 상호작용이 건강을 최적화하고 스트레스와 관련된 생리적 상태를 완화하며 성장과 회복을 지원하는 긍정적인 사회적 상호작용을 가능하게 하는 기제이기도 하다. 즉, 다미주신경 이론에서 정서와 생리의 조절인자는 관계에 내재되어 있다.

포유류의 사회적 참여 시스템의 핵심은 얼굴과 가슴 사이의 양방향 신경 전달에 반영된다(Porges, 2011). 초기 관계에서 조율이 부족하면 정서조절장애를 유발할 수 있지만, 현재 관계에서 조율과 연결은 안전하게 느끼도록 신경 근육을 치유하거나 훈련할 수 있다. 이러한 관점에서 정서적 환기는 온화한 얼굴 표정, 열린 신체 자세, 음색 및 음율(말의 리듬)과 같은 사회적 상호작용을 통해 안정화될 수 있다.

예를 들어, 사람이 위협을 감지하면 신경 체계는 교감신경계의 활성화나 행동 동원을 통하여 더 오래된 신경가지를 활성화해서 붕괴 상태를 만드는 해체 증상과 함께 전투나 도망 상태로 전환된다. 반대로 개인이 안전하다고 느끼는 사람이 눈앞에 있는 경우에, 안전에 대한 신경 수용을 경험하면서 생리가 안정되고, 방어 전략이 심리적이고 물리적인 거리를 줄이는 친사회적이고 자발적인 상호작용과 같은 안전감과 관련된 제스처로 바뀌면서 방어 억제가 일어난다.

정서가 정서를 변화시킨다

17세기의 스피노자(1677/1967)는 정서를 바꾸기 위해서 정서가 필요하다고 가정했다. 그는 "정서는 반대되는 강한 정서가 아니라면 억제되거나 제거될 수 없다."고 하였다(p. 195). 이를 뒷받침하는 증거가 프레드릭슨(Fredrickson, 2001)의 연구에서 나왔는데, 긍정적인 정서가 사람의 순간적인 생각-행동 레퍼토리를 확장함으로써 사람이 마음속에 부정적인 정서를 품고 있는 것을 느슨하게 할 수 있음을 보여주었다. 기쁨과 만족감의 경험은 중립적인 경험보다 부정적인 정서로부터의 심혈관 회복이 더 빠르게 일어나는 것으로 밝혀졌다. 프레드릭슨과 동료들(Fredrickson, Mancuso, Branigan, & Tufade, 2000)은 탄력적인 사람은 부정적인 정서 경험을 극복하기 위한 대처방법으로 긍정 정서를 모으는 것을 발견했다. 슬플 때 웃음은 회복 시기의 예측인자로 밝혀졌다. 행복한 때를 기억하고 기쁨을 경험할 수 있는 것은 슬픔에 대한 해독제로 작용한다(Bonanno & Keltner, 1997). 우울증에서, 저항으로 가득 찬 굴종적인 무가치감에 저항하게 만드는 욕망으로 그 사람을 안내함으로써 치료적으로 전환될 수 있다. 즉, 자신의 새장에서 벗어나서 삶에 대한 기쁨과 흥분으로 다가가고자 하는 욕망으로 바뀔 수 있다. 아이젠(Isen, 1999)은 행복한 감정의 긍정적 효과는 일정 부분 의도적 사고에 영향을 미치는 뇌의 특정 부분에서의 기쁨 정서와 관련된 신경 전달 물질의 효과에 기인한다고 가정했다.

이러한 연구들은 모두 긍정 정서가 부정 정서를 변화시키는 데 사용될 수 있음을 시사한다. 하지만 데이비슨(Davidson, 2000)은 우반구 전두엽의 위축과 관련된 부정적인 정동 체계가 좌반구 전전두엽 피질에서의 접근 체계의 활성화에 의해 변형될 수 있음을 제시하였다. 이 원리는 부정 정서를 변화시키는 긍정 정서뿐만 아니라 반대되는 적응 정서를 변증법적으로 활성화함으로써 부적응 정서를 변화시키는 데에도 적용된다. 따라서 치료에서 부적응적인 두려움이나 수치심이 일어나면, 더 경계를 설정하는 혐오와 같은 적응적인 분노 정서를 활성화하거나 자비나 용서와 같은 더 부드러운 감정을 불러내어 안전한 느낌으로 전환할 수 있다(Harmon-Jones, Vaughn-Scott, Mohr, Sigelman, & Harmon-Jones, 2004). 두려움이나 수치심으로 물러나는 성향은 침해에 대해 분노로 새롭게 접근하는 공격적인 성향으로 전환될 수 있다. 대체적인 정서에 접근하고 나면 원상태를 변화시키거나 벗어나게 되고 새로운 상태가 형성된다.

정서로 정서를 바꾸는 과정은 부적응적인 정서는 정화되지 않고 그 정서를 느끼는 사람에 의해서 약화되지도 않는다는 점에서, 카타르시스나 완결, 내려놓기, 노출, 소멸 또는 습관화를 넘어서는 개념이다. 오히려 또 다른 느낌이 그것을 변형시키거나 벗어나는 데 사용된다. 비록 때로는 정서에 노출시키는 것이 정동 공포를 극복하는 데 도움이 되겠지만, 어떤 정서가 단순히 그 정서를 약화시키는 것보다 다른 정서에 의해서 변형되기 때문에 많은 상황에서 치료 변화가 일어나기도 한다. 이러한 경우, 오래된 반응을 변형시키거나 벗어나게 하는 양립 불가하고 더 적응적인 경험의 활성화에 의하여 정서 변화가 일어난다. 이는 단순히 감정이 약화되도록 이끄는 것을 느끼거나 직면하는 것 이상의 것을 포함한다. 일단 어떤 기억이 활성화되어야만 기억재통합이 일어나듯이, 정서 기억을 변화시킬 수 있으려면 치료에서 그 정서 기억을 활성화하여야 한다.

새로운 정서 경험이 정서 기억의 변화를 돕는다

정서 신경과학에서 두려움의 기억에 관한 최근의 실험적 연구는 정서 도식 구조의 변화가 기억 재통합 과정을 통해 일어난다는 것을 보여 주었다(Lane, Ryne, Nadel, & Greenberg, 출판 중). 기억 재통합은 이전에 재통합된 기억이 소환되어 새롭고 활발하게 통합되는 과정이다(Nader, Schafe, & LeDoux, 2000). 기억에 대한 고전적인 견해는 학습 직후에는 기억이 약하고 불안정하지만 충분한 시간이 지나면 기억이 거의 영원하다는 것이다. 이 관점에서는 기억 형성을 중단하는 것은 이 통합 기간 동안에만 가능하다는 것이다. 즉, 일단 이 시간대가 지나고 나면 기억은 수정되거나 억제될 수는 있지만 제거되지 않는다. 그러나 기억에 대한 최근의 다른 견해는 내재되어 있던 기억이 되살아나도 다시 변하거나 깨어지기 쉽다는 것이다. 즉, 소위 **재통합**이라는 또 다른 통합 기간이 필요하다는 것이다. 이 재통합 기간에 기억을 파괴할 수 있는 또 다른 기회를 가질 수 있다. 부적응적인 정서 도식 기억이 공포, 수치, 분노 및 슬픔과 같은 정서를 갖게 된다면, 재통합을 차단함으로써 이전에 획득한 정서 도식 기억을 혼란시킬 수 있는 것은 정서적인 어려움을 해결하는 데 중요한 함의를 갖는다.

정서 기억의 재통합 차단에 대한 연구가 동물 연구에서 인간 연구로 진전되고 있다(Brunt et al., 2008; Soeter & Kindt, 2010). 재통합의 차단이 이전에 습득한 정서 기억을 혼란시킬 가능성은 심리치료에 중요한 의의가 있다. 기억 재통합은 일단 기억이 활성화되고 난 후에만 일어나므로, 치료에서 정서를 변화시키려면 정서 기억이 활성화되어야만 한다.

정서중심치료 연구

심리치료에서 정서에 대한 연구가 우리에게 말해 주는 것은 무엇인가? 첫째, 앞에서 언급한 정서 관점에 기반을 둔 정서중심치료(EFT)는 수많은 무작위 임상 실험에서 개인 치료 및 부부 치료 모두에 효과가 있는 것으로 나타났다(Elliott, Greenberg, & Lietaer, 2004; Hunsley, Greenberg, & Schindler, 1999). 분리된 세 연구에서는 공감적인 관계 맥락 내에서 특정 정서의 활성화 방법이 사용되어 매뉴얼화된 EFT 우울증 치료(과정 경험적 치료)가 매우 효과적인 것으로 밝혀졌다(Goldman, Greenberg, & Angus, 2006; Greenberg & Watson, 1998; Watson, Gordon, Stermac, Kalogerakos, & Steckley, 2003). EFT가 내담자 중심의 공감적 치료와 인지행동치료(CBT)와 같거나 더 효과적인 것으로 나타났다. 비교된 두 가지 치료법 모두 우울증을 감소시키는 데 매우 효과적이라는 것이 밝혀졌지만, EFT는 내담자 중심 치료와 인지행동치료보다 대인관계 문제를 줄이는 데 더 효과적이며 내담자 중심 치료보다 증상 변화를 더 촉진시키는 것으로 나타났다. EFT는 또한 재발을 예방하는 데 매우 효과적이라는 것이 밝혀졌다(77%가 재발하지 않음; Ellison, Greenberg, Goldman, & Angus, 2009).

과거의 학대 경험에서 비롯된 대인관계 문제를 해결하기 위하여 중요한 타인에 의한 정서적 상처를 다루는 EFT가 개발되었다(Greenberg & Foerster, 1996; Paivio & Greenberg, 1995; Paivio, Hall, Holowaty, Jellis, & Tran, 2001). 이 치료에서는 중요한 타인과의 재연된 대화를 통하여 직면이 촉진된다. 과거의 정서적인 상처를 극복하고 내려놓고 용서하는 것을 촉진하는 EFT는 두 가지 연구(Greenberg, Warwar, & Malcom, 2008; Paivio & Greenberg, 1995) 결과, 심리치료 집단에게 탁월한 것으로 나타났다. 특히, 치료적 관계와 외상 기억의 정서 처리가 뚜렷하고 중복되는 변화 과정이라고 가정한 아동기 학대 성인 생존자를 위한 정서 중심 외상 치료(Paivio & Pascual-Leone, 2010)가 학대를 다루는 데 효과적인 것으로 나타났다(Paivio & Nieuwenhuis, 2001). 앞서 언급한 임상 실험 외에도 EFT 연구가 섭식장애(Tweed, 2013; Wnuk, Greenberg, & Dolhanty, 출판 중), 사회불안장애(Elliott, 2013; Shahar, 2014) 및 범불안장애(O'Brien, Timulak, McElvaney, & Greenberg, 2012)에도 효과적임을 보여 주고 있다.

부부가 드러나지 않은 취약한 정서에 접근하고 표현할 수 있도록 돕는 정서 중심 부부 치료(EFT-C; Greenberg & Goldman, 2008; Greenberg & Johnson, 1988; Johnson, 2004)는 결혼 만족도 증가에 효과적인 것으로 나타났다(Johnson & Greenberg, 1985; Johnson et al., 1999; McKinnon & Greenberg, 2013). 실증적으로 검증된 이 접근법은 관계 디스트레스의 해결에 가장 효과적인 접근법 중의 하나로 입증되었다(Alexander, Holtzworth-Munroe, & Jameson, 1994; Baucom, Shoham, Mueser, Daiuto, & Stickle, 1998; Johnson et al., 1999). 6개의 연구에 대한 메타분석에서 EFT는 회복률

이 70~73%로 1.3의 효과 크기를 나타냈다(Johnson et al., 1999). 메타분석에 포함되지 않은 최근의 한 연구에서는 정서적인 상처를 해결하기 위한 10회기의 EFT-C 개입이 치료 전 대기자 명단에 있는 통제 기간과 비교할 때 효과적인 것으로 나타났다(Greenberg, Warwar, & Malcolm, 2010). 치료 끝에는 세 쌍의 부부만 대기자 명단에 있는 기간에서 용서하는 방향으로 진전된 것과 비교하여, 열한 쌍의 부부는 파트너를 완전히 용서한 것으로 확인되었고, 여섯 쌍의 부부는 용서하는 방향으로 나아갔다. 이 결과는 EFT가 짧은 기간 동안에 결혼 생활의 디스트레스를 완화하고 용서를 촉진하는 데 효과적이지만, 지속적인 변화를 촉진하기 위해서는 추가 회기가 필요할 수 있다는 것을 보여 준다(Greenberg & Goldman, 2008).

변화 과정에 대한 연구

EFT의 치료적 변화에서 독립적인 역할을 하는 정서에 대한 경험적 연구는 회기 중의 정서 활성화와 성과 사이의 관계를 일관되게 보여 주었다. 정서에 주의를 기울이고 정서를 이해하는 것의 중요성에 대한 EFT 가설을 지지하는 것으로는, 정서중심 우울증 치료에 대한 과정 연구 결과가 치료 중기에 환기된 정서에 대한 반영과 결부되어 정서적 환기가 높게 나타났고(N. Warwar & Greenberg, 2000), 치료 후기에 더 깊은 정서 처리가 좋은 치료 성과를 예측하였다(Pos, Greenberg, Goldman, & Korman, 2003). 높은 정서적 환기에 더하여 환기된 정서에 대한 높은 반영은 성과가 좋은 사례와 나쁜 사례로 구분되는데, 이는 환기와 의미 구축을 결합하는 것의 중요성을 나타내 준다(Missirlian, Toukmanian, Warwar, & Greenberg, 2005; S. H. Warwar, 2005). 따라서 EFT는 사람들이 정서를 경험하고 자신의 정서를 수용하고 이해하는 데 도움이 되는 정서 처리 유형을 향상시키는 것으로 보인다.

하지만 정서적 환기와 표현만으로는 치료적 변화가 일어나기에 충분하지 않은 것 같다. 정서 처리가 환기에 의하여 매개될 수 있다는 경험적 증거들이 제시되었다. 효과적인 정서 처리가 일어나기 위해서는 고통스러운 정서 경험이 반드시 활성화되어야 하고 내담자가 본능적으로 그것을 경험해야 하며, 환기가 필요하나, 치료적 진전에 반드시 충분조건이 되지는 못한다(Greenberg, 2011). 최적의 정서 처리에는 정서의 활성화에 더하여 활성화된 정서 경험에 대한 인지 과정 형태의 어떤 것이 들어 있는 것 같다. 정서 경험을 접하게 되면 내담자는 그 경험을 정보로 인지적으로 사용하고, 탐색하고, 반영하고, 이해해야 한다(Greenberg, 2011; Greenberg & Pascual-Leone, 1995; J. Pascual-Leone, 1991). 그린버그와 동료들(Angus & Greenberg, 2011; Greenberg, 2011; Greenberg & Angus, 2004; Greenberg & Pascual-Leone, 1997, 2006)이 지적하였듯이, 자각 속에서 정서를 상징화하는 것은 새로운 의미를 만드는 경험의 반영을 촉진하며, 이는 내담자가 자신의 경험을 풀어 나갈 새로운 이야기를 개발하는 데 도움이 된다. 언어를 통하여 사람들은 정서 경험과 그러한 정서를 일으켰을 사건들을 조직하고, 구조화하고, 궁극적으로는 자기 것으로 받아들일 수 있다. 또한 정서가 말로 표현되면 사람들은 자신이 느끼는 바를 반영하고, 새로운 의미를 만들고, 자신의 정서 경험을 평가하며, 다른 사람들과 그 경험을 공유할 수 있다.

정서의 환기와 정서 처리의 결합된 효과를 더 탐색하기 위하여, 그린버그 등(Missirlian, Toukmanian, Warwar, & Greenberg, 2005)은 우울증의 경험주의적 치료에서 치료적 동맹을 형성하면서 표현된 정서적 각성과 내담자의 지각 처리를 치료 성과 예측 요인으로 사용하였다. 내담자 지각 처리 단계(Toukmanian, 1992)는 정신적 조작을 자동화 방식 또는 비범주화 방식, 고의적 방식 또는 통제된 방식 및 재평가와 통합과 같은 지각 처리의 반영적 방식의 범주로 평가하는 것이다. 그들은 치료 중기에 이들 변수 중의 하나의 효과보다 정서적 환기가 지각 처리와 결부되었을 때 우울증 및 전반적인 증상의 감소를 더 잘 예측할 수 있다는 것을 발견하였다.

유사한 프로젝트에서 와와(S. H. Warwar, 2005)는 표현된 정서적 환기의 최대치와 기준치 둘 다를 사용하여 표현된 정서적 환기의 강도와 경험의 깊이가 예측 요인으로 어느 정도까지 사용될 수 있는지 연구하였다. 그녀에 따르면 치료 중기에 표현된 정서적 환기는 상관 계수 .48에서 .61까지로 나타나 그것이 증상 기반 성과 측정의 유의미한 예측 요인이었으며, 결합된 요인들(경험과 각성)은 이러한 측정(Beck Depression Inventory and Symptom Checklist-90)에서 58%의 변량을 예측하였다. 우울증 치료에서 환기된 정서 표현의 빈도와 결과 사이의 관계에 관한 최근 연구에서 캐리에와 그린버그(Carryer & Greenberg, 2010)는 환기된 정서 표현이 중간 정도에서 높은 정도로 코딩된 정서적인 에피소드의 25% 빈도에서 치료 동맹 이상의 성과를 예측한다는 것을 발견하였다. 더 많이 환기된 정서 표현에 대한 최적 수준에서의 편차는 치료 동맹 이상의 성과를 예측하는 것으로 밝혀졌다. 이 최적 수준에서 더 높은 빈도나 더 낮은 빈도로의 편차는 더 나쁜 성과를 예측하였다. 74명의 우울한 내담자 치료의 경로 분석에서 정서 처리 작업 단계가 증상 감소를 직접적으로 예측하는 것으로 나타났다(Poes, Greenberg, & Warwar, 2009). 정서 처리가 핵심적인 변화 과정으로 밝혀졌지만, 치료 동맹은 치료 단계와 종료 단계 내에서 정서 처리를 강화하는 것으로 나타났다. 비록 내담자의 초기 치료 과정이 내담자의 치료 성공을 제한하는 것 같지만, 관계에 더하여 정서 처리가 변화를 만든다고 보는 EFT의 변화 이론은 지지되었다. 결국 정서 자각, 일치, 조절 및 분화에 기반을 둔 생산적인 정서 처리에 대한 새로운 측정법이 개발되었으며, 그것이 회기 중 정서 처리를 측정하는 지금까지 시도된 모든 방법 중에서 가장 강력한 측정방법임이 발견되었다(Auszra, Greenberg, & Herrman, 2013).

　이 연구에서 정서 변화의 순차적 과정을 검토한 결과, 치료 중 표현된 적응적인 정서가 가장 좋은 성과 예측 요인이며, 적응 정서는 부적응적인 정서 간의 관계를 매개하는 것으로 나타나 적응 정서가 부적응 정서를 변화시킨다는 가설이 지지되었다. 마지막으로, 파스쿠알-레오네와 그린버그(2007)는 보편적인 디스트레스에 대한 정서 처리에서, 내담자가 디스트레스의 출발점에서 이전에 회피하였던 두려움, 수치심 및 공격적인 분노와 같은 미분화되고 불충분하게 처리되었던 정서에 접근한다는 것을 보여 주었다. 그리고 핵심적인 변화 단계인 욕구와 부정적인 자기평가의 명확한 표현으로, 마지막으로 디스트레스를 해결한 자기주장적인 분노, 동정적인 자기진정, 상처 및 슬픔으로 이동하는 것을 보여 주었다.

　이 연구 결과는 욕구가 내재되어 있고 깊게 느껴지는 '절실하게 느껴진 욕구'(애착, 인정, 주체적인 행위자, 또는 생존에 대한 소원)의 표현이 더 깊은 적응 정서를 경험하는 데 매우 중요하다고 보는 EFT의 견해를 지지한다(Greenberg, 2002; Greenberg & Paivio, 1997; Greenberg, Rice, & Elliott, 1993). 파스쿠알-레오네의 이 모델에 대한 추가 연구에서 정서 처리에서 회기 중에 정서 처리의 이득을 내기 위하여 어떻게 매 순간 역동적인 정서 변화를 축적하는지가 연구되었다(A. Pascual-Leone, 2009). 그는 효과적인 정서 처리는 '두 발 앞으로, 한 발 뒤로'와 같은 방식으로 해결을 향한 단계들을 따라 꾸준히 진행하는 것과 관련이 있음을 보여 주었다. 해결된 사건들은 또한 역방향의 정서적 붕괴를 점점 단축시키는 것으로 나타났지만, 회기 중에 해결이 어려웠던 사건들은 앞으로 전진하는 과정이 점점 짧아졌음을 드러낸 것도 사실이다.

연구의 결론

1960년대의 '당신의 감정과 소통하라.'는 혁명의 과도함은 사람들이 변화하는 방법에 대한 연구와 심리치료의 발전에 의해 극복되었다. 민감성 훈련과 참만남 집단의 '내려놓고 모두 어울리자.'는 '스킨십 중심(touchy feely)'의 시대는 끝났다. 심리치료 기술의 복잡성을 유지하면서 과학적 조사연구의 엄정함과 연계하여 증거에 기반을 둔 EFT의 시대가 시작되었다.

EFT의 연구의 증거에 따르면, 치료적으로 촉진된 정서의 자각과 환기가 정서 경험의 일종의 의식적인 인지 처리와 관련하여 지지적인 관계 맥락에서 표현되었을 때, 특정 유형의 사람과 문제의 치료적 변화에 중요하다는 것이다. 정서는 또한 적응적이면서 부적응적인 것으로 보인다. 그러므로 치료에서 정서가 때로는 가이드로서 접근되고 사용되어야 하며, 또 때로는 더 조절되고/조절되거나 수정되어야 한다. EFT에서 정서의 인지 처리의 주요 역할은 정서의 이해를 돕기 위한 것과 조절을 돕기 위한 것 두 가지로 밝혀졌다.

생물학과 문화를 통합하는 변증법적 구성주의 관점

앞에서 언급한 이론과 연구 모두 정서에 대한 변증법적 구성주의 관점이다. 몸으로 느껴진 정서는 명백히 존재하며 언어에 종종 반영되어 우리가 느끼는 것을 만들어 내고, 그 정서를 명명하는 것은 그것을 안고 가는 데 도움이 된다. 따라서 우리는 몸으로 느껴지는 감각에 주의를 기울이고 자각하고 상징화함으로써 우리가 느끼는 것을 구성하며, 우리의 구성은 몸으로 느끼는 것에 의하여 정보를 얻고 제약을 받는다(Angus & Greenberg, 2011; Greenberg & J. Pascual-Leone, 1995; Greenberg, Rice, & Elliott, 1993, Pascual-Leone, 1991). 정서 경험의 상징화가 어떻게 되느냐에 따라 그다음 순간의 경험이 달라진다. 그러므로 치료사는 정서 경험과 그 경험이 들어 있는 이야기 모두에서 정서와 작업하여 의미를 만들고 변화를 촉진해야 한다(Greenberg & Angus, 2004).

정서 생성에는 두 가지 기본 단계가 중요하다. 한 단계는 정서 도식을 불러일으키는 간단한 지각적 평가에 이어 1차적인 반응을 도출하는 자동적인 처리 과정이다. 이러한 도식들은 태어날 때부터 발달하는 것으로 보이며, 발달적으로나 성인기에나 우리의 초기 정서 경험의 상당 부분의 생성 원천으로 보인다.

하지만 EFT에 의하면 경험은 단일 정서 도식이나 단일 수준의 처리로 생성되지 않는다는 점에 유의해야 한다. 그린버그와 동료들(Greenberg, 2011; Greenberg & Pascual-Leone, 2001; Greenberg & Watson, 2006)은 경험이 상호 활성화되고 상호 적용되는(J. Pascual-Leone, 1991) 수많은 수준에서의 처리와 수많은 도식의 암묵적인 처리에 의하여 만들어진다고 하였다. 이러한 다중 도식의 통합은 자신이 어떤 순간에 처해 있다고 생각하는 현재의 자아(어떤 상황에서 '나'임을 발견하는 자아)의 기초를 형성하며, 자기를 경험하기 위해서 주의를 기울여야 하는 몸으로 느낀 경험의 참조 체계(Greenberg, 2011)를 제공한다.

EFT 관점은 주의와 반영에 의해서 이러한 몸으로 느껴진 내포적인 자기조직체에 주의를 기울이고, 탐색하고, 이해하는 것에서 의식적인 경험과 개인적인 의미가 도출된다는 것이다. 많은 도식과 처리 수준의 통합으로 인한 내적인 복합성을 감안할 때, 경험은 언제나 다차원적이고 다각적이다. 따라서 우리는 항상 몸으로 느껴진 감정을 상징하고, 반영하고, 이야기로 만드는 변증법적인 과정에 의하여 '그 순간의 자기'로 되는 구성 과정에 있다. 또한 반영을 통하여 사람들은 자신의 모든 문화적·사회적 지식을 자신의 존재에 대한 정서적 의미와 통합한다. 따라서 정서적인 신호에 대해 어떻게 행동할지 결정하는 것이 중요하다. 사고는 정서의 진상을 올바르게 보고 이해하는 데 도움이 된다. 이것은 궁극적으로 개인적인 의미가 일상생활에서 어떻게 만들어지느냐이다. 따라서 사람들이 아침에 기쁨과 흥미를 가지고 깨어나면 유기체의 감정은 모든 것이 좋다는 신호를 보낸다. 이 정서들은 열의를 갖고 유연성 있게 일에 덤벼들도록 방향을 잡고, 반영이 거의 필요가 없다. 하지만 두려움이나 슬픔을 갖고 깨어난다면 이 정서들은 자신의 인생을 수행하는 방식에서 어떤 것이 잘못되었거나 주의를 요하는 뭔가가 일어났다는 신호를 보낸다. 그러면 그 사람은 자신의 세계를 의식적으로 재편성할 모든 지식을 사용하기 시작한다. 문제에 대해 이렇게 신호를 보내는 것은 일어나고 있는 것에 대한 반영을 촉진하여 나

뻔 감정을 일으켰던 문제와 행동에 대한 해결책을 이끌어 낼 수 있다. 여기서의 정서 문제를 해결하기 위해서는 이성을 사용하여야 한다. 무엇보다도 정서가 환경 내에서 유기체에 무슨 일이 일어나고 있는지에 대해 알려 주는 정보는, 사고와 상상과 같이 사람들의 지능에 추가된다. 정서지능은 삶에 대처하기 위하여 정서, 감정 및 기분을 능숙하게 사용하는 것을 의미한다.

따라서 이러한 변증법적인 구성주의자 관점에서 EFT 이론은 정서를 인간 경험의 기본 자료로 삼고, 의미 형성과 이야기의 일관성이 중요함을 인정하며, 궁극적으로는 정서와 인지가 불가피하게 얽혀 있다고 본다(Greenberg, 2011; Greenberg & Pascual-Leone, 2001; Greenberg & Watson, 2006; J. Pascual-Leone, 1991). 궁극적으로, 정서는 사실이 아니다. 그보다는 지금 이 순간에 우리에게 의미 있는 것이 무엇인지를 알려 주고 행동 성향을 형성하는 과정이다. 그래서 우리는 항상 세상에 적응하기 위하여 정서를 사용하고 의미를 구성하고 이야기를 발전시키는 과정 속에서 살아야 한다. 우리는 정서가 제공한 정보와 행동 경향성을 이해하고 무엇을 할 것인지 결정할 필요가 있다.

결론

열정(passion)이라는 말은 수동적이라는 의미의 passive라는 말과 그 어원이 같다. 이는 사람들이 정서를 만든다는 것보다는 수동적으로 받는다는 인상을 준다. 흔히 내담자는 명백한 이유 없이 좋거나 나쁘다고 느끼는 매일의 경험 때문에 자신이 정서의 희생자라고 생각한다. 많은 정서는 그냥 일어나는 것처럼 보인다. 그러나 내담자는 정서적으로 일어나는 것을 하나의 지침으로 지능적으로 사용하는 방법을 배워야 하고, 원치 않는 정서에 지배당하지 않기 위해서 정서를 조절하는 법을 배워야 한다. 그러기 위해서는 정서가 제공하는 것을 평가해야 한다. 모든 생각이 반드시 논리적일 필요가 없는 것과 마찬가지로 모든 정서가 지능적이거나 파괴적일 필요는 없으며, 사람들이 논리적으로 추론하는 법을 배워야 하는 것처럼 온전한 삶을 살기 위하여 자신의 정서가 언제 건강하고 적응적인지, 그리고 언제 부적응적이고 해로운지 확인하는 법을 배워야 한다.

Chapter 03

정서 표현의 유형 구별하기

감정의 벌거벗은 살에 닿기 전에 얼마나 많은 것이 탐색되어야 하고 버려져야 하는가?
– 클로드 드뷔시(Claude Debyssy)

이 장에서는 정서가 나타날 수 있는 여러 가지 방식을 살펴보고자 한다. 정서는 적응적이고 일차적인 본능 경험(앞서 나온 인용문에서 언급된 감정의 벌거벗은 살)으로, 본능의 경험에 대한 증상적이거나 이차적이거나 방어적인 반응으로 또는 타인에게 영향을 미치기 위하여 표현되는 조작적인 정서로 나타난다. 세 명의 장님과 코끼리의 비유가 시사하는 바와 같이, 현실은 당신이 집중하는 그 무엇이며, 당신이 집중하는 부분이 당신이 믿는 것을 결정한다. 정서 평가에 차별적으로 개입을 하도록 안내하기 위하여 여러 가지 정서 상태에 대해 과정 진단의 형태로 제시하겠다. 또한 치료적으로 생산적인 정서 처리 과정과 비생산적인 처리 과정에서 그것을 구별하는 방법을 논의하겠다.

정서는 역사적으로 이성과 대비되어 왔기 때문에, 연구자들은 대비 목적으로 정서를 단일 종류로 간주하여 왔다. 그러나 모든 정서는 똑같지 않다. 각각에는 뚜렷한 형태와 기능이 있다. 앞에서 언급했듯이, 분노의 행동 경향성은 사람들로 하여금 앞으로 밀어붙이도록 한다. 분노의 기능은 경계를 설정하는 것이며, 분노의 특징은 다양하다. 단지 몇 분만 지속될 수도 있고, 며칠 동안 부글거릴 수도 있다. 이와 달리, 슬픔은 잃어버린 대상을 위하여 울게 하며, 얼마 후 아무도 와 주지 않아도 힘들지 않게 울음을 멈추기도 한다. 정서의 상이한 유형과 기능에 대해 두 번째로 중요한 점은 사람들에게 정서지능을 사용하도록 코칭해야 한다는 것이다. 예를 들어, 어떤 경우에 분노는 침범당하는 것에 대해 힘을 가지는 적응 반응일 수 있고, 또 어떤 경우에는 이전에 학대받은 것 때문에 현재 상황에서 과도하게 반응하는 것일 수 있다. 분노는 사람의 첫 번째 즉각적인 반응일 수 있고, 이전 감정과 생각의 연결 고리의 끝에서만 나타나는 것일 수도 있다. 남자들은 종종 분노의 후자 유형을 표현한다. 그들은 실제로 두려움을 경험할 수도 있지만, 주로 두려워하지 않아야 한다고 믿기 때문에 대신 화를 내면서 반응할 수 있다. 동정을 얻기 위하여 우는 것과 같이 의도적으로 원하는 결과를 얻기 위해 정서를 표현할 수도 있다. 따라서 우리는 서로 다른 종류의 정서를 구별하는 것을 배울 필요가 있다.

삶을 인도하는 가장 좋은 방법이 이성이라고 믿는 전통은 인간 경험의 복잡성을 간과했다. 이 견해는 정서가 다루어져야 하는 방법을 지나치게 단순화하였다. 즉, 정서는 통제되거나(기분 위에 정신이 있다는 관점), 정서를 없애기 위해서 기분전환을 시켜야 한다는 것(카타르시스 관점)이다. 그러나 정서를 효과적으로 다루기 위해서는 경우에 따라서 어떤 유형의 정서가 경험되고 있는지 파악하고, 그 상황에서 그 정서를 다루는 최선의 방법을 결정할 수 있어야 한다.

다음과 같은 상황에서 어떻게 서로 다르게 느낄 수 있는지 그리고 이러한 감정을 다루는 가장 좋은 방법이 무엇인지 묘사해 보라.

- 어떤 사람이 배우자와 크게 말다툼을 하였고, 두 사람은 서로 말하지 않고 있다.
- 어떤 사람이 원하는 승진을 하게 되었다고 방금 들었다.
- 어떤 사람이 부모님이 방금 돌아가신 상태이다.
- 어떤 사람이 새로운 상사에게 좋은 인상을 남기고 싶어 한다.
- 어떤 사람이 약혼녀에게 방금 자신에 대한 감정이 변하고 있다는 말을 들었다.
- 어떤 사람이 자신의 장래 전망이 우울하다고 생각하고 있다.
- 어떤 사람이 자신의 관점을 사람에게 우기고 있다.
- 한부모가 직장에 가려고 하는데 베이비시터가 올 수 없다고 전화하였다.

- 어머니가 세 살짜리 아이가 길로 막 뛰어가는데 차가 다가오고 있는 것을 본다.
- 어떤 사람이 중요한 대화를 방해한 방문판매원을 문 앞에서 돌려보내기를 원한다.

매우 다른 상황과 정서 경험들을 예로 들었다. 정서를 그냥 조절하고 단순히 소통하거나 없애는 것만으로는 충분하지 않다. 이렇게 다양한 정서를 어떻게 다룰 수 있을까? 우선, 서로 다른 종류의 정서 경험을 구별할 필요가 있고, 그다음으로 각 정서를 적절하게 다루는 방법을 배울 필요가 있다. 정서 코치는 내담자에게 정서가 상황에 따라 다르다는 것을 알도록 도와줄 필요가 있다. 코치는 어떤 정서를 적응적인 행동의 가이드로 사용할 수 있는지, 어떤 정서가 목소리를 크게 내어 표현되어야 하고, 반영되어야 하는지, 혹은 통제되어야 하는지 그리고 어떤 정서가 행동과 결정을 안내하는 데 가장 좋게 사용될 수 있는지 등에 대해서 내담자가 알 수 있도록 도와야 한다.

정서를 촉진하거나 억제하려면

정서와 작업하는 데 있어서 정서 코치는 다음의 세 가지를 구별하여야 한다. 첫 번째는 내담자가 정서를 너무 많이 경험하는지 아니면 너무 적게 경험하는지에 대한 구별이다(Paivio & Greenberg, 2001). 분노로 폭발하거나, 눈물로 뒤범벅이 되거나, 수치심으로 바닥에 웅크리는 것과 같이 정서 조절이 잘 안 되는 사람은 매우 억압되고, 감정을 회피하고, 지적으로 되고, 이면에서 나타나는 정서 표현을 차단하거나, 감정을 일으킬 상황을 피하는 사람들과는 상당히 다른 그림을 보여 줄 것이다. 문제 유형에 따른 개입방식은 많이 달라야 한다.

두 번째는 어떤 정서의 표현이 차단된 정서가 자유롭게 나오는 것과 같은 새로운 정서 표현인지, 아니면 너무 자유롭게 표현되는 정서가 사실은 반복되고 오래되어 진부한 정서 표현인지에 대한 구별이다. 지나치게 억제된 정서의 신선한 표현은 대체로 도움이 되는 반면에, 차단되지 않은 케케묵은 정서가 너무 자주 표현되는 방식의 감정 배출은 치료적이지 않으며 표현을 감소시키지 않는다(Bushman,

Baumeister, & Stack, 1999).

세 번째로 정서 코치는 경험되고 표현되고 있는 정서가 디스트레스의 신호인지 아니면 디스트레스를 해결하는 과정의 한숨인지를 구별해야 한다(Kennedy-Moore & Watson, 1999). 예를 들어, 압도되어 대처할 수 없음을 느낄 때 우는 것은 고통의 신호로서 애도 과정의 일부로 우는 것과 구별되어야 한다. 공황 상태에 대한 두려움이나 예기치 않은 실패는 디스트레스에 대한 신호이다. 그러나 자기주장적인 것의 위험 부담에 대한 두려움이나, 새로운 것에 노출되는 것에 대한 당혹감은 흔히 변화에 직면한다는 신호이다.

따라서 정서는 획일적인 현상은 분명히 아니다. 가장 일반적인 수준에서 코칭 개입은, ① 감정이 과소 또는 과대 통제되고 있는지, ② 새로 표현되는 정서인지 아니면 진부한 정서인지, 그리고 ③ 그 정서가 디스트레스의 신호인지 아니면 변화의 과정지에 따라 달라진다.

언제 더 많은 정서를 촉진하고 언제 정서를 억제할 것인가에 대한 몇 가지 기준을 〈표 3-1〉에 제시하여 논의하고자 한다(Wiser & Arnow, 2001). 더 많은 정서 촉진을 위해서 가장 중요한 첫 번째 기준은, ① 촉진될 정서를 담을 수 있는 충분한 유대 관계가 있고, ② 정서 경험을 심화시키는 과업에 대한 동의 및 협력이 있느냐는 것이

표 3-1 정서를 촉진할 것인가 또는 억제할 것인가

요인	촉진	억제
동맹 관계	정서 경험을 증가시키는 과업의 안정성과 일치성	관계가 아직 정서를 지지할 수 없다.
내담자	정서를 회피한다. 부적응적으로 행동함, 행동 경향성에 대한 인식이 없다.	압도당함, 정서가 정보를 주지 않거나 행동을 촉진하지 않거나 혼란스럽다. 당황하거나 공격한 역사가 있다. 파괴적인 대처를 함(예: 약물, 폭식, 자해) 정서 조절력이 결여된다. 위기에 처해 있다.
정서	변화 과정을 신호로 알려 준다. (정서재처리와 반영) 적응 행동을 구제한다. 새롭게 표현된다.	정체되어 있다. 부적응적인 행동을 촉진한다.

다. 안전한 관계 기반이 확립되지 않은 사람들을 경험과 표현을 촉진하도록 몰고 가는 것은 현명하지 않으며, 적극적으로 하려고 하지 않는 내담자에게 정서를 환기시키는 것은 잠재적으로 해롭다. 일단 치료적 동맹이 세워졌을 때, 정서에 집중하는 것이 필요하다고 가리키는 일반적인 지표는 무엇일까? 역설적으로, 더 많은 정서를 촉진할 필요가 있음을 알리는 중요한 내담자 지표는 회피이다. 분명히 어떤 정서를 느끼면서 그것을 차단할 때 또는 주지화, 왜곡, 딴 데로 관심 돌리기 등으로 정서를 회피할 때, 내담자가 정서에 접근할 수 있도록 돕는 것은 치료적일 수 있다. 또한 정서 인식의 결핍 때문에 부적응적으로 행동하는 내담자들은 더 많은 정서 인식이 이루어지도록 코치를 받음으로써 좋아질 수 있으며 자신의 정서에 기반을 둔 행동 경향성에 더 잘 접근할 수 있다. 예를 들어, 자신의 정서가 제공하는 정보에 주의를 기울이지 않는 내담자는 침범당할 때 수동적으로 되거나 화날 때 우울해지고, 지나치게 억제하는 사람들은 행복하거나 슬플 때 흔히 힘이 없다. 정서 코치는 정서 기억에 저장된 감정에 직면하고 그 감정을 말로 표현하게 함으로써 외상 경험을 재처리해야 하는 사람들을 도울 수 있다. 마지막으로, 정서가 기술 습득을 방해하기 때문에 문제가 된다면 두려움 및 다른 정서적 차단을 탐색하는 것이 도움이 된다.

한편 정서를 촉진하는 것에 대한 여러 가지 반대 지표가 있다. 내담자가 치료사와의 관계에 안전함을 느끼지 못하여 치료 관계가 지지될 수 없을 때, 신뢰가 확립되지 않았을 때, 또는 치료사가 내담자나 자신의 상황에 대해 충분히 지식이 없을 때는 정서 경험을 촉진하는 것이 바람직하지 않다. 내담자가 정서에 압도당하는 느낌이 든다면 그것은 정서적 각성을 증가시키는 지표와는 확실히 반대되는 지표이다. 그러한 경우, 정서는 정보를 제공하거나 행동을 촉진시키기는커녕, 오히려 혼란을 가져온다. 이는 분명히 정서를 억제해야 한다는 지표이다. 위기에 처했을 때는 감정을 촉진하기보다는 위기관리가 필요하다. 이전에 공격당했거나 매우 당황했던 경험이 있으면 분노나 취약한 감정을 촉진하지 않아야 한다. 또한 정서적 환기는 대체로 파괴적으로 대처하는 사람에게는 사용하지 말아야 한다. 자가 치료로 약물을 사용하고 폭식이나 스트레스로 자해를 한다면, 더 나은 대처 기술을 배울 때까지 스트레스를 활성화하는 것은 바람직하지 않다(Linehan, 1993). 마지막으로, 정서 조절이 잘 안 되어 문제가 일어나는 것이라면, 사회 기술이나 문제 해결 기술을 발달시키는 훈련이 정서 촉진보다 우선되어야 한다.

일차적, 이차적 또는 도구적?
적응적 또는 부적응적?

내담자가 자신의 정서와 정서가 주는 이점을 이해하는 걸 돕기 위해서, 또한 앞에서 논의한 정서 촉진이냐 정서 조절이냐를 구별하는 걸 돕기 위해서, 정서 코치는 내담자가 경험하고 있는 정서 유형과 언제 그 정서를 경험하고 있는지를 파악할 수 있어야 한다. 이는 내담자가 각 정서가 알려 주고 있는 것에서 유용한 것이 무엇인지를 결정하는 데 도움이 될 것이다. 내담자는 자신의 정서를 능숙하게 사용하는 법을 배우기 위해 다음의 주요 정서의 종류별 특징을 알 수 있도록 코치받아야 한다. 또한 어떤 순간이든 자신이 경험하는 정서가 다음의 감정들 중 어느 것에 해당하는지를 자각할 수 있도록 코치받아야 한다.

- 건강한 핵심 감정, 적응적인 일차 정서
- 만성적인 나쁜 느낌, 부적응적인 일차 정서
- 일차 정서를 불분명하게 하는 반응적이거나 방어적인 정서, 이차 정서
- 원하는 것을 얻기 위해 사용하는 정서로서, 영향력을 미치거나 조종적인 정서, 도구적 정서

어떤 특정 순간에 느끼는 정서가 일차적, 이차적, 또는 도구적 정서가 될 수 있기 때문에 특정 정서는 어떤 범주에도 속할 수는 없다. 따라서 내담자가 뭔가를 느낄 때마다, 어떤 유형의 정서가 일어나는지 판단해야 한다. 제6장에서는, 정서 코치로서의 치료사가 코칭에 가장 중요한 정서인 분노, 슬픔, 두려움 및 수치심을 구분할 수 있도록 어떻게 도울 수 있는가에 중점을 둔다. 다음은 코치와 내담자 모두를 위한 지침으로, 일차 정서, 이차 정서, 그리고 도구적 정서의 주요 특징에 대한 설명이다.

일차 정서

일차 정서는 상황에 대한 사람들의 본능적인 핵심 반응이다. 우리의 근본적이고 가장 즉각적인 첫 번째 내적 반응이며, 적응적이거나 부적응적일 수 있다. 이들 정서는 적응적일 때 생존과 안녕에 분명히 매우 소중하며 부적응적일 때 문제의 근원이 된다. 일차 정서는 지금 바로 일어나고 있는 것에 대한 반응이다.

적응적인 일차 정서

적응적인 일차 정서는 무의식적인 정서로 내포된 평가, 언어적이거나 비언어적인 정서 표현, 행동 경향성 및 정서 조절의 정도가 자극 상황에 적합하고 세상에 적응적인 행동을 위한 준비에 적절하므로, 욕구 충족에 도움이 된다. 예를 들면, 위로를 받고자 하는 상실에 대한 슬픔, 위협에 대한 두려움, 침해에 대한 분노, 돌이킬 수 없어 잃어버린 것을 내려놓는 슬픔, 침범에 대한 혐오감 및 충족시킬 수 없는 욕구를 내려놓는 무망감 등이 있다. 이들 정서는 현재 입력에 대한 현재 반응이며, 정서를 만든 상황이 다루어지거나 종료될 때 사라진다. 이 정서는 빨리 도착하고 빨리 떠난다. 이들 정서가 그 사람의 첫 번째 반응이라면 분노나 공포와 같은 생물학적으로 기본적인 정서일 수 있거나 질투나 감사와 같은 복합적인 정서일 수 있다.

일차 정서는 정서지능의 주요 원천이다. 사람들은 이 정서들을 인식하고 가이드로 사용하는 법을 배워야 하며, 이를 통해 유익한 것을 얻을 수 있다. 이는 사람들이 자신의 정서를 이해하도록 돕는 중요한 단계로서 훈련된 자각과 실천이 필요하다. 치료사는 내담자가 방어적인 이차 정서의 난장판을 지나가고, 도구적 감정을 내려놓아서 적응적인 일차 정서를 자각하도록 도와야 한다. 이러한 일차 정서는 사람들에게 실제로 자기가 누구이며, 어떤 순간에 가장 근본적으로 느끼는 감정인지를 알려 준다.

부적응적인 일차 정서

부적응적인 일차 정서는 상황에 대한 첫 번째 자동적인 정서 반응이기도 하지만, 현재 상황에 대한 반응보다는 과거의 미해결된 문제를 더 많이 반영한다. 그것은 외상적인 학습(Greenberg & Paivio, 1997)에 바탕을 두고 있으며 흔히 정동 조절의 초기 실패(Schore, 2003; Stern, 1985)에 기인한다. 그러므로 현재의 적응적인 행동 준비를 하지 못하게 한다. 그 당시 혐오 상황에 대해서는 적응을 위한 최적의 시도였지만, 상황이 바뀌면서는 더 이상 적응적이지 않게 되었다. 즉, 부적응적인 일차 정서는 여전히 사람들의 가장 기본적이고 '진실한' 감정이지만, 더 이상 건강하지 않다. 오히려 상처 입은 핵심 감정이다. 심신을 쇠약하게 만드는 두려움, 무의식적인 불안, 외로운 유기에 대한 슬픔, 수치와 굴욕, 파괴적인 분노 그리고 해결되지 않은 비탄이 이러한 이차 정서의 범주에 속하는 대표적인 정서들이다.

부적응적인 정서는 현재의 상황에 적응하는 데 도움이 되지 않는 오래된 익숙한 감정들이다. 사람들은 이들 정서로부터 많은 고통을 겪는다. 이 정서들은 외적이거나 내적인 단서를 통하여 일어날 수 있다. 사랑받을 수 없는, 소중하지 않은 또는 좋지 않다는 느낌에 대한 수치심, 외롭거나 박탈된 느낌에 대한 슬픔, 부적절하거나 불안전한 느낌에 대한 불안 또는 잘못되었거나 불손함을 당했다는 느낌에 대한 분노와 같은 정서가 일어나고, 그 정서를 넘겨받고, 그것에 갇히게 된다. 그 정서들이 일어나게 된 상황이 끝난 뒤에도 그것은 오랫동안 지속되어 치유되지 않은 상처로서 수년간 사람들에게 머무를 수 있다. 이들 감정이 일어나면, 사람들은 피할 수 없고 무력하게 그 속으로 가라앉는다. 그것은 갈망과 박탈, 불안한 고립, 수치스러운 무가치감 또는 이해 안 되는 비난과 분노에 대한 오래되고 익숙한 느낌일 것이다. 이들 정서는 사람들이 그 속으로 빠져들 때마다 마지막으로 느꼈던 때와 같이 나쁘게 느끼도록 만든다. 사람들을 감옥에 가두어 두고, 그래서 사람들이 필사적으로 탈출하기를 원하게 하는 나쁜 정서들이다. 그러한 정서는 대체로 혼란스럽고, 명확한 방향 감각을 제안하지 않는다. 종종 그 정서들은 상황보다는 자신의 내면에 대해 더 많이 드러낸다.

부적응적인 감정에 빠질 때마다 이번에는 변할 것이라고 희망하지만 결코 그렇게 되지 않는다. 매번 상처는 여전히 그대로 있고 깊은 불안이 떠오른다. 그 감정을 말로 나타낸다면, "내가 필요로 하는 것을 당신이 주지 않으면 살아남을 수 없을 것 같다. 나는 산산조각 날 거야."라는 말할 것이다. 수치심과 무가치감에 대해 익숙한 일차 정서는 "나는 그냥 사라질 것 같은 느낌이야. 나는 뭔가 잘못 되었어. 나는 그냥 좋지 않아." "나는 그냥 뭔가 모자라. 다른 사람만큼 좋지 않아." 또는 "나는 그냥 끝없는 욕구 덩어리야."와 같은 말로 표현된다. 부정적인 내적 목소리와 파괴적인 생각은 종종 이러한 수치심과 무가치감을 수반하여, 말로 설명할 수 없을 정도로 흔들리고, 불안정하고, 자신이 작고 중요하지 않으며, 결함이 있거나, 무가치하다고 느끼게 한다. 이 끔찍한 감정은 모든 것에 만연되어 있어서 사람들은 자신에게 그렇게 하지 말라고 할 수 없으며, 그 감정의 지배하에 있으며, 자신을 무력하게 소모하게 된다.

어떤 정서는 **외상적인 학습**을 통하여 부적응적으로 된다. 전투에서 들리는 총성에 대한 적절한 두려움과 같은 적응적인 정서가 아무런 위험이 없는 때에 위험 경보를 울리는 것과 같이 더 이상 위험하지 않은 상황에도 일반화되어 정신 속에 깊숙이 파고들 수 있다. 예를 들어, 자동차가 역화할 때마다 차 덮개를 씌우고 전쟁의 끔찍한 장면을 되살릴 수도 있다. 이런 경우는 과거의 정서가 현재에 침투하고 있는 것이며, 그 정서들은 일상생활에 불건강한 영향을 미칠 수 있다. 또한 그 정서들은 친밀한 관계를 방해하고, 정서적 유대 관계를 보호하지 않고 파괴한다.

이차 정서

이차 정서는 더 일차적인 정서나 생각에 대한 반응 또는 방어이다. 일차적 욕구와 관련이 없으며 사람들이 깊이 느끼는 것을 흔히 모호하게 만들기 때문에 문제가 된다. 예를 들어, 내담자가 절망적이라고 느낄 수 있지만, 이 느낌은 실제로 분노의 핵심 감정을 덮고 있을 수 있다. 내담자가 원망하는 느낌을 말하지만 그 핵심에는 상처를 느끼고 있으며 그 감정을 인정하길 두려워하고 있을지도 모른다. 흔히, 강해야 한다는 말을 듣고 자란 남자는 두려움이나 부끄러움의 일차 정서를 인정하기가 어려워 그 감정 대신에 화를 낸다. 순종해야 한다는 말을 듣고 자란 여성은 화가 날 때 흔히 운다. 자신의 일차 감정을 인식하지 못하면, 이 감정이 다른 감정으로 변하기가 매우 쉽다. 즉, 분노는 원래 슬픔이나 일차적인 질투에 대한 본래의 느낌을 가릴 수 있고, 냉정함은 본래의 두려움을, 슬픔은 분노를 모호하게 할 수 있다.

　내담자는 이차 정서가 문제를 일으키는 것을 알고 없앨 수 있기를 원한다. 이 정서들은 모호한 핵심 감정의 증상이다. 내담자들은 이 정서들을 제거함으로써 버럭하거나, 우울하거나, 좌절하거나, 절망감을 느끼지 않도록 도움을 받고자 치료받으러 온다. 이러한 문제를 일으키는 감정들은 상황에 대한 사람들의 일차적인 정서 반응을 보여 주지 않는다. 즉, 그 사람이 다루지 않은 감정으로 인한 증상인 것이다. 이차 정서는 흔히 일차 정서를 판단하고 통제하려는 시도에서 비롯된다. 따라서 불안은 분노나 성적으로 흥분된 느낌을 회피하려는 데서 나올 수 있으며, 또는 이러한 정서를 느낀 것에 대한 죄책감에서 일어날 수도 있다. 자신이 진정으로 느끼고 있는 것을 거부하면, 자신에 대해 나쁘게 느껴질 가능성이 있다. 예를 들어, 분노를 억압하면 절망감을 느끼거나 불평을 느끼게 된다. 슬픔을 부인하면 냉소적이 되고 소외감을 느끼게 된다. 자신의 욕구를 '나쁜' 것으로 판단하면, 죄책감을 느끼게 된다. 이차 정서는 기본적일 수 있거나 복잡할 수 있다. 분노, 슬픔과 같은 특정 정서 자체가 일차적, 이차적, 또는 도구적인 것으로 분류될 수 있는 것이 아니라, 기본적이거나 복잡한 모든 정서가 일차적, 이차적 또는 도구적인 것으로 될 수 있다.

　또한 내담자들은 감정에 대한 감정을 가지고 있다고 보고한다. 자신의 분노에 두려워하고, 자신의 두려움을 수치스러워하고, 자신의 약점에 대해 화를 낼 수도 있다. 이러한 감정들은 일차적이고 핵심적인 감정에 대해 이차적인 것이다. 치료에서 흔히 볼 수 있는 순서는 일차적인 분노에 대해 이차적으로 죄책감이나 불안감 중의 하나가 느껴지는 것이다. 분노를 느낌으로써 관계 연결에 혼란을 주는 것을 두려워하여 일차 감정을 인정하지 못하게 된다. 일차 감정을 숨기기 위하여 어떤 정서를 느끼거나 표현하는 것은 메타정서 과정이다. 정서에 대한 정서는 인정되어야 하고, 이면의 일차 정서에 도달하기 위하여 탐색되어야 한다.

　이차 정서는 생각으로부터 일어날 수 있다. 이 정서는 자동 사고를 다루는 인지 치료의 형태로 다루어진다. 이 감정들은 자신의 생명을 영위할 수 있게 하며, 종종 명백한 이유가 없으면 결코 끝나지 않는 사이클에서 재발된다. 예를 들어, 힘든 상황을 생각할 때마다 나쁜 느낌이 다시 오기 때문에 걱정스러운 염려의 느낌은 계속 돌아다니게 된다. 이 경우에 느낌은 사고에 이차적인 것이다. 더구나 사람들은 '나는 결함이 있다.'와 같이 자신에 대해서 부정적인 생각을 할 때 대체로 나쁜 느낌을 가지며, 미래에 크게 잘못될 것으로 생각할 때 불안감을 느낀다. 이는 명백하게 감정이 의식적인 사고에서 생겨난다는 것을 보여주는 예이다. 감정을 생성하는 부정적인 생각을 알아차리는 것이 도움이 된다. 이러한 자동 사고의 역할에 대한 자각은 많은 나쁜 감정의 직접적인 원인을 이해할 수 있게 한다. 모든 나쁜 감정을 탐색하여 그 뒤에 무엇이 있는지 결정하는 것이 중요하다. 때로는 그 근원까지 거슬러 올라가야 하는 '생각-감정-생각-감정'의 복잡한 사이클이 있다. 이것이 치료적 탐색이다. 즉, 이 복잡한 사이클을 따라 거슬러 올라가는 여행을 하는 것이다. 이차 감정이라는 자료가 바로 노다지이다.

치료에서 일차 및 이차 정서 구분하기

내담자는 자신에 대한 이차적이고 부정적인 감정에서 일차적이고 핵심적인 감정을 가려내는 것을 어려워하기 때문에 자신의 감정을 분류하여 일차 정서를 확인하는 방법을 배워야 하고, 정서 코치로서의 치료사는 내담자가 이것을 할 수 있도록 도와야 한다. 이는 모든 이차적인 반응들의 사이클을 혼신의 힘을 다하여 통과하는 것을 의미하며, 상당히 복잡해질 수 있다. 내담자가 치료사에게 자신이 느끼는 또는 느낀 것을 말하면서, 자신이 서술하는 것에 대한 반응으로 다른 감정을 가지기 시작한다. 예를 들면, 내담자는 나약하거나 화난 느낌 때문에 스스로 좌절감을 느낄 수 있으며, 이러한 이차적인 좌절감은 이전의 감정을 흐리게 한다. 따라서 내담자가 자신이 느끼는 것을 이해하도록 돕기 위해 이러한 모든 계층을 분류할 필요가 있다. 다음 예시와 같이 이렇게 하기 위해서는 어느 정도의 시간과 공간이 필요하다.

조는 파트너와 거리감이 느껴지고 왜 그런지 모른다고 보고하였다. 치료사의 도움으로 그는 이러한 느낌이 일어났던 전날의 일, 영화를 본 후 차를 타고 집으로 돌아가던 동안을 탐색하기 시작하였다. 차 안에서 침묵이 흘렀고, 그동안에 조는 매우 혼란스러움(이차 감정)을 느낀 것으로 기억하였다. 그는 영화를 보고 난 후에 아내가 "너무 피곤해서 산책을 못 하겠어. 집에 가고 싶어."라고 말하였다고 하였다. 그는 산책을 고대하고 있었지만 아내가 지쳤다면 집에 가야 한다고 이해했다고 말하였다. 겉으로 보기에는 그녀의 반응이 나쁘지 않은 것으로 보였다. 하지만, 뭔가 그에게 좋게 느껴지지 않았다. 두 사람이 불과 몇 인치 떨어져 있었지만, 얼마나 멀게 느껴졌는지 모른다고 말하였다. 그리고 그가 느낀 것에 집중하면서 그는 막연하게 화가 난다고(또 다른 이차 정서) 말하였다. 그 당시 그는 산책하는 것에 대해 자기 마음대로 하지 못하였기 때문에 화가 났다고 생각하였다(경험의 의미를 이해하려고 함). 그러나 조는 그 당시에 자신의 화난 반응이 이기적이라고 판단하였고, 아내를 더 배려하고 싶은 마음에서 아내가 피곤해하는 것에 대해 걱정한다는(도구적 정서) 표현을 하였다고 기억하였다. 그의 감정과 상호작용이 뒤죽박죽되었기 때문에 그의 감정은 자제되었다. 조는 치료사의 도움으로 자신의 기억을 탐색함으로써 영화가 시작되는 부분에서의 일이 먼저였음을 기억하기 시작하였다. 그는 아내에게 영화 보는 도중에 자신이 놓친 것을 얘기해 주기를 요청하였으나 아내는 그렇게 할 수 없다고 하였다. 그는 영화를 이해하도록 아내가 도와주지 않는 것에 대해 아내가 자신을 아끼지 않는다고 자동적으로 생각하였다. 당시 그는 혼잣말로 좀 속이 상한 표현을 했으며, 자신의 부탁에 대한 아내의 퉁명스러운 반응에서 짜증을 느꼈다(그에게 상처를 입힘). 그 영화 전에는 괜찮았지만, 지금 그는 그 전에 둘 사이에 어려운 순간들이 좀 있었다는 것을 기억하였다. 그의 아내는 지난 이틀 동안 긴장되고 거리가 멀게 느껴졌다. 조는 그때 그녀에 의해 거부당한 것에 대해 그의 오래되고 친숙한 두려움과 불안을 느낀 것을 기억하였다(일차적인 부적응 정서). 이것이 그의 핵심 감정이었고 이것으로 인해 그는 그녀가 자신을 신경 쓰지 않는다고 생각하게 되었다. 그는 거부당한 느낌에 상처받고 슬픈 느낌의 일차 감정에 도달하기 위하여 치료사와 함께 수많은 반응을 가려내야 하였다. 그의 일차 감정에 대한 이차적인 나쁜 감정 반응이 그다지 즐겁지 않았지만, 그것은 뭔가 잘못되었다는 신호를 보내고 내면적으로 일어나고 있는 것에 주의를 기울이도록 요구하였다.

또 다른 예로, 치료 회기 초반에 데시는 아들과의 관계에 화가 났다고 하였다. 치료사는 그에게 자신의 감정에 주의를 기울이도록 요청하였다. 처음에 데시는 아들이 무책임하게 보이는 것에 대해서 좌절감을 표현했지만, 곧 이러한 표현은 그의 아들이 실패하고 끔찍한 상처를 입을까 봐 두려워하는 감정으로 전환되었다. 데시는 인생에서 겪었던 고통으로부터 아들을 보호할 수 없었던 것에 대해 슬픔을 느꼈다. 이 경우 데시의 화난 느낌이 더 일차적인 정서인 걱정을 알려 주었다.

슬픔이나 불안의 막연한 느낌은 종종 판독이 필요한 숨어 있는 감정에 대한 반응이다. 다음 예에 대해 생각해 보라. 빌은 이른 아침 시간에 반쯤 깨어 있는 상태에서 마음이 산란함을 느끼며 일어났다. 그의 평소의 평온함이 분명히 흐트러졌다. 그의 내면에서는, 뭔가 흔들리는 느낌이 있었고, 톱니 모양의 뾰족한 지형에 대한 막연한 이미지가 떠올랐다. 이것은 그가 보통 일어날 때 느끼는 평온함과는 아주 다르다. 그는 평소에, 일어날 때 느끼는 평온한 숨은 감정을 거의 자각하지 못했을 수도 있다. 그 자각은 평온한 감정이 더 이상 거기에 없는 아침에만 불빛이 켜진다. 그가 보통 깨어 있는 자각으로 돌아다니는 평탄한 평지와 다른, 이러한 너덜너덜하고 거슬리는 느낌은 모든 것이 잘되지 않는다는 것을 가장 불편한 방식으로 알려 주고 있다. 그는 전날 밤 애인과의 대화를 좋게 끝내지 못하였음을 기억한다. 그것은 의례적인 친절함으로 요약할 수 있는데, 이는 보통 저녁에 끝내는 방식이 아니다. 그들은 둘 다 상처받았다고 느꼈고, 거리감을 느꼈고, 잠드는 것 외에는 무엇을 해야 할지 몰랐다. 그들은 이미 그날 저녁의 대부분의 시간 동안 이야기하였지만, 상황이 나아지기보다는 나빠졌다. 빌은 걱정되고 혼란스럽다. 이 느낌은 그에게, '이 관계가 흔들리고 있다. 뭔가 잘 되지 않고 있다.'고 알려 주고 있다.

앞의 예에서 설명한 유형의 정서적 '장애(disorder)'는 종종 내면의 혼란을 반영한다. 치료사는 내담자가 이러한 상태에 주의를 기울여 그것이 제공하는 정보를 이해하기 위하여 탐색할 수 있도록 도와야 한다. 빌의 붕괴에 대한 흔들리고 너덜너덜한 느낌은 편안함과 보살핌에 대한 열망을 표출하고 있다. 이들 정서는 유쾌하지 않으나 건설적으로, 사람들에게 그들이 수행하고 있는 삶의 방식에 대해 어떤 것을 알려 준다.

화난 느낌은 무언가가 잘못되었다는 일반적인 신호이다. **기분 나쁜**이라는 용어는 혼란, 혼동, 교란, 동요된 느낌, 격앙된, 휘젓는 느낌을 의미한다. 화가 나 있는 상태는 대체로 아직 인식되지 않은 보다 일차적인 느낌을 준다. 내담자는 종종 분노와 상처의 핵심 감정을 느끼지 않는다. 그 대신 자신의 과민 반응만 알고 있다. 하지만 이 과민 반응은 원래의 느낌을 가리키는 표지판이다. 그것은 몸의 느낌에 집중할 시간을 내어 자신을 괴롭히는 것이 무엇인지 내적으로 탐색할 필요가 있다는 신호이다.

도구적 정서

도구적 정서는 정서 분류의 복잡성을 더해 주는 세 번째 범주이다. 이 정서는 타인에게 영향력을 미치거나 타인을 조종하기 위하여 사용되는 학습된 표현 행동 또는 경험이다. 그 과정은 의식적이거나 무의식적일 수 있다. 정서는 조종적일 수 있으며/또는 이차적인 이득을 가질 수 있다. 전형적인 예로는 통제나 지배를 위한 분노 표현이나, 동정심을 불러일으키기 위한 '악어의 눈물'이다.

사람들은 도구적 정서를 표현하는데, 그것은 그들이 원하는 방식으로 다른 사람들이 이런 정서에 반응하거나 반응하기를 원한다고 학습하였기 때문이다. 흔히 내담자는 자신의 이익을 위해 이러한 도구적 감정을 사용하도록 배웠다는 것을 자각하지 못할 것이다. 예를 들어, 한 내담자는 자신이 울 때 사람들이 더 친절하게 대해 준다는 것을 학습한 한 내담자는 동정심을 불러일으키기 위하여 자동적으로 운다. 이처럼 도구적 정서는 목표 달성을 위하여 의식적으로 또는 자동적으로 표현된다. 또한 도구적 정서는 순간적 반응이라기보다는 일반적인 정서 유형과 비슷하다. 시간이 지남에 따라 지배적이라든가, 지나치게 극적이거나, 수줍고 얌전한 것과 같이 그 사람의 성격의 한 부분이 된다.

자신의 의도에 대한 어떤 자각도 없이 내담자가 표현하는 도구적 정서는 상당히 문제가 될 수 있다. 어떤 내담자가 한숨과 함께 무거운 눈으로 표현하는 슬픔은 자신에게 관심과 지지를 요구하는 것이다. 그는 관심을 요청하는 것이 두려워서, 그 대신에 한숨을 쉬는 것으로 원하는 반응을 얻기를 바랐다. 또 어떤 내담자는 불확실성에 대한 불안을 멈칫거리거나 혼란스럽게 보이는 것으로 표현했다. 이는 책임을 짐으로써 자신을 구원해 줄 조력자를 유인하는 것이다. 자신이 하고 있는 것에 대한 자각 없이 이러한 도구적 정서를 너무 자주 사용하면, 이러한 신호를 받는 사람들은 조종되는 느낌을 갖기 때문에 오히려 타인을 몰아내는 결과를 가져올 수 있다. 어떤 가족 치료사들은 정서의 도구적 사용을 강조하기 위하여 그러한 정서를 '느낀다.'고 지칭하지 않고 정서를 '보여 주는' 것으로 지칭한다. 예를 들어, 아내는 슬픔이나 우울함을 보일 수 있는 반면에 남편은 분노나 지루함을 보일 수 있다. 이러한 언어 사용은 이 정서 유형의 의사소통적인 측면을 강조하고, 어떤 정서를 가질 의도가 있는 대인관계에 집중하는 데 도움이 된다. 도구적 정서보다 더 부정적인 용어는 조작적 정서이다.

도구적 표현의 의도는 다소 의식적일 수 있다. 의식적으로 수줍어하거나 유혹적으로 되는 것은 재미있고 흥분될 수 있겠지만, 자각 없이 이렇게 하는 것은 문제가 될 수 있다. 기분이 상했을 때 의식적으로 분노를 표현하는 것은 겁주거나 통제하기 위하여 자동적으로 분노를 표현하는 것과 전혀 다르다. 이 책에서의 코칭은 사람들이 자신의 정서 표현의 효과와 의도를 자각하도록 돕는 것을 포함한다. 그다음에 그들은 자신을 표현하고 자신의 욕구를 진술하는 더 직접적인 방법을 찾아야 한다.

도구적 정서에는 많은 정서지능이 관련되어 있다. 사람들은 어떤 반응을 얻어 내거나 사회적 상황에서 소통하기 위해 정서를 사용할 수 있는 기술이 있어야 한다. 어떤 사람이 사회적 규칙을 알고 있는데 그것을 지키지 못했다는 것을 자각하고 있음을 나타내기 위해 당황한 척할 수 있다. 이 경우에 그 사람은 자신에 대한 타인의 관점에 영향을 미치기 위하여 능숙하게 정서를 사용하고 있다. 예를 들어, 한 남자가 회의에 넥타이를 맬 의도가 없었을지라도 다른 사람들이 그가 실수로 매지 않았다고 생각하도록 일부러 당황한 척할 수도 있다. 마찬가지로, 사람들은 자신의 가치관이 정의의 편에 서 있고 좋은 사람이라는 것을 전달하기 위하여 도덕적 분노를 표현할지도 모른다. 누군가는 머리를 숙이고 시선을 내리깔면서 경의를 표할 수 있고, 또는 자신의 권력을 보여 주기 위하여 다른 사람을 응시할 수도 있다. 사회 역할극의 기술은 적합한 시기에 맞는 정확한 정서를 도구적으로 표현하는 것에 있다.

기본 정서와 복합 정서

정서에 대한 또 다른 구분은 일차 정서를 확인하는 데 도움이 된다. 사람들은 슬픔, 분노, 공포, 수치심과 같은 일차 정서를 가질 뿐만 아니라 사랑, 자존심, 죄책감, 당혹감, 자비, 질투, 황홀함과 같이 더 복잡하고 다양한 정서를 가지고 있다. 이 정서들 역시 일차, 이차 또는 도구적 정서인지에 따라 훌륭한 정서지능의 원천이 될 수도 있다. 초기 인류는 위험이나 침입을 감지했을 때 뇌의 정서 부분이 분노나 두려움과 같은 기본 정서를 느끼게 하여 단순히 싸우거나 도망갔다. 인지 능력이 더 훌륭하게 발달하면서 죄책감, 참회, 분개, 당혹감 같은 더 복잡한 감정뿐만 아니라 경탄, 감사, 자비, 사랑과 같은 미묘한 감정도 나타났다. 이러한 복합 정서들은 많은 정보를 통합하며, 다른 정서들 그리고 인지와 혼합하여 자신과 세상에 대한 고차원의 의미를 가지게 한다. 복합 정서들은 기본 감정만큼 행동 경향성이 분명하지는 않으나 세상의 정상에 있는 느낌인지 혹은 쓰레기 더미로 떨어지는 느낌인지 알려 준다. 이러한 감정들은 행동 경향성의 자원이라기보다는 더 많은 정보의 원천이다. 따라서 일차 정서로 내담자를 코칭할 때 슬픔, 분노, 공포, 수치심의 기본 정서와 작업할 뿐만 아니라, 그것이 종종 더 복잡하고 특이한 것임을 인식하는 것도 중요하다. 또한 복합 감정이 제공하는 정보가 유용하다는 것도 인정해야 한다.

'나' 정서와 '그것' 정서

사람들의 정서 이해에 중요한 마지막 남은 하나의 구분을 살펴보자. 어떤 정서는 외부 상황에 대한 반응으로 느껴지는 반면에, 다른 정서는 자신을 어떻게 보는가와 관련된 내면적인 이유 때문에 주로 일어난다. 현재 경험하는 많은 정서들은 외부 단서에 대한 반응이다. 즉, 이러한 정서는 세상에 존재하는 것들에 의미를 부여하며, 안녕과 관련된 상황에 대한 정보를 제공한다. 예를 들어, 어둠에 대한 두려움은 사람들에게 그 어둠 속에 위험한 것이 숨어 있을 가능성에 대해서 경고한다. 포식자가 다가오는 것을 두려워하는 것과 같은, 외부의 위협에 대한 건강한 두려움을 가진 사람들은 주의해서 그 두려움에 따라 행동해야 한다. 단순한 지침으로서 세상에 대한 이러한 건강한 반응은 실제적인 침입과 같이 세상에 실재하는 위협에 관한 것이다. 이런 정서들은 기초적인 '그것' 정서이다(Dahl, 1991). 이 정서들은 어떻게 행동해야 되는가에 대한 정보를 주기 때문에 자각하면서 경험되어야 하며, 적합한 태도로 표현되어야 한다. 그러므로 부당한 대우를 받고 있을 때는 현재의 분노를 경험하고 표현해야 하며, 깜짝 놀랄 때는 자신의 관심사에 따라 행동하며, 자동차에 치일 것 같은 때는 자신의 두려움에 따라 행동해야 한다. 이들 정서는 건강한 경험과 표현이다.

반면에 내면적인 정서들은 '나' 정서이며, 종종 자신에 대한 신념을 수반한다. '나' 정서는 자신을 느끼는 방식에 영향을 미치며, 자신의 정서를 다루는 방식에 작용한다. 과거와 미래에 관련된 모든 정서는 현재 실제 상황에 대한 반응으로 느껴지는 것이 아니기 때문에 내적인 정의에 의한 것이다. 그 정서들은 과거 사건의 기억이나 미래 사건에 대한 기대에 뿌리를 두고 있다. 또한 슬픔이나 수치심과 같은 정서는 '나'와 더 관련이 있는 반면에, 분노와 두려움과 같은 정서들은 '그것'과 더 관련이 있다. '튄다(standing out).'는 당혹감이나 슬프고 희망이 없는 느낌과 같은 '나' 정서는 소리 내어 표현되는 것보다는 이면에 있는 감정과 그 의미가 탐색되어야 한다. 하지만 이를 위한 간단한 공식은 없다. 정서 코치의 도움으로 내담자는 그 감정을 표현하고 감정에 따라 행동하는 것이 더 나을지, 또는 그 감정을 이해하고 탐색하는 것이 더 나을지 항상 알아내야 한다. 내담자는 각 정서가 자신의 삶에 관해 무엇을 말하고 있는지 이해해야 하고, 각 상황에서 최선의 행동 방안을 결정해야 한다. '나' 정서와 '그것' 정서는 일차적, 이차적 또는 도구적이 될 수 있다.

생산적 및 비생산적 정서 처리

이 책의 초판 이래, 나와 동료들(Auszra, Greenberg, & Herrman, 2013; Greenberg, Auszra, & Herrman, 2007)은 치료에서의 정서 처리 과정을 설명하는 데 있어서 연구에 기반을 둔 중요하고 새로운 특징을 분명하게 구별하였다. 임상가로서 우리는 어떤 정서적 환기는 생산적이고 어떤 것은 그렇지 않다는 것을 알았으므로 생산적인 환기만 증진하려고 하였다. 그 결과 우울증, 대인관계 문제 및 부부 불화에 대한 연구에서 더 높은 정서적 환기가 우리의 성과 예측 요인인 것으로 나타났다. 많은 변수가 설명되지는 못하였지만, 환기와 성과 간의 상관 계수는 약 .33으로 나왔다. 우리는 정서중심치료사들이 치료적 환기와 반치료적 환기를 구별하여서, 더 생산적인 처리 과정 형태로 비생산적인 처리 방식에 변화를 촉진하였기 때문에 비생산적인 과정이 줄어들었다는 것 또한 알고 있다. 일반적으로 정서중심치료(EFT)에서 치료사는 환기를 더 촉진해야 하는지 그리고 언제 하여야 되는지를 결정해야 한다. 치료사와 내담자가 현재 각성이 생산적이지 않고 심지어 해롭다고 보게 되면, 치료사는 비생산적인 각성과 함께 작업하여 더 생산적으로 정서 처리를 하도록 돕는 방법을 알아야 한다. 지난 10년 동안, 우리는 비생산적인 정서 처리와 생산적인 것을 구별하는 방법을 개발하였다.

이론과 질적 연구 및 치료사의 설문 조사를 바탕으로 하여 내담자의 정서 생산성에 대한 척도가 개발되고 검증되었다. **내담자 정서 생산성**은 내담자가 다음과 같은 두 가지 방식으로 일차 정서를 경험하는 것으로 정의된다. 즉, (a) 적응 정서에 내재되어 있는 유용한 정보를 문제 해결을 위하여(신호적인 특징) 끄집어낼 수 있거나, (b) 슬픈 방식으로 표현되는 부적응 정서가 전환될 가능성을 보여 준다(전환적인 특징, Greenberg, Auszra, & Herrmann, 2007). 다른 말로 표현하자면, 내담자는 정서가 적응적인가 또는 부적응적인가의 여부에 따라 정서를 활용하거나 전환이 가능해지는 방식으로 일차 정서를 처리하여야 한다.

일차 정서와의 접촉이 정서 변화를 촉진하는 데 필수적이지만, 효과적으로 정서 처리를 하려면 일차 정서 경험의 단순한 활성화 이상의 것이 필요하다. 생산적으로 되기 위하여 일차 정서는 우리가 **접촉적으로**(contactfully) 또는 **마음챙김으로**(mindfully) 정서를 자각하는 것이라고 부르는 특정한 처리 방식을 필요로 한다(Greenberg et al., 2007). 우리의 측정에서, 접촉 자각은 다음의 7가지 기준으로 정의되며, 이 모든 기준은 내담자의 생산적인 정서 경험을 위해 더 많이 제시되어야 한다. (a) 참여, (b) 상징화, (c) 일치, (d) 조절, (e) 수용, (f) 주체성(agency), (g) 분화(Auszra, Greenberg, & Herrmann, 2013). 생산적인 정서 처리 과정을 특징짓는 이들 기준은, 치료사가 정서 처리를 치료적으로 생산적이라든가 비생산적인 것으로 구별할 수 있게 할 뿐만 아니라, 치료적 생산적 및 비생산적 감정 과정을 구별하는 데 도움을 준다. 뿐만 아니라, 진행되어야 할 내담자의 정서 처리의 각 차원에 주의를 기울임으로써 효과적인 개입을 하도록 이끈다.

주의 기울이기

가장 기본적인 단계에서 내담자는 활성화된 일차 정서를 자각해야 하고 그에 주의해야 한다. 이는 일차 정서 경험에 주의를 기울이고 실시간으로 그에 접촉하는 것을 받아들이고 참는 것이다. 내담자는 흔히 자신의 정서 반응을 자각하지 못한다. 예를 들면, 자신이 그렇게 하는 것에 대한 자각 없이 정서를 비언어적으로 표현한다. 어떤 내담자가 빈 의자 대화에서 학대적인 어머니와 얘기하면서 주먹을 꽉 쥐고 화난 목소리로 말하였지만, 치료사가 그 순간에 무엇을 느꼈는지 묻는 질문에 아무것도 느끼지 않았다고 대답하였다(의자 작업에 대한 자세한 내용은 제5장 참조). 비록 내담자는 어떤 형태의 분노를 볼 수 있도록 표현하였지만, 자신이 느끼는 것을 자각하지는 못하였다. 이런 경우에 치료사는 내담자의 비언어적 행동에 초점을 맞춰 정서 자각의 증진을 도울 수 있다(예: "손으로 뭔가를 하고 계시는 것처럼 보이는데요, 무엇을 표현하시는지요? 무엇처럼 느껴지시는지요?" 또는 "목소리에서 어떤 분노가 들리는데요, 화가 난 느낌을 알고 계시는지요?"). 주의를 기울이면 비언어적 표현, 신체적인 경험 그리고 내면의 물리적 감각으로 유도될 수 있다.

상징화

신체적 또는 정서적 반응이 자각되면 그 의미를 완전히 이해할 수 있도록 상징화하여야 한다(대체로 말로 표현되지만 그림, 움직임 등으로 표현될 수도 있음). 정서 반응을 명명하고 묘사하는 것은 내담자에게 일차 정서에 내재되어 있는 정보의 가치를 활용할 수 있게 한다. 이때 정서 경험에 대한 반영을 촉진하는 것이 자신의 경험을 설명할 새로운 이야기를 전개하는 데 도움이 된다. 단, 내담자의 정서 표현이 생산적인가의 여부를 판단할 때, 내담자가 자신의 정서 경험을 정확하게 명명할 수 없어도 된다는 점에 유의해야 한다. 내담자들은 자신이 경험하고 있는 것을 상징화하는 과정에만 들어가 있으면 된다.

다음은 생산적인 상징화 과정의 예이다.

> 내담자: 제가 느끼는 것을 모르겠어요. 제가 아는 것이라고는 일어난 일에 대해서 행복하지 않다는 것입니다.
> 치료사: 뭔가 "잃어버린 것 같은 느낌이네요. 슬프거나 실망할 것 같은."
> 내담자: 예. 그게 맞는 것 같아요. 그냥 제가 기대했던 건 아니었어요. 어떤 점에서 그게 제 희망에 찬물을 끼얹는 셈이죠.

치료사는 감정에 공감적인 조율을 하면서 내담자의 형성되지 않은 사적인 경험의 극히 주관적인 영역으로 들어가도록 도와야 한다. 치료사는 정보 처리의 대리자 역할을 하고, 내담자가 느끼는 바를 말로 표현할 수 있도록 끊임없이 종사한다. EFT가 주장하는 변증법적 구성주의 관점에서 의미는 정서를 상징하는 과정에서 만들어지며 정서 경험이 상징화될 수 있는 방법을 제한하지만 완전히 결정하지는 않는다. 따라서 정서가 어떻게 상징화되는지는 정서가 무엇에 영향을 미치는가에 달려 있다.

일치

때로는 내담자가 언어적으로 상징화한 정서 경험과 비언어적인 정서 표현 사이에 괴리가 있다. 내담자는 비참하고 절망적인 느낌에 대해 이야기하면서 미소 지을 수도 있고, 분노를 표출할 때 유순한 목소리로 말할 수도 있다. 이러한 불일치는 내담자가 정서를 완전히 받아들이지 못한다는 표시일 수 있다(예: 치료사의 판단에 의해 부정적으로 평가받으면 어쩌나 하는 두려움 때문에). 치료에서의 정서적 표현은 고도로 대인관계적인 과정이기에, 불일치는 내담자가 치료적인 관계에서 비롯되는 중요한 과정의 혜택을 충분히 얻지 못하게 한다. 가장 중요한 것은 이전에 공감적인 타인에 의하여 금지되었거나 표현되지 않은 감정의 인정과 수용이다. 따라서 내담자의 언어적 행동과 비언어적 행동 간의 불일치를 알았을 때, 치료사는 내담자가 불일치와 직면하지 않고 이면에 숨어 있는 감정을 자각하게 하면서 내담자를 도와야 한다. 예를 들어, 공감적으로 내담자의 주의를 비언어적이거나 일차적인 경험으로 향하도록 한다.

조절

생산적인 정서 처리의 또 다른 주요 측면은 정서 조절이다. 활성화된 정서 경험이 압도적이지 않도록 충분히 조절되어야 한다. 내담자는 정서와의 작업 거리를 만들고 유지해야 하며(Gendlin, 1996), 그 정서를 정보로 인지하는 방향으로 가야 한다. 그리하여 인지와 감정의 통합이 이루어지도록 해야 한다.

정서적 환기의 강도와 정서 처리의 깊이 사이를 구별해야 한다. EFT의 주요 초점은 정서 처리의 깊이이지 정서 활성화의 단순한 강화가 아니다. 조절되지 않으면 압도적이 되고 통합되지 않을 정서적 환기를 조절하는 것이 정서 처리에 요구되는 깊이를 촉진하는 데 매우 중요하다. 전혀 제지되지 않은 환기가 때로는 매우 치료적일 수 있지만, 어떤 때는 내담자가 결국 당혹감을 느끼는 파괴적이고 부정적인 경험이 될 수 있다. 예를 들어, 내담자가 치료 중 외상적인 상황을 재경험하면서 정서적 강도가 너무 셀 때, 치료사와의 접촉을 유지하는 데 어려움이 있거나 치료사 개입에 반응할 수 없고, 그 정서 경험이 잠재적으로 재외상화되고 비생산적으로 될 가능성이 있다. 이것은 치료사가 내담자가 자신의 각성이나 분노 표현을 조절할 수 없다는 것을 감지하는 상황일지라도, 내담자가 치료 중에 격렬한 분노를 경험한다면 마찬가지이다. 따라서 내담자의 일차 정서에 대한 신체적 경험을 환기시킬 때, 치료사는 내담자가 정서의 강도에 의해 압도당하고 있다는 신호를 알아차리고 내담자의 조절되지 않은 고통스러운 정서를 조절하도록 돕는 작업을 해야 한다. 이러한 조절에는 외상 관련 두려움과 같이 압도적인 부정적인 감정과 즉시 거리를 확보할 것, 호흡에 주의를 기울일 것, 그리고 치료 과정에서 핵심적인 수치심과 불안을 완화하고 편하게 해 주는 자기진정 능력을 개발할 것 등이 포함된다.

수용

생산적인 정서 처리의 또 다른 중요한 측면은 정서 경험의 수용, 특히 불쾌하고 고통스러운 정서 경험의 수용이다. 수용이란 내담자가 느끼는 감정을 내담자의 정서적인 반응으로 가져가는 태도를 말한다. 내담자가 고통스러운 감정과 개인적인 의미를 실제로 경험하게 하려면 개방적이고 수용적인 방식으로 내담자 자신의 경험에 귀를 기울여야 한다. 이는 (a) 정서를 부정적으로 평가하거나 없애지 않고 자신이 느끼는 대로 느끼는 것을 수용하고, (b) 정보로서 정서 경험을 수용하고, 정서를 부정적으로 평가하거나 억압하려는 것과는 대조적으로 정서를 자신의 안녕에 중요한 정보를 수집할 기회로 인식하는 것이다. 즉, 정서 경험에 대한 탐구적인 태도와 방식을 개발해야 한다. 치료사는 정서 경험의 수용이 부족하다는 것을 알려 주는 신호에 주의를 기울여야 한다. 이것은 두려워하는 정서를 받아들이는 태도의 결여는('나는 내가 거기서 결코 나올 수 있을 거라고 생각하지 않기 때문에 거기에 들어가고 싶지 않다.'), 감정이나(예: 내담자가 의자에서 신경질적으로 움직이거나 눈물을 짜낼 때)

감정을 느끼려는 자신이나 감정에 대한 부정적인 평가(예: '나는 울고 싶어질 때가 너무 싫어.')에 직면하였을 때 드러내는 불쾌감으로 분명히 알 수 있다. 예를 들어, 50세의 목수인 한 남성 내담자는 직장을 잃은 후 수치심과 나약하다는 느낌에 직면했을 때, "그건 제가 바라던 바가 아닙니다. 전에는 다른 사람들에게 도움을 요청받았던 사람이 언제나 저였어요. 저는 그런 약골이 되고 싶지 않습니다."라고 말하였다. 이때 치료사는 안전하고, 공감적이고, 인정하는 관계를 만들어서 내담자가 자신의 정서를 더 잘 받아들이도록 도울 수 있다. 또한, 숨은 인식을 공감적으로 탐색하고, 어떤 감정에 대해 수용할 수 없는 것과 관련된 부정적인 '목소리'를 확인하는 것도 유용할 것이다(예: "그래서 당신에게는 이와 같이 느끼는 것이 약함의 표시이네요, 그리고 당신은 약해질 수 없지요?").

주체성(Agency)

생산적인 정서 처리는 내담자가 그 정서의 수동적 희생자가 아닌 주체자(agent)가 되는 것도 포함한다. 주체자가 된다는 것은 내담자가 자신의 정서 경험에 책임을 지는 것이고, 정서를 자기와 현실에 대한 개인적인 구성으로 인정하는 것이다. 즉, 내담자는 자신이 느끼는 방식에 대해 타인과 타인의 행동에 책임이 있다고 여겨서는 안 된다는 것을 의미한다(예: '남편은 항상 나를 너무 슬프게 만든다.'). 오히려, 내담자는 특정 상황에서(예: '나는 우리 사이의 거리감에 대해 슬프고 외롭다.') 개인적인 목표, 욕구 및 관심사에 근거하여 자신의 감정을 소유한다. 따라서 내담자는 정서가 정서를 가지는 것이 아니라 자신이 정서를 가지고 있다고 느껴야 한다. 주체성(agency)이란 내담자가 정서 변화 과정의 적극적인 역할을 맡는 것으로 간주된다. 문제 해결이 상황을 바꾸는 것에 있다거나 타인이 자신의 행동을 바꾸도록 기대하거나 치료사를 부정적인 감정을 없애 줄 사람으로 보는 것이 아니라, 느끼는 방식을 바꾸는데 있어서 자신을 가장 주요 인물로 보는 것이다. 예를 들어, 정서적 학대를 당한 아내는 치료에서 자기 권리(예: '나는 그런 대우를 받아서는 안 돼. 나는 존중받아야 할 권리가 있다.')에 대한 느낌을 얻기 위하여 부당한 대우에 대한 분노에 접근해야 한다. 이는 남편이 좀 더 배려해 주면 자신의 감정이나 메말라 버린 것이 사라질 것으로 기대하는 것과는 대조적으로, 그녀가 더 주장적이고 탄력적으로 자신을 정비하는 쪽으로 변화하도록 한다. 내담자는 특히 부적응 정서를 경험하는 맥락에서 정서를 적극적으로 다룰 의지와 동기를 보여 줘야 한다. 이는 정서를 탐색하고, 그것을 정보로 사용하거나, 적극적으로 표현하는 것이다. 내담자가 외부 요인에 주의를 집중할 때(예: '나를 진심으로 아끼는 사람을 찾기만 하면 기분이 더 좋아질 거야.'), 또는 정서를 사라지길 바라는 증상으로 취급할 때(예: 증상 대화, "제가 무엇을 하든, 아침에 일어날 때 모든 것이 회색입니다. 저는 멈추고 싶어요. 그냥 너무 지쳤어요."), 내담자가 정서를 적극적으로 다루고자 하는 의지가 부족하다는 것을 나타낸다. 정서 코치는 내담자가 '나 전달법'으로(예: '나는 슬프다.' '나는 정말 상처받았다.' 또는 '나는 부끄럽다.') 말하게 하고, 정서를 자기와 연관시키고, 정서의 의미나 이유를 탐색하고(예: '나는 그런 잘못된 어려움을 겪기 때문에 이 수치심을 느낀다.'), 마지막으로 그 정서를 자신의 바람이나 욕구와 결부시켜야 한다.

분화

마지막으로, 정서 활용과 변형이 일어나기 위해서는 내담자의 일차 정서의 표현이 시간이 지남에 따라 분화되어야 한다. 근본적으로, 내담자가 동일한 정서에 갇히지 않고 경험의 새로운 국면을 탐색하고 분화시키는 것이다. 이는 내담자가 초기 정서 반응을 더 복잡한 감정이나 의미로, 일련의 다른 감정이나 의미로 또는 새로운 감정이나 감정이 나타나는 국면으로 언어적으로 분화시키는 것이다. 이러한 언어적 분화는 정서 자각이 확대 과정 속에 있어야 한다는 것을 의미한다(Lane & Schwarz, 1992). 다른 말로 표현하자면, 내담자는 '기분이 나쁘다.' 또는 '기분이 안 좋다.' 또는 '겁이 난다.'와 같은 디스트레스 감정의 기본적인 상징화를 넘어선다. 예를 들어, 내담자가 "그 일이 일어났을 때 저는 중요한 것을 빼앗긴 것처럼 기분이 나빴어요. 하지만 그냥 나쁜 것이 아니라 옳지 않다고 느꼈기 때문에 화도 났어요."라고 말할 수 있다. 하지만 분화가 의미 구성 과정의 인지적이고 언어적인 상징화 측면만 의미하는 것은 아니라는 점에 주목하여야 한다. 분화는 정서가 변화하고, 더 충분히 허용되거나, 더 자유롭게 표현되거나, 그 표현이 변화한다는 것들도 수반할 수 있다. 예를 들어, 빈 의자 작업 중에 신체적·정서적으로 학대하는 아버지를 다른 의자에서 만날 때, 처음에는 내담자가 두려움으로 얼어붙었다. 그러나 점차 그는 고통스러운 경험을 충분히 받아들이게 되고 치료사가 고통스러워하는 그를 보도록 허용하자 울기 시작하였다. 이 경우에 내담자가 자신의 경험을 명시적이고 언어적으로 분화시키지 않고도 정서 과정이 앞으로 나아갔고 순조롭게 흘러갔다. 따라서 내담자의 정서 표현이 치료적으로 생산적인지 여부를 평가할 때, 정서 코치는 언어적ㆍ비언어적으로 내담자의 의미 형성 과정이 멈추거나 막히지 않는다는 '이동'의 표지를 찾아야 한다. 코치는 언어적으로나 비언어적으로 호기심 있는 태도와 고도의 탐색적인 자세를 취하여 내담자의 분화를 촉진한다. 코치는 "당신은 화가 났을 뿐 아니라 상처를 입으신 것 같군요."라고 추측하거나, "내면에서 어떻게 느끼시나요?"라는 탐색적인 질문을 던지거나, "그 느낌에 머무르시고 어디로 가는지 따라가 보세요."와 같은 지시를 할 수 있다.

어떻게 정서를 평가하는가

우리는 일차 정서, 이차 정서, 도구적 정서, 적응 정서, 부적응 정서, 기본 정서, 복합 정서, '나' 정서, '그것' 정서, 생산적인 정서, 비생산적인 정서 등 여러 종류의 정서에 대해 논의하였다. 정서를 평가하기 위해 이러한 여러 종류의 정서들을 어떻게 모두 하나로 묶을 수 있을까? 정서를 평가하는 것은 과정 진단을 하는 것이다. 정서 코치는 성격 스타일이나 특성을 평가하는 것이 아니라 내담자의 현재 정서 표현을 평가한다. 회기에서 표현되고 있는 감정의 유형을 결정하는 것이다. 따라서 과정 진단은 그 사람이 들어가는, 갇혀 있는 또는 떠나는 마음의 정서 상태와 이러한 상태의 순서에 대해 매 순간 평가하는 것이다.

정서 상태 평가에는 다음의 정보 자료들이 사용된다.

- 적응적인 정서 기능에 대한 지식
- 보편적인 정서 반응에 대한 지식
- 경험의 맥락에 대한 이해
- 표현의 효과 관찰
- 비언어적 표현에 주의

- 공감적 조율(다른 사람의 신발 신어 보기)
- 상황에 대한 자기 자신의 정서적 반응에 대한 지식
- 내담자에 대한 지식 및 내담자의 문제와 반응 방식에 대한 지식

현재 상태를 평가하는 데 사용되는 가장 중요한 정보는 아마도 건강한 적응적인 일차 정서의 기능과 그것의 적응적인 표현에 대한 지식일 것이다. 힘을 부여하는 분노, 비탄에 잠기는 슬픔, 위험으로부터 보호받고 도망가게 돕는 두려움, 유해한 침입을 몰아내 주는 혐오감 등은 모두 건강한 적응적인 정서 표현이다. 건강하고 적응력 있는 정서 표현에 대한 이런 지식은 현재의 어떤 정서 표현을 평가하는 기초로 작용한다. 내담자가 분노를 느끼고 있다면, 그 분노가 힘을 실어 주는지 묻는다. 내담자가 슬픔을 느끼고 있다면, 상실에 대한 애도의 느낌이 커지는지 묻는다. 개인 치료에서 건강한 정서 기능은 자아를 재조직하고 동원하는 것을 돕는다. 정서가 치유적이 되는 것은 자신의 반응 능력(반응성)을 조직하고 증가시키는 것에 달려 있다. 타인을 변화시키려는 것에 초점을 두거나 지나치게 통제되지 않는 정서 경험이나 표현은 일차적이고 적응적인 정서일 가능성이 없다. 파괴하는 분노나 비난하는 불평은 힘을 실어 주는 자기주장적인 분노와 다르다. 필사적으로 달라붙는 슬픔이나 반응과 편안함을 요구하는 슬픔은 상실을 삼키는 슬픔과 다르다. 공황에 이르게 하고 필사적으로 보호받게 하려는 두려움은 탈출을 계획하거나 적절한 보호를 모색하는 건강한 두려움과 다르다.

정서가 건강한 조직 기능을 수행하는지 여부를 평가하는 것 외에도, 정서 코치로서의 치료사는 보편적인 인간 반응에 대한 지식을 사용하여 일어나고 있는 정서 표현의 유형을 평가한다. 또한 정서가 상황에 맞게 그리고 그 상황에서 그 사람의 욕구에 맞게 나타나는지의 여부를 평가하기 위하여 정서가 발생하는 맥락에 대해 이해한다. 즉, 누군가가 침해를 당해서 슬프기만 하다거나 상실에 대해 화만 난다면, 이런 정서는 상황에 맞지 않거나 그 상황에서의 그 사람의 욕구, 목표 또는 관심사와 맞지 않으므로 이차 정서일 것이다. 현재와 과거의 맥락을 이해하는 것도 중요하다. 치료에서 즉시적인 맥락은 중요하다. 사람들이 방금 말한 것과 그들이 어디에 갇혀 있는지 안다면 필요로 하는 것을 비추는 데 도움이 된다. 누군가가 어릴 적에 학대당한 것을 얘기하면서 아무것도 느끼지 않는다거나 체념이나 절망을 느낀다고

말하면, 정서 코치는 이 내담자에게 아직 느껴지지 않은 정서로 두려움, 분노, 수치심 및 슬픔 모두 가능하다고 이해한다. 마찬가지로, 절망적인 결혼에서 복종적인 역할에 갇혀서 무력하게 울기만 하는 여성에 대해 현재로서는 자신의 분노에 접근할 수 없다고 판단할 수 있다. 맥락에 대한 평가는 어떤 정서가 없는지 또는 그 사람이 어떤 정서에 갇혀 있는지 파악하는 데 도움이 된다.

정서의 즉각적인 효과 또한 그 기능을 평가하는 데 도움이 된다. 정보를 제공하고, 누군가의 마음을 열고, 더 깊이 탐색하거나 새로운 것을 이끌어 내는 정서는 적응력이 있을 것이다. 혼란스럽게 하고, 당황하게 하거나, 반복되고 갇힌 정서는 적응적이지 않다. 그러므로 정서의 적응성을 평가하는 방법 중의 하나는 그것이 적응적인 기능을 하는가를 관찰하는 것이다. 정서 지식의 사용과 결과에 대한 관찰 이외에도 치료사에게는 비언어적 표현을 읽는 조율 기술과 타인의 내적 경험에 대한 공감적 이해가 필요하다. 내담자는 공감적 이해를 받은 경험을 토대로 하여 자신이 얻은 내적 경험을 이해하고, 다른 정서를 느끼는 것이 어떤 것인지를 알게 된다. 마지막으로, 정서 코치가 자신의 내담자를 알게 되면 내담자 특유의 정서 유형과 일관된 대응 방식에 대해서 배우게 되며, 이는 특정 순간에 내담자에게 일어나고 있는 것에 대해 알려 주는 과정 진단에 도움이 된다. 여기서 정서 순서를 확인하는 것이 도움이 될 수 있다. 내담자가 슬픔으로 분노를 가리지만 화날 때 죄책감을 느낀다는 것을 알게 되면, 분노에 접근할 때 내담자와 코치가 분노는 일차적이지만 두려워하는 정서이며 슬픔과 죄책감은 분노를 인정하지 않는 이차 정서임을 이해하는 데 도움이 된다.

정서 코치가 어떤 정서가 일차적인지, 이차적인지, 또는 도구적인지를 평가하기 위해 적어도 다음 다섯 가지의 순간순간의 주요 신호 유형을 사용하는 것으로 나타났다. 그것은 음성, 얼굴 및 몸짓 신호, 의미론적 내용 그리고 표현되고 있는 것에 대한 내담자의 정서적 반응 등이다. 예를 들어, 누군가 울고 있지만 목소리에는 불평의 기미가 있고, 몸짓이 민첩하면서 빠르고, 얼굴은 분노를 보이며, 내용은 부당함과 관련이 있고, 치료사의 느낌은 자비나 위로의 느낌이 아니고 오히려 내담자로부터 멀어지려는 느낌이라면 정서는 이차적인 슬픔과 일차적인 분노로 판단된다.

결론

일차 정서와 이차 정서, 적응 정서와 부적응 정서 구별의 중요성을 인식하는 것이 EFT에서 시작되어 단기 역동 치료와 인지행동치료 및 변증법적 행동 치료로 확산되었다. 통합적 개념은 치료사와 정서 코치가 각 이론에 근거한 지향성을 가로질러 서로 소통하도록 도울 수 있다. 초기에는 서로 다른 전통들이 주로 정서의 몇 가지 측면에만 집중하였다. 근본적으로, 인본주의자는 적응 정서의 잠재력에, 정신 분석가는 부적응 정서의 변화의 필요성에, 인지행동주의자는 증상적인 이차 정서에 대처하는 것과 외상적인 부적응 정서를 수정하는 것에 주로 집중하였다. 상이한 정서 유형에 대한 인식과 급이 다른 정서를 다르게 처리해야 한다는 필요성의 인식이 인간 정서 경험의 복잡성을 다루는 분야가 한 걸음 앞서 나아갈 수 있게 한다.

동기부여 경험의 다양성과 정서가 어떻게 작용하는지를 이해하였으므로, 이제 우리는 정서 코칭의 과정을 탐구할 수 있다. 다음 장에서는 정서 코칭 과정에 대한 개요를 제공한다. 이 과정은 내담자가 자신의 정서지능을 향상시킬 수 있도록 도와주는 과정이다.

Chapter 04

정서 코칭의 치료적 관계와 단계 및 코치 자신의 정서적 자각

다른 사람을 위해 할 수 있는 가장 좋은 일은 자신의 부를 공유하는 것이 아니라
자신의 것을 드러내는 것이다.

– 벤저민 디스레일리(Benjamin Disraeli)

논리는 결코 감정이나 인식을 바꿀 수 없다.

– 에드워드 드 보노(Edward de Bono)

서론에서 언급하였듯이, 코칭이라는 용어를 코칭과 치료를 구별하기보다는 치료의 범위를 넘어서 정서중심치료(EFT) 접근법을 확대 적용하기 위해 여기서 사용한다. 정서 코칭은 치료에서 정서를 사용하는 방법뿐만 아니라, 코칭 실행, 육아 교육, 부부 치료 및 기술 훈련과 같이 또 다른 형태로 사람들과 함께 작업하는 것을 의미한다. 정서 코칭은 주요 2가지 치료 원칙인 치료적 관계의 준비와 치료 작업의 **촉진**에 기반을 둔다(Greenberg & Paivio, 1997). 코칭에는 따라가기(following)와 안내하기(guiding)가 결합되어 있다. 따라가기는 처음부터 끝까지 정서에 대한 공감적인 조율과 함께 해야 한다. 따라가기란 인간 중심적 태도(Rogers, 1957)로, 순간순간 들어가고 공감적이고 비판단적으로 반응하는 것이다. 이는 경험을 심화하시키는 경험주의와 게슈탈트 치료(Gendlin, 1969; Hefferline & Goodman, 1951)에서 얻은 보다 과정 안내적인 방식과 결합되어 있다. 경험주의와 게슈탈트 치료 방식은 따라가기와 이끌기를 시너지적 순환의 의미로 통합되게 한다.

이 장에서는 앞서 언급한 두 가지 원칙, 치료적 관계 및 치료적 작업에 대해 논의한다. 치료적 작업은 두 가지의 국면으로 나뉘는데 각 국면에는 서로 다른 단계들이 포함되어 있다. 이 단계들의 구체적인 특징은 제6장에서 제9장까지 자세히 설명되어 있다. 전 단계에 걸쳐서 사용되는 지표로 안내되는 개입은 제5장에서 설명한다.

코치의 정서지능은 내담자의 정서지능을 향상시키는 데 중요하므로, 이 장은 코치 자신의 정서 자각을 유지하기 위한 지침을 다룬다. 마무리 부분에는 정서 코칭의 전반적인 과정을 보여 주는 임상 삽화를 실었다.

코치-내담자 관계

코치-내담자 관계는 치료적 관계로도 간주되며, 진심으로 존중하고 정동 조절적인 **공감적 관계**이다. 여기서 치료사는 온전히 현전하고, 고도로 공감적 조율이 되어 있으며, 내담자의 경험에 민감하게 반응한다. 치료사는 또한 의사소통에 있어서 존중적이고, 수용적이고, 일치적이다. 이 관점에서 치료사와의 관계는 정동의 공동 조절에 의하여 내담자의 디스트레스에 강력한 완충 효과를 제공한다. 조율적이고, 반응적이며, 반영적인 치료사와의 관계는 대인관계에 진정 효과와 정서 조절의 발전을 가져온다.

겔러와 그린버그(Geller & Greenberg, 2012)는 치료사의 조율과 반응성에 대한 전제 조건으로 '치료사의 **현전**'을 제시하였다. 현전은 상대방에 대해 특별하게 느끼고 보고 듣는 것을 증진함으로써 내담자의 현재 순간에 조율되어 있는 반응을 촉진시키기 때문이다. 치료적 현전은 판단이나 기대 없이 **현재의 순간에 완전히 젖어드는 것**이고, 내담자를 위하여 그리고 내담자와 함께 있는 것이다. 치료적 현전은 치료사의 전체 자아를 내담자와의 직면으로 가져오고, 물리적·정서적·인지적·영적인 다양한 수준에서 그 순간에 완전히 존재하는 것이다.

현전하는 것은 치료사가 그 순간에 내담자의 정곡을 찌르는 것을 여러 수준에서 알아차리고 인식할 수 있게 하며, 순간순간의 내담자 경험에 의미를 불어넣는 일종의 관계적인 직면을 제공한다. 이전에 무시되었던 것에 중요성이 주입되고 주의를 기울이게 되는 것이다. 이전에는 경험과 관련이 없던 '경험의 사막'에서 살았던 사람들이 갑자기 자신에게 귀 기울이고 자신의 경험을 타당하고 중요한 것으로 표현한다.

치료사는 현재에 존재하는 것 외에도 다양한 방식으로 공감하여 내담자가 자신의 정서에 접근하고 상징화하는 데 도움이 되도록 반응한다(Elliott, Watson, Goldman, & Greenberg, 2003; Greenberg, 2003; Greenberg & Elliott, 1997). 여기에는 공감적 이해, 공감적 확인과 공감적 환기, 공감적 탐색 그리고 공감적 추측과 같은 다양한 유형의 탐색적인 공감이 포함된다. 공감적 이해는 내담자의 경험을 이해하고 이해한 것을 전달하는 것이다. 이러한 반응은 내담자의 의사소통에서 그 본질을 추출하기 위한 것이다. 내담자의 탐색을 강요하거나 환기를 더 많이 시키려는 것이 아니다. 오히려, 내담자의 이야기를 따라가고, 현재에 머무르면서 내담자 경험에 반응한다. 이를 위하여, 치료사들은 내담자의 경험에서 가장 통렬한 부분을 반영하려고 한다. **공감적 확인**은 내담자의 경험을 인정하기 위하여 공감적 이해를 넘어선다. **공감적 반응**은 내담자가 자신의 감정에 접근하는 데 도움이 되도록 내담자의 경험을 생생하게, 그림과 같이 표현하도록 환기하는 것이다. 치료사는 내담자의 경험을 살아 있게 하려고 이미지로 뚜렷하게 표현되는 구체적인 감각 언어를 사용한다.

공감적 탐색 반응은 내담자가 경험의 막다른 상황들을 탐색하도록 격려하는 것이다. 공감적 탐색은 EFT의 기본적인 개입방식으로 간주되고 있으며, 들은 것에 초점을 둔 단순한 반영과는 대조적으로 치료사는 내담자가 더 이상 자각할 수 없는 상황, 즉 가장 생생하거나 통렬하거나 무의식적인 데까지 자각할 수 있도록 그 느낌과 의미를 포착하여 펼칠 수 있게 하려고 한다. 치료사의 반응이 내담자의 진술에서 가장 생생하게 여겨지는 것에 초점을 맞추는 방식으로 구조화될 때, 내담자는 자신의 경험의 이러한 측면에 집중하게 되며, 자신의 경험의 경계를 선도하는 것을 더 잘 구별하게 된다. 내담자가 말한 이야기와 말하지 않은 (비언어적) 이야기에서 가장 가슴에 와닿는 것에 순간순간 민감하게 주의하면, 치료사의 언어적인 공감적 탐색이 내담자 자신이 묘사하는 것보다 훨씬 더 풍부하게 그들의 경험을 포착할 수 있게 한다. 이는 내담자가 이전의 암묵적인 경험을 의식적인 자각 속에서 상징화하는 데 도움이 된다.

공감적 추측은 내담자가 느끼고 있는 것이나 내담자가 느껴 보도록 제안하는 것에 대한 추측이나 직감이다. 치료사의 준거 틀로부터 제공되며, 내담자의 준거 틀에 대한 공감적 탐색과는 다르다. 예를 들어, 공감적 추측은 다음과 같을 수 있다. "당신이 느끼고 있다고 상상이 됩니다. 아니면 제 직감으로……" 이는 내담자가 느끼고는 있지만 말하지 않는 것을 표현하도록 하는 조심스러운 시도이다.

치료사의 공감적 반응은 내담자의 경험에 직접적으로 나타나거나, 내포적인 성장 지향 가능성 또는 파악 가능성에 있어서 근접발달영역 내에 있어야 한다. 이는 내담자보다 너무 앞서거나 뒤처지지 않는 것을 의미한다. 공감적 반응은 최대 한 걸음 앞서 나갈 수 있다. 즉, 내담자가 고통스러운 상태에서 벗어날 수 있는 디딤돌을 제공하기 위해 내담자가 있는 곳에 충분히 가까이 있다. 두 단계 앞선 것은 너무 멀리 있으며, 뒤에 숨어 있는 것은 잠재적으로 방해가 된다.

전반적으로 내담자와 심리치료사 간의 진정한 관계는 관계의 항상성뿐만 아니라 관계 내의 교정적 정서 경험이다. 이러한 유형의 관계는 정서 처리 자체의 탐색 과정 및 새로운 학습 과정에 완전히 몰입시키기 위한 최적의 치료 환경을 만든다. 치료적 관계뿐만 아니라 치유적인 것은 정서 변형과 새로운 의미 창조를 촉진한다.

관계를 돕는 또 다른 중요한 측면은 치료 목표와 과업을 위해 협력적인 동맹 관계를 구축하는 것이다. 이는 문제를 극복하기 위해 치료사와 내담자가 둘이서 함께 노력하는 경험을 장려한다. 목표와 과제에 대한 동의를 얻는 것은 내담자와 내담자에게 도움이 될 것에 대한 이해에 달려 있다. 그러므로 목표와 과제에 대한 동의는 공감적 약속이라고 할 수 있다. 흔히 EFT에서 목표 동의는 행동 변화 목표를 세우는 것보다 내담자가 힘들어하고 있는 오랫동안 지속되어 온 고통을 파악할 수 있고, 이 고통을 해결하는 작업에 동의함으로써 이루어진다.

작업

공감적 관계 외에도 치료사는 내담자가 정서를 처리하는 작업에 관여한다. 작업 원칙은 내담자 상태에 따라 서로 다른 시간에 서로 다른 유형의 과정에 내담자를 관여시키는 것이다. 이 과정에서 회기 중에 내담자의 다른 문제 상태가 부각되는 것은 그 문제 상태에 대한 생산적인 작업을 촉진하는 데 가장 적합한 차별화된 개입 기회에 대한 지표이다(제5장 참조).

치료 작업은 기본적으로 "무엇을 경험하세요?"에 이어서 "이렇게 해 보시겠어요."

라고 치료사가 실험적인 것을 제안하는 것이다. 정서 코칭에서 실험은 일차 정서와 욕구의 명확한 표현, 해결되지 않은 고통스러운 정서의 수용과 변형 그리고 숨어 있는 감정과 의미의 해석으로 경험에의 접근성을 증진하도록 설계되어 있다. 변화는 의도적으로 변화하거나 특정 목표를 달성하려는 직접적인 노력에 의해서가 아니라 수용하고 나서 옮겨 가는 이동에 의해 촉진되는 역동적인 자기재구성 과정에서 온다.

따라서 정서 코칭은 따라가는 것과 이끄는 것의 조합으로 이루어지지만, 따라가기가 이끌기보다 항상 앞선다. 코칭은 공감적 관계라는 바다가 품고 있는 정서 작업이라는 섬이라고 생각할 수 있다. 공감만으로 내담자 경험이 심화되면, 치료사는 초점을 옮겨서 신체 감각에 주의하도록 한다. 이는 정동을 강조하여 초점이 되는 자각으로 생생하게 가져가기 위하여 의자 대화와 이미지 작업과 같은 더 자극적인 개입으로 이어진다.

또한 일부 개입은 감당하기 어려운 정서를 조절하기 위해 이루어진다. 코치는 정서적으로 걷잡을 수 없는 느낌을 가진 내담자가 압도적인 감정을 관찰하고 상징화하는 것을 포함하는 다양한 방법을 사용하여 정서를 담아 두기(containing) 위한 적응적인 전략(예: 관찰자 자세를 취하여, 뱃속에 들어 있는 검은 공으로 자신의 두려움을 묘사함으로써 안전한 거리를 숙고하여 만들기)을 개발하도록 돕는다. 코치가 지지와 이해를 제공하고, 내담자가 문제의 목록을 작성하여 자신의 고통스러운 정서를 조직하도록 격려하는 것처럼, 내담자가 타인의 지지와 이해를 구하도록 격려하는 것 또한 정서 조절에 도움이 된다. 내담자가 지나치게 높은 각성에 대처하기 위하여 자신을 진정시키도록 돕는 것은 매우 중요한 전략이다. 여기서 치료사는 이완, 자기위로, 자기지원 및 자기관리를 하도록 격려한다. 예를 들어, 숫자 거꾸로 세기나 안전한 장소에 상상으로 가기는 디스트레스가 높은 내담자의 관심을 돌려 조절을 촉진하는 또 다른 유용한 개입방법이다. 치료 회기에서 내담자가 압도당하면 호흡을 하도록 하고, 발바닥을 땅에 대고, 의자에 앉아 있는 자신을 느끼고, 치료사를 보고, 보고 있는 것을 묘사해 보도록 하는 것은 디스트레스를 조절하는 데 도움이 된다.

역설적으로, 내담자가 정서를 담아 두도록 돕는 가장 효과적인 방법 중의 하나는 정서를 자각하고, 표현하고, 정서가 일어나자마자 어떻게 처리할지 결정할 수 있도록 실제적으로 돕는 것이다. 왜냐하면 정서를 억압하는 것과 정서를 방치하는 것은 원치 않는 정서가 더 침범하는 결과를 가져오기 쉬우므로 더 감당하지 못하거나 무서워하게 되기 때문이다. 내담자와 치료사가 같이 겪는 딜레마 중의 하나는 정서의 자각과 경험을 언제 촉진하고 언제 조절해야 하는지를 아는 것이다. 감당할 수 없을 정도로 파괴적인 감정을 경험하는 사람들에게 도움이 되는 실제적인 지침은 정서가 얼마나 강렬한지를 인식하고 이를 대처방법의 길잡이로 사용하는 것이다. 정서가 관리 가능한 환기 수준인 약 70% 이하일 때 정서적 접근과 자각을 사용해야 하고, 이 수준을 초과할 때나 관리 불가능한 때는 주의 분산과 조절을 적용해야 한다.

정서 작업을 위한 지표 유도 이론

자신의 정서를 자주 두려워하는 내담자와 작업에 들어가기 전에 정서 작업의 근거를 제공하는 것이 도움이 될 수 있다. 이는 함께 작업하는 협력관계를 수립하고 동맹을 형성하는 데 도움이 된다. 왜 정서에 초점을 맞추어야 하는지, 어떻게 나쁜 감정이 좋은 감정을 이끌어 갈 수 있는지, 그리고 과거로 가는 목적이 무엇인지에 대한 일반적인 근거가 주어져야 한다. 근거들은 정서와 작업하는 이유에 대해 경험적으로 이해하기 위하여 잘 배울 수 있는 순간에 제공되어야 한다.

정서 이론에 기반한 근거들은 정서에 주의를 기울이는 것이 정보를 제공하고, 생존을 도우며, 욕구 확인에 도움이 되고, 기억을 바꾸는 데 중요하다고 내담자에게 알려 줄 것이다.

치료사는 "분노가 당신의 경계가 침해되었다고 말해 주네요." "슬픔은 당신이 중요한 것을 잃어버렸다고 알려 주네요." 또는 "당신이 느끼는 것을 알지 못하면 당신이 진정으로 무엇을 필요로 하는지도 모릅니다."와 같이 말할 수도 있다. 다음과 같은 비유가 이해에 도움이 될 것이다. "자동차의 계기판에 있는 작은 빨간불처럼 정서는 당신 엔진의 내부 작동에 주의가 필요하다는 것을 알려 줍니다." 다음과 같은 예 또한 도움이 될 것이다. "당신이 누군가를 만났을 때 어떤 직감이 든다면 그것은 중요한 정보를 제공합니다. 그것은 생각하는 뇌만으로는 제공되지 않는 종류의 정보입니다." 정서작업에 대한 다른 중요한 근거는 사람들이 분노와 수치심 같은 고통스러운 정서를 조절하고 회피하고 진정시키기 위하여 약물 사용, 자해 및 다른 행동들을 하므로 우리는 파괴적인 행동을 멈추기 위하여 자신의 감정에 직면해야 한다는 것이다. 또한 정서 억압이 스트레스를 증가시키며, 표현되지 않은 분노는 고혈압을 가져오고, 화를 내면 혈압이 올라가고, 정서를 회피하면 면역 체계가 약화된다는 연구 결과도 있다.

정서 코칭 단계

정서 코칭은 일상생활에서 정서를 다루는 데 가장 도움이 되는 9가지 단계를 밟는다(〈표 4-1〉 참조). 이 단계들은 도착하기(arriving)와 떠나기(leaving)의 두 가지 국면(phase)을 구체화한 것이다. 첫 번째 국면인 자신의 정서에 도착하기는 자신의 감정을 자각하고 수용하도록 돕는 4단계로 이루어져 있다.

1. 정서 자각을 증진하라.
2. 정서 경험을 환영하고 수용하도록 하라.
3. 정서를 말로 표현하도록 하라.
4. 내담자의 일차 정서를 확인하라.

두 번째 국면인 내담자가 도착한 곳을 떠나는 것은, 핵심 감정을 넘어서고 필요하면 변형시키는 다음의 5단계로 이루어져 있다.

5. 일차 감정이 건강한지 건강하지 않은지 평가하도록 하라.
6. 부적응적인 정서에 부착된 파괴적인 신념이나 견해를 확인하라.
7. 욕구를 회복하도록 하라.
8. 대안적인 적응 정서에 접근하도록 하라.
9. 새로운 이야기를 전개하도록 하라.

표 4-1 정서 코칭

다음을 코치하라.

A. 도착하기

1. 정서를 자각하게 되기
2. 정서 경험을 환영하고, 허락하고, 수용하며, 필요시 조절하기
3. 정서를 말로 표현하기
4. 일차 감정이 무엇인지 발견하기

B. 떠나기

5. 일차 정서가 건강하게 또는 건강하지 않게 반응하는지 평가하기
6. 건강하지 않은 정서와 관련된 부정적인 목소리를 확인하기
7. 고통스러운 핵심 정서에서 절실하게 느껴진 욕구에 접근하기
8. 대안적인 건강한 정서 반응에 접근하기
9. 자기에 대한 파괴적인 신념이나 생각에 도전하는 새로운 이야기를 구성하기

국면 1: 도착하기

정서 코칭의 첫 번째 국면은 사람들이 자신의 감정에 도착하고 수용하도록 돕는 것이다. 어떤 감정이 고통스러울지라도, 그 정서를 느껴야 정서를 바꿀 수 있다. 코치는 사람들이 먼저 도착하기 전에는 떠나지 못한다는 것을 이해하도록 도와주어야 한다.

1단계: 정서 자각을 증진하라

첫째, 자신의 정서를 자각하도록 돕는 것이 중요하다. 정서의 자각은 자신의 핵심에 대해 실제로 느끼고 있는 것을 이해하는 데 도움이 되며, 문제 해결에 도움이 된다. 내담자의 자각은 그들이 감각에 주의를 기울이고 접촉하도록 도움으로써 이루어진다. 자각은 비언어적인 형태의 지식이다. 코치는 내담자의 주의를 신체로 돌려서, 예를 들면, 위장에서의 흥분이나 눈과 뺨에 있는 슬픔을 자각하도록 도와야 한다. 이런 유형의 감정 자각은 느낌에 대한 지적인 이해가 아니다. 내담자는 자신을

보고 외부에 있다고 느끼지 않아야 한다. 오히려 코치는 치통의 욱신거림과 같은, 내부에서 느껴지는 것에 대한 신체적인 자각을 촉진하여야 한다. 내담자는 자신의 감각에 집중할 수 있도록 몸의 특정 부분에서 느껴지는 감각의 실제적인 질, 강도 및 형태에 주의를 기울여야 한다. 예를 들어, '가슴속에 있는 뜨겁고 팽팽한 공'과 같은 느낌을 경험할 수 있을 것이다.

대부분의 정서에는 감정뿐만 아니라 생각이 포함되어 있기 때문에, 코치는 내담자가 감각에 주의하도록 돕는 것 외에도 감각에 수반되는 생각을 인식하도록 도와야 한다. 사람들이 정서를 느낄 때, 종종 감정을 동반하는 내적인 대화를 하기도 한다. 그들은 때로는 이미지를 가지고 있고, 항상 어떤 판단을 하고 있다. 예를 들어, 내담자가 슬프다고 느끼면 "왜 내가 슬프지? 아무런 불만이 없는데?"라거나 "나는 그에게서 내가 필요한 것을 결코 얻지 못한다."고 생각할 수도 있다. 내담자는 자신의 감각에 수반되는 생각, 이미지 및 판단에 주의를 기울이도록 지도받아야 한다. 따라서 정서 자각에는 정서를 구성하는 감정, 생각 및 이미지에 대한 자각이 포함된다.

2단계: 정서 경험을 환영하고 수용하도록 촉진하라

코치는 내담자가 자신의 정서 경험을 몸소 느끼도록 격려해야 한다. 또한 내담자가 반드시 모든 감정에 따라 행동할 필요가 없음을 그에게 알려야 한다. 하지만 내담자가 아무리 힘들게 여겨질지라도, 그가 자신의 고통스러운 정서를 회피하거나 비껴 가도록 부추겨서는 안 된다. 오히려, 정서를 환영하고, 정서에 잠기며, 호흡하고, 정서를 불러오는 것이 필요하다. 자신의 감정을 정보로서 받아들여야 한다. 자신의 감정을 자신의 안녕에 중요한 정보를 수집하는 기회로 인식해야 한다. 즉, 정서는 자신이 진정으로 느끼고 있는 것에 대한 메시지를 준다. 일단 어떤 정서에 몰입하게 되면, 그 정서를 더 잘 내려놓을 수 있다. 정서는 떠오르고 사라지는, 팽창하고 희미해지는 자연스러운 과정을 따른다. 사람들이 정서를 그대로 두고 차단하거나 회피하려고 하지 않는다면 정서는 왔다가 간다. 사람들이 자신의 정서를 경험하는 대신 자신의 정서를 방해하거나 차단하는 방식을 자각하도록 코치하는 것이 도움이 된다. 내담자가 자신의 감정을 회피하는 방법에 대해 호기심을 가지면 이를 달성하는 데 도움이 된다.

내담자는 또한 정서가 그들이 행동해야 하는 최종적인 결론에 근거하지 않는다는 것을 배울 필요가 있다. 그러므로 그들은 무서운 결과에 대한 두려움 없이 정서를 느낄 수 있다. 어떤 사람이 자신에게 절망감을 경험하도록 허용한다고 해서, 이것이 그 사람이 절망적이라는 것을 의미하지는 않는다. 또한 그다음의 논리적인 단계가 포기되어야 한다는 것을 의미하지도 않는다. 감정은 사람이 영원히 머무를 영구적인 상태가 아니다. 오히려 감정은 과정의 일부분이다.

정서는 결론지어진 진실에 관한 것이 아니다. 그것은 사물이 어떻게 사람의 안녕에 영향을 미치는지에 관한 가치와 판단에 대한 정보를 제공한다. 감정은 현실보다 사람에 대해 더 많이 알려 준다. 분노는 상대방이 침해자라는 사실을 보여 주기보다 자신이 침해당한 느낌이라는 것을 말해 준다. 정서가 함축하는 것 때문에 사람들은 자신의 정서를 두려워해서는 안 된다. 정서는 결정하지 않고 알려 준다. 한 내담자가 배우자에게 화가 나서 '그가 한 짓 때문에 그가 싫다.'고 느낀다면, 이것이 반드시 관계가 깨어진다는 것을 의미하지는 않는다. 이 정서는 그 내담자에게 자신이 얼마나 소외되어 있고 분노를 느끼는지에 대해서 알려 주고 있다. 이를 인정하면 자신의 프로세스에서 그다음 단계로 이어진다. 그러고 나서, 그녀는 "내가 필요로 하거나 바라는 것은 무엇일까? 어떻게 해야 할까?"라고 스스로에게 질문해야 한다.

정서는 행동이 아니고 결론도 아니다. 자신의 행동을 통제하기를 원할 수 있지만, 내면의 일차적인 경험을 통제하려 해서는 안 된다. 분노는 공격이 아니다. 친구를 때리지 않고 친구에게 화를 낼 수 있다. 심지어 친구에게 화가 났다는 말조차 하지 않을 수도 있지만, 여전히 자신의 분노를 인정하고 그것을 느껴야 한다. 자신에게 "나는 분노를 느낄 권리가 없다."고 말한다면, 분노를 인정하고 다루기보다는 분노를 내면에 쌓아 두기 때문에 더 큰 문제를 가져온다. 반면에 자신이 어떻게 느끼고 있다는 것을 큰 소리로 표현하는 것은 상황에 적절하여야 하고 조절되어야 한다. 사람들이 자신의 일차 감정을 이해하고 느끼고 환영할 수 있다면, 자신의 감정을 표현하고 효과적으로 소통하는 법을 알게 된다. 폭발할 때까지 감정을 억압하거나, 무모하게 내뿜기보다는 그 감정을 전개시켜 이해한다면, 자신의 감정을 타인에게 언제 말하거나 말하지 않을지 결정할 수 있다. 그래야만 스스로 찾은 맥락 내에서 가장 적합한 방식으로 자신의 감정을 표현할 수 있을 것이다.

정서에 압도당하는 사람들은 정서를 허용하고 환영하는 것보다 정서를 조절하는 법을 배우는 것이 더 바람직하다. 이 부분에 대해서는 나중에 7단계의 설명에서 논의하고자 한다.

3단계: 정서를 말로 표현하도록 하라

사람들이 자신의 정서에 관심을 기울이고 환영하도록 돕고 나면, 코치는 그 정서를 말로 서술하도록 도와야 한다. 항상 자신의 정서에 대해 말할 필요는 없지만, 정서를 말로 표현하는 것은 정서가 주의를 요하는 어려움이 있다는 신호를 보낼 때나 정서를 반영하거나 소통하고자 할 때 도움이 된다. 말로 감정을 표현하면 미래에 이 정서 경험에 대한 기억이 잘 나게 된다. 예를 들어, 슬픈 감정을 느끼고 있다는 것을 알게 되면 무엇에 대해 슬픈지, 이 슬픈 감정이 무엇을 의미하는지 그리고 무엇을 해야 하는지에 대해서 반영할 수 있다. 사람들이 표현하는 기본적인 정서로 분류된 간단한 감정 단어 목록은 다음과 같다(Shaver, Schwartz, Kirson, & O'conner, 1987; 부록의 연습 참조).

- 슬픔: 슬픔, 무시받는, 비참, 절망, 향수병
- 두려움: 고민, 공황, 히스테리, 우려, 불안
- 화: 쓰라림, 격분, 격노, 경멸, 앙심
- 사랑: 매력, 애정, 열정, 흥분, 동경
- 기쁨: 열심인, 황홀한, 승리의, 열렬한, 행복감, 낙관적
- 놀라움: 경탄하는, 놀라운, 깜짝 놀란, 경이로운, 경외감

사람들이 자신의 내적 경험을 상징하는 데 은유 또한 유용하다. 진흙 속에 갇힌 느낌, 더러운 느낌, 물살을 거슬러 헤엄치는 모습 등의 스스럼없이 대화를 나누는 듯한 이미지는 모두 도움이 된다. '당신의 가슴에서 분출하는 화산' 또는 '그냥 모두 가시 돋히고 날카로운'과 같이 새롭고 고유한 은유들은 감각을 파악하는 데 도움이 된다. 달리 표현할 수 없는 것을 포착하기 위해서는 보다 복잡한 이미지가 도움이 된다. 예를 들어, "그것은 마치 당신의 등줄기를 모두 짜내어 몸 안을 텅 비워놓은

것과 같네요."라는 말로 내담자의 실질적인 존재감 상실에 대한 그의 이미지를 반영함으로써 내담자의 작아지는 느낌을 포착하려는 것이다. 또는, "그것은 마치 어느 순간 지워질 수 있는 길 위에 분필로 그려진 자신의 형상과 같네요."라는 말로 내담자의 단단한 현실감 상실에 대해 반응하는 것이다.

정서를 명명하는 것은 정서 조절의 첫 번째 단계이다. 행위보다는 말로 자신의 정서를 표현할 수 있다. 감정에 말을 붙임으로써 내담자는 자신의 정서를 재처리할 수 있게 된다. 정서를 묘사할 수 있다는 것은 느끼고 있는 것을 지휘할 수 있게 하며, 문제를 다루는 데 도움이 될 수 있다. 따라서 내담자가 "너무 소외감을 느낍니다."라는 말로써 사람들과 대화하는 데 어려움을 겪는 것에 대한 느낌을 묘사할 수 있다. 이를 통해 내담자는 "대화를 계속 이어 가기가 어렵지만, 사실 저는 그렇게 흥미가 없는 경우가 많아요. 그래서 저는 할 말이 없어요. 정말로 저는 흥미가 없어요."라는 말로 표현할 수 있는 새로운 방식으로 경험을 이해할 수 있게 된다. 내담자는 이제, 자신이 사교적인 대화에 그다지 관심이 없다는 것을 인식하는 새로운 곳에 있게 된다. 새로운 의미가 나타났고, 이 새로운 관점은 더 이상 자신의 소외감에 초점을 두지 않는다. '소외감'이라고 불리는 진술에서는 적용할 수 없었던 새로운 가능성이 등장한다. 또 어떤 내담자는 팀의 관리자 직무로 인해 겪고 있는 어려움과 혼란에 대해서 말할 수 있다. 그녀는 "팀원들과 만날 때마다 방에 유령(전임 관리자)이 있는 것 같고, 나는 결코 그녀(전임자)의 기대를 채울 수 없다."고 말한다. 그러고 나서 그 내담자는 계속 말을 이어 간다. "나는 그녀가 한 대로 할 수 없어요. 그녀처럼 되려고 노력하는 것은 미친 짓이죠. 나는 다르며 나 자신의 힘을 쏟을 것입니다." 이 예들은, 감정을 말로 표현하는 것이 새로운 의미를 만들어 가는 것을 보여 준다. 새로운 의미가 항상 생기는 것은 아니지만 종종 그러하며, 코치는 감정을 말로 담아내도록 돕고 핵심적인 의미를 분화시켜 의미 생성을 촉진해야 한다.

자신이 느끼는 것을 안다는 것은 또한 사람들에게 자신의 경험에 대한 통제력을 부여하고 자신의 감정에 대해 무언가를 할 수 있는 힘이 있다는 믿음을 강화시킨다. 느낌을 말로 표시할 수 있다는 것은 느낌으로부터의 분리를 쉽게 한다. 감정을 말로 표현함으로써, 동시에 느낌을 볼 수 있는 새로운 관점을 만들고, 그 감정 자체에 대한 정의를 제공함으로써 자신이 느끼는 것을 알게 된다. '무가치한' 느낌을 갖는 것이 '나'가 아니며, '무가치한'은 내가 가진 모든 것이 아니다. 여기서 약간의 거리가 만들어진다. 나는 이제 '무가치한' 것이 '나'인 것이 아니라 '느끼고 있는' 것임을 느낀다. 이름을 붙이는 이러한 작업을 통해 내담자는 감정의 수동적인 희생자가 아니라, 이름을 붙일 수 있는 주체자로서 자신을 경험할 수 있다. 감정이 현실이나 진실을 표상하는 것이라기보다는 그들의 현재의 반응으로 보인다. 감정과 관련된 **주체성**(agency)으로서의 이러한 자기 확립은 감정으로부터 거리감을 확립하는 데 도움이 되며, 이러한 거리는 힘과 행위의 근거를 제공한다.

경험을 언어로 표현하는 것은 외상을 극복하는 데도 도움이 된다. 내담자가 외상을 겪었거나 깊은 상처를 입었을 경우, 코치는 언어의 도움을 받아 내담자가 재구성 과정을 시작하도록 도울 수 있다. 이는 일어난 일에 대한 설명을 내담자가 전개하여 나가도록 한다(Pennebaker, 1994; van der Kolk, 1993). 정서적으로 충격적인 경험을 묘사하는 능력은 내담자가 자신의 경험을 이해할 수 있게 해 준다. 이전에는 경험을 언어로 부호화하지 않았고, 그것은 정서 기억 속에서 광경, 소리 및 이미지로 남아 있었다. 이제 안전한 환경 속에서 외상 경험을 말로 표현할 수 있게 됨으로써 그 기억에 대해서 생각하고 묘사할 수 있게 되고, 끔찍한 경험에 대한 통제력을 갖게 된다. 그들은 경험의 희생자가 아닌 경험의 저자가 된다. 정서를 명명하는 이러한 과정은 두뇌의 언어적 부분과 비언어적인 부분이 결합하도록 돕고, 사람들이 자신의 경험에 대해 동시에 생각하고 느낄 수 있는 통합된 경험을 만든다.

4단계: 내담자의 일차 경험을 확인하라

코치와 내담자 모두 내담자의 정서 반응이 핵심 감정인지의 여부를 끊임없이 탐색해야 한다. 내담자가 자신의 의견에 직장동료가 반대할 때의 화나는 느낌에 대해 이야기한다면, 근본적으로는 그녀가 위협받는 느낌인 그 분노 밑의 수준이 어떠한가를 탐색해야 한다. 또는, 어떤 내담자가 자신의 배우자가 부주의하다는 것에 대해 화를 내면서 얘기한다면, 그 분노 밑에 자신의 가치를 인정받지 못한다고 느끼는지를 탐색해야 한다. 코치는 대학에 다니기 위해 집을 떠나는 자녀가 걱정된다고 하는 내담자에게 걱정의 이면에 자신이 슬퍼하고 있다는 것을 인식하도록 도와줄 필요가 있다. 일차 정서를 식별할 수 있는 능력은 코치가 내담자를 발전하도록 훈련시키는 핵심 기술 중의 하나이다. 코치들은 이를 수행하기 위하여 사람들의 신체적 감각에 지속적으로 집중하고 그 정서에 공감한다. 연습을 통해 내담자는 자신의 정서를 모니터링하는 데 능숙해진다.

생활 속에서 자신의 감정이 핵심 감정인지 아닌지를 모니터링하는 것이 자발성 상실을 의미하는 것은 아니다. 또한 지나치게 자의식적으로 되거나 자기반성적으로 되는 것을 의미하지 않는다. 오히려, 정서적 자각은 자각의 주변에서 작동하는 자동적인 기술의 발달과 관련된다. 이 암묵적인 수준의 불안은, 사람들이 느끼는 정서가 일차 정서가 아닌 경우 이를 명시적으로 생각할 필요도 없이 끊임없이 알려 준다. 이러한 형태의 암묵적인 지식은 사람들이 넘어지지 않고 어떻게 자전거로 모퉁이를 돌아가는지 아는 것, 또는 생각하지 않고 자동차를 운전하는 방법을 아는 것과 유사한 지식이다(Polanyi, 1966). 이를 위해 사람들은 자동적으로 동시에 많은 단서들을 통합한다. 정서 자각에서는 이러한 형태의 지식이 자전거에서 떨어지는 것을 막는 데 사용되는 것이 아니라, 정서가 궤도를 벗어날 때를 감지하는 데 사용된다. 사람들의 두뇌는 몸 전체를 모니터링한다. 예를 들어, 자각하고 있다면 들어 올리려고 하는 상자가 자신의 허리에 무리가 갈 정도로 무거운지를 알 것이다. 정상적인 수준의 배경 감각을 넘어서는 일이 발생하면 뇌가 이것을 기록한다. 이 고통스러운 상태에 대해 뭔가 조치를 취해야 한다는 것을 사람들에게 인식시키기 위한 통증 메시지를 보낸다. 그것은 그들이 수용 가능한 한계 내로 행동을 바꾸어야 한다고 알려준다. 이 지속적인 모니터링은 정서에 의해서도 일어난다. 뇌는 사람들이 경험하고 있는 정서가 일차 정서가 아니라는 것을 명시적인 생각없이 느낌으로 그들에게 신호할 수 있다. 이는 사람들이 자신이 뭔가 다른 것을 깊이 느끼고 있다는 것을 단순히 아는 방법이거나, 또는 자신이 그 문제의 핵심에 있지 않다는 것을 그냥 느끼는 방법이다.

일차 정서는 세상과 자신과 자신의 몸에서 일어나고 있는 것에 대한 일차적인 자동 평가에 기반을 두고 있다. '너 자신을 알라.'는 것은 자신의 핵심 정서를 알고, 자신을 발견한 어떤 상황에 대해서도 가장 기본적인 평가와 반응을 아는 것을 의미한다. 이는 힘든 작업일 수 있다. 하지만 자신이 따라야 할지 여부를 선택할 수 있는 일차 정서를 자각하는 것만으로도 가능하다. 연습과 솔직함으로, 내담자의 일차 감정이 더욱 자연스럽게 그들에게 다가오기 시작할 것이다. 상실에서 슬픔을, 침해에 대해 분노를, 그리고 타인과의 연결이나 목표 달성에 대해 기쁨을 느낄 것이다. 또한 자신의 분노가 두려움을 덮고 있을 때나 그들의 울음이 분노를 모호하게 할 때도 더욱 쉽게 구별할 것이다. 코치는 내담자가 자신의 이차 분노가 감추고 있는 정서가 보다 쉽게 파악할 수 있거나 현재 느끼고 있는 정서가 실제로는 저 밑바닥에 있는 것이 아님을 알았을 때, 그가 필요한 자각수준에 도달했다는 것을 알게 될 것이다. 어떤 사람들은 이 기술을 갖춘 코치를 찾아온다. 정서 코칭의 두 번째 국면은 이러한 내담자와 더 관련이 있다. 하지만 다른 사람들은 이 기술을 배우기 위해 상당한 양의 연습이 필요하다.

국면 2: 떠나기

일단 사람들이 특정 장소에 도착하면 그곳이 그들에게 좋은지 결정해야 한다. 그곳이 자신의 웰빙을 향상시키는 것처럼 보이면, 그곳에 머물면서, 그곳에 무엇이 있는지 안내받을 수 있다. 하지만 이 장소에 있는 것이 다른 사람들과의 친밀한 유대관계를 강화시키지 못한다고 결정한다면 이곳은 머무를 곳이 아니며 내담자는 떠날 방법을 찾아야 한다. 그러므로 국면 2에서는 사람들이 좋은 정보의 원천에 도달한 느낌을 믿을 수 있는지 또는 그 느낌이 도움이 되지 않고 변형되어야 하는지 결정할 수 있도록 도와준다.

5단계: 일차 정서가 건강한지 건강하지 않은지에 대한 평가를 촉진하라

이 다섯 번째이자 매우 중요한 단계는 내담자가 핵심 감정을 확인한 후에 일어난다. 코치와 내담자는 함께 '이 느낌이 적응력이 있는가? 아니면 상처나 어떤 종류의 부적절한 느낌인가?'라고 물어볼 필요가 있다. 그 사람의 핵심 감정이 건강하면 행동 지침으로 사용해야 한다. 건강하지 않다면, 변화를 가져오기 위해 더 많은 과정을 거쳐야 한다.

기본적으로 내담자는 코치와 협력하여 주어진 상황에서 자신의 정서가 건강한 반응인지 결정해야 한다. 이는 종종 암묵적으로 이루어지지만 핵심이다. 코치는 내담자에게 무엇이 진실인지 결정할 수 없다. 사람들은 궁극적으로 특정 상황에서는 자신의 감정이 믿을 수 있는 것인지 아닌지 스스로 결정해야 한다. 아무도 다른 사람을 위해 이것을 결정할 수 없으며 그렇게 해서도 안 된다. 특정 순간에 느끼는 정서는 자신의 안녕과 관련되는 상황에 대한 자동 평가이다. 이는 정서에 의해 제공되는 일차 수준의 자동적인 평가이다. 이러한 일차적인 평가에 대해 의식적으로 고려해야 하고, 그 느낌에 대해 어떻게 해야 할지 결정해야 하는데, 이것이 이차 수준의 평가이다. 개념적인 처리 과정을 거치는 의식적 반영을 통해 이루어진 이 이차 수준의 평가는 정서지능을 실행하는 근본적인 부분이기도 하다. 따라서 내담자는 자신의 감정이 다음과 같이 좋은 정보를 제공하는지 여부를 반영하고 결정해야 한다. 코치는 내담자가 이렇게 하도록 훈련할 수 있고 내담자와 함께 탐색하고 의견을 제시하여 결정을 도울 수 있지만, 결국 내담자 스스로 이러한 결정을 해야 한다. 내담자는 자신의 분노가 건강하고 적응적인 분노임을 분명히 하고 "예, 나는 이 느낌을 믿어요. 잘못되었음을 느끼고 보상을 요구합니다." 또는 "나는 중요한 것을 잃어버렸고 회복해야 합니다."라고 말해 슬픔이 핵심 감정임을 확인한다. 또한 내담자는 감정은 도움이 되지 않고, 자신의 불안은 실제적이지 않고, 수치심은 일그러진 역사를 반영하고, 분노는 자신에게 도움이 되지 않으며, 슬픔은 더욱 온전하게 사는 것을 막고 있다고 결론 내릴 수도 있다.

사람들은 감정이 일단 온전히 받아들여지고 나면 그것이 그들에게 도움이 되지 않는다는 것을 인식할 수 있다. 역설적으로, 감정이 수용될 수 없는 것으로 판단되면—'나'가 아닌 것으로—감정은 변화될 수 없는데, 그 이유는 수용된 적이 없기 때문이다. 감정이 받아들여졌을 때만 필요하다면 그것을 평가하고 변경할 수 있다. 정서의 적응성이나 부적응성에 대한 이러한 이차 수준의 평가는 사람들이 해야 하는 가장 복잡한 결정 중의 하나이다. '나는 화가 났다.'고 인정하지만, '이것은 나에게 도움이 되는 건강한 분노가 아니다.'라고 인정하기에는 균형과 지혜가 필요하다. 자신의 정서와 정서적 역사를 환기하는 것은 상황에 대한 자각에 관한 것이다. 정서지능을 훈련하려면, 자신의 감정에 대한 자각뿐만 아니라 그 정서가 지금도 자신에게 남아 있는 과거로부터의 부적응적인 반응인가 아닌가에 대하여 자각하여야 한다. 또한 자신의 정서적 반응을 모든 개인적·문화적 학습 및 가치와 통합해야 한다. 사람들이 정서지능으로 작용할 때 이 모든 것은 반응이 건강한지 건강하지 않은지를 결정하는 신속한 무언의 과정에 통합된다. 자신의 반응에 어려움이 있음을 감지하면 멈추고 반영해 보아야 한다. 이 이차 수준의 반영은 정서의 합리성이 아닌 그 적응성을 평가하는 것이다. 정서가 적응적이라면 따라야 하고, 정서가 부적응적 이라면 그 표현은 조절되고, 이해되고 변형되어야 한다.

그린버그와 파이비오(Greenberg & Paivio, 1997)는 정서장애와 아동기 학대 치료 에서 정서를 연구한 결과, 사람들의 핵심 부적응 정서는 주로 두 가지 기본 정서인 수치심(shame)과 두려운 불안(fear-anxiety)으로 나타났다. 이 두 가지 기본 정서는 자아에 대한 매우 기본적인 두 가지 관점, 즉 (a) 무가치감과 자기를 실패자로 보는 ―'나쁜 나' 자아감―, 또는 (b) 취약감과 불확실감과 자신을 지지 없이는 지탱할 수 없는 것으로 자기를 보는―'약한 나' 자아감과 관련이 있다. 부적응적인 수치심 은 '나쁜 나' 자아감의 핵심이며, 반면에 두려움은 '약한 나' 자아감의 핵심이다. 따 라서 두려움과 수치심은 어떤 경우에는 상황에 대한 건강한 반응일지라도 종종 건 강하지 않은 것으로 나타난다. 그렇게 많은 두려움과 수치심으로 이끄는 핵심적인 취약성을 변화시키려면, 먼저 그것에 다가가야 한다. 그다음, 자신에 대한 근본적인 부정적 관점을 확인하여야 한다. 마지막으로, 근본적으로 잘못된 점을 치유하고 더 강한 자아감을 세우기 시작하여야 한다. 분노 역시, 특히 폭력을 경험한 사람들에게 부적응적인 핵심 정서가 될 수 있다. 여기서 핵심 구조에는 타인에 대한 부정적인 견해를 포함하고 있다. 분노는 종종 두려움에 의해 촉발되는 정서이지만, 근본적으 로 취약하고 변형되어야 하는 부적응 반응일 수 있다.

6단계: 부적응적 정서에 부착된 파괴적인 신념 또는 견해를 확인하라

부적응적인 정서를 확인하는 것은 사람들에게 너무나 크게 자리 잡아 버린 파괴 적인 신념이나 해석에 도달하는 데 도움이 된다. 부적응 정서에는 대개 자신에게 적 대적이거나 타인을 비난하는 신념이나 견해가 동반된다. 파괴적인 사고 과정과 신 념이 극복되려면, 먼저 그것이 확인되어야 한다. '나는 쓸모없다.' 또는 '나는 스스로 살아남을 수 없다.'와 같은 신념은 복합적인 부적응 정서 상태를 동반하거나 표현하 게끔 한다. 그러한 신념이 항상 사람들의 머리 속이나 언어 속에 자리 잡고 있는 것 은 아니며, 그것이 항상 문제를 일으키지도 않는다. 대신 신념을 분명히 말하는 것 은 언어로 정서적인 문제를 표현하는 하나의 방법이다. 신념이 의식되고 반복된 생각으로 일어날 때, 그것은 부적응적인 정서 상태를 유지하고 강화시킨다. 그러므로 '나는 실패자다.'라든가 '나는 감당할 수 없어.'라고 믿는 것은 이러한 생각들이 일어나는 상태를 강화시킨다.

사람들은 흔히 머릿속의 부정적인 목소리로 파괴적인 신념을 경험하는데, 이러한 신랄한 내면의 목소리는 타인으로부터 받은 이전의 학대를 통하여 학습되어 온 것이며, 건강한 자아에 파괴적이다. 이러한 내면의 신랄함은 종종 악의적인 자기공격으로 이어져, 사람들은 건강하지 않은 자기 감정에 갇혀 있게 된다. 웰턴과 그린버그(Whelton & Greenberg, 2000)는 부정적인 신념이 표현되는 경멸의 정도가 우울증 성향의 예측 요인임을 발견하였다. 비우울성에 대한 훨씬 더 큰 예측 요인은 경멸적인 신념에 대하여 자기탄력적으로 반응하는 정도인 것으로 나타났다. 즉, 자기비판에 대한 반응에서 더 큰 자부심과 자기주장이 많을수록 우울증에 취약할 가능성이 적었다. 경멸, 파괴적인 신념과 그것이 표상하는 경험의 전체성을 바꾸기 위해서는 신념을 말로 분명하게 표현해야 한다. 언어적인 표현은 사람들에게 이러한 감정을 다루기 위해 붙잡을 수 있는 어떤 것을 제공한다. 정서 코칭은 언어로 표현된 신념을 변화시키는 것이지만, 주로 그 신념의 합리성이나 타당성에 직면하는 것이 아니라, 대안적인 정서와 신념에 접근하는 것이다. 대안적인 신념과 정서는 그 사람의 파괴적인 신념에 유용할 수 있고, 이를 통해서만 그 사람에게 접근할 수 있는 것이다.

내담자는 '나는 가치 없는 사람이다.'와 같은 자기에 대한 신념을 언어로 표현하는 것 외에도 복잡한 세계 구조에 대한 통찰력을 개발하고, 자신의 세계관을 지배하고 있는 인과관계의 패턴에 대한 정서적 학습을 발달시켜야 한다. 따라서 내담자는 '나에게 피해가 올까 봐 부모님에게 잘해 주어야 한다.'는 신념이 부모에게 도전하기보다는 자신을 잘못되었거나 쓸모없는 사람으로 보게 한다는 것을 깨달을 수도 있다. 그들은 믿지 못하는 것은 자신이고, '네가 하는 말에 주의하지 않으면 사람들이 너를 만만하게 볼 것이다.'라는 예상이 자신에게 대인 불안을 가져오게 한다는 것을 알게 될 수도 있다. 그들은 느낀 것을 결코 표현하지 않는 적대적인 가족 문화에서 이러한 것이 어떻게 시작되는가를 보게 될 수도 있다. 코치는 사람들의 변화를 돕기 위하여 이러한 지배적인 신념이나 해석에 대한 통찰력을 발달시키도록 도와야 한다.

변화로 이끄는 것은 통찰력만이 아니다. 오히려 일단 분명하게 표현되면 자기, 세계 및 타인에 대한 이러한 관점들은 이를 바로잡을 수 있는 대안적인 경험에 접근함으로써 변화될 수 있다. 신념과 해석은 변화되어야 하는 핵심적인 정서 구조의 언어 기반 표상이다. 신념이나 해석(구성 개념)을 말로 옮겨 놓으면 논의되고, 재검토되어 도전받을 수 있게 된다. 부적응 정서에 접근하는 것과 파괴적인 신념을 확인하는 것이 역설적으로 변화를 촉진한다. 이는 먼저 새로운 경험에 노출될 필요가 있는 상태에 접근함으로써, 그다음에 상대방의 처리 기제 유형에 따라 자신의 더 건강한 측면을 동원함으로써 이루어진다. 우리는 이제 사람들의 대립되는 내적 정서 자원에 접근하는 방법과 이러한 자원을 사용하여 역기능적 신념에 도전하는 방법을 살펴볼 것이다.

7단계: 고통스러운 핵심 정서 내면의 욕구를 회복하도록 하라

욕구와 그에 상응하는 감정에 접근하는 것은 새롭고 더 **주체적인**(agentic) 정서와 자기조직력을 만드는 데 도움이 될 것이며, 이는 자기, 세계 또는 타인에 대한 부정적인 신념을 무너뜨릴 것이다. 이 단계는 떠나기 국면의 핵심이며 정서로 정서를 변화시키는 것이다. 핵심 질문은 일단 고통스러운 핵심 정서에 도달하여 견뎌 내고 상징화하게 되면, 코치는 '어떻게 부적응적인 상태에 도전하기 위하여 보다 탄력적인 자아감을 형성할 수 있는 또 다른 더 적응적인 정서 반응에 접근하도록 도울 것인가?' 하는 것이다. 코치가 내담자의 욕구, 목표 및 관심사에 초점을 맞춤으로써 내담자가 더 건강하고 회복력 있는 정서에 접근하도록 돕는 것은 중요한 방법 중의 하나이다. 내담자에게 "이렇게 느껴질 때 당신에게 필요한 것은 무엇입니까?"라는 핵심 질문을 하는 것은 욕구/목표를 자각하게 하는 좋은 방법이다. 일단 자신의 욕구/목표를 자각하게 되면, 코치는 그들이 자신의 욕구를 주장하고 이러한 욕구로 암시적으로나 명시적으로 부정적인 신념에 도전하도록 도울 수 있다. 욕구, 바람 또는 목표에 초점을 맞추는 것은 변화를 위하여 자기 자신을 동원하는 데 도움이 된다. 또한 사람들의 목표는 상황과 행동에 대한 자신의 해석에 영향을 미치는 것으로 나타났다. 일단 내담자가 자신이 원하는 것을 명확하게 하면-목표가 명확하게 정의되면-목표를 달성하는 데 필요한 내적 자원을 활성화할 수 있다. 욕구나 목표의 충족

여부에 대한 평가 결과로 정서가 일어나면, 욕구/목표의 명료화는 목표 달성을 촉진하기 위한 새로운 정서 및 관련된 행동 경향성을 불러일으킨다. 어떤 사람이 외로운 유기감이나 무가치감을 느낄 때, 관련된 정서는 대체로 두려움, 수치심, 죄책감 또는 슬픔이다. 이때의 욕구나 목표는 대체로 안전하고 수용되며 가치 있다고 느끼는 것이다. 욕구나 목표를 명확하게 하는 것이 어떻게 변화를 가져올 수 있는가? 첫째, 자기구성, 정서 생성 체계에 대한 욕구가 제기되고 그 욕구가 충족되지 않았다고 평가되면, 정서 체계는 욕구/목표 좌절에 대한 분노, 요구된 것의 상실에 대한 슬픔, 또는 욕구 박탈의 고통에 대한 동정심을 자동적으로 만들어 낼 가능성이 매우 높다. 이는 충족되지 않은 욕구를 내려놓기 위하여 건강하게 애도하도록 하고, 자기주장이나 자기위로를 할 수 있는 분노의 힘을 키우게 한다. 전환적인 치료 회기의 테이프를 관찰하여 보면, 사람들의 부적응인 핵심 정서는 대체로 뇌의 우반구에서 활성화되는 두려움과 수치심과 같은 철회 정서인 반면, 사람들의 건강한 핵심 정서는 분노와 같은 좌반구에서 활성화되는 정서에 접근한다. 좌반구에서 활성화되는 정서에는 경계나 권리를 지키기 위한 자기주장, 실패한 것에 대한 슬픔, 자신의 고통에 대한 자기자비와 자기위로 같은 것이 있다.

한편, 데이빗슨(Davidson, 2000)은 정서와 쥐의 뇌에 관한 연구에서 욕구 활성화가 대체 감정을 유도하는 방법을 이해하는 데 도움이 되는 흥미로운 연구 결과를 내놓았다. 욕구/목표를 자각하는 것은 목표 달성을 예상함으로써 작업 기억에서 어떤 특정한 것을 강화시키는 표상을 활성화할 수 있을 것이다. 이것은 강화와 관련된 행동을 유지하는 긍정적인 영향을 준다. 즉, 목표를 자각하면, 목표 달성과 관련된 긍정적인 느낌을 강화하는 기억을 제공하는 자동 처리 과정이 활성화된다. 이 과정은 스스로 작동되며 목표 달성을 예측하는 데 긍정적인 영향을 미친다. 이러한 긍정적인 영향은 위급한 편도체 산출을 억제하는 역할을 한다. 목표를 자각하는 것은 기억을 활성화하거나, 목표 달성과 관련된 행동들을 연결시킬 수 있게 한다. 그러므로 사람들은 '나는 위로가 필요하다.'고 말하면서 특히 지지적인 치료 관계에서 과거에 위로를 받았던 경험과 그 경험에 대한 자신의 기억을 열어 준다. 이것은 내적 자원을 동원하는 데 필요한 국면의 전환이다. 이 두뇌 과정은 보다 많은 접근 관련 행동을 촉진시킨다(Davidson, 2000). 따라서 사람들은 대뇌 피질(생각, 계획 센터)을 사용하여 자동적인 감정을 조절하는데, 이는 감정을 통제해서 이루어지는 것이 아니라

가능한 긍정적인 대안을 상상함으로써 이루어진다. 정서는 바뀔 수 있지만, 이성에 의해서가 아니라 좀 더 긍정적인 정서와 관련된 대안들의 표상을 활성화함으로써 가능하다.

따라서 코치는 사람들이 자율권에 대한 요구, 잘못 대우받는 것에 대한 보호, 위로 및 애정에 대한 건강한 요구에 초점을 맞출 수 있도록 도와야 한다. 내담자의 일차적인 동기 체계(애착, 애정 및 숙련)를 도운 후에, 코치는 내담자에게 필요한 것을 얻기 위해 무엇을 시작할 수 있는지 물어봐야 한다. 필요한 것이 무엇인지 알아내는 것은 새롭고 더 건강한 느낌의 과정을 시작하는 데 도움이 되는 최선의 방법 중 하나이다. 이는 사람들이 느끼고, 존재하고, 행하는 대안적인 방법을 찾는 데 도움이 된다. 대안적이고 건강한 감정과 욕구의 확인은 다른 목표에 집중하고 건강한 내적 자원에 접근하는 주요 수단이다.

수치심이라는 자신의 부적응적인 핵심 감정을 경험하고 이름을 붙일 수 있을 때 (그 감정을 회피하기보다는), 즉시 그 감정을 제어하기 시작하고 면밀히 살펴볼 수 있게 된다. 수치심과 관련된 파괴적인 목소리를 확인할 수 있으며, 수치심을 일으키는 자기경멸이 어쩌면 과거에 제대로 대우받지 못한 경험이나 학습의 결과라는 것을 알게 된다. 코치가 수치심이 내담자의 과거로부터 받아들인 경멸적이거나 위협적인 목소리에서 생겼다는 것을 이해하도록 도울 때, 내담자는 자신의 건강한 욕구에 집중할 수 있다. 치료사에 의하여 자신의 욕구를 충족시킬 권리가 있음을 인정받음으로써, 자신의 욕구를 충족시킬 자격을 가지고 있음을 훨씬 쉽게 느낀다. 그러고 나서 이 더 건강한 자아감은 스스로 재확인하기 시작한다.

치료에서 나는 종종 사람들이 더 건강하고 생명을 부여하는 정서가 그가 겪은 정서적 고통에 대한 반응으로 활성화되는 것을 보았다. 사람들은 실로 놀라울 정도로 탄력적이며, 특히 지지적인 환경에 있을 때 더욱 그러하다. 우리 모두는 다시 튀어오를 역량을 갖고 있다. 궁극적으로는 자신을 돌보고 지지하는 능력이 건강한 방법으로 고통에 직면하게 한다. 사람들은 이러한 탄력성을 불러내어 생명을 부여하는 자원으로 사용할 수 있다. 사람들은 고통을 겪고 있거나 괴로워할 때 일반적으로 자신이 필요한 것을 알고 있다. 상처받을 때 따뜻한 위로가 필요하다는 것을 알고 있다.

두려울 때 안전함이 필요하다는 것을 알고 있다. 무엇을 필요로 하는지 아는 것은 자신이 대처할 수 있는 자원을 손에 넣는 데 도움이 된다. 사람들이 느끼고 있는 그 비참한 감정에 머무르도록 코칭하는 것은 그들이 필요한 것을 얻는 데 도움이 되며, 이는 변화에 동기를 부여한다.

8단계: 대안적인 적응 정서에 접근하라

코치는 내담자의 관심의 초점을 새로운 감정으로 전환해야 한다. 그러나 이러한 새로운 감정은 현재 활성화되어 있지만 아직 주의를 기울이지 않는 배경 감정으로서, 현재 필요한 인식이나 다른 수단으로 인해 발생한 초점 인식에 의해 현재의 새로운 감정으로 나타난다. 따라서 내담자가 무가치하게 느끼게 만드는 수치심이나 학대에 대한 두려움의 핵심 정서에 반응할 때, 코치는 수치 경험에 내포되어 있는 더 지배적인 감정인 학대에 대한 건강한 분노로 내담자를 안내하여야 한다. 분노는 내담자의 목소리나 표정 또는 말로 표현될 수 있다. "그가 어떻게 그렇게 할 수 있었을까?" 또는 "그건 정말 끔찍했어!"와 같은 약간 화를 내며 말하는 방식은, 학대받은 것에 대하여 약간 힘이 있는 분노에 접근하도록 한다. 표현하게 하는 마중물 역할을 하는 것이다. 그다음에 내담자는 자신이 얼마나 화나 있는지 말하면서 지배적인 현재의 정서에 집중하고 강화한다. 또는 얼굴이나 목소리에서 드러나는 상실에 대한 내담자의 슬픔에 초점이 맞춰질 수 있다. 앞서 말했듯이 건강한 핵심 정서는 분노, 애도의 슬픔 그리고 자기자비를 강하게 하며, 필요한 것을 얻기 위하여 유기체를 행동하도록 활성화하는 경향이 있다.

불쾌 감정도 행복감으로 전환될 수 있다. 이는 치료에서 일어날 수 있고 일어나고 있다. 예를 들면, '밝은 면을 보려고' 노력하는 것과 같은 단순한 방법이 아니라 의미 있게 신체화된 방법에 의해서 발생한다. 예를 들어, 슬픔의 경우 웃음이 회복 예측 요인인 것으로 밝혀진 바 있다. 따라서 행복한 시간을 기억하고 기쁨을 경험할 수 있다는 것은 슬픔에 대한 해독제가 될 수 있다(Bonanno & Keltner, 1997). 온정과 애정은 불안이나 거부감까지도 해소하는 경우가 많다. 코치는 내담자에게 그들의 항의를 이끄는 욕구를 찾도록 안내함으로써 항의로 가득 찬 굴종적인 가치관들을 변화시킬 수 있다. 자신의 굴레에서 자유로워지고 삶에 대한 기쁨과 흥분되는 감정에 접근하고자 하는 욕구는 수치심이나 거부에 대한 두려움을 풀 수 있다. 행복감의 긍정적 영향의 일부는 뇌의 특정부위에서 기쁨의 정서에 관여하는 신경전달물질의 영향에 따라 다르다는 가설이 제기되어 왔으며, 연구 결과 약간의 긍정적인 영향이 문제 해결을 촉진시키는 것으로 밝혀졌다(Isen, 1999). 따라서 코치는 사람들이 건강한 적응 정서에 집중하고 느끼도록 도울 필요가 있다. 코치는 사람들이 적응적인 정서를 누군가에게, 때로는 코치에게, 빈 의자의 심상화된 타인에게, 자아의 다른 부분에게, 또는 다른 사람에게 표현하도록 도와야 한다. 이는 사람들이 자신의 건강한 경험과 표현을 통합하는 데 도움이 된다.

부정적인 감정을 변화시키는 데 도움이 되는 유쾌한 감정의 주류를 포샤(Fosha, 2008)는 **전환적인 정서**(transformative emotions)라고 불렀다. 이들 정서는 평화, 평온, 안도감, 조화, 가벼움, 선명함, 강함, 생생함, 부드러움, 친밀감과 감사와 같은 수용적이고 활력을 주는 정서들이다. 나의 경험상 이러한 전환적인 정서는 고통스러운 감정이 처리된 후에, 즉 욕구에 접근되고 그 욕구를 인정받고, 건강한 슬픔, 분노 및 자기자비에 도달하고 나서 일어난다. 다른 정서에 접근하는 다른 방법은 제9장에서 논의된다.

9단계: 새로운 이야기 전개를 촉진하라

더 건강한 내면의 목소리를 발달시킬 욕구와 적응적인 정서에 접근함으로써 내담자는 마침내 변화할 수 있다. 마지막 단계인 9단계는 사람들이 오래된 이야기와 신념을 바꾸기 위하여 새로운 이야기를 개발하도록 돕는 것이다(Angus & Greenberg, 2011). 사람들은 빈 이야기에 정서를 추가하고, 이야기되지 않은 정서를 이야기하고, 새로운 정서를 사용하여 새로운 이야기를 전개함으로써 그들의 삶의 진부한 오래된 이야기를 바꾼다. 코치는 내담자가 자신의 경험의 모든 부분을 새로운 자아감으로 통합하고 자기수용을 더 많이 느끼도록 도와준다. 이러한 구체화된 변화는 이제 변화를 통합하고 보존할 새로운 이야기를 필요로 한다. 자기, 타인, 세계에 대한 이야기들은 이제 발견과 새로운 결과물들로 특징지어진다. 새로운 이야기는 체화된 변화를 명백하게 한다.

코치 자신의 정서 자각

코치가 타인의 정서를 다루려면 자기 자신의 정서를 자각하는 과정을 거쳐야 한다. 부록에 나와 있는 연습들은 코치와 내담자가 이 과정을 연습할 수 있는 기회를 제공한다. 아마도 정서 자각 과정에서 가장 좋은 훈련은 그 과정을 경험하는 것이다. 자신의 정서를 다루는 사람만이 다른 사람을 도울 수 있다. 자신의 정서를 인정하고 수용해야만 정서가 사람들에게 정보를 제공하고 조직화한다는 것을 알 수 있다. 코치는 자기 자신의 불쾌한 정서를 견디는 경험을 통해서만 그러한 정서가 오고 간다는 사실을 배울 수 있다. 그리고 자신이 고통을 겪고 그것을 이겨 내는 과정을 통해 이러한 과정이 자신의 내담자에게도 일어날 수 있다는 것을 진정으로 알게 된다. 그러므로 '의사여, 너 자신을 치료하라.'라는 문구를 '코치여, 너 자신을 훈련하라.'라는 문구로 바꾸는 것이다. 코치는 자신의 정서를 확인하고 머물기 위하여 스스로 훈련하거나 훈련을 받아야 한다. 자신의 감정을 말로 상징화하고 그 본성을 평가하는 법을 배워야 한다. 무엇보다도, 자신의 부적응적인 정서를 확인하고, 그러한 정서를 변화시키고 진정시키기 위하여 긍정적인 정서 자원에 접근하는 법을 배워야 한다.

내담자는 코치의 정서적 자각을 통해 자신의 정서를 익히게 된다. 그러므로 코치는 내담자의 정서를 다룰 때 진정으로 내담자와 현전하고 일치적이어야 한다. 코치의 정서적 자각과 정직성은 내담자의 정서적 자각과 정직성을 촉진한다. 하지만 일치성은 복잡한 개념으로 나는 코치가 자신과 접촉하는 것이 무엇을 의미하는지 그리고 이 일치성을 어떻게 사용하는지에 대해 몇 가지 조언을 제공한다(Greenberg & Geller, 2001).

진정성 또는 일치성은 초기 분석 단계에서 두 가지 분리된 구성 요소로 나눌 수 있다(Lietaer, 1993). 하나는 자신의 내적 경험을 인식할 수 있는 능력이며, 다른 하나는 자신의 내면에서 일어나고 있는 것에 대한 투명성과 다른 사람과 소통하려는 의지이다. 따라서 일치성에는 두 가지 구성 요소, 즉 자신의 경험의 흐름과 투명성에 대한 자각을 나타내는 내적 구성 요소와 명시적인 소통을 나타내는 외적 구성 요소가 있다.

투명성이 치료적이라는 주장에는 일치성의 이러한 측면이 치료적이기 위하여 필요한 전제 조건과 신념, 의도 및 태도 등이 구체적으로 명기되어야 한다. 어리거나 새로 들어온 코치들에게 일치적으로 투명해야 한다고 단순하게 가르치는 것이 항상 도움이 되는 것은 아니다. 이는 투명성이 개인의 발달과 지적 수준 및 가치관들이 다 다르다는 것을 가정하기 때문이다. 그러므로 일치성이 단독으로 치료적 요인으로 대두되지 않는다. 치료적 일치성은 자각과 투명성을 포함할 뿐만 아니라 치료사의 내적 경험이 내담자에게 아무런 해를 끼치지 않고 그들의 발달을 촉진시키는 태도, 신념 및 의도로부터 비롯되기를 요구한다. 이는 히포크라테스 선서에 대한 심리치료적인 선서와 같다.

자신의 내적 경험의 흐름을 자각하고 정서의 핵심을 연결하는 것은 일치성의 두 가지 중심 요소이다(Rogers, 1959). 내적인 자각은 보편적 치료 요소로 가장 쉽게 받아들일 수 있는 개념이다. 코치가 자신의 감정과 반응을 자각하는 것은 항상 도움이 된다. 왜냐하면 이러한 내적 자각은 코치에게 방향을 알려 주고 대인관계가 분명하고 신뢰로울 수 있도록 도와주기 때문이다. 내적인 자각과 접촉이란 수용적으로 열려 있어서 매 순간마다 자기 자신에게 민감하며, 변화하는 경험과 그 순간에 충분히 젖어드는 것이다. 순간에서의 이러한 유형의 현전과 정서적 자각으로 인하여 언어적 · 비언어적 행동 사이에 불일치가 발생할 가능성이 적어지고, 내담자는 자신이 보는 것이 자신이 가지고 있는 것임을 알게 된다. 코치에게 숨은 의도 같은 것은 없다는 것을 알게 된다. 이는 내담자가 대인 불안을 더 많이 참을 수 있게 하고 더 깊이 탐색하는 데 도움이 된다. 코치가 내담자와의 상호작용에서 자신의 감정을 인식하지 못한다면, 그 관계에서 발생하는 결정적인 정보에 접근할 수 없으므로 효과적인 도우미가 되지 못할 것이다. 이는 마치 어둠 속에서 작용하는 것과 같다. 치료사는 내면의 경험, 특히 내담자와의 순간순간의 상호작용에서 발생하는 내적 경험이 있다면, 그러한 자기 자신의 흐름을 명확히 자각함으로써 타인을 가장 효과적으로 도울 수 있다는 것을 알고 있다.

투명성의 경우, 또는 **일치성**의 의사소통 요소는 자각 요소보다 훨씬 복잡하다. 촉진적으로 투명하게 된다는 것은 많은 대인관계 기술들을 포함한다. 진정으로 느끼고 있는 것뿐만 아니라 그것을 촉진적인 방식으로 표현하는 능력이 포함된다. 그러므로 투명성은 일련의 치료적 태도에 들어 있는 복합적인 대인관계 기술에 대한 포괄적인 개념이다. 이 기술은 세 가지 요인, 즉 (a) 코치의 태도, (b) 특정 과정, (c) 코치의 대인 자세에 따라 달라진다.

첫째, 아마도 가장 중요한 일치적인 반응은 항상 로저스의 치료적 태도를 견지해야 하며, 비판단적으로 소통되어야 한다. 삶에서 코치는 분명히 일치적으로 파괴적일 수 있다. 일치성이라는 용어는 일치적으로 되는 방법에 대한 여러 다른 신념과 견해에 의해 암묵적으로 자격이 부여되기 때문에, 치료사는 파괴적으로 되는 것이 치료와 관련하여 일치성이라는 용어가 의미하는 바가 아니라는 것을 알고 있다. 따라서 나는 일치적이라는 말의 뜻을 한정하기 위하여 **촉진적**이라는 말을 사용하는 것이 도움이 된다고 본다. 코치의 자기 자신에 대한 표현은 내담자에게 득이 되도록 해야 한다.

코치가 진정으로 자신을 표현할 때는 훈련받은 방식으로 해야 한다. 코치는 순간적으로 무엇을 느끼든 충동적으로 내뱉지 않고 중요한 핵심 감정을 전달한다. 이를 위해서는 우선 가장 깊은 수준의 경험을 자각하고 있어야 하며, 시간과 반영이 필요할 것이다. 다음으로, 자신의 경험 공유의 의도를 분명히 할 필요가 있다. 이 공유는 내담자나 내담자와의 관계를 위한 것이지 코치 자신을 위한 것이 아니다. 또한 코치는 자기개방의 시기에 민감해야 하는데, 자신이 제공해야 할 것에 내담자가 열려 있는지 아니면 너무 취약한지를 감지하는 것이 중요하다. 따라서 치료사는 (a) 단순히 자신이 느끼는 것을 말하지 않고 (b) 표현되는 것이 이차 정서가 아니라 핵심적이거나 일차 정서인지를 확인하도록 훈련되어야 한다. 일치성의 투명성 측면을 명확히 하는 데 도움이 되는 또 다른 개념은 **포괄성**이다. 즉, 일치성은 '그것의 모든 것을 말하기'를 의미해야 한다. 코치는 경험하고 있는 중심적 또는 초점적인 측면뿐만 아니라 메타경험까지 표현한다. 메타경험이란 경험되고 소통되고 있는 것에 대한 느낌을 말한다. 따라서 코치가 단순히 짜증나거나 지루하다고 말하는 것은 포괄적인 의사소통은 아니다. 코치는 또한 잠재적으로 내담자에게 해를 끼칠 수 있는 자기개방에 대한 우려를 전달해야 하며, 이러한 공개가 내담자와의 연결을 파괴하려는 것이 아니라 분명하게 하고 향상시키려는 것임을 표현해야 한다. 이것이 '그 모든 것을 말하기'가 뜻하는 바이다.

일치하기는 코치가 그 당시에 자신의 몸에서 느끼는 바를 말하는 것을 포함한다. 그것은 시간이 지남에 따라 지속되어 왔고 실제로 어떤 본능적인 방법으로도 현재에 느껴지지 않는 감정에 대해서 말하는 것도 포함될 수 있다. 또한 일치하기는 치료사가 자발적으로 순간의 의미를 포착한 것을 말하는 것이다. 일치적으로 표현되는 현재의 또는 일반적인 감정은 자비에서 분노, 위협에서 기쁨에 이르기까지 다양할 수 있다. 어떤 정서가 느껴지는가에 따라서 그것을 표현하는 의도와 함께 매우 특정한 방식으로 표현될 것이다. 예를 들어, 분노는 경계를 설정하고 잘못된 것에 대한 느낌을 해결하도록 돕기 위해 표현될 수 있다. 자비는 그것을 공유하고 위로하기 위해 표현될 수 있다. 두려움은 대개 상대방에 대한 자신의 반응을 그 사람에게 알리기 위해 표현된다.

일치하기는 코치가 느끼고 있는 것을 공개하는 것 외에도 생각하고 있는 것을 말하고, 심상을 공개하고, 과거 경험을 공유하거나, 치료사와 내담자 간의 상호작용에 대해 말하는 것도 포함된다. 여기서 의도는 이해를 전달하거나 관계적인 어려움을 다루기 위한 것일 수 있다. 높은 수준으로 통합되거나 잘 훈련된 코치는 미분화되거나 자기중심적인 치료사나 초보자와는 다른 종류의 질적인 반응을 일치적으로 이끌어 갈 것이다. 그러므로 치료적으로 일치한다는 것은 복잡한 대인관계 기술뿐만 아니라 개인 내적인 자각 기술을 포함하는 것으로 볼 수 있다.

마지막으로, 촉진적 투명성을 이해하는 데 중요한 것이 바로 코치의 대인 자세이다. 내담자에 대해 확신적이고 자기에 대해서는 공개적인 태도는 투명성을 촉진시키는 열쇠이다. 확신적인 반응은 지지적 치료에 기본이 되는 반응이다. 치료사가 확신하는 느낌 없이 분노하고 비판적이고 거부하며, 이 감정을 벗어날 수 없을 때, 치료사는 어떻게 해야 하는가? 투명한 반응이 촉진적이 되기 위해서는 정서가 드러나는 대로 표현할 필요가 있다. 촉진적이 되는 것의 핵심 문제는 공개되는 내용이 아니라 공개에 대한 대인관계적인 태도이다. 암시적인 노출이든 명시적인 노출이든 코치가 자기개방을 할 때는 그것을 다른 사람과 함께 탐색하고자 하는 의지와 흥미가 있어야 한다.

예를 들어, 내담자로부터 공격받거나 화가 날 때 코치는 공격하지 않고 오히려 화가 난다는 것을 노출한다. 코치는 '너 전달법'을 사용하여 비난하지 않는다. 그 대신, 자신의 감정에 책임을 지고 자신이 느끼는 것을 드러내는 데 도움이 되는 '나 전달법'을 사용한다. 무엇보다 코치는 이러한 소통에서 한 단계 올라서는 상승적인 위치에 들어가지 않고 두려움, 분노 또는 상처의 감정을 더 개방적으로 노출한다. 치료사가 내담자의 경험에 흥미를 잃거나 거부감을 느끼고 비우호적인 느낌을 받는 것이 문제일 경우에 치료사는 이러한 느낌을 가지고 싶지 않다는 것을 일치적인 소통의 맥락에서 노출할 수 있는 기술이 필요하다. 또는 이러한 자신의 느낌이 소통을 방해하는 문제라고 말하고, 자신이 그 거리감을 회복하려고 노력하고 있으며 그리하여 내담자를 더 이해하고 더 가까워질 수 있을 것이라고 설명해도 된다. 일치적이고 촉진적인 방식으로 부정적인 감정으로 인식되는 것을 소통하는 것의 핵심은 전반적으로 권위적이지 않고 우호적인 상호작용 태도를 보여주는 것이다. 따라서 분노를 느끼는 경우에 촉진적이고 일치적인 코치 과정은 먼저 분노가 자신의 핵심 감정인지를 검토하는 것이다. 만약 그렇다면, 이 분노가 비난적이지 않고 상승적이지 않은 방식으로 노출될 필요가 있다. 코치가 분노보다는 상처를 입었거나, 작아지거나, 위험에 직면한 느낌이 든다면 이를 자각하고 효과적인 방식으로 드러내는 것이 일치성을 이루는 것이다.

예를 들어, 매우 유약하면서 폭발적인 내담자가 직면 시간에 내가 너무 가장하기 때문에 나를 싫어하고, 내가 그녀의 마음을 이해한다고 가정할 때 너무 주제넘었다고 말한 적이 있었다. 그녀는 나를 자신의 정서적인 삶을 빨아들이려고 하는 거머리로 보았고, 비록 내가 좋은 의도가 있는 척하지만 사실은 그녀를 파괴하려 한다고 말하였다. 이러한 격앙되고 무자비한 공격을 당하고 나서 처음에 나는 방어적인 분노를 느꼈다. 그러나 이어서 나는 분노 밑으로 들어가 그녀의 분노가 무섭다고 말하였다. 내가 상처를 입었다고 말하면서 눈물이 나왔다. 비난이나 역습 없이 그리고 그녀를 그만두게 하려는 의도로 사용하는 어떤 권력이나 통제 없이 나의 감정이 노출되었다. 그 순간에 내면의 느낌을 그냥 드러낸 것이다. 이러한 노출이 내담자가 그녀의 공격을 멈추는 데 도움을 주었고, 그녀가 나를 걱정하게 만들었다. 따라서 어려운 감정을 다루는 데 있어서 일치적으로 반응하는 기술에는 자기 내면의 감정 반응을 알아내는 것(일반적인 자각 기술)과, 이러한 대인 간의 경험을 긍정적인 것으로 전환하고 대인 간의 반응을 공개하는 것이 포함된다.

치료 삽화: 이 모든 것을 실천에 넣기

어느 회기 중에 한 내담자가 우울해 보였고 외로움을 느끼는 것에 대해서 이야기 하였다. 나는 그가 어떻게 "그냥 모든 게 외롭게 느껴지는지"에 대해서 공감적인 반 응을 하면서 외로움으로 그의 주의를 끌었다. 내담자는 이것을 인정하였다. "지금 이 느낌이 몸의 어디에서 느껴지나요?"라는 질문에 가슴을 가리켰다. 나는 그의 손 을 거기에 얹고 느껴지는 것을 말하라고 하였다. 그는 깊은 고립감에 대해 말하였 다. 그는 "나는 누군가와 이야기하거나 뭔가를 하지 않으면, 마치 거기에 없는 것처 럼 텅 빈 느낌이다."라고 하였다. 그는 외로움이 올라왔고, 울기 시작하였다. 누군 가가 자신의 어깨에 손을 올려 어루만져 주기를 얼마나 갈망하였지 말하면서 이 느 낌을 분명하게 표현하였다. 그는 의자에서 천천히 몸을 앞뒤로 흔들면서 이 모든 것 을 말하였다. 나는 뭔가를 표현하는 그의 동작을 강조하였고, 그것을 자기위로적인 행동으로 전개하도록 하였다. 그러자 그는 이전의 결혼 생활에서 그가 얼마나 고립 감을 느꼈는지 말했다. 그는 결혼 생활이 끝나기 전에 몇 년 동안 이것을 느꼈고, 전 부인에게서 그가 얼마나 '보이지 않고' '무관심한' 느낌을 받았는지 표현하였다. 나 는 그의 보이지 않는 것에 대한 느낌과 보이고 존중받고 싶은 욕구를 동시에 공감적 으로 반영하면서, 계속 그의 느낌을 탐색하고 말로 묘사하고 표현하도록 도와주었 다. 그러자 내담자는 우리 중 많은 사람들에게 일어나는 피할 수 없는 과정을 시작 하였다. 그것은 자신을 너무 약하고 타인에게 너무 많은 것을 요구한다고 스스로 비 난하는 것이다. 그는 한동안 이 불행한 자기축소 과정에 머물면서 '너 전달법'을 사 용하며 자기를 비판하는 다른 사람인 것처럼 가장했다. 그러나 자신의 더 건강한 측 면에 초점을 두면서 이러한 비판을 극복하였다. 그는 공허한 결혼 생활에서의 고립 감과 접촉 욕구에 대한 그의 정당성이 주는 메시지를 읽을 수 있는 능력에 초점을 맞췄다. 이러한 감정들은 그가 원했던 것에 대해서 정보를 알려 주는 귀중한 자원 역할을 하였으며, 서로 돌보는 관계에 있는 것의 중요성을 그에게 일깨워 주었다. 그는 새 여자 친구가 실제로 그를 원하고 육체적으로 접근해 왔을 때 얼마나 놀라웠 는지 이야기하였다.

내담자는 여자 친구의 적극적인 태도에 대해 이야기하면서, 두 팔과 양손을 앞으로 쭉 내밀어 그녀의 태도에 대한 그의 반응은 그녀를 보호하기 위해서 그녀를 저지해야 하는 것이었음을 몸짓으로 표현했다. 그의 손동작에 주의를 기울이면서, 나는 그녀가 자신에게 다가왔을 때 어떠하였는지 물었다. 그녀가 접근할 때 처음에는 불안하고 속으로는 뒤로 물러서는 느낌이었다고 하였다. 이 느낌을 더 깊이 탐색하면서 나는 먼저 이러한 건강하지 않은 두려움을 피하거나 무시하지 않고 온전히 자기 것으로 가지도록 지지하였다. 처음에 그는 자신이 얼마나 무가치하게 느껴졌는지에 대해서 이야기하였고, 그리고 나서 다른 사람들에게 알려지거나 또다시 거부당할까 봐 누군가가 옆에 다가오는 것이 얼마나 두려웠는가에 대해서 말하였다. 이것은 그의 전 부인이 그렇게 추락시켰던(다른 남자 때문이 아니라 자신의 방식 때문에) 감정으로 다시 돌아가게 하였다. 나는 그가 틀림없이 하찮은 존재로 느꼈을 것으로 상상할 수 있다고 하였다. 그에게 반대편에 전 부인이 앉아 있는 것처럼 하자고 하였을 때 그의 거부당하는 느낌이 더 커지고 강해졌다. 나는 그에게 이 느낌이 얼마나 사랑이 없는 느낌인지 그녀에게 말하는 상상을 해 보라고 하였다. 그가 이 고통스런 경험에 머무르고 견디고 나서, 나는 그가 무엇을 필요로 하는지 물었다. 그는 자신이 소중하게 여겨지고 필요한 사람으로 느껴지고 싶다고 하였고, 나는 이것이 정당하다고 인정하였다. 이로써 그녀에게 형편없이 대우받은 것에 대한 그의 감정에 접근하게 되었다. 분노의 감정이 올라왔다. 그는 침해에 대하여 거부와 슬픔보다는 분노를 느낄 수 있었기 때문에 더 많은 힘을 얻었다. 회기에서 내담자는 사랑받는 느낌과 자기확신이 필요하고 그가 원했던 친밀감을 여자 친구에게서 계속 추구할 것이라고 분명하게 말하였다. 그는 또한 여자 친구가 불안하고 그의 확신이 필요하다고 말했을 때 정말 안심이 되었다고 하였다. 그는 그녀에게 반영된 자신을 보았다고 하였다. 그가 그녀에게 정말 긍정적인 느낌이었을 때 그녀가 불안감을 느꼈다는 것을 알아차리는 것은, 비록 그도 비슷한 내적 불안감을 느꼈지만, 그녀가 그를 사랑한다는 것을 의미한다. 그는 과거의 관계, 자신의 가치 그리고 새로운 관계에서 있을 수 있는 그의 능력에 대한 새로운 관점을 반영하고 구성하였다. 비록 이것이 앞으로 검증될 필요가 있는 새롭고 잠정적인 전망이었지만, 분명히 자신에 대한 새로운 관점에서 새출발하는 표시가 되었다.

우리가 나눈 이 사례는 다음과 같은 많은 과정이 담겨 있다.

- 신체 경험에 주의를 기울이기
- 현재의 경험에 초점을 맞추기
- 감정을 경험하기
- 자기비판적인 개입을 극복하기
- 건강하지 않은 정서를 내 것으로 느끼기(두려움과 무가치감)
- 욕구와 바람에 접촉하기(공정하게 대우받고, 사랑받고 싶은 욕구)
- 건강한 감정에 접촉하기(분노)
- 새로운 이야기적 의미를 만들기
- 코치의 현전 그리고 나누기

  감정을 탐색하고 묘사하고 표현할 때, 앞의 사례에서 내담자가 그랬듯이 순간순간의 경험을 따라가야 한다. 코치는 한편으로는 내담자들이 사용하는 문구, 다른 한편으로는 몸짓 그리고 내면의 목소리나 말하고 있는 목소리의 속성들에 집중하여, 그들의 경험 양상들을 강조하고 전개하기 위하여 끊임없이 노력함으로써 예술가 같이 작업해야 한다. 숨도 못 쉴 것 같은 느낌은 경험을 심화하기 위한 어떤 방향을 가리킨다. 한숨은 슬픔의 의미를 나타내며, 그 사람의 입 모양을 보면 눈물을 참고 있음을 알 수 있다. 나의 내담자가 고립감과 함께 접촉과 편안함에 대한 열망을 경험하였을 때와 같이, 일어나는 이러한 모든 경험이 핵심 의미로 대두될 때까지 주의를 기울이고 느끼는 것에 자신을 맡겨야 한다. 따라서 정서 코칭은 내담자가 경험에 이름을 붙이고 자신이 하는 말을 이해할 수 있도록 도와주기 위하여 기본적으로 내면의 단서에 주의를 기울이도록 이끄는 '과정'이다. 앞서 제시한 치료 사례에서는 일단 외로움의 정서 경험이 환기되면 그 정서는 살아 있고 그 치료실 내에 있으므로 탐색할 필요가 없었다. 그 정서를 회피하거나 없는 것으로 하지 않고 그것에 주의를 기울이는 것이 과제였다. 내담자는 그것에 말을 붙이고, 존재하도록 하고, 자신이 그것을 이해하도록 했다. 이를 위하여 그 정서가 그에게 무엇을 하게 하는지 확인하고 욕구를 알려 주어야 했다. 그리고 나서 중요한 모든 정서적 정보뿐만 아니라 외적인 요인을 고려하여 행동 방침을 결정했다. 그런 다음 이러한 모든 정보 원천을 합리적인 행동 방침으로 통합해야 한다.

Chapter 05

사례 공식화와 지표 유도적 개입

이성은 열정의 노예이고, 노예이어야만 하며, 결코 열정이 아닌
다른 일에 봉사하고 복종하는 척할 수 없다.

– 데이비드 흄(David Hume)

사례 공식화와 지표 유도적 개입은 코칭의 전체 과정을 통해 사용된다. 사례 공식화는 내담자의 고통스러운 핵심 정서에 대한 작업가설이다(어떤 정서인지, 원인이 무엇인지, 그리고 어떤 생각과 행동이 그것을 지속시키는지). 가설은 포괄적인 개념화를 위한 임상 지도(clinical map) 역할을 하며 일반적으로 치료의 일관성을 유지하게 한다.

사례 공식화가 치료의 전체 과정을 다소 안정적으로 유지시키는 경향이 있지만, 회기에서 내담자와의 순간순간의 경험을 바탕으로 하는 특정한 개입이 선택된다. 코치는 현전, 공감, 수용 및 인정을 통하여 안전한 환경을 조성하고 나면, 내담자가 내재되어 있는 처리 과정의 어려움의 지표를 표상할 수 있도록 경청하여야 한다. 그러고 나서 그 어려움에 맞는 개입을 한다. 회기 중에 내담자 문제 상태들이 드러나는 것은 그것에 대한 생산적인 치료 작업에 최적화된 개입을 변별적으로 시도할 수 있는 기회의 지표로 간주된다. 이것은 과정 진단의 한 형태이다.

과정 진단은 인적 진단보다 우선한다. 과정 진단은 주로 정서 처리 과정상의 어려움을 나타내는 내담자 지표에 의한 명확한 설명을 통해 이루어지며, 이는 내담자가 이 시기에 특정 유형의 개입에 적합한 특정 문제 상태에 있음을 나타낸다. 예를 들어, 어떤 사람의 한 부분(비판자)이 정서적인 방식으로 다른 부분(경험자)을 비판하고 있는 자기비판적인 부분은, 그가 현재 이 문제를 해결하는 데 어려움을 겪고 있음을 나타내는 지표이다. 이러한 과정은 현재 활성화되어 있으므로 접근할 수 있다. 치료사 개입은 자기비판에 대한 통합과 자기수용과 같은 이런 유형의 문제 해결에 도움이 되는 특정 유형의 내담자 수행을 촉진하도록 고안된 특별한 작업 환경을 조성한다(Greenberg, Rice, & Elliott, 1993).

이 장에서는 개입을 위한 틀을 제공하는 사례 개념화를 전개하는 방법과 정서적인 지표가 존재하는 것에 기초하여 정서 코칭 과정에서 사용할 수 있는 구체적인 개입방법에 대해 알아본다.

사례 공식화

정서 코칭 국면 1의 1단계와 2단계에서 (새로운 내담자와 처음으로 만날 때) 코치는 과정에 민감한 형태의 사례 공식화를 사용한다. 항상 내담자의 경험적인 맥박에 코치의 손가락을 올려 두고 내담자에게 중요한 정서가 무엇인지 귀 기울인다. 사례 공식화는 내용을 듣고 앞으로의 과정에 그것을 적용하는 것이 아니라 회기 내내 가장 고통스럽고 가장 통렬한 것을 따라가기 때문에 지극히 과정에 민감하다. 공식화의 첫 번째는 무엇보다도 핵심 문제에 이르도록 안내하는 내담자의 고통을 따르는 것이다.

사례 공식화 단계는 골드만(Goldman, 2007)과 그린버그와 골드만(Greenberg & Goldman, 2005)에 자세히 나와 있으므로 다음에 간단히 설명한다. 사례 공식화에서 과정은 내용에 우선하며, 인적 진단보다 앞선다. 사례 공식화를 위한 이 과정 접근법의 중심에서, 치료사는 은유적인 '고통 나침반'을 사용한다. 내담자의 고통을 따라가면 과정이 내담자의 중심 문제로 안내된다.

사례 공식화 초기는 이야기를 펼치고 정서 처리 방식을 관찰하는 것으로서 다음의 단계들이 포함된다.

- 제시되는 문제들을 경청하기
- 통렬하고 고통스러운 경험을 확인하기
- 정서 처리 방식에 주의하고 관찰하기
- 정서에 기반을 두고 이야기를 전개하기

　공식화 과정은 첫 번째 만남에서 시작되기도 하고, 첫 통화에서 제시되는 문제를 이해할 때 시작되기도 한다. 문제가 무엇인지는 코칭 과정의 4단계에서 핵심적인 고통 정서에 접근될 때만 이해된다. 치료사는 처음 시작부터 고통과 통렬함을 경청한다. 내담자의 문제와 관련된 이야기가 펼쳐지면, 치료사는 "이 이야기에서 가장 신랄한 것은 무엇인가?" 그리고 "가장 고통스러운 것은 무엇인가?"라고 속으로 질문한다. 고통 나침반은 치료사에게 어디에 주의를 집중해야 하는지 안내한다. 만성적으로 지속되는 고통을 이렇게 확인하는 것(Greenberg & Bolger, 2001; Greenberg & Paivio, 1997)은 치료 목표를 설정할 수 있게 하고, 이것이 고통스러운 문제에 대한 해결책이 된다.

　내담자가 자신의 이야기를 펼쳐 나갈 때, 치료사는 그들의 다양한 정서 처리 방식의 요소들을 관찰한다. 이 틀에 기반을 두고 치료사는 정서 처리 방식에 주의하고 평가한다. 초기에 치료사는 정서가 과도하게 조절되는지 과소 조절되는지, 정서 반응이 일차적, 이차적 또는 도구적인지(Greenberg & Safran, 1986) 그리고 생산적인지 비생산적인지 주의 깊게 관찰한다(Greenberg, Auszra, & Herrmann, 2007). 이는 치료사에게 개입하는 방법을 알려 주기 때문에 초기 사례 공식화의 핵심 요소로 간주된다. 얼굴 표정, 목소리 톤 그리고 말하는 방식과 같은 비언어적인 표현을 관찰하는 것이 그러한 정서 평가에 도움이 된다. 다른 요소들로는 내담자의 감성적 의미 상태(Pascual-Leone & Greenberg, 2007), 내담자의 목소리 특성(Rice & Kerr, 1986), 정서적 각성(S. H. Warwar & Greenberg, 1999) 및 내담자의 경험의 깊이(Klein, Mathieu-Coughlan, & Kiesler, 1986)와 같은 것이 있다. 그러므로 정서에 기반한 이야기는 배어 있는 정서적인 색조에 의해 더 많이 진행된다. 내담자의 이야기는 해결해야 할 수도 있고 그렇지 않을 수도 있는 자신의 숨은 욕구나 우려와 함께 그들이 무엇을 느끼고 누구에 대해 느끼는 것인지를 드러낸다.

　사례 공식화는 고통스러운 핵심 정서를 확인하면서 내담자와 함께 공동 작업으로 진행된다. 내담자의 고통스러운 핵심 감정에 대한 개념화는 코치가 그 정서가 건강한지 건강하지 않은지 평가할 수 있을 때, 코칭 과정 4단계에서 시작된다. 사례 공식화에는 여섯 가지 주요 측면이 있다. 기억을 돕기 위해 개념화 과정 요소들을 MENSIT라는 약어로 표현한다.

- 지표 Markers
- 정서 Emotion(핵심 도식 core schemes)
- 욕구 Needs
- 이차 정서 Secondary emotions
- 방해 Interruptions
- 주제 Themes

치료사와 내담자는 MENSIT 과정을 통하여 내담자의 고통스러운 핵심 정서에 대한 대처 방식에서 제시되는 문제(P), 촉발 자극(T), 행동적인 회피와 그 결과들(B)을 서로 연결하는 이야기로 만들어 가는 공동 작업을 할 수 있다.

사례 공식화는 내담자의 현재 상태, 핵심 이슈와 관련되어 진행 중인 지표 및 과업 내의 미세 지표들을 확인하기 위하여, 코치가 매 순간 집중하면서 전체 코칭 과정을 통하여 계속된다. 또한 새로운 의미가 나타날 때 코치는 새롭게 대두되는 이야기가 초기에 제시된 문제와 어떻게 연결되고 변화 정도와 종결을 위한 준비 정도가 어떻게 되는지 평가한다(사례 작성에 대한 자세한 설명은 Goldman & Greenberg, 2015 참조).

지표 유도적 개입

정서 코칭 접근법의 결정적인 특징은 **지표 유도적** 개입을 할 수 있다는 점이다. 연구에 의하면 치료에서 내담자는, 드러나지 않은 정서문제가 있음을 표시하는 말과 행동을 회기 중에 하면서 문제적인 정서 처리 상태에 들어가며, 이는 효과적인 개입을 할 수 있는 기회를 제공하는 것으로 나타났다(Greenberg, Rice, & Elliott, 1993). 내담자 지표는 내담자 상태와 사용하는 개입 유형뿐만 아니라 내담자가 이 문제와 작업할 현재의 준비도를 말한다. 앞서 말했듯이, 정서 코치는 정서적 처리 과정상의 상이한 문제 유형의 지표를 식별하고, 그 문제에 가장 적합한 특정 방식으로 개입한다. 각 개입방식은 광범위하고 집중적으로 연구되어 왔으며, 해결 경로와 구체적인 해결방법의 핵심 요소들이 구체화되어 있다(Greenberg, Rice, & Elliott, 1993). 따라서 실제 임상장면에서 변화 과정 모델은 개입을 안내하는 지도 역할을 한다.

다음에서 설명할 (〈표 5-1〉에 요약) 개입방식은 건강하지 않은 핵심 정서에 접근하는 데 도움이 된다. 이러한 개입은 일차 정서에 도달하는 국면 1의 4단계에 가장 잘 적용될 수 있으며, 정서를 떠나는 국면 2에서 중요하다. 이들 개입은 6단계에서 건강하지 않은 정서와 관련된 부정적인 목소리를 식별하고, 7단계에서는 고통스러운 핵심 정서에 들어 있는 욕구에 접근하며, 8단계에서는 새롭고 건강한 정서적 반응을 만드는 데 도움이 된다. 다음에서 각 지표에 가장 적합한 개입을 확인한다.

취약성에 대한 공감적 확인

공감적 확인은 내담자가 취약성을 보여 줄 때 택할 수 있는 개입이다. 취약성 지표는 고갈, 약점, 자기와 관련된 수치심 또는 무력감과 관련되는 깊은 느낌이 일어남을 의미한다. 이것은 주요한 고갈 상태이다. 이 상태에서 내담자는 종종 강력한 감정, 취약성, 절망이나 무력감 또는 개인적인 수치심과 싸우고 있는 것을 아마 처음으로 치료사에게 어쩔 수 없이 노출할 것이다. 이것은 내담자가 만연된 소모감을 겪고 있고 정서 자원이 바닥이 났다는 것을 의미한다. 치료사의 과업은 내담자가 무엇을 겪고 있든 그 경험을 수용하고 인정하고, 내담자가 자신의 소모감, 무력감, 절망, 굴욕감에 들어 있게 놔두면서 공감적으로 현전하는 것이다. 치료사는 내담자의 경험을 공감적 확인으로 정당화하되 경험에서 분화하기 위한 내적 탐색을 드러나게 권하지는 않는다. 이런 식으로 치료사가 내담자의 경험을 따라가고 인정할 때, 내담자는 자발적으로 희망을 향하여 위로 올라가려고 하기 전에 먼저 자신의 경험으로 가서 바닥을 치게 된다. 즉, 취약성을 해결 과정의 필수 단계로 내담자는 이면에 숨겨져 있던 자신의 모습을 있는 그대로 드러내는 것이다.

다니엘 스턴(Daniel Stern, 1985)은 유아의 정동을 향한 양육자의 조율에 대한 연구

표 5-1 지표, 방해, 그리고 종결 상태

공감에 기반을 둔 과업 지표	과업	과정	종결 상태
취약성(자기고갈로 인한 고통 정서)	공감적 확인	바닥을 치고 튀어 오르기	자기-확신 (이해되고, 희망적이고, 더 강한)
과업 지표 경험하기 불분명한 감정 (모호하고 외적 또는 추상적인)	경험적 집중	느껴진 감각을 상징화	몸으로 느껴진 변화를 느끼기: 치료 밖에 적용할 준비성 (앞으로 나아감)
과업 지표를 재처리하기 문제적인 반응 지점 (어떤 상황에서 이상한 과잉반응)	체계적 환기적 전개	함축적인 기억에 접근하기	세상에서 기능하는 자기에 대한 새로운 관점
과업 지표 재연 자기비판적인 분리 부분 (자기비판, 괴로움)	두 의자 대화	자기주장과 비판의 완화	자기수용, 통합
자기방해 분리 부분 (차단된 느낌, 체념)	두 의자 재연	자신이 얼마나 방해가 되는지를 발견하고 과정의 대행자로 자신을 경험하기	표현, 힘의 부여
미해결 과제 (맴돌고 있음)	빈 의자 작업	원망과 충족되지 않은 욕구를 내려놓기	자기확신: 이해, 용서, 또는 타인에게 책임을 묻기
고뇌/정서적 고통	자비적인 자기진정	충족되지 않은 욕구 애도하기 및 자기자비 느끼기	차분한, 몸이 편안한, 안전한

에서 어린이가 어떻게 정동의 비춰주기(미러링)에서 강한 자아감을 형성하는지 설명하였다. 그는 만약에 양육자가 음성과 얼굴로 블록 세트를 두드리는 유아의 홍분을 비추어 준다면, 아이는 내적으로나 외적으로 홍분을 경험하면서 홍분되는 자신에 대한 감각을 강하고 분명하게 형성한다고 하였다. 이 상호작용은 아이에게 자기를 강화시키는 생명감을 준다. 반면에, 양육자가 아이의 정동을 비춰 주지 못하고 우울하고 무기력하게 반응한다면, 그 아이는 자기 자신의 내적으로 상승하는 홍분

과 함께 외적으로 모순되는 하락이나 비춰 주지 않는 반응을 모두 같이 참조함으로써 경험 중인 것에 대해 혼란스럽게 된다. 그 결과, 흥분되는 그 자체에 대한 감각을 분명하게 형성할 수 없게 되고 아이의 경험은 인정되지 않고 활력은 감소한다. 이는 내담자들이 절망감과 방전된 느낌을 표현할 때와 똑같다. 예를 들어, 내담자가 "어떤 힘도 남아 있지 않는 것 같고, 더 이상 의지할 것이 없는 것 같다."라고 말한다면, 치료사는 그 말의 내용과 말하는 어조와 속도를 이용하여 내담자의 경험을 비춰 줄 수 있다. 이러한 치료사의 반응은 내담자의 경험을 확실하게 인정하는 것으로 내담자가 희망이 없는 느낌과 같은 자신의 감각을 분명하게 세워 나갈 수 있게 한다. 확인은 내적 경험과 외적 경험이 일치되도록 하여, 내담자가 타인에게 경험의 정당성을 입증받는 느낌을 가질 수 있게 하는 것이다. 이는 내담자의 고립감을 부수고 다시 일어설 수 있는 활력을 부여하여, "그래, 이게 바로 내가 느끼던 것이야."와 같은 힘이 있는 반응을 이끌어 낸다. 즉, 자아는 인정에 의하여 강해진다.

이 과정에서, 치료사는 변화를 강요하지 않으면서 확고한 태도를 유지하는 것이 매우 중요하다. 내담자는 태생적으로 탄력성과 회복력을 가지고 있다는 무조건적인 확신을 치료사가 가지고 있지 않다면 이 작업이 어려울 수 있다. 이 과제가 해결되었다는 증거는 감소된 고립감, 증진된 활력 및 증가된 자기방향감이다. 다른 과제를 작업하는 도중에 내담자의 취약성이 다시 드러나면, 그것부터 먼저 작업할 필요가 있다. 이러한 매우 취약한 자아감 상태에서 작업하면 희망이나 가능성을 느낄 수가 없기 때문에 다른 것을 다룰 에너지가 없다.

모호하거나 불분명한 느낌에 대한 경험적 초점화

경험적인 초점화는 젠들린(Gendlin, 1996)의 연구에서 나왔으며, 부재, 모호하거나 불분명한 감각에 대해 선택적으로 개입하는 것이다. 불분명하게 느껴진 감각은 피상적인 경험 상태 또는 경험에 대해 혼돈된 느낌과 확실한 감각을 가질 수 없는 상태이다. "나는 그냥 이런 느낌을 가지고 있지만 그것이 무엇인지 모르겠다." 치료사는 내담자가 주의 집중하여 호기심을 갖고 자발적으로 자신의 경험들에 접근하고, 이들을 경험하고, 몸으로 느껴진 감각에 단어를 붙이도록 안내한다. 몸으로 느껴진 변화와 새로운 의미의 창조가 관건이다.

예를 들어, 내담자는 지적으로 또는 외재적인 방식으로 말하면서 중요한 부분에 들어가지 않고 주위를 맴돌면서 이야기할 수 있다. 이런 내담자에게는 불확실하거나 그렇지 않으면 내면의 경험으로부터 멀어지거나 접촉이 안 되는 느낌이 있다. 이럴 때, 치료사는 내담자에게 내면의 모습에 초점화하여 느낌이 일어나는 신체 부위에 주의를 기울이고 지금 거기에서 느껴지는 것을 보게 한다. 그리고 "지금 나에게 무슨 일이 일어나고 있지?"라고 물어보게 하고, 그것을 바라보게 한다. 주관적 상태인 내면의 지나가는 양상들에 대해 이름을 붙인 후에, 치료사는 내담자에게 초점화하고 싶은 감정이나 문제를 확인하고 그 감정에 들어 있는 욕구를 찾아보게 한다. 단어나 이미지가 떠오르면, 내담자에게 그것이 적합한지 않은지 내면을 검토해 보게 한다. 이름이 맞지 않으면 내담자에게 자신이 경험하고 있는 것을 더 잘 포착할 수 있는 다른 이름을 찾아보도록 한다.

경험적인 초점화가 진행됨에 따라, 내담자에게 '그래, 이게 바로 내가 느끼는 것'이라는 느낌을 받을 때까지 계속해서 적합한 단어를 찾도록 한다. 이는 몸으로 느껴진 감각이 다른 곳으로 옮겨 가는 전환을 가져온다. 느껴진 감각에 이완이나 안도감과 같은 정확한 이름을 붙이는 것과 이러한 '느껴진 전환'을 코칭 회기 밖의 삶으로 가져가는 것이 관건이다. 신체의 감각에 집중하는 많은 미세 과정은 더 깊은 경험으로 나아가는 것이며, 다른 치료적 개입으로도 짜여질 수 있다.

문제적인 반응에 대한 체계적 환기적 전개

문제적인 반응이 있을 때 선택할 수 있는 개입이 **체계적 환기적 전개**이다. 문제적인 반응이란 내담자가 자신이 처한 어떤 상황에 대한 반응에 당황하는 경우이다 (Greenberg, Rice, & Elliott, 1993). 예를 들면, "치료받으러 오는 길에 귀가 길게 늘어진 작은 강아지를 봤어요. 갑자기 너무 슬퍼졌는데 그 이유를 모르겠어요."처럼 내담자가 말하는 경우이다. 문제적 반응은 **체계적 환기적 전개** 과정을 위한 기회이다. 이러한 형태의 개입은 그 상황과 반응을 재경험하도록 경험을 생생하게 환기하여 상황, 생각 및 정서적 반응 사이를 연결하는 것이며, 결국 반응이 이해되는 상황의 함축적인 의미에 도달하는 것이다. 즉, 해결은 자기기능에 대한 새로운 관점에 이르는 것이다.

치료사의 과업은 내담자가 이전에 응축해 놓은 이야기를 즉시적이고 생생하게 펼치도록 돕는 것이다. 그리하여 내담자는 순간을 확장하여 기억에는 입력되어 있지만, 처음에 응축해 놓은 이야기에는 들어 있지 않는 작은 경험들을 펼칠 수 있게 된다. 우리는 항상 우리가 말하는 것 이상을 알고 있다. 그러므로 상황을 다시 불러 일으킴으로써, **완화적인 코칭 회기에서 상황이 되살아날 때 기억해 낼 수 있는 경험의 순간들에 접근할 수 있고 호기심을 가지고 탐색하게 된다.

환기적 반응의 목적은 사건을 재구성하고 발생한 사건에 대한 감정과 주관적인 해석을 환기하기 위해 어떤 사건에서 매 순간 일어난 일에 대한 내담자의 기억된 순간들에 접근하는 것이다. 먼저, 내담자에게 사건이나 장면을 자세하게 설명하도록 요청한다. 일어난 일에 대한 영화를 재생하는 목적은 치료사와 내담자 모두 그것이 내담자에게 어떠하였는지에 대해 살아 있는 느낌을 갖기 위해서이다. 치료사는 내담자가 구성하는 이야기 안에서 도울 수 있다. 내담자가 사건에 대해 구체적이고 상세한 설명을 함에 따라, 치료사는 내담자가 단서 사건의 계기나 자극 및 그 해석방법을 확인하기 위하여 반응을 변화시키는 그 순간을 정확히 짚어 낼 수 있다는 마음으로, 그들이 자신의 정서적 반응을 따라가도록 도와준다.

내담자가 문제적인 반응을 보일 때 무엇이 내담자에게 그런 반응을 보이게 하며 그 반응이 정확하게 어떤 것인지, 즉 당황스러운 에피소드에 대해서 치료사에게 전달하게 한다. 치료사는 내담자가 지각한 상황과 그 상황에서의 내면적인 정서 반응을 번갈아 탐색할 수 있도록 도와준다. 치료사는 "그래요. 당신이 넥타이를 맨 정장 차림으로 손에는 서류 가방을 들고, 직장에 갈 준비를 마치고 계단 밑에 서 있어요. 당신의 아내는 아직 화장 가운을 걸친 채 당신을 내려다보면서 계단 위에 서 있어요."라고 말하면서 그 장면의 그림을 환기시킨다. 내담자가 말한 단서들로 장면의 그림을 그린 후, 내담자를 그림의 중심에 그려 넣고 그 상황 속에서 신체적으로 느껴진 반응으로 내담자의 주의를 이끈다. 내담자는 상상으로 상황에 다시 들어감에 따라, 자신의 반응을 재경험한다. 치료사는 내담자가 자신의 문제적 반응의 정확한 순간과 그 원인을 재경험적으로 탐색하도록 한다. 내담자와 치료사는 자극 상황에서 눈에 띄는 점이 무엇인지, 그리고 어떻게 해석되었는지를 탐색한다. 예를 들면, 그의 아내가 콧등 아래로 남편을 내려다보는 것이 그는 자신을 경멸하는 것으로 보았고 그의 수치심을 유발하는 계기가 되었다. 이로 인하여 그의 수치심을 탐색하게 되고 과거에 그의 아버지가 준 모욕적인 경험으로 이어진다. 최소한의 과제 해결은 당황스러운 반응에 대한 원인을 이해하게 되는 것이다. 하지만, 이 지점은 아버지와의 관계에서 얻은 수치심과 무능감이 아내의 시선에 의해 활성화되어 자기를 경멸하는 것으로 해석하는 남자의 예에서처럼 대체로 내담자가 자기에 대한 관점과 핵심 정서 도식에 접근하는 자기반영 과정의 시작에 불과하다. 해결책은 새로운 관점과 일치되도록 삶을 변화시킬 수 있는 힘이 주어졌다는 느낌과 함께, 자기 관점이 확실하게 변화하는 것이다.

자기평가적인 분리 부분을 위한 두 의자 대화

두 의자 대화는 내담자가 분리 지표를 보여 줄 때 사용된다(Greenberg, 1979; Greenberg & Clarke, 1979). 분리에서, 자기의 한 측면은 다른 측면에 반대된다. 가장 많이 행해지는 분리 작업 형태는 자기비판적 분리이다. 이러한 형태의 분리에서 내담자의 한 부분은 경험하는 자기로 지칭되는 다른 부분을 비판한다. 예를 들어, 한 여성이 빨리 좌절하고 패배감을 느끼지만 좌절에 직면하여 화가 나기도 한다. "나는 실패했고, 동료들만큼 잘 하지 못한다." 이와 같은 자기 비판적인 분리 부분들은 두 의자 작업을 하기에 적합하다. 이 분리에서 자기의 두 부분들을 서로 다른 의자에 앉혀서 이야기하게 함으로써 서로 살아 있는 접촉을 하게 된다. 치료사는 자기비판적 목소리를 확인한 후 내담자에게 두 의자 사이를 오가며 비판적인 부분과 그 비판에 대한 정서적 반응 부분 사이에서 내적인 대화를 하도록 한다.

초기 대화에서 내담자는 자기비판적 목소리와 그 절망감(또는 수치심)이 항상 존재한다는 사실을 깨닫기 시작한다. 가혹한 목소리로 자신에게 "너는 정말 겁쟁이야. 비열하고, 쓸모없고, 가까이할 수 없는 인간이야."라고 말할 수도 있다. 비판적인 부분이 비판할 때는, "너 어제 여자 친구한테 말한 것 때문에 완전 망쳤어."와 같이 가능한 한 구체적으로 표현하도록 코치한다. 이는 가능한 한 구체적이고 자세하게 자아의 정서적 반응을 불러일으키기 위한 것이다. 그런 다음 내담자에게 자아 의자로 옮기도록 하는데, 이 의자는 "기분 나쁘다."와 같은 일반적인 불쾌감에 대한 포괄적인 이차적 반응이 아니라 그 순간 실제로 몸속에 살아 있는 분화된 감각—예를 들어 마비되거나 땅속으로 숨고 싶은 일차 감정—으로 비판자에 대한 정서적 반응을 하는 자리이다. 예를 들면, 비판자가 어제 회의에서 드러난 약점이나 실패 등 구체적인 경험 사례를 말하도록 도움을 많이 줄수록 일화적 · 상황적 · 정서적인 기억이 더 환기될 것이다. 적대적인 목소리를 확인한 후에 치료사는 내담자가 보다 건강하고 자조적인 관점과 분리하도록 도울 수 있다. 일단 악의적이고 경멸적인 내면의 목소리를 확인하고 나면, 일어난 일에 비례하여 목소리를 내고 있다는 것을 깨닫는다. 이것은 그 목소리를 극복하는 데 도움이 된다.

때로는 이 내적 목소리가 자연스럽게 과잉보호적으로 만들 수도 있다. "조심해, 상처받을 수도 있어."와 같이 말할 수 있고, "더 열심히 노력해야 한다."와 같이 조력적인 선생님처럼 말할 수도 있다. 불행하게도 이 목소리가 발달함에 따라 종종 공격적이고 악의적이며 자기비하적으로 된다. 코치의 임무는 내담자에게 이 목소리를 자각하게 하고 이러한 파괴적인 생각으로 일어나는 그의 고통을 이해하는 것이다. 종종 자기에 대한 이런 적대적인 태도는 그 사람의 주 양육자가 말하였던 것과 비슷할 수 있다. 이제 그는 그 모든 비판을 받아들이고 자신에게 그것을 반복하고 있다. 부정적인 부모나 중요한 타인이 지금 그 사람의 머릿속에 살고 있는 것과 같다. 이러한 파괴적인 생각들을 극복하려면, 핵심적인 비판이 분명하게 드러나야 하고 원래는 그 공격이 다른 사람에게서 왔다는 것을 인식하여야 한다. 그러면 사람들은 자기 안의 다른 목소리로 쉽게 대적할 수 있다.

첫 부분의 대화에서는, 내담자가 지속적으로 존재하는 자기비판적 목소리와 그 영향을 자각하도록 돕는 것을 목표로 한다. 종종 무력하고 절망적인 최악의 감정을 불러일으키고 궁극적으로 일차적인 핵심 감정인 수치심을 불러일으키는 이러한 비판에는 자기를 향한 경멸이 수반된다(Whelton & Greenberg, 2005). 경험하는 자아의 초기 반응은 일반적으로 자기비판에 대해서 절망감으로 반응하며 비탄력적 상태로 붕괴되는 것이 특징이다. 결정적인 대화 단계에서는 부적응적인 핵심 감정, 흔히 스스로 생존할 수 있는 능력에 대한 불안/두려움이나 결점에 대한 수치심을 불러일으킨다. 그리고 나서 치료사는 부적응 정서 속의 욕구와 새로운 경험자에 대한 접근을 용이하게 하여 비판적인 목소리를 향하여 자신을 표현하도록 촉진한다. 이는 자기주장과 비판적 목소리와의 전투로 이어진다(Greenberg, 1984). 이것이 바로 탄력적인 자아 출현의 시작이다. 적응적인 욕구는 생존과 번영을 향한 행동 경향성과 관련이 있다. 그래서 욕구는 내담자가 자신의 복지와 직결되는 목표를 달성하도록 이끌고 욕구 만족을 얻기 위하여 새로운 정서를 동원하도록 돕는다. 마지막으로, 자기비판적인 부분은 비판적인 목소리를 더 자비로운 것으로 완화하여 욕구를 인정하고 통합하며, 더 큰 자기수용을 함으로써 해결된다(Elliott, Watson, Goldman, & Greenberg, 2003; Greenberg, Rice, & Elliott, 1993).

다양한 다른 분리 부분에 대해서도 설명된다. 결정적인 갈등은 두 가지 대체 가능한 행동 과정(예: 관계를 끝내기 또는 끝내지 않기) 간의 분열을 의미한다. 자기비판 부분의 귀인적인 형태로 인하여, 내담자는 다른 사람이나 사람들에 의한 통제나 지각된 비판에 과민하게 반응하다. 내담자는 "그들은 나를 어리석고, 너무 이기적이고, 민감하다고 생각한다."와 같이 말하는데, 이는 타인이나 상황에 투사된 내담자 자신의 비판으로 이해된다. 귀인적인 분리 부분의 경우, 내담자에게 타인이나 외적인 상황을 재연하도록 한다. 자기비판적인 분리 또한 대체로 내면화된 비판적인 부모의 목소리인 내사된 비판적인 대화로 발전하지만, 지금은 "너는 나사가 풀린 것 같아. 너는 책임감이 없어."와 같은 얘기를 자기 자신에게 한다. 여기서 내담자에게 '내담자의 머릿속에 있는 어머니'를 재연하게 하여 비판자 의자에서 어머니로서 자기를 비판하도록 한다. 또한, 불안 분리 부분과 우울 분리 부분들은 걱정스럽고 우울한 내담자에게서 흔히 발견되는 분리 형태이다. 우울에서 비판자는 매우 경멸적인 반면에, 불안에서 비판자는 파국화하고 과보호적이다. 마지막으로, 코칭에서의 분리를 인식하는 것이 도움이 되며, 이럴 때는 개입하지 않는 것이 더 좋다. 이럴 때, 한 부분은 "너는 자신감을 더 느끼고, 우울감을 덜 느끼고, 움직여야 한다."와 같이, 다른 무언가를 하거나 느끼도록 자신을 지도하거나 격려한다. 코치 분리는 사람이 자신을 바로잡으려고 문을 두드리는 이류의 과정이다. 이런 형태로 작업하는 것은 매우 유익하지 않다. 그 대신, 그 사람이 겪고 있는 실제적인 어려움을 확인하고 더 근본적인 어려움과 관련된 분리를 해결하는 것이 도움이 된다. 진정한 어려움이란 그 사람이 자신감을 갖지 못한다거나, 우울하게 느낀다거나, 지연한다는 것이다. 여기서는 낮은 자신감, 낮은 우울감이나 지연으로 이끄는 자기비판적인 과정에 도달하는 것이 좋다. 비판은 "너는 더 자신감이 있어야 하고 덜 우울해야 한다. 그렇지 않으면 너는 아무것도 할 수 없기 때문에 쓸모가 없다."라고 말하는 것보다는, "너는 어리석고, 못나고, 지루해." 아니면, "너는 충분하지 않아. 하려고 하면 실패할 거야." 등과 같이 문제를 만들어 내는 과정일 것이다.

자기비판적인 분리는 부정적인 평가를 포함하고 있으며 대체로 우울을 유발한다. 불안 분리는 자기를 비판하기보다 미래에 대해 파국화하는 입장을 취한다. 불안의 근본적인 동기는 일반적으로 잠재적인 재난, 상처나 실패로부터 자신을 보호하는 것이다. 이 두 의자 대화는 약간 다른 경로를 따르며 전반적인 과정은 동일하지만 구성 요소는 약간 다르다. 반대편 의자에서 우리는 비판자가 아니라, 가까운 미래의 가능성에 대해 걱정하거나 타인에게 자신의 판단을 투사하는 파국화하는 자를 보게 된다. 대화가 해결로 나아가면서, 자기주장을 하고, 파국화하는 두려움이 누그러지고, 점점 더 자기주장적인 자기로부터 자신이 상처받지 않을 것이며 자신이 너무 무모하거나 위험을 무릅쓰지 않을 것이라는 확신을 필요로 한다. 결국, 자아의 염려에 귀 기울여야 할 만큼 자기가 두려워하는 부분은 그 통제력을 느슨하게 할 필요가 있다는 것이다.

때로는 대화 없이 할 수 있는 두 의자 작업이 유용하다. 비판자가 매우 가혹하거나 그 사람이 재연에 참여하기가 너무 어려우면, 자기비판 작업은 질문과 감정 반영만으로 대화 없이 이루어질 수 있다. 그런 다음에 자기나 목소리의 서로 다른 부분들에 대해서 한 번에 하나씩 순서대로 진행한다. 재연을 사용하면, 갈등을 현재에 살아 있게 만들고 내면 대화의 비언어적 요소에 한층 더 접근할 수 있는 부가적인 이점이 있다.

자기방해적인 분리 부분을 위한 두 의자 재연

자기방해에 대한 두 의자 재연은 정서적 회피나 거리 두기와 같은 에피소드들이 있을 때 회기 내에서 즉각적으로 다룬다(Greenberg, Rice, & Elliott, 1993). 내담자는 흔히 적극적으로 감정을 피하거나 억압하는데, "눈물이 올라오는 것을 느끼지만 눈을 감고 그 눈물을 뒤로 넘겨서 절대 울지 않아."와 같이 자기의 한 부분이 정서 경험과 표현을 가로막거나 제한할 때 자기방해의 분리가 일어난다. 감정에 대한 차단을 다루는 데 특히 도움이 되는 개입은 내담자가 두 가지 측면, 즉 방해하는 것의 능동 행위자와 방해하는 대상 간의 상상적인 대화를 통하여 방해 과정을 재연하는 것이다(Greenberg, Rice, & Elliott, 1993). 감정의 방해를 재연하기 위해서는 앞서 논의한 자기비판과는 다른 두 의자 대화의 사용이 필요하다. 자기비판적인 분리 부분과 비교할 때, 자기방해 분리 부분의 지표는 자기 자신에 대한 평가보다는 자기 자신에 대한 행동을 보일 때이다. 그 부분들은 전형적으로 비언어적이고 신체적인 면을 더 많이 가지고 있으며, 때로는 가슴의 압박감이나 두통과 같이 순전히 비언어적으로 표현된다. 치료사의 자기방해 작업 목표는 방해 과정에 대한 내담자의 인식을 높이고, 차단되고 부인된 내적 경험에 접근하고 수용하도록 돕는 것이다.

두 의자 재연에서, 자기의 차단적인 부분을 재연함으로써 그 부분이 명백히 드러난다. 내담자는 자신이 어떻게 방해하는가를 자각하게 되어, 그렇게 방해하는 방식을 신체적인 행위(목을 조르거나 목소리 내지 않기), 은유적(가두기) 또는 언어적으로 ("입 다물어, 느끼지 마, 조용히 해, 넌 이걸 넘어갈 수 없어.") 재연하도록 안내받아서, 반응할 수 있게 되고 자기방해적인 부분에 도전할 수 있게 된다. 해결방법은 이전에 차단된 경험의 표현이다.

자기방해를 나타내는 가장 일반적인 지표는 단념, 막히거나 갇힌 느낌 또는 전반적인 감정 불능이다. 이는 흔히 압박감, 부담감, 막힌 느낌과 가슴의 조임, 목의 통증과 같은 신체적 증상을 동반한다. 이러한 경우, 일차적 감정이나 욕구는 너무 교묘하게 차단되어 자각되지 못한다. 외상에서 차단하고 무감각화되고 해리되는 것과 같은 과정들은 그러한 사건이 일어난 시기에는 적응적으로 만들어 주지만, 지금은 외상 경험의 통합을 방해한다. 이러한 차단 역시 극복해야 한다. 자기방해는 매우 자기 방어적이며, 궁극적으로는 두려움에 의해 추진되는데, 또 상처받을까 봐 두려워서 스스로 자신의 개방을 멈추는 것이다.

자기방해 지표가 있을 때, 두 의자 재연에서 내담자에게 자신이 어떻게 느끼지 못하게 하는지 재연하고, 사용된 특별한 금지 명령들을 말로 나타내거나, 방해할 때의 근육의 수축을 과장하거나, 자기 방어적으로 행동하도록 돕는다(Greenberg, Rice, & Elliott, 1993). 결국, 이러한 작업은 억압에 반기를 들고 살고 싶다고 항의하는 반응을 불러일으킨다. 그리하여 경험 자아는 금지 명령, 억제적인 생각이나 근육 차단에 도전하고, 억압된 정서가 **그 구조를 통해** 폭발된다. 따라서 치료는 자동적인 차단 활동이 일어나지 않게 한다. 방해 과정을 자각하게 하고 재연함으로써 그 과정을 비자동화하고, 방해의 보호적인 측면을 확인하여 통제감을 경험함으로써, 내담자는 이제 방해되었던 것을 경험할 준비가 된다. 마지막으로 치료사는 내담자에게 화가 난 사람에게 억제된 감정을 표현하도록 한다.

사람들이 감정을 표현할 때, 근육 조직이 그 사건의 생리학적 측면으로 그 감정에 관여한다. 사람들이 감정을 막을 때, 그들의 근육 또한 공모한다. 그는 그 감정을 표현하기 위해 '준비가 되어' 있지만 그 표현을 억제한다. '준비가 되어' 있다는 것에는 언제든지 완수하려는 소망이 담겨 있다. 하지만 언제나 뻣뻣하게 굳어 있는 근육은 그 사람이 슬픔, 분노, 절망, 우울을 느끼지 못하게 한다. 자기방해 작업의 목표는 방해하는 과정에 대한 자각을 높이는 것과 내담자가 접촉하여 차단되거나 거부된 내면의 경험을 허용하도록 돕는 것이다. 정서 차단이나 회피 또는 이에 대한 방어는 모두 자기보호를 위한 노력으로 간주된다. 펄스(Perls, 1969)는 저항을 확인함으로써, 저항에서 지지로 전환할 것을 제안하였다. 자신이 하고 있는 것을 인정함으로써, 방해하고 있는 자신의 부분뿐만 아니라 결국에는 억압되고 있는 것을 되찾는다. 이 두 의자 대화는 있는 것의 수용을 뜻한다. 자신이 어떻게 방해하는가를 자각하게 되도록 노력하여야 한다. 일단 이렇게 하고 나면, 그 과정이 의식적으로 통제된다. 희생자가 아니라 주체자가 된다. 또한 방해 과정의 긍정적이고 보호적인 기능을 인정하고, 그 차단과정을 자각하고, 이러한 과정을 자아의 부분으로 보게 하는 것이 중요하다.

미해결 과제를 위한 빈 의자 대화

빈 의자 작업은 발달상 중요한 타인들(가장 일반적으로 부모)에 대해 사라지지 않고 남아 있는 나쁜 감정(보통 슬픔과 분노)을 해결하는 데 도움이 된다. 미해결 과제라고 할 수 있는 지표는 중요한 타인에 대해 오랫동안 남아 있는 나쁜 감정이다. 이는 흔히 상처, 비난 또는 불만의 형태로 나타난다. 예를 들어, 치료 초기에 한 내담자가 "아버지는 저의 다섯 번째 생일에 와서 데려가는 것을 잊었어요. 저는 집 밖의 계단에서 앉아서 기다리고 있었는데 결국 오지 않았고, 저의 결혼식에도 오지 않았어요."라고 하였다. 중요한 타인을 향한 이러한 유형의 미해결 과제에는 빈 의자 개입이 필요하다. 미해결 과제 지표는 대체로 유기 및 불안전과 관련된 애착 감정, 무효화와 축소화 같은 정체성과 관련된 감정이다. 내담자가 외롭고 버려진 느낌, 사랑받지 못하고 방치되고 거부된 느낌, 또는 자신의 성장 과정에서 중요하였던 사람에 대한 상처나 분노감을 표현할 때, 상대방과 대화를 나누는 빈 의자 기법을 사용할 기회로 볼 수 있다. 다음의 예와 같이 비난과 체념과 같은 이차적인 반사적 정서 표현도 미해결 과제 지표로 보는 것이 매우 일반적이다. "저의 어머니는 끔찍했어요. 지금도 여전히 그렇고, 어머니와의 관계를 어떻게 해 보려는 노력을 포기하였어요. 그녀는 너무 이기적이에요."

빈 의자 대화를 사용하여 내담자는 중요한 타인에 대한 내적인 관점과 경험을 활성화고, 그 사람에 대한 자신의 정서적 반응을 탐색하고 이해한다. 빈 의자에 그 사람이 있다고 상상하고 미해결된 감정을 표현하는 빈 의자 대화는, 미해결 과제를 해결하는 데 매우 도움이 되는 것으로 밝혀졌다(Greenberg & Malcolm, 2002; Paivio & Greenberg, 1995). 해결자는 이전에 충족되지 않은 욕구에 접근하여 자기와 상대방에 대한 자신의 관점을 바꾼다. 해결방법에는 상대방에게 책임을 묻거나 상대방을 이해시키거나 용서하는 것이 포함된다.

일차적인 적응 정서(예: 상실의 슬픔, 침해에 대한 분노)는 충분히 표현되어야 한다는 생각에 근거하여 개입이 이루어진다. 이는 내담자가 자신의 충족되지 않은 욕구에 접근하고 그 정서와 관련하여 유용한 조치들을 식별할 수 있게 한다. 분노와 슬픔은 종종 동전의 양면이며, 빈 의자 대화에서 두 정서 모두 순서에 상관없이 표현되어야 한다. 완강함으로 보호 장벽을 취하는 사람들이 표현해야 하는 정서는 슬픔과 외로운 버림받음이고, 더 의존적인 사람들이 표현해야 할 정서는 분노일 경우가 많다.

이 작업에서 치료사는 내담자가 빈 의자에 다른 사람이 앉아 있다고 상상하고 그 사람에게 표현하지 않았거나 해결되지 않은 감정을 표현하게 한다. 적절한 지점에서 치료사는 내담자에게 상대방이 자신을 대했던 부정적인 방식으로 상대방에게 말하는 역할을 하도록 안내한다. 치료사는 앞에서 언급한 내담자에게 빈 의자에 있는 아버지를 상상해 보라고 하였고, 자신의 상처와 분노를 표현한 여러 번의 회기 후에 그녀는 자신이 원하였던 아버지의 상실을 슬퍼하였고, 새로운 방식으로 그를 보기 시작하였다. 그녀는 아버지가 전혀 사랑받지 못하였다는 점을 감안해 봄으로써, 그가 사랑하는 것에 어려움이 있었음을 인정하게 되었고, 빈 의자 대화에서 그를 대하는 것이 부드러워지면서 더 많은 이해와 용서의 감정을 느끼기 시작하였다. 그녀는 생활 속에서 아버지와 더 따뜻한 관계를 계속 유지하였다. 해결방법은 자기와 타인의 역할 관계의 구조를 재구성하고, 그 결과 자신에 대한 보다 긍정적인 견해와 타인에 대한 보다 차별화된 견해로의 전환을 가져오는 것이다.

이 빈 의자 대화의 시작 부분에서, 치료사는 내담자가 상상 속의 타인과 접촉하고 있는지 확인해야 한다. 내담자가 감지하고 있는 상대방의 존재를 불러내어, 현재 상대방의 실제 또는 상상적인 존재를 내담자가 직접적이고 즉각적인 방식으로 경험하고 있는지 확인하는 것은 까다로운 정서 도식의 기억을 환기시키는 데 중요하다. 상처 주는 행동을 하는 타인을 재연하는 것 또한 그 사람에 대한 정서적 반응을 불러일으키는 데 중요하다. 상대방 역할을 하는 이유는 상대방의 행동에 대한 자극 값을 높여 그 자극에 대한 내담자의 정서적 반응을 불러일으키기 위해서이다. 일단 내담자가 상대방의 부정적인 행위나 태도를 연기하고 나면, 그다음 단계는 이에 대한 내담자의 정서적 반응에 접근하는 것이다. 치료사의 조심스럽고 조율된 추적과 반영으로 상대방과 관련된 내담자의 감정이 드러난다.

대화를 통하여, 치료사는 내담자의 정서를 표현하도록 한다. 대화의 주요 목표는 이러한 반응을 넘어 숨어 있는 의미와 감정을 분화하고 일차적인 정서 상태를 표현하도록 돕는 것이다. 이차 정서인 불만은 좀 더 근본적인 요소, 즉 분노와 슬픔으로 분화되어야 한다. 빈 의자 작업으로 표현되는 다른 전형적인 이차 정서는 절망, 체념, 우울, 불안이다. 이들 정서는 비난하는 어조로 외부 지향적인 태도로 표현된다. 치료사는 내담자가 이러한 이차 정서를 통해 행동하는 것을 인정하고 도와주지만 일차 정서의 '순수한' 표현을 촉진하려는 목표를 유지해 간다. 예를 들면, "넌 나쁜 놈이야." 또는 "왜 나를 무시했어?"보다는 "당신이 원망스러워." 또는 "당신이 내 곁에 없었던 것이 안타까워."라는 표현을 하도록 돕는다. 이차 정서와 일차 정서는 대체로 분노와 슬픔이 섞여서 경험되고 표현되며, 종종 다음과 같은 질문 형태로 나타난다. "너는 왜 좀 더 ……할 수 없었어?" 또는 "왜 그랬어? 왜 그랬는지 알고 싶어." 내담자가 슬픔, 분노, 공포 및 수치와 같은 일차 정서를 상상 속의 다른 사람에게 표현하는 것에서 이차적인 반응과 불만의 표현을 극복하도록 돕는 것이 중요하다. 분노와 슬픔은 함께 경험되는 경우가 많으므로, 이 두 가지 일차적인 정서 상태가 확실하게 경험되고 상징화되고 따로따로 표현되도록 하는 것이 좋다. 학대의 경우, 부적응적인 두려움, 수치심 및 혐오감의 결합체에 먼저 접근하고, 인정하여, 내담자가 일차적인 분노와 슬픔에 접근할 준비가 될 때까지 재처리 과정을 거친다(Greenberg, 2002). 이 개입에서, 일차 정서 표현의 방해 시에 핵심 정서에 접근하도록 작업하여 그 정서를 충분히 표현하도록 하는 것이 필요하다.

일단 정서가 분화되고 방해가 해결되면, 이러한 유형의 문제를 해결하는 데 필요한 전제 조건인 정서적 각성이 나타난다. 정서적 각성은 다음 단계로 들어가는 중요한 징후, 즉 타인에 대한 관점의 변화로 밝혀졌다. 각성이 없으면 이 단계가 훨씬 어려울 수 있다(Greenberg & Malcolm, 2002). 이 단계에서 감정을 다룰 때, 치료사는 일차 정서가 충분히 자유롭게 표현되면 빠르게 이동한다는 사실을 알아야 한다. 분노와 슬픔은 연쇄적으로 서로를 따라다니는 경향이 있다. 그러므로 일차적인 슬픔이 충분히 표현되면, 적응적인 일차 분노가 빠르게 나타나고 경계가 형성된다. 반대로, 적응적인 분노의 충분한 표현은 내담자가 상실과 배신의 고통을 인정하고 자신이 놓친 것에 대해 애도하도록 한다.

결정적으로 중요한 다음 단계는 애착이나 분리 또는 인정에 대한 내담자의 기본적으로 충족되지 못한 개인적인 욕구를 표현하고 타당화하는 것이다. 내담자는 자신에게는 이러한 욕구들을 표현할 자격이 없고 자신의 욕구는 충족되지 않을 것으로 느꼈기 때문에, 원래의 관계에서는 결코 표현하지 않았다. 생산적이 되려면, 욕구는 타인을 향한 박탈감이나 비난보다는, 자기에게서 나왔으며 자기에게 속해 있는 것으로 권리의식을 가지고 표현되어야 한다. 따라서 이는 절박한 결핍의 표현이라기 보다는, 욕구는 충족되어야 마땅하다는 주장이 된다. 이 단계는 사람들이 타인과 분리된 행위자로 자기의 의미를 구축하도록 돕는 매우 중요한 단계이다. 이 단계에서 치료사는 그냥 내담자를 따라가고 정서와 욕구를 표현하도록 한다. 치료사는 또한 내담자가 자신의 경계를 상징화하고 주장하도록 돕는다. 예를 들면, 침범에 대해서 '아니요.'라고 말하거나 자신의 권리를 거듭 주장하도록 한다. 치료사들은 초기 경험에서 사람들은 종종 그들의 기본적인 욕구를 부인하는 것이 필요하다고 느꼈고, 그 결과 그러한 욕구에 자동적으로 동참하지 않거나 표현하지 않는다는 것을 알고 있다. 그러므로 치료사들은 형성되는 욕구에, 그리고 언제 형성되는지에 귀를 기울이고, 그 욕구를 재빨리 인정하고 내담자가 표현하도록 격려한다.

감정에 대한 철저한 탐색은 전형적으로 관련된 욕구의 진술에 따른다.

욕구와 새로운 정서가 표현된 후에, 치료사는 내담자에게 상대방의 의자로 옮겨서 상대방이 보다 반응적인 사람으로 변화하는지 알아보도록 한다. 만약에 상대방이 자신이 일으킨 고통과 자신이 가한 위해를 인정하고 완화된 태도를 보인다면, 새롭고 친화적인 대화가 시작된다. 상대방에 대해서 더 반응적이라고 보거나 덜 권위적이라고 보는 관점의 변화가 일어나는 방법에는 여러 가지가 있다. 긍정적인 애착과 정체성에 접근하여 중요한 타인에 대한 기억을 확인하거나 상대방을 자기에게 반응적으로 조율되게 하는 것이다. 이러한 것이 일어나지 않으면, 욕구를 충족시켜 준 다른 반응적인 양육자의 이미지 또는 진정시켜 주는 영적 자원에 접근할 수 있다. 또한, 자아는 상대방의 내적 세계를 공감적으로 이해할 수도 있으며, 그리하여 그 사람에 대한 자신의 관점을 변화시킨다.

상대방에 의해 욕구가 충족될 수 없거나 충족되지 않을 것 같은 상황에서, 내담자는 그래도 여전히 그 사람에 의해 자신의 욕구를 충족할 권리가 있음을 인식해야 한다. 이것은 종종 **충족되지 않은 욕구를 내려놓는** 중요한 과정을 거치게 한다. 이 시점의 대화에서, 치료사는 미해결된 희망과 기대를 내려놓기를 지지하고 지원한다. 내려놓기가 일차 정서 표현에서 자연스럽게 흘러가지 않으면, 치료사는 충족되지 않은 기대가 상대방에 의해 충족될 수 있는지 여부를 내담자가 탐색하고 평가하도록 도울 수 있으며, 그렇지 않다면 내담자가 그 기대에 매달리는 효과를 탐색하도록 할 수 있다. 이러한 상황에서, 치료사는 내담자에게 "나는 당신을 내려놓지 않을 거야." 또는 "당신이 변할 거라는 기대를 내려놓지 않을 거야."라고 중요한 타인에게 표현하도록 요청하는 것을 고려할 만하다. 내려놓기는 애착 대상으로부터 욕구를 충족시킬 수 있는 가능성의 상실을 애도함으로써 내담자가 할 수 있는 또 다른 과정의 애도 작업을 만들어 낸다. 이는 많은 경우에 과정의 가장 통렬하고 고통스런 부분이다. 사람들이 일단 자신이 결코 가질 수 없었던 한쪽 부모를 진심으로 애도할 수 있으면, 내려놓고 다음 단계로 나아갈 수 있다.

자신의 욕구의 정당성에 대한 강한 의식과 정서의 각성과 직접적인 표현을 통해서, 내담자는 분노와 상처를 떨쳐 내고 상대방에 대한 관점을 확장하기 시작한다. 마지막으로, 내담자가 자신이 가치가 있다는 느낌에 도달하고 이전의 미해결된 나쁜 감정을 떨쳐버릴 수 있을 때 해결이 일어난다. 이러한 내려놓기는 다음 세 가지 주요 방법 중 하나로 이루어진다. 즉, 자신이 경험한 위해에 대해 상대방에게 책임을 묻고 자신을 긍정하는 것, 충족되지 않은 욕구를 버리는 것 또는 상대방에 대한 이해를 높이고 과거의 잘못에 대해 용서하는 것을 통해서 이루어진다. 학대가 아닌 경우에, 내담자는 공감, 자비, 때로는 용서로 상대방을 바라보며 더 잘 이해할 수 있다. 학대나 외상과 관련된 상황에서는, 내려놓기가 많은 경우에 상대방에게 책임을 묻고 앞으로 나아가는 것이지만, 공감과 용서도 또한 일어날 수도 있다. 미해결 과제는 실제로 그 사람이 빈 의자에게 얘기하게 하지 않고, 이미지를 사용하거나 두 의자에서 대화하는 것으로 할 수 있다. 의자에서 직접 학대적인 중요한 타인과 대면하는 것이 내담자가 감당하기 어려운 때에 이 방법을 권할 만하다.

외상 경험이 있는 내담자의 경우 현재의 힘든 상황이 원치 않는 기억, 정서적 고통 및 나약함을 유발하기도 한다. 외상성 정서는 조절되어야 하지만, 변화를 지속하는 것은 외상 증상에 대처하는 것 이상의 것을 필요로 한다. 또한, 자아가 인식되고 강화되어야 한다(Paivio & Pascual-Leone, 2010). 사람들은 외상의 근원에 다시 직면하거나 빈 의자 대화에 들어가는 것에 대해 양면적이다. 한편으로는, 그들은 침습적인 기억을 없애려는 시도로 문제를 제시하지만, 다른 한편으로는 또다시 외상을 당할까 봐 두려워하는 면도 있다. 결국, 빈 의자 작업은 강한 치료적 관계가 확보된 후에, 그리고 내담자가 자신을 학대한 사람과 대면할 준비가 되어 있다고 느낄 때에만 할 수 있다(Paivio & Pascual-Leone, 2010).

빈 의자 작업은 매우 환기적이며 정서적으로 각성시킨다. 내담자가 이미 감정이 격한 상태라면, 빈 의자에 있는 상대방과 이야기할 것을 제안만 해도 압도당할 수도 있다.

작업을 시작하기에 정서적 각성이 높은 경우, 내담자는 상대방 역할을 수행하지 않고 자아 의자에 머물면서 중요한 타인에게나 치료사에게 미해결 감정을 표현하는 것이 바람직하다. 대체로, 빈 의자 작업에서, 치료사는 내담자의 정서 각성 수준과 내담자가 치료사와 함께 이 작업을 수행하거나 계속할 수 있을만큼 충분히 안전하다고 느끼는지에 대해 지속적으로 공감적인 조율을 해 나가야 한다.

정서적 고통과 괴로움을 위한 자비적인 자기진정

정서적 고통 또는 괴로움은 자기진정이 필요하다는 지표이다. 일반적으로, 타인에 의해 충족되지 않는 강력한 대인관계적인 욕구(예: 사랑이나 인정)에 직면할 때 괴로움이 일어난다. 개입방법으로는 박탈감이나 인정받지 못하는 느낌에 상상으로 다시 들어가서, 전에는 아무것도 할 수 없었던 부분에 진정작용을 제공하는 것이다.

이는 성인 자아가 되어 환기된 장면으로 다시 들어가는 것을 상상하고, 회복시키는 반응이나 대화를 하는 것인데, 여기서 치료사는 내담자에게 성인으로서 상처 입은 아이를 달래 줄 수 있는지 묻는다. 목표는 자아에 대한 자비심을 불러일으키는 것이다. 내면화로부터 나타날 수 있는 자기자비와 자기공감은 몇 년의 치료가 걸릴 수도 있다. 이 과정은 성인으로서의 내담자에게 고통받는 자아에 자비를 베풀도록 제안함으로써 좀 더 직접적으로 이루어질 수 있다.

또한, 내담자가 자책이나 자기경멸을 많이 표현하고, 지독하게 외롭고 지원받지 못함을 느끼고, 정서적으로 고통받고 있으며, 전혀 자신을 진정시키는 힘이 없어 보일 때 가장 잘 적용된다. 자기감정을 조절하기 위해 자해를 하거나 약물을 사용하는 사람들의 경우에도 많이 사용된다. 이 개입방법에서, 코치는 내담자에게 자기 앞에 있는 의자에 어린이가 앉아 있고, 내담자가 삶에서 겪었던 고통을 이 아이가 겪었다고 상상해 보라고 한다. 내담자의 역경을 환기하기 위하여, 코치는 그 사람의 역사 중 가장 아팠던 내용을 상세하게 얘기하고 "그 아이에게 뭐라고 말하겠습니까? 그 아이에 대해 무엇을 느끼나요?"라고 묻는다. 이는 전형적으로 아이와 아이의 상황에 대한 자비의 반응을 불러일으킬 뿐만 아니라 아이가 필요로 하는 것에 대한 인식을 환기시킨다. 예를 들어, "징징거리는 저의 부분이 그걸 극복하면 좋겠어요. 그 때문에 어머니가 저를 무시하고 아버지는 정서적으로 저를 조종했거든요. 그래서 저는 그냥 훌쩍거리는 걸 그만두어야 해요."라고 말하면서 입술을 오므리는 내담자에게 이 대화를 소개해도 된다. 코치는 "8세짜리 아이가 여기 앉아 있다고 상상해 보십시오. 그녀의 어머니는 거의 그녀를 쳐다보지 않고, 말하려고 신경도 안 씁니다. 그녀의 아버지는 아내에게서 어떤 사랑도 얻을 수 없기 때문에 정서적으로 딸에게 의지하고, 그녀가 필요 없을 때 거부합니다. 이게 그 아이에게 어떨 것 같은지 상상이 됩니까?"라고 내담자에게 말한다. 또한 코치는 "그녀가 당신의 자녀라면 뭐라 말하겠습니까?"라고 물을 수 있다. 내담자는 "나는 그 아이가 아무도 없이 너무 외롭다고 봐요. 그녀는 더 좋은 대접을 받을 자격이 있어요."라고 말하고, 코치는 "그 아이에게 필요한 것을 당신이 줄 수 있어요?"라고 말할 수 있다. 일단 내담자가 자신의 욕구를 인식하고 진정된 태도로 자녀에게 대답하면, 코치는 내담자에게 상처 입은 내면 아이에게 똑같은 방식으로 반응할 수 있는지 물어본다. 이 개입방법에서 진정할 필요가 있는 자아의 부분이나 그 사람의 내면 아이가 아니라 외부인이나 일반적인 아이와 함께 시작한다는 점이 중요하다.

비록 사람들은 자신이 하게 될 일의 의미를 이해하지만, 일반적인 아이를 더 잘 달래는 것처럼 보인다. 일단 아이의 욕구와 관련하여 정서가 부드럽게 되면, 이 느낌을 자아에 전환하는 것은 더 쉽다. 시간이 지나면서, 코치가 정서적으로 조율하여 얻어진 내담자의 공감적 진정과 함께 이 과정을 수행하면, 내담자가 자기진정 능력을 개발하는 데 도움이 된다.

관계에서 순간적인 균열이나 타인과의 사소한 갈등에 대해 자기진정을 할 수 없으면, 정서적인 고통이 크다. 예를 들어, 남편이 늦게 귀가하거나 설거지를 하지 않아서 아내가 화를 냈을 때, 그 남편은 매우 불안해질 수 있으며 아내의 불만을 그냥 넘어갈 수 없다. 그 뒤, 그의 아내는 여전히 화가 났으며, 그는 아내가 여전히 자기를 사랑하고 있다는 확신을 달라고 압박을 가한다. 그러나 그는 확신 대신에 더 짜증이 난다. 이로 인하여 그는 아내를 밀어내는 것만은 그렇게 피하고자 하였건만 결국 그렇게 하게 되어 버린다. 이 불안한 남편이 자신의 불안을 진정시킬 수 있었거나 정서적인 자기진정이 자동적으로 일어나서 불안을 느끼지 않았다면, 이러한 사소한 마찰은 더 쉽게 넘어갈 수 있다. 코치는 사람들이 자기돌봄 기술을 배우고 관계 향상을 할 수 있도록 돕는 것이 중요하다. 제13장에서 이 부분을 논의하겠다.

코치는 관계 파트너들이 정서 조절 기술을 습득하여, 일반적으로 친밀관계에서 가장 많이 빠져드는 통제 불능 상태를 다룰 수 있도록 도와야 한다. 비록 사람들이 실제로 성인이고 내 안에 아기가 없지만, 은유적으로 '내면 아이'를 돌보는 것은 사람들이 자기진정적인 반응을 하는 데 도움이 된다. 부부간의 갈등을 해결하려면, 자신을 향한 자비를 느끼는 것을 배워야 하고, 배우자가 화를 내거나 만날 수 없을 때 스스로를 위로할 수 있는 방법을 배워야 한다. 이는 힘들 때 규칙적으로 호흡하는 법을 배우는 것과 연계하여 시간이 지남에 따라 배울 수 있는 복잡한 내면의 기술이다. 좋아하는 활동으로 자신을 대접하기, 음악 듣기, 휴식, 뜨거운 목욕, 산책하기, 또는 만나서 지원을 얻기 위해 누군가에게 전화하기와 같은 행동들은 관계가 깨져서 기분이 나쁠 때 도움이 될 수 있는 자기위로적인 행동들이다. 자비는 자기비판의 반대이다. 즉, 자신에게 자비를 표현하는 것은 고통스러운 정서를 다른 정서로 변화시키는 방법이다. 이 작업에서, 치료사는 먼저 내담자가 핵심 고통에 접근하여 그와 관련된 충족되지 않은 욕구에 다가가기 위해 자신의 고뇌를 심화하도록 돕는다. 그런 다음, 치료사는 앞에서 설명한 두 의자 과정을 내담자에게 제시하여 자신에게 필요한 것(예: 인정, 지원, 보호)을 제공하는 재연을 하도록 한다. 이때 내담자에게 반대편에 앉아 있는 아이로 자기 자신을 바라보라고 하지 않는 것이 좋다. 왜냐하면, 이런 경우 아동 자아의 부정적인 감정과 자책감을 불러일으키기 때문이다. 그보다는 내담자와 같은 근원의 고통을 겪은 일반적인 아이나 친한 친구가 되어서 그 고통을 상징화하는 것이 바람직하다. 위로하는 주체자는 자아의 강하고 양육적인 측면이나 이상적인 부모의 모습이나 긍정적인 다른 힘으로 표상된다. 이 과제의 해결방법은 자기에게 자비를 느끼는 것뿐만 아니라, 충족되지 않은 욕구에 접근하여 그 욕구가 결코 충족되지 않은 것에 대해서 애도를 하고, 잃어버린 것에 대해서 자비의 정을 느끼는 것이다.

심상 또한 정서를 불러일으키기 위한 다양한 다른 방법으로 사용될 수 있다. 시각은 정서와 밀접한 관계가 있으므로, 심상을 사용하여 해결되지 않은 정서를 불러내거나 상황이나 장면에 사람이나 자원을 더하여 새로운 방식으로 그 장면을 경험할 수 있다. 예를 들어, 치료사는 내담자의 핵심 감정에 접근하기 위해 자신의 인생의 한 장면이나 시간을 상상력으로 다시 입력하고, 필요한 것을 표현하거나 어린 시절의 장면으로 보호자를 데려와서 고통스러운 정서를 전환하도록 한다. 그 보호자는 안전한 자신들의 방에 맞는 자물쇠와 열쇠 같이 겁먹은 사람이 들어갈 수 있는 보호막처럼, 내담자가 보호받지 못하였던 것을 제공하거나 힘을 주고 보호하여 줄 수 있다. 이는 새로운 정서를 만들어서 낡은 정서를 바꾸는 데 도움이 된다.

이런 유형의 상상에 의한 전환에서, 치료사는 "눈을 감고 어떤 상황을 겪고 있는 자신을 기억해 보세요. 가능한 한 구체적인 이미지를 떠올리세요. 그 속으로 들어가세요. 이 장면에서 당신의 아이가 되세요. 무슨 일인지 알려 주세요. 그 상황에서 무엇을 보고, 냄새 맡고, 듣나요? 당신의 몸에 어떤 느낌이 들며 어떤 생각이 드나요?"와 같이 말할 수 있다. 잠시 후 치료사는 내담자에게 관점을 바꾸라고 요청하고 "이제 그 장면을 한 사람의 성인으로 바라보시길 바랍니다. 보고 느끼고 생각하는 것은 무엇인가요? 아이의 표정이 보이는가요? 무엇을 하고 싶으세요? 하세요. 당신이 어떻게 개입할 수 있나요? 지금 상상으로 그렇게 하세요." 다시 관점을 바꾸기 위해서, 치료사는 내담자에게 그 아이가 되도록 요청한다. "아이는 무엇을 느끼고 생각하나요? 어른에게서 받기를 원하는 것은 무엇인가요? 필요로 하거나 원하는 것을 해 달라고 하세요. 그 어른은 무엇을 하나요? 그 밖에 무엇이 필요한가요? 그것도 달라고 하세요. 당신을 도와주러 올 것 같은 다른 사람이 있나요? 그 사람이 해주는 보호와 보살핌을 받으세요." 내담자에게 다음과 같이 말하면서 마무리를 짓는다. "지금 어떤 느낌인지 확인하세요. 이 모든 것이 당신에게 그리고 당신이 필요로 하는 것에 어떤 의미가 있는가요? 어른으로서 자신에게로, 현재로 돌아오세요. 기분이 어떤가요? 지금 아이에게 작별 인사를 하시겠어요?"

추가된 지표와 개입

외상을 다시 이야기하기, 동맹 관계 단절과 회복, 어수선함과 공간 정리와 같은 여러 가지 지표와 개입방법들에 대해서 설명한 바 있다(Elliott, Watson, Goldman, & Greenberg, 2003; Greenberg & Watson, 2006 참조). 또한, 정서와 이야기를 결합하여 작업하는 이야기 지표와 개입방법의 결합에 대해서도 구체적으로 나와 있다(Angus & Greenberg, 2011). 이는 다소 자기설명적인 것으로 내담자는 똑같은 이야기를 반복적으로 되풀이하는 고통에 갇혀 있으므로, 구체적인 사건에 대한 기억을 재경험하게 하는 것이 가장 바람직한 방법이다. 다음과 같은 지표들이 여기에 해당된다. 밝혀지지 않은 이야기 지표는 공감적 탐색으로 접근하여 이야기를 드러낼 수 있다. 빈 이야기 지표는 이야기에 정서가 결여되어 있으며 내재적인 정서에 대해 공감적 추측에 의해서 많은 자극을 줄 수 있다. 파편적인 이야기 지표는 이야기의 예상치 못한 결과로 인하여 내담자의 안전에 문제가 생길 수 있으며, 일치적인 이야기 구성이 최선의 대처방법이다.

결론

정서 코치는 내담자에게 더 깊은 문제가 있음을 가리키는 구체적인 지표를 찾는다. 코치는 지표에 최적화된 방식으로 개입하여 내담자가 경험을 심화하도록 도와주며, 이는 내담자가 문제와 관련된 일차 정서에 접근하는 데 도움이 된다. 그런 다음 코치는 내담자가 문제와 관련된 일차 정서를 평가하고 자기 것으로 할 수 있도록 지원한다. 마지막으로 코치는 내담자가 문제를 정서적으로 적응적인 방식으로 연결시킴으로써 권한을 부여받는 경험을 하도록 돕는다.

정서 코칭의 개입방법은 핵심 정서 도식에 접근하기 위해 고안되었으며, 이 접근은 공감적인 관계 맥락에서 지표로 안내된 개입을 통하여 이루어진다. 비록 그 개입에서 치료사의 행동들과 내담자의 수행 방법들은 다양하지만, 핵심 정서 과정은 그들이 촉진하는 전환 과정을 통하여 진행된다. 이러한 변화 과정에서 내담자는 이차 정서적인 디스트레스에서 고통스럽고 부적응적인 핵심 정서로 옮겨 간다. 그런 다음 이러한 정서 속의 충족되지 않은 욕구에 접근하고 인정하게 된다. 욕구는 충족되어야 마땅하다는 느낌은 자동적으로 새롭고 적응적인 정서로 이동하게 하여, 오랫동안 지속되어 온 정서적 반응을 전환시킨다(A. Pascual-Leone & Greenberg, 2007). 모든 개입방법은 새로운 적응 정서에의 접근을 촉진하고 오래된 부적응 정서를 전환시키기 위한 것이다.

도착하기와 떠나기

Chapter 06

일차 정서에 도착하기

자신을 쥐락펴락하는 모든 감정은 순수하나. 자신의 한쪽만 붙잡고 있는 감정은
자신을 왜곡시키므로 순수하지 않다.

– 라이너 마리아 릴케(Rainer Maria Rilke)

정서 코칭의 국면 1 과정은 일차 정서에 다다를 때 정점에 이른다. 어떤 감정에 도달하였을 때, 코치와 내담자는 협력하여 자신들의 목적지(일차 정서)에 도달하였는지, 아니면, 곧 떠나게 될 한 지점(이차 정서나 도구적 정서)에 도착한 것에 불과한지 확인하여야 한다. 하지만 실제로 확인하였는지 어떻게 알 수 있는가? 그 사람이 머물러야 하는 일차 정서 상태를 시사해 주는 단서는 무엇인가? 이 장에서는 일차 정서, 이차 정서, 도구적 정서를 평가하는 데 중점을 두면서, 국면 1에 대해 심도 있게 탐색한다.

정서 방해 극복하기

일차 정서에 도달하는 것은 생생하든지 희미하든지 간에 감정의 차단을 극복하는 것이라고 볼 수 있다. 어떤 사람은 습관적으로 자신의 정서 경험과 표현을 억누르며 자신의 감정이나 특별한 느낌을 차단해 버린다. 정서를 방해하는 과정은 다양하다. 자신의 경험을 회피하고 있다는 사실과 경험을 회피하고 방해하는 방식을 알게 된다면, 자신이 이러한 회피 과정의 **주체자**(agent)임을 깨닫고 자신이 한 것을 되돌릴 수 있다. 감정을 방해하는 '그것'과 '어떻게' 그렇게 하는지를 자각하게 되는 이러한 단계들은 내담자가 '회피하는 것'을 이해하도록 돕는 정서 코칭의 중요한 선행 요인들이다. 사람들은 무감각화나 해리와 같은 극단적인 회피 전략이나 방어, 무시나 주의 산만과 같은 중간 수준의 회피 과정, 또는 눈물을 참는 것과 같은 더 약한 회피 전략이나 방어를 사용할 수 있다. 내담자가 자신의 정서를 어떻게 압박하고, 삼키고, 매듭으로 묶어서 분노, 슬픔, 수치, 두려움, 고통을 느끼지 못하도록 하는지 경험하게 하는 것이 중요한 과제이다. 이러한 방해 과정들을 극복하는 것은 정서 코칭의 1단계 과정과 관련이 있다(내담자의 정서 자각을 증진하라). 두려운 감정에 직면하는 것이 위협적으로 느껴질 수 있으므로, 치료사와 내담자 간의 협력적인 관계를 통해 안전을 제공하고 반발, 오해 또는 교착상태로 나아갈 소지를 최소화할 필요가 있다.

그런 다음, 코치는 내담자의 방해 과정에 대한 자각을 먼저 고조시켜야 한다. 내담자에게 자신이 어떻게 잠재적인 적응 정서를 느끼지 못하도록 막고 있는가를 이해시키는 것이 목표이다. 이러한 방해 과정이 일어날 때 방어적으로 되지 않도록 돕기 위하여 코치는 내담자에게, 방해가 너무 자동적으로 일어나서 통제할 수 없게 되며 작업의 목표가 그의 통제력을 되찾는 것임을 논거로 제시한다. 내담자가 정서를 어떻게 억압하는지 이해해서, 더 이상 방해가 자동적으로 일어나지 않고 자신의 감정에 관한 한 통제와 선택을 다시 할 수 있도록 돕는 것은 중요하다. 방해에 대한 내담자의 자각을 고조시킨 후에, 코치는 회기 내에서 내담자가 자신을 방해하는 방식에 대한 연습과 재연을 하게 할 수 있다. 혹은 코치는 내담자에게 방해 과정에 더 적극적으로 동조하게 하여 분노를 멈추게 하거나, 눈물을 참게 하거나, 슬픔이 느껴지기 시작할 때마다 시선을 딴 데로 돌리게 할 수 있다. 코치는 내담자가 행동을 어떻게 하고 있는지 자각할 수 있도록 도와야 하며, 내담자는 언젠가는 방해되고 있는 것을 경험하기 시작한다.

치료에서 나타나는 내담자들의 정서 방해에 대한 연구의 회기 기록을 검토한 결과, 내담자가 정서 경험을 신속하고 자동적으로 억제하는 정서적 · 인지적 · 심리적인 과정이 밝혀졌다(Weston & Greenberg, 2000). 치료에서 내담자의 수행과 회기 내의 순간순간의 경험을 녹화한 테이프를 보고 난 후의 기억을 바탕으로 구축된 모형은 내담자가 종종 자기보호 및 자기통제 행위를 하고 있음을 분명히 자각하고 있었다는 것을 밝혀 주었다. 그들의 보고에 따르면, 정서를 회피하고 싶게 하는 정서에 대한 두려움이 정서 방해의 동기가 되는 것으로 나타났다. 이는 회피나 통제 행동에서 극명하게 나타났으며, 이런 행동들이 결국에는 안도감과 통제감 또는 불편감, 공허함, 황당함, 단절감, 절망감을 초래한다.

일부 내담자는 자신의 치료 과정을 검토한 후 치료사들과 대화하면서 자신들이 얼마나 적극적이고 자각적인지를 밝혔다. 내담자들은 이면에서 새롭게 나타나는 감정에 대한 반감, 정서와 통제력 상실에 대한 두려움, 그리고 정서를 회피하고 싶은 마음을 경험하는 것으로 보고하였다. 그들은 다음과 같이 말하였다. "저는 슬픔을 느끼지 않으려고 했습니다. 여기에 표면으로 뭔가가 올라오고 …… 오래된 상처에 대한 오래된 반응…… 신체적 반응…… 가슴에서, 때때로 위에서…… 이는 통제력을 잃기 시작한다는 징조이므로 저의 자연스러운 반응은 더 단단하게 붙잡는 것입니다."

두려움에 대한 반응으로, 한 내담자는 "저는 그냥 무서웠고, 거기에 무엇이 있는지 또는 어디로 이끌릴지 몰랐고…… 중요하다는 것을 알았지만, 감당하지 못할까 봐 두려웠습니다."라고 하였다. 또 다른 내담자는 "치료사가 '상처'라고 말하면 무서워요. 제가 거기에 가고 싶지 않은가 봐요…… 거기에서 저를 떼어놓고 싶은가 봐요. 더 이상 상처와 연루되고 싶지 않아요."라고 하였다.

정서를 회피하려는 갈망에 관하여, 한 내담자는 "저는 감정이 좋아지는 것을 보지 못했기 때문에, 그 방을 나가고 싶었습니다.…… 몸이 떠났으면 하였어요." 또 다른 사람은 "여기가 점점 더 조여지고 있습니다(가슴).…… 감정을 억제함으로써, 그래서 긴장을 풀고 일어나고 있던 신체적 압박감을 풀고 호흡을 하고…… 감정을 통제하고……. 한숨과 함께 느낌을 쫓아내면 사라집니다."라고 말하였다.

이러한 보고들에서 정서의 방해 현상이 얼마나 생생한지를 알 수 있다. 내담자들은 자신이 그렇게 하고 있다는 것을 잘 알고 있는 경우가 많다. 비록 이러한 경험들이 힘들게 여겨지고 정서를 회피하고 싶었지만, 내담자들은 또한, 치료사가 정서나 정서 방해에 집중하여 주었을 때 도움이 되었다고 보고하였다. 코치는 내담자가 무엇을 두려워하고 있는지, 내면에서 무엇을 하고 있는지, 어떻게 하고 있는지를 물어 봄으로써 방해와 회피 과정에 대한 그의 자각을 대화로 가져오도록 도와야 한다. 내담자가 아직 방해를 인식하지 못하는 경우, 코치는 내담자가 자신의 경험을 방해하고 있음을 더 잘 인식할 수 있도록 그의 주관적 경험을 물어보아야 한다. 사람들은 일반적으로 땅을 보거나, 발로 두드리거나, 배로 들이마시는 것과 같이 자신이 하는 일을 쉽게 알 수 있다. 이러한 것에 더 많은 주의를 기울일 때, 어떤 느낌을 피하거나 방해한다는 것을 천천히 인식하게 될 것이며, 결국에는 자신이 방해하고 있는 것을 알게 될 것이다.

이는 정서를 받아들이게 한다(정서 코칭 과정의 2단계). 예를 들어, 한 내담자는 감정 방해를 하지 않은 후에 슬픔을 느끼게 되는 것에 대해 다음과 같이 말하였다.

- 배에서 물결이 일어났다.
- 눈물이 났다.
- 모두 닫혀 버린 것에서 풀려났다는 것에 놀랐다.
- 목이 풀리는 것을 느꼈다.
- 어린 시절에 나를 인정하지 않은 사람들에게 속으로 분노를 느꼈다.
- 정당성을 인정받지 못한 문제를 해결할 수 없어서 속으로 슬펐다.
- 특별하고, 매우 부드럽고, 취약한 느낌이었다.
- 슬픔을 느끼도록 허락하고 수용하였다.

정서 코치는 내담자가 자신의 정서를 자각하게 되고(1단계), 이러한 정서를 허용하고, 환영하고, 수용한(2단계) 후에, 자신의 정서를 묘사하고 표현하도록(3단계) 도와준다.

정서를 묘사하고 표현하기

정서가 이면에서 떠오르는 것에는 두 가지 방식이 있으며, 정서 코치는 사람들이 기본적으로 느끼는 것을 자각하도록 도울 때 각 방식에 따라 다르게 개입한다. 첫 번째 유형은 정서가 생생하고, 명확하고, 강력하게 떠오르는 것이다. 일반적으로 분노, 슬픔, 두려움 또는 부끄러움과 같은 정서가 이 유형에 속한다. 두 번째 유형은 사람들이 자신의 몸에서 무언가를 느낄 수 있지만, 정서가 명확하지 않은 경우이다. 예를 들어, '충분히 가지고 있는' 느낌이지만 예감은 아직 그렇게 분명하지 않다. 첫 번째 유형의 정서와 관련하여, 코치는 내담자의 정서가 말하는 내용을 내담자가 이해하도록 도와준다. 두 번째 유형인 경우, 코치는 먼저 내담자에게 몸의 느낌을 느끼게 하고 상징화하고 의미를 만들도록 도와야 한다.

첫 번째 유형의 정서는 밀려오는 강력한 경험이다. 사람에게 일어나서 그대로 넘겨받는다. 그냥 그나 그녀에게 매우 선명하게 오기 때문에, 이 정서를 찾으려고 할 필요가 없다. 사람들이 정서에 대한 단어를 배운 후에는 "화나고, 슬프고, 또는 무서워."와 같은 단어로 감정을 쉽게 묘사할 수 있다. 정서에 이름을 붙일 수 있으면 그 정서를 반영할 수 있게 된다. "나는 그녀가 끊임없이 방해해서 짜증이 나며, 그래서 그녀가 그만했으면 좋겠어."라든가 "그가 떠나서 슬프다."라고 말할 수 있다. 정서에 즉시 다가갈 수 있을 때, 강하게 느낄 수는 있지만 아직 쉽게 말로 표현할 수는 없다. 코치가 사람들이 명확하게 느끼는 정서에 주의를 기울이고 그 정서로 말하고 묘사하기 시작함에 따라, 이러한 정서의 의미가 나타난다. 그런 다음 사람들은 "네가 말한 것이 나한테 상처가 된다."라든가, "내일 있을 회의에 대해 불안하다."고 강한 느낌으로 말하기 시작한다.

나는 이 과정을 정서를 **묘사하고 표현하기**라고 부른다(정서 코칭의 3단계).

두 번째 더 복잡한 형태의 정서 인식에서는 느낌이 첫 번째 경우만큼 쉽게 일어나지 않고, 사람의 몸에서 암시적으로 존재한다. 이러한 육체적으로 느끼는 감정에 대한 인식을 높이기 위해서는 자신이 느끼고 있는 것을 내면적으로 탐색할 필요가 있다. 나는 이 과정을 **감정에 대한 경험적 탐색**이라고 부르며, 초점화를 사용하는 경우가 많다(Gendlin, 1996; Weiser Cornell, 1996). 육체적으로 느끼는 경우에, 처음에는 느낌이 불분명하거나 아예 없는 경우도 있다. 불분명한 경우에는 몸으로 감지할 수 있는 느껴진 의미가 있다. 거기에 무언가가 있다는 것을 알고 있지만, 그것이 무엇인지 아직 모른다. 혀끝에 어떤 말을 가지고 있는 것과 비슷하지만, 몸의 어딘가에서 느껴지는 느낌이다. 결국 그것을 말로 옮길 수 있을 때, 그것은 종종 분노나 슬픔과 같은 기본적인 감정이 아니라 오히려 '언덕 너머' '모두 쓸려 간' '충실한'이라든가, 상처받는 느낌, 실망한, 작은, 지지받지 못한, 또는 갇힌 느낌과 같은 암시로 가득하고 복잡한, 느껴진 의미이다. 다음은 이러한 각각의 정서 자각 과정에 대하여 논의한다.

정서를 명확하게 묘사하고 표현하기

정서를 분명하게 느끼고 있을 때, 예를 들어, 슬프다고 말할 때는, 자신의 정서를 자각해야 하고 거기에 이름을 붙여야 한다. 코치는 자신의 정서에 이름을 붙일 수 없는 내담자를 인정하고 공감적으로 정서를 포착하도록 돕고 적절한 단어를 제공하는 것이 중요하다. 어떤 사람들은 자신의 정서를 상징화하기 위해 먼저 다른 사람을 통해 자신의 정서를 인식하는 과정을 밟아야 한다. 처음에는 이름을 붙이기 어려울 수도 있으므로 인정과 공감적 이해가 필요하다. 부모가 먼저 자녀의 정서를 인정하고 공감해 줌으로써 자녀가 정서를 자각하는 데 도움이 되는 것처럼 정서 코치도 먼저 정서에 대한 단어를 찾도록 도와준다.

대화를 하거나 일기로 정서에 대한 글을 씀으로써 정서 묘사를 증진할 수 있다. 때로는 느끼는 것을 그리거나 조각하거나 음악으로 연주하도록 하는 등 비언어적 수단을 사용하는 것이 도움이 된다. 자신의 정서를 묘사할 말을 갖게 되면 정서를 다룰 수 있다. 정서 묘사의 목표는 각성된 정서를 말로 바꾸는 것이다. 코치는 정서에 따라 행동하는 대신 정서를 말할 수 있는 능력을 개발하도록 돕는다. 조니가 소리 지르며 다른 아이에게서 자신의 장난감을 빼앗을 때, 부모는 "조니는 화가 나."라고 말하면서 아이의 경험에 말을 붙여 주고는, "네 장난감 자동차로 다른 애를 때리면 안 돼. 조니." "그 대신 '나는 화가 나'라고 말해 봐."라고 이어 갈 수 있다. 마찬가지로, 치료사들은 내담자에게 자신의 정서를 표현하고 정서를 처리하는 방법에 대한 과정을 제시한다.

느낌은 항상 부분적으로 어떻게 묘사하는지에 달려 있다는 것을 인식하는 것이 중요하다. 정서에 이름을 짓는 것은 단순히 자물쇠에 맞는 열쇠를 찾는 것과 같이 그 느낌에 맞는 올바른 단어를 찾는 것이 아니다. 맞는 단어가 하나만 있지는 않다. 느낌이 사람 안에 자리 잡고 앉아서, 완전히 형성되고 분명해져서, 이름이 붙여지기를 기다리고 있지 않는다. 사람들은 매우 적극적으로 느낌을 묘사하는 방식으로 자신의 느낌을 만들어 간다. 사람이 자신의 느낌을 분명히 표현하도록 돕는 것은 실제로 토끼가 나무 뒤에 숨어 있는 것을 보는 과정보다 구름을 보고 구름에서 토끼를 보는 과정과 비슷하다. 정서적 명명에는 발견만큼 많은 창조가 포함된다.

분명한 정서조차도 무엇을 느꼈고 무엇을 해야 하는지 말해 주는 분명한 목소리와 함께 일어나지 않는다. 오히려, 반사적 자아가 떠오르는 정서들과 즉시 상호작용하기 시작하므로, 정서를 구체화할 즈음에는 발견된 만큼 정서가 만들어진다. 느끼는 것은 항상 자신의 경험을 자신에게 설명하는 방법과 관련이 있다. 예를 들어, 명확하고 의식적으로 느끼는 분노나 슬픔은 신체적인 자극으로 시작되며, 얼굴 표정이나 호흡 속도의 변화 등이 여기에 속한다. 호소하는 요소들을 더 많이 알수록 정서를 이해하기 위하여 이러한 단서를 더 많이 모으게 된다. 수많은 신호나 구성 요소들은 관련된 기억, 삶의 경험, 이미지, 생각 및 신념과 혼합될 때 의식적인 정서가 되는 잠재적인 정서이다. 사람의 뇌는 모든 요소를 무의식적으로 조합하여 복잡한 개인적 의미를 갖는 느낌으로 형성한다. 정서를 의식적으로 경험하는 것은 뇌가 일련의 글자를 단어로 합성하는 것과 유사한 자동적인 과정이다. 자신의 보다 기본적인 요소들의 합성 그 자체인 느낌을 말로 표현함으로써 최종적인 정서 경험을 만든다. 고유한 꼬리표를 붙이는 방식으로, 이미 있는 것에 추가해 간다. 따라서 정서는 말로 표현된 방식에 의해 만들어진 의미와, 정서 반응을 설명하기 위하여 만들어진 이야기에 의하여 결정된다(Greenberg & Pascual-Leone, 1995, 1997, 2001; Whelton & Greenberg, 2000). 코치는 정서 경험과 관련된 구성적인 과정을 알고 자신의 존재와 입력이 이러한 과정에 영향을 미친다는 점을 인식해야 한다.

첫째, 안전하고 과정 촉진적인 환경은 내담자의 참여 수준에 영향을 미친다. 둘째, 코치의 공감적인 표현들은 내담자의 경험을 형성하는 데 도움이 된다. 내담자가 무언가를 느끼고 있지만 이 느낌이 분명하게 형성되지는 않을 때, 공감적인 코치가 슬픔을 행복으로 바꾸는 것처럼 감정을 완전히 다른 무언가로 바꿀 수는 없다. 하지만 어떤 신체적 감각을 피곤함이나 실망감이나 절망감으로 구분하는 것까지는 할 수 있다. 코치의 차별화된 언어 사용은 사람들이 보다 의미 있는 경험을 구축하는 데 도움이 되는 경우가 많다. 코치는 대리 정보 처리기 역할을 함으로써 도울 수 있으며, 몇 년 전에 젠들린(Gendlin, 1962, 1966)에 의해 **경험적 반응**으로 처음 설명된, 초점화 과정을 제안하거나, 감정을 느끼고 포착할 수 있는 상징을 공감적으로 제공할 수 있다.

슬프거나 실망하거나 낙담하거나 노력하다 지친 것으로도 묘사될 수 있는 정서 상태일 때, 행복보다는 분노가 그 경험을 잡아낼 수 있을 것이다. 그러므로 느낌이란 단지 하나의 정확한 이름으로 충분히 형성되어서 자리 잡고 있는 것이 아니다. 어떤 단어는 전혀 맞지 않을 것이며, 다른 어떤 단어는 사람이 느끼는 것의 복잡한 부분을 포착하고 설명하는 데 도움이 될 것이다. 각각의 명명방법에는 약간씩 다른 함의가 있다. 사람들은 느낌을 형성하기 위하여 항상 감각, 인식 및 생각의 많은 요소들을 결합하고 있다. 느낌은 다양한 형태로 분명하게 말로 표현될 수 있지만, 그 표현 대상에 대한 독특한 설명방식만이 느끼고 있는 것을 포착하는 데 도움이 된다. 감정은 매우 분명할 때조차도 복잡하다. 감정에는 어떤 하나의 묘사로 포착할 수 있는 것보다 항상 더 많은 것이 있다. 화를 내고 있지만, 화를 내는 것에 대해 유감스럽게 생각할 수도 있다. 어떤 사람의 분노가 나오는 곳에는 보복에 대한 두려움이 있을 수도 있고 두려움 없는 강한 결심이 있을 수 있다. 대체로 사람들은 한 가지만 느끼지는 않는다. 느낌을 설명할 때는 거기에 있는 모든 것에 주의를 기울이는 것이 도움이 된다.

모호한 정서에 초점화하기, 묘사하기, 표현하기

두 번째의 기본적인 정서 자각 과정은 사람들이 느낀 불분명한 감각에 집중하도록 돕는 것으로, 이는 정서 이상의 것이 될 수 있다. 우리는 종종 정서에 압도되기보다는 모호하게 어떤 것을 느끼기도 한다. 또한, 때로는 어떤 것이 중요하다고 이성적으로는 알지만 (예: 최근의 상실) 아무것도 느끼지 못할 수 있고, 끊임없이 대안을 찾지만 실제로 자신이 무엇을 느끼거나 원하는지 알지 못할 수도 있다. 이러한 상태에 있는 사람들을 위하여 코치는 그들이 느끼는 것에 대해 더 분명하게 이해하도록 내면 탐색을 도와야 한다.

희망하는 승진을 얻지 못하는 것, 대학원 입학 허가를 위해 노력하는 것, 만족스러운 친밀한 관계를 원하는 것 또는 데이트 요청에 대한 허락 등을 얻지 못하는 것과 같이 어떤 것에 대해 불분명하게 느끼고 있는 내담자를 상상해 보라. 코치는 이 내담자에게 정서에 초점을 맞추게 한 다음, 부록의 연습 5(Gendlin, 1996; Weiser

Cornell, 1996)에 설명된 몇 가지 초점화 지침을 알려 줄 수 있다. 코치는 단순히 "눈을 감고 이 느낌이 느껴지는 곳인 내면으로 들어갑니다. 그 느낌과 함께 그대로 있으면서 지금 당신의 몸에서 느끼는 것을 보고 무엇이든 오는 대로 내버려 두세요." 그런 다음 내담자는 그 느낌과 함께 평온하게 머물고, 코치는 내담자가 느끼지 않으려 하지 않고 그것을 있는 그대로 받아들이게 하며 오는 대로 오게 한다. 내담자에게 말 이전에 오는 모든 이미지에 주의를 기울이도록 하는 것이 도움이 된다. 보다 구체적인 예는 다음과 같다. 조나단은 자신이 신청한 연구비를 받지 못한 것에 대해 화가 났다. 그는 오늘 아침에 그걸 알게 되었고 그 이후로 매우 바빴다. 그는 하루 종일 긴장하고 화가 났지만, 이것이 처음으로 이야기하는 것이다. 그는 코치에게 연구비를 받을 것으로 확신하였기 때문에 충격을 받았다고 말한다. 조나단은 그것에 대해 잠시 이야기하고 자신이 얼마나 화가 났는지 이야기한 후에 자신이 무엇을 느끼는지 실제로 모르겠다고 한다. 코치는 그에게 초점화하도록 한다. 조나단이 자신의 느낌에 도달하는 과정은 다음과 같이 진행된다. 가슴 중앙의 불쾌한 감각에 주의를 초점화하고 나서, 조나단은 "정말 무겁게 느껴집니다."고 말한다. 코치는 '무거운'을 반영한다. 내담자는 계속해서 "나는 정말 실망하였어요."고 말한다. 그는 가슴의 느낌에 계속 초점을 맞추면서, 사정위원회가 자신의 제안을 비판하던 테이블에 앉아 있다고 상상한다. 그는 "제가 실패자처럼 느껴집니다. 좀 부끄럽기도 합니다."라고 말한다. 그러자 그의 신체 감각이 변한다. 그리고 새로운 말이 나온다. "조금 당황스럽지만, 무엇보다도 지치고 실망이 됩니다. 나는 노력을 계속하고 싶지 않고, 반복해서 나의 노력을 헛되게 하고 싶지 않아요. 무력감이 느껴지고. 그것이네요! 너무 무력감이 느껴져요. 혼란스럽게 하는 게 바로 그것이네요."

조나단의 몸의 긴장이 이제 좀 풀린다. 그는 뭔가 변화를 느낀다. 코치는 조나단에게 그 느낌에서 오는 것이 무엇이든지 간에 새롭거나 신선한 것에 머물도록 한다. 그러자 그의 몸의 다른 곳에서 "불공평함에 화가 나요. 많은 것이 정치이고 이미지 관리이네요."라고 말한다. 그의 분노는 무력감보다 좋게 느껴진다. 뒤이어 "아마도 내가 너무 높이 쏘아 올렸을 거에요. 정말로 이것을 하고 싶지는 않았어요. 진정으로 내 가슴이 있는 곳이 아니에요. 우선순위를 새로 정해야 할 것 같습니다."라는 소리가 나온다. 이 과정이 얼마나 비선형인지 주목하라, 그의 분노에 접근함으로써 내려놓을 수 있게 되고, 또는 좌절되었던 목표 주변을 재정비할 수 있게 된다. 이 지점에서, 새롭게 떠오르는 의미는, 그에게 옳게 느껴지든 그렇지 않든, 연구비를 받는 경쟁에서 이기지 못한 것이 그에게 그렇게 중요하지 않다는 것이다. 조나단의 신체적인 감각은, 진정으로 거기에 귀 기울인다면, 이러한 의미가 맞는지 알려 줄 것이다. 이러한 알아차림을 통해, 그는 다시 자신의 몸의 변화를 느낄 것이다. 나쁜 느낌은 계속해서 열리고 가벼워지고, 더 이상 경직된 시커먼 덩어리가 아닐 것이다. 움직이기 시작하고 더 유동적으로 되어 다른 유형으로 연쇄적으로 변하여 더 많은 공기가 안으로 들어와 가벼워지게 한다. 무언가가 바뀔 것이다.

이 변화는 새로이 만들어진 의미가 체면을 세우거나 자기기만과 같은 변명인 경우와 상당히 다르다. 앞의 예에서, 조나단이 말한 "나는 정말로 이걸 원하지는 않았다."는 것은, 그의 마음속 깊은 곳에서 여전히 이런 종류의 일을 하는 것을 더 이상 신경 쓰지 않는다고 스스로 설득하려고 한다면, 변명이 될 수 있다. 그러면 그의 신체 내의 느낌이 변할 수 있겠지만, 그것은 상당히 다른 방식으로의 변화로 아마 더 경직될 것이다. 그의 어깨는 긴장되고, 심지어 그의 머릿속에서 들리는 목소리조차도 어색하게 들릴 수 있다. 그냥 단순히 견딜 수 없게 느껴지는 느낌으로부터 자신을 보호하기 위해 자기기만을 지지하고, 실망과 거리를 두기 위하여 신체 일부를 긴장시킬 것이다.

코치가 조나단에게 한 전체 과정이 의도적으로 그 문제를 생각하게 하는 것이 아니라는 점에 유의해야 한다. 조나단은 머릿속으로 이리저리 생각하기보다는, 자신의 몸에 주의를 기울이고 있다. 말과 그림은 느껴진 의미에서 나온다. 이는 추론 과정과는 상당히 다르며, 하는 것보다 보는 것에 더 가깝다. 적극적으로 문제를 해결하는 것보다 더 많은 인상을 받는 과정이다. 이 과정은 추론보다 자유연상과 더 공통점이 많으며, 신체에 매우 집중되어 있는 과정이다. 조나단의 경험에서는 이러한 예가 다음과 같이 일어난다.

그는 자신이 느낀 전환에 대해 "나는 인정, 수용, 물질적 이득을 원했다. 이것이 내가 원했던 것인데, 사정 위원회는 그렇게 하지 않았다. 하지만 나는 아직도 그 연구비를 받을 자격이 있다고 생각한다."라고 설명한다. 이제 핵심 감정인 분노가 훨씬 더 분명하게 나타난다. "나의 노력이 무산되었다는 것에 화가 난다." 정당한 느낌과 분노 감정이 합해져서 조나단은 더 많은 힘을 얻는 새로운 상태로 들어간다. 이러한 주요 변화는 그의 목표, 욕구, 관심사를 통합함으로써 일어난다. 조나단이 자신의 목표를 불합리하다고 보는 것이 하나의 대안적인 해결책이 될 수도 있다. 즉, "잘못된 것에 화가 난다." "내가 받지 못한 것이 슬프다." 혹은 "내가 신청한 것이 받아들여지지 않아서 다행이다. 연구비를 받으려면 더 많은 것을 해야 할 거야. 나의 목표가 너무 높았어."와 같이 생각할 수 있을 것이다. 그는 "끝나서 다행이다. 나는 이제 다른 것에 관심을 돌릴 거야."라고 말할 것이다. 조나단은 이제 문제를 공격하는 방법이 적극적으로 무언가를 하는 것이라고 느낄 것이다. 그는 더 이상 절망감을 느끼지 않기 때문에 변화를 시도할 것이다. 그는 피드백을 받거나, 접근 방식을 변경하거나, 다시 시도하거나, 방향을 변경하기 시작할 것이다. 그것을 해결하는 방법이 무엇이든, 그의 새로운 느낌은 변화를 가져온다. 화가 나고 힘을 느낀다는 것은 절망을 극복하고 자신의 목표를 분명하게 하는 데 도움이 된다. 이번에는, 패배의 슬픔이 조나단이 애통해하고 패배를 받아들이고 목표를 포기하는 데 도움이 된다. 그리고 나서 그는 노력을 철회하고 회복하게 된다. 후에 그는 새로운 목표에 집중하기로 결정할 것이다. "정말로, 계속해서 열심히 일하고 싶지 않아. 한계에 도달했어. 어쩌면 은퇴를 해야 할지도 몰라. 나는 항상 여행하고 독서를 더 많이 하고 싶었어. 아마 이것이 숨은 기회일 거야." 또는 "초점을 바꿔야겠다. 나는 그 계획서에 나의 강점을 제대로 쓰지 않았어. 자신을 다시 가다듬어야겠어."라고 말할 수도 있다. 어떤 해결책이 나오든 몸의 느낌에 기반을 둔 정서 과정을 통하여 새로운 의미가 만들어질 것이다.

조나단이 한 것은 앞에서 설명한 도착하기와 떠나기 두 가지 국면에 적합하다고 볼 수 있다. 여기서는 이 과정의 도착하기 부분을 설명하고 제7장에서 떠나기 부분에 대해 논하고자 한다.

도착하기 과정에서 코치는 내담자의 감정에 따라 움직일 수 있어야 하며 내담자가 어디에 있든 함께 있어야 한다. 이것은 많은 조력자에게, 특히 문제를 수정하기 위해 무언가를 하는 것이 선호되는 서구의 '고치는' 문화에서 더욱 어렵다. 내담자가 실패감이나 무력감과 같은 힘든 감정을 겪고 있는 미묘한 순간에, 코치는 조언을 주는 것이 아니라 내담자가 지각의 경계에 있는 내면의 대안에 주의를 기울이게 함으로써 새로운 의미를 만드는 데 도움을 줄 수 있다.

치료사들이 이렇게 공감적인 초점화 접근을 하지 않을 경우, 다음 대화에서 볼 수 있듯이 내담자는 경험을 상징화하는 것보다 개념적 형태의 문제 해결로 나아가 좌절감과 같은 이차 감정을 느끼게 된다.

> 내담자: 밑에 무언가가 있는 것처럼 기분이 좋지 않지만 실제로 그것이 무엇인지 모르겠습니다. 분명하지 않아요.
> 치료사: 네. 이것이 무엇을 가져오는지 알아봅시다. 좀 더 분명해지도록 해 봅시다. 지금은 그게 무엇인지 모르겠다고 하시지만, 이 문제의 원인이나 원인을 파악하는 데 도움을 줄 수 있다면 더 잘 대처할 수 있을 겁니다.
> 내담자: 예, 너무 갑갑해요. 그게 무엇인지 알 수 없을 것 같고 통제할 수 없을 것처럼 느껴져요. 이 모든 것이 저의 자존감이 낮아서 일어나는 게 틀림없어요.

코치는 내담자를 섣부르게 이해시키려는 것보다, 내담자의 정서에 조율하여 내담자가 내면의 과정에 집중하여 머물도록 돕는 것이 가장 잘 돕는 것이다. 내면의 정서 신호가 너무 미약하여서 이러한 신호를 감지하는 것이 어려울 수도 있다. 내담자는 코치를 자신의 대리 경험자로서 자신의 경험을 겪도록 하면서, 이러한 미묘한 신호에 집중하고 그 경험을 묘사할 말을 찾으려고 매우 세심한 주의를 기울이게 된다. 코치는 먼저 내담자가 안전함을 느끼도록 함으로써 내담자가 더 많은 주의를 기울일 수 있게 한다. 안전함은 내담자가 불안을 줄임으로써 주의력을 증대시키는 데 도움이 된다. 둘째, 코치는 내담자를 지지하고 내담자에게 떠오르는 것은 무엇이든지 정당하다는 확신을 갖게 해 줌으로써, 내담자가 새롭게 떠오르는 대안을 포착하고 다지기 위하여 내면에 주의를 집중하도록 돕는다. 내담자가 제안했거나 코치가 제공한 시도, 재구성, 새로운 견해, 해결책은 항상 내담자의 근접 발달 영역과 준비도 내에 있어야 한다. 코치는 내담자가 즉시 달성할 수 없는 목표에 집중하지 않아야 한다. 이는 내담자의 실패감이나 부적절감을 증가시킬 뿐이다. 따라서 누군가가 절망적이거나 무력감을 느끼면 무력감이나 절망을 인정하기 전에, 그리고 대처할 준비를 하기도 전에 대처방법에 초점을 두는 것은 문제를 악화시킨다.

앞의 초점화 예에서, 코치는 조나단이 어떤 느낌이 들더라도 그 느낌을 매우 부드럽게 유지하고, 환영하며, 머물도록 도왔다. 처음에 나타난 느낌은 '정말 실망하였다.'였다. 코치는 조나단에게 그 느낌에 대해 깊이 생각하고 그 자리에 있을 수 있도록 격려하였다. 이것은 많은 사람에게 어려운 부분이며, 특히 고치는 문화 속에서 더 그러하다. 조나단은 자신이 느낀 점을 고치려고 하지 않고 그것을 분명히 표현하였다. 그는 느낌을 말로 묘사했다. 가장 분명하게 나타난 것은 다음과 같다. '실패자처럼 느껴진다. 조금 부끄럽다. 나는 다른 사람들에게 어떻게 말할 것인가? 내 인생의 다음 단계에 이것이 무엇을 의미하는지 잘 모르겠다. 어쩌면 내가 잘못된 길을 가고 있을 수도 있다.' 그는 그 느낌을 완전히 수용하였다. 그러자 그 느낌이 그에게 보내는 다른 메시지들을 구분할 수 있게 되었다. 그 느낌은 '정말 실망스럽다. 나는 부끄럽기도 하지만 무엇보다도 피곤하고 낙담이 된다. 계속 노력하거나 성공하고 싶지 않다. 무력감이 느껴진다. 그게 다야! 나는 너무 무력해. 혼란스러웠던 것이 바로 그거야.'로 발전하였다. 조나단이 진정으로 인정하고 받아들이기 전에 정서를 바꾸려고 했다면, 아마도 정서를 더 밑바닥으로 몰아갔을 것이다. 그러면 혼란이 시작되었을 것이다. 그는 이렇게 느꼈을 것이다. '그냥 혼란스럽다. 내가 무엇을 느끼는지 모르겠다. 나는 아무것도 느끼지 않는다.' 다행히 조나단은 자신의 정서에 초점을 맞추고 묘사하고 표현함으로써 자신의 일차, 또는 핵심 정서에 도달할 수 있었다(정서 코칭의 4단계).

그런데 일부 내담자의 경우 어떤 감정이 일차적이며 어떤 것이 이차적이거나 도구적인지 명확하지 않다. 따라서 코치는 감정이 일차, 이차 또는 도구적인지 평가하도록 내담자를 도와야 한다.

일차 정서 평가하기

사람들은 어떤 감정을 느낌이 신선하고 새롭기 때문에 핵심 감정으로 인식한다. 그 느낌은 내면적이든 외면적이든, 변화하는 환경에 대응하여 순간적으로 일어난다. 변화하지 않는 오래되고 정체된 것이 아니다. 2년 전에 승진에서 배제된 것을 기억하면서 사임한 것은 진부한 원한이 아니며, 미해결된 상처에서 비롯된 불평의 의미도 아니다. 오히려, 그것은 많은 경우에 생생한 느낌으로 내담자에게 무방비적이고 취약하게 느껴지게 한다. 이 정서는 내담자가 이용당할 때 느끼는 분노, 사랑하는 친구의 죽음으로 인한 상실의 슬픔, 또는 남 앞에서 지퍼가 열려 있거나 블라

우스 단추가 풀려 있는 수치심이나 창피함일 수 있다. 치료에서는 이전에는 흔히 일차적인 것으로 인식되지 않았던 정서이다.

내담자가 무언가를 느끼고 있다면, 내담자와 코치는, 먼저 "이 정서가 일차적인 정서를 모호하게 하는 이차적인 정서일까?" 하는 질문에 답할 필요가 있다. 예를 들어, "이 분노가 상처를 덮고 있는가?" "이 상처는 분노를 덮고 있는가, 분노의 뒤에 수치심이나 두려움이 있는가, 공허감 뒤에 고통이 숨어 있는가, 절망감 속에 더 깊은 눈물이 있는가?" "이 내담자는 슬픔을 걱정하는가, 분노를 두려워하는가, 취약함을 부끄러워하는가, 두려움을 염려하는가, 아니면 수치심을 슬퍼하는가?"라고 물어볼 수 있다.

일차 정서를 확인하기 위하여 코치는 탐색 과정을 촉진함으로써 내담자가 이차적인 정서와 생각의 덤불을 걷어내고 더 많은 것이 있는지 볼 수 있게 도와야 한다. 내담자가 일차 정서에 도달하면 일종의 내면의 종소리가 울리면서 "그래, 이거야. 이것이 바로 진정으로 느끼는 것이야."라고 알려 준다. 연습 없이 자신의 진정한 정서를 구분하기가 어렵기 때문에 코치와 내담자 모두 집중해야 한다. 두 귀를 빌려주고 집중해 주는 코치를 공동 탐색자로 두는 것은 내담자가 일차 정서를 찾기 위하여 주의를 기울이는 데 도움이 된다. 코치가 내담자의 정서적 지형에 대해 알고 있는 경우도 도움이 된다. 예를 들어, 코치가 슬픔과 분노를 알고 각 정서가 따로따로 표현되도록 할 때 내담자가 정서를 분화하는 데 도움이 된다.

코치는 내담자가 일차 정서에 도달할 수 있도록 중요한 것에 대해 그가 어떻게 느끼는지, 또는 지금 얘기하면서 느낌이 어떠한지에 대해서 질문한다. 또한 정서에 대한 신체의 감각에 주의를 기울이도록 요청할 수 있다. 그리고 느낌에 이름을 붙이고 스스로에게 질문하도록 한다. "이것이 나의 일차 정서인가? 분명하게 느껴지고 유동적인가?" 만약 그렇다면, 아마도 일차 정서를 경험하고 있는 것일 것이다. 또는 내담자가 스스로에게 "이 정서는 얽혀 있어서 긴장되고 고착되어 버린 나쁜 정서인가?"라고 자문할 수 있다. 코치는 내담자에게 없애고 싶은 정서인지, 잘못된 느낌이 드는 것인지 물어볼 수 있다. 그 정서가 불평, 비난, 또는 무기력한 수동성으로 가득한가? 그렇다면 더욱더 탐색하여 밝혀낼 필요가 있는 더 깊은 일차 정서를 가리고 있는 나쁜 정서일 가능성이 매우 크다.

일차 정서를 인식하는 것은 한편으로는 예술이고 한편으로는 학습 가능한 기술이다. 일차 정서는 좋게 느껴진다. 비록 고통스러운 정서일지라도 맞게 느껴진다. 비록 건강하지 않더라도, 더 확고하게 느껴진다. 일차 정서는 사람이 분명하게 느끼는 것이다. 그러므로 어떤 내담자는 "실패한 것처럼 느껴져." 또는 "망가진 느낌이나 혼자 있는 것이 두려워."라고 말할 수 있다. 이는 공황 상태에 빠지지 않고 말할 수 있다. 사람을 혼란스럽고 불안하게 만드는 대신, 발판을 제공한다. 그러므로 그 사람은 "그래, 그거야. 내가 느끼는 것이 그거야."라고 인정할 수 있을 것이다.

경험하고 탐색하기 전에는 정서가 일차적인지 아닌지 결정할 수 없다. 왜냐하면, 정서의 경험과 탐색 과정의 피드백에서 그 정서가 일차적인지의 여부를 알 수 있기 때문이다. 어느 정도는 처음에 분명히 있는 것처럼 보이는 것보다 더 많은 것이 정서에 있지만, 일차 정서는 아니다. 훈련을 받고 자신의 정서에 집중함으로써 더 깊은 정서를 발견할 수 있다면, 처음의 정서는 일차 정서가 아니다. 그 사람만이 실제로 구별할 수 있다. 비록 코치는 가끔 내담자가 분노, 슬픔, 두려움, 수치심의 징후를 보여 주고 있는지 알 수 있고, 그 내담자가 가장 핵심적으로 보이는 것에 집중하도록 도울 수는 있지만, 어느 것이 내담자의 가장 일차적인 반응인지 쉽게 평가할 수는 없다.

예를 들어, 치료에서, 코치는 내담자가 생산적으로 탐색 과정을 밟고 있는지 알 수 있다. 내담자의 목소리 특징을 듣고 탐색의 수준을 알 수 있으며, 눈동자의 위치로 의식적인 자각의 가장자리에서 새롭고 신선한 것에 집중하고 있는지 알 수 있다. 코치는 내담자가 희미한 배경에서 분명한 전경으로 무언가를 가져오려고 하는지 알 수 있으며, 언제 내담자가 자신의 표현에 명확성과 확신을 갖고 있는지, 언제 안도감과 자신감에서 오는 긴장이 풀어지는지 들을 수 있다. 코치는 내담자의 눈이 언제 빛을 발하고, 언제 명석하게 반짝이는지, 그리고 목소리에 확신감이 있는지 알 수 있다. 정서가 일차적인지 평가하는 가장 좋은 방법의 하나는 내담자의 이어지는 과정에 미치는 영향을 관찰하는 것이다. 정서가 내담자를 열어 주고 더 생산적인 단계로 나간다면, 내담자가 기능적으로 생산적인 정서에 접촉하였고 그것이 문제 탐색 및 문제 해결에 도움이 된다는 의미이다. 그러므로 그 정서는 일차적이고 적응적인 정서이다. 정서 코치는 정서가 일차적인가의 여부를 결정하는 데 도움이 되는 모든 단서(표현적인 단서와 후속 과정의 단서)를 알아차릴 수 있도록 훈련받아야 한다.

내담자가 일차 정서를 구별해 내도록 도울 때, 그 정서가 내면적이거나 외면적인 것에 대한 반응에서 느껴진 정서인가의 여부를 알아차리는 것 또한 유익하다. 외면적인 단서에서 나오는 정서는 대체로 더 구체적이고 확인하기가 더 쉽다. 이들 정서는 중앙선을 침범하는 운전자에 대한 내담자의 분노, 어두운 길에서 혼자서 가고 있는데 뒤에서 걸어오는 사람에 대한 두려움, 또는 어버이날에 침대 위에서 아침을 먹는 즐거움 등이다. 외면적인 단서에 대한 이러한 반응은 즉시성의 의미를 가진다. 그 순간에 감정이 피어오르고 그 느낌에 대한 의심의 여지가 없는 증거를 제공한다. 그 정서가 자발적이고 신선하고 살아 있기 때문에, 이 정서가 일차적인지에 대한 혼동이 없다. 비록 그 정취가 한동안 머물 수는 있겠지만, 상황이 변함에 따라 그 느낌은 사라질 것이다.

좀 더 내면적인 과정에 대한 일차 정서적인 반응에는 약간 다른 특징이 있다. 빠르게 정서가 그 사람에게 옮겨 가는 것보다 천천히 젖어들게 하는 것에 더 가깝다. 예를 들어, 이러한 반응에는 자녀의 첫 생일을 기억하거나, 자녀가 집을 떠났을 때를 회상하거나, 오랫동안 떠나 있다가 사랑하는 사람을 만날 생각을 하는 것과 같은 것이다. 이러한 감정은 여전히 일차적이지만, 덜 급하고 덜 행동 지향적이다. 그러므로 그날 아침 일찍 받은 사망 소식을 듣고 생긴 내면의 슬픔이 저녁 식사를 준비하는 가스레인지 가에 서 있거나 잔디를 깎는 것과 같은, 그 자체로는 사람을 슬프게 하지 않는 활동을 하다가 갑자기 몰려올 수 있다. 내면에서 일어난 이러한 정서는 강력하고 충만하다. 내면의 어떤 곳에서, 또는 모든 곳에서 느껴진다. 부드럽고 유쾌한 느낌일 때는 비단결 같고 벨벳처럼 느껴질 것이다. 정서를 언어로 포착하는 데 있어서 전문가인 시인과 작가들은 혼란이나 황홀감이 지나간 후의 이러한 정서를 "그 좋은 밤에게 상냥하게 하지 마시라."와 같은 선율로 묘사하거나, 죽음에 대한 반응으로 '빛의 죽음에 분노한다.'거나 '작별의 달콤한 슬픔'으로 묘사한다. 로버트 프로스트는 2장에서 인용한 것처럼 "감정이 생각을 발견하였을 때, 그리고 생각이 단어를 발견하였을 때 시가 된다."고 하였다. 은유는 이러한 정서를 포착하고 훌륭한 배우는 정서를 전달한다.

정서를 일으킨 생각을 쉽게 확인할 수 있을 때는 일차 정서가 아닐 가능성이 크다. 이러한 유형의 생각은 "회의에서 나는 바보같이 보였어. 전혀 앞뒤가 맞지 않았어."라든가, 내면의 부정적인 목소리가 "친구에게 애도 카드를 보내지 않아서 나는 나빠."라고 말한다. 여기에는 느낌에 선행하는 의식적인 생각이 분명히 있다. 이 부정적인 자기대화(self-talk)는 사람들의 의식에 스며들어 더 일차적인 슬픔, 수치, 분노를 가려 버릴 이차적인 나쁜 정서를 만들어 낼 수 있는 잡담의 한 형태이다. 이 상황에서 코치의 임무는 이러한 부정적인 생각을 일으키는 것을 확인하도록 돕는 것이다. 내담자는 실제로 자신의 생각 뒤에 숨어 있는 것을 알아차리도록 노력해야 할 것이다. 머릿속에 있는 자기비판적인 목소리로 이끄는 핵심에서 자신이 무엇을 느끼고 있는지 알아내야 한다. 코치는 내담자가 원래 상황으로 돌아가 그 회의에서 발언을 하도록 하지만 그 말이 분명하게 나오지 않는 그 순간을 똑똑하게 기억해 내도록 도와야 할 것이다. 경험의 의미에 대한 전반적인 기억보다는 실제 사건의 기억에 접근해야 한다. 자신이 야단을 맞아야 한다거나 부족하다고 생각하는 내담자는 이러한 생각들의 근원인 부적응적인 경험으로 돌아가야 한다. 예를 들어, 7세 때 침실 바닥에 누워 부모님이 올라오면서 나는 계단의 삐걱거리는 소리를 들으면서 침실 바닥에 누워 있던 것을 기억해야 한다. 이는 실제 감정에 접근하는 데 도움이 될 것이다. 그런 다음 그 당시에 실제로 얼마나 무서웠는지 경험하기 시작하게 된다. 그때 느꼈던 묻혀 버린 것을 파헤치고 찾아야 한다. 일차 정서는 버려짐에 대한 두려움과 근본적인 불안감이거나, 움츠러드는 실패감이거나, 분노일 수 있다. 일차 정서가 무엇이든, 부정적인 자기대화에서 오는 이차적인 나쁜 정서와는 매우 다르게 느껴질 것이다. 일차 정서는 자기 자신에 대한 핵심 감정이며, 그 감정을 확인하는 것은 목적지에 도착하는 것과 같다. 도착한 다음에는 이 중요한 일차 정서와 그와 관련된 기억에 주의를 기울여야 한다.

그 기억은 초기에 파내는 쓰디 쓴 송로버섯일 수 있다. 부모나 어린 시절 친구로부터 존중받지 못한 느낌이나, 첫사랑에게 무참히 차인 것을 기억할 수 있다. 여러 해 전의 작업 상황과 관련된 실패감을 기억할 수도 있다. 하지만 이 상처가 무엇이든지 간에, 내담자가 정서지능과 함께 그 상처를 다루면 자신의 가장 연약한 부분을 끌어낼 수 있다. 주의를 기울이면 쓰라린 경험에서 자기의 예민하고 연약한 부분을 끌어낼 수 있고, 연약한 그 부분을 힘을 부여하는 실체로 전환할 수 있다. 상처받은 부분으로 들어감으로써, 적응적이고 본질적인 자신의 보석을 찾을 수 있다. 이 건강한 실체는 타인과 연결되고 유능하게 되고자 하는 지극히 중요한 부분이다. 이 부분이 일단 깨어나기만 하면, 설령 절반의 기회가 주어진다 해도 탄력적으로 자신을 발휘할 것이다. 물론, 본질적인 자아가 나오도록 하기 위해서는 내부와 외부 모두에서 안전과 격려가 우선적으로 필요하다.

이차 정서 평가하기

이차 정서와 도구적 정서는 일차 정서와 비교하여 다른 특징을 갖는다. 일차 정서에 대한 접근을 모호하게 한다. 이차 정서는 너무 거슬리고, 너무 마음을 어지럽히고, 너무 팽팽하다.

휘둘리고 신경이 곤두서는 느낌을 갖게 한다. 이차 정서는 그 사람의 중심에서 분명하지 않고 전반적이고 원활하지 않은 혼란된 느낌을 갖게 한다. 자유롭게 호흡하지 못한다. 이차 정서는 기분을 나쁘게 하기 때문에 먼저 인식할 수 있다. 하지만 대개 포괄적이거나 불특정적이라는 점에서, 역시 기분을 나쁘게 하는 건강하지 않은 일차 정서와는 다르다. 사람들은 기분이 나쁘거나, 불편하고, 절망적이고, 그냥 막연하게 짜증이 나서 치료에 오는 경우가 많다.

이러한 정서는 전반적이고 확산되어 있으며, 자기 존재에 대한 반응이 아니라 상황에 대한 반응으로 더 자주 느껴진다. 무언가 잘못되었다는 것을 알려 주지만, 아직 무엇인지 모른다. 그냥 당황하고, 설명할 수 없을 정도로 화를 내거나, 낙담하고, 왜 이런 식으로 반응하는지 의아해한다. 우리는 이러한 수수께끼 같은 나쁜 감정을 탐색하고 이해해야 한다.

이차 정서는 일차 정서에 대한 반응이다. 그것은 일차 정서만큼 깊지 않고 정체감을 규정하지 않으며, 우울감, 의기소침, 패배감, 낙담 또는 침울함과 같은 우울 증상을 형성하는 경우가 많다. 이차 정서는 울컥하는 느낌이나 걱정, 공포감과 같은 불안 증상의 일부일 수 있다. 이차 정서는 또한 끊임없이 적대적이고, 신랄하고, 냉소적이고, 심술궂고, 격앙되고, 투덜거리는 것과 같은 분노장애의 일부일 수 있다. 이 정서들 역시 사람의 정체성의 일부가 될 수 있는 부끄러움, 두려움, 분노 또는 슬픔의 핵심적인 부적응적 감정이 아니다. 물론 나쁜 정서는 일차적이거나 이차적일 수 있다. 정서 구분은 불행하게도 매우 복잡한 일이다. 따라서 우리 각자는 어떤 유형의 정서가 경험되고 있는지를 스스로 판단하는 법을 배워야 한다.

정서가 이차적인 기분 나쁜 정서인 경우, 코치는 내담자가 일차 정서에 다가가도록 이차 정서 탐색을 도와야 한다. 우선 코치는 이차 정서를 인식하고 그 정서에 이름을 붙이도록 도와야 한다. 그런 다음 반응적이거나 방어적인 정서를 유발하는 것에 서서히 도달하도록 진행해야 한다. 이차 정서가 생기는 원인은 "너는 보고서 작성에 더 열심히 노력했어야 했는데, 너는 지루하였고 그렇게 정확하게 말하지도 않았고 책임감이 없었어."와 같이 특정 행동이나 사건에 대한 '부정적인 생각'이나 '명령(shoulds)'일 수 있다. 그러므로 코치는 내담자가 이러한 이면의 자기 대화를 통하여 가장 기본적인 정서에 닿도록 도와야 한다. 예를 들어, 한 남자가 자신에게 "더 많은 용기와 자신감을 가져야 한다."고 말할 수 있으며, 이는 그를 불안하게 만드는 경향이 있다. 심지어 그는 자신에게 "그렇게 꿔다 놓은 보릿자루처럼 서 있지 말고, 크게 말해!"라고도 할 것이다. 이러한 명령은 자신에 대해 그렇게 확신이 없는 것에 대해 더 기분 나빠지게 한다. 이러한 불안과 절망은 이차적이다. 고통스럽고 실제적이지만, 일차적이지 않다. 이와 같은 이차 정서는 많은 경우에 자신이 하고 있는 것이 좋지 않다고 스스로에게 말하는 사람들에게로 온다. 이는 "자신감 있게 열심히 노력해야 한다."거나 "우울하거나, 불안하거나 확신이 없어서는 안 돼."와 같은 '격려' 대화를 하게 만드는 부적절한 느낌이다.

반면에, 일차 정서는 우울하거나, 불확실하거나 자신감이 없는 느낌의 중심에 있는 아직 발견되지 않은 정서이다. 코치는 사람들이 자신의 일차 정서가 무엇인지 발견하도록 도와야 한다. 때로는 일차 정서가 화를 내거나 슬퍼하는 적응적인 느낌이거나, 그 사람 자체에 대해 비건설적인 신념을 갖고 있는 건강하지 않은 일차 정서일 수 있다. 부적응인 일차 정서는 거부되거나 사랑받지 못하는 것에 대한 불안이나 핵심적인 두려움, 기본적인 불안전감, 도움 없이는 생존할 수 없다는 느낌, 또는 무가치한 것에 대한 수치심일 수 있다. 이러한 모든 일차 정서에 대한 인식은 지능적인 삶으로 가는 첫걸음이다. 그러나 연습을 많이 하지 않으면 일차 정서를 확인하기란 쉽지 않다.

도구적 정서 평가하기

내담자가 자신의 도구적 정서를 자각하도록 돕는 것이 훨씬 더 복잡할 경우가 있다. 이 감정들은 대체로 정상적인 의사소통 방식의 일부이므로 그냥 자연스럽게 느껴진다. 예를 들어, 어떤 사람은 반복되는 분노감을 느끼거나 전반적으로 화난 감정을 느낄 수 있다. 다른 사람은 세상이 불공평하다거나 감당하기에 너무 벅차다는 식의 고통받는 태도로 항상 불평할 수 있다. 이런 사람들은 아무도 자신에게 신경 쓰지 않는다는 것을 전해 주는 얼굴 표정이나 목소리를 사용하거나, "나를 불쌍하게 봐 줘."라는 신호를 보낸다. 또 다른 사람들은 불신감이나 아무도 나한테 관심이 없다는 느낌에 의해 오랫동안 냉랭하고 거리감을 둔 것처럼 보일 수도 있다. 이러한 도구적인 정서 표현은 삶에서 다소 유용한 것으로 입증된다. 이들 정서는 동정심을 갖게 하거나 자기보호나 자기변명에 도움이 되어 왔다. 내담자와 치료사가 다 같이 그러한 정서가 일차 정서가 아님을 인식하는 방법은, 그 정서가 특정 상황에 대한 반응이 아니라 그 사람의 태도의 일부이며 여러 상황에 걸쳐서 일어난다는 점을 인식하는 것이다. 그 정서들은 욕구하거나 원하는 것을 얻기 위하여 다른 사람들과 상호작용하는 방식을 표상한다.

도구적인 정서는 너무 친숙하고 규칙적이어서 자각 없이 일어나기 때문에, 이를 인식하기 위해서 다른 사람들로부터 피드백을 받아야 하는 경우가 많다. 그러한 경우에 코치는 내담자의 표현을 경험하는 것에 대해 비판단적인 방식으로 관찰하여 피드백을 제공한다. 일반적으로, 자신의 도구적 정서에 대해 배울 수 있는 가장 좋은 방법은 다른 사람들이 자신의 정서를 어떻게 인식하는지 주의를 기울이는 것이다. 내담자는 자신이 다른 사람에게 가장 자주 표현하는 감정과 이것이 그에게 어떤 영향을 미치는지에 대한 피드백을 그 사람에게 부탁할 것을 코치로부터 권유받을 수 있다. 가장 가까운 사람이 내담자의 어떤 정서 표현에 의해 조종된다는 느낌을 받는다면 부탁하기가 훨씬 더 어렵다. 자신의 상처나 불만스러운 얼굴 표정이 다른 사람에게 죄책감을 느끼게 하거나 보호자가 되어 주기를 강요하는가? 자신의 분노나 격앙된 목소리가 다른 사람을 침묵시키거나 두려워하게 하는가? 그렇다면, 이러한 형태의 도구적 표현을 어디서 배웠는지 자문할 필요가 있다. 그다음에 자신의 욕구를 충족시킬 더 직접적인 방법을 찾아야 한다. 정서가 도구적인가를 알아내는 또 다른 방법은 어려움 없이, 한순간에 그 감정을 뒤로 미룰 수 있느냐는 것이다. 그러므로 분노의 목표가 지배하기 위한 것이라든가, 눈물의 목적이 동정심을 불러일으키는 것이라면, 전화벨이 울릴 때 그 사람은 어려움 없이 자신의 감정의 스위치를 끌 수 있다. 일차 정서로는 이렇게 할 수 없다.

이차 정서에 숨어 있는 일차 정서 찾기

이제 서로 다른 이차 정서에 대한 몇 가지 구체적인 예를 살펴보고 핵심 감정을 확인해 보겠다.

이차적인 슬픔

한 내담자가 이렇게 말한다. "저는 슬프고, 그냥 의기소침하고, 희망이 없어요. 그는 절대 내 말을 듣지 않아요. 아무것도 변하지 않을 겁니다. 관계가 안 좋아요. 저의 말이 먹힌 적이 없고 제가 필요한 것을 얻을 수가 없어요. 항상 그는 '그래, 하지만' 아니면 '내 욕구가 당신의 욕구보다 더 크다.'는 식이고, 이제 그만 포기하고 싶어요."

이는 일종의 우울하고 절망적인 슬픔과 체념으로서, 자신의 분노가 상대방에게 들리지 않거나, 인정받지 못하거나, 어떤 영향력도 미치지 않을 것이라고 느끼는 것이다. 슬픔은 무능한 분노감에 대한 반응에서 느껴지는 것이다. 이런 경우 정서 코치는 내담자의 절망감과 상처를 인정하면서, 내담자의 관심을 자신의 목소리로 올라오는 짜증스러운 느낌에 집중시키고 충족되지 않은 욕구나 원하는 것으로 전환시킬 수 있어야 한다. 이는 내담자의 자기주장적인 분노를 활성화시키기 시작할 것이다.

코치는 핵심적인 슬픔과 고통의 눈물과 핵심적인 좌절이나 분노 반응에 의한 슬픔의 눈물을 구분할 수 있어야 한다. 분노를 느끼지만 자신의 분노를 상대방에게 들리게 할 만한 힘이 없다고 느낌으로써, 만성적으로 상처, 희생화, 슬픔으로 무너질 경우에 흔히 무력한 눈물을 흘린다. 되풀이되는 우울감은 흔히 상실에 대한 핵심 정서인 슬픔을 거부하는 경우에 일어난다. 이러한 이차 슬픔은 종종 핵심 슬픔을 일으키는 상실을 진정으로 받아들이는 것이 아니라, 일종의 일반화된 절망감이다. 이루지 못한 것에 대해 체념하는 심정에서 자신에게, "노력해 봤자, 무슨 소용이야."라고 말할 수 있다. 또한 자신을 비판하거나 "해야 하는데, 또는 하지 말아야 하는데."라고 생각할 때 절망감과 슬픔을 느낄 수도 있다. 그 사람의 한 부분이 잘 대처하지 못한 다른 부분을 비난할 수 있다. 어떤 사람은 "화내지 않아야 해. 나는 불평할 권리가 없어."라고 생각할 수 있으며, 그러고 나서 슬퍼지고 절망적으로 느껴지기 시작할 것이다. 이러한 자기비판은 종종 상황을 악화시키며, 자신이 정말로 화가 난 것을 표현하기가 더 어렵게 만든다. 다음의 연습은 이차 슬픔의 이면에 있는 일차 정서를 확인하는 데 사용할 수 있다.

- 어떤 상실을 겪지 않았지만, 일종의 슬픔으로 반응한 상황을 확인한다.
- 자신이 가장 잘 알고 있는 느낌을 확인한다. 일반적으로 우울하게 느껴지거나 자신에 대해 미안하거나 상처받은 느낌일 수 있다.
- 그런 다음 스스로에게 "내가 느끼고 있는 더 기본적인 감정이 있는가? 나의 슬픔 아래에 분노나 원한이 있는가?"라고 자문한다. 가장 기본적인 느낌을 찾는다. 언어로 표현한다.

이차적인 분노

줄리아의 남자 친구는 자신의 감정에 줄리아가 민감하지 않다고 비난한다. 그는 자신이 항상 줄리아의 얘기를 잘 들어 준다고 주장하는데, 오늘 그가 이웃 청소년에게 거의 폭행당할 뻔했다는 이야기를 하였을 때, 그녀는 자신의 다가올 시험에 대한 불안을 얘기하면서 주제를 빠르게 바꿔 버렸다. 그는 줄리아가 자신에게 신경 써 줄 것을 요구하며 그녀의 시험 불안에 대해 이야기하기보다는 그를 안아 줘야 한다고 말한다. 그녀는 사과하지만 그가 너무 비판적이고 요구적이어서 화가 난다. 그녀는 거리를 두기 시작한다. 여기서 정서 코치는 줄리아와 그녀의 남자 친구가 각자의 내재된 비난에 대한 상처와 지지에 대한 욕구에 접근하도록 돕고, 이를 비난이 아닌,

자기개방적인 태도로 소통하도록 도울 수 있다.

분노에 대한 대부분의 반응은 상처나 무력감과 같은 내재된 정서를 덮어 버린다. 앞의 예에서 커플의 두 구성원 모두 상처를 느낀다. 줄리아의 남자 친구는 위로가 필요한데 그녀에게 그가 중요하지 않다는 느낌을 받고, 줄리아는 두렵고 거부당한 느낌을 갖는다. 그러나 둘 다 핵심적인 느낌에 대한 이차적인 분노를 표현한다. 분노를 다루는 데 있어 혼란스러운 문제 중 하나는 그것이 핵심 반응이 아니라 방어적인 정서라는 것이다. 이 경우 다른 정서나 스트레스가 분노에 불을 지핀다. 일단 분노가 일어나면, 그다음에는 더욱더 화가 나는 생각을 한다. 사람들이 화가 날 때, 더 화나게 하는 생각들을 할 수 있다. 화를 빨리 내는 사람들은 분노에 대처하는 방법을 배워야 하며, 분노를 통제할 수 없는 경우 타임아웃이나 10까지 세기와 같은 기술이 도움이 될 수 있다. 분노 조절에 있어 또 다른 중요한 기술은 강화되기 전에 핵심 분노의 상승을 조기에 인식하고 표현하는 것이다. 이는 분노의 상승 작용을 막는 중요한 수단이다.

다른 정서에서 오는 스트레스와 고통을 막기 위해 분노를 사용할 수도 있다. 분노를 느끼면 두려움이나 상처와 같은, 분노보다 더 불편할 수 있는 다른 정서를 자각하지 못하게 된다. 분노를 표현하면 근육의 긴장이 풀리고, 이러한 다른 정서와 관련된 높은 각성 수준을 낮출 수 있다. 놀란 부모가 길로 뛰어가는 아이에게 분노로 반응할 수 있다. 이러한 이차 분노는 부모가 위험을 알아차리고, 두려움을 느끼고, 아이를 비난하고, 화를 내고, 그리고 나서 두려움의 느낌을 내려놓는 행동을 하는 것과 같이 빠른 순서로 일어난다. 마찬가지로, 비판당하거나 거부당했을 때 상처를 받는 사람은 자신의 상황이 불공평하다고 판단하고 다른 사람이 한 일이 잘못되었다고 결론을 내릴 수 있다. 마찬가지로, 분노는 순간적으로 죄책감, 우울감 및 존중받지 못하는 느낌을 없애기 때문에, 죄책감이나 무가치감을 느끼기보다는 상대방을 비난하거나 비판할 수 있다. 이는 부부 싸움과 부모−자식간의 말싸움에서 자주 일어난다. 슬프거나 실망감을 느끼기보다는, 고통스러운 감각과 생각을 지우기 위해 어떤 것에 또는 다른 사람에게 화를 낸다.

분노는 흔히 자존감 상실에 대한 수치심이나 약한 자아에 대한 두려움에서 발생하고, 그 수치심과 두려움을 감춰 버린다. 사람들은 거부당하거나 굴욕적일 때 수치심을 흔히 느끼는데, 그것은 이들 감정이 극도로 고통스럽고, 분노가 이들 감정을 감춰 주기 때문이다. 부부 폭력은 가해자가 자신의 무력한 의존성을 다룰 수 없는 '수치심-분노 사이클'에서 비롯되는 경우가 많다. 그가 무력하다고 느낄 때 수치심을 느끼고, 자신의 수치심이라는 핵심 감정을 감추기 위하여 분노를 폭발시킨다. 또한, 초기의 건강한 분노 반응이 점차 분노를 강화하는 일련의 건강하지 않은 생각과 정서에 의해, 어떻게 이차적인 격분으로 상승될 수 있는가를 이해하는 것이 중요하다. 이러한 연속체에서 모든 연속적인 촉발(생각, 지각 또는 상호작용)은 한층 더 분노를 분출하는 요인이 되어 각 순간이 이전의 순간 위에서 형성된다. 이성에 의하여 적절히 조절되지 않은 격노는 쉽게 폭력으로 분출된다. 그러므로 분노로 이어지는 무력한 의존성이나 수치심에 접촉하여 이를 전환시킬 뿐만 아니라, 분노에 기여하는 생각을 풀어 헤치는 것도 도움이 될 수 있다. 부적응적인 핵심 분노와 수치심에 대한 이차적인 분노를 구분하기 어려운 경우가 종종 있다. 부적응적인 핵심 분노는 갑자기 촉발되고 외상 후 플래시백과 과거의 폭력에 대한 반응과 더 비슷한 반면에, 이차적인 분노는 수치심이나 두려움에 이어 일어난다. 정서 코치가 내담자의 과정을 따르고 그들이 느끼는 모든 것을 인식하도록 돕는 한, 이 두 가지 유형의 분노를 구별하는 것이 그렇게 중요하지는 않다. 두 경우 모두 그 사람의 분노 각성이 조절되어야 하고, 다른 더 건강한 정서에 다가갈 필요가 있다.

이차 분노의 또 다른 일반적인 유형은 사람들이 자신이 한 일이나 느끼는 방식에 대해 스스로 화를 내는 경우이다. 이 유형의 이차 분노는 적대적인 자기비판의 형태를 취하는 경우가 많다. 자신에게 화를 내는 것은 대개 수치심, 실패감, 죄책감 또는 우울감을 가져오게 된다. 우울감, 결핍감이나 두려운 감정 때문에 자신에게 화를 낼 수 있다. 이러한 상황에서는 이 분노를 우회하여 핵심 감정에 주의를 기울여야 한다.

치료에서 한 내담자는 자신이 자기주장적이지 않은 것 때문에 자신을 책망하였다. 그녀는 다른 사람들의 요구나 요청에 대해 거절할 수 없었기 때문에 '유치하고' '겁쟁이'같이 느껴졌다. 치료사는 이 분노가 실제로는 핵심적인 불안감을 가리고 있다는 것을 감지하였다. 치료사는 내담자의 분노에 초점을 맞추지 않고, "마치 어린 아이처럼 느껴지고, 다른 사람들의 반대에 대하여 너무 무섭고, 너무 끔찍한 것이 있네요."라고 반응하였다. 이를 통해 내담자는 불안감과 그녀의 건강한 욕구에 집중할 수 있었다. 그녀의 분노에 집중하기보다는, 반대에 대한 두려움과 타인과의 연결감에 대한 욕구를 탐색하는 회기가 되었다.

다음의 연습은 이차 분노의 이면에 있는 일차 감정을 확인하는 데 도움이 된다.

- 부당한 대우를 받았다고 느껴지는 상황과는 반대로, 거부감을 느꼈기 때문에 분노를 표현한 상황을 확인한다.
- 거절당했을 때 느낀 분노 정서의 특징을 확인한다.
- 그런 다음, "내가 느끼고 있는 더 본질적인 것이 있는가? 나의 핵심 감정은 무엇인가?"라고 질문한다. 자신의 분노 이면에 두려움이나 슬픔이 있는가?

이차적인 두려움과 불안

알렉스는 동료와 이야기하는 것이 무섭게 느껴진다. 그녀는 그 동료가 사무실에서 일어난 상황에 대해 상사에게 정직하게 얘기하지 않고 그녀를 나쁘게 보이도록 하였다고 느낀다. 그녀는 정서 코치에게 지금 이 동료를 얼마나 두려워하는지, 그리고 가짜 미소로 복도에서 어떻게 그에게 인사를 해야 할지 말한다. 대화를 하면서, 그에게 화가 나지만 그의 지지와 동료애를 잃을까 봐 그와 직면하는 것을 두려워한다는 것이 분명해진다. 코치는 내담자가 부당하게 대우받고 있다는 핵심 정서와 상황을 바로잡을 필요성에 초점을 맞추도록 돕는다. 거부에 대한 두려움이 자신의 권리 주장을 가로막고 있다는 코치의 인정과 내담자의 깨달음으로, 그녀는 동료와 이야기하기로 결정한다.

두려움과 불안이 이차 정서일 경우, 이것은 임박한 외부의 위험에서 오지 않는다. 그 정서들은 넓은 세상에서 길을 잃은 불안한 아이처럼 느껴지는 핵심 정서에서 비롯된 것도 아니다. 오히려, 두려움이나 불안의 이차 정서는 사람들이 자신의 분노, 슬픔 또는 허약함이 타인과의 관계를 해칠까 봐 걱정하거나 불안해할 때 일어난다. 이로 인하여 핵심 정서를 경험하지 않으려고 한다. 자신의 분노와 슬픔을 억제하는 것은 종종 불안하거나 취약하다고 느끼게 만든다. 이 경우 정서 코치는 일차 정서를 인식하도록 안내할 수 있다.

많은 경우에 약함의 핵심 정서를 피하려고 노력하며 다른 사람들에게 너무 의존적일까 봐 두려워할 수 있다. 자신의 의존감을 시인하고 이러한 감정을 두려워한다는 것을 인정하지 않으면, 다른 사람들과 분리될 때 매우 불안해지고 자신의 불안을 이해하지 못하게 될 것이다. 이차적인 불안을 만드는 또 다른 주요 요인은 미래에 대해 지나치게 큰 기대를 갖는 것이다. 그러한 경우, 생각이 불안의 주요 원인이다. 내일 있을 회의가 재앙이 될 것이라거나 첫 데이트에서 퇴짜 맞을 것이라고 상상할 수 있으며, 이러한 오늘의 걱정과 불안은 내일을 준비하는 데 방해가 된다. 다음의 연습은 내담자가 이차 불안의 이면에 있는 일차 정서를 밝혀내는 데 도움이 될 수 있다.

- "배우자에게 너무 의존하고 있는 것이 걱정된다."거나 "배우자에게 화가 났다고 말하는 것이 겁난다."와 같이, 당신의 다른 감정에 대해 느껴지는 불안을 확인한다.
- "마음속 깊이 혼자되는 것이 두렵다."거나 "화가 난다."와 같이, 당신이 회피하고 있는 핵심 정서를 말로 표현한다.
- 당신의 핵심에 있는 것을 느끼도록 한다. 그것을 기꺼이 수용한다. 당신의 일차 정서 속의 욕구, 목표 또는 걱정을 확인한다.

이차적인 수치심과 창피함

빌은 기대하였던 승진을 하지 못하였다. 그는 내일 사무실에 가야 하고 사람들은 무슨 일이 있었는지 물어볼 것이다. 그는 동료들과 마주치기보다는 도망가고 싶다. 치료에서 그는 수치심을 유발하는 과정을 탐색하여야 할 것이다.

자아에 대한 부정적인 관점과 자만심은 이런 형태의 수치심을 유발한다. 스스로에게 "내가 너무 서툴렀다."거나 "멍청했다."고 말하며, 이로 인해 이차적인 수치심이 생긴다. 그런 다음 다른 사람들이 이런 식으로 자신을 업신여길 것이라고 생각한다. 회의에서 자신의 아이디어를 내세우지 않아서 스스로 비겁하게 생각될 때 이차 수치심을 느낄 수 있다. 자신의 부정적인 판단과 이들 판단을 타인에게 투사하는 것은 이차 수치심을 다룰 때의 주요 쟁점들이다. 자기비판을 다룰 수 있으면 수치심이 사라진다. 이 경우는 훨씬 더 완고하게 자기에게 고착되는 핵심 수치심과는 다르다. 핵심적인 수치심에서는, 자신이 실수한 것이 아니라 자신이 실수인 것처럼 느낀다. 이차 수치심을 다룰 때, 정서 코치는 내담자가 자기 목소리 내의 수치스러움을 확인하도록 돕고, 그 목소리와 싸우기 위하여 자부심, 자기주장적인 분노와 자기가치감을 동원하도록 도와야 한다.

이차 수치심이나 창피함의 큰 원인 중의 하나는 다른 사람이 부정적인 방식으로 자신을 판단할 것이라고 상상하는 것이다. 바보처럼 느껴지거나 무방비하게 노출되었다고 느껴지는 사회 경험에는 대체로 다른 사람이 자신에 대해서 생각하고 있는 것을 상상하는 것이 포함된다. 즉, 자기 자신에 대한 관점을 다른 사람에게 투사하여, 다른 사람을 거울처럼 대한다. 그런 다음 다른 사람이 자신에 대한 이러한 부정적인 생각을 믿는 것으로 느낀다. 따라서 사람들은 종종 자신의 신념 때문에 부끄러워한다. 자신을 부끄럽고 어리석게 느끼게 하는 것은 바로 이러한 부정적인 생각이다. 예를 들어, 수는 멋진 저녁 파티에서 버터에 버터나이프를 쓰지 않고 다른 나이프를 사용한 사회적 실수를 저지른 것에 대해 창피함을 느낄 수 있다. 다른 사람은 수가 사용하고 있는 나이프에 주의를 기울이지 않았지만, 그녀는 다른 사람 눈에 띈 것처럼 느꼈다.

수치심은 또한 다른 핵심 정서 경험에 대한, 그리고 그 경험을 덮기 위한 반응일 수 있다. 수치심은 상처를 받거나, 약하거나, 결핍되거나, 화를 내거나, 두려움을 느끼는 핵심 정서를 숨길 수 있다. 이는 내면의 경험과 욕망에 대한 수치심이며 자신을 드러내고 노출되는 것에 대한 수치심이다. 자신이 느끼고 있는 것에 대해서 수치심을 느낄 때, 그 수치심은 많은 경우에 허약함과 취약함을 수용할 수 없는 것과 관련이 있다. 이는 대부분의 사람들이 직면하는 까다로운 상황이다. 이것은 수치심을 가린다는 점과, 사람들은 자신의 느낌에 대해서 부끄러워한다는 점에서 핵심적인 수치심과는 다르다. 사람들이 수치스러운 것에서 분리되는 경향이 있다는 점에서 일반적으로 차이가 있다. 이차 수치심은 핵심적인 수치심과 별개로 존재하여, 총제적인 자아에 대한 것이라기보다는 느끼는 것이나 행한 것에 대한 것이다. 그러므로 성적 환상에 대해서나 비판에 반응할 때의 자신의 약점에 대해서 부끄러워할 수 있다. 다음의 연습은 내담자가 이차 수치심 이면의 일차 정서에 접근하는 데 도움이 된다.

• 부끄러운 상황을 확인한다.

- 부끄러움에서 숨지 않고 그 감정에 머문다. 당신이 겪은 체면의 상실은 무엇인가? 당신을 비판하는 내면의 목소리가 있는가?
- 이 목소리에 직면한다. 자부심에서 나오는 목소리로 다시 말한다.

이차적인 절망감

사람들은 종종 정서를 다룰 때 절망감을 나타낸다. 포기하고 싶다고 말하고 절망에 빠질 수 있다. 이 상태에서, 내담자는 허망함이나 미래에 대한 암울함을 느끼거나, 패배감이나 체념에 지배당한다. 절망감은 이차 슬픔과 관련이 있지만, 내담자가 힘들 때 너무 만연될 수 있으므로 그것 자체만 따로 논의할 필요가 있다. 절망감은 상황에 대처하는 자기 안의 자신감 결여와 무력감이 겹쳐진 경우가 많다. 절망감을 표현하는 말에는 허무함, 패배, 두들겨 맞은 느낌, 포기, 싸우지 못함, 운명, 원하는 것을 가질 수 없거나 성취할 수 없다는 느낌, 체념, 굴복 및 자살 생각 등이 포함된다. 무기력과 무력감은 내적인 대처 자원, 자신감이나 능력, 상황을 제어하거나 변화시킬 권력이나 강인함에 대한 결여감을 의미한다. 또한 작은, 숨 막히는, 무감각한, 움직일 수 없는, 갇힌 느낌, 무방비, 지친, 피곤한, 파괴된, 눌러진, 으깨진 느낌, 부적절하거나 무가치한 느낌 등을 표현할 수도 있다. 노력이 더 이상 소용없고 포기해야 할 때를 알려 주는 적응적인 절망 상태도 있다. 다른 적응 감정과 마찬가지로 이것은 적응 행동을 알려 주고 일단 행동이 완료되면 그 사람은 다음 단계로 넘어간다. 반대로, 이차적이고 부적응적인 절망 상태는 그 사람을 고착시키기 때문에, 다음 단계로 넘어가기 위해서는 변화되어야 한다.

이러한 절망감이나 낙담에 대처하도록 돕는 것은 중요한 치료적 과제이다. 절망감은 매우 핵심적인 것처럼 보이지만, 두려움, 수치심이나 분노 또는 슬픔과 같은 다른 핵심 경험을 덮어 버리는 이차 상태인 경우가 많다. 코치는 이면의 숨은 정서를 느끼도록 도와야 한다. 사람들이 매우 낙담하여 고착되어 버려서, 이러한 상태를 벗어나게 하려면 발판이 필요하다. 따라서 이 영역에서의 코칭이 특히 중요하다. 정서중심치료에서 절망감의 해결방법에 대한 연구에서, 우리는 내담자들이 치료사의 도움으로 단계를 밟아 가는 것을 발견하였다(Sicoli & Greenberg, 2000).

첫 번째 단계는 부정적이고 절망적인 생각과 신념을 확인하여 주체자의 감각으로 절망감을 경험하도록 내담자와 협력하는 것이다. 이 과정에 자아의 두 부분 간의 두 의자 대화는 많은 도움이 된다. 이 개입은 제5장에서 더 자세히 논의되었다. 한 의자에서 이러한 개입을 통하여 그 사람은, "무슨 소용이 있을까?"라든가 "너는 절대 성공하지 못할 거야."라든가 "너는 공허한 운명을 타고났어."라고 말함으로써 절망감을 유발하는 주체자를 재연한다. "너는 쓸모가 없어." "너는 그런 겁쟁이야." "아무도 너를 원하지 않을 거야." 또는 "너는 항상 엉망이야."라고 말할 수도 있다. 초기 단계는 내담자가 자기 자신의 내면의 절망감을 생성하는 과정을 인식하고 탐색하도록 돕는 것이다. 그런 다음 내담자는 자신의 귀인과 사고방식이 절망적인 상태를 유지하는 데 기여하고 있으며, 자신의 절망감이 외부의 상황에서만 오는 것이 아님을 이해하기 시작한다. 처음에 내담자는 종종 자신이 어떻게 절망감을 만들어 내는지 확신하지 못하고 혼돈의 시기를 겪을 수 있다. 하지만 좋은 동맹 관계를 맺으면 혼돈을 걸러 내려는 의지와 그 과정을 이해하려는 시도를 하게 된다. 결국 내담자는 희망이 없다는 느낌을 스스로 '만들고 있는' 내면의 과정에 기여하고 있으며, 스스로에게 그것을 말하면서 이러한 상태를 유지하고 있다는 것을 알게 된다. 부정적인 인식의 내용은 종종 무력감, 대처 능력에 대한 믿음 부족, 자기비하적인 말, 미래와 가치 및 기준에 대한 부정적인 신념, 그리고 자기비난에 대한 주제 중심으로 되어 있다. **주체자**(agent)로서의 자기탐색은 배우자와 말하지 않기, 위축, 또는 지연과 같은 무활동과 회피가 절망감에 어떻게 기여하는지 아는 것이다.

절망적인 상태를 활성화한 후에, 변화를 이루는 다음 단계는 새롭고 더 핵심적인 정서 경험(슬픔, 고통, 분노)에 접근하는 것이다. 코치는 내담자가 더 일차적인 정서를 찾도록 돕는다. 내담자는 절망감을 만들어 내는 부정적인 인식과 **주체성**(agency)을 확인함으로써 일어나는 새로운 느낌을 찾아낸다. 그리하여 내담자들은 목소리 내의 절망감을 불러내는 운명적인 말에 반응하여 실제로 느끼는 감정에 대해 절망감과 고통을 느낄 수 있다. 내담자가 정서를 경험하지만, 처음에는 그것은 온전하게 경험하지 못할 수도 있다. 느낌은 분화되지 않고 내담자는 "내가 무엇을 느끼는지 모르겠다."고 말하면서 혼란을 표현할 수 있다.

코치는 내담자와 협력하여 이면의 고통, 슬픔 또는 분노를 보다 온전히 느끼게 한다. 내담자가 경험에 대해 초연하게 말하는 것에서 더 초점화된 체감 경험으로 전환할 수 있도록 돕는 것이 중요하다. 어느 정도 탄력성이 있는 사람들과 함께, 절망감을 피하지 않고 머무르도록 돕는 것이 때로는 그들이 튀어 오를 수 있는 최선의 방법일 수 있다. 코치의 인정과 공감으로 바닥을 침으로써 반등을 이끌어 낸다. 더 절박한 상태에 있는 사람들의 경우에는, 이 '함께 머무르기' 방법이 회복력을 가져오지 않는다. 다른 감정에 주의를 기울이거나 욕구에 접근하여 대안적인 정서에 접근하는 것이 더 좋다. 이러한 초기 단계에서 접근할 수 있는 욕구는 전면적이고 모호할 가능성이 높지만, 코치의 욕구에 대한 언급만으로도 내담자가 자신의 상태를 보다 진취적인 상태로 전환하는 데 도움이 되는 경우가 많다. 절망감은 욕구를 충족시키지 못하는 것에 대한 반응이다. 내담자가 이면에서 떠오르는 욕구와 적응 정서를 진정으로 느끼고 수용하고 이들 정서를 언어적으로나 비언어적으로 표현할 수 있으면, 총체적인 절망감이 해체되기 시작할 것이다. 이처럼 현재의 정서 경험에 보다 초점화된 접촉을 통하여, 내담자는 더욱 깊이 있고 구체적으로 그 의미를 탐색하기 시작한다. 느끼는 것뿐만 아니라 느낌의 수용도 중요하다.

어떤 경우에는, 내담자가 절망감의 이면에 있는 일차적인 두려움, 즉 살아남을 수 없다는 두려움에 접촉한다. "저는 정말 무서워요. 나는 힘이 없다고 느껴져요." 또는 "계속해서 되풀이될까 봐 그리고 내가 거기에 대처할 수 없을까 봐 두려워요." 부적응적 두려움은 개인 내적으로(예: 대처할 수 없는 것에 대한 두려움, 무너지는 것에 대한 두려움, 실패나 미래의 암울한 운명에 대한 두려움), 그리고 대인적으로 (예: 남에게 권리를 침해당하는 것에 대한 두려움) 나타날 수 있다. 두 가지 형태의 두려움은 절망을 극복하기 위해 내면의 힘에 접근하는 것을 막는다. 핵심에는, 대인 간의 두려움에서도 "그들이 나를 다치게 할 거고 나는 대처할 수 없을 것이다."와 같이, 자아가 대처할 수 없다는 두려움이 있다. 이는 경험되어져야 하며, 그리고 나서 보다 적응적인 정서로 대응해야 한다.

다음의 연습은 내담자가 이차적인 절망감의 이면에 있는 일차 정서에 접근하는 데 도움이 된다.

- 부정적이고, 절망감을 가져오는 생각과 신념을 확인한다.
- 절망감의 밑에 있는 새롭고 더 핵심적인 경험에 접근한다.
- 자신에게 "내가 느끼고 있는 더 근본적인 것이 있는가? 나의 슬픔 아래에 분노나 원한이 있는가?"라고 물어본다. 가장 근본적인 감정을 찾는다. 말에 '나는'

을 붙인다.

- 충족되지 않은 욕구를 파악하고 재소유한다.
- 새로운 상황에서 욕구 상실을 애도하거나 자신의 권리를 주장한다.

도구적 정서 이면에 있는 일차 정서 찾기

이제 다른 정서의 도구적 표현을 확인하는 것에 대해 살펴본다.

도구적 슬픔

샐리는 그녀의 욕구를 충족시키지 못하고 있다. 그녀는 좌절하고 치료에서 무기력하게 울고 있다. 치료사는 그녀의 울음에 어떤 요구가 있음을 느끼고, 그 요구는 그녀에게 어느 정도 고착되어 있고, 그녀의 기분을 더 좋게 만든다는 것을 느꼈다. 치료사는 이 끌어당김이라는 것에 대응하기보다는 샐리를 해방시켜야 한다는 느낌이 들며, 그녀가 치료사에게 이것을 하도록 호소하는 느낌이 있는지 궁금하다고 샐리에게 말한다.

슬픔에 대한 도구적 표현의 좋은 예는 불평하는 한 방법으로서 우는 것이다. 이를 '징징거리기'라고 비하적으로 표현한다. 눈물의 도구적 기능을 인식할 수도 인식 못할 수도 있으며, 진정으로 필요하다고 느낄 수 있다. 정서 코치는 "무엇을 원하나요?" 또는 "당신의 눈물에 어떤 종류의 반응을 해 주기를 바라나요?"라고 물음으로써 눈물의 목적에 집중해야 한다.

한 학생이 여성교수에게 가서 학급 프로젝트에 대한 성적을 올려 달라고 부탁한다. 성적이 69%였다. 그 학생이 70%를 얻을 수 있다면 그녀의 전반적인 코스 성적은 B+로 올라간다. 교수는 성적을 바꿀 근거가 없기 때문에 안 된다고 한다. 학생은 부탁하면서 눈물이 가득 고인다. 이 여학생은 잠시 동안 화가 난 무력한 아기로 변하여, 누군가 그녀에게 만족을 제공하도록 울고 있다. 교수는 다른 학생들에게 불공평하다는 이유로, 만족시켜 달라는 학생의 간접적인 간청을 거절한다.

이 슬픔은 핵심적인 상실의 경험에서 오는 것이 아니라 좌절되고 무력하다는 느낌에서 온다. 이런 유형의 울음은 종종 원하는 지지를 이끌어 내지 못한다. 치료에서 사람들은 자신의 실망감과 스스로 책임을 질 수 없다는 느낌에 직면하는 법을 배워야 한다. 또한 다른 사람이 자신을 돌보게 함으로써 자신의 무력감을 유지하고 있다는 것을 알아야 한다.

도구적 분노

학교 폭력 가해자들은 적대적인 의도를 보여 줌으로써 다른 사람을 통제할 수 있다는 것을 배운다. 이것은 사무실과 가정에서의 성인의 삶으로 이어진다. 목소리를 높이거나 눈썹을 치켜세우며, 직장인은 동료를 위협하고, 남편은 아내를 괴롭히며, 부모는 자녀를 윽박지른다. 이것은 학습된 형태의 통제이다.

수줍은 듯이 웃고 있는 한 남성 내담자가 치료 중에 직장에서 벽을 주먹으로 친 것에 대해서 이야기한다. 그는 여성 부동산 판매 파트너가 불만을 자기에게 말하지 않고 매니저에게 말한 것 때문에 그녀에게 자신의 불만을 표현한 것이라고 한다. 그는 자신의 너무 지배적이고 공격적인 말투로 인하여 아내가 떠난 뒤에 외로움과 고립감 때문에 치료를 받고 있다. 그는 왜 그녀가 그렇게 느꼈는지 이해할 수 없었다. 정서 코치는 그가 상처받은 일차 정서와 좋아해 주기를 바라는 욕구에 초점을 두도록 도와야 한다. 코치는 또한 이 내담자가 순종을 얻기 위하여 어떻게 분노를 사용하며, 이로 인해 그가 좋아해 주기를 깊이 원하고 있을 때 사람들이 싫어하게 된다는 것을 이해하도록 도와야 한다.

도구적 분노는 자신의 이익을 위하여 다른 사람을 통제하는 수단으로서 사용하는 학습된 분노이다. 화를 내는 것은 누군가를 통제하는 효과가 있지만, 일반적으로 다른 사람을 쓰라리게 하고, 분개하게 만들고, 거리를 두게 하는 결과를 가져온다. 이러한 유형의 분노를 다루는 가장 좋은 방법은 이면의 동기와 목표를 이해하고, 그 목표를 달성하는 다른 방법을 개발하도록 돕는 것이다.

물론 많은 사람들이 분노의 도구적 기능을 인식하지 못하며, 그들의 조종이 의도적이지 않은 경우가 많다. 예를 들어, 한 내담자는 부모의 지지가 없어서 상처받고 화가 나서 부모에게 '벌주기' '부모에게 교훈을 가르치기' 그리고 '부모가 나에게 했던 방식으로 대하기' 등으로 반응하였다. 이는 충족되지 않은 욕구를 야기하는 핵심 분노와 혼합된 형태의 도구적 분노의 예이다. 치료에서 이 내담자의 충족되지 않은 욕구에 대한 분노를 인정하고 타당화하도록 도와주었다. 그녀는 또한 부모가 자신이 원하는 것을 주도록 압력을 가하는 것이 자신이 절실히 원하고 필요로 하는 것을 얻도록 돕는 것이 아니라는 점을 깨달았다. 이를 통해 그녀는 부모를 통제하려는 헛된 노력을 포기하는 동시에, 세상에서 자신의 욕구를 충족시키려는 건강한 핵심적인 욕망을 지지하였다. 그녀는 이러한 목표를 달성하기 위해 더 건강한 행동을 찾는 데 초점을 두게 되었다.

도구적 두려움과 수치심

목표 달성에 대한 두려움과 수치심을 나타내는 것은 드문 일이며, 그 자체로 문제가 되는 것은 아닌 경우가 많다. 도구적 두려움은 자신에 대해 책임지는 것을 회피하고, 다른 사람들이 자신을 보호하도록 설정되었다. 두려워하거나 무력감을 표시하는 것은 다른 사람으로부터 돌봄을 불러일으킨다. 또한 다른 사람이 화를 내지 못하게 하거나 비난하지 못하게 하기 위해서, 또는 복종을 나타내게 하는 수단으로 두려움을 보일 수 있다. 예를 들면, 사람들이 사회적으로 적절한 것처럼 보이기 위하여 쑥스러운 척하는 것도 도구적 수치심이 일어난 경우이다. 이것은 이미지와 역할 관리이다. 다음의 연습은 내담자가 도구적인 두려움과 수치심의 이면에 있는 일차 감정에 접근하는 데 도움이 된다.

- 자신이 가장 좋아하고 자주 사용하는 도구적 표현을 확인한다.
- 자기 뜻대로 하기 위해서 뿌루퉁하거나 소리를 지르는가? 도움이 필요해서 무력한 행동을 하는가? 자기가 원하는 것을 얻기 위하여 정서적으로 타인을 조종하는 것에 대해 다른 사람들이 어떻게 말할 것으로 생각되는가? 자신에게 잔인할 정도로 정직하려고 하라. 자신의 도구적인 정서 표현 양식을 인식해야 한다.
- 그 비용은 무엇인가?

일차 정서에 도착한(1단계) 후에, 내담자는 그것을 처리해야 하고 그 정서를 바탕으로 하여 어떻게 행동할 것인지 결정해야 한다. 궁극적인 목표는 적응적인 일차 정서에 도달하는 것이며, 처음의 일차 정서가 부적응적이면, 내담자는 다른 적응적인 정서에 도달하도록 그 정서를 처리해야 한다. 일차 정서에 도달하기 위한 연습은 부록에서 찾을 수 있다. 다음 장은 코치가 내담자와 함께 일차 정서가 적응적인지 부적응적인지 판단하는 데 도움이 된다.

Chapter 07

고통스러운 일차 정서가 건강한지 평가하기

작은 정서들이 우리 삶의 대장이라는 것과 그것을 모른 채 우리가
그 정서들에 따르고 있다는 것을 잊지 않도록 하자.

－빈센트 반 고흐(Vincent Van Gogh)

정서 코칭의 5단계는 일차 정서가 적응적인지 부적응적인지 평가하는 것이다. 코치는 내담자가 자신의 직감이 따라야 할 건강한 정서인지, 아니면 바꾸어야 될 건강하지 않은 정서인지 구별할 수 있도록 도와야 한다. 100개 이상의 치료 테이프로 구성된 요크대학교 임상심리연구 총람에서 가장 많이 사용된 정서를 집중적으로 관찰하여, 정서적 환기의 정도를 알기 위하여 〈표 7-1〉에 표시된 **16가지 범주의 정서 목록**을 개발하게 되었다(N. Warwar & Greenberg, 2000). 이 16가지 중에서 분노, 슬픔, 두려움, 수치심이 더 복잡한 고통의 정서와 더불어 심리치료 변화에 가장 중요한 5가지 기본 정서로 나타난다(Bolger, 1999; Greenberg & Bolger, 2001; Greenberg & Paivio, 1997). 이 장에서는 자주 발생하는 처음 네 가지 정서의 건강 여부를 평가하는 방법을 살펴본다. 또한 다섯 번째 정서인 고통을 살펴보는데, 고통은 그 자체로써 상처를 경고하기 때문에 건강하다. 〈표 7-2〉는 일차 정서가 건강한지의 여부를 평가하기 위한 몇 가지 기본적인 기준을 요약한 것이다.

표 7-1 정서 범주

다음과 같은 정서 범주는 심리치료 회기와 가장 관련성이 높다.

1. 슬픔
2. 고통 / 상처
3. 절망감 / 무력감
4. 외로움
5. 분노 / 원한
6. 경멸 / 혐오
7. 두려움 / 불안
8. 사랑
9. 기쁨 / 흥분
10. 만족감 / 차분함 / 안심
11. 자비심
12. 수치심 / 죄책감
13. 자부심 / 자신감
14. 분노와 슬픔 (둘 다 동시에 존재)
15. 자부심 (자기 주장)과 분노 (둘 다 동시에 존재)
16. 놀람 / 충격

슬픔이 건강한 일차 슬픔인지 평가하기

사람들은 떠날 때나 사랑하는 사람을 잃을 때 슬퍼한다. 슬픔은 헤어질 때 사랑하는 사람들을 그리워할 것이라고 말해 준다. 이러한 슬픔이 없다면 훨씬 덜 연결되고 방황할 가능성이 더 크다. 건강한 향수병은 안전과 친숙함으로 돌아가게 한다. 사람들은 수치심을 느끼거나 불안하지 않은 채 건강한 일차 슬픔을 느끼도록 도움을 받아야 한다. 건강한 슬픔은 희망을 잃었을 때 위로를 받거나 철회하도록 사람을 조직한다.

표 7-2 적응적인 일차 정서 대 부적응적인 일차 정서

적응적인 일차 정서

- 신선하고 새롭다(조직되어 있는).
- 변화하는 상황에 반응하여 순간적으로 느껴진다.
- 상황이 바뀌면 변한다.
- 외부의 신호를 받으면 신속하고 행동 지향적이다.
- 내면적으로 생성되면 더 늦다.
- 내담자가 "그래, 그거야!"라고 느끼게 한다.
- 애착 유대와 자기 응집성을 증진시킨다.

부적응적인 일차 정서

- 친숙하고 오래되다(조직되어 있지 않은).
- 압도적이다(내담자가 그 정서에 갇혀 있다고 느낌).
- 마지막인 것처럼 매번 기분이 나쁘다.
- 상황의 변화와 함께 변하지 않는다.
- 어렵고, 깊고, 혼란스럽다.
- 종종 자기 자신에 관한 것이다.
- 개인의 정체성의 일부이다.
- 파괴적인 목소리를 동반한다.
- 애착 유대와 자기 응집성을 무너뜨린다.

데이빗은 최근에 이민을 왔다. 고국에 만연한 불의와 폭정을 피하여 그곳을 떠날 때의 경험에 대해서 상담사와 이야기하고 있다. 그는 22세이고 해외에서 자신의 미래를 맞이하고 싶어 한다. 그는 공항에서 가족에게 작별 인사를 하였을 때 얼마나 울었는지 말하고는, 다시 울기 시작한다. 이러한 눈물은 건강한 눈물이다. 이 눈물로 인하여 데이빗은 고국에 대한 증오와 공포를 극복하기 위하여 가족 및 친구들과 재연결이 필요할 때와 재연결이 가능한 때에, 몇 년마다 고향으로 돌아가게 된다. 이는 건강하고 적응적인 슬픔이다. 데이빗이 이러한 감정을 억누르면 나중에 새 삶에 적응하는 데 어려움이 있을 가능성이 있다. 정서 코치는 데이빗이 자신의 슬픔을 느끼도록 그리고 눈물이 계속 난다면 상실을 애도할 수 있도록 도와야 한다.

관계의 실패와 상실에 대한 슬픔은 또 다른 큰 슬픔의 근원이다. 사람들은 애쓰는 자신의 고난에 슬퍼진다. 삶의 고통 때문에 슬퍼하며, 사랑하거나 사랑받지 못하는

것에 대해 슬퍼한다. 이해받지 못할 때, 고립될 때, 사랑하는 사람에게서 밀려날 때, 영원히 또는 잠시라도 사람을 잃었을 때 슬프다. 외로움의 슬픔은 깊고 넓다.

데니스와 샤론은 커플 치료를 받으러 왔다. 데니스의 결혼 결심 여부가 그들의 문제이다. 그는 결혼한 적이 없는 40세의 변호사이다. 샤론은 36세의 학교 교사로 20대 초반에 몇 년 동안 결혼생활을 했다. 그녀는 헌신과 아이를 원하기 때문에, 그녀의 생물학적 시계가 똑딱거리고 있다. 여러 번의 회기를 마친 후에 그들은 내 상담실에서 고통과 함께 관계를 종료한다. 샤론은 울고, 데니스는 안심되는 한편, 죄책감과 슬픔을 느낀다. 나는 슬프다.

건강한 일차 슬픔은 진행 중인 복잡한 삶의 과정 속에서 짧은 순간에 나타날 수 있는 한 상태이다. 작별이나 종결에 의한 울림, 순간적인 상실감이나 상처를 특징으로 한다. 때로는 내어맡김의 지나가는 슬픔이나, 불가피한 것의 수용과 애씀을 포기하는 것의 슬픔을 느낄 수 있다. 때로는 슬픔이 깊고 온전하게 느껴질 수 있다. 상실로 인한 울음과 함께, 슬픔이나 실망을 공유한다.

이러한 건강한 슬픔에는 비난이 없다. 슬픔은 오래 지속되는 감정 중의 하나이다.

홍보 담당 임원인 미리엄은 자신이 열심히 노력하여 완성하고 희망을 걸었던 기획안이 거부되었다는 소식을 들었다. 그녀는 맥이 빠지고 충격을 받았다. 커플 치료에서 그녀의 파트너는 그녀를 위로하기 위해 손을 뻗는다. 그녀가 운다. 그녀가 건강한 슬픔을 느끼면서 흘리는 눈물은 그녀가 앞으로 나아갈 수 있게 해 줄 것이다.

슬픔은 울음을 포함하는 경우가 많다. 울음의 일반적인 생물학적 기능은 자신과 다른 사람들에게 무언가가 고통스럽다는 신호를 보내는 것이다. 우는 사람과 다른 사람들에게 고통스러운 상황에 대해 무언가 하도록 동기를 부여한다. 울음은 유아가 세상에 올 때 가장 먼저 하는 일 중 하나이다. 그것은 생존하려는 의지에 의해 동기가 부여된다. 그것은 자기 자신과 다른 사람들에게 고통받고 있음을 알려 준다. 울음이 진정으로 멈출 때 고통이 끝났다는 신호이다. 범위 내에서 우는 것은 건강하다. 내면에서 느끼는 것을 표현하고 울 수 있는 것은 친밀감을 증진한다. 자신의 눈물에 맞서 싸우는 내담자들에게 건강한 울음의 긍정적인 효과에 대해 전달되어야 한다. 그들이 눈물을 흘리지 않으려고 애쓸 때, 코치는 "괜찮아요. 눈물이 나오게 하세요. 나와야 할 게 많이 있어요."라고 격려하는 목소리로 말해야 한다. 말을 사용하는 것 외에 눈물이 의사소통의 수단이 된다. 눈물은 의미를 더한다. 말이 안 될 때 종종 눈물이 흐른다. 눈물은 "나는 충분히 하였어." "마음이 쓰인다." "나는 아프다." 와 같은 다양한 말을 할 수 있다. 또한 울음은 기쁨이나 행복, 두려움, 심지어는 분노와 같은 다른 감정들을 표현할 수 있다. 하지만 전혀 의사소통을 할 수 없을 정도로 지나치게 우는 것은 건강하지 않을 수 있다. 적응적인 일차 슬픔을 확인하는 데 다음의 연습이 도움이 된다.

- 상실을 경험한 상황을 확인한다. 사람, 관계의 상실 또는 실망이 해당된다.
- 감정을 확인한다. 그 감정에 적합한 단어나 말을 찾는다. 몸에서 그 감정을 느끼는가? 몸이 어떻게 느끼는지 말로 묘사한다.
- 평소에 슬플 때 어떤 방식으로 몸을 움직인다는 느낌이 든다면, 그것을 표현할 수 있는 방법을 찾는다. 몸이 말하게 한다. 한숨, 축 처지고, 몸을 웅크리거나 얼굴이 당신의 슬픔을 표현하도록 한다.

슬픔과 분노는 함께하는 경우가 많다. 슬플 때나, 어머니로부터 아기를 분리할 때, 종종 분리 분노가 생기고, 상실에 대한 슬픔이 따른다. 그 반대도 마찬가지이다. 사람들은 상실에 책임이 있는 사람에게 분노를 느끼고 상실 자체에 대해서 슬픔이나 고통을 느낀다. 치료 작업에서는 종종 두 감정이 녹아드는 지점에서 이 감정들을 분리해 내어, 각 감정의 근원과 욕구를 분명하게 확인하고 온전히 표현하게 된다.

분노가 건강한 일차 분노인지 평가하기

분노는 가장 강력하고 급박한 정서 중의 하나이다. 분노는 타인과의 관계뿐만 아니라 자신의 기능에도 중대한 영향을 미친다. 분노는 생명을 유지시키기도 하지만, 파괴적일 수도 있다. 분노는 공격이나 공격적인 행동을 포함하는 공격성과 혼동되어서는 안 된다. 분노를 느끼는 것이 공격적으로 행동하는 것을 의미하지 않으며, 오히려 사람들은 전혀 화를 내지 않고 공격적일 수 있다. 네 개 대륙의 사람들에 대한 연구 조사에 따르면, 사랑하는 사람들이 잘못했거나 실망시켰다고 느끼기 때문에 사랑하는 사람들을 향한 분노가 가장 자주 발생하는 것으로 나타났다(Scherer,

1984a). 분노의 전형적인 표현이 공격성으로 나타나는 경우는 드물며, 그보다는 상황을 바로잡거나 재발을 막기 위한 방식으로 표현된다. 분노는 무언가 변화가 필요하다는 것을 알려 준다. 이렇게 힘을 실어 주는 유형의 분노는, 내담자가 욕구하는 것을 느낄 수 있도록, 도움을 받아야 하는 분노이다. 변화를 가져오려면 분노의 근원을 알아야 한다.

펠리시티는 차에 앉아서 남편 짐에게 오늘 아침 그녀에게 일어난 놀라운 일에 대해 처음으로 이야기한다. 그녀는 건설 현장을 지나가고 있었는데 떨어지는 빔에 거의 맞을 뻔하였다. 펠리시티와 짐이 집에 도착할 때까지 그녀가 겪은 일을 계속 이야기한다. 짐은 차를 주차하고, 문을 열고, 펠리시티가 얼마나 놀랐는지 말을 이어가고 있는 도중에 차에서 내린다. 그녀는 자신이 얼마나 놀랐는지에 대해 짐이 충분히 들으려고 하지 않는 것 같아서 화가 나고 기분이 상한다. 이 분노가 그녀가 부당한 대우를 받고 있다는 생각과 감정을 알려 주기 위하여 사용되지 않는다면, 그것은 이 부부를 갈라놓을 복도를 이루고 있는 원망의 벽돌이 될 것이다. 정서 코치는 펠리시티가 자신이 느끼는 감정을 상징화하고, 분노의 원인을 확인하고, 충족되지 않은 욕구를 인식하도록 돕고, 이 욕구를 가장 잘 전달하는 방법에 대해 촉진한다.

아리스토텔레스는 분노가 부당하게 무시당하고 있다는 신념에 뿌리를 두고 있으며, 무례한 사람이나 그들의 무례함으로 우리를 아프게 하는 사람들에게 분노하게 된다고 하였다. 유아의 팔을 잡고 움직이지 못하게 하면 가장 효과적으로 분노가 촉발된다. 분노는 자신이 하고 싶은 일에 대한 방해에 의해 일어난다. 사랑하는 사람이나 자신에 대한 공격이나 방해는 적응적인 일차 분노를 일으킨다. 분노로 자신을 아프게 한 행동에 대한 책임이 있는 사람을 붙잡는다. 이는 그가 나의 행동을 통제했기 때문에 그가 다르게 행동할 수 있다는 믿음에 의한 것이다.

200여 년 전에 자신의 세계관을 형성하는 범주를 만들기 위하여 마음의 힘을 믿었던, 칸트(Immanuel Kant, 1953)는 침체를 막는 데 분노의 중요성을 인식하였고, 이 '고약한 능력'의 섭리에 고마워하였다. 그는 인류가 조화를 바라지만, 자연은 인류에게 좋은 것이 무엇인지 더 잘 알고 있다고 하였다. 사람들이 분명하게 기분이 상하고 분명하게 화를 낼 때, 분노는 침범으로부터 자신의 경계를 보호하는 데 도움이 된다. 흔히, 사람들은 다른 사람들이 화를 낼 때 상당히 높은 불안과 비난하는 마음이 일어난다. 그들은 자신의 분노를 억제하도록 가르침을 잘 받아 왔다. 예를 들어,

조안의 의존성을 착취하는, 이러한 특성은 앵글로색슨 문화에서 더 두드러진다. 지나치게 밀어붙이는 자동차 수리기사는 그녀의 차를 고칠 때 그녀를 볼모로 잡고서 기분을 거슬리게 한다. 조안은 자신이 조종당하고 속고 있다는 사실을 알고 화가 나지만, 예의 바르게 사회화되었기 때문에 아무 말도 하지 않는다. 그 후 그녀는 우울하고 냉소적인 느낌이 든다. 이럴 때, 조안이 맥 빠지는 느낌을 느끼는 것보다 자신을 주장적으로 표현하도록 분노를 느끼게 하는 것이 훨씬 좋을 것이다. 분노가 제공한 에너지와 힘으로 그녀는 자신의 공격성을 보여 줄 수 있으며 이용당하는 것으로부터 자신을 보호할 수 있다. 나는 분노를 1차 방어선으로 옹호하지 않으며 유화책의 중요성을 믿지만, 궁극적으로 분노는 사람의 필수 불가결한 구성 요소이므로 그 메시지를 받는 것을 너무 두려워해서는 안된다.

적응적인 일차 분노는 종종 그 이유를 모른 채 활성화된다. 그냥 기분이 나쁘기 때문에, "당신이 나를 짜증나게 한다."와 같은 의식적인 생각을 반드시 할 필요는 없다. 그냥 기분이 나쁜 것이다. 그런 다음 화가 나는 생각들을 하기 시작한다. 분노가 의식적인 사고에 의해 활성화될 수 있지만, 생각 없이 분노가 일어날 수도 있다. 영아의 첫 분노의 울음은 환경에 대한 의식적인 생각에 의한 것이 아니다. 또한 피곤하거나, 덥거나, 스트레스를 받으면 화를 낼 수 있다. 자유롭게 떠다니는 자극 감수성은 의식적인 생각에서 비롯되지 않으며, 정서와 사고에 미치는 기분의 영향 때문에 민감해져서 한동안 느끼는 분노는 더 오래 지속되고 관리하기가 더 어렵다. 분노는 실제로 특정 약물이나 질병, 심지어 전기 자극에 의해 유발될 수 있으며, 특정 생각이나 직면과 관련이 없다.

이처럼 우리는 삶에서 분노에 쉽게 접근할 수 있으며, 분명히 분노는 본질적인 자원이다. 다음의 연습은 이 자원에 접근하는 데 도움이 될 수 있다.

- 학대받았거나 부당하게 대우받았거나 권리를 침해당한 상황을 확인한다.
- 느낌을 확인한다. 그 느낌에 적합한 말이나 단어를 찾는다. 몸의 느낌은 어떠한가? 이 느낌을 말로 표현한다.
- 그 느낌이 몸을 움직이길 원한다면, 그렇게 하라. 표현할 방법들을 찾는다.
- 분노의 목표를 확인한다. 상상으로 또는 큰 소리로 "나는 ……에 화가 난다." 또는 "…… 때문에 화가 난다." 또는 "…… 때문에 분하다." 등으로 자신에게 맞

는 표현 형태를 찾는다.

• 이런 식으로 분노를 표현하고 나니까 어떠한가? 힘을 얻은 느낌이 드는가?

일상생활에서 분노와 다른 적대적인 감정을 다루도록 코칭하려면 특별한 주의가 필요하다. 항상 분노를 표현할 수 있는지에 대한 의문이 제기된다. 공격하기, 소리지르기, 비판적으로 되기 또는 다른 것은 어떠한가? 그러한 행동들이 건강하거나 현명한가?

분노 감정은 건강에 좋으며 인간의 일부라는 것을 사람들이 인식하는 것이 중요하다. 분노를 느끼거나 짜증이 나는 것은 슬픔을 느끼거나 두려워하는 것과 마찬가지로 인간이 느끼는 것이다. 하지만 분노와 부드러움의 균형을 맞추는 것이 중요하다. 부드러운 것이 결코 분노하지 않는 것은 아니다. 점점 부드러워진다는 것이 분노를 억제하지는 않는다. 오히려 인간은 화가 난 감정을 부인할 수 없는 것으로 받아들이는 데 도움이 될 것이다. 해결되지 않은 분노가 숨어 있을 때는 부드러움을 유지하기가 어렵다. 어두운 곳으로 몰리는 분노는 결국 통제할 수 없고 파괴적인 방식으로 터져 나온다. 그러므로 분노는 처음부터 개방되어 현명하고 적절한 방법으로 표현되어야 한다. 예를 들어, 친구와 직접적으로 대화하는 것일 수 있다. 친구에게 자신이 느끼는 것을 "저녁 식사 날짜에 나타나지 않아서 화가 나."라고 말할 수 있다. 친구에게 이렇게 말해 주는 것은 유익하며 두 사람 사이의 분위기를 분명하게 해 준다. 관계를 명확하게 하고 미래의 상처나 오해를 예방하는 데 도움이 된다. 분노를 차곡차곡 쌓아 두기, 차갑고 퉁명스럽게 되기, 가구를 걷어차거나 물건을 부수면서 분노를 표출하거나 어떻게 자신이 부당한 대우를 받았는가를 전개하고 윤색하는 것은 부드러움을 키우는 데 도움이 안 될 것이다. 폭발은 억눌린 분노를 완화시킬 수 있지만, 더 화나거나 폭발적이 되고 기분전환하는 경향을 증가시키기도 한다. 분노 폭발을 하지 않고, 분노를 다룰 수 있는 가장 좋은 방법은 다른 사람에게 자신의 감정에 대해 이야기하는 것이다. 목표는 감정의 정보 가치를 위하여 서로 언어적으로 소통함으로써 공격적으로 되지 않는 것이다. 분노의 표시가 정당화되는 상황은 두 가지이다. 즉, 경계를 보호하고 침해당하는 것을 방지하는 것이다.

두려움과 불안이 건강한 일차 정서인지 평가하기

　인간은 지구상에서 가장 호기심이 많고 가장 불안한 생명체이다. 인간의 두려움은 호기심을 조절하여 생존경쟁에서 잘 살아남도록 하였다. 밤늦게 도시의 낯선 지역에서 어두운 길을 걷고 있다고 상상해 보라. 뒤에서 발자국 소리가 들린다. 당신은 반대편 길로 건너간다. 발자국이 따라오는 것 같다. 심장이 더 빨리 뛰고, 땀이 흐르고, 걷는 속도가 빨라진다. 뛰고 싶다. 이것은 건강하고 적응적인 두려움이다.

　두려움은 매우 불쾌하며 사람들에게 위험으로부터 도망치게 하거나 보호를 구하게 하는 강력한 생존 지향적인 신호를 보낸다. 두려움은 일반적으로 특정 위협에 대한 일시적인 반응으로 위험을 피한 후에 완화된다. 반면에, 불안은 즉각적인 현재의 신체적 위험보다는 상징적 · 심리적 · 사회적 상황에서 생각되는 '위협'에 대한 반응이다. 위협을 느낄 때 일어나는 불확실성에 대한 반응이다. 사람들의 예측 능력으로 인해 불안을 경험한다. 이는 선물인 동시에 저주이다. 따라서 사람들은 자신이 어두움을 '무섭다.'고 하지만, 미래의 시험에 대해서는 '불안하다.'고 말한다.

　내담자가 자신의 일차적인 두려움과 불안을 모두 인정하는 것은 적응력이 있다. 힘을 정면에서 보여 주지 않고, 약점과 취약성을 인정하는 것은 사람을 더 인간적이고 강하게 하는 데 도움이 된다. 실제적인 두려움이나 불안을 무시하면, 너무 많은 위험을 감수하게 되고, 불필요한 위험을 초래하게 된다. 적응적이고 일차적인 두려움을 인식하면, 어떤 것이 위협이 되고 있는지 알 수 있으며 다른 사람과의 안전망을 유지할 수 있다. 두려움은 사람들이 그 위협이 구체적으로 무엇인지 의식적으로 인식하기 훨씬 전에 도망치도록 조직해 놓는다. 큰 경기 전의 불안이나 무대 위에 오르기 전의 두근거림과 같은 적응적인 일차 불안은 흥분과 크게 다르지 않다. 예를 들어, 누군가를 보는 것이 걱정이라고 말할 때 긍정적인 불안의 특징이 있다. 불안의 긍정적인 면은 예기되는 것에 대한 준비에 관한 것이다.

　두려움과 불안은 암묵적이고 자동적으로 작동한다. 하지만 종종 일차 두려움과 불안은 건강하지 않고 부적응적이다. 예를 들어, 예측 불가성과 대인 간에 통제력 부족이 있었던 아동기 경험이나 관계 경험이, 친밀감에 대한 두려움, 통제력 상실에 대한 두려움, 버려짐에 대한 두려움과 같이 타인과의 관계에서 많은 부적응적인 불안을 만들 수 있다. 치료에서 사람들이 적응적인 두려움과 불안을 갖는 것보다 부적응적인 일차 두려움과 불안을 갖는 것이 더 일반적이다.

두 가지 유형의 두려움과 불안을 구분하는 것은 중요하다. 하나는 위험에서 도망가도록 하는 위험에 대한 두려움과 불안이고, 다른 하나는 보호받으러 가도록 하는 분리 불안 유형의 두려움과 불안이다. 이들 둘 다 건강하고 둘 다 건강하지 않을 수 있다. 위험에 대해 경고하는 두려움은 안전이나 보호가 필요하나 적응력이 뛰어나다. 그러나 외상 후 스트레스와 관련된 두려움은 현재 위험이 없음에도 두려움이 있기 때문에 부적응적이다. 분리 두려움은 연결 욕구가 내재되어 있으므로 적응적이지만, 과잉 행동화되면 의존성과 집착이 생긴다는 점에서 부적응적이다.

코치는 사람들이 현재 자신의 인생에서 실재하거나 상상으로 불확실성이나 위험을 표상하는 위협을 확인하게 하여, 적응적인 두려움을 확인하도록 도울 수 있다. 코치는 다음과 같이 말한다.

> 당신의 느낌을 확인하세요. 그 느낌에 맞는 단어를 찾으세요. 당신의 몸은 어떤 느낌입니까? 이 느낌에 대해서 몇 마디로 표현하세요. 이 느낌으로 몸을 움직이고 싶다면 그렇게 하십시오. 표현할 방법을 찾으세요. 그 느낌이 몸에 반영되도록 하세요. 호흡을 확인하세요. 숨을 쉬고 "나는 무서워 또는 불안하다."라든가 무엇이든지 당신에게 적합한 말을 하세요. 이제, 자신을 진정시키고 위협에 대처하는 방법을 확인하세요. 지지를 위하여 어떤 내면적이거나 외면적인 자원을 끌어올 수 있나요?

수치심이 건강한 일차 수치심인지 평가하기

적응적인 수치심은 사람들이 자신의 집단에서 소외되지 않게 도와준다. 이 수치심은 거부될 경우 뻔뻔함을 가져오기 때문에 적응적이다. 수치심은 대체로 마음속 깊이 가라앉아 있다. 수치심은 가치관에 관한 것으로, 사과를 하거나 보상하게 만드는 죄책감과는 반대로, 숨고 싶게 만든다. 통제력을 잃었을 때, 벌거벗고 대중 앞에 나타나는 것처럼 과도하게 노출되었다고 느낄 때, 또는 다른 사람이 자신을 무가치하거나 파렴치하게 본다고 느낄 때 수치심을 느낀다. 수치심으로 다른 사람들의 눈에 띄지 않기 위하여 머리를 숙이고 바닥에 몸을 붙이고 싶어 한다. 자신의 감정을 다른 사람에게 드러냈을 때 지지받지 못하면 수치심이 일어날 수 있다. 예를 들어, 집단에서 이야기를 하고 있을 때, 아무도 듣지 않는다는 것을 갑자기 깨닫고 안으로 움츠러들게 된다.

수는 치료사에게 그녀가 어떻게 잠이 깨었고 지난밤에 일어난 일을 어떻게 기억하고 있는지 말하고 있다. 그녀는 통제력을 잃었었고, 술을 너무 많이 마시고 바보처럼 행동했었다. 그걸로 충분히 부끄럽지만, 그녀를 수치스럽게 만든 것은 속이 안 좋아서 화장실로 달려간 기억이었다. 그녀는 누군가가 그녀의 오물을 지우도록 만들었다. 그것은 끔찍했다. 그녀는 어떻게 이 사람들을 다시 대면할 것인가? 치료사는 이 수치심에 직면하도록 수를 돕는 것이 이런 일이 다시 일어나지 않도록 그녀가 결심하는 데 도움이 될 것임을 알았다.

아이들은 자신의 역량을 보여 주려고 노력했을 때나 자신의 성공에 정서적으로 흥분했을 때 아무도 관심을 기울이지 않으면 수치심을 느낀다. 그들이 수영장에서 점프할 준비를 하고는 흥분해서 "엄마 아빠, 저를 보세요!"라고 큰 소리를 칠 때, 부모들이 무시하면 수치심으로 움츠러들 수 있다. 일탈 행동을 한 것에 대한 수치심, 공개적으로 통제력을 상실한 것에 대한 수치심 또는 방임적이거나 학대적인 부모가 되는 것에 대한 수치심과 같이 암시적이거나 명시적인 개인적 기준과 가치관의 침해에 대한 반응으로 수치심이 느껴진다면, 수치심이 적응적인 정서가 될 수 있다. 그러한 경우에 수치심은 인정받아야 한다. 그것은 사람의 행위를 인도하는 데 사용할 수 있는 사회적으로 허용되는 행동에 대한 귀중한 정보를 제공하기 때문이다.

수치심은 개인의 프라이버시를 보호하면서 동시에 공동체와의 연결을 유지하므로 적응적이 될 수 있다. 이는 공개적으로 지나치게 정도를 벗어나거나 사회 구조를 형성하는 규칙을 어기는 것을 방지함으로써 가능하다. 적응적인 수치심은 너무 노출되어서 다른 사람들이 자신의 행동을 지지하지 않을 것을 경고하고, 매우 기본적인 사회적 규범이나 가치를 위반했다는 사실을 알려 준다. 다음의 연습은 수치심 경험을 확인하는 데 도움이 된다.

• 자존감을 갑자기 잃었던 최근의 상황을 확인한다. 또는 창피함을 느꼈던 상황

을 기억한다. 길에서 손을 흔들고 있는 사람에게 손을 흔들어 주었는데, 그 사람이 당신 뒤에 있는 사람에게 손을 흔들고 있다는 것을 깨달은 적이 있는가? 이게 창피하였는가? 왜? 지금 그 느낌을 다시 가질 수 있는지 살펴본다.

- 당신의 느낌을 확인한다. 그 느낌에 맞는 단어를 찾는다.
- 몸에서 어떤 느낌이 드는가? 이 느낌을 몇 마디 말로 표현한다.
- 이 느낌이 어떤 식으로든 움직이거나 행동하기를 원한다면 그렇게 하라. 시선을 떨어뜨리거나 내려다보고 싶은가? 그 느낌을 몸에서 그대로 표현한다.

건강한 일차적인 정서적 고통

정서적 고통은 특별한 주의가 필요한 적응 정서이다. 고통은 건강하지 않은 것이 아니라 상실이나 외상에 대한 적응적인 반응이다. 처음에는 너무 동요되고 사람들이 피하고 싶어 하기 때문에 건강하지 않은 것처럼 보일 수 있지만 정서적 고통은 적응적 정서이다. 변화되어야 하는 건강하지 않은 정서로부터 직면하고 수용될 필요가 있는 고통을 어떻게 구분해 내야 하는지 논하겠다.

고통은 자기에 대한 외상 경험이다. 그런 만큼, 통증은 손상이 일어났음을 알려 주는 적응적인 정서이다. 손상을 미리 막기 위하여 행동하도록 사람들을 조직하는 다른 기본 감정과 다르다. 이런 식으로 고통은 예견되지 않는다. 두려움은 임박한 위험으로부터 자신을 보호한다. 분노는 사람들이 공격할 수 있도록 조직한다. 그러나 통증은 미리 예견하여 적응하기보다는 그 일 뒤에 발생한다. 고통은 끔찍한 일이 일어났으며 부서진 느낌을 받고 싶지 않다면 이를 다시 겪지 않는 것이 좋다고 알려 준다.

정서적 고통의 경험은 의식적으로 알 수도 있는 것이다. 그러나 개념적으로는 거의 알려져 있지 않다. 고통은 최근까지 합리적 분석이 불가능하였다. 고통은 슬픔, 분노, 수치심이나 두려움이 아니다. 고통은 이들 정서 이상이며, 그 정서들의 전부 또는 일부를 포함할 수 있다. 고통은 개인의 전체 자아와 생존 전체를 염려하는 신체적 고통의 독특한 경험이다. 외상 예방에 무력감을 느낄 때 가장 자주 발생한다.

고통 연구에서 리즈 볼거(Liz Bolger, 1999)는 치료에서 사람들이 고통을 표현한 직후에 느낀 것에 대하여 질문하였다. 그녀는 고통의 일차적인 경험이 부서짐 즉, 조각조각 부서지고 흩어지는 느낌이라는 것을 발견하였다. 고통을 겪는 사람들은 항상 내면적으로 집중된 방식으로 몸에 대해서 언급하였다. 그들은 '갈가리 찢어지는 느낌이었다.' '가슴이 부서졌다.' '나의 큰 덩어리가 갈라졌고 피를 흘리고 있는 것 같았다.' 또는 '나는 천 조각 만 조각으로 산산이 부서졌다.'고 말하였다. 찢어지고 있는 몸의 은유는 응답자의 경험을 포착하는 데 도움이 되었다. 부서진 느낌, 이것이 바로 고통 속에 있는 것처럼 느끼는 것이다.

나는 자신의 고통에 직면하고 생존할 뿐만 아니라 그 경험으로부터 성장할 용기와 지지를 얻었던 내담자들을 보아 왔다. 나 또한 이것을 직접 경험하였다. 그것은 오래전에 불타 버린 재로부터 올라오는 불사조의 이미지로 상징화되었던, 변형과 등장의 한 현상이다. 연구에 따르면 치료 중인 사람들이 어떻게 고통스러운 경험을 성공적으로 처리하는지가 밝혀졌다(Greenberg & Bolger, 2001). 고통스런 감정을 경험하는 것이 변화 과정의 첫 단계이다. 이를 위해서는 이전에 피해 왔던 고통스런 감정에 접근해야 하고, 그다음에 그 감정을 허용하고, 그리고 자신의 부분으로 수용해야 한다. 원래의 외상은 경험되고 직면됨으로써 그 고통을 이겨 낼 수 있다는 것을 경험적으로 알 수 있게 된다. 우리는 자신이 참담함, 무력감이나 무능감을 느끼도록 해야 한다. 고통을 받아들이면 그 고통을 견뎌 내는 데 도움이 되며, 건강한 생존 욕구나 목표를 동원할 수 있다. 자신이 고통을 느끼도록 허용하면 유기적인 해방감과 안도감이 생겨서 그 경험으로부터 벗어나게 된다. 경험의 일차적이고 두렵고 고통스러운 측면을 다룰 때, 이전에는 견딜 수 없다고 믿었던 것을 이겨 낼 수 있음을 알게 된다. 이를 은유적으로 표현하자면, 자신의 실존적 죽음에 직면하고 다시 태어나는 것이다.

예를 들어, 아기를 잃은 한 내담자는 찢어지고 부서지는 무서운 느낌뿐만 아니라 아기가 죽기 전에 병실을 떠난 것에 대한 수치심에 직면하였다. 치료에서 자신의 고통에 직면한 후에, 그녀는 아기의 죽음의 고통을 견딜 수 없었던 자신을 용서하였고, 그 이후로 그녀의 전 생애가 어떻게 그 고통을 방어하여 왔는가를 보았다. 마침내 그녀는 자신의 고통과 직면하여 두려움의 벽 뒤에서 자신을 보호하기보다는 삶에 직면하기로 결정하였다(Bolger, 1999).

사람들이 고통의 느낌을 받아들이고 살아남기를 원했던 경험을 인정할 수 있으면, 이전에 회피했던 정서를 상기시키는 어떤 상황으로 인한 위협을 덜 느끼게 될 것이다. 보다 유연하고 새로운 정보에 개방적으로 되며, 정서가 갖는 힘이 적어진다. 새로운 가능성을 보고 새로운 의미를 창출할 수 있는 기회는 지금 현재에 있다. 그러므로 고통을 허용하고 수용하는 이 과정은 단순히 고통에 대해 이야기하는 것이 아니라, 고통을 불러일으키고 그 고통을 통하여 살아야 한다는 것이 요구된다. 고통을 실제 그대로 경험함으로써, 새로운 상황에서 본질적으로 존재하여 그 고통을 견뎌 낼 수 있고, 그 고통이 자신을 파괴하지 않으리라는 것을 배운다.

고통을 직면한 후에 더 긍정적인 대처방법으로 나아가는 것은 고통에 머무르지 않고, 더 긍정적이고, 편안하고, 더 건강한 상태를 찾고 변화하고자 하는 사람들의 경향성에 의해 어느 정도 결정된다. 역설적으로, 고통의 회피가 거기서 벗어날 수 있는 자신의 능력을 방해함으로써 그 고통을 영속시킨다는 것이다. 자신의 삶을 진정으로 발전시키기 위해서는 고통 경험을 재구성하여 고통을 포용하고 회피하려고 하였던 절망감과 무력감에 직면할 수 있도록 해야 한다. 그런 감정에 직면하도록 돕는 것은 고통을 허용하고 수용하는 데 있어서 중요한 부분이다. 어떤 형태의 절망감이나 무력감은 더 많은 일차 정서에 도달하기 위해 우회하거나 탐색되어야 하는 이차 정서일 수 있다. 예를 들어, 체념이나 우울한 절망감은 분노를 가리며, 미래의 통제 불능 상태에 대한 무력감은 수치심이나 근본적인 불안전감과 같은 더 깊은 정서를 가린다.

죽음이나 외상과 관련된 다른 형태의 절망과 무력감은 일차 정서로 받아들여야 하며, 중요한 변화의 첫 단계로 직면되어야 한다. 절망감이나 무력감을 느끼지 않으려고 버둥대지 말고, 자신을 경험에 맡기고 피할 수 없는 무력감에 직면하는 것은 한편으로는 취약한 인간이 되는 것이다. 그러나 이 무력하고 절망적인 상태에 직면하는 것이 역설적인 변화 과정이다. 일반적으로 절망감은 바람직한 것이 아니며 희망을 갖는 것이 좋은 것으로, 능력은 좋은 것이지만 무력감은 나쁜 것으로 간주된다. 하지만 정서 코치는 피할 수 없는 것에 대한 노력을 포기하도록 하여 절망감이나 무력감을 받아들이고 실행 불가능한 전략이나 달성할 수 없는 목표를 놔 버릴 수 있도록 도울 수 있다. 절망감이나 무력감을 인정하는 것은 헛된 노력을 포기하고 재조직하는 것이다.

이들 정서의 수용은 새로운 노력과 새로운 목표에 대해 책임지기 시작하는 것이기도 하다. 절망에 직면하는 것은 '나는 희망이 없다.'는 것이 아니라 자신의 어떤 노력이 유효하지 않다고 믿는 것이다. 무력감이란 자신이 어떤 상황을 변화시키기 위하여 할 수 있는 것이 없다는 것을 인식하는 것을 의미한다. 헛된 노력을 한 경험에 접촉하고 수용하는 것은 정서 변화 과정에 있어서 중요한 단계이다. 여기에는 두려워서 회피하였던 것을 직면하고, 피해야 할 일에 직면하고, 사용할 수 없는 해결책을 내려놓고, 창의적인 재구성 단계를 설정하는 것이 포함된다.

예를 들어, 한 내담자가 처음으로 치료에서 성폭행과 관련된 고통스러운 외상 경험에 접근하게 되어, 자신을 강렬한 수치심과 순결함의 상실에서 오는 깊은 슬픔을 느끼도록 하였다. 치료사의 지지를 받고 그녀는 어린 소녀로서의 자신에 대해 공감을 느꼈고, 자신을 침해한 가해자에 대한 강렬한 분노로 빠르게 전환하였다. 치료사는 내담자의 취약성에 공감적으로 반응하여 그녀의 폭행당한 경험을 타당화하였다. 회기가 끝날 무렵 그녀는 "앞으로는 달라질 거예요. 적어도 나는 이 감정들이 내 것인 것처럼 느껴지고, 나는 그 감정들을 느낄 권리가 있어요."라고 희망적인 느낌을 표현했다.

정서가 적응적인 일차 정서인지 평가하기

부적응 정서는 적응 행동을 위해 자아를 조직하는 것이 아니라, 외부에 집중하여 타인에게 요구하게 하거나 자아에 집중하는 경향이 있다. 정서가 시간, 상황, 관계에 걸쳐서 반복되고, 오래되고, 친숙하고, 혼란된 느낌일 때 그것은 부적응적인 핵심 정서이다. 그 정서는 그 사람에게 좋지 않은 옛 친구와 같다. 건강하지 않은 정서는 항상 힘들고, 깊고, 고통스럽다. 이러한 힘든 정서와 반복적이고 변하지 않는 것에는 매우 친숙한 면이 있다. 치료사와 내담자에게 이러한 감정이 상황에 대한 현재의 일차적인 정서 반응이 아님을 알게 해 주는 것은 이러한 정서가 변하지 않는다는 특징과 지속되는 상처감이다. 건강하지 않은 정서는 상황 변화에 따라 변화하거나 움직이지 않고, 오히려, 익숙한 그 정서에 고착하여 그 지시에 계속 따르도록 사람을 이끈다. 건강하지 않은 정서는 상황이 반응을 결정하게 하지 않고, 정서가 상황에 대한 사람의 반응을 결정하게 한다. 그 정서들은 오래되고 변화에 저항한다.

대조적으로, 나쁜 이차 정서는 비록 힘들기는 하지만, 일단 상황이나 생각이 바뀌면 변할 수 있다.

부적응적인 핵심 정서는 자아감에 관한 것일 경우가 많다. 즉, 작아지고, 무가치하고, 무능하게 느껴지는 것이다. 이러한 상태는 단순히 정서로서가 아니라 정서로부터 형성된 상위 수준의 자아 조직체로 생각할 수 있다. 그러므로 무가치감은 수치심에 기반을 둔 자아 조직이며, 불안전감은 두려움에 기반을 둔 자아 조직이다. 부적응적인 핵심 정서는 적응 행동을 하도록 사람을 조직하지 않고 그 대신, 불안전감과 무가치감을 조직한다. 건강하지 않은 일차 정서는 상황에 대한 반응보다 사람들의 성격과 정체성에 더 가깝다. 그 정서들은 자아에 대한 일차적인 부정적 견해와 해결되지 않은 과거의 상처 및 두려움과 관련이 있다. 부적응 감정은 자아에 매우 핵심적이며 정체성의 일부처럼 느껴지지만, 건강한 정체성은 아니다.

정서가 부적응적이라는 것을 알 수 있는 또 다른 분명한 지표는 그 정서들이 사람들을 압도하고 감정의 소용돌이로 빨아들인다는 것이다. 어떤 정서가 자신을 통제하고 있다는 느낌과 자신이 변화할 수 없다는 느낌은 건강하지 않을 수 있다. 일반적으로 정서는 현실에 대한 관점을 지배하고 완전하게 색을 입히지만, 어떤 수준에서는 사람들이 그러한 정서가 도움이 되지 않거나 건강하지 않다는 것을 대체로 알고 있다. 반추적인 모드에서는 자신의 어떤 정서가 부적응적인 것인지 흔히 잘 알고 있으며, 이러한 정서를 느낄 때 어떤 일이 일어날지 예상할 수 있다. 때때로 사람들이 이러한 정서를 키우기도 하며 외롭고, 상처받고, 다르게 느끼는 것의 고통을 즐기는 것처럼 보인다.

내담자들이 자주 경험하는 부적응적인 핵심적 일차 정서가 약하다는 느낌과 남의 눈에 안 보인다는 느낌이다. 우리는 가장 일반적인 핵심적 부적응 정서가 두려움과 부끄러움이라는 것을 발견하였다. 두려움에는 두 가지 유형이 있다. 하나는 애착과 관련된 것으로 상실과 분리에 대한 두려움이다. 그것은 대체로 외롭게 버려짐에 대한 슬픔이 동반되고 그것을 자극하는 사람에게로 달려가고 싶게 만든다. 두 번째는 외상으로부터 오는 위험에 대한 두려움으로, 이는 위험으로부터 도망가도록 한다. 이는 주로 외상 상황과 위협에 대한 깊은 두려움과 관련이 있다. 수치심이 오는 다양한 형태 가운데 내면화된 수치심이 가장 많고, 심하게 학대를 당한 경우는 무가치감을 갖는다. 부적응적인 일차 핵심 정서에는 깊은 상처감, 취약성과 두려움, 근본적인 불안전감과 수치심 및 무가치감, 사랑받지 못하거나 사랑할 수 없다는 느낌이 포함된다. 이 정서들은 흔히 표면의 다른 감정들, 즉 기분 나쁘고, 우울하고, 짜증나고, 좌절스러운 느낌과 같은 이차 정서에 의해 가려져 있다.

부적응 정서는 건강하고 적응적인 정서와 지속적으로 구별되어야 한다. 예를 들어, 파괴적인 분노는 치유적인 슬픔과 구별되어야 한다. 불안하거나 절망적인 의존 욕구인 부적응적인 두려움은 안전과 보호를 구하고자 하는 적응적인 두려움이나 위험에 대한 반응으로서 위험으로부터 도망가도록 하는 두려움과 구별되어야 한다. 소모적인 수치심은 실수를 했다는 사실을 알려 주는 수치심과 구별되어야 한다. 예를 들어, '나는 핵심까지 결함이 있다.'고 느끼게 만들고 그 사람의 전체 정체성을 에워싸고 있는 건강하지 않은 일차 수치심은, 사회적 규범을 위반했을 때의 건강한 수치심이나 할 수 있다고 느낀 행동에 대한 죄책감과 다르다. 건강한 죄책감을 느끼면 '나의 행동에 대해 속죄할 수 있다.'고 느끼는 반면에, 전체 자아가 나쁘게 느껴지게 하는 건강하지 않은 일차 수치심은 땅으로 움츠러들고 싶게 만든다. 건강하지 않은 두려움은 더 이상 존재하지 않는 무언가를 되살리면서 신체의 모든 신경을 움켜 쥐는 반면에, 이차 불안은 내일의 시험에 대한 생각을 멈추면 사라진다. 사랑하는 사람이 의식적으로 성적 접촉을 원하는 것에 대한 반응으로 얼어붙고 긴장되는 것은 부적응적 두려움의 또 다른 예이다. 현재 더 이상의 위험이 없지만, 과거의 성적 외상에 기반하여 위험 신호를 보낸다. 이는 두려움이 과거의 외상성 학습에 무해한 단서를 너무 빨리 활성화시키기 때문에 일어나는 것이다.

꿈은 종종 부적응적인 핵심 경험을 확인하는 데 도움이 된다. 예를 들어, 나의 한 내담자는 부모가 강제로 똥으로 만든 샌드위치를 먹게 하는 꿈을 꾸었다. 꿈에서 그녀는 도망갈 기회를 가지기보다는 자신이 똥을 먹어 마땅하다고 생각하였다. 그녀가 이 꿈의 정서 상태에 들어서면서, 깊고 고통스런 무가치감에 접하였다. 불임인 또 다른 여성은 겉은 멀쩡한데 속이 썩은 복숭아를 베어 물고 있는 꿈을 꾸었다. 나는 그녀에게 자신을 복숭아로 묘사해 달라고 하였는데, 이는 그녀가 속이 썩어 있는 고통스러운 느낌에 접근하는 데 도움이 되었다. 이 두 내담자 모두 처음에 자신의 무가치감과 수치심에 접촉하게 되었고, 그러고 나서 있는 그대로의 자신이 존중받고자 하는 기본적인 인간 욕구와 침해에 대한 분노와 상실에 대한 슬픔의 건강한 정서에 접근함으로써, 그동안의 자기에 대한 관점이 나빴다는 것을 알게 되었다. 다른 내담자는 나의 집 문 앞에 놓여 있는 바구니에 들어 있는 아기가 되어서, 보살핌을 받아야 하는 꿈을 꾸었다. 그는 어렸을 때 정서적으로 방치되었었다. 또 다른 여성은 꿈속에서 어린아이로 나오며, 벌목 중인 작고 어두운 숲에서 혼자 길을 잃고 움직일 수 없었다. 이 두 내담자는 안전하고 지지적인 치료 환경에서, 버려짐에 대한 두려움에 접근하고 상실을 애도한 후에, 경계와 보호에 대한 욕구와 학대에 대한 분노를 인지하였다. 그리고 나의 공감을 내면화하고 스스로를 달래고 더 많이 더 혼자 있을 수 있다고 느꼈다. 모든 인간은 존중받고 안전한 다른 사람과 연결될 필요가 있으며, 모든 사람들은 자기 가치감을 가지기 위하여 인정받아야 되고 안전감을 제공하는 사람에게서 위로받아야 한다.

지금까지 슬픔, 분노, 두려움 및 수치심이 적응적인가를 평가하는 방법을 논의하였다. 이제 이 정서들이 부적응적이고 건강하지 않은 상처의 일부일 때의 예들에 관해 논의한다.

슬픔이 건강하지 않은 일차 슬픔인지 평가하기

부적응적인 슬픔은 위로를 구하거나 상실을 슬퍼하지 않는다. 대신에, 그 감정에 몰입하고 비참함과 패배감을 가져온다. 인생의 상처와 상실의 창고는 종종 과거에 속하지만 여전히 현재를 채색하는 부적응적인 슬픔의 원천이다. 고난의 고통스러운 상태는 현재의 지각된 거부에 의해 또는 심지어 사랑하는 사람의 고통을 치유할 수 없다는 무능감에 의해 환기될 수 있다. 사랑하는 사람의 고통을 치유하거나 사라지게 할 수 없다면 깊은 무력감과 절망감을 느낄 수 있다. 그러므로 현재의 어떤 것이 그 상황에 어울리지 않는 깊은 절망을 만들고 있다. 이 압도적인 느낌이 부적응적인 슬픔이며, 이는 현재의 문제를 해결하는 데 도움이 되지 않는다.

개인적인 상실이나 거부에 의한 건강하지 않은 슬픔은 깊은 절망감과 무력감을 불러일으킬 수 있다. 그 고통과 슬픔은 몸 전체를 감싸 버려서, 마치 슬픔의 '광기'가 차지하는 것 같다. 안전하다고 느끼면 즉시 불안전감으로 바뀌고, 열의는 무기력으로 되고, 모든 것이 갑자기 무거워진다. 슬픔이 천천히 잠식하여 그 사람의 존재감에 스며들면서 색상과 질감과 몸의 감각이 변한다. 이러한 정서 상태에 들어 있는 기억을 갖고 있는 사람의 내면이 이제 활성화되고 경험을 지배한다.

　존은 그날의 스트레스 때문에 소진된 느낌이 든다. 그의 탱크는 비어 있다. 그는 파트너의 두 팔에 녹아들어 잠시 동안 성적 황홀경에 빠져들고 싶다. 그러나 파트너는 관심을 보이지 않으며 정신이 딴 데 있는 것처럼 보인다. 그는 평소에 느껴오던 사랑받지 못하는 박탈감을 느낀다. 상처가 열리고, '정말 아무도 나에게 신경 쓰지 않는다.'는 오래되고 반복되는 문구가 그의 머리에서 메아리치는 소리를 듣는다. 그는 박탈당했다고 느낀 이전의 모든 시간을 떠올리면서 슬픔을 느낀다. 그는 왜 이것이 항상 그에게 일어나는지 궁금하다. 그의 시선은 밑으로 향하기 시작하고, 입과 뺨은 축 늘어지고, 희망이 없는 패배감을 느낀다. 코치는 존이 이러한 정서 상태를 탐색하고, 거기에 내재된 부정적인 목소리를 확인하고, 그리고 가장 중요한, 충족되지 않은 욕구를 확인하도록 돕는다. 존은 이 필요를 회피하지 않고, 경험하도록 격려받을 것이다. 그가 먼저 그 정서에 들어가지 않으면 그 정서 밑으로 갈 수 없다. 존이 그 정서를 느끼고, 그 정서의 다른 측면들을 분화시키고, 과거와 연관된 정서를 확인하고 나면, 코치는 존이 새로운 가능성에 주의를 집중하도록 하여 더 유익한 다른 정서 상태로 전환하도록 돕는다.

　부적응적인 슬픔 상태에 정복되면, 현재에 일어나고 있는 것이나 다른 가능성에 집중할 수 없게 된다. 여기에 대처하는 우선적 방법은 이런 정서 변화를 일으키는 구체적인 생각을 반드시 가져야 할 필요는 없고, 그저 그것이 일어남을 느끼는 것이다. 새롭고 불편하지만, 이상하게도 익숙한 느낌이 있다. 이 상태는 장례식에서 느끼는 슬픔의 정서 기억과는 다르다. 일생 동안 느낀 슬픔의 모든 정서 기억을 하나로 말아 놓은 것의 핵심을 경험하는 것과 같다. 나이가 들수록 슬픔의 우물은 더 깊어진다.

　비슷한 상황에서 이 절망적인 감정에, 어떤 날에는 도달되고 다른 날에는 도달되지 않게 하는 것은 무엇인가? 슬픔과 절망의 이 황량한 감정을 정확하게 무엇이 활성화하는지 아무도 모른다. 어떤 때는 더 취약하기도 하고, 다른 때에는 그렇지 않다. 정서 상태는 복잡하다. 정서 그 자체가 마음을 가지고 있는 것 같고 선행하는 모든 것에 의해 활성화될 준비가 되어 있다.

　자아는 역동적인 체계이다(Whelton & Greenberg, 2000). 다른 살아 있는 체계와 마찬가지로, 정서 기억의 저장소는 어느 시점에서나 다소 접근 가능하고, 다소 활동적이다. 마음의 정서 상태는 아직 경기장에 나가지 않은 축구 선수와 같다. 즉, 백그라운드에 앉아서 휴면 상태로, 현재 경기에서 뛸 가능성이 없거나, 상황을 예측하면서 경기에 나갈 준비가 이미 되어 있다. 정서 상태는 호명되기를 기다리며 대기 줄에 서 있으며, 순간의 신호로 경기장에 갈 준비가 되어 있으며, 영향력을 행사하고 싶어 한다. 비슷한 비유를 들자면, 성격을 구성하는 자아의 의회에서, 정서 가능성은 백벤치에서 잠든 의회 의원과 같을 수 있다. 이미 어느 정도까지 깨어 있는지, 그리고 현재 토론의 집중도의 조합이 어떠한지에 의하여, 정서 경험이 갑자기 일어나 토론에 들어갈 것이다. 일단 토론에 들어가면 투표 결과에 큰 영향을 줄 수 있다.

그러므로 어느 순간에 자신의 부적응적인 슬픔 경험이 갑자기 덮칠 수 있으며, 그것을 다루는 자신만의 방법이 나타날 것이다. 어떤 사람은 자신의 정서 캔버스를 필사적으로 강렬한 빨간색과 보라색의 소용돌이—슬픔으로 몸부림치는 고통—로 덮을 것이다. 또 어떤 사람들은 더 짙은 색으로 훨씬 더 느리게, 간절한 생각으로, 박탈감의 곡선으로 칠할 것이다. 오늘 깊이 상처를 준 같은 사건이 다른 날, 다른 시간에, 캔버스 위에 다른 인상을 남길 것이다. 같은 사건이 다른 날에는 그 사람을 건드리지 않을 수도 있다. 실제로 같은 곳에 두 번 있을 수가 없으므로, 어느 날 영향을 주는 것이 그다음 날에는 영향을 미치지 않을 수도 있다. 이는 정서 경험의 신비한 예측 불가능성이다. 그러므로 그냥 일어날 때 받아들여져야 한다.

정서 경험은 논리적 사고와 똑같은 것이 아니므로, 그것은 선형적인 방식으로 전개되지 않는다. 오히려 복잡하고 비선형적인 출현과 완성 과정으로 볼 수 있다. 하지만, 정서가 혼란스럽거나 비이성적이지는 않다. 그 자체에 질서가 있으며, 내담자는 자신의 정서성에서 유형을 볼 수 있으며 자신의 감정을 이해할 수 있다. 그러나 정서의 활성화를 통제하거나 예측할 수 없다. 그래서 부적응적이고 고통을 주는 정서를 지능적으로 다루기 위해 정서와 조화롭게 사는 법을 배워야 한다.

내담자가 자신의 일차 슬픔이 적응적인지 부적응적인지 이해하도록 돕는 데는 시간이 걸린다. 그리고 내담자의 슬픔의 내용과 맥락에 대한 이해도 도와야 한다. 상실이나 자기에 대한 상처가 있는 상황이라면, 첫 번째 단계는 시간이 지남에 따라 그 정서가 해결될 것이라는 믿음으로 슬픔을 설명하고 느끼는 방법을 배우는 것이다. 그러나 어떤 경우에는 느낌이 바뀌지 않는 것처럼 보이고, 내담자가 질적으로나 정도에서 눈에 띄는 변화 없이 동일한 느낌을 계속하여 반복하고 있는 것 같다. 이것은 그 사람이 건강하지 않은 느낌에 갇혀 있다는 신호이다.

한편으로는, 자신의 슬픔이 건강하지 않은 것으로 처음부터 바로 인지할 수 있다. 두렵고, 무력하고, 의존적인 느낌으로 상황에 즉시 반응할 것이다. 내담자는 자신의 대처에 도움이 될 개인적인 힘이 없다고 느낀다. 슬픔은 압도적이고, 고통은 크고, 일차적인 무력감을 느낀다. 코치와 내담자는 이 슬픔이 적응적이지 않고 사라지지 않는 것으로 이해한다. 슬픔이 내담자에게 메시지를 보내고 있지만 적응적인 슬픔은 아니다. 치료에서 내담자가 이 느낌을 자신에게 더 유용한 것으로 바꾸려면 노력해야 한다.

복합적인 애도 반응은 다른 형태의 부적응적인 일차 슬픔이다. 내담자는 중요한 상실에 대처할 수 없고 넘어갈 수 없을 것이다. 그가 앞으로 나아가기 위해서는 해결되지 않은 분노와 죄책감을 표현하는 것을 알아야 한다. 또한 다른 사람 없이도 대처할 수 있다고 믿기 위해 더 강한 자아감을 개발해야 한다. 어떤 사람들은 별거에 지나치게 슬퍼하고 관계를 끝내는 상황을 피한다. 이러한 경험들은 해결되지 않은 상실과 관련될 것이다. 마지막으로, 내담자가 부적응적 슬픔을 겪고 있다는 또 다른 단서는 누군가 친절하고 상냥하게 할 때 슬퍼하는 것이다. 이는 짚고 넘어가야 할 미해결 상실의 신호일 수 있다. 마치 친절이 깊은 갈망, 박탈감, 그리고 한 번도 겪어 보지 않았던 친절에 대한 욕구인 충족되지 않은 의존감을 환기시키는 것 같다. 내담자는 드러나는 상처 없이 친절을 다시 받아 낼 수 있기 전에 박탈감을 해결해야 한다. 내담자가 슬픔에 갇혔을 때 다음의 연습이 도움이 될 수 있다.

- 사라지지 않는 슬픔, 상처감과 같은 갇힌 느낌을 받은 에피소드 3개를 적는다.
- 몸의 느낌을 확인한다. 어떠한가? 그 느낌을 환영하는 태도로 받아들인다.
- 당신의 머릿 속에 슬픈 감정을 비난하는 다른 목소리가 있는가? 이 목소리가 당신이나 타인, 미래에 대해서 어떻게 말하고 있는가? "나는 너무 외로워." "아무도 나한테 신경 쓰지 않아." 또는 "나는 살아갈 수 없어."와 같은 말을 자신에게 크게 말한다.
- 당신의 삶에서, 흔히 아동기나 청소년기에 이러한 감정이 처음 나타난 때가 언제인지 기억한다.
- 무엇이 필요하였는지 확인한다. 나는 이런 욕구를 충족시킬 자격이 있다고 말

한다.

- 당신이 그것을 받을 자격이 있다고 지금 느껴지는가?
- 당신의 욕구에 반응을 보일 수 있는 다른, 대체 가능한 목소리가 있는가?
- 더 탄력적인 자아감에 접근한다. 연결되고, 따뜻하고, 사랑하는 느낌을 느꼈던 상황을 기억하라. 이 다른 경험을 느낀다.

분노가 건강하지 않은 일차 분노인지 평가하기

한 청소년이 가출하여 주말 패스를 타고 자녀가 없는 숙모를 방문한다. 그녀는 그가 도착했을 때 따뜻하게 안아 주고, 진심으로 그를 보고 기뻐하며, 그가 정말로 좋아할 것 같아서 마련한 도구 상자를 선물로 준다. 그러나 그는 그녀의 포옹을 밀어내고, 그녀가 부모님 집으로 돌아가고 싶은지 물어보자마자 화내면서 뇌물을 받지 않겠다고 하면서 그 선물을 돌려준다. 그는 친절과 관심을 믿어서는 안 된다고 배웠다. 그는 그 대가가 있다고 믿는다. 이런 경우, 코치는 먼저 이 자녀와 협력하여 신뢰를 확립해야 한다. 그리고 시간이 지남에 따라 아이의 분노가 초점화될 것이다. 코치는 단순히 아이의 분노를 인정하고 배신이나 침해에 대해 공감하여, 마침내 상처에 초점을 두어야 한다.

핵심 분노가 더 이상 침해와 위해로부터 보호하기 위해 기능하지 않거나 파괴적일 때 부적응적이다. 친절이나 친밀감에 대한 분노 반응은 이전의 경계 위반이나 아무도 대가 없이는 아무것도 하지 않는다고 믿는, 개인사에서 올 수 있다. 사람이 진실하고 비착취적인 친절에 분노로 반응하는 것은 부적응적이다. 이러한 유형의 분노는 학습된 공포 반응과 비슷하며, 부모의 반복된 학대가 있는 아이에게서 일어날 수 있다.

파괴적인 분노와 격노는 종종 폭력을 목격하거나 겪은 개인사에서 비롯되며, 실제로 관계에서 문제를 일으키는 경우가 많다. 어떤 사람들은 통제할 수 없이 타인에게 화를 내고, 많은 상황에서 폭발 직전으로 되고, 급한 기질을 가지고 있고, 이유를 알지 못하고 쉽게 짜증을 내게 된다고 보고한다. 이러한 유형의 강렬한 흥분은 종종 과거의 사건과 관련이 있으며 사람들은 그러한 흥분을 막으려고 한다. 과거에 폭력으로 고통받은 부적응 분노를 가진 사람들이 화를 내면, 그 분노가 폭발로 이어지게 될 수 있다. 치료에서 그들은 폭발하기 전에 경험하는 것에 주의하는 법을 배워야 한다. 코치는 사람들이 강렬하고 압도적인 감정에 먼저 대처하도록 도운 후 안전한 치료 환경에서 분노와 관련된 모든 감정과 신념을 인식하고 다른 감정에 접촉하는 방법, 흔히 충족되지 않은 사랑받고 싶은 욕구에 의하여 일어나는 두려움이나 슬픔에 닿는 방법을 배우도록 도와야 한다. 부적응 분노는 누구 또는 무엇을 향한 분노가 아니라, 충족되지 않은 욕구에 대한 것이다. 이것을 이해하고 나면 이 경험을 처리하기 시작할 수 있고, 그 분노를 예방할 수 있다.

부적응 분노는 느껴진 자존감의 감소에 반응하여 나타나기도 하며, 대인관계에 많은 어려움을 초래한다. 이 분노는 흔히 그 순간에 정당화되는 느낌을 갖는다. 부당한 대우를 받는다고 느끼고 타인에게서 받은 모든 좋은 것을 보지 못한다. 자존감이 더 약해질수록, 관계의 긍정적인 부분과의 접촉을 더 쉽게 잃어버린다. 그러면, 느껴진 모든 것은 축소되고 타인에게서 본 모든 것은 나쁘다. 내담자들은 흔히 나중에 자신의 분노에 대해 나쁘게 느끼지만, 이 죄책감이 변화를 이끌지 않는다. 이 부적응 분노를 더 좋은 방법으로 다루는 법을 배워야 한다. 분노 문제는 분노와 관련된 행동에 관한 것이다. 분노의 서로 다른 유형과 그 원인에 맞는, 상이한 전략이 필요하다. 실망이나 거절에 대한 분노는 다른 사람의 분노에 반응하는 분노와 공격에 대한 분노와 같지 않다. 사랑하는 사람을 상처 주거나 무너뜨리려는 시도는 그 사람에 의하여 상처받거나 실망한 것에 대한 비효과적인 반응이다. 발달된 정서지능은 적시에 적당한 방식으로 분노를 표현할 수 있게 한다.

제인의 파트너는 다른 것을 하고 있어서 그녀가 원하는 것에 관심을 기울이지 않는다. 그녀가 이미 관심을 가져 달라고 하였지만 원하는 반응을 얻지 못하였다. 그녀는 매우 화가 나기 시작한다. 마음속에서 파트너의 모든 행동을 분석하고 비판한 후 공격을 시작한다. "당신은 너무 자기에게 몰두해서 뭘 몰라. 당신은 나한테 기대만 하고 신경도 쓰지 않아. 당신은 쭉 그래 왔어!" 이것은 제인이 깨달아야 할 익숙한 패턴이다. 그 패턴은 파트너가 그녀에게 소홀하다고 느낄 때 시작된다. 그녀는 화가 나서 공격을 하는데, 이는 대체로 상황을 나아지게 하지 않고 파트너를 몰아내기만 한다. 정서 코칭을 통해 자신의 분노를 인정한 제인은 이러한 행동이 필요한 것을 얻는 데 도움이 되지 않는다는 것을 알게 되고, 적절한 시기에 코치가 제인의 주의를 이면의 상처에 집중하게 한다.

정서 코치는 또한 제인과 협력하여 부당하게 대우받았다는 그녀의 핵심 정서가 자신이 원하는 것을 얻는 데 도움이 안 될 뿐만 아니라 관계를 파괴한다는 사실을 인식하도록 돕는다. 다음의 연습은 파괴적인 분노를 확인하는 데 도움이 될 수 있다.

- 자신을 계속해서 화나게 하고 그 분노가 사랑하는 사람을 몰아내는 상황을 확인한다.
- 그들이 나에게 느끼도록 만드는 상황과 방식을 적는다. 이는 자신이 느낀 핵심 분노 감정이며 상처를 덮어 가리는 것이 아니라는 점을 분명히 한다.
- 몸의 느낌을 확인한다.
- 생각을 확인한다.
- 이제 이 느낌과 관련하여 자신의 머릿 속에 있는 부정적인 목소리를 말로 표현한다. 이 상태에 있을 때 자기, 타인, 미래에 대한 자신의 신념이 무엇인지 적는다.
- 이 상태에 있을 때, 이러한 부정적인 것을 자기 자신에게 크게 말한다. 자신이 부정적인 목소리를 믿는지 본다. 덜 지배적이지만 여전히 존재하는 다른 목소리가 있는가? 다른 관점을 가지기 위해 그 목소리를 사용할 수 있는가?
- 이제 분노의 반대, 즉 따뜻함, 사랑하기, 친절의 특징에 대해 반추하여 본다. 이제 자신의 분노를 내려놓을 방법이 있는가?
- 자신이 화내고 있는 사람을 상상한다. 이 사람에 대해 고마운 점을 연결할 수 있는가? 용서하거나 사랑의 감정을 느낄 수 있는가? "나는 당신을 용서한다." 라고 말해 본다.
- 분노를 내려놓는다. 원한의 커튼을 떼어 내고 따뜻함과 배려로 바꿔 단다.

두려움과 불안이 건강하지 않은 일차 정서인지 평가하기

아버지로부터 심한 성폭력을 당한 여성은 남편이 만질 때마다 매우 긴장되고 경직된다. 그녀는 남편을 사랑하고 친밀해지고 싶지만, 어떤 성적인 시도도 끔찍한 이미지를 불러일으키고 공포로 반응한다. 정서 코치는 이 여성과 함께 외상을 재작업하고, 정서적 상실과 회피를 인정하고, 자기진정을 개발하도록 그녀와 협력할 것이다.

내담자들은 일어나고 있는 촉발 사건이 위험하지 않아도 두려움의 부적응적인 일차 정서를 경험하는 경우가 많다. 과거의 사건을 기억하거나 생각하는 것만으로도 두려워할 수 있다. 과거에 내담자가 느꼈던 두려움은 끔찍한 상황에 대한 정상적인 반응이었겠지만, 실제적인 위험이 없는데도 계속 겁을 먹으면 현재에 문제가 있다. 내담자가 과거의 외상적인 사건에 대한 기억이나 악몽을 계속 가지고 있을 때, 지속적인 추억이나 악몽을 겪을 때, 이는 주의를 기울여야 할 일차적인 두려움이 숨어 있다는 신호이다.

폭발하는 아버지와 함께 성장한 한 남성은 항상 달걀 껍질 위를 걸어야 하는 느낌이라고 한다. 사업 미팅에서 그는 긴장하고 신중하다. 누구라도 그 목소리에 분노의 표시를 보이면, 그는 극도로 불안해지기 시작한다. 정서 코치는 이 사람이 자신의 두려움을 재처리하고, 다른 더 적응적인 정서 반응에 접근하여 더 강하게 느끼도록 돕는다.

건강하지 않은 불안은 자신이 할 수 없다는 느낌이나 보호받지 않는 느낌, 또는 둘 다 느끼는 근본적인 감정에서 비롯된다. 이러한 근본적인 불안전감이 일단 심어지면, 친구나 사랑하는 모든 관계에서 계속 일어날 것이다. 내담자가 일차적인 부적응적 두려움을 갖고 있다면, 타인에게 판단되거나, 오해받거나, 거부당할 것을 두려워하는 경우가 많다. 또한 사람들에게 자신의 감정을 말하는 데 어려움이 있을 수 있다. 과거의 나쁜 경험은 거부당하거나 버림받는 느낌을 갖게 할 가능성이 매우 많다. 공황은 공포 시스템이 착란을 일으키는 주요한 예이다. 더 이상 적응 행동을 하도록 사람을 조직하지 않고 공포 시스템이 대신 조직화하는 것이다. 공황적인 의존성은—애착 대상이 거부하거나 다가갈 수 없으면 생존할 수 없다고 느끼는 성인의 불안감—건강하지 않은 방식으로 보호받기 위해 파트너에게 집착하도록 만든다. 그런 사람들은 힘과 자기진정을 가져올 수 있는 내면의 자원을 찾아야 한다. 다음의 연습은 건강하지 않은 두려움이 있는 내담자에게 도움이 될 수 있다.

• 대부분의 타인과의 관계에서 발생하는 일차 두려움을 확인한다. 이 두려움은

상황의 유형에 따라 반응하여 일어날 수도 있다.

- 이 두려움으로 이어지는 상황을 묘사한다.
- 몸의 느낌을 확인한다. 이것이 핵심 감정인가? 그 감정이 다른 감정을 덮고 있지 않도록 한다.
- 두려움과 함께 머릿 속에서 부정적인 목소리가 들리는가? 이 부정적인 목소리가 무엇을 말하는가? 이 상태에 있을 때 자신이나 타인에 대해 어떻게 생각하는가? 이것을 적는다.
- 필요하였던 것을 확인한다. 나는 이 요구를 충족시킬 자격이 있었다고 말한다.
- 당신이 그것을 받을 자격이 있었다고 생각하면, 지금 무엇을 느끼는가?
- 이제 당신에게 자비적으로 되어 당신의 두려움을 가라앉히고 진정시킨다.

수치심이 건강하지 않은 일차 수치심인지 평가하기

10세 때 성직자에게 성폭행당한 한 남성이 치료사에게 얼마나 더럽혀진 느낌인지에 대해 이야기한다. 그는 오염된 것 같으며 결코 다시 느낄 수 없다고 한다. 그의 수치심은 처리되어야 하고 변화되어야 한다.

이런 형태의 수치심에서 내담자는 굴욕적이고, 더럽고, 무가치하다고 느낄 수 있다. 이들 감정은 종종 수치스러웠던 개인사에서 비롯되며 자아에 대해 무가치하거나, 열등하거나, 사랑받을 수 없다는 일차적인 느낌의 일부이다. 흔히 내담자들은 이러한 부적응적인 수치심을 느낀다는 것을 받아들이지 않을 수도 있으며, 다른 행동으로 그 감정을 덮게 된다. 예를 들어, 실제로 화를 내고 약간의 부정적인 말에도 폭발해 버린다. 오랫동안 나쁜 대우를 받았거나 거의 지지를 받지 못하였다면, 자신이 가치 없다고 믿기 시작할 것이다. 이는 자신이 결함이 있는 것으로 믿는 일차적인 수치심을 가져온다. 쓰레기 취급을 받았다는 수치심은 자신을 쓰레기처럼 느끼게 한다. 그것은 자아에 고착된다. 정서 코칭은 앞에서 예로 든 내담자에게 수치심을 직면하도록 하여 다른 더 적응적인 정서에 접근함으로써 그것을 극복하도록 도울 것이다. 내담자가 건강하지 않은 수치심을 느낄 때, 다음의 연습이 도움이 된다.

- 무가치하거나 깊은 수치심을 느끼는 때의 상황을 생각한다. 이런 식으로 느끼게 된 계기는 무엇인가?
- 몸의 느낌을 확인한다.
- 이제 이 느낌과 관련된 머릿 속의 부정적인 목소리를 말로 표현한다. 자신에 대해 어떻게 믿고 있는지, 다른 사람들이 당신에 대해 어떻게 느끼거나 생각하는가? 이것을 적는다.
- 이렇게 느끼도록 만든 것이 당신에게 어떻게 하였는지 확인한다.
- 필요하였던 것을 확인한다. 나는 이 요구를 충족시킬 자격이 있다고 말한다.
- 당신이 그것을 받을 자격이 있다고 생각하면, 지금 어떻게 느껴지는가?
- 그 수치심에 맞서 싸울 자신의 일부를 찾는다.
- 당신을 대신하여 다른 사람이 그 상황에 있다고 상상한다. 그 상황에서 당신이 필요하였던 것 즉, 지지, 보호, 위로 등을 그 사람이 당신에게 주도록 한다.

결론

정서가 건강한 삶을 향상시키도록 진화하였지만, 잘못될 수 있는 방법에는 여러 가지가 있다. 욕구와 목표에 관련한 자동적인 평가에 기반을 둔 건강한 핵심 정서는 행동 방식에 대해 건강한 지침을 제공하고, 상황에 반응하도록 알려 준다. 정서는 사람들에게 무엇이 좋은지 나쁜지 알려 주고 무엇이 가장 중요하고 어떻게 반응해야 하는지 알아내도록 한다. 정서는 또한 사람들에게 위험하다고 느끼거나 아니면 중요한 것을 잃어 버렸는지 또는 그들의 공간이 침범당하고 있는지 주의를 환기시킨다. 대조적으로 부적응 정서는 혼란시키는 결과를 가져오며 생산적인 행동을 하도록 동기부여하지 않는다.

정서지능을 행사하기 위해 내담자는 자신의 감정에 맹목적으로 따라갈 수는 없다. 건강한 일차 정서만 따라가야 한다. 도구적인 이차 정서는 욕구를 더 직접적으로 표현하도록 한다. 마지막으로, 상황에 더 건강하게 반응하기 위하여 건강하지 않은 핵심 정서가 드러나고 변화되어야 한다. 다음 두 장에서는 부적응적인 핵심 정서를 처리하고 변화시키는 방법을 탐색한다.

Chapter 08

일차 정서 다루기

상처를 지혜로 바꾸어라.

– 오프라 윈프리(Oprah Winfrey)

너는 그 고통을 견딜 수 없다고 한다. 그러나 너는 이미 그 고통을 견뎌 냈다.
네가 하지 않은 것은 그 고통을 모두 넘어서는 것이다.

– 성 바톨로메(St. Bartholomew)

이 장에서는 코치와 내담자가 일차 정서에 접근하여 그 정서가 건강한
지를 평가한 후에 할 일에 대해서 논의한다. 생활 속에서 정서 확인
의 중요성을 강조하면서 시작하고자 한다. 그런 다음 일차 정서가 건강한 경우에 할
일에 대해 논의하겠다(즉, 내담자가 건강한 정서에 의해서 정보를 얻는 방법과 그 정보들
을 건강한 행동을 위한 지침으로 사용하는 방법). 그다음, 일차 정서가 건강하지 않으면
어떻게 해야 하는지 논의하겠다. 이는 내담자가 언제 이러한 경우에 처해 있는지 인
식하는 것뿐만 아니라, 건강하지 않은 정서와 연관된 부정적인 목소리를 확인하고
(정서 코칭의 6단계), 건강하지 않은 핵심 정서에서 가슴 깊이 느껴진 욕구에 접근하
도록 돕는다(정서의 코칭의 7단계).

일단 사람들이 자신의 일차 정서와 염려의 중요성을 알고 나면, 거기에 비추어 스
스로를 재조직할 수 있다. 인간은 매우 목적적인 존재이다. 새로운 목표를 자각하
게 되면, 거의 자동적으로 목표 달성을 위하여 재조직하기 시작한다. 허리 통증이
잘못된 자세 때문에 생겼다는 것을 알게 되면, 더 편한 자세로 바꾸어야 한다는 걸

알게 된다. 정서 자각은 문제 해결의 첫 번째 단계이다. 즉, 정서는 요구되는 것을 확인할 수 있게 한다. 욕구에 대한 자각은 사람들을 능동적으로 만들고 욕구를 충족시키기 위해 환경과 접촉하도록 움직이게 한다. 예를 들어, 불안감을 느끼고, 신변안전을 더 강화하고 싶은 욕구를 자각하게 되면, 정서적이든 금전적이든지 간에 충분한 내외적 지원이 있고 완전한 탈선이 아닌 이상 뭔가 다른 일을 시작한다. 필요한 것을 얻으려고 노력한다. 이것은 건강한 삶의 과정이다. 즉, 감정과 내재된 욕구를 인식하게 되는 것과 욕구 충족을 위하여 환경 안에서 행동하는 것이다. 물론 같은 과정에 들어 있는 타인들과 항상 충돌하게 되고 상호 만족을 달성하기 위해 이들과 협력해야 한다.

또한 더 행복하고 만족스러운 삶을 살기 위해서는 부적응적인 일차 정서가 변화되어야 한다. 하지만 이러한 정서가 변화를 더 잘 받아들이기 위해서는 먼저 그 정서가 경험되고 인정되어야 한다. 부적응 정서를 분명하게 인식하는 것이 문제의 본질을 정의하는 첫 번째 단계이다. 즉, 내담자는 "나는 형편없고, 무기력하고, 사랑스럽지 않게 느껴진다."라거나 "마음이 무너지고, 계속 하고 싶지 않다."는 것이 문제라고 보게 된다. 사람들은 그 장소에 도착하기 전에는 그 자리를 떠날 수 없으므로, 이러한 무서운 감정들과 함께 남아 있는 것이다. 감정을 경험한다는 것은 문제가 무엇인지를 명확하게 한다는 것이다. 이것은 감정에 대처하는 새로운 방법에 동기를 부여하는 핵심 요소이다.

적응적인 정서로부터 정보 얻기

일차 정서에 도달하여 이 정서가 적응적이라고 평가될 때, 그 정서를 행동 지향적으로 변화시켜야 한다. 어떤 정서들은 명확하여 자연스럽게 따라갈 수 있다. 예를 들어, 슬픔을 느껴서 비탄에 잠기게 된다. 하지만 무언가를 느낀다고 해서 반드시 즉각적인 행동을 하거나 표현되어야 하는 것은 아니다. 감정을 맥락에 맞게 표현해야 하며, 행동으로 바꾸기 위해서는 결정을 해야 한다. 일단 자신의 감정을 가슴에서 우러난 정서로, 외적인 동기나 자기보호적인 위장으로 오염되지 않은, 가장 일차적인 정서로 표현할 것인지에 대한 여부를 결정하고 나면, 무엇을 하는가? 일차 정서를 행동이나 표현으로 단순히 옮길 수는 없다. 이제, 정서가 행동을 유도할 가치가 있는 건강한 반응인지 또는 전환되어야 하는 건강하지 않은 반응인지에 대한 의식적인, 2차(second-order) 평가에 들어가야 한다. 사람들은 자신의 정서 반응이 현재 상황과 관련하여 좋은 정보를 제공하는지 또는 과거의 미해결 과제나 미래에 대한 위험한 기대에 기반하고 있는지 여부를 판단해야 한다.

내담자가 2차 평가를 통해 현재의 감정이 건강하다는 것을 믿게 되면 그 감정을 정보로 사용해야 한다. 감정이 적응적이라 하더라도, 사전에 반영하지 않고 따라야 되는 것은 아니다. 복잡한 사회 환경에서, 감정을 행동으로 전환할 때는 항상 맥락과 상황을 고려해야 한다.

감정(feeling)은 결론이 아닌 정보이다

치료사들이 정서를 지능적으로 사용하도록 코치할 때 강조해야 할 중요한 것 중 하나는 감정이 결론이 아니라 정보라는 점이다. 무력감을 느낀다고 해서 실제로 기술이나 자원, 역량이 없다는 것이 아니다. 감정은 정서적 경험이지 결정, 진실 또는 완전히 정해진 행동 과정이 아니다. 두려움을 인정하는 것이 도망가야 한다는 것을 의미하지 않으며, 그 사람이 겁쟁이라는 것도 의미하지 않는다. 두려움은 단순히 위험이 감지되었다고 말해 준다. 관련 정보가 수집되면, 이 정보가 사용되는 다음 단계를 생성하는 과정이 진행된다. 따라서 감정은 정보이고, 과정의 일부인 만큼, 허용되고 동화되어야 하며, 방해받거나 회피되거나 억제되어서는 안 된다. 대처하는 과정이 전개되고 자신의 감정을 받아들일 수 있게 됨에 따라 감정은 변화될 것이다.

사람들은 외상이나 상실이 있을 때 무력감과 두려움을 느낀다. 이러한 감정을 막으려는 것은 역효과를 나타낸다. 이 감정들을 경험하는 것이 중요하지만, 그 감정에 따라 행동하는 것과는 다르다. 정서 경험은 포기하거나 도망가는 것이 아니라, 정서가 상황에 대한 의미를 알려 주도록 하는 것이다. 이는 누군가가 사망했거나, 자살한 사람을 구할 수 없었거나, 자신에게 가해지는 범인의 공격을 막을 수 없었다는 사실에 적응하는 것과 관련이 깊다. 감정에 직면하는 것은 자신의 경험을 처리하여 앞으로 나아갈 수 있도록 한다. 최근에 나는 비극적인 상실을 겪었다. 45세의 나의 아내가 도로 위에서 지나가는 밴에 치여 사망하였다. 나의 세상이 산산조각 났다. 슬픔이 나의 친구였다. 그것은 많은 우여곡절의 여정이었다. 정서중심치료사인 것이 나의 슬픔을 허용하는 데 도움이 되었다고 확신한다. 내가 25세의 이성적인 엔지니어였더라면, 감당할 수 없이 오고가는 흐느낌의 파도에 대항하여 경직되었을 것이다. 나는 결코 눈물이 밑바닥까지 도달하지 않게 하였을 것이며, 내가 겪었던 많은 다른 상실의 고통을 반복해서 씻을 수 없었을 것이다. 정서들을 허용한다는 것은 그 정서들이 오고 가도록 하는 것과 같다. 골수에 사무치는 슬픔이 없었다면, 산산조각 난 후에 재통합하여 아직 살아 있다는 사실을 발견하지 못했을 것이라고 확신한다. 산산조각 난 후에 예기했던 대로 나는 분해되지 않았고, 여전히 거기에 있었다.

정서를 수용하는 것이 충동적인 행동을 한다는 것도 아니다. 감정의 결과로 의사결정을 하고 그 결정에 따라 행동을 할 수 있지만, 항상 바람직한 것만은 아니다. 의사결정이나 행동을 정하는 유일한 실제인 것처럼 정서를 다루면 많은 실수가 따른다. 예를 들어, 슬픔을 느끼면 조용히 있거나 깊이 슬퍼하거나 울 수 있다. 정서 경험—고요함이나 울음의 표현—이 행동의 잠재적 원인은 아니다. 감정으로 인하여 결론을 내리거나 행동을 하는 것은 문제의 소지가 있을 수 있다. 예를 들어, 어떤 사람이 다음과 같은 사고 과정을 밟을 수 있다. '경영진이 승진시켜 주지 않아서 슬프다. 그들은 나를 존중하지 않는다. 그들은 내가 유능하다고 생각하지 않는다. 그러므로 나는 어떤 노력도 더 하지 않겠다(결정). 직업을 바꾸어야겠다(행동).' 그 사람은 내면의 대화로 다음과 같이 중얼거린다. "나의 상사는 나를 좋게 생각하지 않는다. 하지만 그는 바보다. 너무 융통성이 없다." 모든 단계가 그 사람을 점점 더 슬픈 감정에서 멀어지게 만든다. 직장을 그만두는 것으로 결정함으로써 상황에 단순하게 반응하는 것은 정서지능을 사용하는 것이 아니다. 먼저 정서를 받아들인 다음 충족되지 않은 욕구에 접근하고, 그리고 나서 그 욕구를 충족시키거나 내려놓을 최선의 방법을 고려해야 한다.

즉각적인 반응은 사랑에 있어서도 똑같이 참담할 수 있다. 예를 들어, 사랑하는 사람이 전화를 하지 않아서 기분이 나빠진다. 그 사람은 "그/그녀가 정말로 나를 사랑하지 않는다."거나, 아니면 더 나쁘게 "아무도 나를 사랑하지 않을 거야—결코 다시 행복하지 않을 거야."라고 결론을 내릴 수 있다. 판단이 이루어지고 절대적인 현실이 만들어진다. 이는 사람들이 자신에 대해 합리적이지 않거나, 그렇게 합리적인 생각을 하지 않는다는 것이다. 정서를 경험하는 데 시간을 들이지 않기 때문에 결론이나 행동으로 급하게 옮겨 간다. 정서로부터 온전한 메시지를 얻기 위하여, 또는 정서가 충족되지 않은 욕구에 대해서 무엇을 알려 주려고 하는지 이해하기 위하여 시간을 들여 정서를 충분히 깊이 느끼지 않는다. 초점화하고, 내면의 정서 세계에 머무르고, 그 세계에서의 경험을 묘사하는 법을 배워야 한다. 이는 정서가 더 쉽게 반영, 명료화, 분화 및 정교화를 할 수 있도록 하며, 그래서 모든 정서는 새로운 의미를 만드는 데 중요하다. 예를 들어, 사람들이 자신이 슬퍼하고 있다는 것을 알고 나면, 무엇에 대해서 슬퍼하는지, 주의를 끌고 있는 충족되지 않은 욕구는 무엇인지, 이 모든 것이 그들에게 무슨 의미가 있는지, 그들이 무엇을 해야 하는지를 반영할 수 있다.

내담자가 자신의 감정을 인식하고 말로 표현한 후에, 코치는 그들이 의도하는 것을 결정하도록 안내하여야 한다. 이는 방향 감각을 알려 주고 목표가 달성되도록 감정을 전환시킨다. 정서에서 욕구와 행동 경향성이 고려되어야 한다. 필요한 것이 무엇이며 무엇을 하고 싶은지 알아낼 수 있는 것은 오직 정서를 자각한 후에만 가능한 경우가 많다. 이 지점에서 원하는 것, 필요한 것 또는 하고 싶은 것을 분명히 하는 것은 머리와 마음이 통합될 때 가능하다. 욕구와 그 욕구에 대해서 무엇을 하고 싶은지에 대한 인식은 다른 의식적인 목적, 계획, 가치관 및 상황에 대한 사정과 함께 평가되고 통합되어야 한다. 의식의 두 가지 흐름의 조합 즉, 정서에 기반을 둔 목표 및 의식적인 가치와 이성의 조합은 최종적인 의도를 형성한다.

의도를 확립하는 것은 세상에서의 경험과 행동 사이의 다리를 만든다. 예를 들어, 한 내담자가 사랑하는 사람이 곧 여행을 떠나기 때문에 자신이 슬퍼한다는 것을 알게 될 때, 사랑하는 사람과 더 많은 시간을 보내고 싶어함을 깨닫는다. 따라서 그녀는 직장에서 시간을 내어 그와 함께 뭔가 해야겠다고 결정을 내린다. 한 남성이 자신이 아내에게 전화하지 않은 것 때문에 아내가 자신에 대해 너무나 이기적이고 챙겨 주지 않는다고 화를 내면서 말할 때마다 핵심 감정인 두려움을 자각한다면, 그녀가 그렇게 화내고 자신을 욕할 때 두려움을 느낀다고 말할 결심을 할 수도 있다. 그는 이런 식으로 진실될 수 있으려면 강하게 느껴야 한다. 또한, 진지하고 위협적이지 않게 의사소통할 수 있어야 하고, 상대방을 비난하는 '너 전달법'이 아니라 '나 전달법'으로 문장을 시작하여 느끼고 있는 바를 묘사할 수 있어야 한다. 정서지능을 연습하는 것은 쉽지 않다.

애도는 가장 모순적인 정서 중의 하나이다. 애도는 수용과 자비로 이끈다. 자신의 아이이기를 바랐던 그 아이를 위하여, 잃어버린 사랑을 위하여, 부모가 되기를 그렇게 소망한 것의 상실을 애도함으로써, 슬픔을 느끼고, 고통을 느끼고, 심지어 분노를 느끼지만, 결국에는 자신의 고통에 자비를 느끼고 스스로 위로한다. 아무것도 기분 나쁘지 않은 것이 마지막 단계이다(Gendlin, 1996).

타인에게 정서 표현하기

치료사는 내담자가 세상에서 느끼는 것을 표현하도록 어떻게 코치하여야 하는가? 예를 들어, 타인에게 해를 끼치거나 모욕하거나 도발하거나 공격하지 않고 어떻게 분노를 표현할 수 있을까? 기쁨이나 행복을 너무 많이 표현한다면 다른 사람들이 질투할 것인가? 자부심이나 질투를 표현하면 다른 사람들은 그 사람을 어떻게 생각할 것인가? 가장 먼저 고려해야 할 점은 적절한 정서 표현법은 개인의 가족, 사회 집단 및 문화에 따라 다르다는 것이다. 표현은 사회적 맥락에 적합해야 한다. 따라서 정서 코치는 항상 맥락을 고려하여 거기에 적절한 것을 찾아야 한다. 그다음으로 정서를 경험하는 것과 그것을 표현하는 것 사이에 구별이 있어야 한다. 정서를 의식하기 위해서, 자신의 정서를 느끼도록 자신을 허용하여야 한다. 즉, 정서 안에 있고, 정서를 탐색하고, 강화하고, 극복하고, 정서로부터 변화하거나, 정서의 의미나 정서지능이 나올 때까지 정서를 붙들고 있는 것이다. 느낄 자유는 먼저 즉각적으로 표현해야 한다는 느낌없이 느낄 수 있는 자유가 되어야 한다. 사람들은 대체로 정서를 억압하여 자신에게 해를 입히는 것과 정서를 표현하여 타인에게 상처 주는 것의 양극단에 갇혀 있는 것처럼 보인다.

하지만 즉각적인 표현의 희생자나 억압과 그로 인한 질병의 희생자가 될 필요는 없다. 적절하다고 규정될 때마다 감정을 표현할 수 있다. 그렇지만 표현이 필수는 아니다. 문제는 표현 대 억제의 문제가 아니라는 것이다. 적절할 때 자신의 정서를 표현하거나 그 정서를 자각만 하고 표현하지 않기로 선택할 수 있다. 위해를 가하지 않고 정서를 표현하는 방법을 알지 못하기 때문에 어떤 순간에 정서를 억누른다면, 그 상황에서 느끼고 있는 것에 주의를 기울일 시간이 주어지는 셈이 된다. 그런 다음에 자신의 정서를 적절히 표현하거나 내면적으로 다루는 방법을 찾아야 한다.

또한, 치료에서 정서 처리를 위하여 감정을 표현하는 것은 그와 동일한 감정을 치료 외의 장면에서 표현하는 것과 다르다. 안전하거나 치료적인 상황에서 이전에 알지 못하였던 학대적인 아버지에 대한 분노를 표현하는 것은 각성을 줄이고 새로운 이야기적 의미를 만들어 내는 데 많은 도움이 된다. 이는 분노가 세상에서 그 사람에게 직접적으로 표현되는 경우가 아니다.

감정 표현에 대한 강조가 사람들의 느낄 자유를 억제해 왔다. 자신의 생각을 모두 표현할 의무가 있다고 상상해 보라. 어떤 종류의 세상이 될 것 같은가? 현실에서는, 끊임없이 생각하고 그 생각의 일부만 표현한다. 의식적인 표현에 대한 부담을 가중시키지 않고 감정에 초점을 두어, 내적 경험에 접근하기 위하여 정서지능을 사용할 수 있다.

요컨대, 치료사들은 내담자에게 다음을 수행하도록 코치해야 한다.

- 자신의 감정을 계속해서 느끼고 의식한다.
- 감정을 언어적으로 표현할 필요 없이 느낀다. 느낌은 말, 예술, 표정, 신체 움직임, 소리와 같은 다른 방식으로 표현될 수 있다. 이 모든 매체는 메시지를 표현한다.
- 적절하다고 생각될 때 감정을 표현한다.

코치는 내담자를 어떤 방식으로 느끼게 만드는 상황이나 사건은 결코 없다는 것을 내담자가 인식하도록 돕는 것 또한 중요하다. 어떤 사건이 일어나기 전에 경험하고 있던 것은 정서적 반응의 한 부분이라는 점을 고려하여야 한다. 사람들이 어떤 정서에 의하여 정체되고 감정이 없는 상태에서 다른 상태로 단순히 옮겨 가는 것이 아니라, 그들 자신이 일어나고 있는 것을 인식하는 방식에 항상 영향을 미친다는 것을 알아야 한다. 그러므로 사람들이 감정을 표현할 때, 그들이 표현하는 방식 때문에 상황이나 다른 사람을 비난하지 않도록 배워야 한다. 그들 또한 자신의 반응에 책임이 있음을 받아들여야 한다. 관계에서는 "네가 나를 화나게 한다."는 경우는 결코 단순하지 않다. 부부는 감당이 안 되고 화가 나는 때를 인식하는 것이 중요하다. 이는 배우자가 요구하기 때문만이 아니라 그 배우자가 어떤 상태(예: 나쁜 하루를 보냈음)에 있고 스트레스를 받기 때문이기도 하다. 또는 그들이 기분이 나쁘다면, 배우자가 따뜻하게 맞이해 주지 않았기 때문만이 아니라, 하루 종일 혼자여서 소외감을 느꼈었기 때문이기도 하다. 정서에 목소리를 주기 전에 현재 상황에 대응하도록 이끄는 초기 감정들을 고려해야 한다.

부적응 정서를 다루는 내담자 돕기

일차 정서가 부적응적일 때, 치료사는 이차 수준의 정서에 접근하여 그것을 개방하도록 내담자와 공감적으로 작업하여야 한다. 예를 들어, 치료사가 "약해지는 것에 대한 이 분노감이 자신이 얼마나 잘못된 대우를 받았는가 하는 느낌을 포착하게 해 주는 만큼, 당신의 일부는 그 분노가 당신이 더 이상 그녀에게 특별한 사람이 아니라는 이 끔찍하게 취약한 느낌에서 온다고 말하고 있네요."라고 할 수 있다. 종종 건강하지 않은 핵심적인 일차 정서 반응이 매우 강렬하고 의미 있는 것처럼 보이지만, 그 특성들이 변화하거나, 상황이 개선되고, 나아져도, 사라지는 것 같지는 않다. 정서의 불변성이 곧 정서의 특징이다. 정서는 부부의 사랑을 향상시키지 않고 오히려 그들과 그들의 관계를 손상시킨다. 처음에는 부부가 이 감정들이 어떻게 손상을 입힐지 알지 못하지만, 시간이 지남에 따라 그리고 반영을 통해, 부적응 정서가 사람들에게 좋은 영향을 미치지 않음을 어렵게 배우게 된다.

정서 코치는 내담자가 이러한 정서들이 도움이 되지 않는다는 것을 알도록 도와야 한다. 코치는 이끌기와 따라가기를 병행하여 이를 수행한다. 코치는 내담자들의 정서를 인정하되, 정서가 그들에게 어떻게 도움이 안 된다고 하거나 정서가 그들이나 타인을 해친다거나 하는 말에도 늘 집중하여야 한다. 이런 식으로 느끼는 자신이 나쁜 것도 잘못된 것도 아니라는 점과 동시에 그 정서들이 기능적이지 않고, 기분 나쁜 감정에 들게 하고, 필요한 것을 얻는 데 도움이 되지 않는 감정이라는 점을 이해하도록 돕는 것이 중요하다. 예를 들어, 어떤 내담자는 오래되고 항상 똑같은 분노감, 그가 필요한 것을 결코 얻지 못하는 것에 대한 분노 속에 갇혀 있다는 것을 인식해야 한다. 또 어떤 내담자는 결코 떨칠 수 없을 것 같은 친숙한 외로움이나 고통스러운 박탈감에 갇혀 있음을 인식해야 한다.

비록, 부적응 정서가 사소한 비판이나 건설적인 비판일지라도, 비판으로 인해 반복되는 황폐감에 비례하여, 친숙하고 강한 창피함일 수 있다. 코치는 먼저 그 감정이 매우 실제적이고 핵심적이라는 것을 인정하고 그 감정이 얼마나 내담자를 위하여 작용하지 않고 내담자가 필요한 것으로 이끌지도 않는다는 것을 강조함으로써 정서가 부적응적이라는 것을 깨닫도록 돕는다. 시간이 지나면서, 충분한 지지와 함께 부적응 정서의 파괴적인 영향을 강조하여, 내담자가 이러한 오래된 '친구'가 떠나야 한다는 것을 인식하게 된다.

정서 코치는 문제 상태에 다시 들어가고, 그 상태에서의 정서와 의미를 탐색하고 (Greenberg & Elliott, 1993), 논쟁의 여지가 없는 진실보다는, 이러한 정서 상태가 치유되어야 할 상처라는 점에서 내담자와 일치함으로써 부적응 정서를 강조한다. 종종 상처의 원인을 확인하는 것이 그 감정이 부적응적이라는 것을 내담자가 인식하는 데 도움이 된다. 부적응 상태에 대한 공감적 탐색은 흔히 그 근원에 대한 깊은 이해로 이어진다. 어떤 때에는, 탐색에 의하여 반응의 강도가 문제의 소지가 된다는 것이 드러난다. 코치는 또한 이 상태에서 일어나야 되는 것을 추측할 수 있으며, 때로는 실제로 어떤 연결도 찾지 못할 것 같으면, 코치는 부적응적인 상태의 근원이나 그 상태의 부정적인 결과를 해석할 수 있다. 코치는 다음과 같이 추측할 수 있다. "제 직감으로는 이 깊은 불안이 통제 불능이라는 느낌에서 오는 것 같습니다." "불화 뒤에 동료의 감정이 상한 것에 대한 두려움은 어머니와 의견이 맞지 않을 때마다 어머니의 상처를 보살펴야 된다는 느낌과 관련이 있는 것 같습니다." 또는 "직무에서 오는 이 모든 비판과 요구로부터 얼마나 상처를 입었을지 이해가 됩니다, 그리고 저는 당신이 말하고 있는 그 상처가 그렇게 산산이 부서질 정도로 느껴진다는 것이 문제라고 생각합니다." 이러한 추측이나 해석들은 전문가의 입장에서가 아니라 공동 탐색가로서, 그리고 이해하는 것의 공동 이야기 구성으로 잠정적으로 제공된다.

자신이 타인이나 운명의 희생자가 아니라, 문제가 되고 있는 상태가 자신의 것이며, 자신이 갈등을 겪고 있고, 또는 자기고통의 작가는 자신이라는 것을 알 때 변화의 전투에서 반은 이긴 셈이다. 부적응적인 상태를 문제로 인식하도록 돕는 것이 자기경험에 대한 책임을 지도록 하는 것이다. 이는 치유되지 않은 상처를 갖고 있거나 과잉반응하는 것을 탓하려는 것이 아니라, 어려움을 겪게 하고 달성하기가 어려운 이 상태에서 뭔가 하고 있다는 것을 인식하도록 돕는 것이다. 예를 들어, 비판이나 좌절을 만날 때마다, 또는 자신의 능력에 도전할 때마다 무력한 무기력감으로 자신을 부적응적으로 조직하기 시작하는 한 남성의 경우를 생각해 보자. 때로는 그가 유능감을 느끼고 자신이 기여할 것이 있다고 믿지만, 수치심에 기반을 둔 이러한 부적응적인 핵심 상태에 들어가면, 그는 완전한 무력감으로 무너진다. 그는 공황상태에 빠져서 사람들을 극도로 비협조적인 괴물로 보고 자신을 실체가 없이 약한 존재로 본다. 이 상태에서 그는 무력하고 속수무책의 느낌의 소용돌이로 빨려 들어가고, 파국이 온 것처럼 생각한다. 견고함이 부족하여 약간의 충격에도 자신이 깨어질 유리창처럼 느껴진다. 정서 코치는 어떻게 이 무력한 상태에 대해 충분한 관점을 가지도록 도와서, 이 상태가 현실이 아니며, 또는 타인의 부당한 대우에 대한 타당한 반응이 아니라, 부적응적인 과잉반응이라는 것을 이해할 수 있도록 할까?

나는 이처럼 지속적인 부적응 상태에 있는 내담자에게 생각이나 신념이 잘못되었음을 보여 주려는 것은 도움이 되지 않는다는 것을 알았다. 오히려, 이 상태가 내담자가 때때로 고착되어 버리는 핵심적이고, 부적응적이고, 과잉반응적인 상태이며, 이것이 내담자의 모든 것이나 내담자가 할 수 있는 모든 것이 아니라는 관점을 갖도록 돕는 것이 유익하다는 것을 발견하였다. 다른 말로 하자면, 나는 이 상태가 가능한 많은 자아들 중에서 한 부분의 자아라는 관점을 갖도록 노력한다. 또한 내담자의 신념, 생각 또는 인식을 잘못된 것으로 보는 것이 아니라 문제가 있는 반응이고 조절되어야 하는 것으로 이해한다. 그러므로 이것이 다른 상태에 대한 다양한 상태의 가능성 중 하나라는 개념에 기초하여 다른 가능성을 감지하려고 노력한다. 이 작업의 많은 부분은 치료사-내담자 동맹과 상호작용의 적절한 위치를 유지할 수 있는 것에 달려 있다. 내담자는 치료사가 자기편에 있으며, 자신을 인정하고 이 문제 상태에 대해 함께 노력하는 사람으로 느껴야 한다. 그러므로 가장 먼저 할 일은 내담자와 공감하여 그렇게 무력감을 느끼는 것이 얼마나 끔찍한가를 인정하고 그가 느끼고 있는 것에 대한 이해를 전달하는 것이다. 내가 그 사람의 일차적인 무력감을 진정으로 인정하기 위해서는, 이러한 공감이 그 사람 방식대로 느낄 것 같은 것에 대한 진정한 수용과 이해를 담아내는 나의 진심에서 나와야 한다.

나는 내담자가 느끼는 방식을 인정하는 동시에, 내담자의 다른 가능성에 대해 계속 알아내려 하고, 그 가능성들에 대해 크게 궁금해한다. 나는 "당신이 그렇게 갇혀 있는 느낌이 들 때 어떻게 빠져나올 길을 찾는가 하는 것이 과제입니다."라거나, "당신이 이 상태에 있을 때 어떻게 능력을 발휘하는가, 그리고 내가 당신이 그렇게 하도록 어떻게 도울 수 있는가가 딜레마입니다."라고 말할 것이다. 종종 내담자들은 이것이 자신의 방식이며 다른 현실이 있다는 것은 생각할 수도 없다고 한다. 그런 경우에 나는, "이것이 당신의 정체성의 일부라는 것을 알아요. 그리고 당신이 이 상태에 있을 때는, 이것이 정말 사실이고 다른 모든 것은 가짜처럼 느껴질 것입니다." 라고 한다. 또한 내담자들에게 지금이 그런 경우라고 믿는 것이 얼마나 중요한가에 대해서 언급할 수도 있다. 또한, 이 고통스러운 지점이 바로 그들이 고착되어서 모든 자원을 잃는 곳이며, 다른 시점에서 그 정서들을 만났다면 다르게 느꼈을 것이라고 덧붙인다. 나는 이것을 내담자가 정서적 삶에 갇힌 교착상태를 직면하도록 돕는 실제의 실존적인 순간으로 본다. 나는 내담자들에게 그들이 문제를 해결하도록 도울 수 있다면 그럴 것이라고 말하지만, 궁극적으로 스스로 해 나갈 수 있는 방법을 알아내야 하는 사람은 그들이라는 것을 알고 있다. 나는 지지하고 안내만 할 수 있지, 변화의 의지를 찾아야 하는 사람은 내담자이다. 내담자가 화를 내면서 도와주지 않는다고 말하면, 나는 그것이 얼마나 실망스러운지 공감하고 내가 도우려고 노력하고 있음을 그들에게 확신시킨다. 그런 다음 갇힌 곳에서는 변화를 가져올 수 없고, 내가 무엇을 하든지 그건 일시적인 해결책이며, 실제적인 딜레마는 내담자가 접촉하는 것을 잃어버린 강점과 자원에 연결하는 방법을 스스로 어떻게 찾느냐는 것이라고 재강조한다. 온전한 만남의 목적은 변화 가능성과 변화할 의지에 대한 감을 찾도록 조력하는 데 있다. 그 사람이 다른 가능성을 가지고 있고 다른 상태로 들어갈 수 있다고 보기 때문에 그 사람을 충분히 잘 알고 있다고 할 수 있으며, 이는 내가 이러한 만남 동안 내내 언급하는 바이다. 만약 내담자가 정말로 기술이 없다면, 감정 조절에 대한 의식적인 훈련이 더 필요하다(Linehan, 1993 참조).

파괴적인 신념과 해석 확인하기

경험이 부적응적인 것으로 분명하게 수용되고 인식되고 나면, 코치는 내담자의 건강하지 않은 감정이 말로 표현되는 파괴적인 신념과 사고 패턴을 확인하고, 이러한 감정에 내재된 부정적인 핵심 신념이나 해석에 접근하도록 도와야 한다(정서 코칭의 6단계). 부정적인 신념은 부정적인 감정을 경험하고 있을 때 훨씬 더 쉽게 접근할 수 있고 말로 표현할 수 있다. 신념이 차가우면, 실제로 변화에 접근할 수가 없다. 사람들은 추상적이고 지적인 방식으로 자신의 온갖 부정적인 관점에 대해 이야기할 수 있으며, 변하지 않을 것이다. 자신이 말하고 있는 것이 변화에 책임을 져야 하는 전체적인 부적응적인 도식을 만든다는 것을 느껴야 한다.

논의하였듯이 사람들은 머릿속의 생각이나 비판적인 목소리로 부정적인 신념을 경험하는 경우가 많다. 비판하는 내면의 목소리는 종종 이전의 상호작용으로부터 내면화되었거나, 일상생활 경험으로부터 추상화되었다. 이를 위해 자기비판적인 생각의 내용을 분리한 후에, 그 부정적인 생각들이 마치 외부 사람으로부터 오는 것처럼 외재화한다. 또한 이러한 대항적인 태도를 더 현실적인 태도에서 분리하고, 그러한 태도들을 고통의 근원으로 확인한다. 흔히 초기에는 자기공격이 이성적이거나 기술적인 태도로 표현될 수 있다. 하지만 점차 비판의 내용을 언어화하여 자발적으로 감정을 표현하기 시작한다. 그렇지 않을 경우, 코치의 일은 비판에서 감정의 색조를 파악하는 것이다. 가장 명백한 것은 경멸이다. 부적응 정서를 영속시키는 것은 자아에 대한 경멸이다(Whelton & Greenberg, 2005). 대부분의 경멸은 입술 모양이나 콧대를 올리는 것에서 볼 수 있고, 말할 때의 목소리 톤에서 들을 수 있다. 정서 코치는 다음과 같이 말하여 내담자가 자신의 목소리에서 부적응성을 인식하도록 촉진할 수 있다. "그래서 당신의 기분을 나쁘게 하는 것이 바로 이 목소리네요. 자신이 이렇게 말하는 걸 들으니까 어떤 느낌이 드시나요?" 코치는 또한, "좋아요, 우리는 당신이 어떻게 자신을 공격하고 쓰러뜨리고 있는지 알아 가고 있어요. 이런 말을 할 때 당신의 입 모양이나 목소리가 어떠한지 알고 있습니까?"라고 말할 수 있다. 또한 부정적인 생각과 반대되는 생각이 맞서 싸우는 일에 협력하는 단계를 마련하는 것도 도움이 된다. 따라서 코치는 "그러면 이 거친 목소리에 우리가 어떻게 맞설 수 있는지 알아내야 합니다."라고 말한다.

흔히 사람들은 제3자의 관점에서 하는 말로, 예를 들면 "너는 너무 바보야. 못생기고, 뚱뚱하고, 게을러!"와 같은 말로, 자기비난을 표현하는 것이 상당히 자연스러운 것으로 알고 있다. 여기서 코치의 임무는 내담자가 이 원하지 않는 짐을 잡을 수 있는 손잡이를 제공하기 위하여 말로 부정적인 핵심 신념을 정확하게 표현하도록 도와서 내담자가 그 신념을 변화시킬 수 있게 하는 것이다. 일단 신념의 내용이 분명히 표현되면, 검열받을 수 있고, 삶을 방해하였던 역할이 이해될 수 있다.

앞서 언급하였듯이 부정적인 신념을 수행하는 도식은 두 가지 주요 범주, 즉 나쁜 자아와 약한 자아로 나눌 수 있다. 나쁜 자아 도식은 수치심과 자신이 충분히 좋지 않다는 신념에 기반을 둔다. 자아에 대한 다음과 같은 신념은 이러한 상태에서 작동한다. 자아가 사랑스럽지 않고, 결함이 있거나, 바람직하지 않게 보일 수 있으며, 또는 열등감을 느끼고 지각된 부적절함을 부끄러워할 수 있다(Young, 1990 참조). 죄책감을 느끼고 자신이 나쁘고 벌받아 마땅하다고 믿을 수 있다. 또한, 자신이 최고가 아니라서 또는 다른 사람만큼 좋지 않아서 무능하다고 생각할 수 있다.

반대로, 약한 자아 도식은 두려움, 불안 그리고 자기 힘으로 대처하거나 생존할 수 없다는 믿음에 근거한다. 자아에 대한 다음의 신념이 여기에서 작동한다. 자아는 생존을 위해 타인이 필요하거나, 자기 자신을 지원할 수 없다고 믿고 있는, 의존적인 자아로 보일 수 있다. 나의 욕구 앞에 타인의 욕구를 먼저 두어야 한다거나 나의 욕구나 분노를 표현하면 나쁜 결과를 가져온다고 믿는 것과 같이 순종적인 신념이 우세하다. 자기는 취약하고 나쁜 일이 일어나거나 통제력을 잃을 것이라는 믿음 또한 약한 자아감과 관련이 있다. 연결, 박탈, 유기, 신뢰 부족 및 고립에 대한 믿음 모두 이 약한 자아감과 관련이 있다. "나는 결코 사랑을 얻지 못할 거야." "나는 영원히 혼자일 거야." 또는 "아무도 나를 받아들이지 않을 거야."와 같은 말로 이러한 감정을 표현할 수 있기 때문에 내담자와 코치 모두 이 복합적인 상태를 다시 언급할 수 있다.

부정적인 신념의 또 다른 세트는 부적응적인 분노, 격노, 그리고 다른 나쁜 도식과 관련된다. "나는 신경 쓰지 않는다." "그들은 신경 쓰지 않는다." "그들은 나쁘다."라든가 "그들은 마땅히 가르침을 받아야 한다."와 같은 신념은 부적응적인 분노를 지지하고 정당화하는 데 사용될 수 있다. 이러한 신념의 종류 외에, 사람들이 어떻게 자신다워야 하는지, 자신의 소망에 대한 타인이 어떻게 반응할 것인가에 대한 예상 그리고 반응에서 어떻게 느낄 것인가에 대해 그 사람의 고유한 해석도 분명하게 표현되어야 한다. 경험적 방식으로 갈등의 핵심 주제를 인식하게 되는 것(Lubosky & Crits-Christopg, 1990)에서도 정서적 통찰력을 얻는다.

부정적인 신념과 해석을 다루는 나의 접근 방식은 교훈적이지도 않고 논쟁적이지도 않다. 나는 사람들에게 그들의 신념이나 견해가 비이성적이라는 것을 알도록 돕기 위하여 그들과 논쟁이나, 설득이나, 추론하려 하지 않는다. 사람들의 추론이나 신념에 대한 합리적인 근거를 조사하도록 도와주지도 않는다. 나는 또한 그들이 자신의 신념에 반대되는 증거를 수집하게 하지 않는다. 문제는 신념의 진실성이나 타당성이 아니라 유용성이다. 나는 시작부터 이러한 신념이 유용하거나 도움이 되지 않는다는 입장을 취한다. 오히려, 그 신념들은 대체로 자명하게 파괴적이다. 그러므로 나는 신념이 사람들을 기분 나쁘게 한다면 그 신념은 부적응적이라는 것을 당연한 것으로 받아들이며, 신념이 사람들을 어떻게 느끼게 하는가를 경험하도록 하면서 이를 입증하려고 노력한다. 무언가를 느끼는 것만큼 설득력 있는 증거는 없다. 따라서 나는 내담자가 자신에게 무엇을 말하고 있는지 그리고 이것이 그들에게 어떻게 느끼게 하는가를 발견하도록 도우려 하고 있으며, 내담자를 해치는 부정적인 신념과 금지 명령을 버리도록 돕고자 노력한다.

부정적 신념을 다루는 과정은 먼저 부정적 신념의 내용을 확인하고 이를 자기에게 말하는 것이다. 신념이 사람을 어떻게 느끼게 하는가를 경험하는 것이 두 번째 단계이다. 신념의 근원과 파괴적인 영향을 반추하고 이러한 신념이 개인의 삶에 어떤 영향을 미치는지 이해하는 것이 세 번째 단계이다. 마지막으로, 신념에 대해 탄력성 있는 반응을 형성하여야 하며, 그리하여 신념의 지시에서 자신을 분리하고 자신의 강점과 자원으로 구별할 수 있도록 해야 한다.

고통스러운 일차 정서의 깊은 욕구에 접근하기

내담자가 부적응 정서에 완전히 접근하고 그와 관련되는 부정적 신념이나 해석을 확인할 수 있게 되면, 그와 관련된 욕구에 접근할 때이다(정서 코칭의 7단계). 느낌과 지속적으로 접촉을 유지하면서 그 느낌으로 말하면서 욕구에 접근하게 된다. 이때가 고통스러운 감정이 더 깊고 더 명확하게 말로 표현되어서 더 힘 있게 진술되어 표면으로 나타나기 시작한 욕구에 내담자가 집중할 때이다. 무시되었거나 잠정적으로 언급되었던 욕구가 이제는 설득력 있는 태도로 타당하고 정당하게 표현된다.

예를 들어, 지금 환기된 도식에 기반한 자기조직체에서 비폭력 또는 학대로부터의 보호에 대한 욕구에 일단 접근되고 나면, 정서 체계는 그 욕구가 충족되지 않았다고 자동적으로 평가하는 것으로 반응할 것이다. 이 기제에 의하여, 욕구가 충족되지 않은 것에 분노를 느끼고 상실한 것에 슬픔을 느끼도록 자발적으로 재조직할 것이다. 이는 오래된 감정(이 경우에는 수치심)을 지우는 새로운 감정을 동원한다. 마땅히 욕구를 충족시켜야 한다고 내담자를 인정하는 것은 내담자가 욕구를 충족시킬 자격이 있었다고 느끼는 데 도움이 된다. 아픈 정서에서 충족되지 않은 욕구에 초점화하고 타당화하는 것은 새로운 감정을 활성화시키는 주요 수단이다.

따라서 치료사들은 내담자가 부적응 상태에 있을 때 무엇이 필요한지 질문할 수 있다. 사람들은 고난을 겪고 고통 속에 있을 때, 무엇이 필요한지 대체로 알고 있다. 상황에서 필요한 것을 알고 나면, 통제력이 있는 것처럼 느끼기 시작하는 경우가 많다. 코치의 욕구에 대한 타당화는 충족되지 않았던 욕구를 충족시킬 권리를 강화하는 데 중요한 요소이다. 그러므로 욕구는 지나치게 결핍된 입장에 의해 오는 것이 아니라, 마땅히 받아야 할 자격감, 예를 들어 '나는 지지, 안전, 또는 수용에 대한 욕구를 충족시킬 자격이 있다.'는 느낌에서 오는 것이다. 이로 인해, '나는 이것이 필요하다.'는 **주체성**(agency)의 느낌이 생긴다. 박탈에 대한 무력한 희생자처럼 느끼기보다는, '나는 욕구에 응답을 받을 자격이 있었다.'는 자기 확신감이 있는 사람으로 느끼는 것이다. 그러고 나면 '나는 상황이나 느낌에 대해 뭔가 할 수 있다.'와 같은 느낌이 나타난다. '나는 살아갈 수 있다. 나는 자원과 재능과 기술이 있다. 나는 가치가 있다.'고 느끼기 시작한다. 이것은 **주체적인**(agentic), 건강한 내면의 목소리이다. 일단 **주체성**(agency)의 느낌이 개발되면, 내담자는 재조직하기 시작하여 더욱 주장적으로 된다. 여기서 재구성의 핵심 역동은 일단 욕구에 대한 자격감이 확립되고, 욕구와 관련된 상황을 자동적으로 평가하는 정서 뇌가 욕구가 충족되었는지 여부를 평가하고 새로운 정서를 만들어 내는 것이다. 새 정서는 주로 욕구 충족이 안 된 것에 대한 슬픔, 욕구 충족이 안 되어 고통을 겪은 자아에 대한 동정심, 또는 욕구 충족이 안 된 데에 대한 분노이다. 이들 정서는 건강한 애도, 자기진정, 또는 주장을 촉진하는 정서들이다. 더 건강한 정서에 대한 접근 경향성은 슬픔에 위로를, 분노에 자기주장을 촉진하여 주기 때문에, 두려움과 수치심으로 움츠러드는 경향성을 지워 버린다.

코치는 다음을 탐색함으로써 주장적인 반응이 행동화되도록 촉진할 수 있다. "필요한 것들 중에서 어떤 것이 타인으로부터 얻을 수 있거나 당신에게 주어질 수 있나? 자신을 확신하고, 위로하고, 자신을 돌보는 것이 얼마나 중요한가?" "사람들이 세상에서 스스로 무언가를 하도록 돕는 것 또한 중요하다. 필요한 것을 얻기 위해 무엇을 해야 하는가?"라는 질문도 도움이 된다. 자신이 좋아하는 일을 하는 것처럼 자신을 위해 무언가를 하는 것이다. 이는 욕구를 충족시키고자 행동함으로써 자신의 부정적인 상태에서 벗어나도록 도울 수 있는 방법들이다.

자신의 욕구에 접근하기가 힘들다면, 이는 더 공감적인 지원이 필요하다는 표시이다. 이때에, 코치는 내담자를 대신하여 그 욕구를 말로 표현할 수 있다. 따라서 코치는 다음과 같이 추측할 것이다. "제 추측으로는 당신이 이곳에 있을 때는 좀 위안이 필요할 것 같아요." 또는 "제 느낌으로는 당신의 혐오감이 '나한테서 떨어져, 내 공간에서 나가.'라고 말하고 있는 것 같은데, 맞나요?" 또는, 코치가 그 사람이 욕구를 형성하는 것이 얼마나 어려운가를 인정하고, 욕구를 명료화하고, 또는 욕구에 대한 자격감을 느끼게 하여 이러한 어려움을 탐색하여 나간다.

충족되지 않은 욕구를 충족시킬 자격이 있다는 느낌에 접근한 후에 나타나는 새로운 감정은, 원래 상황에서 느꼈지만 그 당시에는 표현할 수 없었거나, 오래된 상황에 대한 적응적인 반응으로 느껴진 것일 수 있다. 예를 들어, 가해자의 위해에 대한 무언의 적응 분노에 접근하는 것은 아동 학대 피해자의 부적응적인 두려움을 변화시키는 데 도움이 된다. 분노로 도망가는 경향성이 분노의 경향성에 의해 밀어붙여 경계를 보호하도록 전환될 때, 잘못에 대해 가해자에게 책임을 지우는 새로운 관계 위치가 형성된다.

나의 견해로는, 부적응적인 정서 반응에서 정서 변화를 견뎌 내는 것은 통찰이나 이해의 과정을 통해서가 아니라, 오래된 상황에 대한 새로운 반응을 만들고 이를 기억에 통합하여 새로운 정서 반응(정서 코칭의 8단계)을 생성함으로써 일어난다(정서 코칭의 9단계). 표현은 새로운 반응을 만드는 것과 관련이 있으며, 이는 '……에 대하여 말하기'와는 다르다. 이는 표현하는 것과 관련된 고유감각, 즉 자기자극에 감응하는 감각이 제공하는 뇌의 피드백이 표현에 더해지기 때문이다. 표현하는 것은 행동, 무언가를 하는 것의 한 형태이므로, 개념화나 자각과도 다르다. 표현에서, 뇌는 몸이 하는 일을 자동으로 읽고, 개념화에서와 같이 경험에 대한 고차원적인 추상화가 아니라 살아 있는 경험으로 코딩한다. 다음 장에서는 다른 건강한 정서에 접근하는 방법(정서 코칭의 8단계)과 이전의 경험을 통합하는 건강하고 새로운 의미를 만드는 방법(정서 코칭의 9단계)에 대해 논의한다.

Chapter 09

새로운 치유 정서에 접근하기와
새로운 이야기 만들기

감정은 파도와 매우 흡사하다. 우리는 파도가 오는 것을 멈추게 할 수는 없지만
서핑하는 것을 선택할 수 있다.

– 조나단 마아텐순(Jonathan Martensoon)

　　　부적응적인 핵심 정서인 수치심, 두려움 및 외롭게 버려짐에 대한 슬
픔을 변화시키는 데 도움이 되는 주요 적응 정서는 힘이 주어진 분
노, 애도의 슬픔 그리고 자비심이다. 슬픔이 타인으로부터 자비심을 일으킬 뿐만 아
니라 자신의 슬픔에 의해 자신에게서도 자비심이 일어나기 때문에, 슬픔과 자비심
사이에는 특별히 중요한 관계가 있는 것 같다. 자비심은 깊은 배려와 존중 그리고
고통을 줄이고 싶은 마음을 담고 있으며 고통, 슬픔, 사랑과는 다른 정서 상태로 보
인다. 자비심은 고통을 덜어 주기 위한 깊은 소망과 헌신과 함께 자신과 타인의 고
통에 대한 민감성을 포함한다. 우리 자신에 대한 자비심은 우리가 더 불쾌한 감정을
다루는 데 도움이 되며, 주장적인 분노와 애도에 대한 슬픔도 부정적인 핵심 정서를
변화시키는 데 흔히 도움이 되는 정서이다.

　　내담자가 자신의 부적응 정서와 그와 관련된 부정적인 목소리, 그리고 그 밑에 있
는 깊은 욕구를 확인하고 나면, 치료사는 두려움, 수치심, 그리고 관련된 신념을 바
꾸는 데 도움이 될 건강한 정서에 접근하도록 어떻게 내담자를 도우는가? 먼저, 치

료사는 내담자가 수치심, 두려운 분노 또는 슬픔의 나쁜 감정을 느끼는 동안 깊게 호흡하도록 도와주고 그 감정에 공감하여야 한다. 이는 정서 조절을 돕고 고통스러운 감정이 강렬하고 압도적일 때 특히 중요하다. 치료사가 고통의 강도를 조절하도록 도울 수 있게 되면, 부적응 정서 외에, 부적응 정서에 반응하여 내담자가 다른 감정을 느끼고 있는 것이 있는지 확인한다. 이것이 바로 치료 전문가가 사람들의 변화를 촉진하기 위해 새롭고 건강한 정서 반응을 찾도록 돕는 지점이다(정서 코칭의 8단계). 새롭고, 더 적응적인 정서를 활성화하기 위하여 어떻게 도와야 하는가? 먼저, 정서에 공감적으로 조율하고 안전감을 제공하는 것이 새로운 정서를 가져오기 위한 기본 조건이다. 일관된 공감적 환경에 의하여 내담자는 묵은 감정과 함께 새로운 편안함과 안전감을 지속적으로 경험할 수 있다. 또한, 부적응 정서를 변화시킬 수 있도록 다른 건강한 정서에 접근하는 방법들이 개발되었다. 다음에 그 내용에 대해서 요약하고 논의한다.

- 다른 더 건강한 정서로 주의를 돌리기
- 욕구와 목표에 접근하기
- 긍정적인 이미지
- 건강한 정서의 표현적 재연
- 건강한 정서를 기억하기
- 건강한 정서에 대해 대화하기
- 내담자를 대신하여 건강한 정서 표현하기
- 건강한 정서 표현을 위한 다른 방법

주의를 돌리기

제3장에서 논의한 바와 같이, 관심의 초점을 배경 감정으로 바꾸는 것은 감정 상태를 변화시키는 데 도움되는 중요한 방법이다. 인식의 경계나 배경, 또는 현재의 지배적인 정서의 이면에, 주의를 기울이거나 찾으려고 하면 발견될 수 있는 또 다른 하위 지배 정서가 있다. 감정은 있지만 아직 초점 인식에 들어가 있지 않다. 분노 뒤에는

슬픔, 사랑 또는 용서가 있을 수 있다. 슬픔의 가장자리에 분노가, 상처나 두려움 안에 분노가, 수치심 뒤에 자부심과 자존감이 있다. 치료사의 결정적인 역할은 내담자의 주의를 이 하위 지배적인 감정으로 옮기고, 거기에 초점화하고 정교화하여, 내담자가 스스로 이를 수행하는 방법을 가르치는 것이다. 예를 들어, 한 여성은 자신이 겪은 학대에 의하여 얼마나 자신이 '결함 있고' '더럽혀진' 것으로 느껴지는지에 대해 이야기하였다. 그녀는 코치의 도움으로 자기 얼굴에서 표현된 경멸감에 주의를 집중할 수 있었고 더 힘을 가질 수 있었다. 그녀는 유린당한 것에 대한 혐오와 분노를 통해 더 지배적인 정서였던 두려움과 수치심을 없앨 수 있었다. 또 다른 예에서는, 자존감이 약한 한 남성이 치료사의 도움으로 자신의 분노 밑에는 업신여김 당하는 느낌에서 오는 상처가 있음을 알았다. 치료사는 업신여김 당할 때에 느껴진 신체 경험에 그의 주의를 집중하도록 하였다. 몸에서 그는 분노 뒤에 있는 상처의 둔감한 통증을 느꼈다.

욕구에 접근하기

제8장에서 논의한 바와 같이, 욕구에 접근하는 것은 주요한 변화 과정이며, 다른 감정이 없을 때 새로운 감정을 불러일으키는 핵심 방법이다. 여기에는 코치가 고통스러운 부적응 정서에서 충족되지 않은 욕구에 초점화하는 것과 그 욕구를 충족시킬 권리가 내담자에게 있었음을 타당화하는 것이 포함된다. 부적응 상태에 도달되고, 상징화되고, 경험되었을 때, 치료사는 내담자에게 거기에서 요구되는 것을 묻고 그 욕구를 충족시킬 자격이 있었음을 타당화함으로써, 내담자가 건강하고 치유적인 정서와 내적 자원에 접근하도록 도움을 줄 수 있다. 고통스러운 정서에 들어 있는 충족되지 않은 욕구를 활성화하고 타당화하는 것에 초점을 맞추는 것은 새롭고 더 적응적인 정서를 활성화하는 핵심 수단이다.

긍정적인 심상

대체 감정을 활성화하는 두 번째 방법은 심상을 사용하는 것이다. 상상력은 정서 반응을 일으키는 하나의 방법이다. 사람들은 자신의 심상을 사용하여 정서를 느끼는 데 도움이 되는 장면을 만들 수 있으며, 이 정서를 자신이 바꾸고자 하는 부적응 감정에 대한 해독제로 사용할 수 있다. 이성으로 감정을 바꾸는 것이 아니라, 심상을 사용하여 새로운 정서를 불러일으켜 느끼고 있는 것을 바꿀 수 있다. 원치 않는 감정을 더 바람직한 감정으로 대체하기 위하여 자기가 만든 심상을 사용하는 역량은 사람마다 다르지만, 이 역량을 개발할 수 있다. 예를 들어, 부적응 분노나 실의에 빠진 고립감을 느낄 때, 적절한 시기에 긍정적인 감정을 만드는 상황 속에 있는 자신을 상상하도록 지도받을 수 있다. 부적응 감정이 온전히 인식되고 인정될 때, 치료사는 내담자에게 자신이 강하거나 유능한 상태에 있는 사랑하는 사람의 팔에 안겨 있는 상상, 또는 경찰관이나 치료사에게 보호받고 있는 상상을 할 수 있는지 물어본다. 사랑하는 사람을 상상하는 것도 고통스러운 고립감이나 불안감에 대한 해독제로서 매우 효과적일 수 있다. 훈련을 함으로써, 심상을 통하여 반대 감정을 만들어 내는 방법을 배우고 부정적인 정서에 대항하기 위해 이를 사용할 수 있다. 이를 위해서는 시간과 휴식이 필요하며, 이완에 도움이 되는 호흡에도 주의해야 한다. 사랑하는 사람에 대한 분노를 바꾸기 위해서, 치료사는 화를 내는 대신에 그 사람의 더 긍정적인 속성을 상상하거나 그 사람에 대해 더 긍정적으로 느낀 시간을 상상하도록 한다. 타인과의 연결을 유지하기 위하여 타인에게 향하는 분노를 감사와 대등하게 균형이 맞도록 한다. 인생에서 가장 행복했을 때의 시간을 상상해 보라고 하면서, 현재의 기분이 나쁜 것과는 반대가 되는 이 상태들 사이를 왔다 갔다 하는 것은 사람들이 자신이 속한 상태가 아닌 다른 상태의 가능성을 보는 데 도움이 되는 경우가 많다. 치료사는 내담자에게 끔찍한 기억을 회상하게 한 다음, 긍정적인 기억에서 지지적인 사람이나 감정을 그 나쁜 기억으로 가져가도록 한다. 이것은 나쁜 감정을 완화하는 데 도움이 될 수 있다. 그러므로 다른 경험을 만들어 내고 다른 자기조직체에 접근하기 위하여 이미지로 저장된 과거 경험의 기억을 불러낼 수 있다. 이러한 대체 심상이 만들어진 상태는 부정적인 자기상태와 싸우는 데 사용된다.

자기와 타인에 대한 자비를 이러한 심상을 통하여 만들어 내는 것이 특히 도움이된다. 치료사는 내담자에게 침실에 있는 외롭고 상처받은 5세의 자기를 성인으로서위로하고 자신을 상상하게 할 수도 있고, 또는 내담자에게 누군가(코치나 보호해 주는 다른 인물)가 아이의 방으로 들어가서 그때 필요하였던 것, 안전함이나 지지 또는보호 등을 주는 것을 상상하게 한다. 목표는 갇혀 있는 부적응 상태에 대한 대안을제공하는 새로운 정서 상태를 불러일으켜서, 이 새롭고 더 적응적인 상태를 발판으로 삼아 오래되고 부적응적인 상태를 변형시키는 데 사용하는 것이다. 이를 위해서는 타인들로부터의 지지가 충분히 내면화되어 있어야 하며, 자기지지를 결집하기위하여 자아감이 강해야 한다. 내담자가 그렇게 할 수 없다면, 그들의 가능성에 대한 치료사의 공감적 조율이 내담자가 사용할 수 있는 유일한 자원이다.

새롭고 건강한 정서의 표현적 재연

다른 정서에 접근하는 세 번째 방법은 사람들에게 현재 경험되고 있지 않은 정서를 재연하는 것이다. 제3장에서 지적했듯이, 이 접근은 사람들이 무언가로부터 도망가고 있기 때문에 두려워한다는 윌리엄 제임스(William James, 1890/1950)의 생각으로 되돌아간다. 치료사는 의도적으로 그 느낌이 표현되는 자세를 가정한 다음, 내담자에게 어떤 정서적 자세를 취하도록 하고 그 정서를 강화하도록 도울 수 있다. 따라서 정서 코치는 사이코드라마적인 재연을 사용하여 내담자에게 "'나는 화가 나.'라고 그에게 말해 보세요. 다시 말해 보세요. 네, 더 크게. 발을 바닥에 붙이고 똑바로 앉을 수 있나요? 예, 좀 더 그렇게 해 주세요."라고 지시한다. 여기서 내담자는 그 정서가 경험되기 시작할 때까지 한 정서를 표현하도록 코치받고 있다. 이것은 가식적인 표현의 장려가 아니라 억압되고 허용되지 않은 경험에의 접근을 촉진하려는 시도이다. 마찬가지로, 슬픈 자세를 취하고 의도적으로 슬픈 것을 표현하는 것은 슬픔에 접근하는 데 도움이 될 수 있다. 치료사는 내담자에게 상상의 타인에게 다음과 같이 이야기하도록 한다. "그녀에게 당신이 잃은 것을 말해 주세요. 얼마나 슬펐는지 말해 주세요." 얼굴 표정이 분노 경험을 만드는 것처럼 보이고, 슬픈표정이 슬픔을 만드는 것처럼 보이기 때문에, 내담자에게 얼굴 표정으로 정서를 표현하도록 지시하는 것이 어려운 일이기는 하지만 효과적일 수 있다(Flack, Laird, & Cavallaro, 1999). 이는 또한 표면으로 떠오르고 있는 표현을 면밀하게 따라가는 것에도 도움이 된다. 예를 들어, 내담자의 두 눈의 시선이 아래로 내려가면, 코치는 이를 따라가서 내담자에게 이 움직임을 전개하도록 지시한다. "예, 아래를 내려다보면서 이 말을 다시 해 보세요. '당신이 보고 싶었어.'" 내담자에게 몸을 공처럼 둥글게 만들도록 하며 슬픔의 철회 성향을 촉진하게 된다. 사람들이 애원하는 방식으로 손을 내밀면 애원이나 구걸 경험을 할 수 있다. 표현적인 자세를 취하도록 지시한 경우, 항상 사람들에게 그 자세를 만든 후의 그들이 경험하였던 것을 물어보아야 한다. 의도적인 표현에 의해서 나타나는 경험에 주의하는 과정을 거치지 않고 그런 표현을 많이 하는 것은, 경험을 불러일으키기보다는 인위적인 행위에 그치기 쉽다.

건강한 정서를 기억하기

다른 정서에 접근하는 네 번째 방법은 그 정서가 발생한 상황을 기억하고 현재에 그 기억이 살아 있게 하는 것이다. 이것은 앞에서 설명한 심상 과정과 연관된다. 과거의 정서적인 장면을 기억하는 것으로도 분명히 정서를 만들어 낸다. 기억에 대한 정서 반응에서 일어나는 생리와 표현의 변화는 정서가 현재의 자극에 대한 반응으로 활성화될 때 일어나는 변화와 매우 유사한 것으로 나타났다(Ekman & Davidson, 1994). 따라서 정서적 사건에 대한 기억은 다른 정서에 접근하는 중요한 수단이므로 더 부적응적인 상태를 변화시키는 데 사용될 수 있다. 정서와 기억은 밀접하게 연결되어 있다. 정서는 기억에 의해 유발되며, 정서 기억과 그 기억에 기반을 둔 이야기를 재구성하는 데 중요하다.

정서는 이전 사건의 기억을 되살린다. 사건들은 정서 주소에 기억으로 저장된다. 그러므로 현재의 실망은 다른 실망으로 이어지고, 수치심은 다른 굴욕감과 연결된다. 따라서 현재의 정서 경험은 이전의 사건에서 똑같거나 비슷한 정서 경험을 환기시키므로 항상 다층적이다. 코치가 내담자의 감정을 바꾸는 데 조력하고자 한다면, 정서 기억에 접근하여 재구성하여야 한다. 정서 기억 변화의 중요한 형태 중의 하나는 변화될 정서 기억에 접근한 다음 그 정서를 다른 정서로 전환하는 것이다.

일단 다른 정서 기억이 환기되면, 새로운 기억이 지배하고 묵은 기억은 배경으로 물러나서 접근성이 떨어지게 되거나, 결국에는 제2장에서 논의된 기억 재강화 과정에 의하여 새로운 기억이 묵은 기억을 전환시킨다. 정서는 관계 맥락에 내재되어 있는 경우가 많다. 정서는 기억 속에서 자기를 타인과 연결한다. 경멸적인 부모의 얼굴에서 수치심을 느끼고, 침범적인 타인에게 분노를 느끼고, 학대적인 타인에게 두려움을 느끼던 기억이 있다. 그러므로 타인의 견해에 접근하는 것은 내담자가 정서를 환기시키는 데 도움이 되며, 타인의 다른 견해에 접근하는 것은 내담자가 느꼈던 정서를 바꾸는 데 도움이 된다.

한 내담자는 자살한 어머니의 시신을 발견하였고, 어머니를 생각할 때마다 마음속에 그 끔찍한 이미지가 떠올랐다. 그 이미지는 버려짐으로 인한 두렵고 공허하고 끔찍한 느낌과 함께 차갑고 몸서리치는 느낌을 주었다. 그녀는 분노, 수치심, 슬픔을 극복하고 나서야 마침내 어머니에게 공감하고 용서하였으며, 그 후 그 끔찍한 기억을 이전의 어머니와 행복하였던 기억으로 바꿀 수 있었다고 이야기하였다. 이 기억들은 다른 기억과 달리 따뜻하고 아늑한 느낌을 남겼다. 그녀는 어머니를 생각했을 때 이제는 그녀가 접근하였던 따뜻하고 사랑으로 가득한 것으로 기억할 수 있다고 하였다. 궁극적으로 온전한 정서 기억으로 재구성이 이루어진 것이다. 즉, 어머니를 사랑으로 생각할 수 있었고, 어머니를 생각할 때마다 따뜻하고 좋은 느낌이 들었다.

정서 기억으로 정서 상태를 변화시키는 또 다른 방법은 삶에서 자신을 지원하였거나 지원할 사람에 대해 기억함으로써, 지금까지와 다른 더 적응적인 자아의 정서와 경험에 접근하는 것이다. 그러므로 치료사는 내담자에게 그들의 삶에서 더 적응적인 정서와 경험을 할 수 있는 자질을 가진 사람 또는 현재에 그렇게 보는 사람이 있는지 물어볼 수 있다.

"당신의 삶에서 당신을 믿고 자랑스럽게 생각하는 사람이 있습니까?" 또는 "누가 당신을 사랑하였나요? 혹은 보호하였나요?"라고 질문을 할 수 있다. 이는 내담자에게 그러한 감정에 수반되는 안전감이나 자부심과 사랑받을 수 있는 느낌을 불러일으킨다. 아내에 대해 어떤 감정도 가지지 못하였다고 말하였던 한 내담자는 이런 접근법을 통해 자신이 분노와 슬픔을 경험하도록 허용할 수 있었다. 그는 완벽하고 비판적인 아버지와 차갑고 무시하는 어머니로부터 자신을 보호하는 아이로서 감정들을 차단하였기 때문에 어떤 것도 느낄 수 없고 아무런 감정이 없었다고 분명히 말하였다. 하지만 할머니가 자신을 돌본 기억에 접근한 후에 기쁨과 슬픔의 눈물을 흘렸다.

건강한 정서에 대해 이야기하기

치료사는 내담자와 함께 더 바람직한 정서에 대해 이야기함으로써 새로운 정서에 접근하도록 한다. 정서적인 에피소드에 대해 이야기하면 거기에서 느꼈던 감정을 다시 경험하게 된다. 어떤 주제에 대한 대화를 개시하면 해당 주제와 관련된 감정을 생성하는 데 도움이 되는 경우가 많다. 심리치료는 대화하는 치료이며, 대화는 새로운 감정을 불러일으킬 수 있다. 실패자처럼 느낄 때 성공 경험에 대해 이야기하면 효능감에 접할 수 있거나 그 가능성을 느끼는 데 도움이 된다. 과거의 정서적 에피소드에서 느꼈던 감정을 다시 경험함으로써 유익함을 얻을 수 있으며, 대화는 그러한 감정을 얻었던 방법에 대한 감각을 키울 수 있다. "그것에 대한 구체적인 예를 주실 수 있나요?"와 같은 개방형 질문을 전략적으로 사용하면, 내담자가 새로 경험한 감정을 활성화할 가능성이 있는 어떤 개인적인 기억을 공개하거나 이야기하도록 하는 데 도움이 된다. 내담자에 대한 치료사의 반응 또한 감정을 자리 잡게 하는 데 도움이 된다. 즉, 치료사의 지지, 격려 그리고 내담자에게서 이러한 정서적 가능성을 보는 능력은 내담자가 자신의 긍정 정서를 불러낼 가능성을 증진시킨다.

내담자를 대신하여 건강한 정서를 표현하기

어떤 상황에서는 치료사들이 내담자는 표현할 수 없는 특정 감정을 표현할 수 있다. 이 경우에 치료사는 내담자의 대체 정서에 목소리를 주는 것이다. 예를 들어, 치료사는 내담자를 대신하여 "나한테 어떻게 그렇게 할 수 있었나요?" 또는 "나는 당신을 대신하여 화가 나고 폭발할 것 같다."거나 "그의 정강이를 차 버리고 싶다."고 말하여 내담자를 대신하여 침해에 대한 분노 표현을 할 수 있다. 이는 폭력을 촉발하는 것이 아니라, 내담자에게 표현할 자격을 부여받는 느낌보다 더 깊은 수준에서 자신을 표현할 잠재력을 준다. 치료사의 정서 표현은 내담자에게 지지와 인정받는 느낌을 주며, 정서 변화를 촉진하기 위하여 이러한 정서에 접근하게 해 준다. 내담자의 상실에 대한 슬픔 또한 "당신이 그때 아이로서 혼자 외로웠다는 말을 들을 때 정말로 슬픕니다." 또는 "당신이 이것에 대해 말해 줄 때 저의 눈에 눈물이 나오는 것이 느껴집니다."라고 말함으로써 표현할 수 있다. 진실되고 도움이 되는 반응으로서 이러한 표현을 공유하는 것이 적절하다고 여겨지면 언제든지 할 수 있다. 이러한 표현은 내담자에게 도움이 되어야 하며, 치료사의 복지를 위해서 하거나, 치료사의 미해결 문제에서 나와서는 안 된다는 점을 확실히 해야 한다.

치료사의 이러한 표현은 진정으로 느껴진 감정들이어야 하며, 내담자를 정서에 접근하게 하는 기술로서 사용해서는 안 된다.

건강한 정서 표현을 위한 다른 방법들

유머는 정서로 정서를 바꾸는 또 다른 방법이다. 웃음은 정서 상태를 바꿀 수 있으며, 유머가 주는 관점은 상황을 재구성할 수 있다. 내담자의 상황을 재구성하는 농담은 우울한 감정을 가볍게 하고, 더 보편적인 관점에서 사물을 보게 한다. 우디 앨런의 신경증적 유머로 자신을 보는 것은 다소 위안이 된다. 표현 예술의 많은 방법들도 감정을 변화시키는 데 도움이 된다. 비록 개인 치료에 이용하기가 쉽지는 않지만 집단에는 매우 유용하다. 음악 또한 감정을 변화시키는 강력한 매체이다. 음악을 연주하면 음악을 만드는 것처럼 사람들의 기분을 변화시킨다. 사랑과 같은 특정 감정을 전달하거나 불러내는 노래 가사를 반복하면 거부감이나 배우자에 대한 원망과 같은 감정을 변화시키는 데 도움이 될 것이다. 회화, 점토 작업 및 춤은 정서 상태를 변화시키며 이전에는 접근할 수 없었던 감정에 접근하는 데 사용될 수 있다. 정서로 정서를 변화시킬 필요가 있다고 생각하면 다양한 방법이 나올 수 있다.

정서 상태에서 벗어나기

새로운 감정에 접근하는 것을 돕는 것 외에도, 치료사는 때로는 어떤 정서와 정서적인 마음 상태에서 벗어나도록 도울 필요가 있으며, 그래서 한 상태에서 다른 상태로 전환할 수 있게 된다. 정서 상태에서 벗어날 수 있고 이러한 상태를 제어할 수 있다는 것을 안다면 감정을 느끼는 것을 두려워하지 않는다. 그러나 정서에서 벗어나는 것에는 장애가 많다. 정서에 집중할 수 있는 것과 마찬가지로 정서에서 벗어날 수 없다면 정서지능적으로 될 수 없다. 사람들은 정서 속에 쉽게 갇히게 됨으로써 분노, 슬픔, 기쁨의 정서 상태에서 다른 정서 상태로 전환하기가 어렵다. 자신의 정서에 매몰되어 그 정서가 유일한 현실을 결정하는 것처럼 느낀다. 생각하거나 상상할 때는 한 정서에서 다른 정서로 전환하는 것이 훨씬 더 쉽다. 왜냐하면 사람의 생각이나 상상이 정서만큼 그 사람과 일치하지 않기 때문이다. 논의하였듯이, 부적응 정서는 그 자체의 추진력을 가지고 있다.

정서의 수동적인 희생자가 될 필요는 없다. 정서 코치는 사람들이 자신의 정서에 집중하도록 돕고, 적절하거나 필요한 때가 된 것 같으면 언제든지 이 정서에서 벗어나도록 한다. 코치는 분노에서 자비로, 슬픔에서 감사로, 시기심에서 수용으로, 내면의 두려움에서 차분한 현재와의 접촉으로 전환하는 것을 배우도록 돕는다. 연습을 통해 자동적인 정서 뇌를 의식적으로 지배할 수 있도록 배우게 된다. 이를 수행하기 위한 더 좋은 코칭 방법 중의 하나는 먼저 정서를 변화시킬 필요성을 인식하는 그 순간의 느낌을 확실하게 묘사할 수 있게 하는 것이다. 이는 내담자가 자신에게 집중하도록 돕고, 그리고 나중에 그 감정을 다룰 수 있을 때 잡을 수 있는 핸들을 제공한다. 나중에 다시 그 정서로 돌아갈 수 있고 그 정서를 더 진행시킬 수 있다는 것을 알고 있으면서 어떤 경험을 붙잡고 있을 수 있는 훈습이 필요하다. 그런 다음 코치는 내담자가 현재의 외적인 현실에 주의를 기울이도록 하고 자아의 외부에서 일어나고 있는 것에 집중하도록 해야 한다. 이는 또한 정서 경험을 충분히 하지 못하였을 때의 회기 종결에 도움이 된다. 코치는 내담자에게 이 기술을 배우는 데 도움이 되도록 다음 연습을 완료하도록 요청할 수 있다.

- 어떤 정서 상태에 있을 때—화나고, 슬프고, 두렵거나, 부끄러울 때—그 감정을 경험하고, 그 감정에 이름을 붙인다. 그 감정을 몸으로 느낀다. 생각을 확인한다. 전환하기 전에 자신이 느끼는 감정을 분명하게 느낀다. 이것을 말로 표현한다. 이는 나중에 다시 잡을 수 있는 핸들을 제공한다. 자신에게 "나는 이 감정으로 돌아올 거야!"라고 말한다.
- 이제 전환할 시간이다. 관심의 초점을 외부 세계로 옮긴다. 외부 현실과 접촉한다. 당신이 보는 것에 이름을 붙인다. 다시 호흡한다.
- 이제 하루 중 주의를 기울여야 할 다른 것을 선택하고 이 새로운 과제에 집중한다.

정서에서 벗어나도록 돕기 위해서 치료사는 다른 관점을 고려하는 능력을 개발하도록 도울 수도 있다. 다른 견해가 존재하고 자신의 관점이 항상 유일하고 올바른 것은 아니라고 믿을 때, 정서로부터 벗어나고 다른 상태에 집중하는 것이 더 쉬워지고 현실적으로 된다. 상태를 변화시키는 다른, 덜 개념적인 방법으로는 기분 전환에 음악을 이용하거나 유쾌하고 움직이는 활동을 하는 것이 있다.

모호한 감정에 집중하여 전환하기

앞에서 설명한 바와 같이 다른 정서와 욕구에 접근하여 정서를 변화시키는 것은, 변화될 처음의 정서가 생생하고, 현존하고, 주장적으로 표현되는 경험에 적용된다. 정서에 의한 정서 변화의 원리는 그 정서가 원래 모호하고 과정이 더 내면적인 경험에도 적용된다. 제5장에서 모호한 불쾌감에 초점을 맞춘 조나단의 예를 생각해 보라. 코치는 조나단에게 실패자처럼 느낀 것을 상징화하도록 하였고, 그가 무력감에 도달했을 때 정서 코칭 과정의 첫 번째 단계를 마쳤다. 무력감에 대한 자각이 도움이 되어 몸의 변화를 가져왔다. 그것은 별다른 소리를 내지 않은 채 내면적으로 경험되었다. 이러한 단계는 그에게 도움이 되었지만, 완전한 변화에는 그 이상이 필요하다. 때로는 무력감을 느낀다거나 능력 이상으로 과도하였다는 느낌을 인정하는 것처럼, 문제가 무엇인지 인식하는 것만으로도 해결책이 될 수 있다. 그러면 무엇을 처리해야 하는지 알고 그렇게 하기 위하여 자신을 동원할 수 있기 때문이다. 하지만, 문제의 충분한 해결책을 얻기 위해서는 문제에 대한 감정에서 벗어나야 하는 경우가 종종 있다. 그렇다면, 새로운 것이 나오게 하는 변화를 일으키는 내적 초점화 과정은 어떻게 이루어지는가?

젠들린(Gendlin, 1996)이 이 초점화 단계가 새로운 가능성을 열어 주는 몸의 느낌 변화를 어떻게 유도하는가에 대해 설명하였지만, 그 가능성이 어떻게 열리는지는 아직도 많은 부분에서 미스터리로 남아 있다. 내담자의 내면 과정에 대한 면밀한 연구에서, 이 과정이 생생한 정서 변화에서 일어나는 과정과 유사한 방식으로 종종 발생하는 것을 관찰하였다. 즉, 새로운 적응적인 정서가 출현하여 그 사람의 상태를 변화시키는 것이다. 제5장의 조나단의 예에서, 조나단이 새롭게 떠오르는 분노에 주의 집중함으로써 새로운 것이 나타났으며, 이는 그가 실패감에 다다랐을 때 한 번 온 것이었다. 그가 내면의 대안을 만드는 데 도움이 된 것이 바로 이 새로운 감정이었다. 그는 자각의 경계에 있던 다른 내면의 목소리에 접촉하였다. 그 목소리는 "연구비 검토 과정이 불공평하여 화가 난다. 많은 부분이 정치적이고 이미지 관리다."라고 하였다. 이것은 정서에 뿌리를 둔 자신의 또 다른 부분으로, 그의 건강한 핵심 정서에 기반하고 그 자체의 목소리를 가지고 있다. 조나단의 배경 경험에 적용될 수 있는 새롭게 등장한 자원이다. 부당하게 대우받았다는 느낌에서 새롭게 떠오르는 분노에 주의하면서, 그는 "더 이상 이걸 가져가지 않을 거야."라는 새로운 목소리와 함께 자신의 관점을 방어하도록 자신을 조직하였다. 내면적으로 표상된 압제자와 대항하여 싸우는 데 도움이 될 새로운 자원을 획득하면서, 조나단은 자신을 무력화하려는 살아 있는 압제자에 대항하여 움직이는 만큼, 자신의 권리를 주장하기 시작하였다.

조나단이 현재 느낀 떠오르는 감정은 내내 거기에 있었던 배경의 하위적인 정서일 수도 있고, 새롭게 떠오르는 정서일 수도 있다. 사람들이 자신의 경험을 재해석할 때 종종 스스로 새로운 경험을 만들어 낸다. 사람들은 항상 새로운 경험을 만들 수 있다. 사람들은 정서적으로 반응하는 존재이기 때문에 일어나고 있는 것과 느끼고 있는 것의 정서적 중요성을 평가하는 과정에서 항상 이렇게 할 수 있는 것이다. 따라서 조나단은 단순한 분노 이상을 느끼게 되었다. 그는 또한 힘든 목표를 따라가지 않아도 된다는 것에서 안도감을 느꼈다. 이렇게 새롭게 이름을 붙인 정서는 새로운 목표를 재구성하고 초점화하는 데도 도움이 되었다.

    욕구, 목표, 염려에 대한 자각은 사람을 변화와 발전의 방향으로 가게 한다. 조나단은 실망감, 실패감과 무력감을 확인한 후, 자신의 분노에 접근하여 인정, 수용, 또는 심지어 물질적 이득까지 얻으려는 욕구를 줄였다. 이것이 그가 만족시키기 위해 노력해야 했던 것, 그가 필요로 하거나 욕망하였던 것이다. 이러한 앎이 실제로 그 욕구를 충족시키지는 않지만, 그가 필요로 하였던 것을 아는 것이 첫 번째 단계이다. 자신이 필요한 것을 아는 것은 현재 환경의 적응에 필수적이며 그 욕구 충족에 필요한 문제 해결 과정에 중요하다. 이 내적 초점화 과정에서 치료사는 내담자가 정서에 내재된 욕구, 목표 또는 염려에 집중하도록 해야 한다. 이렇게 하여 내담자는 친밀감, 분리, 보호, 인정 또는 자유에 대한 욕구를 인식하게 된다. 그런 다음 주요 관심사를 발견하기 위하여 훈련받은 방식으로 감정에 주의를 기울임으로써 자기 힘으로 변화의 과정을 취할 수 있다. 욕구, 목표, 염려에 대해서 명확하게 초점화하는 것은 느끼는 감각에 단순히 초점을 맞추고 변화가 올 때까지 수동적으로 기다리는 것 이상의 단계를 취한다. 이러한 좀 더 자기주도적인 단계는 변화가 자발적으로 일어나지 않을 때 초점화하는 데 특히 도움이 된다. 따라서 내담자는 다음과 같이 자신의 감정에 대해서 반복적으로 물어 가면서 코치받을 필요가 있다. "여기서 내가 필요로 하거나 정말로 원하는 것이 무엇인가?" 또는 "이 모든 것에서 나의 목표는 무엇인가? 나에게 중요한 것은?"

    일단 조나단이 자신이 필요로 하거나 원하는 것을 알고 있지만, 행동하기를 결정할 수가 없을 경우, 다시 그의 머리와 가슴을 통합하여야 하고 욕구를 충족시키는 것이 그에게 어떤 가치가 있는가를 평가해야 한다. 하고 싶은 것을 하는 것이 그에게 가치가 있는가? 또한 자신의 욕구를 충족시킬 방법을 알아야 한다. 이를 위해서는 서로 다른 상황에서 욕구가 충족될 가능성을 평가할 수 있어야 한다. 욕구는 중요한 최종 목표를 설정한다. 욕구를 충족시키는 방법은 학습, 문화, 기회, 변화와 같은 많은 요인들에 따라 다르다.

조절

정서에 의하여 정서를 바꾸는 것 외에, 때로는 정서 조절 기술 또한 익혀야 한다. 수치심, 두려움, 무력감, 분노와 같은 정서가 감당이 안 될 때 정서 조절을 하고 거리를 두도록 돕는 것은 중요한 일이다. 사람들은 자신이 느끼는 감정이 무엇이든 그 감정을 느끼지 않으려고 조절하려는 경우가 많다. 이것은 결국에는 도움이 되지 않는다. 어떤 사람들은 그러한 정서가 환기되는 상황을 피하거나 물러남으로써 평온을 어지럽히는 정서를 느끼지 않으려고 한다. 또 어떤 사람들은 공사다망하게 하는 것과 같이 주의를 산만하게 하는 전략을 사용하거나, 자신의 감정을 복통과 같은 심인성 질환으로 전환시킨다. 또 다른 사람들은 사건 자체를 기억하고 일어난 일의 전체적인 영향을 알고 있다 하더라도, 인생의 큰 사건과 관련된 고통스러운 정서를 기억하지 않음으로써 혼란스러운 정서를 피한다. 또한 혼란스러운 감정을 덮어 버리기 위하여 자극을 구하거나 충동적인 행동을 한다. 자해, 폭식, 약물, 알코올 남용, 과도한 자위 및 난교와 같은 극도로 마비시키는 행동을 하여 고통스럽거나 압도적인 감정을 차단하거나 진정시킨다.

치료사는 사람들이 더 나은 정서 조절 기술을 배우도록 도와야 한다. 중요한 정서 조절 방법은 호흡 조절과 마음챙김(정서 상태에 대한 비판단적 관찰과 묘사)이다. 기본적인 정서 조절 기술에는 정서를 명명하기, 몸의 경험을 묘사하기, 감정을 유발한 사건을 명료화하기, 정서에 의해 촉발된 상황과 행동에 대한 자신의 해석을 이해하기 등이 있다.

정신이 급류에 휩쓸릴 때, 자신을 진정시킬 수 있어야 한다. 이 고통스러운 감정에서 약간의 거리를 두는 것이 종종 도움이 된다. 코치는 내담자에게 의식을 방해하는 압도적인 정서와 생각 속에서 길을 잃은 경험과 자기 자신 사이에 거리를 두는 방법을 가르쳐야 한다. 내담자가 자신의 경험을 마음 챙김 하도록 돕는 것은 이를 촉진시킨다. 코끝으로 들어갈 때의 호흡에 집중하고 일어났다 사라지는 과정에 쓰이는 마음의 내용을 관찰하는 매개적인 방법을 코치가 제시할 수 있다.

이는 사람들이 정서가 건강하지는 않지만 그래도 그 정서가 자신을 통제할 수 없다는 것을 알 때 자신의 정서를 조절하는 데 도움이 된다(Kabat-Zinn, 1993; Levine,

1989). 명상적인 접근법은 회피에 대한 대안으로, 특정한 방식으로 정서에 주의를 기울여야 한다. 명상 과정은 마치 자신이 대화하는 것을 관찰하는 외부인인 것처럼 객관적인 태도로 자신의 경험을 자신에게 묘사하는 기술을 가르치는 것이다. 이를 통해 자신의 경험의 의미에서 자신을 분리하여 경험의 질과 형태에 주의를 기울일 수 있다. 몸에서 느껴진 정서 경험이 뜨겁거나 차갑거나 간에, 큰 공이나 작은 매듭이나 간에 그 경험에 들어 있어야 한다.

다음의 연습은 관찰자의 거리를 확보하는 데 도움이 된다.

- 혼란스러운 감정 속에서 부풀어 올랐다가 사라지는 감각과 생각에 주의를 기울인다. 감정의 의미가 아니라 커졌다가 사라지는 감정 자체에 주목한다. 이것은 생각과 감정의 상호작용에 의하여 도망가는 과정을 방해한다. 그러므로 당신이 느끼는 감정의 특징과 위치는 '가슴의 뜨거운 느낌'으로, 강도는 '보통'으로, 모양은 '둥근 공'으로 알아차리고 이름을 붙이기 시작하면, 정서의 급류는 가라앉기 시작한다.
- 감각이 일반적인지 구체적인지, 확장되는지 축소되는지, 오고 있는지 가고 있는지 알아차린다.
- 5분에서 40분 동안 이 작업을 수행하면 느낌의 강도가 감소한다.
- 감각에 주의를 기울인 후에는 생각에 주의를 기울인다. 그 생각의 의미와 내용에 몰두하지 않는다. 대신에 자신의 사고 과정을 묘사한다. "이제 나는 생각하고, 기억하고, 상상하고, 또는 예상하고…… 있다." 또는 "이제 나는 비판하고, 방어하고 또는 헐뜯고…… 있다." 자신이 관여한 정신 과정을 묘사한다. 당신은 이제 자신의 감각과 사고 과정에 직접 접촉하고 있으며, 자신의 감정으로부터 더 알맞게 거리를 유지하게 해 주는 새로운 내적 경험을 만들었다.

일단 실제적인 감정에서 거리를 둘 수 있으면, 더 이상 분노, 슬픔, 두려움이나 수치심에 압도되지 않는다. 정서적인 불길에 연료를 계속 공급하게 하는 사고의 의미는 더 이상 그 불길을 빨아들이지 않을 것이다. 감정의 희생자에서 감정의 관찰자로 초점을 전환하였다. 감정을 피하려 하지 않고 감정을 묘사하는 데 집중할 것이다. 이는 간단한 재구성 과정을 사용하여, 내용에 주의를 기울이는 것에서 과정을 묘사하는 것으로 전환함으로써 감정을 통달하는 데 도움이 된다. 이제는 생각의 의미나 감각의 영향에 사로잡히지 않고 그 순간에 무엇에 어떻게 존재하는가에 집중한다. 더 깊이 숨을 쉬고 근육은 더욱 이완된다. 관점이 전환되었다. 이제 새로운 것이 나타날 수 있으며, 사람들은 자신이 원하는 일에 집중하도록 도움을 받을 수 있거나 할 수 있고, 이 상황에서 스스로 도울 수 있다. 대체 자원에 접근할 수 있다. 더 이상 어려운 감정의 희생자가 아니기 때문에 주체자(agent)가 되어 다시 인생의 저자가 될 수 있다.

정서 조절에 곤란이 많은 사람들과 함께 일한 마샤 리네한(Marsha Linehan, 1993)은 아직 이러한 기술을 가지고 있지 않은 내담자들에게 가르칠 수 있는 다양한 행동 지향적인 정서 조절 기술과 고통 인내 기술을 내놓았다. 이들 기술은 현재의 정서와 대립되는 방식으로 행동함으로써 자신의 정서를 변화시키는 것이다. 즉, 리네한은 감당이 되지 않는 감정을 조절하기 위한 수단으로 정서 반응의 표현적이고 행동적인 요소들을 거꾸로 할 것을 제안하였다. 그녀는 또한 죄책감과 수치심의 상태에 있는 사람들은 느낌에서 벗어나기보다는 그 감정에 직면해야 한다고 하였다. 우울증과 슬픔의 경우에는 기술이 수동적이지 않고 능동적이어야 하고, 분노에서는 기술이 공격적이기보다는 공감적으로 되는 것이거나 착한 것을 하는 것이다. 다른 조절 기술로는 긍정적인 사건에 초점을 맞추고 긍정적인 사건을 행동적으로 증가시켜 사람들이 자신의 삶에서 보다 긍정적인 경험을 쌓도록 돕는 것이다. 리네한은 고통 인내 기술과 조절 기술을 구별하였는데, 그녀에 의하면 전자는 변화가 만들어질 수 없는 상황에서의 생존을 돕기 위하여 고안된 것이며, 후자는 문제를 고치려는 것이다. 고통 인내 기술은 내담자가 어떻게든 해 나가도록 돕는다. 이 기술에는 자기에게서 타인으로 주의를 돌려 바쁘게 뭔가를 함으로써 자신에게 집중할 수 없게 하는 방법과, 자신을 편하게 해 줄 좋은 일을 자신을 위하여 함으로써 자기위로를 하는 방법이 포함된다. 또한, 리네한은 사람들이 긍정적인 심상, 기도, 이완, 책임진 일로부터 휴식을 갖는 그 순간에 향상될 수 있다고 하였다.

격렬한 감정으로부터 작업거리를 만들도록 돕는 것은 고통스러운 정서를 다루는 데 유용한 방법이다. 여기서는 정서 강도를 조절하여 단순히 정서에 대처하는 것이 아니라, 정서 처리에 도움이 되는 방식으로 정서 접근을 촉진하기 위하여 정서로부터 적절한 거리를 두는 것이 강조된다. 내담자는 정서에 너무 가깝거나 너무 멀어도 안 된다. 말로 상징화될 수 없다는 것과 더 큰 하나의 전체 경험으로 볼 수 없다는 것에 압도되거나, 그냥 순수한 개념적인 경험으로서 정서와 너무 거리를 두어도 안 된다. 코치는 내담자에게 경험에 가까워지거나 더 멀어지도록 요청할 수 있으며 이를 위해 시간을 쓸 수 있다. 코치는 "호흡하시고, 자신의 일부처럼 그 감각을 얻기 위하여 예를 들면, 그 느낌에서 더 멀어지도록 해 보세요." 또는 "그 느낌을 여기 의자에 둡시다. 그 느낌을 설명해 주시겠습니까?"라고 말할 수 있다. 또한 그 느낌에 더 가까워지기 위하여 코치는 다음과 같이 말할 수 있다. "그 느낌으로 조금 더 들어가 보세요. 어떻습니까?" 또는 "그 느낌에서 말해 보세요. 그 느낌으로 들어가고, 그 느낌이 되어서 당신이 어떤 모습인지 '나는 나의 슬픔이고 나는 내 가슴의 고통이다. 나는 아프다.' 이런 식으로 설명할 수 있습니까?"

조절되지 않은 정서에 대처하는 또 다른 방법은 내담자를 안전한 곳으로 가도록 하는 것이다. 이는 내담자가 압도감을 느낄 때의 대처방법으로 초기에 사용된다. 내담자에게 안전하다고 느끼는 장소를 찾게 하고, 상상으로 거기에 자신을 데려가고, 거기서 느끼는 것을 느끼도록 한다. 이것은 자기를 위로하고 나쁜 감정을 바꾸는 데 도움이 된다.

부적응 정서와 파괴적인 사고의 전환을 촉진하기

건강한 정서를 이용하여 건강하지 않은 정서를 전환하기

변화는 새롭게 발견된 가치감과 힘의 감각으로 건강하지 않은 감정과 신념에 도전하는 새롭고 교정적인 경험을 함으로써 일어난다. 건강하지 않은 정서는 이성만으로나 회피에 의하여 변화되지 않는다. 이는 정서 코치가 사람들이 건강하지 않은 감정을 변화시키기 위해서 그러한 감정을 느끼도록 도와야 함을 의미한다. 코치가 내담자가 자신의 고통에 접근하고 조절하여 더 건강한 내면의 목소리를 확인하도록 도와주고 나면, 내담자는 내면의 지배적인 부정적 목소리와 싸우는 것이 훨씬 쉬워진다. 코치의 일은 내담자가 다른 건강한 감정을 찾아서 건강하지 않은 감정을 전환시키는 데 사용하도록 돕는 것이다. 이는 대립되는 감정을 경험적으로 통합함으로써 일어날 수 있다. 공감적인 타인이 정서적 조율을 해 주고 내적 자원을 확증해 주는 맥락에서 이전에 알지 못하였던 건강한 감정과 욕구에 접근하면 변화가 일어난다. 두려운 감정을 타인과 공유하면 이러한 감정이 느껴지던 고립을 깨트리게 된다. 이는 끔찍한 고통과 절망을 완화시키고 자아를 강화시킨다. 그러면 그 사람은 보다 탄력적인 자아감과 내적 자원에 접근하게 된다. 그런 다음 코치는 이 자원들을 부적응적인 감정 그리고 부정적인 신념과 연결시킨다. 즉, 코치는 내담자가 두 상태를 동격으로 두도록 도와야 한다. 예를 들어, 코치는 "당신이 쓸모없다고 말하는 그 목소리에 대해서 당신은 뭐라고 말합니까?"라고 말하든가, 또는 코치는 그 사람에게 건강한 감정과 부적응적인 감정 간의 대화를 재연하도록 부탁할 수 있다.

예를 들어, 치료에서 한 내담자는 결혼 실패에 대한 무가치감을 처음으로 표현할 수 있었다. 그녀의 결혼은 갑자기 예상치 못한 이혼으로 끝났다. 그녀는 "나는 너무 무가치하게 느껴진다."고 말함으로써, 그 느낌을 온전히 실감하고는 흐느꼈다. 그녀는 이 느낌이 어머니가 '너는 사랑받을 자격이 없다.'고 느끼게 만든 데서 오는 것임을 깨달았다. 코치는 이 내담자가 이 가혹한 비난에 대한 그녀의 정서적 반응에 집중하도록 도와주었다. 내담자는 그렇게 부당하게 대우받은 것에 대해 분노하고 그녀가 그렇게 필요로 하였던 것에 대한 지원 상실에 슬퍼하게 되었다. 동시에 그녀는 새롭게 나타난 경험에 대한 코치의 지지적인 확증의 도움으로, 새로운 생존 목표에 필요하였던 지지를 얻었음을 깨달았다. 그녀는 이제 자기가치의 내적인 우물에 접촉하였고 새로운 목소리가 생겼다. 그녀는 "저는 가치가 있습니다. 나는 존중받을 자격이 있습니다." 그리고 "나는 사랑을 주고 사랑을 받을 자격이 있습니다."라고 말하였다. 이 지점에서 비판적인 목소리는 그녀를 향한 자비로 약화되었다(Greenberg, Rice, & Elliott, 1993 참조).

사람들이 심하게 거절당하거나 버려져서 산산이 부서졌다는 것을 인정할 수 있다면, 다시 한번 자신의 감정을 떠맡을 수 있다. 자기 자신을 달랠 줄 아는 것은 사람들이 스스로를 돌볼 수 있으려면 훈련해야 할 중요한 기술이다.

나아가 사람들이 고통의 희생자가 되는 것이 아니라 고통을 인정할 때, 자신을 바라보는 관점을 바꾸기 시작한다. 이러한 자세는 목적격의 부서진 '나에게(me)' 자아('나에게 일어 났어.')가 아니라 주격의 능동적인 '나(I)' 자아('나는 부서진 느낌이 든다.')를 강조한다. 이러한 **주체적인**(agentic) 관점을 취하고 나면, 더 많은 반응을 담당하고 새로운 목표에 전념할 수 있다. 논의하였듯이 코치는 이 과정에 따라 적시에 내담자의 자기진정 역량과 이면에서 떠오르는 욕구와 목표에 집중하여 도울 수 있다. "필요한 것은 무엇인가요?" 또는 "놓치고 있는 것은 무엇인가요?"와 같은 질문을 함으로써 코치는 내담자가 자기지지적인 행동을 할 수 있는 역량에 주의하고, 상황에 대한 새 정서 반응을 만들어 내는 과정에서 충족되지 않은 욕구들에 접근하도록 도와준다. 분노, 슬픔 및 자기자비는 욕구가 충족되지 않았다는 두뇌의 자동 평가에 의해 만들어진다. 이 새로운 감정은 오래된 감정을 무효화한다. 새로운 목표는 대체로 더 이상, 예를 들어, 망가지는 느낌을 받지 않기 위하여 거부하는 사람의 동의나 사랑을 소극적으로 요구하는 것이 아니다. 오히려, 상실을 애도하고 수용하고 나면 자기자비가 생겨서, 적극적으로 자기를 지지하고 자신의 고통을 경감하기 위하여 상황을 극복하는 것이 목표가 된다. 이는 종종 타인과 함께 안전감을 느끼고, 사랑받고 싶고, 가까워지고 싶은 생명 유지 욕구를 동반한다.

외상과 관련하여 정서로 정서를 바꾸는 작업에서 코치는, (a) 내담자의 초기 절망감 경험을 인지하고 타당화한다. (b) 정서 기억과 그와 관련된 역기능적 신념을 안전한 치료 환경에서, 예를 들면 심상화된 장면의 반응으로 두려움과 수치심을 일으켜서 활성화한다. (c) 충족되지 않은 필요를 활성화한다. (d) 충족되지 않은 욕구에 대한 자동적인 평가에서 나타나는 새로운 정서를, 예를 들면, 침해에 대한 분노와 상실에 대한 슬픔, 또는 자기진정과 같은 정서를 대치할 대안적인 정서로 지원하거나, 부적응적인 반응을 전환하도록 돕게 한다. 이는 적응적이고 부적응적인 정서 반응을 통합하여, 새로이 접근된 욕구로 부정적 신념을 변화시킴으로써 새롭고 더 복합적인 반응을 형성하게 한다. 따라서 공포 반응은 분노 반응과 융합되고, 도망가는 행동 경향성은 분노에 대한 주장적인 행동 경향성으로 대치되거나 전환된다. 새롭고 더 건강한 반응 경향성에 깊은 주의를 기울이고, 정서 코치의 지지와 함께, 이전에 환기된 반응의 요인들을 통합함으로써 새로운 정서 반응을 구성하게 된다. 예를 들면, 신체적으로 학대받은 내담자가 아버지의 잔인한 폭력에 대한 원래의 두려움 대신 분노와 혐오감을 느낀다. 이렇게 힘이 키워진 상태에서 그녀는 자신을 무가치하게 보던 이전의 부정적인 관점과 싸운다. 또한 그녀는 어머니로부터의 보호가 없었던 것에 대해 슬픔을 느낀다. 이것은 그녀의 굴욕에서 수치심과 어떤 것도 도움이 되지 않는다는 관점을 위로받고 싶은 소망과 자신이 사랑받을 수 있다는 믿음으로 전환시킨다. 이를 통해 그녀는 자기진정 능력과 고통스러운 상태를 보다 효과적으로 조절할 수 있게 된다. 이러한 새로운 경험들이 시간이 지나면서 반복적으로 처리됨에 따라, 새로운 경향들이 행동으로 전환되고 외상성 기억이 사라진다. 기억 또한 기억이 재강화되고 있을 때 그 기억으로 합쳐지는 새로운 정서 경험에 의해 변형될 수 있다. 또한 오래된 정서 기억은 종종 정서적으로 비활성화되어 다른 기억이 나타나게 될 수도 있다.

코칭 회기에서 과거 아동기의 상실과 외상에 대한 부적응적인 정서 도식 기억이 변화되려면 그 기억이 기억 재강화에 의하여 활성화되어야 한다. 현재 활성화된 과거 사건의 기억에 새로운 현재 경험을 주입하는 것은 과거 기억에 새로운 재료를 동화시킴으로써 기억을 전환시키게 되는 것으로 나타났다(Nadel & Moscovitch, 1997). 오래된 기억이 현재 활성화되어 안전한 관계 맥락 속에 있는 새로운 경험과 더 적응적인 정서 반응 및 새로운 성인 자원의 공동 활성화에 의하여 재구성된다. 기억은 이러한 새로운 요소들의 결합에 의하여 새로운 방식으로 재강화된다. 사실, 과거는 변할 수 있다—적어도 과거의 기억은 그럴 수 있다!

이 과정에서, 코치는 내담자의 감정을 인정하고 공감하며, 수용과 안락함을 제공하고, 고유한 경험의 의미를 확립한다. 이러한 코칭 활동은 자기공감과 자기위로로 감정 정보를 진정시키는 데 도움이 되는 내재화된 모형을 제공한다. 핵심적인 부적응 정서를 다룰 때, 나는 다른 건강한 정서의 가능성을 지지하여 변화를 촉진한다. 바로 여기에서 내가 소중히 여기는 성장과 관련된 핵심과 가능성이 태어난다. 나는 또한 내담자가 자신의 자원에 접근하는 방식을 제시해 주는 지점에 나의 위치를 두려고 한다. 나는 다른 가능성이 있다고 믿도록 하고 그 믿음을 밝히지만, 그 가능성을 찾는 과제는 내담자가 하도록 한다. 우리는 내담자가 부적응적인 핵심 정서 상태에 압도당할 때 그들의 강점과 자원을 찾을 수 있는 방법을 찾기 위해 함께 노력한다. 그러한 상호작용 내내, 중요한 것은 내담자 내면의 핵심적인 가능성을 내가 존중하는 것이다. 나는 당연히 내담자에게 힘이 있다고 믿는다. 문제는 힘이 있는지 여부가 아니라 접근 방식이다. 나는 내담자에게 다른 실제가 있다는 것을 증명하려고 하거나, 내담자 스스로 자신에게 증명하게 한다. 관련된 문제는 내담자의 믿음이 진실인지 거짓인지 평가하는 것이 아니라 다른 더 건강한 실제에 어떻게 접근하는가이다. 나는 그 상태를 다소 당연한 것으로 생각하는데, 이는 "당신이 그런 식으로 느끼기 때문에 당신이 지금 이것을 믿는다."라고 하는 경우이다. 이러한 치료 작업은 부적응 감정을 느끼는 동안에 행해지므로, 개념적인 논의보다는 실존적인 직면에 더 가깝다.

이 지점에서는 더 강한 자아감에 접촉하기 위하여 심상을 이용하는 것과 몸에서 일어나는 경험에서 유능감을 실제적으로 환기하는 것이 도움이 된다. 내담자가 걸으면서 키가 크고 등뼈가 있는 자신의 감각에 접근할 수 있다면, 자원으로 개발 가능한 다른 자기조직체를 맛보게 된다.

우리는 임상 이론과 실제를 바탕으로 하여 '나쁜 감정'을 전환시키는 모형을 제안하였으며(Greenberg, 2002; Greenberg & Paivio, 1997), 보편적인 디스트레스를 수용하고 내려놓는 전환의 단계에 관한 모형을 개발하였다(A. Pascual-Leone & Greenberg, 2007). 이후에 이 모형은 이차 정서에서 부적응적인 일차 정서를 통하여 욕구로, 일차 정서로, 적응 정서로 나아가는 것으로 검증되었으며(A. Pascual-Leone & Greenberg, 2007), 이를 토대로 보편적인 디스트레스 해결에 대한 중다 사례 분석을 실시하여 더 복합적이고 실증적인 모형이 만들어졌다(Herrmann, Greenberg, & Auszra, 출판 중; A. Pascual-Leone & Greenberg, 2007). 첫 단계는 나쁜 감정("나는 희망이 없어, 해 봤자 무슨 소용이야.")을 만드는 인지적이고 정서적인 과정들의 탐색에 의하여 환기된 나쁜 감정('나는 기분이 나쁘다.')에 머무는 것이다. 이는 결국 부적응적인 핵심 정서의 도식적인 자기조직체를 활성화하게 되는데, 이 조직체는 무가치함('나는 혼자이고 스스로 어떻게 할 수 없어.' 또는 '나는 쓸모가 없다.')에 대한 수치심이나 슬픔에 동반되는 버려짐에 대한 고통스러운 두려움의 핵심 정서에 근간을 두는 경우가 많다. 전환 과정의 이 지점에서 새로운 적응적인 경험, 욕구에 접근해야 한다.

일반적인 고통 상태에 있는 내담자가 생각과 감정을 정교화하고 분화하기 시작할 때, 두 가지 방향 중 한쪽으로 움직이는 경향이 있다. 부적응적인 핵심 자기조직체로 나아가든가, 아니면, 흔히 절망감이나 거부하는 분노형의 이차적인 표현 형태로 나아간다. 부적응 상태는 대체로 홀로 버려짐에 대한 슬픔과 두려움의 정서 도식에, 또는 무가치감에 대한 수치심에 기반을 둔다. 이러한 핵심적인 고통 상태에서 사람들은 자신이 부적절하고, 공허하며, 외롭고, 무능한 느낌을 갖는다. 이러한 핵심 부적응 상태의 전환은 이들 상태가 적응적인 욕구로 분화될 때 일어난다. 자신의 욕구를 충족시켜 마땅함을 경험하는 것은 핵심적인 부적응 도식에 내재된 자기에 대한 핵심적인 부정적 평가를 반박하는 역할을 한다. 그러므로 "나는 사랑받고, 존중받고 보호받을 필요가 있고 자격이 있거나 있었다."와 같은 말은 수치심에 기반을 둔 무가치감을 없애 준다. "나는 쓸모없게 느껴져."와 같은 말은 "나는 쓸모 있다."로 바뀐다. 그리고 "나는 너무 외롭고 사랑스럽지 않다."와 같은 말은 "나는 사랑스럽다."로 바뀐다. 해결의 길은 언제나 없었던 것에 대한 적응적 슬픔의 표현 또는 분노나 자기위로에 힘을 실어 주는 것이다. 이렇게 새롭게 등장한 적응적 감정은 자기수용감과 **주체** 의식을 촉진한다. 상처받은 많은 내담자들은 이차적인 고통을 극복하기 위하여 그들의 부적응적인 핵심 애착과 관련된 두려움과 슬픔이나 정체성과 관련된 수치심을 다루어야 할 필요가 있다(Greenberg, 2002; Greenberg & Paivio, 1997; Greenberg & Watson, 2006). 낮은 수준의 의미와 높은 수준의 정서적 고통 상태를 성공적으로 해결하여 낮은 수준의 고통과 높은 수준의 의미 상태로 끝낸 내담자들은, 앞에서 설명한 단계들을 따라 그렇게 하는 것으로 나타났다(A. Pascual-Leone & Greenberg, 2007).

이 과정의 요지는 부적응적인 정서(두려움, 수치심, 슬픔)에 내재된 적응적인 애착과 정체성 욕구(연결되고 인정받아야 함)가 동원되고 타당화될 때, 핵심 욕구와 충족되지 않은 욕구와 관련된 더 적응적인 정서를 만들고 핵심 욕구에 접근하기 위하여 행동한다는 것이다. 따라서 사랑받고 존중받을 자격이 있음을 인정할 때, 그 욕구가 충족되지 않았다고 자동적으로 평가하는 정서 체계는, 부당하게 대우받은 것에 대한 분노나 욕구 충족의 기회를 놓친 데 대한 슬픔을 일으키며, 이러한 새로운 적응적인 감정은 더 부적응적인 감정을 없앤다. 그 결과, 그 사람이 사랑, 존중, 연결성을 가질 자격이 없다는 것에 대한 암묵적인 반박을 하게 된다. '나는 소중하지 않다 내지는 사랑스럽지 않다.' 그리고 '나는 사랑받거나 존중받아 마땅하다.'와 같은 두 가지 경험의 본질적인 대항은 적응적인 분노나 슬픔의 힘으로 부적응 상태를 극복하게 한다. 그러므로 새로운 자아 경험과 새로운 의미의 창조는 자아에 대해 새롭고 보다 긍정적인 평가를 하게 한다. 타당화하는 치료 관계 맥락에서, 내담자는 애도로 옮겨 가서, 겪었던 상실이나 상처를 인정하고 "나는 필요한 것을 갖지 못하고 당연히 받아야 하는 것을 놓쳤다."고 인식함으로써, 힘을 부여하는 분노와 자기진정을 옹호하게 된다. 새롭게 소유한 욕구가 경계 설정인지 아니면 편의에 의한 것인지에 따라 내담자는 경계를 보호하기 위하여 적응적인 정서를 외부로 직접 표현하거나

(예: 분노로), 아니면 자아를 향하여 내면적으로 표현한다(자비심이나 돌봄으로). 그러고 나면 종종 상실이나 상처(상처 입음), 또는 두 가지 모두를 인식하게 된다. 하지만 이제 정서적인 어조에는 초기의 일반적인 고통 상태를 나타내었던 비난, 자기 연민이나 체념이 없다. 그런 다음 상실감을 새롭게 발견된 자기주장과 자기위로를 할 수 있는 역량으로 통합함으로써 해결한다.

이 과정에서 묘사된 변화는 이차 정서에서, 부적응적인 일차 정서를 통하여, 적응적인 일차 정서에 대한 욕구에 이르기까지 EFT의 핵심 변화 과정을 나타낸다. 변화 과정 전반에 걸쳐 중간 수준에서 높은 수준까지의 정서적 각성이 필요하지만 치유 과정을 촉진하는 수준으로 항상 유지된다. 따라서 치료사들이 최적의 정서 각성을 촉진하여, 그 정서가 느껴지고 정보로 보여질 수 있을 정도로 충분해야 하지만, 조절이 곤란하거나 방향을 잃을 정도로 정서적 각성이 너무 많아서는 안 된다.

정서 순서

치료 과정의 중요한 국면으로 자신의 권리에 정서를 집중하기 시작하면, 각 정서를 평가하는 것이 중요할 뿐만 아니라 정서가 일어나는 순서의 의의를 이해하는 것도 중요하다. 후자는 매우 중요하다. 정서 변화 과정에 대한 연구에서 어떤 정서의 특별한 순서가 문제 해결에 중요하다는 것이 밝혀졌다. 생산적인 순서를 촉진하고 비생산적인 순서를 변경하는 것은 중요한 치료 목표가 된다. 자주 일어나는 2단계 순서와 3단계 순서에 대해서는 다음에서 설명하고자 한다.

2단계 정서 순서

정서 코칭 단계에 내포된 것은 일차 정서에 접근하려고 할 때 많이 발생하는 중요한 2단계 순서이다. 첫 번째 순서는 분노가 종종 슬픔, 상처 또는 취약성에 대한 반사적 감정이거나 때로는 방어라는 것이다. 다른 주요 2단계 순서는 앞의 순서와 반대된다. 이는 슬픔이 원래의 분노를 가리는 곳이다. 내담자가 자신의 슬픔─상처─이라는 취약성을 경험하고 공유하고 분노로 덮는 것이 안전하지 않다는 것을 알았을 때, 정서 코치는 먼저 내담자의 이차 분노를 인정하고 분노 아래에 있는 슬픔을 내담자가 경험하도록 해야 한다. 분노를 인식한 후에 코치는 먼저 원인과 목표를 찾고 내담자가 그 분노를 표현할 수 있는 적절한 방법을 찾도록 도와야 한다. 그러나 이 시점에서 분노 처리 과정이 중단되면, 내담자는 종종 비난적인 분노에 갇힌 채, 지속되는 변화를 만들지 못한다. 이는 초기 상처가 인지되어 처리되지 않았거나 반응을 받지 못하였기 때문에 일어난다.

초기 상처에 닿는 한 가지 방법은 내담자가 분노를 표현한 후에 바로 내담자가 느끼는 감정을 검토하도록 한다. 이차 정서가 표현된 후에 원래의 일차 정서의 상처나 슬픔의 창문이 열리는 경우가 많다. 일차 정서에 접근하는 또 다른 방법은 내담자의 분노로 이어진 초기 경험에 대해 공감적으로 질문하는 것이다. 예를 들어, "당신을 화나게 하는 매우 깊이 상처받은 어떤 것이 있었을 겁니다. 언제 그런 일이 있었던 것 같습니까?"

3단계 정서 순서

3단계 순서는 보다 복잡한 처리 과정이다. 예를 들어, 주요한 3단계 순서는 먼저 이차적인 절망, 무력감, 또는 분노를 첫 번째 단계로 인정하는 것이고, 그다음 두 번째 단계로는, 첫 번째 상태 밑에 있는 수치심이나 두려움의 부적응적인 일차 정서에 접근하는 것이다. 세 번째 순서 단계는 더 적응적인 정서, 일반적으로 이전에는 접근할 수 없었던 건강한 분노, 슬픔 및 자비심에 접근하는 것이다. 수치심으로 가득 찬 무가치감, 기본적인 불안감이나 외상성 공포의 마비 상태와 같은 상태는 절망, 무력감이나 표면에 더 가까이 있는 분노 밑에서 발견되는 경우가 많다. 이들 상태는 접근되고 직면되어야 하는 회피된 상태이다. 하지만 이 2단계 순서는 아직 완전히 치료적이지 않다. 세 번째 단계는 부적응 상태를 넘어서서 다른 건강한 감정과 동기에 접근할 수 있도록 하는 데 필요하다. 따라서 종종 침해를 당했을 때 분노에, 상실 시에 슬픔에 접근할 수 있고 관련된 적응적인 욕구를 건강한 자원으로 이용할 수 있다. 이러한 적응적인 정서와 욕구가 두려움과 수치심의 부적응적인 감정을 극복하거나 대치하는 데 사용된다. 이 3단계 순서는 정서로 정서를 변화시키는 기본 변화 과정을 구체화한다. 우리가 말했듯이, 세 번째 단계는 종종 충족되지 않은 이전의 욕구에 접근하여 촉진되지만 다른 처리 과정을 통할 수도 있다.

그러나 빈번하고 비생산적인 3단계 순서가 종종 새로 접근된 적응적인 일차 정서를 느끼는 것과 상충되는 경우가 종종 있다. 내담자들이 절망감의 슬픈 느낌을 표현할 수도 있고, 탐색을 통하여 침해에 대한 분노에 접근할 수도 있지만, 그다음에 자신의 분노에 대한 죄책감이나 불안을 느낄 수도 있다. 이러한 경우에, 세 번째 정서가 건강한 적응 반응인 두 번째 정서를 중단시키고 방해한다.

2단계 순서에 대해 앞에서 설명한 것처럼, 이차 분노와 작업할 때, 코치의 임무는 내담자의 반복되는 분노 아래에 있는 슬픔—상처—의 취약성을 경험하도록 돕는 것이다. 그러나 때로는 초기 상처가 활성화되자마자 내담자는 이 느낌을 가로막고 더 안전한 분노 표현으로 되돌아간다. 그러면 코치는 내담자가 일차적인 고통 정서를 방해하는 것을 탐색할 필요가 있다. 비록 내담자는 여러 가지 이유로 일차 정서를 방해하지만, 초기의 고통 정서나 슬픔이 수치심, 불안, 죄책감과 같은 세 번째의 싫은 감정을 불러내기 때문인 경우가 대부분이다.

예를 들면, 코치가 내담자의 초기 상처나 아픔을 방해하는 것에 대해 물어보면, 내담자는 흔히, "내가 나를 아프게 한다면, 그가 나를 아프게 하도록 하는 것과 같습니다."라든가 "저는 약합니다."라고 답할 것이다. 이러한 우려를 표명하는 내담자들은 자신의 분노 밑에 있는 상처를 경험하자마자, 고통스러운 수치심이나 굴욕감을 느낀다. 따라서 치료사가 분노 밑에 있는 초기 슬픔을 이끌어 내면, 상처받는 것과 관련된 수치심이나 굴욕감의 세 번째 감정도 일어난다. 그러면 내담자는 자동적으로 분노로 되돌아가서 분노와 관련된 초기의 슬픔과 수치심 모두를 차단하는데, 이는 내담자가 더 강하게 느끼도록 한다. 치료사는 분노—슬픔—수치심—분노의 반복적인 주기를 자주 본다.

다른 내담자들은 초기 상처를 느낀 것에 대한 반응으로 불안감을 경험할 수 있다. 예를 들어, 어떤 내담자는 자신이 슬프거나 아프다고 느끼면 '아무도 거기에 없을 것이며, 나는 공허하거나 외톨이일거야.'라든가 '내 욕구가 다른 사람들을 쫓아버릴거야.'라고 한다. 이러한 내담자는 상처나 아픔을 겪는 것에 대한 고통스런 불안감을 느끼고, 자동적으로 분노로 되돌아감으로써 이러한 불안을 회피한다. 3단계 순서의 각 단계는 적응 정서가 허용되고 수용될 때까지 그 정서가 인식되고 처리되어야 한다.

새로운 이야기 구성하기

정서 코칭 과정이 끝날 무렵, 코치는 새 감정과 변화된 신념을 통합하는 새로운 이야기를 개발해야 한다(정서 코칭의 9단계). 이 새로운 이야기는 내담자가 세상에서 새로운 행동을 하도록 도와준다. 무엇이 느껴지는지, 욕구와 문제에 무엇이 관련되는지, 그리고 누구에 대한 것인지를 확인하는 것이 이야기 순서 틀 내에서 조직될 때 내담자는 정서의 의미를 완전히 이해한다. 사적인 이야기들은 새로운 정체성 재구성과 의미 형성의 기초가 되므로 새로운 이야기에서 정서 변화를 통합하는 것이 중요하다.

새 정서 기억에 접근되어야만 이야기를 바꾸는 데 도움이 된다. 중요한 이야기라도 감정이 없으면 의미가 없으며, 정서가 이야기에 의미를 부여할지라도 그 맥락 밖에서는 정서가 일어나지 않는다. 경험을 이해하고 정체성을 세우기 위해 하는 이야기들은 다양한 정서 기억을 이용할 수 있을 때 가능하다. 자신의 기억이나 다른 기억에의 접근 가능성을 바꿈으로써 삶과 정체성의 이야기도 바꾼다. 앞에서 논의한 내담자가 어머니에 대한 긍정적인 기억에 접근함으로써, 이전에는 어머니가 무모하게 자신을 버린 것으로 보았으나 이제는 사랑과 보살핌의 어머니로 보게 되었다.

내담자가 새롭고 건강한 감정과 신념을 통합하는 새 이야기를 만들 수 있도록 돕기 위하여 코치는 의미를 만드는 질문을 한다. 내담자는 정서에 대한 새로운 이해와 공개의 개인적 의미를 반영하는 질문을 받게 된다. 정서를 다루는 연습은 부록에서 찾을 수 있다. "그것이 당신에 대해 무엇을 말합니까?"와 같은 질문은 내담자가 자신이 누구이며 삶에서 무엇을 위하여 싸우는지를 정의하는 중요한 가치와 목적을 인식하고, 상징화하고, 반영하는 데 도움이 된다.

결론

치료 관계 및 과제 유도적 개입과 같은 종합적인 안내 원칙에 따라, 여러 가지 정서 코칭 단계에 대해 깊이 논의하였다. 다음의 세 장에서는 정서 코칭 과정을 치료와 가장 연관되는 네 가지 부정적인 정서(분노, 슬픔, 두려움, 수치심)와 정서적 상처에 적용한다.

Part
3

특정 정서 다루기

정서 코칭을 통한 분노와 슬픔에 대한 교훈

슬픔과 분노를 경험하면 더 창의적으로 느낀다. 그리고 창의력을 발휘하면
고통이나 부정을 넘어설 수 있다.

— 오노 요코(Ono Yoko)

더 깊은 슬픔이 당신의 존재에 새겨질수록 더 많은 기쁨을 누릴 수 있다.

— 칼릴 지브란(Kahlil Gibran)

이 장에서는 정서 코칭을 사용한 실제 치료의 예를 제공한다. 개인 및 커플 치료에서의 100회기 이상의 비디오 녹화 연구와 많은 정서중심치료에서 분노, 슬픔, 두려움과 수치심이 가장 많은 문제의 원인임을 발견하였다. 물론 질투, 시기, 죄책감, 열등감, 지루함과 같은 다른 복잡한 감정이 생길 수는 있지만 그렇게 빈번하지는 않았다. 이러한 다른 감정들은 앞의 네 가지 정서와 섞여서 정서적 고통을 일으키는 경우가 많은 만큼, 네 가지 정서는 삶의 많은 문제를 해결하는 데 매우 중요한 것으로 보인다. 정서 코칭은 또한 기쁨, 흥분, 관심이나 사랑과 같은 보다 더 즐거운 감정의 부족을 해결하고, 자기자비심을 향상시키고자 한다. 이 장에서는 분노와 슬픔을 다루는 데 중점을 두는데, 이들 감정이 정서 코칭에서 가장 많이 일어나는 일차적인 적응 정서이기 때문이다.

분노

모든 분노가 똑같지 않다. 어떤 분노는 다른 감정을 숨기고, 어떤 분노는 지금 현재에 느껴진다 하더라도 다른 사람이나 다른 것을 가리키고 있으며, 어떤 분노는 상황을 완전히 조작하거나 파괴적이다. 늦게 온 사람에게 현재의 분노로 반응하는 것이 부당한 대우에 대한 건강한 핵심 분노라고 느끼고, 그 분노의 표현이 현명하다고 결정하더라도, 우리는 아리스토텔레스의 가르침을 마음에 새기면서 분노의 목적뿐만 아니라 언제, 어떻게, 어떤 강도로, 누구에게 표현할 것인지에 대해서 생각해야 한다. 이 중 하나라도 잘못 이해하는 것은 많은 문제를 일으킬 수 있다. 특히 핵심 분노라 할지라도, 즉시적으로 표현하지 않기로 결정하는 것이 현명한 선택일 수도 있다. 하지만 오랫동안 분노를 건설적으로 다룰 수 없다면, 무효능감, 절망감, 무의미감 등을 초래할 수 있다. 이러한 무능함에는 자신이 화가 났다는 것을 인식하지 못하는 것이 포함된다. 이 외에도 인식하지만 분노를 결코 표현할 수 없는 것(다양한 두려움에서 일어난다), 분노를 표현하지만 너무 심하게 부적절하게 표현하고 시작은 괜찮았지만 파괴적인 비난이나 공격으로 자제력을 잃어버리는 것 또는 만성적으로 화를 내거나 과민 반응을 보이는 것 등이 있다.

분노는 이유가 있다고 느끼는 것이다. 분노가 말해 주려는 것을 회피하지 말고 자신의 분노에 귀 기울이고 존중해야 한다. 분노는 경계가 침범당하고 있고, 상처를 입고 있거나, 권리가 침해당하고 있거나, 욕구나 필요한 것이 적절히 충족되고 있지 않다거나, 목표 진행이 좌절되고 있다는 메시지이다. 분노는 그 사람이 원하는 것보다 더 많이 하고 있거나 주고 있다는 신호를 보낼 수 있다. 분노는 사람들로 하여금 "그만! 더 이상 하지 않겠어!"라고 말하게 한다. 분노는 경계와 한계를 정하고 사람들이 "아니요."라고 말할 수 있게 돕는다.

물론 이 동전에는 또 다른 면이 있다. 분노를 느끼는 만큼 문제의 신호가 될 수 있지만, 분노를 분출하는 것은 해결책을 주지 않는다. 분노, 특히 격렬한 분노를 표현하는 것은 파괴적일 수 있고, 다른 사람들에게 상처를 줄 수 있고, 오해를 일으킬 수 있다. 분노를 표현하는 것이 종종 공격과 반격의 사이클을 상승작용시키거나, 방어하게 하고, 듣기와 협력을 방해한다. 분노의 자각과 분노의 표현은 완전히 다른 두 가지 과업이며 서로 다른 기술이 필요하다. 분노 자각은 신체가 어떻게 느끼는지에 대해 주의를 기울이고, 어떤 행동을 하기보다는 어떤 감정을 느끼는지 말로 묘사할 수 있는 것에 주의를 기울이는 것이다. 자각의 목표는 정보를 얻는 것이다. 한편, 분노 표현은 대체로 타인에게 알리고 어떤 식으로든 영향을 미치려는 목표를 가지고 있으며, 이를 효과적으로 하기 위해서는 훌륭한 대인관계 기술이 필요하다. 분노를 소통하는 데 능숙하더라도, 다른 사람의 반응을 예측할 수는 없다. 그러므로 이 기술에는 분노나 부당한 대우를 받고 있다는 느낌을 표현한 후에 무엇을 해야 하는지 아는 것도 포함된다. 정서지능에는 자신의 정서 표현에 대한 다른 사람의 반응을 다룰 수 있는 것이 포함된다. 표현 뒤에 오는 것을 다룰 수 없다면 분노를 표현해서는 안 된다. 그것은 일반적으로 복잡한 상호작용이다. 충동적으로 반응하거나 분노를 통제하고 억압하는 대신, 중도로 가는 것이 최선이다. 즉, 정서를 다루는 데 있어서 사회적이고 문화적인 방법과 신체적 느낌이 주는 지혜를 통합시키는 것이다. 수학 문제를 해결하는 것과 같거나 훨씬 더 복잡하다. 다른 종류의 지능, 즉 정서지능이 필요하다.

심리치료에서 종종 발생하는 또 다른 주요 분노 문제는 해결되지 않은 과거의 분노이다. 삶에서 중요한 타인과의 해결되지 않은 과제인 경우가 많다. 이러한 유형의 분노는 많은 양의 심리적 고통을 유발한다. 모든 사람은 아직도 화나게 만드는 사건들을 기억할 것이다. 단순히 짜증나거나 신경질 나게 하는 사건과 엄청난 분노를 내게 하는 사건 사이에는 큰 차이가 있기도 하다. 심각한 분노 경험은 단순히 오고 가는 분노와는 다른 큰 영향을 사람들에게 미친다. 시간이 지남에 따라 짜증나는 사건은 분노를 일으키는 힘을 잃는다. 하지만 어떤 다른 경험들은 사라지지 않고 내면에서 끓고 불타는 경우가 많다. 치료에서 일어나는 분노가 이러한 분노이다.

분노를 일으킨 일화나 일련의 사건이 수년 전에, 아니면 수십 년 전에 발생하였고, 그 경험이 오래전이었다 하더라도 분노는 남아 있다. 지속되는 분노는 배신하거나 떠나 버린 배우자, 이혼한 부모, 가족을 버린 아버지나 방임한 어머니에게로 향하는 경우가 많다. 이 분노는 현재까지 지속되며 사랑의 관계가 발전하는 것을 막는다. 그 상황의 많은 세부 사항은 잊었더라도 감정은 남아 있어서, 마치 그 사건이 지금 일어나고 있는 것처럼 되풀이된다. 이러한 현상은 심각한 침해가 너무 각성적이고 압도적이어서 그 당시에는 분노와 상처의 크기를 다룰 수 없었기 때문이다. 그것을 이해할 수 없었고 세상에 대한 이해로 동화시킬 수 없었다. 그 대신, 그것은 정서 기억에 강렬한 느낌으로 저장되었다. 오랜 시간이 지난 후에 사람들은 의미론적인 기억 체계에 있는 세부 사항은 잊어버렸지만 정서 기억이 환기될 수 있어서, 원래 저장되었던 처리되지 않은 방식과 똑같은 강도로 그 분노를 느낄 수 있다. 그 당시에는 그 분노를 처리하고 이해하기에 너무 어리고 무섭고 압도되었을 수 있다. 그 이후로 분노 감정을 해결하기보다는, 화를 덮어 버리거나 무력감과 좌절감을 느끼지 못하게 주의를 방해하였을 수도 있다.

불행하게도 이러한 대처 방식은 심각한 피부상처에 딱지를 형성하여 조직을 재생하는 자연적인 치유 과정을 밟으려고 씻지 않거나 공기에 노출시키지 않는 것과 같다. 자신을 치유하도록 허용했다면 그 사건은 단지 약간의 흉터만 남겼을 텐데, 정서적 상처를 다루지 못함으로써 심한 상처에서 고름과 원한이 때때로 흘러나오는 정서적 염증을 남기게 된 것이다. 예를 들어, 어떤 여성은 남편이 집을 나간 지 12년 뒤 어느 날 뜬금없이 화를 내게 된다. "그가 그냥 나갔어요. 아무 말도 없이."라고 그녀는 말한다. 그 말에는 그녀의 분노가 이글거리지만, 여전히 엄격하게 통제된 것이다.

나는 이제 분노 문제를 해결하는 심리치료의 몇 가지 예를 제시한다.

해결되지 않은 분노 치료

40대 후반의 내담자는 이혼한 지 거의 20년이 되었고 장성한 자녀가 있다. 그녀는 '더 나이가 들기 전에' 이성교제를 원해 왔지만, 자신이 현재의 좋은 관계를 밀어내고 있다는 것을 알고는 치료를 받으러 왔다. 남편이 그녀와 어린 자녀를 두고 나갔을 때가 불과 몇 년 전에 일어난 것처럼, 누군가가 상처를 주고 그녀의 삶을 산산조각 낼 수 있을 만큼 가까이 오게 하는 것이 두려웠다. 그녀는 당시에 충격에 빠졌으며, 머리를 물 위로 내밀고 삶을 유지하기 위해 노력하였다고 하였다. 그녀는 정서를 통제함으로써 대처하였다. 자신이 무너지는 것이 두려웠기 때문에 분노와 버려짐의 고통을 느끼지 않으려고 하였다. 이런 식으로 '강하게' 되는 것이 "그 자식에게 한 방울의 눈물도 흘리지 마. 그럴 가치가 없어."라고 좋은 뜻으로 말을 해 주는 친구들에 의해서 강화되었다. 그녀는 20년 동안 자신의 감정을 다루는 것을 미루었다.

그녀는 그 이후로 잘하여 왔지만, 결혼 상실을 정서적으로 완전하게 다룬 적이 없었다. 그녀는 이 상실을 애도하지 않았고, 전남편이 야기한 고통과 고난 때문에 그에게 강렬한 분노를 표현하는 것도 완전히 허용하지 않았다. 그가 떠났기 때문만이 아니라 결혼 생활 동안 자기중심적이고 배려가 없었던 것에도 분노를 느꼈다. 치료는 그녀에게 안전한 장소를 제공하여 이러한 것들을 표현하고 친밀 관계에 다시 들어가는 것에 대한 두려움을 다루도록 하였다.

치료의 중요한 첫 단계는 이 내담자가 전남편에 대한 분노를 오랫동안 억압한 것을 인정하는 것이었다. 이것은 "나는 그에게 화가 난다."고 하는 지적인 과정이 아니었다.

화가 난다는 것은 그녀가 알았고 전에도 여러 번 말했었다. 그녀는 그 분노를 화산 폭발로 배 속에서 끓어오르는 불타는 분노를 경험하면서, 몸 전체로 느낄 필요가 있었다.

일단 느끼도록 자신을 허용하고 나면, 억압되고 과도하게 통제되었던 감정의 수문이 열린다. 코치는 그녀가 감정을 자각하게 되고 환영하도록 도왔다.

7회기에서 그녀는 남편이 어떻게 떠났는지 이야기하기 시작하였다.

그녀는 놀라고 화난 목소리로 외쳤다. "그러고는 그냥 나갔어요. 그래서 그가 미워요! 그래서 그가 미워요!" 나는 내담자에게 남편이 그 방에 있다고 상상하고 그와 직접 대화하도록 요청했다. 그녀는 자신의 감정을 말로 표현하면서 다음과 같이 이어 갔다. "나는 당신이 한 짓이 싫어. 정말로 싫어! 미워! 네가 정말 미워." 그녀에게 기분이 어떠한가 물었을 때, 그녀가 "기분이 좋아졌어요. 그를 싫어하는 것이 기분이 좋습니다."라고 답하였다. 그녀는 분노에 의해 이미 힘을 얻은 느낌으로 계속 말했다. "그가 우리(그녀와 자녀들)에게 준 것을 받지 않는 것이 마땅하였으며…… 내가 나쁜 어머니와 나쁜 아내였었다면 이해할 수 있었겠지만, 나는 그렇지 않았어요. 난 그를 사랑했어요."라고 말하면서 결혼 경험을 반추하였다. 그녀 앞에 놓인 빈 의자에 그가 있다고 상상하면서 그녀는 말했다. "나는 당신을 사랑했고, 당신은 그것을 받을 자격이 없었어. 당신은 나에게 당신을 사랑하도록 할 자격이 없었어. 그리고 나의 사랑은 증오가 되었고, 난 지금 당신이 싫어! 난 당신이 싫어! 거기 없는 것을 어떻게 해 보려고 내가 노력한, 낭비한 그 모든 세월들 때문에 당신이 미워." 그녀가 표현한 것을 이해한 후 그녀는 감정을 정교화하기 시작하였다. 나는 그녀로부터 들은 허비했던 세월에 대해서 반응하고 인정하였다. 그녀는 "네, 그것은 큰 상실이었고, 그 상실은 나를 아프게 하는 것이고, 그 상실과 허비하였던 세월, 그리고 그럴 가치가 없었던 누군가로 인한 상실이지요. 그는 그럴 가치조차 없었어요. 그럴 가치가 없는 사람한테 누가 그렇게 많은 시간을 허비할 수 있었을까요?"

그러고 나서 그녀는 자발적으로 고통을 느끼기 시작하였다. 그가 그녀를 떠날 때 느꼈던 황폐감과 극심한 취약성으로 인해 깊은 눈물을 흘리기 시작하였다. 나는 그녀가 느꼈던 고통과 취약성을 자각하고 인정하였으며, 그녀의 고통은 "참을 수 있을 때까지 참아야 한다."는 것이었음을 알았다고 말하였다. 그녀는 끔찍하게 부당하게 당하여 온 자신의 경험이 타당화되었다고 느꼈다. 이제 그녀는 적응적인 고통과 분노에 대한 권리가 있다고 느끼면서, 그가 걸어 나간 그 끔찍한 밤 이후 처음으로 부당한 대우를 받은 것에 대한 그녀의 감정을 온전히 느끼고 표현하도록 허락하였다. 그녀는 흐느끼면서 말했다. "어떻게 누군가 다른 사람을 그렇게 많이 다치게 할 수 있을까요? 그렇게 한 것에 대해 어떤 감정도 느끼지 않고 그렇게 나갈 수가 있을까요? 내가 만약에 누군가를 다치게 한다면 나의 양심이 말해 줄 겁니다. 용서할 수 없다고…… 내가 보기에 그는 아무것도 아니에요. 아무것도 아니에요."

빈 의자를 보면서 주먹을 움켜쥐고 그녀는 소리쳤다. "당신이 미워. 어떻게 누군가가 누군가를 그렇게 많이 미워할 수 있을까? 나는 내 속에 그렇게 많은 증오가 있다고 생각하지 못했어." 나는 그녀에게 베개가 전남편인 것처럼 하고, 치료실의 안전한 경계 내에서 그 베개를 쳐서 분노를 느끼고 표현할 수 있도록 격려하였다.

여자는 자신의 분노와 격노를 표현하고 분노가 그린 완전한 만족감을 경험하였다.

그녀는 그가 정말로 이기적인 나쁜 놈이라는 것을 보여 주기 위해 모든 친구와 가족에게 그를 폭로하는 상상을 하였다. 자녀에게 그가 한 것과 하지 않은 모든 것을 모욕하면서 자신의 경멸을 표현하였다. 그녀는 이제 마침내 용기를 내어 자신의 분노에 맞서서 이런 식으로 그에게 맞서게 된 것을 자랑스럽게 생각하였다.

이 경험을 한 후 내담자는 다음과 같이 말하였다. "모든 것이 마치 다시 일어나는 것처럼, 단지 그 격렬함이 더 세어지고 나는 고통을 느꼈어요, 다시 분노하고." 그녀가 다시 경험하는 것을 두려워하는 것이 바로 자신의 취약점이라고 말하였다. 이것이 그녀가 새로운 관계를 맺지 못하게 막았고 그녀는 조절하는 힘을 느낄 필요가 있었다. 그녀는 다시 자신이 다른 사람에게 너무 의존하여 그녀를 다시 황폐하게 만들 수 있다고 두려워하였다. 그녀는 이 모든 감정을 탐색한 후 친밀감을 얻지 못하게 막는 건강하지 않은 신념을 분명하게 말로 표현하였다. 그녀는 자신에게 뭔가 잘못된 점이 있었을 거라고 하였다. "어떻게 그걸 참을 수 있었고, 계속해서 돌아오기를 기다릴 수 있었을까요?"

그녀의 격렬한 분노, 고통 그리고 취약성을 타당화하고, 그러한 모든 눈물이 흘러나오게 하고, 그리고 그 몇 년 동안의 상처를 인정함으로써, 마침내 그녀는 젊은 여성으로서 얼마나 절망적이었어야 했는지, 그리고 그녀가 스스로 일어설 수 있기를 얼마나 바랐었는지에 대해서 반추하게 되었다. 자신의 건강하지 않은 신념을 표현한 후에, 그녀는 자신의 현재 강점을 탐색하고 확인하였다. 그녀는 이제 더 이상 자녀를 둔 젊은 어머니가 아니며 더 이상 의존적이고 취약하지 않다는 것을 인식하였다. 분노의 정당성에 힘입어, 그녀는 자신이 무력하였다는 믿음과 다른 관계에서 이 절망감이나 자기주장의 부족이 반복될 수 있다는 두려움에 도전하고 이를 변화시키기 위하여 현재의 자원을 끌어올 수 있었다. 치료가 끝났을 때 그녀는 자신에 대해 더 강하게 느껴졌고 새로운 관점을 만들었다. 이제 새로운 관계에서 자신의 자율성을 유지할 수 있다고 믿었다. 누군가와 관계를 맺기로 한 그녀의 결정은 두려움보다는 타협하려는 의지에 의해 결정될 것이다.

이 치료 경험에서 무엇을 배울 수 있는가? 첫째, 지나치게 통제된 분노는 문제적인 정서 기억으로 바뀔 수 있다. 이 내담자는 자신이 고통을 견디지 못할 것이라고 느꼈기 때문에 그 사건 당시에 분노와 상처를 느끼는 데 어려움이 있었으며, 이는 그녀로 하여금 자신을 닫아 버리고 자신의 일부를 덮어 버리게 되었다. 약점을 보이는 것을 금기시하는 친구와 가족과 사회적 금지령에 의해 지지되었던, 이러한 대처 양식은 그녀의 삶에 매우 부정적인 반향을 가져왔다. 그 당시에 그녀의 목사는 그녀가 슬퍼하도록 격려했지만, 그녀는 그럴 수 없었으며 결국, 이 목사의 종결 전략이 최선임이 입증되지 못하였다. 통제는 때로는 효과가 있는 것처럼 보이지만 상처와 분노가 더 경미한 경우에만 가능하다. 사람들이 상당한 분노 경험을 통제하거나 차단할 때마다, 그들은 중요한 정보 형태에서 벗어나게 될 뿐만 아니라 타인들로부터도 떨어져 나오게 된다. 해결되지 않은 채로 남아 있는 표현되지 않은 각각의 분노감은 내면에서 원망으로 불타오르고 친밀감의 장애가 된다. 이 원망의 벽돌들은 처음에는 감지될 수 없지만, 곧 결합하여 거의 뚫을 수 없는 분노와 거리감의 장벽을 형성한다. 나는 해결되지 않은 20년간의 원망의 벽을 해체하기가 어려운, 가능하지만 극히 어려운, 커플들을 흔히 본다.

그러한 커플들이 자신들의 노여움을 훨씬 더 일찍 다루기 시작하기만 하였어도, 평화를 위해 좀 덜 동조하였어도, 그리고 경계와 욕구를 주장하였어도, 이러한 장벽을 무너뜨리기가 그렇게 많이 힘들지는 않을 것이다. 침해에 대한 분노 표현이 때로는 자신의 건강과 관계, 현재 관계와 미래에 가능한 관계 모두를 보호하는 데 필요하다. 이 예가 분노는 항상 표현되어야 하거나 이러한 형태의 치료적 표현이 일상생활에서 요구된다는 것을 의미하지는 않지만, 표현되지 않은 지나치게 통제된 분노의 피해를 지적하는 것이다. 이것이 두통에서 소화 문제까지 신체적인 건강 문제뿐만 아니라 정서 문제까지 야기할 수 있는 억압된 분노의 유형이다. 역설적으로, 사람들은 종종 상처와 배신과 버림을 당하는 상황에서 화를 내는 것이 약함을 드러내는 한숨이라고 느낀다. 화를 내는 것은 상처받았다는 것과 실제로 일어난 일이 무엇이든 자신을 침해하였다는 것을 받아들이는 것과 같다. 화를 낼 수 있기 위해서는 자신이 약하다는 것을 받아들일 만큼 충분히 강하다고 느껴야 하고, 타인으로부터 충분한 지지를 받고 있음도 느껴야 한다.

이 내담자가 사용한 분노 표현의 형태는 많은 사람들이 분노 표현의 목적으로 잘못 생각하는, 분노를 없애려는 목적에서 표현된 것이 아니다. 그녀의 분노가 완전히 경험되고 표현되고 나면, 더욱이 빗나가는 표현을 반복하는 것은 그녀에게 그다지 도움이 되지 않을 것이다. 이러한 유형의 카타르시스적인 견해를 비판하는 많은 학자들은 분노를 표현하는 것이 좋다고 생각하지 않는다. 하지만 그들은 이러한 표현의 진정한 치료적 목적이 그 감정을 타당화하고 상황이 가지고 있는 의미에서 변화를 일으키는 것임을 알지 못한다(Greenberg & Safran, 1986).

이 내담자가 자신의 분노를 경험하는 것은 침해의 정도를 인식하고, 처음 느낀 감정을 타당화시키고, 그 분노를 표현하지 않고서는 촉진하기 어려울 수 있는 많은 중요한 다른 변화 과정을 활성화하는 방법이었다. 이러한 유형의 분노 인식과 표현은 분노를 없애기보다는 정보를 주고 조치를 취하게 한다. 또한 그 정서에 수반되는 건강하지 않은 신념을 밝혀내어 사실이 아닌 것으로 드러나게 하는 데 도움이 된다. 과거의 분노를 해결하는 데 도움이 되는 새로운 의미를 창조하는 것은 지속적인 노력이 필요하지만 반복되는 분노 표현은 도움이 되지 않는다. 그보다는 처음에 느꼈던 그 강도에서 고도로 초점화되는 것은 바로 초기의 분노 인식과 표현이다. 그것은 이전에 느끼지 못하였던 것을 느끼게 해 주고, 애도의 슬픔과 같은 새로운 정서에 다가갈 수 있고 새로운 방식으로 경험의 의미를 이해할 수 있도록 경험의 동화 과정이 시작되게 한다. 이는 새로운 반응과 의미 변화와 이해로 이어진다.

이 내담자에게 핵심 분노와 슬픔이 모두 있었다는 것을 보는 것이 중요하다. 이 두 가지 정서는 부모에 대한 해결되지 않은 실망이 성인 애착 관계에서 자존감의 상처 및 실망과 관련될 경우에 흔히 동반된다. 치료 목표 중의 하나는 이러한 상황에서 분노와 슬픔을 구분하고 이들 정서를 따로따로 작업하여 내담자가 충분히 경험하고 표현하도록 하는 것이다. 분노가 타당화되고 소리 내어 표현되고 나면 슬픔을 표현할 수 있게 된다. 순간의 경험을 따라가는 것이 분노와 슬픔을 다루는 데 있어서 매우 중요한데, 이는 내담자가 두 가지 정서 사이를 빈번하게 순식간에 이동하기 때문이다. 분노와 슬픔의 두 정서 모두 핵심 정서일 수 있다는 것과 내담자가 각 정서의 건강한 요소에 접근할 수 있도록 타당화되고 심화되어야 한다는 것을 인식하는 것이 중요하다. 즉, 분노와 슬픔을 완전히 느낄 수 있도록 코칭을 받아야 한다. 그 정서들을 너무 두려워해서는 안 된다. 두 정서 모두에 귀 기울이고 각 정서가 무엇을 알려 주는지 알아차려야 한다. 따라가야 할 유용한 지침은 자신이 집중해야 하는 그 순간에 가장 생생한 경험이다. 한편, 자신이 인식하고 표현하기가 더 어려운 정서에 다가가기 위해서는 더 노력해야 하고 도움이 더 필요하다. 두 정서 모두를 존중하며 이 정서들이 자신을 위하여 무엇을 하는지 그리고 그 정서들을 은폐하려고 한다면 무슨 일이 생기는지 알아야 한다. 가장 깊게 억제된 핵심 정서에 접근하면 성장이 향상되고 새롭고 건강한 정보에 접근 가능한 경험을 하게 된다.

슬픔

사소한 분노와 마찬가지로 사소한 슬픔과 실망은 흘러왔다가 곧 잊혀진다. 하지만 사람들은 대체로 차단되고 표현되지 않은 큰 상실에서 오는 깊은 슬픔에 시달린다. 다음의 치료적 일화에서는 인식되지 않았거나 억압되었던 핵심 슬픔과 고통이 내담자의 가장 중요한 경험이었다. 이들 일화에서 슬픔이 분노에 동반되는 경우가 많았다. 독자들은 내담자가 놓친 것을 말하고 상실한 것을 인정하는 것이 믿을 수 없을 정도로 안심이 된다는 것을 보게 될 것이다. 이를 통해 내담자는 상실을 수용하고 충족되지 않은 욕구를 다른 방법으로 충족시킬 수 있었다. 스스로 슬픔을 경험하는 것은 건강하지 않은 신념을 분명하게 말로 표현하도록 돕기도 하는데, 이는 치료에서 탐색과 변화를 가능하게 한다.

박탈감으로 인한 핵심 슬픔이 분노로 가려져 있는 경우가 많다. 슬픔과 분노를 구별하는 것의 중요성은 7세 소년의 치료에서 생생하게 그려져 있다. 이 아이는 그의 어머니에게 버림을 받고 위탁 가정을 전전하였다. 그는 버려졌고, 거부당하고, 배신당하고, 모든 삶에서 사랑을 박탈당하였으며, 치료사에게 "아무도 나를 사랑하지 않는다."고 말했다. 현재의 위탁부모가 그에게 안 된다고 말할 때마다 그는 심하게 짜증을 내었다. 그의 치료의 일부는 정서 인식 훈련이었다. 한 활동에서 어떤 사람에게 '나는 네가 싫다.'고 말할 때 그는 어떤 느낌인지 그 아이에게 물었다. 소년은 그 사람이 '슬픈' 느낌을 느낀다고 대답하였다. 이 아이가 버림받은 것에 대해 정당하게 화내고 있는 것은 의심의 여지가 없지만, 그의 핵심 경험은 슬픔 중의 하나이다. 그가 자신의 핵심 상처와 슬픔을 인식할 수 없고 자신의 정서 경험을 정확하게 묘사하고 소통하는 기술이 없는 사람으로 성장한다면, 사랑과 연결에 대한 그의 욕구는 결코 충족되지 못할 것이다. 그의 분노는 그가 원하는 양육을 위해 다른 사람들을 끌어당기기보다는 밀어낼 것이다.

치료에서 표현되지 않은 슬픔

37세의 이혼한 여성이 만성적인 불안감과 외로움으로 치료에 왔다. 10회기 초반에 그녀는 어린 시절의 버림받은 경험에 대해 이야기하기 시작하였다. 그녀는 어렸을 때 그녀를 버렸다는 이유로 아버지에 대한 분노가 컸다. 어머니는 7세 때 죽었고, 아버지는 그녀와 그녀의 남동생을 감당할 수 없었기 때문에 위탁 가정에 맡겼다. 그녀는 아버지가 재혼하고 그들을 되찾을 때까지 몇 년 동안 위탁 가정에 있었다. 아버지와 그의 새 아내가 자녀를 가질 때, 내담자는 방임되고 중요하지 않은 마치 '의붓자식' 같은 느낌을 계속 받았다. 성인으로서 그녀는 아버지와 훌륭한 관계를 갖게 되었으며 아버지가 그녀를 사랑한다고 믿었지만, 부모로서 그의 한계를 '이해함'에도 불구하고 아버지를 향한 깊은 원망을 품고 있었다. 그녀는 아버지가 자신을 속인 것 같고 아무리 힘든 일이 있었어도 절대 버리지 말아야 했다고 느꼈다. 아버지가 위탁 가정에 맡긴 후에 한 번도 그녀를 보러 온 적이 없었으며 더 나은 아버지였어야 한다고 믿었다.

치료 당시 그는 아프고 쇠약한 노인이었고, 그녀는 아버지의 죽음과 그에 의해 두 번 버려질까 봐 두려워하였다. 이 고통스러운 감정들로 인하여 어린 동생의 손을 생명줄처럼 붙잡고 있는 어린아이로서의 자신에 대한 기억이 되살아났다. 그녀는 완전히 잊혀지고 혼자가 된 느낌으로 동생과 함께 그들의 집 계단에 앉아서 위탁 가정으로 데려가지기를 기다리고 있었던 것을 기억하였다. 그녀는 아버지에 의한 이러한 유기감을 해결하고 싶었고, 이 '미해결된 과제'가 아버지가 죽고 난 후에도 그녀를 따라다니는 것을 원하지 않았다. 동시에 그녀는 아버지가 직면하기에 너무 약한 노인이라고 믿었다.

그녀는 "사자들에게 던져지는 것처럼 얼마나 무섭고 외로웠겠어요."라고 하면서 아버지에게 버림받은 느낌과 분노를 인정하고 타당화했다. 그리고 "어떻게 그가 우리에게 그렇게 할 수 있었어요?"라며 아버지에게 매우 화가 났어야 한다고 인정하면서 다음 회기를 시작하였다. 이 회기에서 내담자와 나는 함께 협력하여 그녀의 고통스러운 유기감에 초점을 두었다. 아버지에 의해 버림받은 정서로 가득 찬 그녀의 기억이 지속되는 공감적인 관계의 맥락 속에서 환기되었다.

그런 다음 내담자가 나쁜 감정, 고통의 감정 및 갑자기 세상에서 홀로 내버려지는 두려움에 주의를 기울이고 탐색하도록 하였다. 그녀는 끔찍한 유기 경험과 자신과 남동생을 돌봐야 하는 큰 책임감의 측면들을 탐색하였다. 그녀는 버려짐에 대해 이야기하면서, 슬픔에 접근하기 시작하였고 필요할 때 없었던 아버지에 대한 핵심 분노를 표현하기 시작하였다. 그 당시에 느꼈던 것은 분노였으며, 그 이후로는 표현할 수 없게 되었다. 이 시점에서 중요한 것은 그녀가 과거에 한 것처럼 분노를 다시 덮지 않도록 하는 것이다. 그녀는 아버지의 입장을 너무 잘 이해하고, 자신의 욕구와 고통을 자주 모른 체하고, 아버지의 욕구에 주의를 기울임으로써 분노를 덮어 왔다. 나는 그녀가 자신의 분노를 방해하는 방법들을 인식하게 되고, 분노 표현을 막지 말고 올라오는 분노를 인정하도록 하였다. 이는 무엇보다도 그녀의 분노가 결과적으로 아버지의 사랑을 상실하고 그를 다치게 할 것이라는 믿음을 자각하고 재검토하는 데 도움이 되었다. 나는 그녀의 분노가 현재의 노쇠하고 곧 쓰러질 것 같은 남성이 아니라 예전의 건강한 남성에게로 향하도록 하였다. 그러자 내담자는 아버지가 그런 선택을 한 것과 그 선택으로 인하여 그녀에게 고통을 준 것에 대한 분노를 경험하고 표현하였다. 그녀는 자신을 어머니를 잃은 7세짜리 아이로 상상하였다. 그녀는 아버지의 위로와 보호가 필요하였으나 아버지는 거기에 없었다고 말하였다. 또한, 그녀는 아버지가 그 이후에 성인으로서의 그녀의 고통에 대해 눈이 멀었던 것도 얼마나 화가 났는지 말하였다.

내담자가 분노를 충분히 표현할 수 있고 자신의 경험에 대한 공감적인 인정을 받고 나자, 어머니를 일찍 여의고 아버지의 지원이 없었던 것에 대해 더욱 충분히 애도하였다. 상실을 애도할 수 있을 때 변화가 일어난다. 애도에는 슬픔의 눈물에 다가가기 전에 상실에 항거하는 분노 표현이 포함되는 경우가 많다.

내담자는 슬픔의 감정과 과도한 책임감 및 분노를 느껴서는 안 된다는 느낌을 동시에 인식함으로써 건강하지 않은 무가치감을 변화시킬 수 있었다. 그녀가 자신의 건강한 핵심 정서를 인식하고, 지원과 안정에 대한 욕구가 정당한 것이었다고 수용함으로써 변화가 일어났다. 그녀는 삶에서 타인의 지원을 기대할 수 있었고, 기대해야 했다는 것을 깨달았다. 자신의 슬픔과 분노를 더 많이 느끼게 되었고, 자신의 욕구를 충족시킬 권리에 대해서도 더 많이 느끼게 되었다.

이러한 감정과의 재작업 과정에서, 그녀는 또한 아버지의 방임에 대한 관점을 바꾸었다. 아버지는 그녀가 생각했었던 것만큼 자식을 버리지 않았고, 그보다는 오히려 자식을 어떻게 돌봐야 하는지 몰랐던 것 같으며, 어떻게 반응하는지 인식하고 알고 있었더라면 그녀에게 응답하였을 것이라고 믿게 되었다. 그녀는 또한 자신이 어떤 감정인지 아버지가 알면, 지금이라도 도우려 하고 고치려고 할 것이라고 느꼈다. 그녀는 아버지에게 향한 분노를 내려놓을 수 있었고, 자신이 잃은 것에 대해 충분히 애도하고, 그를 용서할 수 있었다. 그녀는 과거에 대한 새로운 이야기를 만들었다. 이 새로운 이야기에서 그녀는 아버지의 사랑을 받을 가치가 있다고 확신하였다. 몇 개월 후 아버지가 돌아가실 때 상실의 슬픔과 단순한 고통을 느낄 수 있었다.

이 회기에서 나는 내담자에게 정서적으로 생생하고 첨예한 것이 무엇인지에 대해 안내하였다. 생생한 정서에 초점화하는 것에 의해서 그녀가 어린 시절의 버려짐에 대한 기억을 불러일으켰으며, 지지적인 치료 환경에서 그녀가 분노와 슬픔, 지원욕구, 이들 정서에 대한 무자격감에 접근하여 변화를 시작하도록 도왔다. 이는 그녀에게 새로운 자기 경험을 제공하였고 자기관을 다시 짜고 인생 이야기를 바꾸는 데 도움이 되었다.

이 치료 사례에서 내담자는 분노와 슬픔을 방해하는 자신만의 방식을 확인하고 이러한 방해 과정을 자각하고 통제할 수 있도록 도움을 받아야 한다. 자신의 분노 경험을 굴절시키는지, 자신의 욕구보다 타인의 욕구에 주의를 기울이는지 그리고 자신의 분노는 위험하다고 믿는지 여부를 알아내야 한다. 분노와 슬픔을 조절할 수 있어서, 부적절한 시기에 표현하지 않을 뿐만 아니라 다른 시기에 표현할 수 있도록 하는 것이 중요하다. 그렇지 않으면 감정을 차단하는 자신의 자동적인 방법에 갇히는 죄수가 된다.

이 사례의 또 다른 중요한 점은 감정 경험이 표현으로 멈추지 않는다는 것이다. 그 감정과 관련된 욕구와 우려를 이해하는 것이 매우 중요하다. 즉, 이 내담자의 분노 경험과 표현은 그녀의 지원 욕구를 인식하고, 이를 그녀의 권리로 주장하고, 치료사에 의해 이 권리를 확증받는 데 도움이 되었다. 앞서 지적하였듯이, 정서 코치는 감정이 그 상황에서 내담자의 안녕과 관련이 있다고 말해 주고 있는 욕구, 목표 또는 우려를 내담자가 이해하도록 도와야 한다. 일단 자신이 우려하고 있는 것의 중요성을 인식하고 나면, 거기에 비추어 스스로를 재구성하게 된다.

분노와 슬픔의 두 가지 일차 정서 다루기

분노는 종종 '당신이 분개하는 것을 그에게 말하라.'로 가장 잘 상징화되는데, 이 분개라는 말은 분노는 전달할 수 없는 과거의 느낌을 충실히 전달해 준다. 표현되지 않은 분노를 다룰 때는, 외부로 향하는 분노(즉, "너는 바보야.")로 시작하되, 자기를 주장하는 분노(즉, "나를 침해한 것 때문에 너한테 화가 나." "그것 때문에 너를 원망하고 있어.")로 전환한다. 욕구로 옮겨 가면, 내담자가 파괴적인 분노에서 힘을 발휘하는 분노로 이동하는 데 도움이 된다. 분노는 '분리하는' 그리고 '경계를 설정하는' 정서이며, 그 목표는 힘을 부여받고 정당성을 느끼는 것이라는 점에 주의하는 것이 중요하다. 반면에, 슬픔은 '연결하는' 정서이다. 그 목표는 위로를 받거나 회복하기 위해 물러나는 것이다. 슬픔으로 "무엇을 놓쳤는지/어떻게 상처받았는지 그에게 말해 주세요."라고 하는 것이 가장 좋다. 욕구를 동원하기 위해 일차 감정을 찾고 있다. 분노가 있을 때라도, 상처를 타당화하라. 분노를 극복하려면 먼저 그 분노를 수용하여야 한다. 도착할 때까지는 그 장소를 떠날 수 없다. 체념은 분노할 수 없게 한다는 것을 인지하라. 수치심과 두려움도 생길 수 있다. 분노는 이 두 감정에 대한 주요 해독제이다. 슬픔으로 주의가 내면으로 향하는 반면에, 분노로 표현이 외부로 향하는 경우가 많다. 타인에게 표현하는 것이 가장 촉진적임이 층화된 실험(점진적인 단계를 사용하여 격렬한 감정 표현까지 올라감)을 통하여 밝혀졌다. 또한 "다시 말해 보세요. 더 크게."라고 하면서 표현을 신장시킬 수 있다(즉, "그녀에게 나 정말 화가 난다고 말하세요."⋯⋯"그녀에게 다시 말하세요."). 무엇이 필요한지 물어보는 것도 감정을 고조시키는 데 사용될 수 있다.

하지만 유난히 극적으로 감정을 표현하는 것이 때로는 감정 경험을 방해할 수 있다는 점에 유의해야 한다. 그래서 내담자가 슬픔을 표현한 후에는 내담자를 내면으로 집중시킨다(예: "어떻게 슬프게 느껴지나요?"). 내담자가 분노를 표현한 후에 "느낌이 어떠세요?"라고 물어본다. 표현을 강하게 하도록 고무시키는 것이 카타르시스보다는 대인 간의 타당화 기능을 제공하는 경우가 많다. 분노나 고통을 없애지 않고, 그 정서와 강도를 정당화한다.

의미 만들기는 개입이 끝날 무렵에 중요하다. 내담자가 빈 의자 대화에서 가졌던 경험의 의미에 대한 내담자의 관점을 파악한다. 이는 회기에서 얻은 것을 통합하는 데 실제로 도움이 된다. 하지만 너무 일찍 의미 만들기를 시작하지 않는 것이 중요하며, 내담자가 정서 환기를 경험한 후에 한다. 환기된 정서 경험에서 의미를 만드는 것에 대한 강조는 정서중심치료(EFT)를 보다 순수한 해석적이고 인지적인 접근법과 구별 지을 수 있는 특성이다.

치료적 관계에 대해 이야기하는 것도 중요하겠다(예: "저에 대한 기분이 어떠신지요? 작아지고 있는 느낌이라고 말했던 때가 언제인지 확실하지 않습니다.") 따라가기와 이끌기의 균형 또한 중요하다. 내담자 경험을 따라가고 필요할 때만 이끄는 것이 가장 좋다. 하지만 순전히 따르기만 하는 것이 아니라 안내하는 코치로 자신을 보아야 한다. 내담자보다 한 발짝이나 반 발짝 앞에 설 수 있으나 너무 앞서면 안 된다. 내담자의 근접발달영역 안에 있어야 한다. 내담자가 자신에게 제공되는 것을 이용할 수 있는지 항상 살펴보며, 내담자 반응을 치료사의 다음 반응을 재조정할 피드백으로 사용한다. 공동 탐색하라—해석적으로 되지 않거나 자신의 감정을 내담자에게 투사하지 않는 것이 중요하다. 수용적이 되고 판단하지 않는 것이 중요하다.

결론

이 장에서 설명된 치료의 예는 다음과 같은 교훈을 예시한다.

- 표현되지 않은 정서와 그 정서의 과도한 통제는 문제를 일으킬 수 있다.
- 비난, 불평 및 상처의 정서는 핵심 분노와 슬픔으로 분화되어야 한다.
- 과거의 침해에 대한 적절한 감정 표현은 그 침해의 의미를 변화시킨다.
- 치료에서 정서 표현은 타인에 대한 관점 변화, 내려놓기, 용서로 이어질 수 있다.
- 표현과 감정 경험을 방해하는 자신의 여러 가지 방법을 인식해야 한다.
- 정서 표현은 자기와 세상에 대한 그리고 정서 표현의 위험성에 대한 건강하지 않은 신념에 접근하는 데 도움이 된다.
- 정서에 내재된 욕구, 목표, 우려에 대한 자각은 재구성에 중요하다.
- 분노는 자신이 부당한 대우를 받았다는 것을 정당화한다.
- 슬픔과 애도는 내려놓고 앞으로 나아가도록 돕는다.

다음 장에서는 코칭에서 두 가지 주요 정서인 두려움과 수치심에 대해 살펴본다.

Chapter 11

정서 코칭에서 두려움과 수치심을 전환하기

수치심은 가장 강력한 대장 정서이다. 우리가 충분하지 않다는 두려움이 바로 수치심이다.

― 브렌 브라운(Brene Brown)

시간이 지나면 해가 되는 것 중의 하나가 감정을 죽이는 것이다.
나는 두려움을 제외한 어떤 감정도 다시 느끼리라 생각하지 않는다.

― 그레이엄 그린(Graham Greene)

다음의 임상 사례는 지금까지 논의된 정서 자각 증진과 정서 조절 및 정서로 정서를 변화하기와 같은 정서 코칭의 다양한 측면을 보여 준다. 치료사가 정서 경험을 탐색하고 재구성하는 과정에서 공감하고, 타당화하며, 증진하는 방법도 보여 준다. 특히 이 사례를 통해 두려움과 수치심을 다루는 방법과 이 정서들을 분노와 슬픔으로 어떻게 바꾸는지 볼 수 있을 것이다. 이 치료에서는 내담자의 부적응적인 두려움과 어린 시절 학대와 관련된 수치심에 접근하고, 침해에 대한 그녀의 분노에 다가감으로써 그리고 학대 가족의 덫에 갇혀 버린 것에 대한 고통과 상실에 대한 슬픔을 인정함으로써 그 두려움과 수치심을 재구성하였다.

내담자는 50대 초반에 만성적인 외로움과 소외감 때문에 치료를 찾았다. 그녀는 결혼했었고 여러 번 이혼하였다. 그녀는 매우 매력적이고 옷을 잘 입었고, 대인관계에서 드라마틱한 태도를 보여 주었다. 독립적이고 초연한 듯이 보였다. 그녀는 각기 다른 결혼 관계에서 얻은 네 자녀를 제외하고는 관계 형성에 어려움이 있고, 타인과 연결될 수 없다고 하였다. 접수 시에 그녀는 자신의 일차 경험을 극도의 외로

295

운 경험 중의 하나로 묘사하였고, 너무 차단되는 느낌을 느끼기 때문에 자신을 가끔 '벽을 타고 올라가는 것'으로 묘사했다. 어린 시절 그녀는 자신이 세상과 분리되어 있는 것처럼 느꼈고, 단지 '참여하고 있는' 짧은 순간의 느낌과 함께 삶에 닿지 않는 '유리 거품 속에 사는 것'과 같이 느꼈었다. 그녀는 어릴 때 육체적으로나 정서적으로 학대를 당하였다. 그녀의 경험은 항상 아무것도 아닌 것이 되었다. 자신이 '미쳤다.'거나 '멍청하다.'거나, 그녀가 화가 났을 때는 '오버하고 있다.'는 말을 계속 들었다. 모든 아동기의 학대로 인하여 자라는 동안에 두려움, 불안, 수치심의 감정이 지배적이었다. 그녀는 자신의 삶을 완전히 지배한 부모를 두려워했으며, 종종 자신의 지각과 정서 경험에 대해 혼란스러웠다. 그녀는 밀접한 대인 간의 접촉을 두려워하고 자신의 약점과 부족함에 대한 자신의 경험을 두려워하도록 배웠다. 그녀는 자기-충족으로 철회함으로써, 그리고 고통스러운 기억, 정서 및 취약성을 회피함으로써 대처하는 법을 배웠다. 이로 인하여 그녀는 소외감과 외로움을 느끼게 되었을 뿐만 아니라, 그녀의 감정과 욕구의 방향성을 잃었고 멀어지게 되었다. 그녀는 두려움과 불안이, 특히 부모에 대한 지속적인 두려움이 그녀의 삶을 지배했다고 말했다. 그녀의 치료의 중요한 목표는 이러한 부적응적 감정의 영향에서 자유로워지는 것이었다. 추가로 언급된 치료 목표는 타인과 연결되고 자신이 겪고 있는 것을 알고 신뢰하는 법을 배우는 것이었다.

내담자의 부모에 대한 두려움을 다루기

이 치료는 내담자의 상실에 대한 슬픔과 침해에 대한 분노에 접근하고, 자신을 보호할 수 있는 현재의 역량을 동원함으로써 내담자의 부적응적인 핵심 두려움을 극복하는 데 중점을 두었다. 초반의 세 회기는 공감적 유대를 형성하는 데 보냈고, 그런 다음에는 학대 부모에 대한 그녀의 일차적인 두려움에 초점을 두었다. 이 두려움이 원래는 그녀가 침해를 당하지 않도록 하는 데 다소 도움이 되었기 때문에 적응적이었다. 지금은 그녀의 부모님과 타인들과의 현재 관계를 계속해서 지배하고 있다는 점에서 부적응적이었다. 나는 그녀의 자아감에 대해 이야기함으로써 이 두려움의 구조에 다가가는 개입 목표를 세웠다. 대략 20회기의 치료 중간쯤에서 나는 그녀의 의존성, 약점 및 취약성에 대한 두려움에 집중하였다. 그녀는 부모의 무시와 조롱을 통하여 자신의 내면 경험을 불신하고, 특히 충족되지 않은 애착 욕구와 관련된 고통스러운 경험을 회피하는 법을 배웠었다. 치료에서 이러한 고통스러운 경험이 그녀의 핵심적인 자기구조의 일부로 인정되고 수용될 필요가 있었다.

따라서 치료의 주 초점은 부모에 대한, 특히 아버지에 대한 내담자의 지속적인 두려움이었다. 그녀는 최근에 자신의 고국으로 돌아가서 부모를 방문하였는데, 어른이 되어서도 여전히 겁에 질렸던 일을 얘기하였다. 그녀의 아버지는 이제 지팡이를 사용하였고, 그 지팡이로 그녀를 때릴까 봐 무서웠다고 한다. 나는 그녀의 두려움이 얼마나 깊이 뿌리를 내렸는지 그리고 그것이 자동적인 반응임을 인정하였으며, 그녀가 그 두려움에서 벗어나려고 발버둥치는 것을 알아차렸다. 우리는 치료 목표로 두려움의 극복과 자기역량강화에 집중하기로 합의하였다.

이 내담자의 불안—회피 구조의 발달에 결정적이었던 정서 기억을 환기하는 것이 개입에 중요하였다. 그녀의 초기의 기억 중 하나는 아버지가 한 배에서 나온 강아지 모두를 익사시키는 것을 보라고 강요한 것이었다. 이것은 그녀에게 '인생에 대한 교훈'을 가르치는 것이었으며, 내담자는 아버지가 그것을 즐겼다고 믿었다. 치료에서는 이 경험에서 비롯된 내담자의 '억압한 공포의 비명'이 포함된 핵심 구조에, 이 장면을 완화하면서 접근하였다. 그녀의 일차 두려움이 현재의 삶에 부적응적이라는 것을 분명하게 확인하면서, 나는 내담자가 두려움과 관련된 부정적인 목소리를 확인하고, 고통적인 핵심 정서에서 진심으로 느껴진 욕구에 접근하였다. 그리고 다른 건강한 정서 반응에 접근함으로써 그 두려움을 떠나도록 도왔다. 나는 그녀가 두려움을 느끼는 동안 입으로는 혐오감을 표현하는 것에 주의를 기울이도록 하였다. 그렇게 함으로써 이 하위 지배적인 적응 정서가 그녀의 더 강한 자아를 형성하는 데 도움이 되는 자원이 되도록 하였다. 그녀가 아버지의 폭력과 성적인 강요에 대한 다른 기억을 떠올리고 탐색하도록 도왔다. 부모의 집으로 되돌아가는 상상만 해도 외상적인 장면들이 생생하게 떠올랐기 때문에, 그녀는 자신의 핵심 정서 도식과 '개처럼 몰래 도망가는' 것과 같은 대처하는 반응들에 접근할 수 있었다. 그녀는 조용히 있다가 사라지는 법을 배웠던 것을 재경험하였다. 도망갈 데도 보호받을 데도 없다는 느낌에 대해, 그리고 두려움이 얼마나 그녀의 다른 모든 경험을 압도하고 제압하였는가에 대해 분명하게 말로 표현하였다. 그녀가 구타 당할 때, 아무도 도와주지 않고, 어떤 지지도 없이, 의지할 사람도 없이, 어떤 보호와 안전망 없이 홀로 남겨졌으며 그리고 자신의 곤경에 대해 '말할 수 없는' 것이라고 하였다. 나는 "그렇게 삶이 두려움으로 가득 차서, 공격받지 않게 그냥 눈에 띄지 않으려고 하였군요." 또는 "언제 당할지 결코 알 수 없었고, 그냥 무서웠고 두려움 속에서 외톨이였네요."와 같이 공감적으로 반응을 하면서, 그녀 자신과 세상에 대한 핵심 구성 요소의 하나로서 일차적인 두려움을 강조하였다.

많은 학대받은 내담자들과 마찬가지로, 이 여성은 부모와 거리를 두고 자기 삶의 통제력을 얻기 위하여 관계를 끊으려는 열망을 표현하였다. 동시에 그녀는 두려워하지 않고 부모를 직면할 수 있기를, 즉 두려움을 극복할 용기를 갖기를 원하였다. 나는 이 열망에 대해 "그래서, 가장 좋은 것은 그들이 당신에게 그렇게 많은 힘을 갖지 않는 것입니다."라는 말로 답하였다. 내담자는 자신이 어렸을 때는 부모님이 실제적인 힘을 가지고 있었지만, 이제는 어른이 되어서 그들의 힘이 자신의 마음속에 있다고 하였다. 나는 "여기 위에(머리를 가리키며) 뭔가가 당신을 묶어 두고, 피해자로 만들고 있나요?"라는 질문으로 답하였다. 이는 그녀의 내면 과정이 어떻게 하여 부모에게 힘을 주었고, 현재의 그녀가 두려움과 무력감을 겪게 되었는지에 초점을 두게 한다. 이것은 어느 정도의 통제력을 느끼는 첫 번째 단계였다.

내담자는 또한 부모와 직접 부딪혀야 한다고 느꼈다. 내가 이 시점에서 인정하고 지지한 것은 실제적으로 직면하는 행동이 아니라 그렇게 하고 싶은 그녀의 마음이었다. 비록 내담자가 그러한 직면에서 눈에 띄게 낙담하지 않는다 해도, 문제를 탐색하고 명확하게 하고 자아감을 더 강하게 발달시킨 후에 그렇게 하는 것이 성공 가능성이 더 높다. 부모와 대면하려는 욕구는 건전하고 적응력 있는 반응이며, 나는 내담자가 회기에서 "당신의 진실을 말하라."고 격려함으로써 이를 지지하였다. 그녀는 부모에게 편지를 쓰는 것이 도움이 되겠다고 하였지만 부치지 않았다. 5회기에서 내담자가 심상으로 아버지와 대면하도록 도왔다. 그녀의 앞에 아버지가 앉아 있는 상상만으로도 혐오와 두려움이 생생하게 올라왔다. 그녀가 어렸을 때처럼, 두려움이 처음에는 다른 모든 정서를 장악하여서 아버지와의 대화를 재연하는 것이 매우 어려웠다. 상상의 아버지를 방 맞은편에 배치하고 내담자에게 중요하고 스스로 힘을 부여받는 말만 하도록 하여 안전한 거리를 유지하면서 과정에 머물러 있고 통제력을 얻도록 하였다. 내담자의 취약성(두려움과 슬픔)의 표현과 탐색은 상상의 아버지에 대한 반응에서 하는 것이 아니라 나와의 확고하고 안전한 대화에서 이루어졌다.

아버지와의 이러한 상상의 직면은 아동기 구타와 그녀가 나쁘다는 말을 들은 것, 그리고 도망가야 한다는 그녀의 절망적인 필요성 외에는 아무것도 인식하지 못하였던 내담자의 두려움과 고통스러운 기억을 불러일으켰다. 나는 당시의 그녀의 압도적인 두려움과 무력감에 지지적으로 반응하였고, 어린아이로서 그런 경험과 절실하였던 것을 겪어 낸 자신에 대해 지금 어떻게 느끼는지 물었다. 이것은 그녀의 내적 경험에 대한 관심을 불러일으켰고, 안전하고 침해받지 않아 마땅한 그녀의 권리에 접근하는 데 도움이 되었고, 자신의 욕구에 대한 인식으로 인해 잔인한 대우를 받은 것에 대한 일차적인 분노로 이어졌다. 적응적인 일차 정서에의 접근은 그녀의 자기보호 반응을 움직였고, "나는 정말로 내가 나빴다고 생각하지 않아. 아버지가 나빴지."와 같은 말을 그에게 하면서, 스스로 일어서기 시작하였다. 그녀의 과거의 관점에 도전하는 그러한 자기역량강화의 출현에 조율하고 지지하였다. 나는 이 말을 빈 의자에 있는 상상의 아버지에게 "직접 말해 보자."고 하였다. 분노 표현과 경험을 강화하기 위한 개입("다시 말해 보세요."), 내면 경험으로 들어가기("주의를 내면으로 돌리세요. 그리고 그렇게 말하는 것이 어떤 느낌인지 보세요."), 그리고 안전과 보호 욕구에 접근하기("필요한 것은 무엇이었습니까?") 등이 그녀의 두려움 도식을 재구성하는 데 도움이 되었다. 분노가 그녀의 두려움을 대신하였고, 그리고 나는 그녀의 강점에 대한 인식을 강조하면서 그녀가 새롭게 발견한 힘의 감각을 지지하였다. 이는 더욱더 자기주장과 자기인정을 하도록 동기부여를 하였다.

수치심 다루기

치료에서 내담자의 수치심과 부끄러움의 잦은 표현이 두려움과 섞여 있는 경우가 많았다. 그녀의 부모는 신체적 학대뿐만 아니라 비난과 조롱으로 그녀를 길들였으며, 그녀의 가장 큰 고통은 '부모가 결코 나를 믿지 않았다.'는 것이었다. 그녀는 바보, 미친, 창녀, 헤픈 년이라고 불렸으며, 대인관계에서 완전히 마비된 채로 성장하였다. 그녀는 자신에 대해 열등하거나 이상하고 아무것도 아닐 것이라는 이러한 신념들을 내면화하였다. 치료에서, 그녀의 자아감의 핵심 부분이 수치심이라는 지표들이 있었다. 예를 들어, 그녀는 관심의 중심에 있다거나 자신에게 이목이 쏠린다는 생각만으로도 매우 부끄러워하였다.

이러한 것들은 참으로 창피한 경험이었다. 때로는, 그녀의 수치심이 내면의 경험에 들어가는 것을 방해하였다. 그녀는 누군가 자신을 빤히 쳐다보거나 판단하고 있다는 것에 두려움을 가지는 일종의 수행 불안을 경험하였다. 그녀가 수치감에 들어가는 것과 인식하는 것에 더하여, 치료에서 안전과 공감적인 확증을 제공하는 것이, 특히 그녀가 취약하다고 느꼈을 때(예: 우스꽝스럽다거나 가짜라고 판단 당하는 것을 두려워하는 것이 보일까 봐 불안을 느낄 때), 그녀가 민감한 사항에 몰입하고 표현하는 것을 도왔다. 치료에서 수치심이 두려움과 섞이는 때가 있었다. 예를 들어, 한 회기에서 내담자의 수치심이 환기되었을 때 그녀는 상상의 부모 앞에서 작고 하찮게 느껴졌다. 처음에 그녀는 그들을 마주 보거나 눈을 바라보는 것을 도저히 상상할 수 없었으며, 그리고 그들의 경멸의 대상이 되는 것을 피해 버렸다. 아버지와 관련된 수치심은 생각나게 하는 그의 성적인 암시에 대한 두려움과 혐오로 섞여 있었다. 부모와의 연을 끊고 물리적으로 멀어지려는 그녀의 목표 중 하나는 끊임없이 욕 듣고, 조롱당하는 부정적인 기대와 "너는 아무짝에도 쓸모없을 것이다."라는 부모의 부정적인 목소리와 영향에서 벗어나서, '내가 될 수 있거나 성취할 수 있는 것'을 보는 것이었다.

아무것도 아닌 취급을 당한 그러한 초기 환경에서 내담자는 자신의 감정을 부끄러워하고 불신하도록 배웠다. 그녀는 훌쩍이는 것, 약해지는 것, 관심을 받으려는 것에 대한 부모의 금지 명령을 내면화했고, 이는 어려움이나 고통을 인정하거나 울거나 도움을 청하는 자신을 노출하는 것을 힘들게 하였다. 그녀는 자신의 감정을 '바보 같은' 또는 '어리석은' 것으로 보았다. 이 모든 것이 치료에서 되살아났다. 어머니에게 애정이나 따뜻한 정서적 표시를 보여 주는 것을 상상하는 것도 그녀에게는 당혹스러운 것이었다. 그렇게 하려는 생각만으로도 말 그대로 몸서리치게 하였다—'웩'은 흔히 수치심과 밀접하게 관련된 혐오감이나 역겨움의 반응이다. 치료에서 그녀는 고통을 인정하고 부끄러움을 느끼면서 정서적 취약성을 경험하였다. "너무 아파서 창피스럽습니다." 수치심이 환기되면서, 나는 그녀가 그 수치심에 접근하도록 도왔고 안전함과 편안함에 대한 그녀의 욕구를 타당화하였다. "자신의 경험에 역겹거나 수치스러운 것이 있다는 것을 알게 된 것 같습니다. 하지만 당신은 어린아이였어요. 그때에 무엇이 필요하였습니까?" 치료사의 공감적인 확신은 안전감을 제공함으로써, 그녀는 이전에 형성된 자신을 무가치하게 보는 부적응적인 감정에 다가가기 위해 고통스런 경험에 접근하는 것을 허용할 수 있었다. 이는 현재의 확신감 부족과 사회적 회피를 일반화하였다. 마지막으로, 그녀는 자신이 받은 학대와는 반대되는 보호와 안락함을 받아 마땅하였다는 감정에 접근하였다.

내담자가 처음 임신하였을 때 어머니가 거부하였던 기억의 환기는 고통스러운 기억과 어머니의 사랑과 지원에 대한 갈망을 불러일으켰다. 여전히 어머니가 필요하다는 것을 인정하는 것은 고통스러울 뿐만 아니라 부끄럽기도 하였다. 처음에 그녀는 필요라는 단어조차 사용하지 않았다. 이러한 저항이 한편으로는 어머니의 반응에 대한 불신에서 오고 다른 한 편으로는 거부가 주는 고통에서 왔을 뿐만 아니라, 버려진 아이와 같은 수치심에서도 왔다. 나는 "당신은 불쌍한 부랑자와 같이 형편없이 사랑과 애정에 목말라하는 것 같군요." 그리고 "다 큰 여성으로서 그렇게 불쌍하게 느껴지는 것은 힘들어요. 자신을 좀 더 가다듬어야겠다고 느끼네요."와 같은 말로 불쌍한 부랑자로 인정하는 것이 얼마나 힘든지에 대해 반응하였다. 손상된 또는 부서진이라는 용어는 고통과 거부를 더욱더 환기하고 탐색하기 위하여 사용되었다. 이는 내담자가 자신의 정당한 아동기 욕구에 접근하고 경험하는 데 도움이 되었으며, 그녀가 얼마나 박탈당하고 사랑받지 못하였다고 느꼈는지를 분명하게 말로 표현할 수 있었다. 그녀는 자신의 핵심 정서 도식이 자신이 근본적으로 결함이 있고, 사랑스럽지 않고, 그리고 자신에게 분명히 뭔가 잘못된 점이 있다는 느낌 중의 하나임을 분명하게 상징화하였다. 이것이 자신에 대한 관점임을 바라보고, 이 관점이 자신에게 얼마나 영향을 미쳤는가를 이해하고 그녀는 새로운 관점을 얻었다. 그녀는 타인과 가까워지려는 강한 열망이 두렵기도 하였고 부끄럽기도 하였다는 것, 그녀의 강한 결핍감은 다소 부적절하고 수용할 수 없고 미숙하고 그리고 절박하게 느껴졌다는 것, 그리고 그녀의 결핍감을 통제하고 숨겨야 한다고 느꼈음을 깨달았다. 나는 그녀가 그러한 박탈을 경험한 것이 정말 그녀가 굶주린 아이처럼 느껴졌을 것이라고 반영하였다. 이 수치심의 정서 도식에 접근하면서 새로운 정보에 접근할 수 있었고 재구성이 가능해졌다. 수치심을 극복하기 위하여, 침해에 대한 분노와 같은 다른 감정과 자기자비심과 자기위로의 역량과 같은 다른 내적 자원에 접근하였다. 나는 그녀의 앞에 있는 빈 의자에 아이가 있다고 상상하게 하였다. 그 아이는 어머니가 내담자의 어머니와 비슷한 방식으로 그녀를 대했고, 내담자에게 그 아이에게 어떻게 말할 건지 물었다. 그녀는 나를 바라보고는 "그냥 팔로 껴안아 주고 그녀는 나와 함께 안전하다고 말하겠다."고 하였다.

수치심의 내적 경험을 극복하는 관점에서, 내담자는 자신이 상처를 입었던 것을 일종의 객관적이고 사실적인 방식으로 '시인하는 것'과 자신에게 고통으로 '시인하는 것'을 구별하였다. 시인하다(admit)라는 말은 비행, 결함, 또는 실수를 시인하는 것에서처럼 수치심을 암시한다. 어떤 한 회기에서 내담자는 텔레비전에서 아동 학대를 본 것에 대해서 이야기하면서 자신을 그들 중 한 명으로 보는 것이 얼마나 힘들고 창피하였는지 모른다고 하였다. 나는 "네, 너무 학대받고 사랑받지 못하였네요."라고 대답했고, 그녀는 아이들의 상황이 부당하여서 눈물을 흘릴 뿐만 아니라 분노하였다. 나는 그녀가 자신이 받은 학대에 대한 분노를 인식하는 것을 돕기 위하여, 그리고 과거를 회복하기 위하여 다른 무력한 아동들과 동일시하는 그녀의 역량을 이용하였다. 나는 이런 고통스런 감정을 겪는 것이 그녀에게는 매우 이해하기가 어려웠음을 인정하였고, 치료에서 조금이라도 그렇게 한 것에 대한 그녀의 용기를 언급하였고, 그리고 그녀의 약점과 강점 모두 올바르게 평가하였다. 무가치감에 대한 부적응적인 신념에 도전하고 핵심 정서 도식을 재구성하는 데 그녀의 분노를 이용하였다. 치료사의 인정과 안전감 또한 이 내담자가 자신의 핵심적인 수치감과 부모의 수년에 걸친 불인정을 극복하도록 돕는 데 중요하였다. 치료 경험 또한 그녀를 덜 고립시켰다. 치료가 끝났을 때 그녀는 더 작아진 느낌이 들었고, 그녀의 부모는 '실제 크기로 작아졌고' 더 인간적이었다고 보고하였다. 이는 그녀가 자기타당화가 시작되었고 더 힘이 부여되었다는 것을 가리킨다. 그녀는 열등감과 두려움을 극복하였고 자신과 부모에 대한 새로운 관점뿐만 아니라, 이제는 자신이 절망적인 희생자가 아닌 더 영웅적인 인물로 새 인생사를 구성하기 시작하였다.

건강한 슬픔, 분노 및 고통에 접근하기

부모의 비판, 조롱 및 구타에 대한 기억을 환기하는 것도 이 내담자가 일차 슬픔과 충족되지 않은 아동기 욕구의 고통에 접근하는 데 도움이 되었다. 나는 이 모든 것의 출현에 조율하였고, 그녀의 안전에 대한 욕구를 지지하였고 끔찍한 외로움에 공감하였다. 정서 경험에 대한 통제력을 강화하기 위하여, 경험의 강도를 적절한 거리를 두고 설정하였다. 그녀가 압도감을 느끼거나 지나치게 긴장될 때마다, 그녀에게 호흡하고, 현재와의 접촉을 다시 확립하고, 지면에 닿는 발바닥의 느낌을 느끼고, 그리고 나를 보라고 말하였다. 그리고 그녀가 더 안정되면, 다시 고통으로 돌아오고 직면하도록 하였다. 아버지와 관련된 정서 경험에 그냥 압도되지 말고, 그것을 상징화하고 탐색하도록 한 것도 내면의 혼돈에 질서를 세우는 데 도움이 되었다. 한 회기에서 내담자는 어린 시절에 집으로 돌아갈 때의 공포감이 든다고 하면서, 그녀가 그를 얼마나 미워하였는지에 대해 처음으로 말하였다. "몇 번이나 아버지가 죽기를 빌었고, 그가 나에게 준 모든 벌을 그가 받기를 빌었어요." 아버지를 파멸시키고 싶은 그녀의 욕망을 반영하였고 이런 것들을 말할 때 그녀의 내면을 검토하도록 하였다. 그녀는 초조하고 긴장되는 느낌이 든다고 하였다. 그녀는 자신의 분노에 대한 두려움을 극복하는 데 도움이 필요하였다. 그녀는 아버지가 죽기를 빌었을 때 심각한 결과가 있었고, 어렸을 때 이 생각이 불안을 증가시켰다고 분명히 말하였다. 이 탐색으로 그녀는 회기에서 아버지의 심상에 대한 자신의 분노를 천천히 극복할 수 있었다. 그녀는 분노 및 혐오와 관련된 적응적인 행동 경향성에 접근하였고, 그래서 아버지에게 도망가라고 말할 수 있었고 그가 '역겨웠다.'고 생각할 수 있었다. 이는 다시 그녀의 자아감을 강화시켰고, 그녀의 약하고 나쁜 자아감과 두려움에 기반한 도식을 재구성하는 데 도움이 되었다.

치료 초기에 내담자는 그녀의 경험을 상징하기 위해 고통이라는 단어를 사용하는 것에 놀랐다. 그렇게 생각해 본 적이 없었던 것이다. 처음에 자신이 얼마나 희생당했었는지를 인정하고 경험하는 것이 힘들다고 생각하였다. 그녀의 자신감과 극적인 스타일은 다른 사람들을 멀어지게 하였다. 그녀는 교제가 필요하였고 그렇게 하는 것의 두려움을 극복하기 위하여 친교의 필요성이 있음에 대해 의사소통하여야 하였다. 그녀의 내적 경험에 대한 인식을 높이는 것이 이러한 목표를 달성하는 방법이었다.

불우하고 상처받은 것에 대해 부끄러워하는 순간도 자주 있었다. "눈물을 보이고 싶지 않아요." "상처받는다는 것이 창피해요." 공감적이고 배려하는 나의 반응에 눈물이 솟아날 때 슬픔이 또 다른 형태로 표현되었다. 나는 그녀의 과정에 조율하여, "지금 막 무언가가 당신의 마음을 감동시켰네요."라고 반영하였고, 내담자는, 양손을 허벅지 밑에 넣고 앉아서 어린 소녀의 목소리로, "다른 사람의 친절을 견딜 수 없었어요."라고 답하였다. 이어진 개입에서 그녀를 치료로 끌어들이고 조금 전의 경험을 상징화하였다. "참을 수가 없었네요…… 마치 그게 아프게 하는 것처럼." "마치 염증을 건드리는 것처럼." "친절은 어쨌든 고통스럽고……결국 당신은 절망적으로 불우한 어린 소녀처럼 느끼게 되네요." 이 마지막 반응은 그녀가 어린 소녀와 같이 표현하는 것과 힘없는 목소리 톤과 양손을 허벅지 밑에 넣고 앉아 있는 것에 초점화함으로써, 인식과 경험을 증가시키는 방법을 보여 준다. 어린 시절의 친절에 대한 기억을 물었을 때, 그런 기억이 전혀 없었으며 초기의 박탈과 사랑의 결핍과 불인정만 있었다. 나는 다시 그녀의 충족되지 않은 일차적 욕구, 그녀가 어렸을 때 어떤 친절을 간절히 바랐음에 틀림없으나 그것을 얻지 못하는 것이 얼마나 고통스러운지, 그리고 친절이 내면의 깊은 갈망과 공허감에 어떻게 닿았는지를 다시 코칭하였다.

이는 어머니와 있었던 사건에 대한 기억을 이끌어 냈다. 내담자가 특히 힘들었던 것은 어머니가 사랑이 없고 어릴 적의 내담자의 고통에 무관심했다고 생각되는 것이었다(예: 아버지가 때릴 동안 어머니는 지켜보았고, 내담자가 10대에 임신하였을 때 집을 나가라고 하였고, 그리고 끊임없이 내담자의 경험을 불인정하였다). 구타와 어머니의 거부에 대한 기억은 그 당시의 혼란과 두려움을 불러일으켰고, 이 감정들이 그녀의 인식을 어떻게 지배하였는지, 모든 것을 가려 버렸는지 그리고 자기 안으로 철회하여 소통할 수 없게 만들었는지 경험하였다. 그녀는 자신의 감정과 인식을 신뢰해서는 안 되며, 자신에게 문제가 있음에 틀림없다고 믿게 되었다. 이로 인해 그녀는 소통할 수 없게 되고, 고립되고, 차단되고, 고통스럽게 외톨이가 되었다. 이 두려움과 혼란 밑에는 깊은 고통과 슬픔이 있었다.

나는 내담자가 슬픔을 인정하고 상징화하고, 우정과 우호적으로 지지적일 수도 있었을 어머니와의 관계 상실에 애도하고, 성인의 삶에서 그녀가 이것을 몹시 갈망하였지만 불가능하게 여겼다는 것을 인식하도록 도왔다. 어머니와 친구가 되지 못한 것이 그녀에게 큰 상실이었다. 또한, 그녀는 실제로 자신의 삶을 맡기기까지 너무 오래 걸린 것이 고통스러웠음을 지금 인식하였다. 그녀는 마치 안개 속에서, 자동적으로 살고 있는 것 같았으며, 몇 년의 세월을 낭비한 것 같다고 하였다. 이러한 깨달음으로 인해 더 이상 인생을 낭비하지 않고 치유하려는 동기가 부여되었다. 그녀는 이러한 취약한 감정을 나에게 표현할 수 있었지만 여전히 부모에게는 심상으로도 표현할 수 없었다. 그녀는 부모가 자신의 고통을 들어 준다고 믿을 수 없었고, 자신을 지킬 수 없었고, 용서하지 않았다고 느꼈다. 그들을 속으로 많이 비난하였고 처음에는 비난 없이 어떤 슬픔도 느낄 수 없었다. 내담자는 어린 시절에 두려움에 지배당해 왔었고, 자신을 지키고, 슬퍼하거나, 울 수 있는 기회가 주어지지 않았다. 또한, 그녀는 '오버하고 있다.' '네가 매를 벌고 있다.'와 같은 내면화된 메시지에 의해서, 그리고 내면화한 어머니의 조롱과 놀림에 의해서 멈춰 버렸다. 그녀가 취약한 순간에 그렇게 보살핌을 받지 못한 데 대한 슬픔에 공감적으로 반응하였다. 그리고 그녀의 눈물은 그녀가 어머니를 얼마나 필요로 했는지, 이 필요가 얼마나 정상적이고 얼마나 수용 가능한 것이었던가를 반영하는 것이라고 하였다. 나는 그녀가 어머니가 자신의 필요에 응답하지 않을 것을 아는 것이 얼마나 고통스러웠는지에 대해 공감적으로 이해하고, 그게 얼마나 큰 상처가 되었으면 절대 다시 필요로 하지 않겠다고 거의 맹세까지 하였겠는가를 상징적으로 나타내었다. 이를 통해, 나는 그녀가 슬픔과 갈망을 표현하기를 꺼려한다는 사실과 어머니가 필요하였다는 것을 인정하지 않으려는 것을 자각하도록 돕고자 했다. 이러한 공감적인 환경에서 내담자는 고통과 욕구를 억누르고, 싸우고 없애려고 하는 내면의 경험에 몰입하였다. 치료는 그녀의 경험을 타당화하는 과정이었고, 이로 인해 그녀는 상처에 접근하고 받아들였다.

상처에 접근하고 수용하는 것은 그녀가 타인과의 깊은 관계를 동경하게 하는 데 도움이 되었고, 두려움과 혼란이 인식과 이를 표현하는 능력을 어떻게 방해했는지를 분명히 표현하는 데 도움이 되었다. 적응적인 슬픔과 연결하고자 하는 행동 경향성에 접근하는 것은 그녀가 치료를 지속하고 고통스러운 기억에 직면하고, 그리고 나의 도움으로 동료 집단과의 관계를 계속 이어 갈 수 있는 사회 기술을 구하려는 동기를 제공하였다. 처음부터 끝까지 나는 고난에도 불구하고 헤쳐 나온 그녀의 강인함을 인정하였고 자기관리 역량을 지지하였다. 나는 그녀가 부모로서의 경험을 바탕으로 자신의 충족되지 않은 어린 시절의 욕구와 그 정당성을 확인하도록 도와주었다. 그녀는 많은 안내와 지지가 필요하였고, 더 적극적인 탐색과 지지의 균형을 맞추었다. 치료적 관계는 새로운 대인관계 학습, 즉 내담자가 신뢰할 수 있고 이해받을 수 있고 편안해질 수 있는 학습에 중요한 자원이었다.

다음의 회기 녹취록은 내담자의 고통 인식에 있어서의 어려움을 다루는 데 도움이 되는 순간별 정서 코칭을 보여 준다.

내담자: 예전에 저는 고통을 생각만 해도 죽을 거라고 생각했어요.

치료사: 그것에 대해 좀 더 말할 수 있나요(상세화하기)?

내담자: 한 번이라도 제가 느끼는 슬픔에 대해 이야기한다면, 그 슬픔에 대해 뭐라도 하려고 한다면, 죽을 거라고 생각한 적이 기억이 납니다.

치료사: 그냥 너무 참을 수 없었네요(공감적 이해).

내담자: 그렇게 하지는 않을 거라는 걸 알고 있지만, 그게 제가 느끼는 겁니다.

치료사: 슬픔에 완전히 압도될 것처럼 너무 무서웠네요(공감적 조율과 극단의 감각에 초점화).

내담자: 네. 조금이라도 슬픔이 새어 나오는 건, 감당이 안 되었고, 어떻게든 저를 완전히 파괴시킬 거라고 생각하였습니다. 눈물을 흘리고 흐느끼고 울부짖고 펑펑 우는 것과 같은 생각만 해도 …… 너무 창피해요.

치료사: 어떤 것에 대해 눈물 흘리고 우는 것. 이러한 것에 대해 진실로 눈물 흘리는 것이 정말, 매우매우 힘들고, 창피하겠어요(탐색 촉진).

내담자: 네. 창피해서 통제력 상실, 그런 것을 잃는 거예요.

치료사: 그렇게 완전한 통제력 상실.

내담자: 그리고 제 자신을 보호하는 능력도.

치료사: 네. 그러므로 자신을 보호할 수 있고, 자신의 감정을 느끼며 통제감을 갖는 것처럼 느끼는 것이 매우 중요하네요. 그렇게 할 수 있는 한 가지 방법은 한 번에 조금씩 잠기는 것입니다(통증 다루기에 대한 코칭).

다른 회기에서는 다음과 같은 대화가 었었다.

치료사: 그래서 어머니가 정말로 당신에게 신경을 안 쓰는 것처럼 느꼈네요.

내담자: 당시에는 제가 너무 바빠서 그다지 마음 쓰지 않았지만, 그래도 약간의, 인간적인 대우 같은 것을 원했을 겁니다.

치료사: 당신이 하고 싶었던 것이 어떤 것인지요. 당신이 놓친 것, 그런 것을 말로 하는 것이 중요할 것 같아요(상징화 코칭).

내담자: 제가 무엇을 놓쳤는지 모르겠어요. 뭔가를 놓쳤을 수 있었겠고(눈물을 흘림) 전혀 아닌 것도 같고.

치료사: 네. 거기에 머무르세요. 나는 정말로 어머니의 보살핌이 필요했어.

내담자: 그 일이 있은 건 두 번째였어요. 첫 번째 임신했을 때는 결혼하지 않았고 어떻게 해야 할지 몰랐어요.

치료사: 그래서 어머니가 필요하기도 했어요.

내담자: 전화로 말했을 때 어머니는 제가 감히 고향에 갈 수 없다고 하였어요.

치료사: 그래서 거부당했다고 느꼈을 겁니다. 그녀가 당신의 어머니로서 무엇을 해 주기를 바랐나요?

내담자: 적어도 제 앞을 가로막아서는 안 되지요. 어떤 종류의 인간적인 관심, 그런 것 같습니다. 모르겠네요.

치료사: 당신 말대로 무언가가 당신을 막았다고 하면 어떻게 됩니까(방해에 초점)?

내담자: 제 생각에는 너무나 10대 같고, 자기연민적이고 그런 것들, 제가 징징대고 있는 것 같은데요.

다음과 같은 것을 말하면서, 내담자 코칭을 이어 갔다.

- "이상적인 세상에서, 어머니에게 당신의 마음속에 있는 것을 말할 수 있다면, 무엇을 말하시겠습니까?"(감정과 욕구에 접근하기)
- "지금 내면에 무엇이 일어나고 있나요? 당신은 지금 …… 어떻게 아직도 상처 받을 수 있을까라고 느끼고 있나요?"(경험을 묻고 추측하기)
- "그래서 어머니가 절박하게 필요하였던 같아요. 그리고 그녀가 전혀 도움이 되지 않았다는 사실이 골수에 사무쳤습니다(내담자 훌쩍임). 그건 정말 참을 수 없는 겁니다. 당신은 절박하게 어머니가 필요하였어요."(감정과 욕구를 반영하기)
- "무엇보다 그게 필요하였던 것 같아요."(반영)
- "당신이 하는 말이 이해가 됩니다. 완전히, 완전히 이해가 되어요."(타당화하기)

방해를 극복하기

회기에서 동맹 관계와 안전이 확립된 후에 불안과 일탈의 신호에(소리 내어 웃기, 빠른 대화, 주의를 딴 데로 돌리기 등) 조율하여 나갔다. 회기에서 내담자의 대인관계 불안의 표현과 정서의 방해를 다루기 시작했다. 그녀에게 현재의 내적인 경험에 주의를 기울이게 하였고, 내담자는 자신을 '온 천지를 팔딱거리고 다니는 것 같은 들판의 토끼'로 자신을 묘사하였다. 나는 '안에서 온통 휘젓고 다니는 것 같은'으로 반응하였고, 가능한 한 그녀가 자신의 경험에 머무르도록 하였다. "여기에 뭔가 위협적인 것이 있기도 하네요." 이는 내담자가 현재 경험하는 긴장 상태를 돌아보고, 탐색하고, 거기에서 말하도록 하였다. 내담자는 회기에서 긴장했을 때는 말이 많고, 뭔가를 회피하고 있는 건 아닌지 생각하는 것 같다고 관찰하였다. 나는 그녀가 무엇을 회피한다고 생각하는지 물어보았다. 내담자는 회기에서 안전하지 않다고 느낀 것이 아니라 오히려 울고 싶은 느낌이었다고 대답하였다. 그녀는 자신의 일기에 고통이라는 단어를 쓰는 것이 어려웠음을 기억하였고, 부모와 연관된 정서적 고통에 직면하는 것이 어려워서 긴장하였다고 믿었다. 그녀는 항상 그렇게 하는 것이 두려웠고, 보호받지 않고 남겨지는 것이 좀 두렵다고 하였다. 또한, 그녀는 내가 그녀의 표현이 바보 같다고 하거나 그녀를 사기꾼이라고 생각할까 봐 겁난다고 하였다. 그러므로 그녀가 회피하고 있을 것 같은 것에 초점화하는 개입은 자신이 무언가를 회피하고 있다는 것을 확인하게 되었을 때, 그녀의 정서 경험에 대한 불안을 분명하게 말로 표현하는 데 도움이 되었다. 그녀는 충족되지 않은 욕구의 고통을 어떻게 회피하였는지 탐색하기 시작하였고, 내면의 경험에 대한 수치심과 불안을 직접 다루기 시작하였다.

사랑과 지원에 대한 충족되지 않은 욕구로 인한 이 내담자의 고통스러운 기억의 일부로 끊임없이 접근되기도 하고, 빠르게 전반적으로 방해받기도 하였다. 그녀는 주의를 돌리거나, 양손으로 턱을 누르거나, 얼어붙곤 하였다. 그녀의 기억이 얼마나 고통스러웠는지, 뭔가 필요함을 느끼고 거부당하고 하찮게 여겨질까 봐 두려워하는 것이 얼마나 힘들었는지 타당화하고 나서야, 자기방해적인 과정을 탐색하고 분명히 표현하는 것으로 개입이 이루어졌다. 처음에, 내담자는 자신의 경험에 **고통과**

학대와 같은 단어를 붙이는 것이 낯설었으며, 경험을 최소화함으로써 경험과 거리를 두었고, 자신은 어리석고 오버한다는 내면화된 메시지로 새로 떠오르는 경험을 방해하였다. 나는 종종 그녀가 고통을 심각하게 받아들이지 않는 것처럼 보인다고 코멘트하였고, 경험을 방해하는 머릿속의 조롱하는 목소리를 자각하도록 하였다. 마침내 내담자는 자신이 어떤 형태로든 부모가 '필요하였다.'고 상상의 부모에게 표현할 수 있었다. 그녀는 어떻게 항상 그들로부터 아무것도 받지 못하였는가 설명했다. 나는 "다른 사람이 들어주거나 응해 준다고 믿는다면 왜 자신을 표현해야 할까요? 왜 위험을 무릅쓰고 노출할까요?"라는 말로 타당화하였다. 그녀는 자신이 필요로 하였던 것과 놓친 것을 나에게 말할 수 있었고 상상의 부모에게 분노를 표현할 수 있었다. 나는 이 건강한 자기타당화적인 자세를 지지하였다.

치료가 끝날 무렵, 내담자는 자신이 부모에게서 받은 것보다 더 많이 받아야 하였었고 존중받았어야 한다고 인식하였다. 그녀는 잔인한 부모의 손에서 부당하게 학대를 당하였지만, 존중받을 가치가 있는 새로운 정체성 이야기를 만들기 시작하였다. 그녀는 또한 사랑이 필요할 수 있으며 이제는 사랑을 배우는 데 마음이 열린다고 느끼기 시작하였다. 치료 종결에서 그녀는 이 시점부터 부모와의 연락을 끊기로 결정하였다. 이는 그녀는 항상 하고 싶었지만 할 수 없었던 것이었다. 이 결정을 지지하였고 결정이 과정의 일부이며 마음이 변한다면 언제까지나 그렇게 하지 않아도 된다는 점을 받아들이도록 도왔다. "거기에는 중요한 점이 있습니다."라는 나의 말에 "네. 그건 제 삶을 통제하도록 연습하는 한 방법이지요."라고 답하였다.

결론

이 내담자의 치료 부분은 아동기 학대와 사랑의 결핍과 연관된 고통과 슬픔을 다루는 데 초점을 두었다. 그녀는 어린아이로서 충족되지 않은 의존 욕구를 해결하고, 어른의 삶에서 지속되는 애착을 형성하는 데 만성적인 어려움을 해결하고자 하였다. 많은 회기들이 그녀의 약하고 결핍된 것에 대한 두려움과 무가치감에 대한 내면화된 메시지를 탐색하는 데 초점을 두었다. 그녀는 자신이 얼마나 깊이 상처받았는가를 아는 데 대한 과거의 부적응적인 두려움을 극복하였고, 이러한 상처들을 치유하기 시작하였다. 처음에 그녀는 자신이 상처받았음을 인정하기를 어려워한다는 것을 알았다. 그녀는 자신이 부모에게 무언가 필요로 하는 것이 있었다는 것과 상처받았다는 사실을 그들이 결코 알지 못하게 하였을 것이라고 말하였고, 드러내고 약하게 되는 것이 어렵다고도 하였다. 내면의 고통과 슬픔의 경험에 주의를 기울이고 그 경험을 자각하에서 상징화하도록 코칭하면서, 반복된 타당화를 통하여 그녀의 취약성을 인정하도록 도왔다.

치료의 중요한 초점은 치료사와 내담자 간의 안전 제공과 치료사와의 긍정적인 정서 경험이었다. 이러한 긍정적인 관계 경험은 내담자가 친밀한 관계에 대한 자신의 역기능적 신념의 부당성을 입증하는 데 도움이 되었다. 또 다른 중요한 변화 과정은 먼저 그녀의 충족되지 않은 애착 욕구에 관한 이전의 고통스런 정서 경험과 기억을 허용하고 수용하는 것이었으며, 그다음에 안전과 보호를 받는 것은 당연하다는 느낌에 접근하는 것이었다. 이는 건강한 슬픔과 힘을 부여하는 분노로 이어졌으며, 정서 도식적인 기억을 변화시키는 데 도움이 되었다. 이 과정에 의하여 일차 정서와 욕구에서 나오는 적응적인 정보가 현실 구성으로 통합되었다. 정서 코칭은 또한 기억을 통하여, 아동기 학대와 연관된 부적응적인 핵심 두려움과 수치심에 접근함으로써, 원래의 자기 방어적인 정서 반응들—관련된 신념과 회피적 행동으로 현재의 상황에 더 이상 적응적이지 않은 반응들—을 변화시키고자 하였다.

Chapter 12

정서적인 상처 다루기: 내려놓기와 용서하기

약자는 결코 용서할 수 없다. 용서는 강한 자의 속성이다.

— 마하트마 간디(Mahatma Gandhi)

이 장에서는 정서적인 상처를 해결하도록 돕는 것을 살펴본다. 신체적 상해는 생명을 위협하거나 신체적 위상을 손상시킨다. 대인 간의 정서적 상처는 건강한 자아정체감의 위상이나 상처를 입힌 사람과의 안전한 애착을 위협하거나 해치는 원인이 된다. 시간이 지남에 따라 해결되지 않은 정서를 처리하고 내려놓는 것은 정서적 상처를 해결하고 많은 경우에 용서로 이어지는 데 매우 중요하다.

용서와 내려놓기란 무엇인가

용서란 모두가 알다시피 그것을 설명해 보라고 할 때까지는 매우 신비화하는 것처럼 보일 수 있는 것이다. 용서는 부당하게 피해를 입은 사람이 부당한 것에는 선함과 가해자에게는 자비를 키우면서 가해자에 대한 원망을 의도적으로 포기하는 행위로 그려졌었다. 이 정의에서, '선함과 자비를 키우기'가 용서의 핵심 측면에 더해져서, '원망을 포기하는 것'으로 되었다. 용서의 서로 다른 정의들에서 공통된 요소가 있다, 즉 '내려놓기'로서 포기 또는 상처를 주는 행위와 관련되는 기억을 중단하기이다. 피해자는 분노와 원망을 느끼고, 가해자는 죄책감과 가져올 결과에 대한 두려움을 느낀다. 여기에서 사용된 용서의 의미는 이러한 정서들의 어떤 느낌도 중단하는 것을 뜻한다. 따라서 피해자와 가해자 모두 각자의 정서를 멈춤으로써 용서를 서로 비슷하게 경험할 수 있다.

대인 간 용서의 중요한 특성은 다음과 같다.

- 다른 누구도 필요로 하지 않는 자신의 내면의 과정
- 가해자에 대한 적대감을 버리기
- 과거가 변할 것이라는 바람이나 희망을 포기하기
- 원망, 부정적인 평가 및 복수나 처벌뿐만 아니라 상대방이 고통받기를 바라는 것도 포기하기
- 가해자에게 관대하고 자비로운 마음을 갖고 그들에게 최선일 것을 진심으로 원하기

이 외에도 다음과 같이 용서가 아닌 것이 있으며, 이에 유의할 필요가 있다.

- 묵묵히 따르기(유해한 행동을 계속하도록 허용함)
- 눈감아 주기(어떤 위해나 부당함을 인정하지 않음)
- 잊어버리기(사람들은 거의 잊지 않는다), 기억을 재구성하기
- 부인하기(일어난 일을 변명하기)
- 화해하기(가능하지만 필수는 아님)
- 결과를 간과하거나 정의를 포기하기
- 잘못을 눈감아 주거나 너그러이 봐주기
- 바꿀 수 없는 것이라고 체념하기

용서 지향적인 코칭은 사람들이 많은 감정을 내려놓게 하는 데 도움이 되며, 상

처, 슬픔 및 상실의 고통, 분노-복수 및 침해에 대한 분개 그리고 창피함에서 오는 수치심 등이 주로 다뤄지는 정서들이다. 자비심, 사랑, 배려의 긍정적인 효과는 용서에 다다른 결과로 나타나는데, 그 자체가 핵심 정서이다. 우리의 연구 결과를 기반으로 하여, 용서에는 두 가지의 뚜렷하게 서로 다른 정서 과정이 있는 것으로 결론을 내렸다. 첫 번째는 내려놓는 과정이며, 두 번째는 상처에 대한 자비적인 이해, 사랑에서 나오는 친절함, 그리고 공감적인 염려의 발달이다. 나쁜 감정을 줄이고 긍정적인 감정을 증가시켜서 정서적인 상처를 용서한다.

용서 대 내려놓기

내려놓기와 용서하지 않기를 줄이는 것이 똑같이 용서를 증진하지는 않는다 (Greenberg, Warwar, & Malcolm, 2008). 가해자에 대해 감정적으로 중립적인 입장에 도달할 때까지 용서하지 않기를 줄이는 것이 전적으로 적절한 반응일 때가 있기는 하지만, 나는 이 내려놓기 과정과 용서를 구별한다. 워씽턴과 웨이드(Worthington and Wade, 1999)는 상처를 준 사람에 대한 부정적인 감정들의 조합으로 용서하지 않기(unforgiveness)를 정의하였고, 용서를 증가하지 않고 **용서하지 않기**를 감소시킬 수 있음을 보여 주었다. 내려놓기는 상처를 주고받은 사건과 관련하여 느껴졌었던 고통스러운 부정적인 감정과 생각의 해방과 지속되는 편안함이다. 짐을 내려놓거나, 비우는 느낌이 있다. 내려놓기는 또한 가해자가 일어난 일에 대한 인정, 책임감 수용 및/또는 양심의 가책을 받기를 바라는 상처 입은 사람의 바람이나 기대를 끝내는 것도 수반한다. 따라서 내려놓기는 상처, 분노 및 문제가 되는 기억을 **없애는 것**이라고 볼 수 있다. 상대방을 마주치거나 상대방에 대해 생각날 때, 상처받은 사람에게 상처나 분노보다는 해결되고, 차분하고, 중용적인 느낌이 들며, 기억이 더 이상 문제를 일으키지 않는다. 내려놓기는 상대방에 대한 인식 변화에 관한 것이 아니라, 그 사람의 상대방에 대한 감정이 중용적인 것이다.

용서는 상처와 분노의 감정을 자비와 사랑의 친절로 **전환하는** 것이므로 내려놓기를 넘어선다. 긍정적인 관계 기억이 회복되고, 상처 입은 사람의 인식이 상처를 주는 사람을 단순히 '모두 나쁘게' 보는 것에서 좀 더 복합적인 것으로 변한다. 즉, 자비로운 이해와 상대방의 수용이다.

내려놓기에 성공하면 사실상 경험에서 벗어날 수 있으며, 더 이상 그 경험이 침습하거나 괴롭힐 힘을 가지지 않는다. 이러한 것이 아픈 사건에 대한 전적으로 적절한 반응일 경우가 있다. 이는 아동기 학대 생존자나 배우자 학대나 가정 폭력의 성인 피해자와 함께 작업할 때, 특히 가해자가 참회하지 않을 경우에 흔히 볼 수 있는 것이다. 더 진행되는 관계 회복 과정에 가해자가 참여하지 않고 치료가 이루어질 때 용서를 촉구하는 것은 그다지 바람직하지 않을 수 있다. 상처가 지속되거나 심해지고 가해자가 후회하지 않는 경우에 이러한 주의가 특히 필요하다.

정서적인 상처에 대한 빈 의자 대화

내담자가 빈 의자에 있는 심상화된 상대방에게 해결되지 않은 감정을 표현하는 게슈탈트 기법인 빈 의자 대화는, 미해결 과제와 정서적 상처를 해결하는 데 매우 도움이 되는 것으로 밝혀졌다(Greenberg, Warwar, & Malcolm, 2008; Paivio & Greenberg, 1995). 빈 의자에서 상대방과 심상을 직면하는 이러한 유형은 정서적인 상처 치료의 중심축을 형성한다. 빈 의자 작업은 내담자가 해결되지 않은 감정을 처리하고, 만성적이고 부적응적인 용서하지 않기에서 내담자를 감싸기만 하는 비생산적인 방식에 머무르게 하는 대신, 과거의 상처를 받아들이는 새로운 방법을 찾도록 고안된 것이다. 빈 의자 작업은 **과거에** 일어났던 상처를 내담자가 받아들이도록 돕는 방법으로, 현재에 지속되고 있는 중요한 관계 맥락에서 지금 상처를 받고 있는 경우에는 권장되지 않음을 기억해야 된다. 후자의 경우, 내담자가 빈 의자 대화를 하자는 요청을 받으면, 현재에 상처를 주고 있는 사람을 멈추게 하기 위하여 어떻게 그 사람에게 반응하는 것이 좋은가를 알게 하는 개입으로 잘못 볼 수 있다. 또는 직면의 한 부분으로 미리 연습할 수 있는 기회로 잘못 사용할 수 있으며, 그렇게 하는 과정에서 상대방이 계속 상처 주는 것을 무의식적으로 상승시킬 위험이 있다. 빈 의자 작업은 과거의 미해결 과제를 해결하기 위한 것으로 아껴 두어야 한다.

정서적 상처에 대한 정서중심치료(EFT) 접근법의 전제 중의 하나는 일차적이고 생물학적으로 적응적인 정서들의 방해나 차단은 건강한 경계 설정, 자기존중적인 분노 및 정서적 상처를 극복하는 데 필수적인 애도하기 등을 위축시킨다. 그러므로 이 장에서는 내담자가 정서 차단을 극복하여 정서적 고통과 불행과 일차 정서에 접근하고 표현하는 것의 중요성을 강조한다. 또한, 변화를 가능하게 할 상처와 관련된 이전에 인식하지 못하였던 핵심 정서 도식에 접근하기 위하여 일차 정서 경험의 강도를 고조시키는 것을 강조하기도 한다.

예를 들어, 내담자가 복수하는 환상을 표현하지 못하도록 하는 대신에, 보복하려는 욕망을 상처 입은 사람이 얼마나 피해를 당한 느낌인가에 대한 신호로 일반화한다. 그러한 분노 표현은 또한 내담자가 대항하기보다는 분노를 받아들이고 견디고 다루도록 학습시키기도 한다. 용서하는 자에게 남아 있을 수도 있는 분한 마음과 복수나 보상에 대한 욕망은 상당히 중요하다. 이는 부당하게 대우받았으며 다르게 대우를 받아야 하는 훌륭한 사람으로서의 자아감을 만들고, 내담자의 반응력을 전환시킬 새로운 적응적인 정서 도식을 형성하는 데 도움이 된다. 그러나 초기의 원망과 자기보호적인 분노가 그 사람의 상처를 생각하면 적절하고 자존심과 자기가치감을 전하는 긍정적인 반응이라 하더라도 용서가 이루어지려면 이러한 감정들의 전환이 필요다. 그러한 전환은 자기개념과 자기정체성 이야기의 수정으로 이어진다. 치료에서 전환되어야 할 것은 초기의 적개심이 아니라, 원한을 '품기' 시작할 수도 있는 과도하고, 잘못 짚거나, 징벌적인 원망이다.

연구에 따르면 미해결 과제와 정서적 상처에 대해 두 형태로 구분되는 해결책이 있다(Greenberg & Malcom, 2002). 첫 번째 형태는 가해자에 대한 공감보다는 경계 설정이다. 이는 내담자의 자기타당화 및 자기주장의 과정으로, 내담자가 상대방에게 위해를 가한 책임을 지도록 붙잡고 있을 힘을 찾기 위하여 애착 유대로부터 물러설 수 있게 한다. 과거에 가해자로부터 상처를 받지 않도록 방지하기에는 너무 취약하거나 너무 의존적이었을 때에 외상적 학대나 폭력의 희생자였었던 사람들이 주로 찾는 해결 형태이다. 또한 과거에 상처를 준 사람(부모나 배우자와 같은)이 자신이 상처를 준 것을 부인하거나, 있었던 일은 인정하지만 내담자의 고통에 대해서는 책임이 없다고 주장하는 사람과 현재에 지속적인 관계 속에 있는 내담자에게 더 안전하고 적절한 해결 형태이다. 그 결과로 내려놓기는 가능하지만 용서는 아니다.

두 번째 형태의 해결책은 상처를 준 상대방에 대한 새로운 관점을 가지도록 하는 것이다. 이 해결책은 내담자가 상대방의 행동에 동기를 부여했을 수 있다는 점을 이해하고, 상처를 축소하거나 무시하지 않되 상대방을 용서할 수 있다는 관점으로 볼 수 있게 되는 것이다. 이러한 해결은 내담자가 빈 의자 대화를 통한 자신과 타자와의 재연 과정에서 상처를 준 사람이 내담자가 겪었던 고통을 충분히 파악하고 이해한다는 전제하에 가능하다. 그것은 상처를 준 사람이 그 위해에 대한 책임을 지고 후회하고 애착 유대를 기꺼이 회복하려고 할 것이며, 그 관계를 안전하고 신뢰롭게 변화시킬 것이라고 내담자가 상상할 수 있고 믿을 수 있기 때문이다(빈 의자 작업에 대한 자세한 내용은 제5장 참조). 상처를 준 사람을 이해하고 용서할 수 있는 방법을 찾고자 하는 것은 대개 현재 진행 중인 관계에서 더 이상 고통을 받지 않는 상처로 받아들이는 것을 배우고자 하는 마음에 의해서 동기화된다. 또는 내담자가 마음을 두고 있지만 분리되어 있는 사람(지금 여기에서 거리감이 있거나 상처를 준 사람의 사망에 의해서)과의 심리적 유대감을 회복하고자 하는 마음에 의해서 동기화된다.

빈 의자 작업에서 해결되지 않은 정서적 상처를 다루는 것은 내담자가 이차적이고 반사적인 정서, 특히 항변, 비난 또는 불평을 많이 표현할 때 일반적으로 시작된다. 예를 들어, 첫 번째 회기에서 한 내담자는 "그는 끔찍한 아버지였습니다. 그는 여전히, 그냥 한 번도 도움이 된 적이 없어요. 아버지와의 관계를 잘 해 보려는 것을 포기하였어요. 그는 항상 제가 아무짝에도 쓸모가 없을 거라고 했어요. 지금은 그에게 할 말이 없어요. 그가 저에게 한 것을 절대 용서하지 않을 겁니다."라고 말하면서 아버지에 대한 비난과 체념을 모두 표현하였다. 치료사의 제안으로, 세 번째 회기에서 그녀는 빈 의자에 그를 심상화하였고 이 대화는 그녀의 비난과 체념을 표현하면서 시작되었다. 이 유형의 대화를 두 회기 하고 난 후에, 그녀는 자신의 분노에 접촉하였고, "아버지가 미워. 강제 수용소에서 아버지를 거세했어야 해. 아버지는 아이를 가질 수 없었어야 돼."라고 말하였다. 이렇게 분노를 인정하고 표현한 후, 결코 가질 수 없었던 아버지의 상실을 애도하고 그의 삶에서의 어려움과 무능을 인정하는 대화를 시작하였고, 계속하여 그를 용서하였고 더 가까운 관계를 가졌다.

어떤 유형의 해결을 보는가에 상관없이—상대방이 책임이 있는 것으로 여기거나, 이해하고 그 사람을 용서하는 쪽을 택하거나—내담자가 빈 의자에 상처를 준 상대방을 심상화하도록 돕고, 심상화된 상대방과의 대화를 촉진하는 것은 내담자가 지금 두 사람이 경험하고 있는 것에서 변화를 만들 수 있도록 내담자의 상대방에 대한 표상을 생생하게 살아 있게 한다. 내담자가 자신을 경험하는 방식의 변화는 약하고 상처받기 쉬운 것에서 충분히 자신을 돌볼 수 있을 만큼 강한 것으로, 그리고 상처에서 오는 고통을 대처할 수 있는 것으로, 격분된 무기력에서 경계에 대한 정당한 이유가 있고 자기존중적으로 주장하는 쪽으로의 변화를 동반한다. 이와 같은 변화와 함께 내담자는 상대방에게 최선의 반응방법을 선택하고 그 선택에 책임을 질 수 있을 만큼 자유롭고 상대방이 하는 것과 독립되어 있는 자신을 경험한다. 또는 외롭고 사랑받지 않는 느낌에서 보살핌과 위로를 받는 느낌으로의 변화일 수 있다.

성공적인 빈 의자 작업에 포함된 치료사와 내담자 과업에 대한 설명으로 옮겨 가기 전에 해결되지 않은 경험이 심각하게 외상을 입고 있거나 재외상의 위험성이 있을 경우에, 또는 내담자가 자해(예: 자기훼손, 자살 시도) 또는 최근에 해로운 행동(예: 공격적이고 폭력적인 행동, 타인을 위험에 빠뜨리는 충동적인 위험 감수)을 한 개인사가 있는 경우에는 빈 의자 작업이 맞지 않고 해로울 수 있다는 점에 유의해야 한다. 그러한 행동이 내담자가 극심한 고통이나 각성에 반응하는 방식일 때, 치료사는 덜 환기적인 개입방법을 사용할 것을 권장한다. 처음에는 특별히 강한 치료적 관계가 잘 확립될 때까지, 그리고 내담자가 심상화된 상처를 준 사람과 직면하도록 내·외면적으로 지지하는 안전한 장소가 확보될 때까지는 빈 의자 대화와 같은 개입을 소개하는 것을 지연하는 것이 중요하다.

외상에 기반을 둔 빈 의자 작업은 일반적으로 부모의 방치나 유기 또는 부적절한 자녀양육과 관련된 정서적 상처보다 더 집중적이다. 외상에서 오는 상처로 인하여 그 사람은 깨지기 쉽고, 원치 않는 기억과 쇠약하게 만드는 정서적 고통을 겪는다. 지속적인 변화를 촉진하기 위해서는 조절이 되지 않는 정서를 다루는 것이 중요하다. 이런 유형의 문제를 가진 사람들은 외상의 근원에 직면하거나 빈 의자 대화에 참여하고 싶은지에 대해 양가감정인 경우가 많다. 한편으로는, 침습적인 기억을 없애고 싶은 이슈를 제기하지만, 다른 한편으로는, 다시 외상을 입을 수도 있는 큰 고통이 있다. 결과적으로, 빈 의자 작업은 안전이 확립되고 내담자가 학대자와 맞설 준비가 된 경우에만 제시되어야 한다(Paivio & Pascual-Leone, 2010).

또한 상처를 해결하는 과정이 실제로 그 사람이 빈 의자에 말하지 않고, 치료사가 "그가 있다면 그에게 무슨 말을 하겠습니까?" 그리고 "그가 어떤 종류의 말을 했습니까?"와 같이 말함으로써, 재연 없이 공감적으로 따라가고 안내함으로써 해결 과정을 따라갈 수 있다. 심상 또한 미해결 정서를 불러일으키는 다양한 다른 방법으로 사용될 수 있다. 시각 체계는 정서와 밀접하게 연관되어 있으므로 심상은 새로운 정서를 경험하거나, 상황이나 장면에 사람이나 자원을 추가하는 것을 심상화하여 그 장면을 새로운 방식으로 경험하도록 한다. 그러므로 내담자에게 그 아이가 무엇을 필요로 하였는지 표현하는 것을 심상화하거나, 아동기 장면으로 성인의 자아를 데려감으로 원래의 피해를 당하는 장면을 재구성하기 위하여 심상화를 요청할 수 있다. 성인 보호자는 받지 못하였던 보호를 해 줄 수 있거나, 무섭게 한 사람을 방이나 우리에 가두어 자물쇠를 잠그는 것과 같이 보호도구를 가져갈 수도 있다 (Greenberg, 2002).

처치

다음은 용서 지향적인 정서 중심 과정의 단계를 위한 로드맵으로 생각할 수 있다. 치료의 첫 번째 단계는 언제나 안전한 관계를 만들고 동맹 관계를 발전시키는 것이다. 이 단계에서 치료사는 내담자와 알게 되는 동안에, 내담자가 치료를 받으러 오게 한 상처에 대한 이야기를 듣고 왜 이 시점에서 치료에 왔는지 공감적으로 이해한다.

십중팔구는 내담자들이 정서적 상처에 대한 이야기를 아무에게도 말하지 않았을 것이며, 말하였다면 다음의 두 가지 중 한 가지를 하고 있는 가족이나 친구에게 익숙해졌을 수도 있다. 즉, 내담자들에게서 물러나기와 그들이 그 이야기를 다시 듣고 싶어 하지 않는다는 신호를 보내기 또는 적극적으로 변화하기와 상처를 극복하는 법과 내담자들이 삶을 어떻게 시작해야 하는지에 대해 조언을 제공하기이다. 내담자는 이야기를 듣고 도움을 주도록 훈련받은 사람에게 이야기할 경우는 상황이 달라지리라고 기대하면서 치료에 온다. 그러므로 치료사는 내담자가 이야기를 펼칠 수 있도록 도와야 한다.

대화 시작하기

내담자가 해결되지 않은 과거의 상처를 다룰 준비가 되었음을 보여 줄 때(상처에 대한 표식을 언어적이고 표현적으로 만들거나 재생함으로써), 이러한 감정을 타당화하고 대화 설정으로 과정을 옮겨 가기 시작한다. 내담자에게 빈 의자에 있는 중요한 타인을 심상화해 보도록 한다. 이 대화의 시작 부분에서 내담자가 심상화한 타인과 접촉하고 있는지 확실하게 한다. 감지된 타인의 존재를 환기하여 그 사람이 현재 직접적이고 즉각적인 방식으로 누군가 또는 무언가의 심상화된 존재를 경험하고 있는지 확인하는 것은 정서 도식적인 기억을 불러일으키는 데 중요하다.

"그녀를 여기로 데려와서 이것을 그녀에게 말해 봅시다." 또는 "그녀에게 많은 감정이 계속 남아 있는 것처럼 들려요. 뭔가 해 볼까요. …… 그녀를 이 의자에 두고 그리고 어떤 느낌인지 말해 줄 수 있어요?"라고 하면서 이 대화를 소개할 수 있다. 내담자가 처음에 빈 의자에 있는 타인에게 긍정적이거나 환기되지 않은 초기 반응을 보인다면, 먼저 현재의 이 느낌을 표현하도록 요청한 다음에 "그럼 이제 그녀가 어떻게 당신에게 잘못하였는지 그녀에게 말해 보세요."라고 말하면서 해결되지 않은 감정에 초점을 둔다. 내담자가 그 타인을 감지하는 데 어려움이 있다면, "여기에서 그 사람을 볼 수 있거나 어떤 방식으로 느낄 수 있나요?"라고 할 수 있다. 또는 "심상 작업 중에 눈을 감고 싶을 수도 있어요."라고 할 수도 있다. 내담자가 정서적으로 자극이 되는 방식으로 상대방을 심상화할 수 없다면, "그 사람이 당신을 가장 아프게 하는 때가 언제인지 생각해 볼 수 있나요?"라고 할 수 있다.

타자의 상처 주는 행동들을 재연하는 것은 그 사람에 대한 정서적 반응을 불러일으키는 데 중요하다. 타자 역할극을 하는 것의 목표는 타자의 행동에 대한 자극 값을 강조하는 것이며 계속하여 내담자의 정서 반응을 불러일으키는 것이다. 내담자가 빈 의자에서 타자가 한 일을 재연하도록 함으로써 그 타인이 한 일이 해로웠다는 것을 차별화한다(예: 그 사람이 특히 무슨 말을 하고 무엇을 하였는지 묻고, 내담자가 그렇게 하도록 요청한다). 내담자를 향한 그들의 '모욕' '방치' 또는 '상처를 주는 행동들'에 대한 세세한 정보를 얻는다. 중요한 타인을 재연하는 것은 의자에서 자아와 타자 간의 논쟁을 일으키는 것이 아니라, 정서를 환기하는 것이다. 더 많은 감정을 일으키기 위하여 여러 번의 타자 역할극을 한다. 타자가 한 일을 재연하여 살을 붙여 나가도록 안내한다. 천천히 기억이 풀어지기 시작한다. 이는 정서 코칭의 도착 단계를 위한 무대를 설정한다. 이제 코치는 제4장에 제시된 코칭의 초기 단계에 따라 내담자가 자신의 정서를 인식하기 시작하고, 그 정서들을 환영하고 수용하여 필요할 때 조절하도록 도와줄 것이다. 내담자는 정서를 말로 표현하고 일차적인 정서가 무엇인지 알아낼 자신감을 얻을 것이다.

일단 부정적인 행동과 태도로 타인을 그리게 되면, 이에 대한 내담자의 정서 반응에 초점화한다. 내담자에게 자아 의자로 이동하도록 하고, "타자 의자에 대한 반응으로 내면에서 무슨 일이 있었나요?"라고 묻는다. 주의 깊고 조율된 추적과 반영과 함께 타자에 대한 감정이 출현할 것이다. 대체로 내담자는 "당신은 바보야."와 같이 공격적인 분노로 시작하지만, 그러고 나서 "나를 모독한 것 때문에 당신한테 화가 나. 당신은 나를 보호하겠다고 해 놓고 그 약속을 어겼어. 그 때문에 당신을 원망해. 가장 상처가 되는 것이 바로 그 배신이었어."와 같이 자신의 분노로 옮겨 간다.

내담자가 자신의 감정에 접촉하는 것도 중요하고, 이러한 감정이 그 감정의 대상(타자)과 접촉되도록 하는 것도 중요하다. 그러므로 (a) 감정의 인식과 (b) 감정의 표현이 있어야 한다. 내담자가 상대방과 마주치기를 너무 꺼려한다면, 이 작업을 하도록 강요하지 않는다. 그보다는 상대방과 대면하고 싶지 않은 이유를 탐색한다. 처음에 의자를 돌려놓거나 멀리 떨어지게 놓을 수 있으며(타자와의 접촉을 위하여 점진적으로 접근함), 또는 접촉을 방해하는 것을 확인하고 탐색할 수 있다.

내담자가 그 상처를 구체적으로 정의하도록 하고 무엇이 잘못되었는지 확인하도록 한다. 정확하게 무엇이 잘못되었고 상처가 되는지 일찍이 파악하는 것이 중요하다. 잘못된 것이 더 명확하게 정의될수록 더 좋다(예: "그가 한 가장 상처가 됐던 일을 그에게 말해 보세요."). 우리는 이를 **상처의 개별적인 영향을 확인하기**라고 부른다. 전반적으로 중요한 문제는, 특히 빈 의자와 작업하는 초기 회기에서의 문제는, 따라가기와 이끌기의 균형이다. 그 목적은 주도권의 균형이 내담자는 이끌고 치료사는 따라가는 쪽으로 가중치를 두는 것이다. 즉, 치료사가 너무 많이 끌어서 너무 이른 시기에 너무 많은 주도권을 잡아서는 안 된다. 그보다는, 내담자가 자기동기화된 경험 과정에 들어가도록 한다. 내담자가 "좋아요. 지금 '저를 치료해 주세요.' 아니면 무엇을 할지 알려 주세요."라는 태도로 기대에 차서 수수방관하고 있다면, 치료사는 그 내담자가 문제를 함께 탐색하는 것이 과제임을 이해하기를 바란다. 초기의 과제는 내담자가 경험 과정에 들어가도록 하는 것이다. 하지만 내담자가 내면의 경험에 접근하지 못하게 하는 외면적인 이야기를 하는 형태로 주도권을 너무 많이 갖는 것도 적절하지 않다. 내담자가 자신의 감정에서 벗어나기 위해 모든 주도권을 갖고 치료사는 수동적인 역할로 밀려난다면, 치료사의 존재감이 느껴질 수 있도록 주도권의 균형을 회복하도록 해야 한다. 내담자가 처리 과정을 완전히 이끌고 있다면, 과거에 그랬던 것처럼 막다른 길에 이르게 될 것이다. 치료에는 진정한 공동의 구성 작업이 필요하며, 두 파트너 모두 해결을 얻는 데 기여해야 한다.

환기와 탐색

내담자가 미해결된 과거의 정서적 상처에 대해 이야기할 때, 전형적으로 처음에는 상처와 슬픔과 분노의 원망이 하나로 '녹아든' 복합체를 표현한다. 일어났던 일의 부당함에 대한 분노나 항변은 불만으로 나온다. 좌절된 체념과 절망감도 있을 수 있다. 내담자의 감정이 현재 느껴지지만, 그 감정들이 적응적인 일차 정서로서 온전하게 방해받지 않고 표현되기보다는 억압된 일차 정서 또는 절망감과 같이 억제되고 반사적인 이차 정서의 형태로 표현된다. 예를 들면, 내담자가 근거가 있고 자기보호적인 분노("어머니를 때리는 것 때문에 아버지가 원망스럽고 너무 화가 나요.") 대신에, 항변하면서 원망을 표현("왜 어머니를 때렸어요?")할 수 있다. 또는 상처의 결과로 이제는 관계에서 되돌릴 수 없게 되어 버린 의심의 여지 없는 안전감과 순수한 신뢰에 대해서 느끼는 슬픔을 온전히 표현하는 대신에, 과거가 없던 것으로 되어 버린 희망 없는 동경과 함께 일어난 일에 대해서 말할 수도 있다. 타자에 대한 내담자의 경험이 충분히 환기되면, 대화의 목표는 이러한 초기의 반응을 넘어서 이면의 감정과 의미를 구별하고, 일차 정서 상태를 표현하도록 힘을 실어 주는 것이다. 일차 정서는 흔히 먼저 경험되고 뒤섞인 방식으로 모두 함께 섞여서 표현된다. 예를 들어, 불만에서 나오는 융합된 분노와 슬픔은 의문문의 형태인 경우가 많다. "왜 당신은 더……할 수 없었나요? 왜 그랬어……? 내가 그냥 알고 싶은 것은 왜 그런 거야?" 불만은 분노와 슬픔의 더 근본적인 구성 요소로 항상 구분되어야 하며, 각각 별도로 경험되고, 상징화되고, 표현되어야 한다. 빈 의자 작업에서 표현되는 전형적인 이차 정서인 절망감, 체념, 우울 및 불안은 외향적인 태도와 비난적인 어조로 표현되는 경우가 많다. 치료사는 이를 인식하여 내담자가 이들 이차 정서를 극복하고, "당신은 나쁜 놈이었어!"라거나 "왜 나를 방치하였나요?" 대신에 "나는 당신이 원망스러워!"라거나 "나는 당신이 내 곁에 있었던 때가 그리워!"와 같이 일차 정서를 솔직하게 표현하도록 돕는다.

고통스러운 정서를 견디도록 내담자를 코치하여야 한다. 너무 빨리 변화로 몰고 가는 것보다 내담자가 감정을 받아들이고 머무르도록 돕는 것이 중요하다. 치료사가 용서하는 사람의 정서에는 부정적인 감정이 자리할 수 없다는 잘못된 생각을 조장할 수 있기 때문에 (조금이라도) 치료에서 타자에 대한 긍정적인 감정을 너무 일찍 기대하지 않도록 설정하는 것이 중요하다. EFT의 한 원칙은 '도착할 때까지는 떠날 수 없다.'는 것이다. 정서와 함께 머무는 것에는 정서에 다가가고, 그 정서에 주의를 집중할 수 있고, 회피하지 않고 경험하며, 그 정서를 견디는 역량을 가지는 것이 포함된다. 현재 느끼고 있는 정서에 대해서 관찰자적인 관점을 가지는 과정을 통하여 내성 또한 생길 수 있다. 이는 정서의 메타관계(주의 분산 변화가 필수적임)에 비유할 수도 있는 것으로 정서 밖으로 약간의 거리를 두는 것과 같다. 정서가 사람을 가지는 것이 아니라 사람이 정서를 가져야 한다. 이는 정서로부터 작동 거리를 만드는 데 도움이 되고 사람이 정서에 압도되기보다는 상징화할 수 있게 한다. 걱정하는 것은 감정을 피하는 방법이며 이면의 정서를 수용하는 것이 도움이 된다.

회기에서 이미 발견한 내용을 강조하는 것을 숙제로 해도 된다(예: '그를 볼 때마다 또는 주중에 이러한 분노를 자각하기' 또는 '자신의 분노가 어떻게 슬픔으로 무너지는지 자각하기'). 더 전반적으로, 일주일 동안 자신의 감정을 경험한 방법과 감정을 느끼지 못하게 하기 위해 무엇을 했는지 적어 보라고 해도 된다. 내담자에게 타인에 대해서 느끼는 것과 여기에 영향을 미치는 회기에서 일어난 것에 대해 일기를 쓰도록 한다. 내담자가 감정으로부터 매우 단절되어 있으면, 일주일 동안 정서 일기를 쓰게 하거나 그날에 느낀 정서를 적어도 하루에 세 가지 이상 적도록 하거나 부록의 연습 7에 있는 정서 자각 훈련지를 사용하도록 한다.

그 이후의 회기가 시작될 때, 지금 내담자가 어디에 있고 그 주는 어떠하였는지 체크한다. 그런 다음 마지막 회기에서 빈 의자 대화 후의 느낌에 대해 물어본다. 이제 다른 대화를 사용하느냐의 여부는 임상적 판단의 문제이다. 한 회기에서 대화를 소개하지 않으면, 그다음 회기에서 의자 대화를 사용한다. 의자 대화가 없는 회기는 상처와 맥락의 탐색을 심화시키며 현재의 상처와 이어질 수 있는 과거를 찾아보게 된다. 상처가 배우자와 같이 최근의 관계에 의한 것이라면, 이 상처가 이전의 어떤 관계를 반영하는가? 그 상처는 부모와의 관계, 이전의 결혼 또는 과거의 상실과 연관되는가? 과거와의 연결들에 대한 이러한 탐색은 치료의 전반부에서 이루어지는 이야기적 맥락에 대한 전반적인 정보 수집의 일부이다. 상처를 주는 배우자나 직장 상사와의 대화는 부모 또는 다른 애착 대상과의 대화로 되돌아간다. 주의 깊게 듣고 과거 장면이 나타나면, 내담자를 그 장면으로 안내하고 가장 특징적인 것을 찾으려고 노력한다. 유도된 시각화 중에 내담자에게 원래 장면으로 되돌아가도록 할 때(심상의 재진입), 내담자는 현재의 감정과 의미(화가 남)와 함께 돌아갈 수도 있거나, 그 때의 어떤 기분(두려워, 또는 외로워)에 접촉할 수도 있다. 내담자에게 "무엇을 말하고 싶으세요?" 또는 "당신에게 이건 어떨까요, 그 작은 소년이 되세요. 그 작은 소년으로서 어떤 느낌이 드나요?" 그리고 궁극적으로 "당신은 무엇이 필요합니까?"라고 물을 수 있다.

내담자는 타자가 자신에 미친 영향을 이해하기 위하여, 빈 의자에서 타자를 재연하고 있을 때, "그녀가 당신에게 준 메시지는 무엇인가요? 그녀의 얼굴이나 목소리가 무엇을 말하였어요?"라고 묻는다. 내담자의 이야기 내용에 너무 많은 관심을 두면 치료사의 정서적인 어조가 사라지게 된다. 담론 속에 생생하게 드러나는 정서적 어조에 조율한 채로 머문다. 음악을 듣는다. 내담자가 자신이 말하고 있는 것을 '느끼고' 있는지 여부를 확인하기 위하여 내담자와 함께 체크한다. 내담자에게 "이렇게 말하면서 어떤 느낌이 드나요?"라고 묻는다.

자기 의자에서 정서/경험의 강도가 약해지는 경우, 내담자는 타자의 부분을 잠시 취하여 그 정서를 다시 자극해야 한다. 부정적인 타자를 재연하는 데 시간을 쓴다. 부정적인 것을 조명하면 무엇이 그렇게 모욕적이고/아프고/기분이 상한지 더 명확해진다. "당신은 나를 배신했어!"라는 말 속에서 그 본질과 특성, 즉 특정한 태도의 의미를 찾는다. 여기서는 그렇게 많이 아프다고 말하는 것이 무엇인지 파악하는 것이 아니라 그것이 어떻게 말하여지는가를 파악하는 것이다. 따라서 내담자가 타자를 오만하거나 신경 쓰지 않는 사람으로 묘사하면, 내담자에게 "그 사람이 당신을 그렇게 기분 나쁘게 한 핵심적인 의미는 무엇인가요?"라고 묻는다. 타자가 전해 주는 메타메시지를 받는다. 타자를 토론자가 아니라, 정서 자극자로 이용하라! 자기 의자에 있는 내담자에게 지금 타자가 어떻게 보이는지(즉, 얼굴 표정, 신체 자세) 단순히 물어보는 것만으로도 정서를 재환기하는 데 충분할 것이다. "그의 얼굴이 지금 어떻게 보입니까? 그것에 대해서 그가 어떤 말을 할까요?"라고 묻는다. 지금 이 순간에 내담자에게 가장 생생하게 나타나는 것에 주의를 기울이고 그것을 따라가라고 강조한다.

대체로 '왜'라는 질문은 경험을 심화시키지 않는다. '어떻게'와 '무엇'이라는 질문이 더 낫다. 이 사람이 어떻게 표현하고 있는지 분석한 다음, 과정을 내용으로 전환한다. 표현 방식이 중요하지 내용이 중요한 건 아니다. 그러므로 "이렇게 하고 있으면서, 그걸 어떻게 말하고 있나요?"라든가 "무엇을 표현하고 있나요? 당신의 태도는 어떤가요?"라고 질문한다. 신체 언어에 주의한다. 메시지를 전달하는 방법은 메시지가 되는 쪽으로 이동한다. 예를 들어, 내담자의 방식과 태도가 경멸적이면, 내담자에게 '나는 당신이 경멸스럽다.'고 타자에게 말하라고 감독한다. 과정을 내용으로 바꾼다. 의자 대화를 이용하는 것의 장점은 표현적인 차원이 부가되고, 우리의 '방법들' 즉, 소심하거나 적대적인 방법들을 가져다준다. 정서의 내용이 아니라 과정을 추적한다. 현재의 비언어적 표현에 주의하고, 그 표현들을 대화의 재료로 삼는다(예: 내담자가 방패처럼 손을 올리면, 이는 타자로부터 보호가 필요하다는 신호일 수 있음).

개입은 현재 시제적인 자세를 유도해야 한다. 과거에서 질문하지 않는다. 즉, 지금의 감정을 불러내기 위하여 내담자를 현재로 데려온다. 순간의 느낌에 초점을 두면서(예: "이 이야기를 하면서 지금의 느낌이 어떠세요?" "몸의 느낌은 어떠세요?") 내용/이야기를 그 순간의 느낌과 연결하고 나서, 내담자가 타자에게 이를 표현하도록 감독한다. 모든 정서는 중요한 이야기에 내재되어 있고, 모든 중요한 이야기는 의미 있는 정서를 기반으로 한다는 것은 사실이다. 사람들은 이야기를 하고 듣는 데 더 익숙하므로, 우리는 이야기를 넘어 정서를 우선으로 하고 싶다.

상처와 작업하면서, "그녀에게 말하세요. 나는 부당한 대우를 받았어.…… 당신은 내 경계를 침범하였어."와 같은 개입과 함께 잘못된 대우를 받은 감정의 정당성을 타당화한다. "분노를 느끼는 것은 괜찮아요."라고 말함으로써 분노와 강도 높은 정서를 타당화한다. 분노가 상승할 때는, "무엇이 필요하였나요?" 또는 "이것을 끝내기 위해 그 사람에게 원하는 것이 있나요?"라고 묻는다. '나는 필요하다.'거나 '나는 당연히 받아야 한다.'와 같은 내담자의 말이 마음 깊이 느낀 상실에, 아니면 힘이 키워진 분노에, 또는 정당성에 대한 감정에 기반하고 있는지를 이해하는 것이 중요하다. 그렇지 않다면, 힘이 키워진 분노나 마음 깊이 느낀 슬픔을 촉진한다.

내담자에게 자신이 없는 곳에 있지 말고, 자신이 있는 곳에 있으라고 한다. 내담자가 상처와 관련된 정서 경험을 타자에게 말하고 싶지 않은 경우라면, "나는 당신에게 말하고 싶지 않아요."라고 말할 의사가 없음을 표현하도록 한다. 하지만 충족되지 않은 욕구를 내려놓는 작업을 할 때는 그 상실을 강조할 필요가 있다. 예를 들어, 필요할 때 '도움이 되지 않았던' 타자를 내려놓기가 힘들었고 결코 이루어지지 않을 것에 대한 희망을 포기할 수 없는 내담자에게, "그 사람에게 그날 밤 당신에게 어떤 것이 죽었는지 말해 주세요. …… 그녀는 결코 도움이 되지 않는다는 사실을 마주하는 고통에 대해서 그녀에게 말해 주세요. …… 그 희망을 포기하는 것이 얼마나 힘든지 그녀에게 말해 주세요."라고 한다.

내담자가 정서들 간의 차이점을 구분하도록 돕는다. "바로 지금 어떤 감정이 가장 중요한가요? 어떤 감정이 가장 생생하게 살아 있나요? 어떤 감정이 가장 강한가요?" 내담자가 느낀 것을 확인하고 표현하도록 돕기 위하여, "'당신을 경멸해.' 또는 '당신이 그리워요.'라고 말할 수 있나요?"와 같은 문장을 제공한다. 이것을 하나의 실험으로 취급한다. 즉, "이렇게 해 보고 어떻게 되는지 보십시오. ……적절한가요? ……기분이 어떤가요?"와 같이 말한다. 내담자가 단어의 정확한 강도와 함께, 즉 분개, 분노, 격노, 증오, 어디에 있는지 파악하려고 한다. 내담자에게 다음과 같이 말한다. "'당신에게 화가 났어.'라고 말해 보세요. 당신이 미워하는 것을 그에게 말해 보세요. 당신이 원망하는 것을 그에게 말해 보세요." 내담자에게 "말을 눈물로 표현하세요." "정말 아파요." "보살펴 주는 아빠를 가질 수가 없었어요."라고 말한다. 경험을 특징 짓기 위하여, 대조되는 문장을 사용할 수 있다. 예를 들어, 내담자에게 "당신을 사랑해."를 해 보라고 한 다음, "당신을 미워해." 또는 "할 수 없다."보다는 "하지 않을 것이다."라고 말하게 한 다음, 내담자에게 "각각의 느낌이 어떤가요?"라고 묻는다. 부모에게 분노나 증오를 표현하는 것에 대한 죄책감을 분노 표현이나 부모에 대한 증오에 대한 죄책감을 해결하기 위하여, 부모를 '좋은 부모'와 '나쁜 부모'로 나누고 나쁜 부모에게 부정적인 것을 표현하는 것이 때로는 도움이 된다. 또한 통합하기 위하여 감정 문장을 결합할 수도 있다(예: "원망하는 것 하나 그리고 원망하는 것에 대해 감사한 것 하나씩 말해 보세요.").

분노와 슬픔의 형태를 구분하기

정서를 자각하고 환영하고, 언어로 표현하고, 일차 감정을 발견하도록 돕는 데 있어서, 일차 분노와 슬픔에 접근하는 것이 중요하다. 그러므로 이차 정서와 일차 정서를 구분하는 것이 중요하다.

일차 분노, 또는 침해에 대한 반응에서 오는 분노는 필수적이며, 반드시 타당화되고 표현되도록 하여야 한다. 이 분노는 원래의 관계에서 표현하는 것이 안전하지 않기 때문에 모른 척 넘어갔을 수 있다. 일차 분노에 접근할 수 없기 때문에 적응적인 행동을 양성할 수 있는 건강한 자원에 접근할 기회를 잃는다. 예를 들면, "그렇게 나에게 상처 준 것 때문에 화가 나고, 당신은 정상이 아니고 나는 그렇게 대우받을 이유가 없었어."라고 말하면서 분노를 표현하고 타자에게 맞서는 것은 힘을 주고 치유하는 것이다. 반대로, 이차적 분노는 더 세차게 몰아붙이고 파괴적인 특성이 있으며, 타자를 밀어내게 하거나 표현을 모호하게 하여 마음이 편하지 않게 하거나 경험을 극복하지 못하게 할 수도 있다. 분노는 이차적인 분개일 경우가 많다. 이러한 분개는 핵심적인 무력감, 절망감 또는 무기력감을 숨기고 있다. "말씀의 요지가 무엇이지요?"처럼. 무기력한 분노는 힘든 경험이다. 갈 데가 없는 분노이다. 화내 봤자 아무런 소용이 없는 분노에 좌절하는 경우가 많다. 치료사는 이러한 모든 분노를 갖고 있으면서 아무런 영향을 미칠 수 없다는 것이 얼마나 기분 나쁜지를 반영할 수 있다. 영향을 미치지 않는 분노에 갇힌 사람에게 분노를 극복하는 방법에 대한 의문이 생길 때(예: "이런 분노는 느끼고 싶지 않아요. 어떻게 멈추지요?"), 그것은 중요한 새로운 장소에 다다랐다는 것이다. 즉, 내담자가 이러한 분노는 소용이 없고 언젠가는 자신을 파괴할 수 있음을 알고 있다. 이 질문을 언제나 염두에 두고 함께 고민한다. 보복에 대한 열망을 내려놓고 정의에 대한 희망을 잃어버리는 것에 대한 애도가 중요하다. 때때로 내담자가 표현하는 분노가 도구적인 분노의 성격을 지닌다(예: "저는 항상 착한 아이였기 때문에 당연히 그것을 받아야 해요. 그러니 저에게 주세요!"). 이는 낮은 자존감과 연관된 경우가 많다. 도구적 분노는 적응적인 일차 분노와는 반대로 버릇없는 아이의 분노와 같아서, 중요한 것을 잃어버린 것에 대한 슬픔과 자신의 욕구나 목표가 좌절되고 있는 것에 대한 분노 둘 다 포함하는 더 깊은 애도 과정이다 (예: "내가 바라는 아버지가 아니라서 화가 나요.").

일차 슬픔이나 상실에 대한 애도는 본질적이며 타당화되어야 하고 표현되어야 한다. 과거에는 위로해 주는 사람이 없었거나 약해질까 봐 두려웠기 때문에 이러한 슬픔이 용납되지 않았을 것이다. 일차 슬픔에 접근할 수 없기 때문에, 내려놓고 변화할 수 있는 역량을 잃게 된다. 예를 들어, "그냥 함께 시간을 보내고 당신이 나를 원하는 것을 느꼈던 당신의 사랑이 그리웠어."라고 말하면서 상실의 슬픔과 애도를 표현하는 것은 연결 욕구의 정당성을 애도하고 느끼는 데 도움이 된다. 이와는 대조적으로, 이차 슬픔은 절망적이며 무력한 특성을 지니고 있으며 외로운 포기와 궁극적으로는 슬픔과 갈망의 더 취약한 정서 경험을 불분명하게 하거나 보호해 주는 역할을 한다. 이차 슬픔은 치유가 아니며, 그 표현이 위안을 가져오거나 경험을 더 진행시키지 않는다. 도구적인 성격을 띠는 슬픔은 "나를 불쌍히 여겨 줘." 또는 눈물로 지지해 달라고 표현하는 슬픔이다. 예를 들어, "왜 이런 일이 항상 나에게 일어나죠?"라거나 "더 이상 참을 수 없어요."와 같이 도구적인 슬픔을 띠는 것은 흔히 낮은 자존감과 관련된다. 도구적 슬픔은 적응적인 일차 슬픔과는 반대로 의존적인 아이의 슬픔과 같아서 중요한 것을 잃어버린 슬픔과 관련되는 더 깊은 애도 과정의 일부이다.

분노와 슬픔 둘 다 있는 경우에는 일단 분화되고 나면, 가능한 한 분리된 채로 각각의 성격을 뚜렷하게 유지해야 한다. "원했던 것을 얻지 못하는 것에 화가 나고, 내가 얻지 못하는 것이 슬프다."이므로, 이 두 정서가 함께 일어나는 경우가 많다. 우리가 보아 왔듯이, 융합된 분노와 슬픔은 불만으로 표현되는 무력한 상처에 고착되게 한다. 학대적인 관계에서의 정서적 상처를 다룰 때, 분노는 학대적인 타자에게 표현될 필요가 있다. 하지만 학대적인 타자에게 슬픔을 표현하는 것이 좋지 않은 경우가 종종 있다. 각각의 정서는 그에 맞는 적절한 대상을 찾아야 하므로 슬픔이 학대적인 타자에게 표현되는 것과는 반대로, 그 사람의 삶에서 보호적인 타자와 같은 치료사나 다른 사람에게 표현되어야 할 수도 있다.

학대의 경우, 부적응적인 두려움과 수치심의 조합은 나중에 내담자가 적응적인 일차 분노와 슬픔에 접근할 수 있는 지점까지 접근되고, 타당화되고, 재처리되어야 한다(Greenberg, 2011). 심한 유기 경험이 있는 경우에 쓰라린 고통 정서는 일반적으로 애착 상처에서 오는 두려움과 슬픔이다. 내담자가 상처 이면에 있는 일차 정서가 건강한 반응인지 건강하지 않은 반응인지를 평가하는 데 코치가 돕는 것이 바로 이 시점이다(코칭의 5단계). 친밀감에 대한 두려움이나 부적절함에 대한 수치심이 현재의 실제적인 위협에 대한 반응인가 아니면 과거의 해결되지 않은 경험이 현재에 부적응인 반응으로 남아 있는 것인가? 내담자의 분노가 부적응적인 분노인가 아니면 건강한 힘을 부여하는 건강한 분노인가? 슬픔이 건강한 애도인가 아니면 더 이상 현재에 대한 반응이 아니고 홀로 버려진 것에 대한 오래된 감정인가? 정서가 부적응적인 것임을 알게 되면, 건강하지 않은 정서와 관련된 부정적인 목소리가 밝혀진다(6단계). 과거의 학습에서 발전된 '나는 쓸모가 없다.'거나 '세상은 위험한 곳이다.'와 같은 신념이 확인된다.

일단 정서가 분화되고 정서 방해가 해소되고 나면, 상처 해결에 필요한 전제 조건인 정서적 각성이 일어난다. 정서적 각성은 해결로, 즉 타자에 대한 관점의 변화로 나아갈 그다음 단계에 대한 중요한 선행 요인으로 밝혀진 바 있다. 각성이 없으면 이 단계의 가능성이 훨씬 적다(Greenberg & Malcolm, 2002). 이 단계에서 정서를 다룰 때 치료사들은 일단 일차 정서가 온전히 자유롭게 표현되면, 그 정서들이 매우 신속하게 움직인다는 것을 알아야 한다. 분노와 슬픔은 순서대로 서로를 따라가고 작아지는 나선형으로 순환하는 경향이 있다. 마지막으로, 일차 슬픔이 온전히 표현되면, 적응적인 분노가 빠르게 나타나고 경계가 형성된다. 반대로, 적응적인 분노를 온전히 표현하면 내담자가 상실과 배신의 고통을 인정하게 되고 놓친 것에 대해 온전히 애도하게 된다.

자기중단 작업

치료의 이러한 측면은 정서적 압박, 체념 또는 절망감과 같은 내담자의 정서적 중단을 나타내는 지표들에 개입해야 함을 뜻한다. 이러한 개입의 목적은 수동적이고,

자동적인 중단 과정에서 능동적인 과정으로 전환하고자 하는 것이다. 이 단계는 환기적인 작업과 뚜렷하게 독립적이지 않고 선행하는 경우가 많으며, 내담자가 어떻게 스스로 중단하는가에 대한 자각을 높이고 이러한 중단 과정을 없애는 것을 목표로 한다. 자기 중단은 본질적으로 스스로에게 다음과 같은 명령을 준다. "느끼지 마. 욕구하지 마." 중단은 경험과 표현을 억제하는 생리, 근육, 정서 및 인지의 복합적인 과정이다.

두 의자 재연에서, 내담자는 느끼는 것을 어떻게 스스로 멈추는지를 재연하고, 사용되는 특정 금지 명령을 언어화하거나, 중단되는 근육 수축을 과장하도록 도움을 받는다(Greenberg, Rice, & Elliott, 1993; Greenberg & Watson, 2006). 결국 이것은 억압된 측면에서 반응을, 흔히 억압에 대한 반항을 일으킨다. 즉, 경험하는 자아가 명령, 사고 제한이나 근육 차단에 도전하여, 억압된 정서가 압박감으로부터 터져 나온다. 이는 차단을 해제한다.

차단 범위는 해리에서부터 숨 막힐 듯한 눈물, 일탈까지 다양하다. 내담자를 돕기 위해서 먼저 그들이 차단하고 있는 것을 자각하게 하고, 어떻게 정서를 차단하고 있는가를 알게 함으로써 정서 차단 과정에서 자신의 **주체적**(agency) 요인을 자각하도록 한다. 이러한 것이 결국에는 피하고 있는 정서 경험을 허용하는 데 도움이 된다. 중단을 다룰 때, 치료사는 무엇이 억압되고 있는지 알 수 없지만, 무언가 실제로 억압되고 있다는 것은 알 수 있다. 따라서 자기중단에 대한 작업은 '밖에서 안으로' 접근해야 한다. 이 작업에는 다음의 세 가지 필수 단계가 필요하다.

1. 내담자의 주의를 자신이 중단/억압하고 있다는 사실에 기울이도록 한다(즉, 내담자가 어떤 것을 언급할 때마다 눈길을 돌리거나, 주제를 바꾸거나, 미소 짓는 것에 주목함으로써).

2. 내담자에게 행동의 주체자가 되도록 하라고 하며 질문을 하여 수동적에서 능동적으로, 자동적에서 의도적으로 전환한다(즉, "자신을 어떻게 멈추나요? 또는 방해하나요?"). 이는 하나의 자각 과제이며, 정서 경험을 세밀화하고 중단 요인이 무엇인지 구체화하는 데 사용될 수 있다(즉, "자신에게 무엇을 말하나요?" 또는 "근육으로 어떻게 하나요?" 또는 "저에게 어떻게 그걸 할 건지요?").

3. 마침내, 억압되고 있는 것은 내담자와 치료사 모두에게 분명해진다.

차단에 접근하는 표준적인 개입의 예는 다음과 같다. "어떻게 자신을 무력하게 느끼게 합니까?" 또는 "화가 나거나 슬퍼지는 것을 어떻게 방지하나요?" 내담자가 분노나 눈물을 중단하고 있다면, 내담자에게 의자를 바꾸라고 요청한 다음, "그녀를 지금 멈추세요. 어떻게 이렇게 하지요? 그녀가 화내는 것을 멈추세요." 또는 "그녀의 눈물을 어떻게 다시 짜내야 하지요? 지금 그렇게 하세요." 체념과 무감각은 종종 정서적 각성을 억제하고 억압한 결과이다. '무슨 소용이 있는가.' 하는 생각이 이 감정을 잘 포착할 수 있게 한다. '신경 안 쓴다.'는 말은 종종 미해결 과제에 직면하였을 때의 냉소적인 체념의 표현이다. 내담자는 "그는 내가 원했던 것을 결코 주지 않았고 그래서 그것에 대해 감정을 가지고 필요하다고 해 봐야 무슨 소용이 있겠어요?"라고 말할 수도 있다. 두 의자를 이용한 중단의 재연이 다음에 나와 있다.

내담자: 아버지에게 너무 화가 나요(빈 의자에 있는 아버지를 가리킨다).

치료사: 그에게 말해 보세요.

내담자: 그렇게 할 수 없어요. 그냥 모든 것을 안고만 있습니다.

치료사: 이쪽으로 와서 그가 화나게 하는 걸 멈춰 보세요.

내담자: 여기서 저는 누구인가요?

치료사: 그를 못하게 하는 자신의 일부가 됩니다.

내담자: 음, 아버지는 너무 우월하고, 너무 강력하게 보여서 저는 그냥 물러납니다.

치료사: 자기 자신으로서, 자신을 물러나게 하세요. 어떻게 그렇게 하나요? 당신 내면의 이 목소리는 무엇을 말하지요?

내담자: 음, 아버지는 그렇게 할 이유가 없어. 화내지 마. 나는 겁이 나. 괜찮지 않아. 위험해.

치료사: 그를 겁나게 하세요. 당신이 뭐라고 말합니까?

내담자: 조심해. 아버지는 말할 수 없을 거야.

치료사: 그가 말을 할 수 없게 하세요.

내담자: 아버진 바보야. 아버지는 필요한 걸 가질 능력이 안 돼. 또한 너무 감정적으로 되어 울거나 관계를 해칠 거야. 그러니 그냥 물러나.

치료사: 네, 이걸 다시 말해 주세요.

내담자: 사라져. 그냥 찌그러져 버려. 사라져.

치료사: 의자를 바꾸세요. 그것에 뭐라고 말하나요?

내담자: 하지만 저는 타당한 관점이 있는 것 같아요. 그리고 단지 너무 화가 납니다.

치료사: (아버지를 다시 가리키며) 아버지를 거기에 두고, 아버지에게 말하세요. '나는 아버지에게 화가 나⋯⋯.'

이 예에서 볼 수 있듯이, 자기중단을 다룬 후, 내담자가 "나는 당연히 보호를 받았어야 합니다. 나는 아무것도 잘못한 게 없어요."라고 하면서, 자기가치감을 더 많이 느끼는 지점까지 오면, 치료사는 이제 새롭게 접근된 감정과 욕구를 다시 타자에게로 향하도록 한다.

힘을 부여하기와 내려놓기

코치는 이제 내담자가 고통스러운 핵심 정서와 건강한 정서 반응에서 가슴 깊이 느낀 욕구에 접근하여 도전할 새로운 이야기를 구성하도록 돕는다(7, 8, 9단계). 이 마지막 과정에는 이전에 표현되지 않은 부적응 일차 정서와 적응 일차 정서에 접근하기, 충족되지 않은 욕구에 대한 자격을 활성화하고 촉진하기 및 상처를 준 사람에 대한 내담자의 관점 변화를 지지하기 등이 수반된다. 타자에 대한 관점의 변화는 자아의 정서적 각성, 이전에 충족되지 않은 욕구에 대한 자격감 및 자격의 활성화에 의해 촉진된다. 상처를 준 사람에 대한 공감을 재연하는 것에 의해 타자에 대한 세계관을 구체화함으로써 치료사는 내담자가 타자를 더 잘 이해하거나 타자가 책임이 있는 것으로 생각하도록 돕는다.

최소한의 적정 수준에서 정서를 표현하고, 충족되지 않은 욕구를 동원하는 것은 타자에 대한 자아의 유연성을 촉진하는 것으로 밝혀졌다. 타자에 대한 관점의 변화는 두 가지 주요 차원 중 하나에서 일어날 수 있다. 즉, 하나는 방치한 타자에서 더 친화적이고 사랑의 타자로 변하는 것이고, 다른 하나는 강력한 인물의 타자에서 약하고 한심한 인물의 타자로 변하는 것이다. 후자는 학대적인 맥락의 경우에 많으며, 내담자는 "이제 나는 어른이고, 실제로 아버지가 어떤 종류의 잘못된 사람이었는지 알고 있어요."라고 말한다. 여기서는 내담자에게 힘을 부여하는 데 있어서 타자가 덜 강력한 것으로 감지된다. 일단 변화하면, 치료사는 내담자에게 타자로서 "당신의 삶의 모습이 어떠하였는지 당신 자신에게 말해 보세요."라고 부탁하면서 구체화와 강화를 촉진한다. 이는 내담자가 타자의 신발에 더 많이 들어가도록 도와준다.

정서를 환기하는 것에는 정서 표현뿐만 아니라 애착이나 분리나 인정에 대한 충족되지 않은 대인 간의 기본적인 욕구를 표현하고 인정하는 것도 포함된다. 이들 욕구는 원래 관계에서는 결코 표현되지 않았던 것으로, 그렇게 할 자격이 없다거나 자신의 욕구는 충족되지 않을 거라고 느꼈기 때문이다. 치료가 생산적이 되려면 욕구가 박탈에 대한 항변 또는 타자의 고발로 표현되기보다는 자아에 속해 있는 것으로, 자아에서 나오는 것으로, 그리고 자격감을 가지고 표현되어야 한다. 즉, 절박한 결핍을 표현하기보다는 욕구를 충족시킬 자격이 있는 것으로 표현하는 것이다. 이 단계는 타자로부터 분리된 **주체자**(agent)로서, 그리고 자신의 권리로 존재하는 것으로 자아감을 확립하도록 돕는 데 있어서 매우 중요하다. 자기확신 및 자기주장은 중요한 해결 부분이다.

이 단계에서 치료사는 정서와 욕구 둘 다 표현하도록 권장한다. 또한, 치료사는 내담자가 경계를 상징화하고 주장할 수 있도록 돕는다. 예를 들어, 경계 침입에는 '아니요.'라고 말하거나 자신의 권리를 재주장하는 것이다. 내담자들은 초기 경험에서 기본적인 욕구를 부인해야 한다는 걸 알게 되고, 그 결과 자동적으로 욕구에 관여하지 않고 표현하지 않는다. 치료사들은 일어나는 욕구를 경청하며, 내담자가 표현할 때는 신속하게 그 욕구를 인정하고 그 표현을 격려한다. 일반적으로 관련된 욕구의 진술 뒤에 감정들을 철저하게 탐색한다.

욕구가 타자에 의해 충족될 수 없거나 앞으로도 충족되지 못할 상황에서, 내담자는 자신의 욕구가 과거에 타자에 의해 충족되었어야 하는 권리임을 인식할 수 있어야 한다. 이는 종종 충족되지 않은 욕구를 내려놓는 중요한 과정을 가능하게 한다. 이 시점의 대화에서, 치료사는 채워지지 않은 기대가 타자에 의해 충족될 수 있는가의 여부를 내담자가 탐색하도록 지지하고 돕는다. 충족되지 않는다면, 기대에 매달려 있는 것의 영향들을 내담자가 탐색하도록 도울 수 있다. 치료사는 내담자에게 "당신을 보내지 않을 겁니다." 또는 "당신이 변하리라는 기대를 내려놓지 않을 거예요."라는 말을 중요한 타인에게 표현하도록 요청할 것을 고려할 수 있다. 내려놓기는 애착 대상으로부터 욕구를 충족시킬 가능성 상실을 슬퍼하는 또 다른 애도 작업 과정을 만들어 내기도 한다. 이는 가장 강하게 와닿는 고통스러운 경험 과정이다. 예를 들어, 전에는 결코 한 적이 없었던 부모를 애도할 수 있게 되면 내려놓을 수 있게 되고 그다음 과정으로 나아갈 수 있다.

내담자가 충족되지 않은 욕구를 내려놓지 못하고 여전히 부모의 사랑이 필요하다면, 치료사는 비판하지 않고 공감적으로, "65세에도 여전히 이것이 필요할까요?"라고 물을 수 있다. 이는 매달리는 경향성에 직면한다. 내담자를 타자의 의자에 두는 것은 공감과 내려놓기에 도움이 되며, 흔히 이 의자에서 변화가 일어난다. 부모의 역할로 내담자를 옮길 때, "여기에 앉으세요. 그녀의 욕구에 대해 어떻게 말하시겠어요?"라고 말하면서 타자에 대한 관점이 완화되는 것을 시험할 수 있다. 하지만 "여기에 앉으세요. 그녀에게 자비심을 느낄 수 있나요?"라고 말하면서, 내담자가 순순히 따라올 것처럼 지나치게 이끌어서는 안 된다. 타자에 대한 공감은 타자가 공감이나 동정심을 전달하는 것으로 재연할 때, 또는 자아가 타자에게 공감하는 것으로 재연할 때 촉진될 수 있다.

타자는 완화되지 않고 내담자는 "그녀가 미안하게 느꼈으면 하고 바라지만 그녀는 결코 그렇게 하지 않을 겁니다. 그녀는 결코 모를 거예요."와 같은 말을 한다면, 치료사는 "그녀가 그렇게 반응할 수 없는 것이, 당신이 그렇게 작아진 것이, 당신에게 얼마나 슬펐을까요?"라고 해도 된다. 이는 재처리하는 느낌을 높이고 치료사 공감을 통해 진정 효과를 가져오는 데 도움이 된다. 나는 내담자들이 충족되지 않은 욕구를 타자에게서 충족시키려는 것을 내려놓기 힘들어할 때, 내려놓기를 도모하기 위해서 더 깊은 슬픔이 필요하다는 것을 알았다. 여기에서, 내려놓을 일차적인 애착 대상의 상실을 애도하여야 한다. 부정적인 타자에게 매달리는 것은 안전감을 제공하는데, 그것이 내담자가 가진 모든 것이고 사랑은 이렇다고 이해한 것이기 때문이다. 내려놓는 것은 자아가 산산조각 나는 것과 같을 것이다. 절멸에의 이러한 절망적인 두려움은 그 자체로 인식되어야 하며, 내담자가 그 불안을 피하기 위해서 하는 모든 것 또한 알아내야 한다. 그러한 애모(예: "엄마가 없다면, 저는 죽을 겁니다!")를 말로 분명히 표현하고 깊이 생각해 보는 것은, 과거 절망적 느낌보다 더 많은 경험의 의미를 만들 수 있다. 이 시점에서, 내담자가 인지적인 재편성을 하고, 정서 조절, 특히 자기진정을 위해 노력하도록 도울 수 있다. 내담자가 "살아가기 위해 무엇이 필요할까?"를 숙고하게 하는 것도 한 방법이겠다. 마지막으로, 상실의 구체화는 슬픔을 덜 압도적으로 할 수 있다(예: "당신이 놓치고 있는 것에 작별 인사를 해 보세요." 또는 "이런 것이 당신을 위해 무엇을 하나요?"). 보완적으로 "긍정적인 것을 어떻게 통합하여 당신 것으로 할 수 있나요?" 또는 "자신을 위해서 어떻게 그걸 할 수 있나요?"라고 할 수 있다. 충족되지 않은 대인 욕구를 내려놓을 때, 놓친 것과 잃어버린 것을 인정하고, 애도하고, 포기해야 한다. 내려놓기는 원하는 것을 얻으리라는 희망을 준다. 또한 과거를 바꾸려는 노력을 포기하는 것이다. 그렇게 되면 안도감이 뒤따른다.

용서

많은 정서 이론들을 살펴본 바와 같이, 용서의 핵심은 타자에 대한 어떤 형태의 공감을 키우는 것이다(McCullough, Pargament, & Thoresen, 2000). 이는 타자의 관점에서 세상을 바라보고 자비심을 가지고 이 관점을 이해하는 것이다. 타자에 대한 관점의 변화나 새로운 경험은 변화 과정에서 매우 중요한 부분이다. 타자에게 공감을 느낀다는 것은 타자에 대한 관점이 더 복합적으로 되었음(변화)에 틀림없다. 예를 들면, 상대방에 대한 공감을 느끼려면 상대방에 대한 보다 복잡한 견해가 있어야 한다(이동). 예를 들어, 가해자를 순전히 상처를 입힐 의도보다는 다른 동기가 있는 것으로 보는 것이 상대방을 새로운 방식으로 보는 데 도움이 된다. 용서 그 자체보다는 이해를 증진하여, 이것이 용서로 이어지게 할 수도 있다. 자아 또한 잘못할 수 있다는 것을 깨닫게 함으로써, 그리고 용서 그 자체의 이점으로 인하여 용서가 증진되기도 한다. 유감을 버리지 않고 가지고 있는 것의 이점을 바라보는 관점에서나 타자를 '전부 나쁨'으로 보는 인식에서 변화가 일어나 더 복합적인 관점을 발전시키게 된다. 치료사는 내담자에게 "인생에서 내가 잘못한 것이 무엇일 것 같으며, 그것을 용서한 적이 있는가?"를 숙고하게 함으로써 실존적 자각을 증진할 수 있다.

용서에 대한 연구에서(Greenberg, Warwar, & Malcolm, 2008) 우리가 발견한 것은, 용서의 핵심 과정이, 내담자가 타자에게 공감적으로 되는 것이 아니라, 내담자의 고통에 타자가 공감적이고 동정적일 거라고 상상할 수 있고, 내담자를 걱정하고 후회하고 사과할 수 있는 사람으로 타자를 상상할 수 있는 역량이다. 내담자가 타자의 역할에서, 자아의 '고통을 듣고 있는가?' 또는 '무엇이 느껴지는가? 거기에 대해 무슨 말을 하고 싶은가?' 등의 말을 하면서 이 과정이 촉진될 수 있다. 가해자가 공감이나 후회를 보인다면, 자아에게 그것을 표현하도록 한다. 그런 다음 "그 얘기를 들으니 어떤 느낌이 드는가?" 그리고 나서 "가해자에게 어떤 느낌이 드는가?"라고 질문하여 가해자의 공감에 자아가 반응하도록 한다. 상처의 해결은 타자에게 책임이 있는 것으로 여김으로써, 또는 타자를 향한 공감이나 이해 그리고 더 친화적인 감정에 의해서 일어난다. 용서는 타자가 만든 고통에 대해 타자가 공감할 것이라고 자아가 상상하는 것에 의해서, 타자의 신발을 정서적으로 신어봄으로써 생기는 타자에 대한 공감에 의해서 일어날 것이다.

미해결 과제 상황이 해결될 때는, 더 이상 그 상황으로 돌아가거나 생각하는 것과 같은 부정적인 감정이 없다. 즉, 나쁜 신체적 감정이 없다. 이러한 수용감은 다른 관계에도 영향을 미칠 수 있거나, 다른 관계에서 해결이 일어날 수 있다. 내담자가 미래의 상황에서 그 사람/대상을 보는 것을 상상할 때 어떤 감정이 남아 있는지 알아보기 위하여 회기 내에서나 회기 밖에서 실험을 해 보는 것도 괜찮을 것이다. 이전에 충족되지 않은 대인 간의 욕구를 용서하고 내려놓는 경우, 용서하는 자는 (a) 가해자가 저지른 엄청난 위해를 가해자에게 이해시키려는 노력과 (b) 가해자에게 책임을 지게 하려는 노력의 함정에서 풀려나게 된다.

이상적인 용서 상태는 적개심이 없고 복수와 보상에 대한 희망을 단념하는 것이다. 하지만 치료에서는, 치료사와 내담자 모두 표현하고 단념하였다고 생각한 원망이 나중에 다시 나타난다고 볼 수 있다. 단일 외상이 갑자기 생긴 상황에서보다는 오래 지속된 관계에서 해결되지 않은 문제를 겪고 있는 상황에서 용서의 위기가 더 많이 있을 것으로 생각된다. 원망과 적개심이 표면화되고 재표면화되는 것은 용서받아야 할 다른 잘못이 시사하는 것만큼 용서의 실패를 나타내는 것은 아닐 것이다.

용서가 일어나지 않을 때 자기진정도 사용될 수 있다. 상상의 전환 과정(Greenberg, 2011)인 이러한 유형에서, 치료사는 "두 눈을 감으세요, 그리고 어떤 상황에서 자신의 경험을 기억해 보세요. 가능한 한 구체적으로 이미지를 가져 보세요. 그 상황으로 들어가십시오. 이 장면에서 당신의 아이가 되십시오. 일어나고 있는 것을 저에게 말해 주세요. 그 상황에서 무엇을 보고, 냄새 맡고, 듣습니까? 어떤 것이 마음에 떠오르나요?"라고 할 수 있다. 잠시 후, 치료사는 내담자에게 관점을 바꾸라고 하고, 다음과 같이 말한다. "이제 어른으로서 그 장면을 보시기 바랍니다. 무엇을 보고, 느끼고, 생각하나요? 그 아이의 얼굴 표정이 보입니까? 무엇을 하고 싶으세요? 그것을 하십시오. 어떻게 개입할 수 있나요? 지금 상상으로 해 보세요." 다시 관점을 바꾸기 위해서 치료사는 내담자에게 아이가 되라고 요청한다. "아이로서 무엇을 느끼고 생각합니까? 그 어른에게 무엇이 필요합니까? 당신이 필요로 하거나 원하는 것을 달라고 하세요. 그 어른은 어떻게 하나요? 그게 충분하나요? 또 필요한 것이 있나요? 그것을 달라고 하세요. 도와 달라고 할 만한 다른 사람이 있나요? 그 사람이 제공하는 보살핌과 보호를 받으세요." 치료사는 다음과 같이 하여 이 개입을 마무리한다. "지금 기분이 어떤지 확인하세요. 이 모든 것이 당신에게 그리고 당신이 필요한 것에 대해 어떤 의미가 있나요? 현재로, 성인인 지금의 자신에게로 돌아오십시오. 어떠세요? 그 아이에게 지금 작별 인사를 하시겠어요?"

결론

어떤 식으로 하든 정서적 상처의 해결은 궁극적으로는 정서 도식 기억의 변화이다. 정서는 관계 맥락에 내재되어 있는 경우가 많다. 그 정서들이 기억 속에서 자아와 타자를 연결한다. 예를 들어, 내담자들은 모욕적인 부모 앞에서 수치심을, 침범적인 타인에게 분노를, 학대적인 타인에게 두려움을 느낀 기억을 갖고 있다. 그러므로 타인에 대한 관점에 접근하는 것은 정서를 일으키는 데 도움이 되고, 타인에 대한 다른 관점에 접근하고 새로운 반응을 활성화하는 것은 정서 기억을 바꾸는 데 도움이 된다.

개인적으로 관련된 사건들은 정서 주소에 기억으로 저장된다. 현재의 실망은 다른 실망으로 연결된다. 따라서 현재의 정서 경험은 항상 다층적이며, 이전에 동일하거나 유사하게 정서적으로 경험한 사건들을 환기시킨다. 우리는 내담자들이 회기 내에서 새로운 생생한 경험을 하고 정서 기억을 재구성하도록 도와야 한다. 새로운 정서에 접근하는 것은 오래된 정서 기억을 바꾸는 최선의 방법 중 하나이다. 이전에는 접근할 수 없었던 정서 기억이 떠오르게 되면, 새로운 정서 경험이 그것과 통합되며, 기억이 재강화될 때, 새 정서는 오래된 기억에 융합되어 그 기억을 전환한다.

새로운 정서 기억이 형성되고 나면, 이야기를 바꾸는 데 도움이 된다. 정서가 없으면 중요한 이야기는 의미가 없으며, 이야기 맥락 밖에서는 정서가 일어나지 않는다. 자신의 경험을 이해하고 자신의 정체성을 구축하기 위해서 하는 이야기들은 유의미한 정도로 적용 가능한 다양한 정서 기억에 좌우된다. 기억을 바꾸거나, 다른 기억의 접근 가능성에 의해 삶의 이야기나 정체성을 변화시킬 수 있다.

Part
4

특정 맥락에서의 정서지능

Chapter 13

부부에게 정서지능 코칭하기

> 우리에게 상처를 주는 가장 큰 힘을 가진 사람들이 우리가 사랑하는 사람들이다.
>
> — 프랜시스 보몬트(Francis Beaumont)

> 미성숙한 사랑의 말: "당신이 필요하기 때문에 당신을 사랑한다."
> 성숙한 사랑의 말: "사랑하기 때문에 당신이 필요하다."
>
> — 에리히 프롬(Erich Fromm)

이 장에서는 부부를 위한 심리 교육적인 관점을 살펴보고자 한다. 제공한 관점은 부부의 심리 교육과 부부코칭의 입문서로 사용될 수 있다. 부부 정서의 기능적이고 역기능적인 역할에 대한 이론적 관점뿐만 아니라 부부 갈등을 다루는 방법에 대한 간략한 지침도 제공하고자 한다. 부부 치료에 대한 상세한 논의는 그린버그와 골드만(Greenberg & Goldman, 2008)에서 찾아볼 수 있다.

밥과 마리는 젊은 부부이다. 일과가 끝나고 서로를 볼 때 기분이 좋다. 밥은 아내가 자신의 농담을 비웃을 때, 좀 위축되고 기분이 가라앉는다. 서로 포옹할 때는 아기가 어머니의 팔에 안긴 것처럼 따뜻하고 안전하다. 밥과 마리가 화를 내면 둘 다 위협을 느끼고 몸에서 온갖 불쾌감을 느낀다.

사람들은 서로의 관계에서 정서 경험이 샘솟는다. 두 사람이 연결될 때는 마치 두 화학 물질을 만나는 것처럼 모든 종류의 반응들이 일어난다. 비록 자각하지는 못하지만, 친밀한 부부는 서로의 몸에서 메시지를 전달하는 신경전달물질을 분출한다. 애정은 즐거움과 관련이 있으며, 사랑하는 사람의 모습이나 터치는 몸을 통한 복잡한 여정에서 엔도르핀이 나오게 한다. 엔도르핀은 통증을 없애고 즐거움을 주는 자연적인 아편제이므로 특히 즐거운 여정이다. 다른 촉발 요인들에 의해 활성화된 화학 물질들은 배우자의 신체를 따라 흘러서 다르게 느끼게 하고 행동하게 한다. 관계는 화학 물질과 수용체의 결혼이다. 이는 매우 생리적인 과정이다. 부부는 서로 간에 심박수, 호흡, 발한, 신체 건강에 영향을 미친다. 정동은 그 기반이 본질적으로 신경화학적이고 생리적이다. 의식적인 감정과 생각은 나중에 온다. 부부간의 효과적인 춤은 자각의 안과 밖에서 지속적으로 진행된다.

정서는 근본적으로 관계적이다. 정서는 사람들을 서로 연결한다. 일단 정서가 자각되면, 정서는 친밀한 유대 관계의 상태에 대한 정보를 주어, 유대가 좋은 상태에 있는지, 깨어졌는지 또는 유지 관리가 필요한지를 알려 준다. 부부 사이가 잘 되어 가고 유대가 좋을 때는 차분하고 기분이 좋다. 모든 것이 잘 되지 않으면 혼란스럽고 화가 난다. 정서는 관계의 일상적인 삶에 매우 중요하다. 정서 코치는 관계 향상을 돕기 위하여 애착과 친밀감과 관련된 감정과 욕구를 자각하고, 비요구적인 방식으로 정서를 소통하도록 안내할 수 있다(Greenberg & Johnson, 1988).

관계에서 부부는 기분 좋게 하는 감정을 가지려 하고, 기분 안 좋게 하는 감정은 안 가지려고 한다. 서로 다른 감정 또한 서로 다른 종류의 긍정적인 경험을 준다. 예를 들어, 실패의 두려움이 분리 불안과 다르듯이 기분 좋은 접촉이 기분 좋은 흥밋거리나 놀이와는 다르다. 정서적 삶은 건물을 짓듯이 이러한 벽돌들로 지어지며, 이들 정서의 목적—접근하고, 철회하고, 밀어내고, 포용하고, 추구하는 것—이 우리의 생존에 도움이 된 적이 있었으므로 우리는 어떤 정서를 갖고자 한다(Greenberg & Goldman, 2008).

관계의 핵심 문제를 반영하는 애착, 정체성 및 매력의 세 가지 동기 체계를 다음에서 간략하게 설명하고자 한다. 앞서 말하였듯이 정동을 조절하고 의미를 창조하는 동기와 정서로부터 일생 동안 욕구가 형성된다. 따라서 친밀한 관계에서 작동하는 일반적인 동기 체계를 파악하는 것이 가능할 것이다. 그렇지만 인간의 변화는 무한하므로 궁극적인 치료는 항상 내담자와 그들만의 감정과 욕구를 경청하는 것이다.

관계에 기반을 둔 애착과 정체성에 관련된 정서

양육자와 가까이 있을 때 좋은 감정을 느끼고, 억지로 분리될 때는 안 좋은 감정을 느끼는 것은 진화에 의한 것이다. 사람들은 기본적으로 사랑받는 사람과 있을 때 기쁨을 느끼고 그 유대가 깨어졌을 때 두려움과 불안을 느낀다. 인간은 안전하고 행복하게 느끼기 위하여 다른 사람들이 필요하다. 건강한 성인 애착과 친밀감이란 정서적 가용성과 반응성, 안전함, 따뜻함이며 여기서 옥시토신과 같은 신경화학 물질이 생성된다. 부부는 자신들이 필요한 친밀감을 가지고 있을 때 안전하게 느낀다. 분리를 참을 수 없을 때에 배우자의 욕구는 건강하지 않게 되어, 분노로 튕겨 나가거나 상실, 분리, 거리감으로 우울해진다.

이 영역에서 요구되는 반응 유형을 파악하는 데 도움이 되는 핵심 애착 문구들은 다음과 같다.

- 내가 필요할 때 당신이 있는가?
- 내가 필요한 것을 당신이 줄 수 있는가?
- 당신은 내가 무엇을 느끼고 필요로 하는지 이해하는가? 나에게 접근할 수 있는가?

애착 위협에 내재되어 있는 **취약한** 일차 정서는 사랑하는 사람이 주는 편안함의 상실에 대한 슬픔과 혼자서 살아갈 수 없다는 두려움이다. 분리에 내재되어 있는 일차적인 **연결** 정서는 슬픔과 일어날 수 있는 주장적인 분노이다. 애착 욕구가 충족되지 않을 때 일어나는 상호작용 유형은 다음과 같다. 배우자 A가 슬픔과 버려진 느낌이 들 때 더 많은 접촉을 추구하기 위하여 흔히 비난의 형태로 추적하고, 배우자 B는 부적절감이나 두려움을 느끼고 물러나거나 담을 쌓는다. 추적자는 종종 철회자를 변화시키려 하며, 이는 점점 강압적으로 될 수 있다. 또 다른 기본적인 동기는 자신의 정체성을 타당화시키는 것이다. 사람들은 진화적으로 양육자에게 인정받고 소중하게 여겨질 때 기분이 좋아지게 되어 있다. 따라서 배우자에게 어떻게 보이는가 하는 부분이 부부 관계에 중요한 역할을 한다. 정체성, 수치심, 자아존중감은 부부가 핵심적으로 느끼는 방식이다. 배우자에게 인정받고 타당화될 때 가치감(자부심)을 느낀다. 무시되거나 통제당할 때 불쾌감, 수치심, 무력감을 느낀다. 정체성에 대한 도전은 부부의 핵심 문제이며, 이는 권력과 통제력 싸움으로 이어질 수 있다.

건강한 정체성은 자존감, 주체(agency) 의식, 그리고 자아의 강화와 관련 있으며 세로토닌과 테스토스테론과 같은 신경화학 물질을 생성한다. 정체성에 대한 강압적인 위협이 커지면 이러한 욕구가 건강하지 않게 되어, 자신과 타인의 시선으로부터 입지를 보호하기 위해서 분노/경멸이 생긴다.

이 부분을 파악하는 데 필요한 반응 유형을 알 수 있는 핵심 정체성 문장은 다음과 같다.

- 당신은 나를 보고, 인정하고, 타당화하는가?
- 있는 그대로의 나를 수용할 수 있는가?
- 나의 야망을 지지하는가?
- 나와 나의 역할을 존중하고 가치를 두는가?

정체성 위협에 내재되어 있는 취약한 일차 정서는 깎아내리거나 인정해 주지 않을 때의 수치심, 자신의 입지가 위협받거나 통제당할 때의 두려움 그리고 통제에 대한 무력감이나 통제를 상실할 때의 불안감이다. 정체성 굴복에 내재되어 있는 주장적인 일차 정서는 경계 침범에 대한 힘 있는 분노이다. 권력이나 통제에 대한 주장은 도전에 대한 공격적인 반응일 수 있으며(즉, 자신과 다른 사람의 눈으로 자신의 위치를 보호하려는 분노 또는 욕구), 그래서 지배와 복종의 상호작용 유형이 종종 나온다. 그러나 인간은 공격성과 관련이 없는 실로 다양한 방법으로 자원과 인정을 얻기 위해 경쟁할 수 있다. 타인에게 매력적으로 보이기 위해 힘을 주장할 수 있고, 이상적인 배우자로 보이기 위해 지위, 인정, 사회적 위치를 놓고 경쟁할 수 있다. 타인의 마음에서 두려움이나/과 굴복(공격성과 마찬가지로)이 아니라 긍정적인 정서를 자극할 수 있다.

사랑의 관계에서 중요한 세 번째 요소가 있는데, 우리는 매력/좋아함/낭만적 열정과 같이 광범위하게 이름을 붙일 수 있다. 상대방의 따뜻함, 좋아함 그리고 감사함은 유대 관계 체계에서 중요하지만 또 다른 독특한 측면이 있다. 우리는 있는 그

대로의 배우자에게서 흥분, 감흥 그리고 기쁨을 찾고 추구한다. 페로몬이 매력을 이끌어 내는 것 같기도 하다. 인간의 애정 체계는 욕망과 중독에 관여하는 도파민을 포함하는 보상 체계로 볼 수 있다. 친밀한 관계는 관계 내의 사람들에게 즐거움을 주기 때문에 능동적으로 추구된다. 하지만 사랑에 중독될 수 있고, 버림받을 때 분노를 경험할 수 있다. 열정은 '나는 당신을 위해 죽을 수 있다.'와 같은 문구로 표현된다. 욕망은 생물학적인 충동/욕구와 테스토스테론과 관련되는 것처럼 보이며, 어떤 형태의 소망으로 작동하기도 한다.

마지막으로 욕구에 대해 주의할 점은 신경증적인 유치한 욕구의 표현이 아니라 충족되지 않은 성인 애착, 정체성 및 애정 욕구에서 문제가 발생한다는 것이다. 따라서 갈등을 해결하기 위해서, 배우자는 자신의 본질적인 자아를 노출할 수 있고, 있는 그대로의 자신이 수용될 (보이고 알려질) 필요가 있다. 부부 갈등에서 문제가 되는 것은 욕구가 아니라 그 욕구의 표현에 대한 두려움이나 그 욕구가 표현되었을 때의 좌절감에 어떻게 대처하는가에 대한 두려움이다. 배우자를 자신의 욕구가 충족되도록 강압적으로 변화시키려는 것은 큰 문제 중의 하나이지만, 서로 다름에 대해서 상대방을 용서하는 것과 상대방에게 자비심을 가지는 것이 해결책이 될 수 있다. 해결 과정에서 서로에게 자신을 노출하는 것이 도움이 될 수 있다.

부부의 정서

대체로 부부는 감정이 서로의 관계를 지배하고, 서로의 정서가 부부간의 행동에 영향을 미친다는 것을 알고 있다. 즉, 부부는 관계에서의 정서 경험을 다루는 것을 직관적으로 알고 있다. 하지만 그 방법에 대해서는 아무도 가르쳐 주지 않았다. 그들이 배운 것이라는 부정적인 정서, 분노 또는 고통스러운 정서는 문제를 일으키므로 어떤 대가를 치르더라도 피하여야 하며, 사랑의 감정은 전반적으로 좋다는 것이다. 또한 인생 경험을 통하여 때로는 자신의 감정을 표현하고 그 표현에 대해 반응을 받지만, 대체로 자신들의 감정이 타인에 의해 무시되고, 깎아 내려지고, 놀림까지 당한다는 것을 알고 있다. 그러므로 시간이 지나면서 사라지거나 변할 때까지 그 감정을 억제하고, 통제하고, 무시하는 것이 최선이라고 단정한다.

밥과 마리는 첫아이를 낳았다. 마리는 어머니로서의 새 역할과 가정 경제 수입원으로 너무 바쁘고, 밥은 이제 버려지고 외로운 느낌이 든다. 밥은 방치되는 느낌을 마리에게 이야기하지 않고, 사랑받지 못하는 감정을 그냥 받아들이려고 하지만 힘들며, 마리의 행동에 비판적으로 되기 시작하고 더 권위적으로 된다. 비판과 싸움이 시작된다.

밥과 마리와 같은 부부는 감정을 잘 다룰 줄 모르기 때문에 더 부정적인 감정에 대처하기가 어려운 경우가 많다. 외롭고, 화나고, 그리고 상처받을 때 어떻게 해야 할지 모른다. 자신이 뭔가 부족하다고 느낄 때나 사랑받지 못하고 사랑받을 수 없다고 느낄 때 어떻게 해야 할지 모른다. 부부는 배우자로부터 무엇을 기대할 수 있는지 또는 자신의 감정이 성숙한 것인지 아니면 유치하고 용납될 수 없는 것인지 모른다. 코치는 부부에게 친밀감은 상처를 공유하는 것이며, 문제가 되고 갈등을 일으키는 정서는 정상적으로 사랑하는 관계에서 일어나며, 사랑하는 사람을 미워하는 것이 때로는 불가피하다는 것을 알려 주어야 한다. 부부는 또한 자신의 배우자에게 끌리는 감정과 함께, 때로는 거부당하고, 분개하고, 고마워하는 마음도 가질 수 있으며, 이러한 감정 범위는 정상적이라는 것을 알아야 한다. 관계에서 나타나는 다양하고 많은 정서를 부부가 다루도록 코치는 도와야 한다. 어떤 사람들이 어떤 감정에 문제가 있고 어떤 작업이 더 필요한지, 어떤 감정이 건강하고 표현되어야 하는지 알려 주어야 한다.

지금까지 정서에 관해 논의한 것을 정서지능에 적용하여 부부 코칭에 사용하고자 한다.

무언가 잘못되었을 때 정서가 알려 준다

정서는 해결할 문제를 알려 준다. 그러므로 밥이 마리에게 다가갈 수 없어서 화가 나기 시작할 때, 또는 마리가 밥이 화를 내고 꼬투리 잡을까 봐 겁이 날 때, 그들의 감정이 자동적으로 "이것은 중요해. 관심과 지지가 필요한데 안 되고 있어."라고 경고해 주고 있다. 이러한 형태의 정서적 피드백은 항상 일어나고 있으며, 자신이 어떻게 행동해야 하는지 그리고 관계가 어떻게 되어 가고 있는지를 알려 준다. 코치는 이러한 피드백에 주의를 기울여야 한다. 배우자에게 두려움이나, 슬픔, 분노를 느낀다면, 뭔가 잘못되고 있다는 정보를 받고 있는 것이다. 마리가 무엇을 느끼고 무엇을 필요로 하는지 주의하지 않는다면, 배우자와의 관계는 악화될 것이다. 정서는 사람들에게 일어나고 있는 것이 자신의 복지와 관련이 있으며 자신의 욕구가 충족되고 있지 않음을 말한다. 그러므로 이 부부는 그에 대한 어떤 것을 행동으로 옮겨야 한다. 다음의 삽화에서 볼 수 있듯이 부부가 자신의 감정을 효과적으로 다루는 법을 배우면 어려운 상황을 해결하기가 더 쉬워진다.

밥과 마리는 정서에 주의하는 법을 배웠기 때문에 무언가 잘못되고 있다는 것을 자각하게 된다. 자신들이 느끼는 것을 인식할 수 있다. 밥은 무시당하고 내버려진 느낌에 화가 난다. 마리는 밥의 비난이 무섭고 감당할 수가 없다. 이제는 서로에게 자신이 원하는 것과 느끼는 것에 대해 비난하지 않고 대화를 시작하기 위하여 자신의 감정을 먼저 자각하는 단계에 있다. 비난하고, 판단하고, 서로를 변화시키려 노력하기보다는 최소한의 비난으로 말하고, 비방어적으로 듣고 그리고 그들이 할 수 있는 최선의 방법으로 수용과 배려로 반응할 수 있다. 인간이기 때문에 반드시 완벽할 필요는 없지만, 근본적으로는 비난하기보다는 해결하려는, 무너뜨리기보다는 논의하려는, 그리고 승리하기보다는 무승부로 논쟁하려는 의도가 서로에게서 나타난다. 이것은 그들이 서로에게 귀 기울이고 반응하는 데 도움이 된다.

정서 의사소통

지난 며칠 동안 마리는 집안일뿐만 아니라 직장에서도 매우 바빴다. 그녀는 피곤하고 과민해졌지만 그것에 대해 이야기할 시간이나 에너지가 없다. 사실상, 한동안 마리는 밥에게 거의 관심을 기울이지 않았었다. 그녀가 필요한 것은 자신이 느끼는 것에 밥이 민감해지는 것이다. 밥은 뭔가 일어나고 있음을 인식한다. 때로는 그녀가 정신이 딴 데 있는 것처럼 그에게 말을 할 때 그를 쳐다보지 않는다는 것을 눈치 챈다. 이러한 정서 신호는 그녀가 스트레스를 받고 있으며, 그에게 어떤 것도 요구하지 않는다는 것을 그에게 알려 준다. 이러한 신호를 읽으면 관계의 많은 어려움에서 그들을 구할 수 있다.

정서는 의사소통에서 중요한 역할을 하며, 친밀한 관계에서 주요한 의사소통 신호인데 사실상 유아기부터 그러하다. 유아기에는 정서가 양육자의 행동을 조절하도록 메시지를 보낸다. 울면 양육자가 달려오고, 기분 좋은 소리를 내면 양육자들이 기뻐한다. 정서는 성인기까지 타인의 반응을 조절하는 의사소통의 주요한 형태이다. 정서는 다른 사람에게, 특히 배우자에게 얼마나 자신의 관계적 욕구와 기대를 잘 충족시키는지에 대해 신호를 보낸다. 또한 한 배우자에게 상대방 배우자의 상태와 의도를 알려 준다. 그러므로 부부는 서로의 정서 신호를 주의 깊게 읽어야 한다.

부부의 정서가 어떻게 하면 가장 잘 표현되는가에 대한 문헌에는 많은 혼란이 있었다(Greenberg & Johnson, 1988; Johnson & Greenberg, 1994). 어떤 저자들은 항상 자신의 감정을 표현해야 한다고 주장하는 반면, 다른 저자들은 감정이 파괴적이며 표현되어서는 안 된다고 경고한다. 일부 전문가들은 급진적인 책임감을 묻는다. 각자는 자신의 감정의 저자라는 것을 인정해야 하며, '당신이 나를 …… 하게 하였다.'와 같은 말은 용인되지 않는다. 그렇게 느끼는 것은 그 사람의 책임이다. 다른 저자들은 상대방에 대한 공감과 수용을 강조하고 배우자를 아기처럼 대하는 것을 권장하여서 비난을 받았었다.

부부 의사소통에서 정서를 다루는 데 실제로 필요한 것은 머리와 가슴, 수용과 책임의 통합이다. 정서적으로 안내되고, 이성적으로 표현하고 행동하는 것이 가장 좋은 것 같다. 부부는 아무 생각 없이 불쑥 화를 내어서는 안 되며, 오히려 그 화를 자신의 기분이 상했다는 것을 알려 주는 것으로 사용하고, 그 상황을 분석하기 위해서는 이성을 사용해야 한다. 이성과 감성이 통합된 기반 위에서 이성적인 태도로, "비난받는 것을 좋아하지 않는데."와 같이 말하면서, 자신의 감정을 표현한다. 이는 자신의 정서와 느낌을 자각하는 경우에만 일어난다. 부부는 자신의 정서가 어떻게 되는지, 자신의 표현이 배우자에게 미치는 영향은 무엇인지 그리고 부적응적인 감정으로 무엇을 할 수 있는지에 대한 지식이 필요하다. 자신의 감정을 다루는 방법에 대해 책임을 져야 하며 배우자의 감정을 받아들이는 훈습을 해야 한다.

예를 들어, 마리는 자신의 업무 상황으로 인해 가끔 압도감을 느끼는 것을 알고 있다. 마리는 또한 밥이 요즈음 화를 내고 지지적이지 않다고 느껴지는 것도 자각하고 있다. 전에도 이런 일이 있었으므로, 마리는 그의 반응에 대해 좀 알게 되었다. 이전에 그녀는 많이 느끼면서 말은 한 마디도 하지 않는 편이었다. 이는 그녀를 더 우울하고 화나게 만드는 끝없이 이어지는 내면의 대화로 이끌고 갔으며, 결국에는 분노가 폭발했다. 이러한 것이 효과가 없다는 것을 알게 된 후, 그녀는 자신의 감정을 일찍 표현할수록 그리고 모든 감정이 아닌 특별한 종류의 감정만 표현하는 것이 좋다는 것을 알게 되었다. 마리는 해결에 도움이 되는 것은 남편의 행동이나 동기에 대해서 이야기하는 것이 아니라 자신의 경험에 대해 먼저 이야기하는 것임을 배웠다. 둘째, 그녀는 방어적인 감정인 분노에 의지하지 않고, 자신의 가장 핵심적이고 깊은 감정, 대개 외롭고 아픈 감정에 대해 이야기할 필요가 있었다. 셋째, 마리는 이 문제를 해결하기 위해 남편이 무엇을 느끼는지 들어야 함을 알게 되었다. 넷째, 남편에게 경청하는 동안 남편이 들어야 할 자신의 감정과 욕구를 잊어서는 안 되었다. 차이점을 해결하기 위하여 마리와 밥 모두 각자 자신에 대해, 욕구가 무엇이었는지에 대해 부부만이 할 수 있는 매우 내밀한 태도로 말하고 들어야 한다는 것을 배웠다.

정서 표현과 친밀감 만들기

만족스럽고 친밀한 관계를 형성하고 유지하는 것은 주요한 인생 과제이다. 친밀감이란 감정, 욕구, 욕망, 두려움, 인식 및 환상의 내면세계를 다르게 경험하는 사람인 배우자의 내면세계로 접촉시키는 것, 그리고 이러한 친밀한 타인에 의해 자신의 내면세계가 수용되고 확인되는 것이다. 친밀감은 배우자에게 자신의 주요 감정과 관심사, 경험을 알려 주어 이해받을 때 생긴다. 이는 호혜적인 과정이어야 한다. 우리 모두는 듣고, 이해하고, 받아들이고, 동조하고, 비밀을 나누고, 용서하고 그리고 자신의 역할을 인정하는 배우자를 원한다. 정서 코치는 부부가 이차적이고, 방어적이거나, 자기보호적인 반응이 아니라 일차적인 정서를 자각하고 표현하게 되도록 도와야 한다. 특히 관계가 냉랭하고 막혔을 때, 관계에 새로운 삶이 숨 쉬게 하는 것은 부부간의 진심 어린 경험을 노출하는 것이다. 애착과 관련된 두려움과 불안—수치심, 슬픔, 분노까지—을 표현하도록 돕는 것은 부부를 가까워지게 하고 가까운 관계를 유지하게 한다.

친밀감은 흔히 상처받은 정서의 표현과 관련이 있다. 상처는 가장 절박한 욕구이지만 수치심이 너무 커서 도움을 요청하지 못한다고 알려 준다. 사람들은 자신의 욕구가 정당하다고 생각할 만큼 충분한 지지를 받지 못하였기 때문에 도움을 요청하지 않는 경우가 많다. 또한 요구하면 상대방의 반응 없이 살아남을 수 있다고 믿지 않거나, 과거의 상처 때문에 다시는 요구하지 않고 상처받지 않을 것이라고 맹세하였을 수도 있다. 사실 이것은 상대방과의 관계보다는 자신의 감정과의 관계가 친밀한 관계를 맺지 못하게 하는 것이다. 남편은 자신이 진정으로 느끼는 감정을 아내에게 말하면 그녀가 거부할 것이라고 생각하기 때문에 말문을 닫아 버린다. 그는 자신에게 강해지라고 말하고 자신의 요구성을 대체로 경멸한다. 또한 아내에게도 응답할 기회조차 주지 않는다. 이와 같은 상황에서 여러 번 거부하는 상상은 현실보다 현혹적이다. 다른 사람들이 자신의 감정에 어떻게 반응할지 모르지만, 알아내는 데 따르는 위험을 감수하는 것을 두려워한다. 그러나 친밀하게 되기 위해서, 자기 내면에 무엇이 일어나든 표현할 수 있어야 하고, 바라는 대로 다른 사람이 반응하지 않더라도 대처할 수 있다고 자신을 믿어야 한다.

특히 어려운 대화를 한 후에, 마리는 밥이 자신이 원하는 것을 결코 말하지 않고 항상 그녀가 그럴 것이라고 추측하고 통제하고 있다고 책망한다. 밥에게 이제는 그녀가 거부하는 역할을 하는 것이라고 말한다. 밥은 자신의 이러한 비합리적인 욕구가 통제되어야 함을 인정하는데, 이렇게 말하면서, 아이처럼 호소하듯이 그녀를 바라본다. 이것은 중요한 순간이다. 마리는 자신의 상처와 원망의 정서 과정에 매우 몰입되어서 이 순간을 놓칠 수도 있으며, 아니면 밥의 얼굴에서 부드러워지는 모습, 호소하는 모습을 보고 내면의 철사줄이 녹아내릴 수도 있다. 그녀는 부드러워짐을 느끼고 걱정스러운 얼굴로 그의 모습을 다시 볼 수 있다. 그녀의 모습에 힘입어 밥은 마음을 열기 시작한다. 그는 아내의 거절하는 신호를 찾으면서 얼마나 자주 그녀의 반응을 살피는지 그리고 너무나 그녀에게 다가가고 싶지만 퇴짜 맞을까 봐 얼마나 두려운지 말할 수 있다. 그래서 그는 통제하려는 것을 그만둔다. 그는 상처받는 것이 두려웠기 때문에 자신을 드러내지 않는 것을 인정한다. 이러한 밥의 완화는 마리가 잘못하는 것을 밥이 비난할까 봐 두려워서 그에게 반응하는 것을 포기하였던 것에 대해 더 열린 마음으로 이야기할 수 있게 돕는다. 지금까지 그녀는 외면하고 그에게 상관하지 않기로 선택하였다. 그러나 이제는 비난에 그녀가 얼마나 민감한지 말할 수 있고, 그가 그것을 인정하고 그녀가 그를 지지하는 전제 조건으로 존중해 달라고 요청할 수 있다. 두 사람은 이제 서로를 볼 수 있다. 공기가 살아 있고, 새로운 것이 일어났다. 무언가가 살아 있다. 삶이 다시 관계로 돌아와 숨을 쉬었다. 훨씬 더 많은 작업이 여전히 필요하지만, 취약점을 공유하는 친밀감이라는 새로운 가능성이 나타났다.

친밀감에 대한 두려움

상처를 입으면, 많은 사람이 다시는 자신을 약화시키거나 다른 사람들을 필요로 하지 않으리라고 맹세한다. 친밀감에 대한 두려움에 유도되는 자기보호적인 자세로 변한다. 다시 상처받는 것이 두렵기 때문에 정서적 친밀감을 두려워한다. 거절을 두려워하고, 버림당하는 것을 두려워하며, 인정받지 못하고 없었던 것처럼 되는 불인정과 통제력 상실을 두려워한다. 분리 두려움은 위험한 분리로부터 유아를 보호하기 위해 생물학적으로 내장되어 있으며, 성인도 여전히 동일한 프로그래밍을 이행한다. 이 모든 두려움을 피하기 위해 누군가에게 의존적으로 되는 것을 피하는 경우가 많으며, 가까워지는 것을 두려워한다. 수치심 또한 친밀감을 막는다. 자신이 사랑받을 수 없다고 느낄 때, 다른 사람들과 가까워지고 훼손되는 것이 두려워서 거리를 두면서 스스로를 보호한다. 스스로를 보여 주면 결함이 있거나 부족한 사람으로 밝혀질까 봐 두렵다. 두려움과 수치심의 두 가지 부적응적인 정서는 사람들이 필요한 사랑을 얻는 것을 방해한다.

친밀감을 막는 부적응적인 정서에 동반되는 것은 타인, 특히 반대의 성에 대한 관점에 영향을 미치는 부정적인 목소리이다. 예를 들어, 여성의 머릿속을 종종 스쳐 지나가는 것은 부모, 문화 및 경험으로부터 배운, "남자를 믿으면 안 돼. 남자는 감정이 없고, 너무 지배적이며, 남자의 자존심을 세워 줘야 돼."라는 목소리들이다. 남자의 머리를 스쳐 지나가는 것은, "여자는 너무 감정적이며, 너무 까다롭고, 통제하려고 해." 그리고 동시에, "여자를 행복하게 하지 못하면, 너는 실패자야."라는 목소리들이다. 이는 친밀감을 원하지만 두려워하는 부부에게 큰 갈등을 가져온다. 친밀감은 자신의 두려움과 수치심을 극복하고 자신을 보호하는 것처럼 보이지만, 실제로는 친밀감을 막는 부정적인 신념을 변화시킬 때만 일어난다.

부부 문제는 어떻게 시작되는가

부부에 의해 표현되는 큰 문제는 연결성에 대한 욕구, 분리나 자율성에 대한 욕구, 그리고 이러한 욕구를 충족시키기 위하여 배우자를 변화시키려는 투쟁과 관련된 갈등에서 일어난다. 이러한 성격의 해결되지 않는 투쟁은 어떤 상호작용 사이클(cycle)을 점점 상승시킨다. 코치는 이러한 사이클을 확인하고 사이클을 변화시키기 위하여 내재된 애착과 관련된 정서와 욕구에 접근하여야 한다.

배우자를 변화시키려는 것의 문제점

감정이나 욕구를 말하지 않기 때문에, 또는 필요한 것을 배우자에게 설명하려고 할 때 배우자가 이해하지 않기 때문에 관계 초기에 문제가 발생하는 경우가 많다. 이는 의사소통의 문제이다. 흔히 시간이 지나면서 자신의 욕구에 대해 배우자와 소통하는 데 성공할 수도 있으나, 여전히 문제는 남아 있다. 이제는 더 이상 의사소통의 부족이나 오해가 문제를 야기하지 않는다. 관계가 발전함에 따라 부부는 종종 배우자가 필요로 하는 것을 너무 잘 이해하지만, 쉽게 배우자의 요구를 들어줄 수 없거나 들어주고 싶지 않다. 또한 부부는 배우자가 일하는 바가 무엇인지 찾고 있기도 하다. 그리고 각자가 고유한 욕구를 가지는 고유한 존재들로서 서로 다르기 때문에, 항상 적당한 때에 제대로 반응할 수 없기도 하다. 흔히, 배우자는 상대방 배우자가 원하는 것을 느끼지 못한다. 한쪽이 필요로 할 때 항상 주거나 염려하는 것은 아니다. 즉, 부부는 배우자가 원하는 것을 그냥 제대로 해 줄 수가 없다. 올바른 방식으로 하지 못한다. 그러면 사람들은 배우자가 차갑고 무관심하다고 느끼기 시작한다. 이때에 갈등이 시작된다. 배우자를 변화시키려 하고, 이러한 노력을 기울이는 것에서 물러나거나 비난하기 시작한다. 부부 중 한 사람은 "그만 해, 그만 해. 당신은 너무 답렀고, 너무 요구만 해."라고 소리 지르면서 그만둘 것이다. 이때가 진짜 문제가 시작되는 때이다. 자신의 가장 친밀한 감정을 표현할 수 없기 때문에 이와 같은 상호작용 사이클이 나타난다. 부부는 이러한 갈등을 어떻게 해결할 수 있을까? 부부는 공격과 방어, 또는 추적과 철회의 악순환의 사이클에서 벗어날 수 있어야 하며,

자신과 배우자를 진심으로 수용할 수 있어야 한다. 부부는 애착 관련 일차 정서와 친밀감과 편안함에 대한 욕구를 표현하여 상호작용을 바꾸어야 한다. 이렇게 하기 위해서 배우자보다는 자기 자신을 바꾸어야 한다. 정서 코치는 부부의 열린 개방을 방해하는 여러 가지 문제에 주의해야 한다.

파괴적인 사이클의 출현

파괴적인 사이클은 표현되지 않은 일차 정서와 욕구에 기인한다. 이 사이클은 일차 정서를 숨기는 비난과 원망과 같은 이차 정서의 표현에 의해, 또는 상처와 같은 도구적 정서 반응(타인으로부터 원하는 것을 얻기 위한 수단으로 화가 날 때 울거나 뿌루퉁함)에 의하여 유지된다. 파괴적 사이클은 각자가 가장 취약하다고 느끼고 가장 필요로 하는 것에 관해서 배우자의 가장 민감한 부분을 피하여 형성된다. 한 배우자는 더 친밀해지고 싶고, 연결에 대해 더 걱정하고, 더 많은 확신이 필요할 수 있고, 다른 배우자는 부적절하게 느끼는 경향이 더 많으며, 유능한 것에 대해 지나치게 관심이 많거나, 더 많은 칭찬이 필요하거나 공간이 필요하고 침범에 더 민감할 수 있다. 한 배우자는 더 신속하게 기능하고, 더 결단력 있고 활동적이며, 압박받으면 참을성이 없어질 수 있다. 부부의 리듬은 다를 것이다. 한 사람은 더 빠르고 다른 사람은 더 느리다. 한 사람은 다른 한 사람보다 휴식과 이완이 더 많이 필요할 수 있다. 한 사람은 뻔뻔스럽고 다른 한 사람은 겁이 많다. 두 배우자는 결코 똑같지 않다. 정확히 동일하지 않다. 때로는 다른 관계에서는 다른 역할을 수행한다. 한 관계에서는 주동자 역할을 하고 다른 관계에서 추종자 역할을 하고, 한 관계에서는 다그치며 따라다니는 역할을 하고, 다른 관계에서는 거리를 두는 역할을 한다. 그러나 주요한 관계에서 사람들은 궁극적으로 그들의 가장 큰 염려와 충족되지 않는 욕구를 불러일으키는 문제에 민감해진다. 파트너의 버튼은 일반적으로 같은 관심사에 의해 또는 적어도 같은 수준에 의해 눌러지지 않는다. 한 사람은 친밀감에, 다른 사람은 통제에 관심이 있다. 이는 서로 불일치하는 요구와 갈등으로 이어진다. 충돌로 이어진다. 부부간에 서로 다른 사이클이 나타난다.

추적-거리두기 사이클

가까워지고 싶은 욕구에 관한 한 배우자와 완벽하게 맞을 수가 없다. 대체로 한 사람이 조금 더 가까워지고 싶어 하고, 더 접촉하고, 더 말하고, 더 만지거나 더 많은 시간을 함께 하기를 원한다. 이것이 가장 일반적으로 나타나는 사이클로서 한 배우자가 다른 배우자에게 본질적으로 더 가까워지거나 친밀해지려고 추적하는 데서 '추적-거리두기 사이클'이다. 친밀감을 얻기 위한 방법으로 이 배우자가 비난하거나 불평하는 경우가 많기 때문에 이러한 욕구가 쉽게 드러나지 않는다. 상대 배우자가 연결되기를 원할지라도, 압도감을 느낀다. 자율성과 정체성이 위협받기 시작하면, 추적하는 배우자의 요구에 자신이 적절하게 반응하지 못한다고 느끼게 된다.

지배-복종 사이클

정체성이 또 다른 주요 이슈라는 점을 감안한다면, 권력은 또 다른 주요 관심 분야이다. 누가 더 자주 지휘하고 더 자주 결정하는가 하는 문제는 사소한 것일 수 있지만, 나중에 큰 문제가 될 수 있다. 부부 중 한 사람은 요구 사항을 더 빨리 말하고, 영화를 더 빨리 고르고, 식당을 더 빨리 선택한다. 다른 사람은 처음에는 괜찮아 하고, 심지어 원하는 것을 생각하지 않아도 되는 것을 즐길 것이다. 결국 이것은 많은 문제를 일으킬 수 있는 두 번째 사이클 유형인 '지배-복종의 사이클'이 될 수 있다. 한 사람이 떠맡아서 과도하게 기능하고, 다른 사람은 포기하고 기준 이하의 기능을 한다.

지배-복종 사이클에서는 한 배우자가 옳아야 하고 자기 식대로 해야 한다. 지배적인 배우자는 자신이 옳다는 것을 증명하는 것이 생존의 문제라고 생각할 것이다. 노력을 요하거나 의문의 여지가 있더라도 지배적인 사람은 자신의 입장을 과도하게 보호하려 한다. 상대 배우자는 여러 해 동안 따라간 나머지, 어떻게 선택하고 결정해야 하는지 잊어버렸고, 실수하거나 목소리를 내어 갈등을 일으키는 것을 무서워한다.

비난-철회 사이클

자신의 감정을 들어 주지 않고 관계적 욕구가 충족되지 않을 때 문제가 시작된다. 그런데, 많은 경우에 자신의 감정과 욕구가 받아들여지지 않을 것으로 느끼기 때문에 문제가 일어나며, 그래서 말을 하지 않게 된다. 한 배우자가 불안하거나 외롭지만 자신의 감정과 욕구를 당연한 것으로 여기지 않는다면, 이들 감정은 표현되지 않는다. 배우자가 자신의 감정과 욕구를 느끼기를 바라는데 그렇지 않을 때, 부부는 고립감을 느끼게 된다. 그러면 표현되지 않은 슬픔이나 외로움, 그리고 사랑받지 못하거나 방치되는 느낌은 분노로 변하여 비판이나 비난을 하기 시작한다. 배우자가 표현하는 비판과 경멸에 직면하면, 다른 배우자는 무섭거나 부적절감을 느끼고 물러나거나 방어한다. 이제 부부는 부부의 삶을 넘겨받은 사이클에 갇혀 있다. 한 사람은 비난하고 다른 사람은 물러난다. 철회자가 더 많이 철회할수록 추적하는 사람은 비난하게 되고, 비난자가 더 많이 비난할수록 철회자는 더 많이 철회한다.

대체로 비난하는 사람은 외롭거나 자신의 말을 들어 주지 않는 느낌이 들고, 철회하는 사람은 두렵거나 부적절하게 느껴진다. 비난자는 일반적으로 배우자의 철회에 대한 반응으로 훨씬 더 버려진 느낌이 든다. 실제로 철회자는 자신을 보호하려는 것뿐인데, 비난자는 이러한 철회를 거부하는 것으로 해석한다. 배우자에 대해 불평하거나 비난하는 것은 자신의 욕구를 충족시키려는 것이지만, 비난을 받는 사람이 느끼는 것은 모두 비판받는 느낌이다. 철회자는 자신이 상황과 맞지 않게 느껴져서 스스로 보호하게 된다. 도움이 덜 되게 하고 배우자의 유기감을 불러일으키게 한 것은 초기의 부적절감이나 불안감이다. 그래서 상호작용 사이클이 발달된다. 사이클의 한 유형에서는 추적자가 정서적 친밀감을 추구하지만 비난이나 판단에 의하여 그렇게 하며, 철회자는 정서적 보호를 위하여 철회한다. 사이클의 다른 유형에서는, 지배하고 과도하게 기능하는 지배자가 모든 의사결정을 하여서 무거운 짐을 진 느낌이 든다. 배우자는 불안전감이나 불확실한 느낌을 더 느끼거나, 굴종적으로 제 기능을 발휘하지 않고, 마치 관계에서 자신이 존재하지 않는 것처럼 느낀다.

밥은 외롭고 사랑받지 않는다고 느낀다. 마리가 자신의 경력에 너무 많은 관심을 기울이고 있기 때문에 그는 외로움을 느끼기 시작하였다. 먼저 자신의 감정을 표현하려고 시도하지만 자신이 너무 의존적일 것 같아서 감정을 억누르게 된다. 그러나 시간이 지나면서 자신의 분노를 느끼게 되고, 마리를 비난하기 시작한다. 결국, 몇 달 동안 그의 비판을 받은 마리는 밥으로부터 멀어지기 시작한다. 그녀는 집에 와서 밥에게 비난을 받고는 자신이 충분히 좋은 사람이 아닌 것처럼, 부적절감을 느끼게 된다. 마리는 비난받는 것이 너무 힘들어서 밥의 상처와 외로움을 이해하기보다는 자신을 보호하게 되고, 결국은 부부가 공격과 방어의 사이클에 갇히게 된다. 그리고 그녀는 철회하기 시작한다. 그녀는 대화를 하거나 관계 맺는 것이 부질없으며 가장 안전한 것은 그가 화날 때 그에게서 벗어나는 것이라고 느낀다. 거리감과 소외감이 자리를 잡는다. 부부는 사이클과 감정의 역동을 자각하지 못한다. 그들은 단지 거리감과 소외감을 자각하게 된다. 부부는 "우리는 표류하고 있어. 당신의 관심사는 다르다. 우리 관계가 멀어져 버렸어."라고 말하게 된다. 실제로 마음의 문을 닫아 버린다.

일단 비난-철회 사이클이 시작되면, 실제로 관계를 접수해 버림으로써. 중요한 정서적 문제는 해결되지 않은 채 남아 있다. 부부 모두 더 이상 실망하지 않고 자신을 보호해야 한다고 생각하기 때문에 친밀감은 불가능하다. 이는 가장 내면에서 올라오는 감정을 배우자에게 드러내는 위험감수를 못 하게 막는다.

수치심-분노 사이클

부부에게서 특히 중요하고 어려운 일련의 감정은 한 사람이 일차적으로 굴욕감을 느끼고 그러고 나서 화를 내게 되는 수치심-분노의 연속체이다. 이는 매우 집요할 수 있으며 결국 부부 폭력으로 이어질 수 있다. 여기서 그 사람의 분노는 수치심과 무력감이라는 더 핵심적인 감정을 다루지 못하는 자신의 무능함에 대한 반응이다.

분노를 느끼면 분노를 진정시키는 방법과 그 밑바닥에 있는 것을 이해하는 방법을 배워야 한다. 보통 그것은 무력감, 취약함과 무기력감, 슬픔, 외로움이나 버려짐에 대한 수치심이다. 자주 화가 난다면 분노를 조절할 뿐만 아니라 분노 아래에 있는 더 취약한 감정을 경험하고 표현하는 법을 배워야 한다. 이면의 두려움, 수치심 또는 상처를 표현하는 것은 파괴적인 분노를 표현하는 것보다 배우자에게 매우 다른 효과를 가져온다. 올라오는 핵심 감정을 자각하고 접촉하는 것이, 파괴적인 분노의 진행을 막는 중요한 방법이다. 따라서 언제 방어적으로 화가 나는지 알고, 분노에 앞서 오는 두려움을 표현해야 한다는 것을 알아야 한다. 코치는 부부가 자신과 배우자를 진정시키는 역량을 개발하도록 도와야 한다. 자신과 타인의 취약성을 진정시킬 수 있는 기능은 부정적인 상승작용에 대한 최고의 해독제 중의 하나이다.

환멸 단계

결국에는 부부가 싸우는 방식에 대해 싸우며, 이는 새로운 싸움이 된다. 부부 중 한 사람은 "당신은 너무 비난적이다."라거나 "당신은 너무 차가워서 반응이 없다."고 말한다. 이쯤 되면 부부는 '배우자를 바꿔.'라는 관계 단계에 들어간 것이다. 이 단계로 발전하기까지는 대개 많은 햇수가 걸린다. 배우자를 쇄신시키려고 노력하지만 뜻대로 되지 않는다. 가정이 개선되기보다는 악화된다. 이때가 환멸의 시기이다. 처음에 부부는 자신이 필요로 하고 원하는 것을 배우자가 알면 자신을 이해할 것이라는 믿음으로써 의사소통에 많은 노력을 기울일 것이다. 그런 다음 자신이 원하는 것을 배우자가 잘 알고 있고 자신이 성공적으로 의사소통을 하였지만, 배우자가 자신이 원하는 것을 주지 않을 것이라는 사실이 분명해지기 시작한다. 배우자에게는 이유가 있고, 서로는 각자 다르며, 상대방이 원하는 것을 주지 못하게 하는 자신만의 욕구와 어려움을 가지고 있다는 것을 이해하기가 쉽지 않다. 이 단계에서 부부는 서로에 대한 사랑을 의심하기 시작하고 배우자가 원하는 것을 주지 않는 이유를 대기 시작한다. 부부는 점점 더 박탈감을 느끼고, 파트너가 피곤하거나 스트레스를 받는다고 말하지 않는다. 상황이 잘못되어 가는 것에 대한 이유를 찾는 것을 그만두고 급소를 찌르기 위하여 배우자의 성격 탓으로 바로 넘어간다. 배우자가 너무 까다롭고, 이기적이고, 안전하지 않으며, 냉정하고, 친밀감을 두려워하고, 분노 표현을 못하는 등등을 말한다. 이제 배우자의 성격을 바꾸거나 관계를 떠나거나 둘 중 하나를 해야 한다. 둘 다 불행한 선택이므로, 다른 길을 찾는 것이 최선이다.

두 사람 모두 대체로 이 시점에서 상당히 상처를 받으며 물론 계속해서 상처를 받아 왔을 것이다. 부부의 상처가 어떻게 더 건설적으로 표현될 수 있을까? 분노 없이 상처를 표현할 수 있을까? 어떤 저자들은 상처는 표현되지 않은 원망이라고 하였다. 배우자에게 화내지 않고 배우자로부터 상처를 받을 수 있을까? 문제는 분노가 배우자를 밀어내는 한편, 상처와 슬픔은 위로를 구한다는 것이다. 부부가 배우자의 분노를 감지하면, 이 분노가 알려 주는 공격 가능성에 대해 방어를 준비하기 바쁘기 때문에 진정시켜 줄 수 없을 것이다. 한편, 상처를 입거나 화를 내는 배우자는 상대방이 자신의 상처를 진정시켜 주기를 기다리면서 상대방의 무반응성을 상처에 더해지는 모욕으로 받아들인다. 무응답이라는 모욕에 대한 반응으로, 이제 그들은 정말로 화가 난다. 부부는 어떻게 이 회전목마에서 내리거나, 그럼에도 불구하고 더 좋아져서 회전목마를 타지 않게 되는가? 부록의 연습 25는 부부가 사이클을 확인하고 그 사이클을 바꾸는 데 도움이 된다. 부부는 이면의 더 부드러운 감정을 표현함으로써 변화할 수 있다.

힘든 정서 상태

부부가 서로의 충족되지 않은 핵심 욕구에 주의를 기울이지 않으면, 부부의 사이클에 갇혀서, 부부의 광기의 춤인 특별한 춤을 추게 될 것이다. 이들 춤 속에서 둘 다 나중에는 흔히 '미친' 것으로 보이는 상태로 변하게 될 수 있다. 그들은 나중에 이 상태에서 자신들이 느끼고 말한 것이 사실이 아닌, '실제로 그들이 아니었다.'고 주장할 것이다. 이러한 '내가 아닌' 상태는 그 자체의 마음을 가지고 있는 것 같다. 그 상태들은 부적응적인 정서 상태이다. 그러한 상태에서는 서로 대화하기보다는 소리를 지르거나 서로 말을 끊고 듣지 않는다. 부부는 아마 이전에도 이러한 싸움을 반복하였고 여러 번 이해하고 용서하였을 것이지만, 싸움은 다시 또 일어난다. 그것이 오는 것을 볼 수도 있지만, 흔히 과거의 상처에 뿌리를 둔 위협당하고 침해받고, 또는 굴욕적인 건강하지 않은 이러한 정서 상태에 한번 들어가면 다른 자아로 변한다. 남성에게는 열망이 육체적이 될 수 있으며, 몸 안의 깊은 곳에서부터 배우자에게 어떤 것을 갈망할 것이다. 여성은 파멸로부터 자신을 보호해야 하는 절박감을 느낄 것이다. 여성은 배우자에게 압도당하는 것을 두려워한다. 즉, 배우자가 자신을 침범할 수 있는 힘을 가진 것으로 보고, 차단하고, 굳어지고, 얼어붙는 느낌이 들며 어떤 접촉에도 담을 쌓는다. 이러한 극단적 상태는 일반적으로 부적응적인 정서 상태를 반영한다. 이러한 정서 상태는 배우자에 대한 초기의 일차적인 반응들이 아닌 경우가 많으며, 일련의 건강하지 않은 내적이고 상호작용으로 일어난다. 이 유형의 정서적인 천둥번개와 같은 건강하지 않은 상태에 들어간 예는 다음과 같다.

어떤 사이클 속에서 아내는 자신에 대한 남편의 반응(요구)에 압도당하기 시작한다. 아내는 남편의 목소리를 듣고, 그의 얼굴에 나타나는 익숙한 화난 표정을 본다. 그녀는 정확히 무슨 일이 있었는지 모르지만, 위험하다고 느낀다. 그녀의 무언가가 닫히기 시작한다. 냉정해지고 공격당하고 무력한 느낌이 든다. 그가 화내는 말로 질문하고, 따지면서 계속 그녀에게 다가오는 것 같다. 그녀는 듣지 않고 그가 그냥 멈추고 나가기를 바란다. 하지만 그는 계속 요구하고 침범하며, 그녀는 혼자 있게 그가 나가기를 바란다. 그녀는 피해야 하고 벗어나야 한다. 생각할 수가 없고 폭발하여 그를 그만두게 하기 위하여 끔찍한 말을 한다. 이 순간 그를 증오한다. 그런 다음 벗어나려고 모든 것을 멈추고 철회한다.

남편은 아내와 가까이 있기를 원하지만 그녀는 멀리 있다. 아내가 하였던 말에 반사적으로 행동하였고 상처받고 무시당하는 느낌이 들었다. 가까워져서 사랑을 나누기를 바랐다. 그는 상처와 분노를 느끼고 아내가 차갑고 거부한다고 본다. 그녀에게 자신의 감정을 말하려고 하는데 듣지 않으려 하기 때문에 화가 난다. 아내가 하는 것이 자신을 너무 힘들게 한다고 말하고는, 왜 그렇게 하느냐고 따진다. 그는 아내의 부드러움이 절실히 필요하다고 느끼고는 심한 무력감이 느껴지기 시작하면서 화가 난다. 아내와의 모든 접촉을 상실하고 그녀가 세운 벽만 느껴질 뿐이다. 그 벽에 분노가 치밀어 오르기 시작하고, 그 벽이 자신이 그렇게 절실히 바라는 것을 갖지 못하게 막고 있기 때문에 그가 생각할 수 있는 모든 것은 그 벽을 부수는 것이다. 그는 아내가 잔인하게 차단하고 있는 것으로 보고 그 장벽을 부수고 싶어 한다. 장벽 제거에 너무 열중하여서 아내의 폭발을 거의 인식하지 못한다. 오직 거리감과 차가움을 느낄 뿐이다.

상처와 분노 다루기: 고립이라는 장벽의 두 가지 주요한 요인

일단 사이클이 확인되고 자각하게 되면, 정서 코치는 부부가 서로를 멀어지게 하는 감정을 다루고, 비정상적인 상태를 다루도록 도와야 한다. 부부가 어려움에 빠져 들어 가는 가장 큰 이유 중의 하나는 자신과 배우자의 분노를 다룰 수 없는 것과 관련이 있음은 의심의 여지가 없다. 앞서 논의한 바와 같이, 침해에 대한 분노가 표현되어야 할 건강한 감정이라 하더라도, 분노는 더 큰 상처를 받거나 사랑받지 못하거나 지지받지 못하는 느낌에 대한 이차적인 반응인 경우가 많다. 분노, 원망, 경멸과 같은 배우자가 표현하는 많은 '더 경직된' 감정은 흔히 배우자로부터 자신을 보호하거나, 자신의 슬픔, 두려움, 수치심과 같은 더 고통스럽고, '더 연약한' 정서로부터 자신을 보호하기 위한 공격적인 시도일 것이다(Greenberg & Mateu Marques, 1998).

상처와 분노는 관계의 정상적인 부분들이다. 정서 코치는 부부가 소외감과 고립감이라는 벽에서 벽돌이 되지 않게 하려면 이 두 가지 환영받지 못하는 감정을 어떻게 다루도록 도와야 할까? 코치는 관계의 가장 유독한 단일 요인으로 바꾸지 않으면서 이러한 감정을 다루도록 어떻게 도울 수 있을까? 결국에는 비난과 경멸이 무엇으로 발전될까?

상처와 분노의 문제는 부부가 상대방을 수치스럽게 하거나 깎아내리지 않고는, 또는 요구적이고 통제적으로 되지 않고서는 표현하는 것이 너무 힘들다는 것이다. 하지만 부부가 이러한 정서들을 표현하지 않는다면 담을 쌓기 시작한다. 슬픔은 대체로 상처의 기저에 있으며, 상처는 분명히 분노의 기저에 있는 경우가 많다는 것을 인식해야 한다. 어려움 중의 또 다른 하나는 분노와 슬픔을 분리하는 것이다. 해결되지 않은 정서 기억과 관련하여 논의한 바와 같이, 분노와 슬픔은 대부분 불만, 희생자 의식 및 비난으로 표현되는 상처와 분노의 공(ball)으로 융합된다. 이 감정들을 성공적으로 표현할 수 있으려면, 부부는 상대편에 의해 각자의 정서가 오염되지 않은 채 분명하게 화를 내고 깨끗하게 슬퍼할 수 있어야 한다.

각 배우자의 분노는 비난 없이 가능한 한 좋은 의도를 가지고 명확하게 표현되어야 한다. 개인적으로 시도하여 성공한 기술 중 하나는 "나는 화를 느끼고 싶지 않지만, ……에 화가 느껴진다."는 말을 하는 것이다. 이는 조화에 대한 열망을 의사소통하면서 배우자를 안심시켜 줄 수 있다. 우리는 자신의 분노를 소유하는 법을 배워야 한다. 경멸이나 못마땅함, 냉소적인 적개심을 전달해서는 안 된다. 파괴하고자 하는 분노는 효과가 없다. 배우자의 경계나 경계 침범을 알려 주고, 그것을 주장하는 분노는 받아들이기가 항상 쉽지 않지만 필요하다. "나는 화가 나. 내가 부탁한 것을 당신은 하지 않아. 그래서 내가 당신한테 중요하지 않은 것 같아." 정말로 중요한 것은 부부의 비언어적인 의사소통과 태도이다. 경멸적인 태도라면 분노는 파괴적일 것이며, 존중적이라면 그렇지 않을 것이다.

표현되지 않은 원망, 그리고 철회나 차단의 형태로 표현되는 분노는 관계의 독이다. 관계 차단은 흔히 철회자가 갈등을 풀기 위하여 시도하는 해결책이지만, 그것은 효과가 없다. 그러나 숨은 원망을 표현하는 것은 도움이 된다. 그것은 철회자를 숨는 것으로부터 데려오며, 철회자가 많이 놀라는 부분인데, 추적자가 거리감보다 분노를 다루는 것이 훨씬 더 쉽다는 것을 알게 되기 때문이다. 추적자가 원하는 것은 접촉이므로, 철회자가 표현하는 분노는 친밀한 유대를 증대시킬 수 있다.

하지만 분노의 문제는 분노가 상승될 수 있거나 분노를 둘러싼 상호작용이 고조된다는 것이다. 부부가 화가 나면, 곧 이어서 이해해 주는 반응을 얻지 않는 이상 거의 자제력을 잃는다.

그런데 어떤 사람들의 분노 표현은 거의 즐거움이나 기쁨에 가깝다. 모든 정서는 내려놓기(letting go)와 억압의 조합이다. 어떤 부분의 기능 조절력을 잃어버린 나이든 사람이 약간의 도발에도 화를 내는 것을 목격한 적이 있다. 그가 처음에는 도발을 중단하라고 말하였지만, 곧 급하게 치솟는 분노를 담지 못하고 엄청난 격노로 폭발하였다. 표현을 조절할 수 있어서 한계를 넘지 않는 것이 중요하다.

한계를 넘는 상승작용은 부부에게 문제가 된다. 한 배우자가, 수용 가능한 방식이라 할지라도, 화를 내고, 다른 배우자는 경계 침범을 감지하고서는 똑같은 화로 반응한다. 이제 두 명의 투사가 링 안에서 태세를 갖춘다. 전반적인 순서는 다음과 같다. 한 배우자가 분노 수준을 올리자마자, 다른 배우자도 그렇게 하고, 곧 두 사람은 챔피언 벨트를 강타한다. 배우자의 성격, 어머니, 부엌 싱크대가 모두 링으로 던져진다. 이 싸움은 대개 고통스럽고 파괴적인 것이다. 가끔은 싸움이 화해의, 사랑을 나누는 달콤함으로 이어지기도 한다. 싸움이 만든 상처의 치유로 일종의 심도, 열정 및 친밀함이 올 수 있지만, 결국은 엉뚱한 결과를 낳는다. 싸움이 너무 파괴적으로 되어서 화해로 이어지지 않는다. 흔히 한 배우자는 싸우는 걸 더 좋아한다. 이러한 배우자는 냉정하고 깊은 거리감보다는 분노의 격렬한 접촉이 더 좋게 느껴진다. 문제는 상대 배우자는 다를 수 있고 싸움이 너무 무섭거나 상처를 준다는 것을 안다는 것이다. 싸움 자체가 문제가 아니라 거리감을 만들고 결국에는 친밀한 유대를 해체하는 싸움을 해결할 수 없다는 것이 문제이다. 최악의 시나리오는 매우 빠르게 상승작용할 때, 경멸과 무시가 표현될 때이다. 예를 들어, 아내가 남편에게 "설거지 해."라고 하고 남편은 "그래, 당신이 해."라고 말할 때, 이러한 것들이 미래의 이혼을 알려 주는 신호들이다(Gottman, Katz, & Hooven, 1996).

상처와 분노의 해결은 슬픔과 분노를 분리하여 각 정서가 순수한 형태로 나오도록 하는 것이다. 분노는 명확한 경계를 주장하는 것이어야 하고, 슬픔은 요구에 부응하지 않으면서, 위안을 요청하여야 한다. 분노는 확고하지만 공격적이지 않는 방식으로 개인의 경계에 대한 표현이 되어야 한다. 상처는 피해를 주는 행위에 대한 어쩔 수 없는 반응이 아니라, 진정한 자기 자신과 자신의 상실감에 기반한 고유한 반응으로 간주되어야 한다. 상처를 다른 사람에 의해 생긴 것으로 보는 것이 아니라, 자신의 정서 구조의 한 기능으로 보아야 한다. 반면에, 자신의 배우자가 의도적으로 상처를 주거나 위해를 가한다고 생각되면 그때는 분노가 적절한 반응이다.

자기진정

부부가 싸움에 들어가는 '미친 상태'를 다루기 위하여 정서 코치는 부부가 자신을 진정시키는 법을 배우도록 도와야 한다. 어떤 사람들은 자신을 이완하거나 진정시키고 자양분을 공급하는 내면의 정서 구조나 과정이 결여되었기 때문에 자기진정을 할 수 없는 것으로 느낄 수도 있다. 아동기에 이러한 것을 충분히 받지 못했을 수도 있고, 그려 낼 수 있는 내면의 양육적인 부모의 표상이 세워지지 않았을 수도 있다. 관계가 일시적으로 무너지면, 절박감을 느끼고 살아 있던 관계의 역사에서 만들어진 안전감을 유지하는 데 어려움을 갖는다. 그렇게 되면 사소한 분열에도 지탱하기가 어렵고, 거리감이나 약간의 균열에도 마치 관계가 끝나는 것처럼 엄청난 위협감이나 모욕감을 느낀다. 이는 지나치게 극단적이거나 남의 일처럼 들릴 수도 있지만, 아무리 안전하다고 느끼더라도 어느 순간에 우리 모두에게 일어난다.

사이좋은 배우자와의 힘들었던 싸움에 대해서 생각해 보라. 적어도 둘 중 한 사람은 불안 애착 상태에 들어갔을 것이며, 이러한 상황이 아마도 싸움으로 상승작용을 하였을 것이다. 둘 중 한 사람은 균형 감각을 잃어서, 갑자기 지금 해결해야 하고 지금 바로 가까워지지 않으면 관계나 자신이 살아남지 못할 것처럼 느껴진다. 그 배우자는 자신이 하는 말을 즉시 상대방이 들어 주지 않으면, 자신은 영원히 이해받지 못하거나 아무것도 아닌 것이 되어 버릴 것 같은 정체감 위기를 느낄 것이다. 두 사람 모두 이를 꼭 실제적으로 생각하지는 않지만, 각자 내면의 걱정하는 부분은 뭔가를 보호하기 위하여 필사적으로 이렇게 행동하고 있다. 불행히도, 그 무엇을 보호하기 위하여 지적하려고 하고 설득하거나 비난하려고 하는데, 이는 대개 문제를 일으킨다. 여기서 필요한 것은 과거에 아무 문제가 없고 서로 배려하던 이미지를 떠올리고 과거의 나쁜 순간도 다시 좋은 것으로 변하였다는 생각으로 자신을 진정시킬 수 있어야 한다는 것이다. 이전에 항상 지나왔듯이, '이 또한 지나가리라.'고 자신을 확신시켜서 불안을 달래도록 하여야 한다. 그러므로 코치는 내담자의 배우자가 반응적일 수 없을 때에 내담자 스스로 진정할 수 있도록 도와야 한다. 부적응적인 정서와 정서 조절에 관하여 논의한 제8장의 기술들이 여기서 필요하다.

자기진정은 타인 진정을 보완하는 것으로 간주되며, 이는 부부의 나쁜 감정이 상승작용하는 것을 깨트리는 중요한 역할을 한다. 자기진정은 부부의 전반적인 건강한 정서 조절과 관련된 또 다른 중요한 역량이다. 자기진정 능력은 부부가 한시적으로 요구에 응할 수 없을 때 특히 중요해진다(Greenberg & Goldman, 2008). 배우자의 가치감과 같은 핵심적인 정체성 문제로 귀결될 수 있는 부부의 힘든 문제들은 타인 진정보다 자기진정으로 다루어지는 것이 최선인 경우가 많다. 예를 들어, 어떤 사람의 핵심 정서가 수치심일 때 그는, '나에게 문제가 있구나. 나는 너무 약하고, 빈약하고, 충분하지 않아.' 또는 '나는 근본적으로 뭔가 잘못 되었어.'라고 느끼고, 배우자를 통해 자기 마음을 진정시키거나 안심시키는 것이 도움이 될 수 있다. 그러나 그가 자신에 대한 관점을 바꾸지 않을 때 궁극적인 문제 해결은 되지 않을 것이다. 다른 말로 하자면, 자신에 대한 수치심을 드러내어 배우자가 떠나지 않을 것이라고 느끼는 것은 위안이 되고 부부 관계를 더 안전하게 할 수는 있지만, 수치심 그 자체를 치유하지 않는다. 반면에, 자부심과 자립감에 접촉함으로써 수치심을 전환하는 것과 같이 자기 내면에서 이루어진 정서 변화는 자신에 대한 관점을 변화시킨다. 이러한 유형의 변화는 결국 자신에 대해 보다 긍정적인 관점을 가지고 배우자에 의해 새로운 방식으로 보이는 것으로 관계에 다시 피드백된다.

다음의 예를 보자. 한 부부는 한동안 치료를 받았으며, 갈등을 겪을 때의 근본적인 부적응 사이클은 아내가 친밀감과 연결을 추구하고 종종 거부감을 느끼고 화를 내고 비판적으로 되는 것이다.

이로 인해 남편은 아내로부터 힐책당하는 느낌을 갖게 되며 관계에서 철회하고 다른 곳에서 인정을 구하거나 화를 내고 퉁명스럽게 된다. 가족사적으로, 그의 어머니는 요구적이고 비판적이었으며, 장남으로서 그에게 매우 높은 기준을 가지고 있었다. 그는 순종하고 매우 성공한 전문가가 됨으로써 어머니의 기대에 긍정적으로 부응하였다. 하지만 그는 특히 아내와의 갈등에 휘말릴 때 매우 자기비판적이고 끊임없이 자신의 가치에 의문을 가진다. 이번 회기 이전에 부부 회복을 위한 작업을 많이 하였고, 두 사람 모두 이면에 내재된 두려움과 취약성을 많이 공유할 수 있었다. 하지만 그는 자기인정에 관해서는 고착되어 버린다. 남편은 자신을 더 작고 더 취약한 아이로 자신에 대해 묘사하였던 이야기를 공유했다. 그는 초등학교 때부터 구체적인 기억을 설명하였는데, 그는 자신을 내세우지 않았던 것에 수치심을 느꼈다.

치료사는 그 '작은 아이'를 불러낸다. 남편은 그 작은 아이의 감정에 집중하여 두려움을 탐색하고 수용할 뿐만 아니라, 그 내면화된 아이에게 가졌던 기쁨과 애정도 온전히 인식한다. 그는 자신이 지지가 필요하였던 것을 받아들이고 인정할 수 있으며, 그리하여 자기진정을 할 수 있고, 이는 자기인정으로 이어질 수 있다. 그는 이제 새로운 방식으로 자신을 경험하기 시작하고 더 많은 자기확신과 가치를 느낀다.

갈등을 겪는 부부를 위해 코치는 무엇을 해야 하나

치료에서 부부가 어떻게 변하는가에 대한 연구에서, 중간 및 경미한 정도의 부부 갈등을 해결하는 가장 효과적인 단일 방법은 배우자의 취약한 감정과 애착과 친밀 욕구를 노출하는 것으로 나타났다(Greenberg & Johnson, 1988; Jonhnson & Greenberg, 1985). 불평 없이 감정을 공유하는 데서 친밀감이 생길 수 있다. 상처받은 감정을 나누는 것은 심각한 관계의 해독제가 될 수 있다. 나는 폭력이 있거나 분노가 너무 강할 때는 이 방법을 제시하지 않는다. 하지만 이전에 표현하지 않았던 상실에 대한 슬픔, 위협에 대한 두려움 및 공격에 대한 분노를 드러내고 표현하는 중간 정도의 갈등이 있는 부부에게는 마법 같은 효과가 있었다. 부부가 실제로 배우자의 눈물을 보고, 배우자의 두려움과 분노를 들을 때, 자신의 입장을 반복하거나 방어하는 최면상태와 같은 것에서 나오게 되었다. 대신에, 그들은 더욱 생생하게, 동정적이고, 완화되고, 관심과 흥미를 갖게 되었다. 정서가 관계 맺음의 기초를 형성하기 때문에, 순수한 감정을 표현하는 것이 상호작용을 변화시키는 믿을 수 없는 힘을 가진다는 것을 부부가 빠르게 깨닫도록 코칭할 수 있다. 그 사람의 진심에서 우러난 취약성은 상대방을 무장해제시키고 자비심을 불러일으키며, 비도구적인 분노는 한계를 설정하고 존중과 관심을 가져온다.

많은 교육자와 치료사들은 비난적이지 않은 태도로 경청하는 '나 전달법'과 같은 훌륭한 의사소통 기술의 교육에 대해 이야기하였다. 모든 기술들이 맞고, 갈등을 지속하는 사이클을 깨는 데 도움이 될 것이다. 하지만 문제는 어떻게 더 융화적인 자세로 이 방법들을 채택하여 조직해 가느냐는 것이다. 정서를 통하여 이렇게 한다. 자비심, 배려, 사랑과 관심은 사람들이 주의를 기울이게 하고 경청하도록 조직한다. 표현되지 않은 두려움과 분노는 사람들을 방어적이고 두렵고 덜 융화적으로 조직한다.

상처의 핵심 정서를 부부가 표현하도록 코칭하기

정서 코치는 어떻게 불안이 치유되고 배려받는 느낌이 들도록 하는가? 배우자로부터 관심과 배려받기 위하여 어떻게 돕는가? 그 답은 좀 예상 밖에 있다. 나는 사람들이 사랑과 동정 및 이해받도록 쉽게 도울 수 있는 방법을 알지 못하지만, 앞에서 시사한 것처럼 한 배우자가 상대방이 자신에 대해 이러한 감정이 들게 하는 방법을 발견한 바가 있다. 감정과 욕구에 관련된 애착과 친밀감을 공유함으로써 부부는 대체로 서로에 대한 입장이 완화된다(Greenberg, Ford, Alden, & Johnson, 1993; Greenberg, James, & Conry, 1988; Johnson & Greenberg, 1985). 자신의 가까워지고 싶은 욕구나 정체성을 비난하지 않는 태도로 솔직하게 표현할 때, 배우자는 경청하고 이완된다. 일단 부부 두 사람 모두 배우자가 자신을 보고 듣는다고 느끼면, 더 융화적으로 교류할 가능성이 훨씬 더 많아지고, 그렇게 되면 둘 다 사랑의 정서에 더 접근하게 된다.

코치가 할 수 있는 최선의 방법은 부부가 자신의 현재의 정서와 욕구를 가능한 한 배우자가 가장 잘 듣고 볼 수 있는 방식으로 정직하고 공개적으로 표현하도록 돕는 것이다. 이는 부부가 상대방의 호감을 사기 위해 애원하거나 자기를 없애면서 기분을 맞춰 준다는 의미가 아니다. 그보다는 부부의 일차 정서를 코치가 지지하고 인정하면서 부부는 애착 욕구를 노출할 위험 부담을 감수할 수 있을 만큼 충분히 강하게 되고, 이러한 욕구가 반응을 얻지 못하더라도 만족의 지연을 견딜 수 있게 된다. 무반응을 견딜 수 있는 역량은 배우자가 과거에 반응할 수 있었음을 기억하고, 앞으로도 그럴 것으로 믿을 수 있는 힘을 가지는 것이다. 배우자의 가능성에 대한 이러한 믿음은 현재의 무반응적인 배우자로부터 잠시 떨어져 나오게 하고, 비록 만족스럽지는 않지만 자신에게로 차분하게 돌아설 수 있게 한다. 나중에 원망 없이 유머, 자신을 놀릴 수 있는 능력 및 갈등의 불가피성에 대한 철학적인 수용과 함께 다시 배우자에게로 돌아설 수 있다면, 이는 재연결을 촉진하는 데 도움이 될 것이다. 화해 그 자체는 자신과 배우자의 상태에 대한 민감성과 공감의 정서지능이 요구되는 예술이고, 좋은 타이밍을 맞추는 기술이다.

지난 몇 달 동안 밥의 사업이 잘 되지 않았는데, 처남이 좋은 차를 구입하였다고 마리가 언급하는 것은 밥에게 부적절감을 안겨 준다. 마리가 남동생의 차에 대해 이야기할 때 밥은 자신이 돈을 충분히 벌지 못한다고 마리가 불평하는 것처럼 느껴져서 참기 힘든 수치심이 올라왔다. 그런 다음 분노하게 되고, 소리를 지르기 시작한다. 밥은 그냥 수치심을 인정하고 표현할 수가 없을 뿐이다. 그는 자신의 핵심 정서를 더 잘 알고 표현하기 위해 노력해야 한다. 분노하고 화를 내는 방어적이고 도구적인 정서는 도움이 되지 않는다. 그 정서들이 표현되면 거리감이 생기고 연결을 끊어 버리게 된다. 마리가 그런 말을 할 때 밥이 자신의 수치심과 부적절감에 접근하여 자신이 어떻게 느끼는가를 마리에게 털어놓도록 도울 필요가 있을 것이다.

비난하지 않고 위로를 요구하지 않으면서 자신의 상처를 표현하는 법을 배워야 한다. 부부는 배우자가 자신의 정서가 명하는 바에 따라 자유롭게 반응하고 자유롭게 공격하게 두면서 상처를 표현하도록 코치받아야 한다. 코치는 부부가 다른 사람 탓이 아니라 자신의 취약성이나 욕구 때문에 상처 입었음을 인정하고, 상대방 배우자는 자신이 한 것을 하지 않을 의무가 없으며 아픈 것을 아프다고 말하지 않을 의무가 없음을 인정하도록 도움으로써 이를 달성할 수 있다.

예를 들어, 아내가 자신에게 중요한 것을 남편에게 말하는 동안 남편이 듣지 않았다고 말하라. 그렇지 않으면 남편이 친밀감을 느끼려는 순간에 아내가 화제를 바꾼다거나 섹스에 대한 관심 부족을 보인다. 부부는 이 모든 상황에서 상처받거나 분노를 느낄 수 있다. 예를 들어, 한 배우자가 성적인 거절로 상처를 받는다면 이는 부부의 상호작용 패턴의 한 부분이다. 남편이 전반적으로 섹스에 더 관심이 있었지만 대체로 아내가 먼저 진행하기를 기다렸다. 두 사람 모두 이 문제에 대해 논의하였고,

남편이 거절감을 느끼는 것을 피하기에 좋은 체계인 것으로 동의하였다. 아직도, 가끔 그가 먼저 요구하였고, 아내가 요구할 때에는 기꺼이 따라가려고 하지만 그다지 열망이 없었으며, 그는 흥분과 상호성이 사라지는 것 같아서 상처나 분노를 느꼈다. 이러한 상황에 그는 고착된다. 그가 말없이 진행하면 두 부분으로 분리되기 시작할 것이다. 즉, 한 부분은 숨을 것이고, 다른 부분은 아내에게 몰입할 것이다. 이것은 온전한 해결책이 아니다. 그가 상처나 분노를 표현하면 훨씬 더 큰 분열, 즉 부부 관계가 갈라지게 될 것이다. 그러나 그가 가슴으로부터 비난하지 않는 태도로 분노를 표현한다면 이러한 것은 일어나지 않을 것이다. 남편이 "당신이 나를 사랑하지 않고 나와 가까워지고 싶지 않은 것 같아서, 나는 다시 상처를 받고 있고, 그래서 정말 힘들어. 그리고 당신 옆에 있으려고 노력하고 있어."라고 말한다면, 그의 아내는 맞춰 주려고 반응하지 않아도 된다. 이것이 핵심이다. 아내가 어떤 식으로든 강압적인 느낌을 받으면 남편은 불만스러운 반응을 되받을 것이며, 그러면 결국 그는 아내로부터 더 많은 원망을 받게 될 것이다. 부록의 연습 26은 부부에게 건설적인 싸움에 대한 지침을 제공한다.

정서 소유하기

배우자에게 자신의 마음과 생각이 무엇인지 말하지 않고 인생을 살아가는 경우가 많다. 내면의 정서로부터 말하는 것이 참으로 힘든 것 같다. 우리는 너무 두려워한다. 바보처럼 보이는 것이 두렵고, 또는 거절당할까 봐, 또는 바라는 반응을 얻지 못할까 봐 두려워한다. 부부 치료에서 사라져야 할 가장 보편적인 신화 중의 하나가 '어항' 환상이다. 즉, 부부는 상대방을 잘 들여다볼 수 있어야 하며, 그래서 안에서 일어나는 정서와 생각을 모두 자각해야 한다고 믿는 것이다. 자기 배우자는 요청하지 않아도 자신의 감정과 욕구를 알아야 한다는 위험한 가정을 한다. 또한, 요청해야 한다면 요청해서 주어지는 것과 자발적으로 주어지는 것과 가치가 다르다고 믿는다. 자발적인 태도는 배우자의 의도에 대한 증표, 더 구체적으로 말하자면, 배우자의 사랑이 있다는 개념에는 어떤 진실이 있다. 그러나 끊임없이 사랑의 증표를 요구하는 것은 장기적인 관계를 유지할 수 있는 방법이 아니다. 정서를 표현할 수 있고 욕망과 욕구를 구할 수 있는 것은 만족감을 얻고 관계가 더 순조롭게 나가게 하는 데 있어서 최선의 방법이다. 요구되는 것을 선의로 줄 때 그것은 아끼고 배려한다는 충분한 증거이다.

부부 문제가 있을 때, 부부가 분노, 실망 그리고 거리감에 갇혀 버릴 때, 가장 진실되게 느껴지는 것에 집중하여 이 정서들을 비난하지 않는 태도로 표현하도록 코칭을 받아야 한다. 일반적으로 부부는 연결 상실에 대한 슬픔과 두려움을 느낄 것이다. 부부는 비방어적인 태도로 이들 정서에 경청할 수 있어야 한다. 비난하지 않고 방어하지 않는 것이 친밀감을 회복시키는 핵심이다. 즉, 각 배우자는 '너'에 대해서보다는 '나'에 대해서 이야기할 수 있도록 자기 초점화할 수 있어야 한다. 각 배우자가 자기 자신에 집중하고 내면의 모습을 말하도록 돕는 것은 비난을 내려놓는 데 도움이 된다.

이런 식으로 말하면, "당신이 나를 아프게 해."가 아니라 "나의 상처가 느껴져."라고 말함으로써 상처를 소유하는 것이 되며, 부부는 이렇게 할 수 있게 되어서 위안을 얻을 수 있도록 코치를 받아야 한다. 100킬로그램의 축구 선수나, 독립하고 싶어 하는 강한 젊은 여성, 또는 명령을 내리는 데 익숙한 경영자를 생각해 보라. 그들이 화내지 않으면서 허약하고 상처받고 결핍된 느낌을 수용할 수 없다면, 그리고 이를 자신의 방식대로 의사소통할 수 없다면, 그들은 친밀한 관계를 덜 만족시켜 주는, 힘든 운명에 처하게 될 것이다. 누구나 때로는 아기처럼 도움이 필요하며, 누구나 가끔 보살핌을 받을 필요가 있다. 여기에는 아무런 문제가 없다. 성인의 애착 욕구는 아동의 그것만큼 돌봄이 필요하다. 이것은 유아적이지 않다. 자신의 욕구를 표현할 수 있는 것은 고도의 성인의 능력이다. 부부가 머리와 가슴을 통합할 수 있고, 배우자가 자신의 의존 욕구에 반응할 수 없을 경우 좌절을 견딜 수 있는 한 그 부부는 성숙한 것이다. 부부는 또한 보살핌을 주고받는 것을 번갈아 하는 방법도 배워야 한다. 배우자가 신경 써 주고 서로 접촉하는 방식으로 다른 배우자의 욕구를 진심으로 충족시켜 줄 수 있는 경우에 취약하고 어려움을 겪는 부분이 놀랍도록 육성되고 재충전이 된다. 두 배우자가 동시에 보살핌을 받아야 할 때만 문제가 된다. 의존 욕구를 가진 두 성인을 다루는 것은 내가 말했던 대로 어렵다. 둘 다 고갈되어 있고 보살핌이 필요할 때는 한쪽이 오히려 빨리 성장해야 한다. 그렇지 않으면, 둘 다 요구적인 고함으로 끝난다. 양육자와 의존자의 역할들은 부부가 번갈아 가며 할 수 있는 융통성이 있어야 한다.

갈등 해결의 또 다른 중요한 요인은 각자가 자신의 상호작용에 동기가 되는 욕구나 목표를 명확하게 하는 것이다. 배우자의 현재 최상위 수준의 목표가 사이좋게 지내는 것이고, 관계 유지와 향상을 실제로 바라고 있을 경우, 이 사람의 반응은 가능한 한 건설적일 것이다. 많은 부부가 "나는 옳고, 너는 틀렸어."라는 통제의 왈츠를 끊임없이 춘다. 관계가 잘 되게 하려면, 부부는 인생에서 옳게 되는 것보다 행복하게 되는 것이 더 중요하다고 결정해야 한다. 그러면 의견 불일치가 옳음이나 그름의 문제가 아니라 다름의 문제라는 것을 알게 될 것이다.

배우자에 대한 감사 코칭하기

사이좋게 지내는 것의 또 다른 중요한 요소는 상대방에 대한 감사함을 느끼고 표현하는 것이다. 배우자에게 긍정적이고 부정적인 감정 모두 표현할 수 있어야 한다. 긍정적인 것을 부정적인 것보다 더 많이 표현해야 한다는 것이 일리가 있지만, 관계에 들어 있는 사람들은 이 황금률을 곧 잊어버린다(Gottman, 1977). 어떤 부부들은 긍정적인 것을 당연한 것으로 받아들이고 부정적인 것만을 표현하기 때문에 곤경에 처하게 된다. 반면에, 어떤 부부는 부정적인 표현을 하면 안 될 것 같아서 아예 피해 버린다. 이러한 전략들 중 어느 것도 건설적이지 않다. 코치는 부부가 서로에게 감사를 표하고 각자가 보살핌을 받는 느낌을 갖게 하는 행동을 하도록 도와야 한다. 약간의 긍정적인 표현이라도 좋은 애착을 유지하는 데 도움이 된다.

Chapter 14

자녀양육에서 정서지능 코칭하기

나는 사랑이나 감정이 없는 집에서 자랐고. 항상 그 부분이 나를 따라다니는 것 같다.

— 빌리 코간(Billy Corgan)

애비는 초콜릿 아이스크림만 좋아하고 바닐라는 견딜 수 없는 아이다. 그는 세 살이고 처음으로 친구의 생일 파티에 참석한다. 파티가 끝나가고 있고 굉장히 재미있는 시간이었지만, 모두가 피곤해서 짜증이 난다. "아이스크림이 와요! 바닐라네." 실망한 애비는 매우 불행해 보인다. 아버지한테 가서 "초콜릿 아이스크림을 먹고 싶어."라고 한다. 아버지는 "미안해, 애비. 여기는 바닐라밖에 없어."라고 한다.

애비는 "초콜릿을 먹고 싶어."라고 칭얼댄다. 다른 부모들이 애비의 아버지를 쳐다본다. 그는 긴장된다. 그는 이 상황을 어떻게 수습해야 하나? 아버지는 애비에게 다른 것을 줄 수 없다는 것을 알고 있지만, 아들이 기분 나빠져 있다는 것을 깨닫고 이해와 위로를 해 준다.

"너는 초콜릿 아이스크림을 먹었으면 좋겠지." 애비가 쳐다보고 고개를 끄덕인다.

"그리고 너는 화가 났어. 왜냐하면 우리는 네가 원하는 것을 줄 수 없어서."

"응."

"너는 지금 당장 먹을 수 있으면 좋겠지. 그리고 다른 아이들은 아이스크림을 먹는데 너는 먹지 않고 있어서 불공평한 것 같지."

"응." 애비가 더 주장적으로 말하지만 더 이상 징징거리지는 않는다. "좋아하는 아이스크림을 줄 수 없어서 미안해. 그리고 그게 정말 실망스럽다는 걸 난 알아."

"응." 애비가 훨씬 덜 기분 나쁜 듯이 말한다.

"정말 미안해."

"우리가 집에 가면 초콜릿 아이스크림을 먹을 수 있을 거야."라고 아버지가 말하자 애비는 안심하는 듯이 보인다. 그는 매우 기뻐하며 놀려고 뛰어간다. 몇 년 후 아버지는 바닐라를 싫어하는 민감한 감각을 지닌 사람이 있다는 걸 알게 된다.

자녀의 정서를 공감적으로 이해하는 것은 자녀양육에 있어서 정서 코칭의 핵심이다. 아버지의 행동은 애비가 원하지 않는 것을 먹게 하려고 달래거나 애비에게 감사한 줄 모른다고 하고 좀 더 융통성 있게 되어야 하며 자신에게 주어지는 대로 먹어야 한다고 말하는 것보다 훨씬 더 효과적이었다. 부모가 자녀의 신발에 들어갈 수 있다면, 그리고 그들의 눈으로 세상을 볼 수 있다면, 아이들은 고립감과 외로움을 많이 내려놓을 것이다. 아이들의 정서를 무시한다고 해서 그 정서가 사라지는 것은 아니며, 오히려 그 정서에 대해 이야기하고, 말로 표현하고, 부모의 위로와 관심으로 이해받고 진정되는 느낌이 들 때 나쁜 정서가 변화하는 경향이 있다. 그런 다음 아이들은 내·외적인 세상에서 사물을 이해하려는 투쟁에서 부모를 동맹자로 보고 더 자주 부모의 지지를 받으려고 한다.

공감이 무엇인지 이해하는 것이 쉽다고 치면, 자기 자녀와 훈습하는 것은 극히 어렵다. 나는 경험에서 말한다. 부모는 자신을 천천히 가게 할 수 있어야 하며 공감적으로 느끼는 것을 멈추게 할 많은 불안을 제거할 수 있어야 한다. 자신이 겪고 있는 거부감으로부터 자녀를 보호하고 싶은 것과 같은 불안, 자녀가 "올바르지 않게 되면 어쩔까?" 하는 걱정, 자녀가 "어떻게 되면 좋겠다." 하는 기대, 지켜보고 있을 타인에 대한 자의식적인 염려, 그리고 올바른 자녀양육을 하기를 바라는 것, 모두 부모가 되는 것의 일부이다. 딸이 집에 와서 친구들이 따돌렸다고 말하면, 해결을 서두르거나 조언을 주고 자녀가 덜 민감해지도록 노력하는 것보다 멈추고 자녀의 상처에 반응해 주는 것이 중요하다. 이렇게 하는 것이 정서 코칭이다.

자녀양육에서의 정서 코칭은 부모가 자신의 정서를 자각하고 관리하는 것뿐만 아니라 자녀의 정서를 다루는 방법이 포함된다. 때로는 부모와의 작업에서 자녀의 정서에 집중하고 관리하는 방법에 대해서만 코칭하기도 한다. 다른 때는 부모와 자녀와 함께 하는 작업도 있다. 후자의 경우, 부모는 실제 상호작용에서 자녀의 감정에 반응하는 방법을 코치받는다. 예를 들어, 자녀와 문제가 있는 부모는 유아를 안는 방법, 목소리로 반응하는 방법 그리고 자녀의 시선에 더 주의를 기울이고 서로 시선을 주고받는 방법을 배울 수 있다.

이 장은 정서 코칭의 중요성을 부모로서 이해할 수 있도록 부모를 위하여 쓰였다. 자녀양육 코치는 부모의 심리 교육에 도움이 되는 관점을 사용해도 된다. 부모와 코치를 위한 더 자세한 안내는 정서 코칭에 관한 가트만(Gottman, 1998)의 작업에서 찾아볼 수 있다.

자녀양육에서의 정서 코칭

자녀양육에서 정서 철학을 연구하였던 심리학자, 존 가트만(John Gottman)은 정서 코칭 철학을 가진 부모의 자녀가 감정 배척 철학을 가진 부모의 자녀보다 많은 영역에서 더 잘 기능하는 것을 발견하였다(Gottman, 1997). 가트만의 연구에서 (Gottman, 1997), 부모들의 정서와 5세 자녀와의 상호작용에 대한 태도를 Time 1에서 측정하였다. 3년 후, Time 2에서, 8세가 된 아동들은 다시 여러 가지 지표로 연구되었다. 여기에는 교사가 측정한 동료 관계와 학업 성취도, 부모의 보고에 의한 아동의 정서 조절 필요성과 신체 건강이 포함된다. 연구 결과, Time 1에서 정서 코칭하는 부모의 자녀가 Time 2에서 학업 성취도가 더 좋아졌다. 또래 관계에서 조절을 더 잘하게 됨으로써 사회적 기술이 더 좋아졌고, 어머니들은 부정 정서가 더 적어지고 긍정 정서가 더 많아졌다고 보고하였다. 아동들도 소변 검사를 통해 스트레스 관련 호르몬과 휴지기의 심박수가 낮았고, 더 빠르게 스트레스를 회복하는 것으로 측정되어 이 아동들이 생활에서 더 낮은 스트레스 수준을 보인 것으로 나타났다. 또한 감염과 감기가 더 적었던 것으로 보고되었다. 이 연구의 일반적인 결론은 Time 2의 이러한 지표에서 최선을 다하고 있는 아동들의 부모가 Time 1에서 특정한 특성들을 보여 주었다는 것이다.

성공한 어린이의 부모는 자신과 자녀의 감정에 높은 수준의 정서 자각을 보여 주었다. 그들은 분노와 슬픔을 다룰 때 수용과 지지를 한다는 정서 코칭 철학을 가지고 있었다. 또한, 그들은 행동에서 무시적이거나(침습적, 비판적, 놀리는) 그냥 따뜻한 것보다(긍정적이지만 정서에 집중하지 않은), 따뜻할 뿐만 아니라 정서에 더 집중하고 필요할 때 방향을 제시하고 아동의 행동이 목표에 적합할 때 칭찬한다. 예를 들면, 이러한 구조와 칭찬은 놀이할 게임의 목표와 절차를 간단하게 말하고 너무 많은 정보로 아동을 압도하지 않도록 하는, 이완된 태도로 제공되었다. 이 부모들은 밀어붙이지 않고 자녀들이 행동하도록 기다리고, 아동이 옳은 일을 하였을 때 일차적으로 언급해 주었다. 이 차원이 낮았던 부모는 아이들에게 도움을 거의 주지 않고 정보를 너무 많이 주어서, 아동들을 신나게 하거나 혼란스럽게 하였다. 그들은 실수에 대해 언급했으며 대체로 비판적이었다.

정서 코칭은 이 아동들이 정서를 조절하고 진정시키는 능력을 개발하는 데 도움이 되었다. 정서 중심으로 아동들의 정서를 멘토링하는 것은 아동의 진정 효과를 가져왔으며, 이는 심박수와 주의력 같은 것에 영향을 미치는 부교감신경계 반응에서의 변화를 이끌었다. 정서 코칭을 받은—정서를 가지고 있는 동안에 정서에 대해서 말할 수 있는 능력이 있는—5세 아동들이, 8세에 또래들에게 지나치게 정서적이지 않았다는 것이 흥미롭다. 또한, 적절하게 침착한 것은 보통 수준이었고, 정서 코칭을 잘 받은 아이들은 또래들과 함께 있을 때 능력을 가장 잘 발휘하는 것으로 관찰되었다. 이는 정서 코칭이 상황을 적절하게 다루는 기술을 발전시켰기 때문이다. 그 아동들은 자신의 정서를 더 많이 자각하고, 기분 나쁜 정서를 생리적으로나 행동적으로 더 쉽게 조절할 수 있었고, 상황의 특수한 측면들을 더 잘 파악할 수 있었다. 아마 정서가 일어나는 상황에서 배우는 법 또한 학습하였을 것이다.

정서 코칭의 영향을 받은 아동들에게 그렇게 큰 효과를 가져온 부모의 특성은 다음과 같다.

- 자신과 자녀의 저강도 정서도 자각한다.
- 자녀의 부정적인 정서를 친밀감이나 교육의 기회로 본다.
- 자녀의 정서에 공감하고 타당화한다.
- 자녀가 자신의 정서에 말로 이름을 붙이도록 돕는다.

• 자녀와 함께 문제 해결, 행동 한계 설정, 목표 논의, 상황에서 일어나는 부정적인 정서를 다루는 전략을 제공한다(Gottman, 1997).

이 부모들은 정서지능, 정서 자각, 공감 및 정서에 대해 생각하고 정서를 조절하는 능력의 모든 요소를 분명히 가지고 있다. 따뜻함이나 한계 설정, 둘 중 하나나 둘의 조합을 다룬다.

여기에는 집중하기와 관리하기, 즉 정서를 알아차리는 것과 정서를 다루는 것의 정서 코칭 유형이 있다. 부모는 자신의 정서에 편안해야 한다. 항상 정서를 표현할 필요는 없지만 무시해서는 안 된다. 정서 코칭의 중요한 요소는 아이들이 자신의 감정을 경험하면서 말을 할 수 있는 것이고, 이러한 정서를 말로 표현하도록 돕는 것이다. 이는 아이들이 정서와 상황을 이해하는 데 도움이 된다. 성인과 마찬가지로, 아동이 정서를 말로 표현하는 것은 이성과 정서를 통합하고, 뇌의 서로 다른 부분들 간의 새로운 연결을 만드는 방법이다. 이는 정서를 사물 설명의 의미 있는 이야기로 통합하는 데 도움이 된다. 또한, 아동이 어떤 정서 상태를 다른 정서 상태로 전환하도록 돕는 것은 코칭의 중요한 측면이다. 여기서는 상이한 상태들 간에 다리가 세워지고 그 사이를 이동하는 유연성이 권장된다. 울고 있는 아이는 먼저 진정시킨 다음에, 웃기는 얼굴과 소리 또는 바퀴 소리와 함께 공중으로 빠르게 들어 올려지는 것과 같은 신나는 자극을 제공한다. 이는 아이가 새로운 정서 상태로 전환하는 데 도움이 된다. 이런 종류의 경험을 반복하면 아동이 자기진정과 상태 전환을 할 수 있는 능력을 개발하는 데 도움이 된다.

반대로, 정서를 무시하는 부모의 태도는 아동의 슬픔과 분노가 그 아동에게 잠재적으로 해로운 것으로 간주하였다. 부모들은 가능한 빨리 이러한 파괴적인 정서 경험을 바꾸어야 한다고 믿었고, 아동은 부정적인 정서가 중요하지 않다는 것을 깨달아야 하며, 아동이 쫓아내면 그것이 곧 사라질 것으로 생각하였다. 이 부모들이 반드시 정서에 둔감해서 그런 것이 아니라, 그들이 슬픔에 접근하는 것은 가능한 한 슬픔을 무시하거나 부인하는 것이고 분노를 달래거나 벌하는 것이다. 그들은 "슬퍼하는 아이를 보는 것은 나를 불편하게 해요." 또는 "슬픔은 통제되어야 해요." (Gottman, 1997)와 같은 말들을 하였다. 이들은 정서가 삶에 더해지는 것이 반가운 부모가 아니다. 오히려, 그들은 정서를 갖는 것이 '좋지 않다.'고 생각하고, 정서는 최소화되고 회피되어야 하며, 부정적인 정서는 위험하고 심지어 악마로부터 온다고 믿는다. 어떤 부모는 자신의 슬픔—"슬퍼지는 것의 좋은 점은 무엇인가요?"—, 그리고 아이의 슬픔—"아이는 무엇에 대해 슬퍼해야 되나요?"—을 최소화한다.

부모는 자녀의 정서지능에 영향을 미칠 수 있는 엄청난 기회를 가지고 있다. 아기들은 방향감을 주는 정서와 충족시킬 수 있는 욕구에 대한 부모의 반응에서 배운다. 자신의 감정에 압도되지 않고, 한 감정에서 다른 감정으로 갈 수 있다는 것을 배운다. 특히 고통, 분노 및 두려움에서 평온, 만족 및 기쁨의 감정으로 갈 수 있다는 것을 배운다. 그렇게 함으로써 아기들은 혼란에서 평온으로의 전환에 도움이 되는 인생에서 매우 중요한 교량을 건설하기 시작한다. 반응이 없는 부모의 아기들은 자신이 고통에서 큰 소리로 울 때, 더 많은 고통만 경험한다. 그들은 한 곳에서 다른 곳으로 인도하고, 고통에서 위로로 이끌어 주는 안내자를 결코 가진 적이 없기 때문에 스스로를 진정시키는 법을 배우지 못한다. 그 대신 나쁜 느낌은 그들을 삼켜 버리는 블랙홀이 된다.

코치는 부모가 정서지능 기술을 매우 일찍이 자녀에게 가르치기 시작해야 하며 이 교육이 아동기 전반에 걸쳐 지속되어야 한다고 권고해야 한다. 부모가 코칭받아야 하는 기술은 유아기부터 바로 자녀와의 정서적 소통 채널을 열어 두는 것으로, 자녀가 '정서 어휘'를 일찍이 개발하도록 돕는 것이다. 부모는 자녀의 삶에서 일어난 사건들에 대해 어떻게 느끼는지 자녀가 이야기하도록 격려하는 것을 배워야 한다. 또한 자녀들이 어떻게 느끼는가에 대해 판단 없이 경청하여야 한다. 부모는 자녀의 정서뿐만 아니라 덜 강한 정서도 인식해야 한다. 내일 있을 성가대 오디션 때문에 아이가 망설이거나 긴장한 것처럼 보인다면, 얼어붙는 내일보다 오늘 거기에 대해서 이야기하는 것이 더 좋다. 자녀의 정서지능을 탐색하고 표현하는 데 도움이 되는 활동과 놀이 도구를 제공할 때는 자녀가 자신의 정서를 인식하고, 확인하고, 소통하고, 그리고 다른 사람이 자신의 정서에 대해 말하는 것을 경청하는 데 도움이 되는 장난감과 게임을 선택하여야 한다.

부모와 영유아기 자녀

정서는 부모와 자녀의 관계를 어떻게 연결하는가에 매우 중요하다. 정서 표현을 통하여 부모와 자녀는 서로의 욕구, 의도 및 관점에 대해 배우게 된다. 자녀의 정서는 관계에서 무엇이 잘 되고 있고, 무엇이 안 되고 있는지에 대해서 그 아이들이 말할 수 있기 오래전에 신호로 알려 준다. 따라서 태어날 때부터 자녀의 정서를 인식하는 것은 자녀양육의 가장 중심적인 과제 중 하나이다. 영유아는 변하기 쉽고, 쉽게 각성된다. 자신의 반응을 통제할 수 없기 때문에 갑작스런 좌절, 지루함 및 피로가 발생하기 쉽다. 자신의 정서 신호를 읽기 위하여 성인에 의존한다.

많은 부모들이 처음에는 자녀의 감정에 집중하는 것이 자연스럽다. 태어나서 첫일 년 동안, 부모는 이 놀라운 존재와 공주/왕자님의 욕구를 이해하려고 하면서, 표현되는 모든 뉘앙스를 주의 깊게 듣고 지켜본다. 아이가 울면, 달래 주러 달려간다. 아이가 미소 지으면, 너무 기뻐한다. 부모는 대체로 다른 어떤 종(種)보다 훨씬 더 아기에게 놀라울 정도로 조율을 잘한다. 인간의 아기는 다른 포유류보다 훨씬 무력하게 태어나 보살펴 주는 사람이 필요하다. 아이들은 생존을 위해 부모에게 전적으로 의존한다. 부모는 밤의 정적 속에서도 신경은 아이에게 가 있어서 숨을 쉬고 있는지 확인한다. 반면, 양육 스펙트럼의 반대쪽 끝에는 영유아에게 조율되지 않았을 뿐만 아니라 약간의 정서에도 당황해하는 부모가 있다. 아기는 왜 매뉴얼대로 안 되는지 그 이유를 알 수가 없다. 이 부모들은 정서 인식과 정서의 의미 및 역할에 대해 더 엄밀한 훈련을 받아야 한다. 그러한 경우, 부모-영유아 코칭이 매우 바람직하다 (Stern, 1995). 반 덴 붐(Van den Boom, 1994)은 과민한 6개월된 아기와 그 어머니의 민감한 반응성을 향상시키기 위해 고안된 3개월 코칭 개입 과정이 어머니-영유아 상호작용, 탐색 및 애착의 질을 향상시켰음을 확인하였다. 3개월의 훈련이 끝날 무렵, 어머니들은 보다 더 반응적이고, 자극을 주고, 시각적으로 주의를 기울이며, 아기의 행동을 통제할 수 있게 되었다. 영유아는 사교성, 자기진정 능력 및 탐색에서 더 높은 점수를 받았고, 덜 울었다. 코칭을 받은 12개월된 아기는 그렇지 않은 아기보다 더 안전하게 애착형성이 되었다.

인간 영유아는 다른 종보다 훨씬 더 의존적이고, 또한 신경 가소성이 훨씬 더 높다. 특히 정서 경험에서 영유아들은 배울 준비가 되어 있기 때문에 초기에 자신들에게 일어나는 일을 통해 복잡한 방식으로 자신을 형성한다. 가족 생활은 영유아에게 첫 정서적 교훈을 제공한다. 바로 친밀한 학교에서 자녀는 자신이 어떻게 대우받는가에 기반하여 자신이 누구인가에 대해 배우는 것이다. 자녀는 타인이 어떻게 자신의 감정에 반응할 것인지 배울 것이며, 그리고 이 배움에서 자기 자신의 감정에 대한 태도를 형성하기 시작하고 정서를 다루는 방법을 배우게 될 것이다. 영아는 경험에 의해 쓰일 백지 상태로 세상에 온 것이 아니다. 자기 자신의 기질, 역량 및 정서적 경향성을 가지고 있다. 영유아는 자신의 발달을 촉진하는 능동적인 주체자이지만, 자기 발로 서는 데 양육자의 도움이 많이 필요하다. 일단 그렇게 되면 모든 곳에서 제 기능을 다한다.

놀랍게도, 이 의존적인 작은 존재의 두뇌에는 자신의 세상에 숙련되기 위한 미래의 역량들이 담긴 많은 씨앗이 들어 있다. 이 씨앗들은 그냥 발전의 기회를 기다리고 있다. 영유아는 많은 정서적 역량을 가지고 태어나서 양육자와의 친밀한 유대감 속에서 생존하는 데 필요한 모든 것을 제공받는다. 그중에서 타고난 정서 체계에 의하여 제공받는 연결 역량이 특히 중요하다. 이들의 정서에 어떻게 반응하는가 하는 것이 앞으로의 정서 발달을 위한 기반을 마련하는 것이다.

부모가 애정 어린 관심과 사랑으로 욕구에 반응해 주는 젖먹이 아기들은 어머니의 애정 어린 시선을 바라보며 따뜻한 팔에 안겨 젖을 먹고 만족스럽게 다시 잠들게 된다. 이 아이는 사람들은 자신의 욕구를 알기 때문에 믿어도 되고 도움을 기대할 수 있으며, 장차 자신의 힘으로도 욕구 만족을 시킬 수 있을 것이라는 믿음을 갖게 된다. 반면에, 공허한 눈으로 앞을 보며 수유가 끝나기를 기다리는, 짜증적이고 압도적인 어머니의 긴장된 팔에 안겨 있는 아이는 다른 교훈을 배운다. 어머니의 긴장에 반응하여 긴장을 느끼며, 이 아이는 아무도 진정으로 보살펴 주지 않으며, 사람들을 의지할 수 없으며, 요구를 충족시키기 위한 노력이 만족스럽지 않으리라는 것을 배운다(Stern, 1985). 우울한 어머니는 영유아를 보고 만지고 대화하는 데 더 적은 시간을 소비하는 것으로 나타났다. 즉, 정서를 거의 보이지 않거나 부정적인 정서를 보이고, 흔히 영유아의 신호에 반응하지 못하였다. 그러한 어머니들의 아기는 비정상적인 활동 수준과 덜 긍정적인 정서를 보여 준다. 어머니의 부적응적인 반응에 빈번하게 노출되어 있기 때문에 이 아기들은 역기능적인 상호작용 유형을 발달시킨다(Field, 1995). 자녀의 신호에 반응적이고 민감한 양육 유형은 영유아의 사회적 및 인지적 능력이 높은 결과를 가져온다.

레거스티와 바게스(Legerstee & Varghese, 2001)는 2개월에서 3개월 된 영아의 발달에 있어서 어머니의 정서 미러링 또는 공감적 반응성의 역할에 대해 연구하였다. 어머니가 다음과 같은 행동을 나타내면 높은 정서 미러링으로 분류되었다. 예를 들어, "양말을 찾고 있니? 예쁜 양말이네. 그렇지?"와 같은 말로 영유아가 주의를 집중하는 것에 더 주의를 기울이고, 유지하고, 참여하고, 따라가는 행동, 영유아의 정서적 단서에 따뜻하고 민감하게 반응하는 행동이며, 여기에는 반응의 신속성과 적절성, 영유아의 흥미에 대한 수용성, 신체적 애정의 양, 긍정적인 정서, 그리고 부정적인 정서의 언어화 및 조절하기 등이 포함된다. 공감적인 정서 코칭에 권장되는 이러한 차원과 공감적인 차원 사이의 유사성을 주의 깊게 보라. 이러한 방식으로 반응한 어머니의 아기들은 정서 미러링이 낮은 어머니의 아기들보다 더 반응적이고, 어머니의 정서에 반영적이며, 미소 짓고, 옹알이하며, 어머니와 시선을 맞추는 것이 더 많았다. 이 아기들은 사회적 행동을 더 많이 보였고, 더 자주 어머니와 정서 상태를 공유하였다. 또한 어머니와의 실제 상호작용과 어머니 영상을 재생하는 것을 구별하여 영상의 어머니보다 실제의 어머니와 더 많이 상호작용하였다. 반면에, 낮은 정서 미러링을 하는 어머니의 아기들은 그렇지 않았다.

영유아는 대인관계적으로 높은 수준으로 상호작용하는 정서 체계와 함께 세상에 들어온다. 출생 직후 얼굴 모습에 긍정적으로 반응한다. 얼굴 모양을 한 마스크는 곧 영유아에게서 미소를 불러낸다. 어린아이들은 어두워지는 그림자에 두려움으로 반응하며, 빠르게 다가오는 사물에는 시선을 피한다. TV 화면에 확산되는 점으로 빠르게 다가오는 미사일을 시뮬레이션하는 실험 결과 아기들은 빠르게 다가오는 미사일로부터 얼굴을 보호하기 위하여 자동적으로 머리와 눈을 돌렸다(Sroufe, 1996).

영아는 또한 매우 이른 발달 초기부터 배우기 시작한다. 생후 4일이 되었을 무렵에, 자신이 먹던 모유로 적신 가슴 패드와 낯선 우유로 적신 패드를 구별할 수 있었고, 전자를 더 선호하였다. 생후 얼마 안 되어 생물과 무생물을 구별하여, 무생물보다 살아 있는 것을 더 많이 선호하였다. 새로운 자극, 심지어 동일한 번쩍이는 불빛에서도 오래된 것보다 새로운 불빛이 더 많은 주의를 끌었다. 생후 첫 몇 주와 몇 달은 양육자뿐만 아니라 영아도 뇌가 성장하고 발달하여 더 분화되고 신경 연결이 중대한 경로들을 정함에 따라 매우 바쁘다. 덜 다닌 길은 시들고 그냥 사라질 것이며, 반면에 많이 다닌 길은 미래의 고속도로로 잘 건설될 것이다.

학습은 두뇌 성장에 도움이 된다. 4~10세 사이에 바이올린이나 피아노를 정기적으로 연습하는 어린이들은 뇌의 음악 관련 영역에서 훨씬 더 발달된 뉴런 연결을 보여 준다. 이는 손가락과 눈의 협응과 관련된 훨씬 더 고도로 분화된 영역이다. 그러므로 대가의 두뇌는 초기의 연습에 의해서 다시는 하지 않는 비율과 방식으로 개발되고 있다. 미래의 음악 천재는 요람을 떠난 직후에 시작되는 아동기 연습에 의해 만들어지고 있으며, 축구나 야구 선수의 젊은 두뇌 영역은 어린 시절 놀이터에서 개발되고 있다. 그들이 공이나 그 비슷한 것을 차면서 뇌는 운동 협응을 관장하는 새로운 연결 사이클들을 성장시킨다.

그러므로 자녀는 능동적이다. 생후 1일부터 존재를 형성하고 있다. 부모가 자녀의 주요한 의사소통, 즉 정서에 반응하는 방식은 자녀의 복지에 큰 의미가 있다. 자녀의 정서에 대한 부모의 자각은 사실상 자연적인 능력이며, 어릴 때 좋은 양육을 경험하였거나 다른 좋은 관계를 가진 경우는 더욱 그러하다. 아이들은 또한 매우 뛰어난 정서적 존재로 보인다. 하지만 이 재능은 슬프게도 자녀가 발달하면서 서서히 쇠퇴하는 경우가 많다. 영유아가 성숙해지고 언어가 발달함에 따라 부모는 흔히 영유아의 감정에 주의를 덜하게 되고, 일과 삶의 스트레스로 자녀가 스스로 자기 목소리를 내기를 기대한다. 아이들도 10대가 될 무렵에는 자신이 느끼는 감정을 부모가 알기를 원하지 않지만, 부모도 관심을 잃어버리는 경우가 많다. 큰 것에서뿐만 아니라 작은 것에서도 일상적인 정서 교환의 본보기가 만들어진다. 부모는 '중요한 일로 바쁘다. 귀찮게 하지 마라.'와 같은 메시지를 너무 자주 보낸다. 자녀가 성장하면서 왜 자녀의 감정에 더 이상 주의를 기울이지 않을까?

중요한 이유 중 하나는 부모 자신의 정서 관리 철학이다(Gottman, 1997). 부모는 자신이나 다른 사람의 정서는 억제되고, 통제되고, 회피되어야 한다고 느끼는 만큼, 자녀의 정서에 주의를 기울이는 것을 멈춘다. 부모는 자녀가 정서적 통제에 대한 가르침을 배우고 더 이상 아기가 아닌 것의 장점을 알아야 한다고 믿는다. 이 관점에서는, 성인기는 최악의 경우에 체벌에 의해서 그리고 최상의 경우에는 이성적인 통제에 의해서 자신의 정서를 지배하는 것이다. 정서 통제를 좋은 것으로 보는 관점은 그 정당성에 의해서 보상이 된다. 따라서 부모는 일반적으로 자녀가 아기처럼 울거나 겁쟁이가 되는 것을 원하지 않는다. 그러나 인기가 아동기나 성인기의 정서적 능력과 함께 가지는 않는다. 강함은 많이 부럽고 원하는 것이긴 하지만, 결국에는 힘과 정서적 지능은 정서 통제가 아니라 이성과 정서의 통합에서 온다.

자녀의 감정을 다루는 방법에 큰 영향을 미치는 것은 부모 자신의 감정과 그 정서에 대한 생각이다. 부모는 자기 자신의 이미지로 자녀를 키운다. 예를 들어, 연구에서 성고정적인 방식으로 정서를 다루는 것이 부모가 자녀에게 이야기를 들려주는 방식에 영향을 받는 것으로 나타났다(Chance & Fiese, 1999). 전반적으로 아버지는 이야기에서 정서 주제를 덜 사용하는 것 같다. 어머니는 아들보다 딸에게 슬픈 이야기를 더 많이 하는 것 같고 또한 더 많은 표현력을 주고 있으며, 이는 사회적 교류에서 여성의 웃는 경향성이 더 크고 사교성이 더 많은 이유를 설명한다(Magai & McFadden, 1995). 부모가 자녀에게 이야기를 전해 주고 정서를 표현하는 방식은 정서와 정서 표현에 대해 성과 관련된 정보를 전해 주는 중요한 통로인 것 같다. 어머니들 또한 영유아의 표현력에 시간이 지나면서 영향을 미치는 것으로 밝혀졌다. 매가이와 맥파덴(Magai & McFadden, 1995)은 5년 동안의 영유아와 어머니의 표현력 발달에 대한 종단 연구를 발표하였다. 그들은 어머니들이 영유아의 정서 표현을 조절하려는 시도로 이해될 수 있는 행동을 한다는 것을 발견하였다. 어머니들은 사회적으로 더 긍정적인 흥미와 기쁨을 나타내는 신호에만 반응을 하였으며, 수년에 걸쳐 영유아의 이러한 긍정적인 정서에 부응하는 반응은 증가하였고 영유아의 고통 표현에 부응하는 반응은 감소하였다. 기쁨과 흥미에 대한 어머니의 반응을 더 높은 비율로 받은 영유아는 이들 정서에 대해 2.5개월에서 7.5개월 정도의 더 높은 발달율을 보였다.

그러므로 부모는 자녀의 정서를 자녀와 연결되고 가까워지고 그들의 경험을 인정해 주기 위한 친밀한 기회로 보는 법을 배워야 한다. 이는 자녀들이 지능적인 정서 관리에 대해 배우도록 돕는 첫 번째 단계이다. 부모는 자녀의 정서를 통제되고 제거되어야 할 바람직하지 않은 침습이나 혼란으로 취급하거나, 무효화하고 일축하고 무시해서는 안 된다.

다음으로 자녀의 정서를 다루는 방법에 대한 부모 코칭에 대해 살펴보겠다.

자녀의 슬픔 다루기

사랑받고자 우는 울음은 모든 사람들의 마음을 아프게 한다. 사랑과 따뜻한 보살 핌에 대한 아기들의 욕구는 사실상 모든 사람들이 이를 제공하게 만든다. 사랑과 따 뜻한 보살핌을 받지 못하는 영유아는 쭉쭉 뻗어 나갈 수 없게 되고 슬퍼지고 우울해 진다. 외로움과 무력감은 노인과 젊은이에게 슬픔을 유발하는 요인들이며, 오래 지 속되면 우울증이 생긴다. 친구와 자존감의 상실, 실망, 목표 달성 실패, 그리고 첫 번째와 그 이후의 사랑의 상실은 자녀에게 슬픔을 만든다. 사랑받지 못하는 느낌과 충분하지 않은 자율성이나 무력감은 청소년기에 절망을 낳는다.

부모는 경험 없이 어떻게 삶의 슬픔에 대해서 자녀를 멘토링 할 수 있는가? 자녀 의 정서에 반응하는 방식에 의해서, 정서를 묘사하는 데 사용되는 언어에 의해서, 부모 자신들이 보여 주는 특정 정서에 의해서, 그리고 사람이 아니라 어떤 정서에 반응함으로써 부모는 자녀의 정서를 형성한다. 정서 대화는 아동 발달에 매우 중요 하다. 한 연구에서는(Sroufe, 1996), 어머니가 자신의 정서 상태에 관해 세 살짜리 자 녀와 더 많이 이야기할수록 아이들은 6세에 친숙하지 않은 성인이 표현하는 정서를 판단하는 데 더 능숙한 것으로 나타났다. 어머니와 두 살 된 아들 데니스 사이의 다 음과 같은 느낌의 대화 상호작용을 살펴보길 바란다.

> 데니스: 내 치리오를 먹어. 내 치리오를 먹어라(울음).
> 어머니: 울고 있구나? 우리 정말 힘들다, 그지, 데니스? 이제 한 입만 더 먹자.
> 아. 아유, 너 뭐하니, 그걸 뱉어냈어.
> 데니스: 울고 있어(우는 척 함)!
> 어머니: 데니스가 울고 있어요. 치리오를 먹고 싶지 않아요. 엄마는 데니스에게
> 한 번 더 먹이고 싶어요. 데니스는 슬퍼요. 울고 있어요.
> 데니스: 데니스는 슬프다. 울고 있어.

여기서 어머니와 아이는 서로를 더 잘 이해하는 법을 배우는 공유된 경험을 발전 시키고 있다. 데니스가 처음부터 왜 울고 있었는지 정말로 아는 사람은 아무도 없지

만, 어머니는 이해하려고 노력하고 있으며, 데니스는 자신이 왜 울고 있는가에 대해 어머니가 생각하는 것을 통해 배우고 있다. 일어나고 있는 일에 대해 공유되는 관점을 함께 구성하고 있다.

어머니는 정서 코치의 한 유형인 멘토로서, 여기서는 데니스가 단순히 감정에 대해 말로 표현하고 그 상황에서 감정들을 연결하도록 돕고 있다. 나중에 데니스가 발전함에 따라, 어머니는 코칭을 더 많이 하여 적절한 형태의 표현과 행동을 하도록 도와줄 것이다. 데니스가 3세가 되면, 울거나 아파하는 다른 아이를 보고, 걱정스럽게 반응하고 그 아이의 어머니를 데리러 달려갈 수도 있다. 3세보다 더 일찍이라도 아동들은 감정의 원인과 슬픔 이전에 무슨 일이 있었는지 이해하고는, "엄마 슬퍼. 아빠가 어떻게 해?"라든가 "나 울어. 레이디가 나를 데리러 와서 나를 안아 줘."와 같은 말을 할 수도 있다. 따라서 부모는 감정 대화를 위해 코치를 받을 필요가 있다.

부모는 다음에 제시된 단계에 의해서 자녀의 슬픔에 성공적으로 대처할 수 있다. 부모는 이를 심리 교육 집단에서 배울 수 있고 길잡이로 사용할 수도 있다.

1. 자신과 자녀의 낮은 강도의 슬픔이라도 자각하도록 한다. 울거나 괴로워서 큰 소리를 내는 형태의 신호뿐만 아니라 비언어적 신호나 실망, 외로움과 무력감, 또는 포기와 같은 약한 언어적 신호에도 주의를 기울여야 한다.

2. 자녀의 슬픔을 친밀감이나 교육의 기회로 본다. 친밀감은 상처받은 감정을 나누는 것이다. 자녀의 아픈 마음을 함께하는 것만큼 소중한 것은 없으며, 이는 가까워질 수 있는 진정한 기회이다. 또한 보너스처럼 슬픔을 달래는 데 도움이 될 수 있다는 것은 안도감을 가져다주며 만족감과 감사의 마음으로 가득해질 것이다. 자녀의 슬픔을 두려워하지 마라. 그렇게 하면 자녀에게 슬픔에 대한 두려움만 가르쳐 줄 뿐이다. 슬픔을 회피하지 마라. 그렇게 하면 자녀도 이를 배울 것이다. 하지만 자녀들이 자라서 사춘기에 이르면서 부모와 자신의 정체성을 분리하기 시작하고, 자율적으로 되는 것을 중요한 목표로 삼을 것이다. 부모는 이제 자녀의 기분에 맞게 스타일을 변경해야 한다. 청소년의 슬픔은 이제 초대를 통해서만 토론하거나 공유할 수 있다. 기회를 놓치지 말기를 바란다. 자녀가 슬퍼하는 것을 보여 준다면 이는 훌륭한 초대이다. 그런 일이 당신에게도 일어난다면 당신도 슬퍼할 것이라고 말해 줄 수 있다. 자녀가 자

라면서 멘토링은 계속되어야 하지만, 자녀가 더 나이가 들면 자녀가 슬프다고 말할 때까지 그런 말을 자녀에게 하지 않아야 한다. 청소년이 능력과 힘의 문제로 고군분투하고 있고 슬픔과 같은 약함과 관계 있는 감정을 다룰 준비가 아직 안 되어 있을 때, 이런 감정에 너무 가깝게 다가가는 것은 잠재적으로 위험하다. 그러한 접근은 청소년을 움츠러들게 하고 부모가 추구하는 개방성을 증진하는 것이 아니라 자녀의 자존심을 다치게 할 수 있다.

3. 자녀의 슬픔을 타당화한다. 이것은 매우 중요하다. 슬프다는 것은 충분히 아프다는 것이다. "울보가 될래?"라든가 "슬퍼할 일이 아니야."라는 말로 슬픔을 인정하지 않는 것은 수치심을 만든다. 타당화하기는 "X가 안 될 때는 슬프거나 실망스럽다."와 같이 말하는 것이다. 자녀의 슬픔을 진정으로 이해하는 타당화 방법을 찾는다.

4. 자녀가 정서를 언어적으로 구분하는 것을 돕는다. 앞에서 예로 든 데니스와 어머니의 감정 대화처럼 조기에 시작한 감정에 대한 대화는 자녀가 자신의 정서 자각뿐만 아니라 타인의 감정에 대한 공감력을 발달시키는 데 도움이 되는 중요한 방법이다. 정서 자각과 공감력 모두 정서지능의 불가결한 요인들이다. 조기에 슬픔과 실망을 알아차리고, 말로 표현하고, 개방하는 것은 중요하다. 하지만 어린이가 일차, 이차, 도구적 슬픔을 구분하기에는 이르다. 대부분의 어린이는 슬픔이 자기 마음대로 할 수 있게 해 준다는 것을 상당히 빨리 배운다. 그래서 목적 달성에 슬픔을 이용하려고 한다. 자녀의 얼굴에서 의도적으로 표현되는 슬픔을 인정하는 것은, 그래서 자녀의 뜻대로 할 수 있는 것은, 잘못된 것을 인정하는 것이다. "미키가 슬프구나."라는 말로 도구적 표현에 반응하기보다는, "미키는 사탕을 먹고 싶구나."라고 말하는 것이 최선일 것이며, "사탕을 얻기 위해서 슬플 필요는 없어."라고 말하면서 코칭을 하는 것도 도움이 될 것이다.

5. 마지막으로, 자녀와 함께 문제를 해결한다. 필요한 경우 행동 제한을 설정하고, 슬픔을 만들어 내는 상황을 다루기 위한 전략을 세우고, 그것에 들어 있는 욕구와 목적을 서로 얘기한다. 슬픔을 인정하고 나면, 강압적이지 않은 태도로 해결을 제시하는 것도 도움이 된다. 블록으로 조심스럽게 탑을 만들어 가던 것이 무너졌을 때 아만다는 슬퍼하며 운다. 엄마는 "블록이 무너지면 너무

실망해서 울고 싶을 거야. 엄마도 블록이 안 되면 슬퍼."라고 한다. (아만다는 여전히 울고 있다.) "블록이 안 쓰러지면 좋겠지. 블록이 넘어져서 슬플 때 우리는 조금 울어요. 그러고 나서 눈물을 닦아요. 우리는 그렇게 해요." (아만다는 울음을 멈추고 블록을 둘러보기 시작한다.) "이제, 바보 블록들이 어디에 떨어지는지 보자. 이번에는 바닥에 큰 걸 놓을 수 있는지 보자." 어머니는 아만다의 슬픔을 무시하고 바로 블록을 만들기 시작하지 않는다. 어머니는 울음을 친밀감과 교육의 기회로 인식하고, 아만다에게 슬픔을 다룰 수 있도록 코치한다. 일어나고 있는 한 사건에서 그다음 사건으로 나아가도록 코칭하기 위해 주의를 기울인다.

자녀의 분노 다루기

영유아는 세상에서 가장 화를 잘 내는 사람 중의 하나이다. 그들은 작고 무력하고, 세상을 익히는 기술이 이제 막 개발되기 시작하였고, 하는 많은 일들이 서툴다. 이로 인해 좌절이 생긴다. 어른이 그런 것에 역정을 내면, 그들의 절망감은 커질 뿐이다. 자녀의 분노는 폭발적이나, 짧은 폭발이 일어나고 빠른 속도로 정상으로 돌아온다. 1세에서 2세 사이의 자녀들은 놀이장 안에서 서로 매우 사나워질 수 있다. 물고, 할퀴고, 때리고, 머리카락을 뽑고, 서로의 장난감을 훔칠 수 있다.

이 어린 나이에도 자녀들은 다른 종류의 분노를 표현한다. 즉, 장난감이 가구 뒤로 넘어가 버리면 서서 비명을 지르는 무력한 분노, 그 장난감을 찾으면 화가 나서 잡아당기는 것과 같이 더 목표지향적인 분노, 그리고 장난감을 훔쳐간 아이에 대한 보복성의 분노 등이다. 대부분의 부모는 자녀가 화가 나서 장난감을 부수는 걸 보고 충격을 받는다. 이처럼 받아들일 수 없는 행동에는 강도 높은 가르침이나 처벌이 따르는 경우가 많다. 이런 경우, 자녀의 적대감은 가라앉히겠지만, 그 대신 일어나는 일이 숨겨지기 시작한다. ABC부터 시작하여 성인 어휘력을 쌓을 때까지 철자법을 배우는 것의 중요성을 강조하는 문화에서, 정서적으로 웅변가가 될 때까지 한 단계씩 정서 수업을 배우는 것의 중요성을 알지 못한다는 사실이 놀랍다. 수학을 배우려면 먼저 1과 2를 구분하기, 그다음 10까지 세기를 배우기 등이 필요하다. 이와 유사하게 정서 조절을 학습하는 것은 복합적인 학습 과정이며, 한 번에 모두 배울 수는 없다. 정서 표현을 조절하는 학습에서, 분노와 같은 보편적인 정서 반응은 경험에 의해서 미세하고 적절한 다양한 반응들로 분화될 필요가 있다. 첫째, 자신의 분노를 자각하여야 하고, 그런 다음 그 분노에 이름을 붙이고, 그리고 천천히 그 목적을 이루기 위하여 무엇을 해야 하는지 배운다. 그렇게 하여야만 자신의 분노를 분화하여 적절한 사람에게, 적절한 정도로, 적시에, 올바른 목적과 올바른 방식으로 화를 내야 한다는 아리스토텔레스의 요구 조건을 만족시킬 수 있는, 자신의 분노를 분화시킬 수 있는 자녀가 될 것이다. 북미에서 청소년의 분노와 공격은 해결책이 쉽게 나오지 않는 문제가 되었다. 여기서 내가 제안하는 것은 예방이다. 조기 정서 코칭은 청소년의 분노 폭발 예방에 도움이 되는 정서 내성과 조절 기술의 연결과 통합을 제공할 것이다. 너무나 많은 청소년들이 느끼고 있는 공허감, 고통, 고립감, 그리고 희망 결핍을 해결하기 위하여 부모는 자녀와 함께 연결되어야 한다.

정서적 지침, 코칭 또는 멘토링을 받지 않은 성난 자녀는 성난 어른이 된다. 부모가 자녀의 분노에 참을성 있게 앉아서, 받아들이고, 인내하고, 공감하고, 인정하고 나서—자녀에게 맞는 속도로—, 그 분노를 말로 표현하는 것을 시작으로 건설적인 방식으로 지도하지 않으면, 성장하고 발전할 기회가 없다. 이런 종류의 관심과 함께 해야만, 분노가 더 분화되고 사회적으로 적절한 표현 형태로 발전될 것이다. 초등학교 저학년일 때 자녀의 보상적인 분노가 최고조에 달하며 그 후로 감소하다가 십 대에는 거의 사라진다. 십 대들은 시큰둥하고 반항하는 성향이 있으며, 그들에게 강압적으로 하는 사람들에게 화를 낸다. 특히 형제들에게 화를 내고, 너무 구속당한다고 느끼거나, 속임을 당한다고 느낄 때, 또는 수치심을 느낄 때 화를 낸다.

많은 부모는 자녀들이 자신의 분노를 이해하고 문제 해결에 그 분노를 사용하도록 돕지 않고 수면 밑으로 몰아 버린다. 아이들은 다른 기질들을 갖고 세상에 나오고 짜증과 분노의 정도가 서로 다르다. 까다로운 아기는 행복한 성인이 될 수 있지만, 나쁜 기분으로 인생을 시작하는 아기는 쉽게 진정되지 않고 화가 난 어린이로 성장할 수 있는데, 지나치게 통제적이거나 불안한 부모를 가지게 되면, 특히 그러하다.

다음의 지침은 자녀의 분노를 다루는 부모에게 도움이 될 수 있다.

1. 자신과 자녀의 분노를 인식한다. 자녀의 짜증뿐만 아니라 과민성과 분개에도

주의를 기울여야 한다.

2. 자녀의 분노를 자녀에게 일어나고 있는 일에 더 가까이 다가갈 수 있고 접촉할 수 있는 기회로 본다. 이 분노 사건을 자녀가 분노를 다루는 최선의 방법을 배우는 데 도움을 줄 수 있는 것으로 본다. 분노를 묻어 두려고 하지 않는다. 분노는 묻어 두어야 할 해로운 것이 아니다. 짜증이 자신을 지배하도록 두지도 않아야 하며, 없애려고도 하지 않는다. 분노가 재앙이 아니라 자녀는 배우고 부모는 가르칠 수 있는 기회로 본다.

3. 자녀의 분노를 타당화한다. 분노를 인정하는 것은 분노를 막아야 할 화산 분출로 보는 것이 아니라, 자신의 분노와 그 표현에 편안해져 가는 것이다. 분노가 "나는 기분이 상해."라고 말하고 있음을 기억하라. 자녀의 기분을 상하게 하는 것을 찾고, 자녀가 화나는 것의 이유를 파악한다. 자녀의 경험이 이해되는 것을 보여 주는 것이 타당화의 가장 중요한 부분 중의 하나이다. 한계 설정이 중요하다고 느낄 때라도 이러한 이해를 전달한다. 예를 들면, "네가 그걸 하고 싶어 하는 걸 알아. 하지만 이번에는 그가 하도록 해 주면 좋겠어. 그가 할 차례거든." 부모를 향한 자녀의 분노에 공감하는 것도 도움이 된다. "TV 제한에 대해 나한테 얼마 화났을지 이해해."라고 말하는 것이 도움이 된다. 한계 설정을 유지하면서 자녀의 분노를 인정한다.

4. 자녀가 자신의 분노를 언어적으로 구분하도록 돕는다. 이는 대체로 단어를 먼저 주면서 이루어지는 것이지만, 자녀가 자라면서 감정에 이름을 붙일 수 있게 되면, 먼저 "화가 나?" 하고 묻고, 그다음에 "기분이 어때?"라고 묻는다.

5. 자녀와 함께 문제를 해결하고, 필요한 경우 행동 제한을 설정하고, 분노가 발생하는 상황을 다루기 위한 목표와 전략을 논의한다.

자녀의 두려움 다루기

분리 두려움은 많은 자녀들의 가장 기본적인 두려움이며, 안전의 결여에 대한 불안이 된다. 대부분의 아기는 높은 곳, 떨어지는 것, 그리고 갑작스러운 소음에 두려움을 보인다. 많은 두려움은 상상으로 커진다. 약 8개월이 되면 분리에 대한 두려움이 시작된다. 이때가 아기의 인지 능력이 친숙한 사람과 사물을 인식할 수 있을 만큼 충분히 발달한 시기이다. 아기에게 친숙한 양육자와의 분리는 너무 무서운 상상을 불러일으키며, 낯선 사람들의 모습은 너무 끔찍하다.

많은 두려움은 학습된다. 자녀들은 부모가 두려워하는 것을 두려워하거나, 두려움이 주는 교훈을 배우고 다른 것을 두려워하기 시작하는 경우가 많다. 연구에 의하면 자녀와 어머니가 겪는 두려움의 수 사이에는 상관관계가 있음이 밝혀졌다(Magai & McFadden, 1995). 부모 자신이 다른 사람을 불안해하면, 자녀들은 이를 이방인에 대한 두려움으로 해석할 것이다. 어른이 자녀의 건강이나 상처를 너무 걱정한다면, 그 자녀는 암울한 결과를 생각할 것이다. 어둠에 대한 두려움, 물에 대한 두려움 및 소나 개에 대한 두려움은 어린 시절의 공통된 두려움이다. 이러한, 두려움에서는 자발적으로 나오는 경우도 많으며 대체로 성장하면서 사라진다.

가혹한 처벌은 부모의 폭발하는 성질과 마찬가지로 두려움을 유발한다. 부부간이나 가족 간의 폭력이나 극심한 말싸움이 있는 가정에서 자란 자녀는 달걀 껍질 위를 걷는 것처럼 조심해서 살아가는 경향이 있다. 이는 순식간에 당할 수 있는 예측할 수 없는 분노가 갑자기 생기지 않게 하기 위하여 가족에서 배운 생존 전략이다. 무섭거나 불쾌한 가족 상황은 아이들에게 불안을 증가시키는 직접적인 결과를 가져온다. 지배, 존중의 결여, 끊임없는 비판, 너무 높은 기대치, 그리고 부모의 싸움에서 편을 들어야 하는 것은 자아감을 더 약하게 하고 불안을 낳는다. 부모 사이의 억압된 적대감이 있는 환경에서 자라는 것은, 위험은 감지하지만 그 근원을 확실히 알 수 없는 많은 아이들을 매우 혼란스럽게 하고 불안을 야기한다. 그들은 그냥 불안하다.

과잉보호적인 육아 또한 스스로 생존할 준비가 잘 되어 있지 않고 보호가 필요한 아이들에게 두려움을 유발한다. 자녀의 두려움이 부모에 의해 감지되고, 감정을 말로 표현하도록 도움을 받고, 그리고 그 두려움을 다루기 위하여 행동이 취해지는 따뜻한 환경에서 자란 아이들은 낮은 수준의 두려움을 가질 것이다. 모든 두려움에 맞서는 예방 접종을 아무도 할 수는 없지만, 정서 코칭이 확보된 환경에서 자란 아이들은 이후의 삶에서 깊은 불안을 겪을 가능성이 적다.

우리 중 누구도 완전히 극복하지 못하는 부적절함에 대한 두려움은, 아동이 점점 더 자율적으로 되고 세상과 홀로 마주해야 하는 아동기에 시작된다. 그러한 두려움은 소속되거나 맞추어 가는 데 대해 더 강한 욕구를 가지는 십 대들에게서 가장 심각하다. 그들은 비판을 받거나, 놀림당하거나, 조롱당하는 것을 두려워한다. 살아가기가 어렵다는 것을 알게 되는 관념적인 이미지를 형성한다. 의심의 여지없이, 과잉 확신은 이상적인 적응을 위한 것이 아니며, 어느 정도의 불확실성이 건강하다.

한 아이가 자기 방의 어두움이 무서워서 밤에 뛰어온다. 외부의 소음으로 인해 겁이 나고, 옷장 안이나, 침대 밑에 온갖 종류의 괴물이 있다고 상상한다. 이러한 것이 만성적이지 않고 지나치게 압도적이지 않고, 내재되어 있는 문제를 알려 줄 수도 있다면, 부모는 자녀의 두려움을 어떻게 다룰까? 다음 단계들이 도움이 될 것이다.

1. 자신과 자녀의 강도가 낮은 두려움이라도 자각한다. 여기서의 문제는 실제적으로 되는 것이다. 자신과 자녀의 두려움에 과도하게 몰입되어 있으면 과도한 불안이 생기겠지만, 자녀의 두려움을 무시한다면 그 두려움이 사라지지 않을 것이다. 두려움에 대한 반응으로 "바보같이 무서워하면 안 돼."와 같은 말은 두려움에 대한 수치심만 낳을 뿐이다. 자녀가 자러 가는 것을 무서워하는지, 갑자기 물을 달라고 하는지, 또는 어떤 이유를 대면서 너무 급하게 방 밖으로 나오지는 않는지 알아차린다.

2. 자녀의 두려움을 친밀감이나 교육의 기회로 본다. 단순히 '걱정할 거 없어.'라는 말로 자녀를 어르거나 두려움을 최소화하지 않고 진지하게 받아들인다. 더 많은 어떤 것이 필요하다는 것을 인식한다. 필요한 것보다 더 주려고 하지 않는다.

3. 자녀의 두려움을 인정한다. 어떤 이유로, 어른들은 자신의 두려움을 너무 두려워하기 때문에 자녀가 두려워하는 것을 창피 주는 경향이 있다. 최선의 의도를 가지고 한다 하더라도 자녀를 귀엽다고 생각하거나 자기 자신의 두려움을 기억하는 경우에도, 어른들은 자녀의 두려움을 재미있어 하고, 웃고, "바보같이 하지 마."와 같은 말을 한다. 이는 매우 굴욕적이다. 자녀의 두려움과 불안은 바보스럽지 않고 정당하다. 일단 자녀가 인정받고 나면, 적어도 이제는 아무도 이해하지 않는 두려움을 더 이상 혼자 느끼지 않는다. 안전한 어른과 연결되는 것은 자녀의 두려움을 진정시키는 데 도움이 되기 때문에, 어른이 가장 공감해야 할 정서가 자녀의 두려움일 것이다. 두려움 때문에 조롱당하는 것보

다 더 나쁜 것은 없다. 나는 아직도 가족 휴가 때 확대가족과 함께 소풍을 갔던 것과 그곳에서 다가오는 소를 무서워하였던 일을 기억하고 있다. 나는 두려움을 나타내지 않으려고 노력했다. 아무도 두려워하는 것 같지 않았고, 나는 바보가 되기 싫었지만, 두려움이 나를 삼키고 말았다. 어머니가 전반적으로 보호적이기는 하였지만, 그곳의 친척들에게 영향을 받았다. 특히 "응석을 받아주면 안 돼. 쟤도 커야지."라고 하면서 "여자애같이 하지 마."라고 놀리는 친척의 영향을 받았으며, 그래서 나는 혼자서 괴로움을 겪게 되었다. 나는 누가 봐도 비이성적인 두려움 속에서 너무 외로웠다. 다른 아이들은 두려워하지도 않았고, 그들의 어머니도 보호해 주지 않았다. 창피해서 나는 자동차 뒤로 달려가서 뒷좌석에 앉아서 안전하게 핫도그를 먹었다. 배 속의 끔찍했던 느낌과 친척에 대한 수치심과 분노로 눈물을 참아야 했던 것을 아직도 기억한다. 하지만, 이런 행동은 두려움을 다루는 데 도움이 되지 않았다. '가족 합창단'에게 구애받지 않고 부끄러워하지 않았던 어머니가 다가오는 소에게서 나를 도와주었다. 어머니는 소들이 크기는 해도 위험하지 않다고 안심시켜 주었고, 어떻게 풀을 먹이고 쓰다듬어 주는지 보여 주었다. 어머니가 느꼈던 것처럼, 이런 일을 할 수 있다는 것이 너무 신났고, 자신이 자랑스러웠다.

4. 자녀가 두려움을 언어로 표현하도록 도와준다. "무엇을 무서워하니?"와 같은 질문이나 부모와 자녀가 모른다면 다 함께 탐색할 수 있는 기회를 갖는 것에 답이 있다. "네가 소를 무서워하는 걸 이해해." 또는 "어두움과 바깥의 소리가 무서워?"와 같이 도움이 되는 말이나 추측을 한다.

5. 자녀와 함께 문제를 해결하고, 행동 제한을 설정하고, 두려움이 발생하는 상황을 다루기 위하여 욕구, 목표 및 전략에 대해 논의한다. 아이가 어두움을 두려워할 때, 부모의 방에서 자는 것은 비록 그것이 아이가 원하고 즉각적인 문제를 해결하더라도 좋은 해결책이 아니다. 분명하게 "아니, 그것은 좋은 생각이 아니야. 아빠와 엄마는 자기들 침대에서 자야 하고 너는 너의 침대에서 자는 거야." 하고 한계를 정한다. 해결책에는 야간 조명, 침대 밑을 검사하는 것, 그리고 실제로 위험이 없다는 것을 아이에게 확신시키기 위하여 소음의 근원을 조사하기 등이 있을 수 있다. 진정하기도 아이가 긴장을 푸는 데 중요하다. 작은 단계에서부터 두려움에 직면하는 것이 올바른 접근법이지만, 항상 타당화

하고 이해하는 맥락에서 이루어져야 한다.

자녀의 수치심 다루기

수치심은 아동기 경험 중에서 가장 힘든 것 중의 하나이다. 자녀가 크게 느끼기 위해서는 작은 자신을 자랑스러워해야 한다. 자신이 작아서 무시당하는 것은 너무 작아지게 만든다. 부모는 자녀를 애지중지해야 한다. 자녀의 흥분은 보이고 인정받아야 한다. 그렇지 않다면, 자녀는 움츠러들고, 얼굴을 붉히고, 낮아진다. 자녀에게 이것은 죽음보다 더 나쁜 운명이며, 특히 청소년기로 접어들면서 어떤 대가를 치르더라도 피할 수 있어야 한다. 부끄러움은 나이가 들면서 발전한다. 자녀가 자신을 별개의 사람으로 인식하고 자기를 다른 사람의 관점에서 평가할 수 있을 때, 부끄러움이 시작된다. 부모가 자녀의 자부심을 무시하면 자녀는 수치심을 느끼게 된다. 수치심의 해독제는 지지와 인정이다. 부모가 자녀를 부끄러워한다면, 그 부모는 자녀가 부모에게 중요하다는 것을 재확증함으로써 즉시 고쳐야 한다. 자녀가 방광이나 배변의 통제가 상실하여 남 앞에서 실수를 하는 경우도 있다. 이것은 최악의 굴욕이다. 이럴 때 부모가 실수를 하거나 그때에 통제할 수 없었기 때문이지 그 아이가 잘못된 것은 아니라고 확신시켜 주는 것은 그 사건을 일시적인 맥락 안에 한정지음으로써 자녀에게 자아의 근본적인 결함이 아닌 것으로 만든다.

다음의 단계들은 부모가 자녀의 수치심을 다루는 데 도움이 될 수 있다.

1. 자신과 자녀의 낮은 강도의 부끄러움이나 수치심도 자각한다. 이름을 붙인다. 자녀를 인정하고 실수가 용납될 수 있음을 인식하도록 돕는다. 부모가 타인 앞에서 자녀의 자아를 축소하지 않는다.
2. 자녀의 수치심을 친밀감이나 교육의 기회로 본다. 모든 사람은 실수를 하며, 실수를 한다고 해서 자녀를 용납할 수 없는 사람으로 만드는 것은 아니라고 교육한다.
3. 자녀의 수치심을 타당화한다. 자녀의 경험을 인정하고 일반화한다. "다른 사람들이 너를 놀릴 거라고 생각하는 건 끔찍해." "너한테만 이런 일이 일어나는

건 아니야." 그리고 "……하던 때가 기억이 나네."라는 말들 모두 도움이 된다.

4. 자녀가 수치심을 말로 구분하도록 돕는다. 아무것도 아닌 것으로 줄어들고 싶은 느낌이라든가 타인의 시선으로부터(그리고 배변 조절이 안 되는 경우에는 코로부터) 숨고 싶은 느낌에 이름을 붙인다.

5. 자녀와 함께 문제를 해결한다. 행동 제한을 설정하고 수치심을 유발하는 상황을 다루기 위한 목표와 전략을 논의한다. 그러한 상황을 어떻게 예방할 수 있을지 자녀와 상의한다. 그러한 상황을 어떻게 예방할 수 있을지 자녀에게 교육한다. 집으로 가는 차 안에서 화장실에 가고 싶다고 말하는 것이 집에 갈 때까지 참는 것보다 낫다고 가르친다. 그렇게 부탁하는 것이 어려울 수 있겠지만, 그렇게 하는 것이 최선의 방법이라고 말해 준다.

부모로서 자신의 정서 다루기

누군가가 심도 깊은 정서, 특히 자녀양육에서 겪었을 어려운 정서를 나에게 말했을 때, 나는 그 사람이 굉장히 과장하는 편이라고 생각했다. 물론 나는 사랑, 기쁨, 행복, 흥분, 걱정 그리고 좌절감을 느낄 것으로 예상은 하였지만, 내가 겪을 수 있는 최대한으로 더 멀리 밀려나리라고는 예상하지는 않았다. 그러나 내가 예상했던 감정 외에 이전에 느낀 것을 넘어서는 극도의 무력감, 분노, 자부심, 두려움, 불안 그리고 우려를 나는 느꼈다. 나는 또한 상상할 수 있었던 것보다 더 깊고 더 지독한 슬픔을 느꼈다. 나는 치유할 수 없는 자녀들의 상처에 대한 슬픔, 막을 수 없었던 그들의 실망과 실패에 대한 슬픔, 그리고 내가 막을 수 없고 바랄 수 없었던 그들의 떠남에 대한 슬픔을 겪었다. 삶의 과제에서 가장 어려운 과제인 자녀양육에 대해 협상해야 하는 모든 정서지능이 필요하였다.

이 정서 여정에서 가장 의미 있는 부분 중 하나는 어느 정도까지 나의 감정에 직면해야 하고 정서적으로 성장하여야 하는가 하는 것이었다. 자녀들은 나 자신의 정서를 반영한 거울이었고, 그들이 진정으로 느낀 것을 분명하게 간직하고 내가 느낀 것과 혼돈하지 않는 것이 가장 힘들었다. 자녀양육에서 나 자신에 대해 많은 것을 깨닫게 되었다. 더 자주 그렇게 되기를 바라지만, 때로는 그들을 보고 듣고 그들이 느낀 것을 이해할 수 있었다. 하지만 다른 때에는 나 자신의 감정이 너무 강하여서 우리 사이를 가릴 수 있었다. 그들이 슬프면, 나도 슬플 것이다. 나는 그들의 슬픔에 지나치게 동일시하여 나 자신의 슬픔으로 과하게 가져오기 시작하였다. 어떤 경우에는 그들이 아프지 않는데도 그들이 아플 것으로 상상하고 그들을 통하여 나 자신의 상처를 느낀다. 이는 그렇게 이상한 광기가 아니다. 모든 부모가 그렇게 한다. 자녀양육의 정서적 경험을 둘러싼 침묵의 음모가 깨져야 한다. 문제는 부모가 어느 정도 자신의 감정을 자녀에게 투사하고 경계를 잃어버리고 함몰되느냐가 아니다. 대개는 자녀의 상처가 곧 부모의 상처이며, 자녀의 상실이 부모의 상실이며, 자녀의 승리가 부모의 승리이다. 대신, 문제는 부모가 환상과 현실을 구별할 수 있는가의 여부이다. 부모는 자신이 상상하는 것, 즉 부모의 감정이 실제로 자녀의 감정이라고 믿지 않고 자신이 느끼는 것임을 인식하고 알아낼 수 있는가? 부모의 감정이 자녀의 감정과 동일하다고 상상할지라도, 어른이 부모로서 자녀에게 귀 기울이고 반응하는 것이 자녀의 감정이나 상황에 의해 유발된 자신의 미해결 감정에 압도되는 것과는 매우 다르다.

분명한 어려움의 또 다른 영역은 자녀에 대한 부모의 과민 반응이다. 즉, 자신의 분노에 의한 위협적인 느낌, 부모−자녀의 분리에 의한 비판, 상처에 대한 방어적인 느낌, 그리고 자녀의 무관심에 의한 거부감이 부모 자신의 부적응적인 반응을 일으킬 수 있다. 이들 반응은 멘토나 정서 코치가 될 수 있는 부모의 역량을 손상시킨다. 자녀양육에서 분노, 슬픔 또는 두려움을 느끼는 부모는 이러한 감정을 너무 강하게 느끼고 진정시키는 데 어려움이 있으며 통제할 수 없게 된다. 코치들은 부모들이 이러한 부적응 상태를 다루도록 돕고 협력해야 한다. 분노는 전반적으로 부모가 다루어야 할 가장 어려운 감정이다. 부모는 자신의 분노를 인정해야 하지만 조절할 줄 앎으로써, 부모의 사랑과 용서를 필요로 하는 자녀들의 환영을 밀어내지 않도록 해야 한다. 즉, 부모가 자녀에게 몹시 화가 났을 때 분노를 표현할 수 있는 것이 중요하지만, 건설적으로 표현할 필요가 있을 것이다. 이는 '나 전달법'으로, "네가 나쁘다."가 아니라 "내가 미치겠어."라는 말로 자녀와 의사소통하는 것으로 자녀를 몰아세우거나 비판하는 것이 아니다. 부모는 자신의 분노에 대해 현명하게 이야기하고, 공격하기보다는 다루어야 될 정보로서 분노를 표출한다. 분노 표현을 하는 동안, 그들은 자녀에 대한 배려와 존중을 계속 전하고 자녀가 하는 일이 그들에게 중요하다는 것을 전해야 한다. 부모가 자녀를 다른 성인(민감하고 정서적인 존재)으로 보고 동일한 상호작용 규칙을 적용하면 자녀에게 더 좋을 때가 있다. 어떤 이유로 부모는 자녀가 감정을 가지고 있다는 사실을 잊어버리는 경향이 있으며, 자녀에게 최선의 의도를 가지고 있음에도 불구하고 자녀를 가르치거나 통제하려 하고 잔소리와 말다툼을 하게 된다. 부모는 자녀가 실제 사람이라는 사실을 잊어버리기 쉽다. 이것은 부분적으로는 그들이 부모가 이해할 수 있는 방식으로 말하지 않기 때문에 부모는 자녀의 내면세계를 볼 수 없는 데서 비롯된다. 하지만 그렇다 해도, 부모는 자녀가 언제나 느끼고 있다는 것을 기억해야 한다.

특히 자녀는 부모를 가장 많이 용서하는 동시에 부모의 잘못을 가장 많이 따진다. 처음에 영유아는 부모의 방치에 대해 원한을 품지 않고, 아동은 부모의 분노와 조바심의 순간들을 참는다. 하지만 끝까지 가는 사랑은 없다. 특히 이해력이 발전되지 않는다면, 이 귀중한 유대는 분노, 상처, 질책으로 오염되기 시작한다. 자녀들이 성장하여 독립하는 만큼, 부모도 그러하다. 그러나 부모와 자녀는 항상 상호 의존적인 관계로 남는다. 사람들은 항상 어떤 종류의 인간적인 연결을 필요로 하고 거기서 혜택을 받는다. 가족의 유대는 모든 정서적 유대 중에서 가장 강하다. 그러므로 부모는 자녀에게 특별한 주의를 기울이고 좋은 정서 코치가 되도록 배워야 한다.

Chapter 15

리더십을 위한 정서지능 코칭

정서적으로 유능한 리더는 더 좋은 결과를 얻는다(Coleman, 1995). 예를 들어, 두 리더 A와 C는 직원들을 해고해야 한다. 두 리더 모두 직원들에게 알려야 한다는 두려움과 사람들에게 상처를 줄 때의 죄책감과 불안이 복잡하게 섞여 있음을 느낀다. 직원들의 분노와 회사의 미래에 대한 불안이 두렵다. 리더 A는 이 모든 것을 실질적이고 합리적으로 관리하여, 그들에게 '엄중하고 힘든 상황임'을 직원들에게 알려 주어야 한다고 믿고, 예상되는 해고될 사람들의 수를 알려 주는 연설을 한다. 그는 불가피한 점을 강조하고 사무실로 돌아온다.

리더 C는 먼저 자신이 느끼는 것에 중점을 두었고, 그리고 나서 자신의 정서의 각각 다른 요인들을 구별하고 하나씩 풀어 나간다. 그녀는 또한 직원들을 한데 모아서 이렇게 된 것이 얼마나 유감인지를 말하면서 시작한다. 해고될 사람의 수와 해고는 피할 수 없다고 보고하고, 이렇게 되어서 너무 참담하고 (그녀의 죄책감을 밝힘) 해고를 피하려고 가능한 모든 노력을 기울였다고 말한다. 이는 이해가 되는 선에서 모든 사람의 불안을 끌어낸다. 그녀는 이것이 누구에게 영향을 미칠지 알게 되면 즉시 모든 사람에게 알려 주겠다고(타인의 불안을 밝힘) 약속한다. 그녀는 사람들이 그녀에게 분노를 느낄 것이며 그들의 분노가 두렵지만 회사의 미래가 위험에 처해 있는 것이 훨씬 더 두렵다고 한다(자신의 두려움을 밝힘). 따라서 그녀는 회사를 구하기 위해서 이렇게 할 수밖에 없음을 설명하고, "지금은 가능한 한 모두가 서로를 지지할 때입니다."라고 덧붙인다.

다른 예를 들면, 최근에 관리자로 승진한 진은 팀의 성과에 대해 불만을 토로하고 있다. 코치의 도움으로, 그녀는 현재의 프로젝트에 대한 팀의 의구심과 실패와 거부에 대한 자신의 근심을 인식하게 된다. 그녀는 이제 이러한 정서들로 인하여 어떻게 주요 사업 문제를 서로 회피하게 되었는지 이해하게 된다. 그녀는 팀의 행동에 대한 자신의 내면의 목소리가 얼마나 거센지 알 수 있을 것 같다. 팀이 이전에는 응집력 있고, 협조적이며, 개방적이었음을 인정하지만 현재의 상황이 지속되면 그녀는 점점 자신의 리더십 기술에 대해 화가 나고 방어적이고 불신하게 될 것으로 여겨진다. 이 새로운 관점에서, 그녀는 훌륭한 결과를 내기 위하여 그녀 자신의 정서와 팀의 정서를 어떻게 관리할 수 있을지 적극적으로 구상하기로 한다.

앞의 예들에서 리더 C와 진은 정서지능의 역량을 보여 주었다. 이 장에서는 직장에서 정서지능을 적용하는 방법을 설명한다. 이 장은 조직의 리더가 자신과 다른 사람의 정서를 다루는 데 도움이 될 것이다. 리더가 자신의 정서지능을 향상시키고 정서 친화적인 작업 환경을 조성하는 데 도움이 될 틀을 마련할 수 있을 것이다. 경영 코치는 이 책의 다른 장과 연계하여 여기서 제공된 관점을 사용함으로써, 관리자들이 더 정서지능적으로 되도록 코치할 뿐만 아니라, 정서를 다루는 방법에 대한 리더 심리 교육 집단에도 사용할 수 있다. 물론 이러한 기술에 심리 교육을 포함시키는 것 외에도 집단과 개인 코칭에서 실험적인 작업이 필요할 수 있다.

다음에 요약된 매뉴얼은 브뢰닝거 재단(Breuninger Foundation)의 연구비 지원에 의해 개발되었고, 브뢰닝거 재단의 헬가 브뢰닝거(Helga Breuninger)와 알무스 쉘샵(Almuth Schellshop)과 요크대학교(York University)의 알버타 포스(Alberta Pos)의 자문을 받았다. 이 프로그램은 그 효과에 대한 유용한 피드백을 제공한 독일 여성 리더 그룹에 의해 성공적으로 예비 연구되고 평가되었다. 다음에 제시된 모형의 관점과 〈표 15-1〉에 나와 있는 정서 삽화 설문지(the emotion vignette questionnaire)를 통하여 코치와 함께하는 집단의 실제 작업 상황을 분석하는 것이 매우 도움이 되었다.

표 15-1 정서 삽화 질문

참가자에게 시트를 제공하고, 참가자들은 구조화된 설문지로 매일의 전문적인 과제와 갈등을 분석한다. 다음은 질문, 답변의 예 그리고 코치의 서면으로 작성된 답변이다.

1. 상황에 대한 간단한 설명(약 4문장)

우리는 전날부터 모든 상품을 포장해야 했기 때문에 가게에서 해야 할 일이 많았다. 나의 주요 판매 담당자인 다이애나는 첫 번째 고객 담당자이므로 고객에게 제일 먼저 다가가서 접객하여야 한다. 아침에 한 그녀의 첫 번째 행동이 식기 세척기를 비우는 것이었기 때문에 두 고객이 들어왔을 때 내가 먼저 접객하여야 하였고, 그다음에 다른 판매 담당자가 왔고, 다이애나는 또 전화를 받았기 때문에 마지막으로 왔다. 그런 다음 그녀는 한 고객을 인계받아 구매가 끝날 때까지 그에게 서비스를 잘 하였다.

2. 상황에서 나의 느낌은 어떠하였는가?

(적응적인 일차 정서, 이차 정서, 부적응적인 일차 정서)

신체적인/생리적인 반응에서 내가 어떤 느낌이 들었는가?

나의 첫 번째 행동적인 충동/행동 경향성은 무엇인가?

내가 무엇을 생각/인식하였는가?

판매 후 나는 우리 안에 있는 동물처럼 화가 나고 동요되었다. 분노를 내려놓기 위해 '공기를 좀 쐬고' 싶었고 신경질적으로 바쁘게 움직였다. "왜 그녀는 우선순위(가게를 청소하기, 가게 뒤쪽이 아니라 가게 안에 있기)대로 하지 않았을까?" 하고 자문하였다. 그녀가 오늘 일하고 싶지 않거나 기분이 안 좋아서 '피하고' 있었을까? 왜 그녀는 내가 항상 "가게 안에 있어 주세요."라고 하는데 지키지 않을까?

3. 내가 목표를 추구하였는가? 어떤 목표를 달성하였는가? 목표를 어떻게 달성하였는가?

(0에서 10까지 범위의 척도)

나는 그녀에게 그녀의 우선순위는 항상 가게 안에 있는 것이라고 다시 말해 주고 싶었다. 나는 그것을 분명하게 하고 싶었지만 성공하지 못하였다(1~10).

4. 나는 어떻게 반응하였는가?

나는 그 상황이 전혀 마음에 들지 않는다고 거친 목소리로 그녀에게 말하였다. 그녀에게 하루 종일 아무 데도 가지 말고 가게 안에만 있으라고 항상 똑같은 것을 (100번) 말해 왔다고 하였다. 그녀는 무엇을 해야 할지 전혀 몰랐으며, 자신이 항상 모든 일을 잘못하고 있는 것 같으며, 내가 불공평하다고 생각한다면서 금방 울기 시작하였다. 그러고는 걸어가서 진정제를 먹고는(1년 전에 남자 친구가 죽었고 계모가 암에 걸렸다고 말해 주었다), 지금은 말하고 싶지 않고, 나중에라도 할 수 있으니까, 고객 앞에서는 울고 싶지 않다고 하였다. 나는 더욱 화가 나서 내가 항상 착하게 하는 것이 지겹다고 말하였다.

코치의 서면 답변: 내가 들은 바로는, 당신의 어려움은 상황을 전문적으로 처리하는 데 도움이 되는 것보다 화가 더 나는 것에 있다. 즉, 적절한 시간에 적정량의 화를 낼 수 있도록

조절하는 것이 어렵다. 이 상황이 당황스럽고 그녀의 반응이나 변화를 가져오는 데 무력 감을 느끼게 하는 것을 이해한다.

5. 상황이 어떻게 변하였나? 나에게? 참여하고 있는 다른 사람에게?

나는 항상 그녀에게 가게 안에 있으라고 하였는데, 그녀는 내가 무엇을 원하는지 분명하 게 말하지 않는다고 해서 화가 난다. 나는 분명하다! 그날은 우리의 관계에서 보면 망가진 날이며 우리는 더 이상 그것에 대해 이야기하지 않았다.

6. 내가 한 행동 방식과 결과에 내가 만족하였는가?

나는 그 결과가 마음에 들지 않는다. 이미 그녀가 일정 기간 동안 우선순위에 잘못이 있었 던 것에 화가 났기 때문에, 나는 거친 목소리로 과장하고 있었다.

코치의 서면 답변: 그렇다. 그래서 해결되지 않는 갈등이 지속된다는 것이 힘든 것이다. 어 떤 면에서 당신의 분노는 일차적이며 당신이 상황을 잘못 다루고 있으며, 또한 당신의 목 표가 좌절되고 있으며, 당신은 그 좌절을 극복하고 목표 달성을 원한다는 것을 알려 주고 있다. 하지만 그 분노의 강도는 무력하고 막힌 느낌에 대한 2차 반응이다. 그러므로 정서 가 해결할 문제가 있음을 분명하게 시사하고 있으므로, 정서를 무시하는 것은 도움이 안 된다.

7. 만일 한 가지 소원이 이루어진다면, 나와 다른 사람에게 상황이 어떻게 될 것 같은가?

나는 이 사건을 그녀의 잘못된 우선순위의 예로 들고 싶었다. 그러나 나는 그녀와 그녀의 일하는 방식에 대해 여러 번 이야기하였지만 실제로 그녀를 다루는 방법을 모른다. 그녀 는 판매를 매우 잘 하지만, 다른 사람에게 일을 넘긴다. 그래서 그들은 그녀가 도와줄 거 라고 기대하지 않고, 오히려 나한테 기대한다. 그녀는 이러한 가족 문제가 있기 때문에 모 두가 그녀를 풀어 주기를 원하고, 그녀는 그것을 '이용'한다. 그녀는 혼자서는 아무것도 할 수 없으며 모든 것에 도움의 손길이 필요하다.

8. 내가 리더 역할을 하고 있었는가? 그렇다면, 이 상황에서 리더로서 나에게 필요한 것은 무엇인가?

그렇다, 하지만 꼭대기에서 하고 있다. 나는 침착하지 않았고, 반영적이지 않았고, 전문적 이지 않았다. 그러나 나는 그녀의 상사인데, 그녀는 더 이상 그것에 대해 이야기하고 싶지 않다고 하였다. 나는 이 말에 대해서도 화가 났다.

코치의 서면 답변: 그렇다. 그것이 당신의 분노에 얼마나 불을 지피는지 상상할 수 있지만, 아마 그 분노는 당신이 느끼는 무력한 좌절감에 대해 다시 말할 것이다.

9. 내가 행한 방식과 결과에 내가 만족하였는가?

아니다. 나는 만족하지 않았고 여전히 그 상황이 마음에 들지 않는다. 상황은 여전히 '열 려' 있는 상태이며 종결되거나 해결되지 않았다. 그녀를 조금이라도 바꾸고 싶지만, 그녀 가 내 지시를 따르지 않기 때문에 어떻게 해야 할지 모르겠다.

코치의 서면 답변: 직원들에게 피드백을 제공하는 연례 성과 평가서를 가지고 있는가? 작 금의 상황과는 별개로 회의가 도움이 될 것 같으며, 회의에서 분노 없이 피드백을 줄 수 있 다. 하지만 당신의 정서적 문제는 어딘가 이차적인 강한 반사적 분노로 이끌고 가는 내재

된 무력감을 다루는 것이다.

10. 이 상황에서 무엇을 훈습할 기회가 있었는가?

이 상황에서는 아무것도 훈습할 수 없었다. '올바르게' 된 것이 없다고 본다.

ARRIVE AT 모형을 기반으로 한 코치의 분석

자각하였는가(Were you AWARE): 그렇다. 분노를 자각하였지만, 내재되어 있는 무력감은 아니다.

조절(REGULATE): 분노가 조절되지 않고 있다. 먼저 호흡하고 자신을 진정시킬 수 있어야 한다. 내재되어 있는 감정을 자각하게 되는 것은 조절하는 데도 도움이 될 것이다.

반영(REFLECT): 그 당시는 아님.

정보에 근거한 행동(INFORMED ACTION): 당신의 분노가 경계를 설정하라고 알려 주었지만, 분노가 너무 강하였다.

타당화(VALIDATE): 아니다.

평가(EVALUATE): 그렇다. 하지만 효과가 없었다.

전환(TRANSFORM): 아니다. 여기서는 아마도 당신이 무력감이 차단된 느낌이 드는 상황을 다루기 위하여 코치의 도움이 필요할 것이다.

정서 유형

이차적인 분노가 무력감을 가리고 있고, 그래서 조절되지 않고 효과적인 행동으로 이끌지 못한다.

정서 중심 리더십

정보와 동기의 일차적인 원천으로 직장 내 정서의 중요성의 인식과 함께, 리더들은 직원과 고객의 정서를 다루는 법을 배우고 더 정서 중심적으로 될 필요가 있다. 또한 정서지능이 업무와 리더십에서 중요한 역할을 하는 것으로 나타났기 때문에, 리더 자신이 자신의 감정을 효과적으로 다룰 수 있는 것이 중요하다.

직장에서는 원하지 않는 불쾌 감정이 종종 일어난다. 그러한 감정이 제공하는 정보에 귀를 기울이고 변화시켜서 협력과 문제 해결에 장애가 되지 않도록 해야 한다. 조직원을 행복하게 하는 것이 리더의 주 업무는 아니지만, 직원의 중요한 감정과 욕구를 타당화한다면 직원들은 더 동기가 부여되고 창의력이 향상될 것이다. 일반적으로 조직에 속해 있는 사람들은 직장에서 효과적인 기능을 촉진하기 때문에 기분 좋은 정서(예: 자부심, 기쁨)를 느끼고 싶어 하고 부정적인 정서(예: 수치심, 두려움)는 피하고자 한다. 하지만 때로는 미래에 성과를 내야 하는 불안이나 자신이나 조직에 잘못된 것을 바로잡기 위하여 일어나는 분노와 같은 불쾌 정서를 일으키기도 한다. 정서 중심 리더십에는 다음과 같은 특징들이 전제가 된다.

1. 자신의 감정, 특히 의사결정과 발전에 방해가 되는 취약한 정서(예: 두려움, 수치심)를 알고 있다. 이 역량에는 정서가 자기 자신, 타인 그리고 세상에 대한 관점에 미치는 영향을 인식하는 것이 포함된다.
2. 조직의 가치 체계 내에서 적절한 방식으로 타인에게 반응하고, 계획하고, 사고하기 위하여 자신의 정서를 사용할 수 있다.
3. 모든 정서가 일차적인 정서 반응이 아니라는 것을 알고 있다. 분노가 일차적인 상처를 덮고 있을 때와 같이, 어떤 정서는 그 사람의 가장 근본적인 감정을 모호하게 하는 이차 정서이다. 또한 실제적인 위협에 대한 두려움은 적응적이지만 위해가 없는 상황이나 상상의 위험에 대한 두려움은 그렇지 않을 때와 같이, 어떤 일차 정서는 적응적인 반응이고 다른 일차 정서는 부적응적이라는 것을 알고 있다.
4. 인간의 핵심 동기는 정서 조절이라는 것을 알고 있다. 따라서 정서 중심의 리더는 사람들이 정서를 조절하도록 도우려 하고, 사람들이 하는 것이나 하지 않는 것의 많은 부분이 자신이 원하는 감정을 가지려 하고 원하지 않는 감정을 안 가지려고 동기부여가 된다는 것을 인식하고 있다.

다음에는 리더의 정서 역량을 향상시키는 데 도움이 되는 정서 해독 능력의 증진을 위해 개발하고 검증한 모형을 제시한다. 모델은 ARRIVE AT PEACE의 약어로 표시된다. 그것은 훌륭한 정서 중심 리더가 되는 데 필요한 일곱 가지의 자아 중심적이고 개인 내적인 정서 기술로 구성된다. 이는 다음과 같다.

- **자각**(Awareness)
- **조절**(Regulation)
- **반영**(Reflection)
- **정서가 알려 준 정보에 근거한 행동**(Informed Action)

- 타당화(Validation)

- 평가(Evaluation)

- 그리고(And)

- 전환(Transformation)

이 개인 내적인 기술은 다음에 설명되어 있으며 약어 ARRIVE AT를 통해 기억할 수 있다.

이러한 본질적인 개인 내적인 기술 외에도 타인 중심, 대인관계 기술이 훌륭한 의사소통자와 관계 관리자가 되기 위해서 필요하였다. 이러한 대인관계 기술은 다음과 같다.

- 현전(Presence)

- 공감(Empathy)

- 그리고(And)

- 자비(Compassion)

- 효과적인 의사소통(Effective Communication)

개인 내적 기술은 약어 PEACE로 표시된다. 그래서 최종적으로 ARRIVE AT PEACE라는 약어가 되었다. 다음은 이러한 기술 중 일부를 보여 주는 예시이다.

제니퍼는 광고 회사의 CEO이다. CEO인 그녀가 제안한 지시에 따라야 한다면, 사임할 것임을 격분하여 내비치는 부서장 게리를 바꾸기로 결정한다. CEO는 몸이 긴장되고 배가 팽팽해지고 호흡이 얕아지는 것을 느낀다. 그녀는 이것에 '나는 긴장감을 느낀다.'(자각)라고 이름을 붙이고 나서 이를 '나는 다른 사람 앞에서 도전받는 것에 화가 난다.'로 분화시킨다. 그녀는 화나는 생각을 하여 분노에 불을 지피지 않고 몸의 감각에 주의를 기울이고 호흡하면서 분노를 진정시킨다(조절). 그리고 나서 그녀는 '이것은 위협을 느끼고 원치 않는 갈등을 다루어야 하는 것에 대한 나의 반응'으로 자신의 감정을 이해한다(반영). 그녀는 이 프로젝트가 실패할 수 있다는 두려움이 문제라는 것을 이해하고, 부장이 다른 사람들 앞에서 자신에게 도전한 것에 배신감을 느낀다. 그녀는 또한 이 배신감이 상황에 맞는 것인지, 아니면 그녀가 해결하였어야 할 과거의 미해결 과제에서 오는 것인지(평가) 구별한다(전환). 감정의 자각, 조절, 반영은 그녀가 리더로서 해야 할 일에 집중하는 데 도움이 되며, 부장의 반대에 숨어 있는 위협을 느낀다(공감). 다시 호흡을 가다듬고, 그녀는 추가 협의가 필요하다고 말하면서 그의 위협에 반응하고는 의제의 다른 사항들을 처리한 후 회의를 종료한다. 그런 다음 그녀는 개리와의 개별적인 만남을 주선하여(정서가 알려 준 정보에 근거한 행동 경향성), "내가 제시한 이 방향으로 자료들을 모아 와서 내가 예상하지 못한 방식이 좀 혼란스러웠어요. 부장님은 그걸 어떻게 보며 어떤 점이 부장님께 문제가 되는지 내가 이해하도록 도와주시겠어요?"(자비와 효과적인 의사소통)라고 말한다. 결국 개리가 새로운 조직 구조가 회사에서 자신의 힘과 역할을 감소시킬 것으로 느끼고 있음이 드러났으며, 그녀는 이 점에 대해서는 말로서 그리고 상사로서 그를 안심시켜 줄 수 있다.

CEO가 회의에서 화난 태도로 반응하였다면, 양 당사자는 자신의 입장을 강화하였을 것이며, 결국 서로가 화내면서 위협적으로 자신의 의견을 표현하여 큰 갈등이 생겼을 것이다. 그 대신 CEO가 부장의 반응을 이해하려고 노력하면서 부장이 이 계획이 자신을 밀어내는 것으로 보았음을 알게 되었다. 그리고 부장이 자신의 불안을 다룰 수 있게 되고 나서 두 사람은 그의 위치를 위협하지 않는 기획을 세우기 위하여 함께 작업하였다.

다음으로, 〈표 15-2〉에 ARRIVE AT PEACE 기술을 설명하고 이 기술을 발전시킬 일련의 핵심 질문을 제시하였다.

표 15-2 ARRIVE AT PEACE를 위한 핵심 질문

자각: 관련된 당사자들의 정서를 자각하기-자신과 다른 사람
- 나의/그들의 정서 반응은 무엇인가? 감정적 반응은 무엇인가?
- 나는/그들은 기분이 어떠하였나?
- 지금은 나는/그들은 기분이 어떠한가?
- 이것은 나의/그들의 일차 정서인가?
- 이것을 내일 내가/그들이 발표할 때 나는/그들은 어떤 느낌일 것 같은가?
- 팀은 기분이 어떠할 거라고 생각하는가?

조절: 호흡을 확인하고 심호흡한다.

- 감각을 관찰하고 묘사한다.
- 조였다가 풀어 주면서 근육을 이완한다.
- 자기를 향한 자비를 경험하면서 자기진정을 한다.

반영: 생각, 의사결정 및 행동에 미치는 정서의 영향뿐만 아니라 원인, 결과 및 정서가 나아 갈 가능성까지 이해하도록 반영한다.

- 당신/그들이 왜 그렇게 느끼는지에 대한 어떤 단서가 있는가?
- 전에도 내가/그들이 이렇게 느낀 적이 있는가?
- 이번에는 내가 어떤 단추를 눌렀는가?
- 회의 동안에 나는 그들이 어떻게 느끼면 좋겠는가? 처음에는? 중간에는? 끝에는?
- 그/그녀가 이렇게 느끼게 만든 일이 있었을까?
- 이 문제에 대한 생각에 나의/그들의 정서가 어떻게 영향을 미치는가? 그 영향이 도움이 되 는가 아니면 되지 않는가?
- 나의/그들의 불안은 너무 많은 주의를 끌고, 나의/그들의 기쁨은 더 많은 창의력을 가져 오고, 나의/그들의 수치심이 철회를 가져오고, 나의/그들의 혐오가 기회를 거부하게 만드 는가?
- 정서가 팀의 태도에 어떤 영향을 줄 수 있는가?

정서가 알려 준 정보에 근거한 행동: 정서를 이용하여 행동으로 옮긴다. 나의/그들의 정서가 어떤 행동을 촉발하는가?

- 나의/그들의 욕구/목표/관심은 무엇인가?
- 도전에 직면하기 위하여 분노를 이용하라.
- 방어 전략을 세우기 위해 두려움을 이용하라.
- 상실을 애도하고 내려놓기 위하여 슬픔을 이용하라.
- 물러나서 지지를 구하기 위하여 수치심을 이용하라.
- 거절하기 위하여 혐오감을 이용하라.
- 관여를 활성화하기 위하여 흥분을 이용하라.
- 성공을 축하하기 위하여 기쁨을 이용하라.

타당화: 이해할 수 있는 것으로 나의 감정의 타당성을 수용하기

- 자신의 정서를 받아들이고 이해할 수 있는 것으로 평가한다.
- 내가 느끼는 것을 왜 느끼는지 이해하고 확신한다.
- 나의 감정에서 어떤 것이 이해되는지 확인한다.

평가: 정서가 알려 주는 정보에 근거한 의사결정, 행동 및 관리의 효과를 평가하고, 자신의 정서 반응이 적응적인 것으로 믿을 수 있는지, 아니면 전환이 필요한지에 대해 평가한다.

- 나의 행동의 영향은 무엇인가?

- 나는 제대로 이해하였는가?
- 지금 이것에 대해 나는/그들은 어떻게 느끼는가?
- 나의 정서 반응이 적응적이라고 믿는가, 아니면 과거의 상처에 더 기반을 두고 있는가?

전환: 여기서는 부정적인 정서를 바꾸는 것이다.
- 이 감정을 믿고 의지할 수 있는가?
- 이 정서에 의해 내가 변화될 필요가 있는가, 아니면 내가 그 정서를 바꾸어야 하는가?
- 이 정서는 내 인생에서 다른 시간이나 장소와 더 관련이 있는가?

현전, 공감, 자비: 그 순간에 존재하는 것이고, 타인의 안녕과 이익에 관심을 가지고 타인의 감정을 경청하기

현전: 그 순간에 존재하기
- 나는 그 순간에 몰입하고 있는가?
- 나는 개방적이고 수용적인가?

공감: 다른 사람의 감정에 조율하기
- 상대방은 무엇을 느끼는가?
- 그들이 말하는 것에서 무엇을 암시하고 있는가?

자비: 다른 사람에 대한 염려
- 그들에게 가장 고통스러운 것은 무엇인가?
- 그들의 고통스러운 감정을 완화하기 위한 것을 내가 어떻게 할 수 있는가?

효과적인 의사소통: 정서 목표를 달성하기 위한 의사소통 방법을 계획하기
- 나의 정서 목적은 무엇인가?
- 이 목적은 어떻게 가장 잘 달성할 수 있는가?
- 나는 나 자신과 다른 사람들이 어떻게 느끼기를 원하는가?
- 이 결과를 얻기 위해 할 수 있는 것은 무엇인가? 조절하기, 계획하기, 공개하기, 아니면 무엇인가?
- 나 자신이나 다른 사람에게 도움이 되는 분위기를 조성하려면 어떻게 해야 하는가?
- 관여하게 만드는 활기, 회의 전에 집중하게 하는 차분한 분위기, 수용적이고 개방적인 환경을 만들기 위하여 나는 어떤 전략을 사용할 수 있는가?
- 화가 나면 그 장애물/경계를 극복하기 위해 어떻게 의사소통하는가?
- 수치심을 느끼면(존중받지 못함) 나의 위치를 되찾기 위해 어떻게 의사소통하는가?
- 슬프면 위안/연결을 얻기 위하여 어떻게 의사소통하는가?
- 두려우면 위협을 없애기 위하여 어떻게 의사소통하는가?

자각

리더는 자신과 다른 사람들의 일차 정서를 자각하여야 한다. 매일 리더들은 사건에 반응함으로써 삶을 살아간다. 그들이 반응하는 방식은 자신, 타인 및 세상에 대해 감정을 불어넣는 것이다. 외부 사건에 반응할 때 보통 리더들은 내면세계의 복잡한 사항에 주의하지 않는다. 오히려 자신의 방식대로 반응하게 하는 내면의 경험에 대한 주인의식 없이, 또는 친숙함도 없이 반응하는 경향이 있다. 그러나 우리 모두는 왜, 그리고, 어떻게 우리가 하는 방식대로 반응하는지에 대한 소견들이 있다. 리더들은 자신이 느끼는 것을 자각하고 이러한 감정에 이름을 붙이도록 해야 한다. 언어가 없으면, 일어났거나 일어날 수 있는 일에 반영할 수 없다. 각 정신 상태에 대한 상이한 이름이 없으면, 앞으로 일어날 정서적 사건들에 어떻게 반응하고 싶은지 숙고하여 반영하기가 어렵다. 예를 들어, 젊은 CEO는 중요한 회의가 다가올 때마다 느껴지는 명치의 느낌에 주의를 기울이기만 한다면, 그리고 그 느낌을 포착하는 말을 찾는다면, 그것이 분노인지, 흥분인지, 아니면 불안인지 알 수 있을 것이다. 일차 정서를 확인하는 것은 문제 해결 과정의 첫 단계이다. 정서는 일이 우리 뜻대로 되지 않는 때를 알려 주면서 문제가 무엇인지 정의한다.

조절

리더는 정서를 조절해야 한다. **정서 조절**은 어떤 정서를 가지고, 언제 정서를 가질지, 어떻게 경험할 것인지에 대한 영향력이다. 정서 대처 능력을 개발하는 한 부분은 현재의 정서를 자각하고 판단 없이 받아들이는 것이다. 이는 정서의 목적을 달성하게 하는 수준의 강도에서 정서를 갖는 것이기도 하다. 우리의 안녕에 중요한 정보를 주기 때문에 정서를 회피하거나 무시하지 않는 것이 극히 중요하기는 하지만, 항상 정서에 맞게 행동하는 것이 반드시 좋은 것은 아니다. 한편으로는, 불쾌한 정서는 조절하여 감내하고 수용될 수 있게 하는 것도 중요하다. 무엇을 느끼든 정서는 이미 있는 것이며, 그 정서를 쉽게 끌 수는 없다. 여기서 또 주의해야 할 점은 정서가 사실이 아니라는 것이다. 부정적인 정서는 오고 가며, 자연적인 순리를 따르고, 영원히 머무르지 않는다.

반영

정서를 반영하는 것은 사고와 의사결정에 미치는 정서의 영향뿐만 아니라 원인, 결과 및 가능한 정서의 **진행 과정**까지 이해하는 데 도움이 된다. 반영은 상징화된 정서 경험으로부터 의미를 만들 수 있는 것으로 간주된다. 정서는 생존 지향적인 반응을 신속하게 보낸다. 그 반응들은 즉각적이다. 하지만 반영은 심사숙고하고, 즉각적인 대응 속도를 늦추며, 행동 결과를 보다 폭넓게 고려하는 데 도움이 된다. 반영은 (a) 경험을 설명하는 이야기를 개발하고 느끼고 있는 것을 이해하고, (b) 정서가 촉발한 행동의 결과를 반추할 수 있게 하는 중요한 기술이다. 또 다른 중요한 기술은 (c) 자신과 다른 사람들의 정서가 의사결정에 미치는 영향을 자각하는 것이다. 또한 반영은 (d) 사건이 특정 정서를 어떻게 만들었는지 이해하는 것이며 자각을 현재 사건의 해석방법을 평가하는 데 통합할 수 있는 능력이다.

예를 들어, 한 여성 리더가 과거에 자신에게 퇴짜당한 구혼자였던 사람이 그녀가 하고자 하는 입찰에 경쟁자로 나타나서, 회사의 신뢰성과 그녀의 상품에 대해 나쁘게 말하였다는 사실을 최근에 들었다. 그녀는 (a) 부당하게 대우받는 것에 화가 나며, 심지어 격분과 함께 그를 없애고 싶고, (b) 중요한 고객을 잃고 회사에 피해를 입힐까봐 두렵고, (c) 이런 종류의 사람과 관계를 맺었다는 것이 수치스럽다. 이러한 정서들은 그녀에게 서로 다른 행동들을 촉발한다. 분노는 그녀에게 반격을 위한 행동 태세를 갖추게 한다. 두려움은 그녀를 걱정하게 하거나 적절한 계획을 짜도록 몰아간다. 수치심은 물러나고 싶게 한다. 그녀는 이러한 모든 정서를 이해하고, 정서의 유발 요인을 이해하고, 그녀의 가능한 의사결정들, 즉 (a) 그와 직면하기, (b) 후속 자료를 만들기, (c) 회사의 다른 이사들과 대화하여 그녀가 얼마나 부당한 비난을 받고 있는지 알려 주기 등을 결정하는 데 정서가 어떻게 영향을 미치는가를 이해하여야 한다. 거기에 더하여, 그녀는 이러한 각각의 행동의 결과를 반영하여야 한다.

정보에 근거한 행동

정서는 행동 준비성을 제공한다. 리더는 정서의 행동 경향성에 의하여 정보를 얻고, 행동으로 옮기기 위하여 정서가 우리 몸을 구성하는 방법을 이용하여야 한다.

정서의 행동 경향성은 완전한 행동이 아니다. 특정한 방식으로 행동하는 경향성이다. 그러므로 두려움은 도망가도록 우리를 조직하고 분노는 경계를 지키기 위하여 밀어붙인다. 정서 신호의 가치는 어떻게 사용되는가에 따라 다르다. 따라서 리더는 자신의 신체적 경향성이 기울여지는 것에 주의하며 이것을 정보로서 이용하고 행동을 추진하는 에너지로 사용할 수 있어야 한다. 이 장의 시작 부분에서 인용한 것처럼 정서는 우리를 행동으로 이끄는 반면에, 이성은 우리를 결론에 이르게 한다. 정서의 행동 경향성이 없다면, 우리는 행동하지 않을 것이다.

타당화

자신의 감정을 이해할 수 있는 반응으로서의 정당성을 받아들임으로써, 자기 정서를 타당화하여야 한다. 타당화란 정서를 나쁘게 평가하는 것이 아니라, 정서를 있는 그대로 허용하여, 타당한 것으로 받아들인다는 의미이다. 정서 수용이 그 정서를 좋아해야 한다거나, 정서에 대한 모든 것을 항상 받아들여야 한다는 것은 아니다. 정서 수용은 자기 자신이 아닌 사람이 아니라, 자기 자신인 사람으로 변화하는 것을 의미한다. 정서 수용은 그 사람의 정서가 거기에 있도록 한다(정서를 바꿀 수 없기 때문에). 정서의 타당화와 수용은 정서 체계를 진정시키고 효율적으로 변화시키는 데도 도움이 된다. 그러므로 수용은 감정 변화의 첫 번째 단계이다. 역설적으로 수용은 변화이다.

평가

리더들은 상황에 대한 정서 반응이 신뢰받을 수 있고 신뢰할 수 있는지, 또는 좋은 정보와 경향성을 제공하고 있지 않은지 평가하여야 하며, 따르기보다는 변화되어야 한다. 또한 어떤 정서 반응이 부적응적인지 확인하여야 한다. 부적응 정서는 그 사람이 가능한 한 효과적으로 되는 것을 방해하는 감정들이다. 이 정서들은 보통 인생에서의 부정적인 학습 즉, 과거의 곤경, 상실, 고통스러운 사건들로부터 배운 것에서 온다. 리더십에서 가장 빈번하게 나타나는 두 가지 부적응 정서는 아마도 두려움과 수치심이다. 리더십 강좌에서 이들 정서에 대해서 거의 거론하지 않거나 집중하지 않지만, 리더가 내린 많은 나쁜 의사결정의 중심에 이들 정서가 있으며, 이 정서들은 팀을 와해하거나 조직 기능을 방해한다. 실패에 대한 두려움, 통제력 상실에 대한 두려움, 잘못되는 것에 대한 수치심, 부적절감이나 무능감 등으로 인하여 경영자들이 숨고, 얼어붙고, 차단하고, 보호하고, 그리고 상식 이하의 행동을 하게 된다. 비호감적으로 되거나 홀로되는 것과 관련된 두려움과 슬픔 그리고 위험 감수에 대한 불안감과 혼자 하는 것 또한 의사결정에 영향을 미친다.

리더는 또한 정서 정보에 입각한 의사결정, 행동 및 관리의 효율성을 평가해야 한다. 의사결정은 긍정적인 행동과 부정적인 행동, 제시된 것에 대한 대안적인 아이디어의 장단기적인 위험 부담 및 의사결정과 관련된 자료의 중요성과 같은 관점에서 평가된다.

전환

마지막으로, 리더들은 자신의 부적응 정서를 변화시키기 위해 노력해야 한다. 전환은 부적응적인 핵심 정서에 접근하고 변화시키는 역량에서 나온다. 정서 경험은 종종 혼란스럽고 다각적이다. 부적응 정서 경험을 다루는 것은 변화를 실현하는 데 있어서 중요한 부분이다. 이는 두 가지 주요 문제, 즉 애착 관계 및 자기비판과 관련된 미해결 과제에서 일어나는 경우가 많다. 정서중심치료(EFT)에서의 변화 과정인 전환은 반대되는 가능한 더 강한 정서로 정서를 변화시키는 것이 최선의 방법이라는 가정에 근거하여 정서로 정서를 바꾸는 것이다.

예를 들어, 한 주요 판매 회사의 리더는 지배적인 아버지가 심장마비로 물러나야 하였기 때문에 회사를 물려받았다. 이제 아버지가 직접 개입하지는 않지만 여전히 배후에 있으며, 딸은 자신의 능력에 대한 아버지의 비판에 민감하다. 그녀는 자신의 머릿속에서 들리는 아버지의 비판에 대해 걱정하고 방어한다. 이 내면의 드라마는 상당량의 정서 에너지를 차지하고 도움이 되지 않는다. 그녀는 자신의 결정에 대해 자신감이 있지만, 결정을 번복해야 할 비판이나 반대에 대해 부적응적인 두려움을 갖고 있다. 그녀의 아버지를 빈 의자에 두고, 그의 강력한 존재감과 관련된 두려움과 약한 감정에 접촉하고, 그녀 위를 맴도는 존재에 접근하여 두려워하지 않고 자신을 주장하기 시작한다. 이는 그녀에게 경험의 변화를 가져와서 자신은 더 강하게 보게 되고, 아버지는 더 허약하고 떠날 준비를 하는 존재로 바라보게 한다.

　이제 PEACE 모형이 조명한 다른 기술들로 넘어가서, 현전, 공감 및 자비를 설명하고자 한다. 여기서 현전한다는 것은 그 순간에 존재하는 것이고, 공감은 타인의 관점에서 세상을 보는 것이며, 자비는 사람들의 고통을 변화시키고 보살피고자 하는 행동이다. 효과적인 의사소통은 목표 달성을 위하여 협력하고 협동하기 위하여 사람들과 합류하는 것이고, 공개될 위험 부담을 가져야 할지에 대해 결정하는 것이며, 진정성을 얻기 위하여 개방적이고 취약한 상태에 있는 것이다.

현전

　의사소통 기술에 대한 저술들이 많이 있지만, 우리는 리더가 무엇을 하는가에 집중하고 다른 사람들과 어떻게 함께 하는가 그리고 직원들이 어떻게 최선을 다하도록 할 것인가에 더 집중하여야 한다고 본다. 성공적인 리더십은 리더가 하는 것만큼 상황에서의 리더의 '존재 방식'에 달려 있다. 현전이란 판단이나 기대 없이 다른 사람과 온전히 그 순간에 함께 존재하는 것으로서, 상대방이 안전하게 느끼고 문제를 개방하고 탐색하고, 방어하지 않는 태도로 자신을 표현하게 되는 신뢰와 의사소통을 촉진한다. 현전하는 것은 또한 리더가 상대방의 감정 세계에 대해 언어적으로나 비언어적으로 깊이 경청하도록 인도하고, 리더가 자신의 경험과 연계하여 상대방을 이해하고 강요하지 않는 직관적인 부분에서 반응하도록 안내한다. 이로 인하여 새로운 시각이 출현하고, 새로운 가능성이 만들어진다(Scharmer, 2009).

　현전의 예로, 작업 현장에서 가끔 부상 사고가 일어나는 제조 회사의 CEO로 그 회사를 인수한 여성이 사지를 잃는 큰 부상을 당한 기계공을 만나야 하였다. 부상당한 남자의 동료들의 통상적인 태도는 침묵과 부인으로 '열외시키기' 식으로 일종의 남성의 여성에 대한 배타적 태도를 보였다. 하지만 새 CEO는 모두가 고통받고 있는 것을 알았다. 그녀는 먼저 공감과 자비로 노동자와 가족에게 다가가고, 두 번째는 그 상실에 공식적으로 이름을 붙이고, 세 번째는 일어난 일에 대해 자신이 얼마나 슬퍼하고 기분이 안 좋은지를 보여 주는 전 직원 모임을 개최함으로써 회사의 조직 문화를 바꾸었다. 그녀는 많은 사람들이 느낀 것에 공감적으로 느꼈고, 회의를 개최하여 침묵의 순간이 상실과 희생을 깊이 생각하는 데 도움이 되는 모임을 가짐으로써 모두의 마음을 움직였다. 회의에서 그녀는 또한 지속적인 안전 예방 조치의 중요성과 직원의 업무 가치를 강조했다. 이것이 바로 감정에 이름을 붙이고, 표현하고, 강조하여 그 감정을 이해하도록 반영하고 의미를 창조하는 정서 중심 과정이다.

공감

공감은 의심의 여지가 없는 중요한 리더십 역량이다. 공감은 다른 사람이 느끼는 방법과 다른 사람이 생각할 수도 있는 것에 조율하도록 한다. 공감은 타인의 의도를 이해하고 그들의 행동을 예측까지 할 수 있게 한다. 타인의 관점에서 세상을 보고 자신의 정서 반응을 느낄 수 있는 사람은 타인과 협력할 수 있는 가능성이 더 많다. 공감은 존중 그리고 긍정적인 견해와 결합되어야 하며, 그렇지 않으면 조종적이고 자기에게 이익이 되는 방식으로 사용될 수 있다.

타인의 감정을 이해하기 위하여 자기개방을 하는 사람의 실제 상황을 이해할 필요는 없다. 개방자의 지금 여기에서의 정서와 그때 거기에서 알려진 정서에 집중해야 한다. 공감에 관한 많은 저술들이 있으므로, 독자는 이 주제에 관한 다른 글들을 참조하기를 바란다(Elliott, Watson, Goldman, & Greenberg, 2003; Greenberg & Elliott, 1997).

자비

자비는 공감보다 타인의 고통에 더 깊은 수준으로 관여하는 것이다. 자비가 공감에 포함될 수도 있지만, 그것에는 고통받는 자와의 온전한 연결의 뜻이 내포되어 있다. 자비가 사람의 고통에 반응하여 움직여진다는 점에서 공감에 포함된다. 조직의 자비는 조직원들이 집단적으로 조직 내의 고통을 알아차리고, 느끼고, 반응하는 과정이다.

타인의 고통을 인식하고, 그 고통에 대한 정서 반응을 느끼고, 그 고통에 반응하여 행동함으로써 자비가 생긴다. 자비적인 행동은 직원의 고통을 완화하고 변화시키는 리더에서부터, 동료의 어려움을 경청하고 공감적으로 반응하는 직원에 이르기까지, 조직 내의 모든 수준에서 찾을 수 있다. 조직의 자비는 사람들에게 보이고 알려지는 느낌을 갖게 하며, 또한 덜 외롭게 한다. 자비는 직장 사람들 간의 '느껴진 연결'을 조직 내의 다양한 긍정적인 태도, 행동 및 감정으로 대체한다.

직장에서 보내는 시간의 양을 고려할 때, 직장 조직이 고통과 고난이 따른다는 것은 놀라운 일이 아니다. 사람들은 종종 개인적인 삶에서의 고통을 직장으로 가져가는 경우가 많다. 예를 들어, 근로자의 가족 구성원이 암 진단을 받거나, 다른 사람에게 아픈 아이를 맡기고 일을 하러 가는 한부모 어머니, 또는 개인적인 관계의 실패 등은 모두 직장에서 느끼는 방식에 영향을 미친다. 마찬가지로, 적대적인 동료 관계, 학대적인 상사, 또는 지나치게 요구적인 고객을 다루는 것과 같은 방대한 업무 관련 요인들로 인해 고통을 겪을 수 있다. 또한 심각한 갈등을 야기하는 합병, 잘못 다루어진 변화, 또는 무분별한 구조조정 및 조직 축소와 같은 조직의 행동으로 인하여 고통스러운 감정이 발생할 수 있다. 다른 조직으로부터의 적대적이거나 비윤리적 행동이 조직의 직원에게 고통을 안길 수도 있다. 예를 들어, 더 큰 기업이 더 작은 기업이나 자본이 더 적은 경쟁 업체를 사업에서 몰아내면 경쟁에서 진 사람들의 고통과 고난의 요인이 된다. 마지막으로, 정서적 고통은 환경적·정치적 또는 경제적으로 불가피한 재난에 기인한다(경제 부진과 생계에 미치는 영향에서 오는 충격). 조직 자체가 직접적으로 고통을 유발하는가의 여부와 관계없이, 조직은 그 구성원의 모든 삶의 측면에서 나오는 정서적 압박과 고통을 품어 주는 곳이어야 한다.

효과적인 의사소통

의사소통은 바로 목표 달성으로 향해야 한다. 우리 모두가 알고 있듯이, 갈등 상황에서 자신의 정서를 전달하는 것은, 특히 그 정서가 조절되지 않고 부적응적이고 이차 정서일 때는 상황을 더 악화시킬 수 있다. 감정적으로 폭발할 때는 당면한 문제가 아니라 그 사람의 행동을 다루어야 한다. 분노는 특히 대인관계적으로 관리하기가 어렵다. 아리스토텔레스가 말한 바와 같이, 정서지능은 적절한 방법으로 적시에 적절한 사람에게 정당한 이유로 화낼 수 있는 것이다. 느끼는 것을 항상 다른 사람에게 표현하지는 않는다. 오히려 리더십에서 정서의 의사소통은 전략적으로 관리되어야 한다.

의사소통은 복잡한 기술이다. 그것은 정서에 의해 정보가 주어져야 하지만, 느끼는 모든 것을 단순히 공개하는 것은 아니다. 정서적으로 유능한 리더는 정서에 의해 정보를 얻지만 의사소통은 상황에 따라 신중하게 한다. 각 정서에는 목적이 있다. 분노의 목표는 장애물을 극복하거나 경계를 설정하는 것이고, 두려움은 위험을 피하는 것이며, 수치심은 집단 내에서 자신의 위치를 유지하는 것이고, 슬픔은 상실한 것을 되찾거나 재연결하는 것이다. 정서가 목표를 설정하지만, 우리는 이를 달성하는 방법에 대해서는 생각하고 계획해야 한다. 즉, 즉각적으로 행동하기보다는 정서를 자각하고 정서가 알려 주는 목표를 얻기 위한 행동방법에 대한 전략을 세워야 한다. 좋은 결과를 얻으려면 전술 계획이 필요하다. 표현이 없는 표현이 최상의 표현일 것이다. 하지만 정서 자각은 매우 중요하며, 조직의 지배적인 철학적 가치가 협력이라면 개인의 정서는 이 가치를 높이는 데 사용되어야 한다.

권력(리더)의 지위에 있을 때 의사소통하기 어려운 점은 권력과 개방성 사이에 충돌이 있다는 점이다. 리더는 이끌어야 하지만, 동시에 협업이 조직의 목표 달성을 위해 최선의 방법임을 인식해야 한다. 따라서 조직 내의 사람들은 원하는 것을 느끼고 싶어 하고 원하지 않는 것은 느끼고 싶어 하지 않는다는 점을 이해하면서 이끌어야 한다. 효과적으로 의사소통하기 위해서 감정을 인식하고 반응 강도를 조절해야 한다. 그런 다음, 정서 목적을 달성할 최상의 계획을 짜고 전략적으로 시사되는 바가 있다면 자신의 감정을 노출해야 한다.

요약하자면, 리더십의 정서 역량 모형은 리더가 ARRIVE AT PEACE를 할 수 있는 것이다. 이 모형은 리더가 노력하고 있는 조직의 가치 준거 틀에 적절한 경우에 응용될 필요가 있다. 분명히, 이 정서지능 모형은 다른 사람들의 복지와 이익을 위하여 협업과 관심이 중요한 목표인 조직에 더 적합하다. 조직이 권력과 성취를 주요 목표로 한다면, 그 리더가 정서적 의사소통을 다루는 태도는 달라질 것이다. 모형에서 ARRIVE AT 단계는, 리더가 자신의 위치를 확인하는 것이 목적이기 때문에 문화적 특성과 상관없이 조직 전체에 동일한 것이다. 그러나 타인을 대하는 방법과 자신의 감정을 의사소통하는 방법은 상황에 따라 달라져야 한다. 예를 들어, 복종을 소중히 여기고 요구하는 육군 상사는 신병부대의 경쟁에서 진 수치심이나 애완동물을 잃었을 때의 슬픔의 이면 감정을 표현하지 않을 것이다.

리더십에서 정서를 다룰 때의 가치의 역할은 방금 설명한 모형을 맥락화하기 위하여 다음 부분에서 더 논의한다.

조직의 가치에 맞추기

가치는 특정 행동과 상황을 초월하며, 행동 판단의 기준이나 표준으로 작용하는 추상적인 목표이다. 조직의 맥락에서 정서를 다룰 때, 특히 공감과 의사소통과 같은 정서적으로 유능한 리더십의 대인관계적 측면과 관련되는 것으로 가치의 역할을 고려할 필요가 있다. 가치는 두 가지의 직교(直交)적인 차원인 자기향상(자신의 위치를 개선시키는 것) 대 자기초월(타인과 조직의 복지와 같이 자신 이외의 것들에 관심을 가지는 것)의 차원에 따라 범주화된다.

조직의 정서를 관리하는 방법은 조직 문화와 가치에 크게 영향을 받는다. 가치는 정서와 불가분의 관계가 있으며, 사람들이 이루기 위하여 노력하는 정서적으로 원하는 목표를 말한다.

앞서 언급하였듯이, 정서 중심 리더는 자신과 조직의 가치를 이해해야 하며 조직을 지배하는 목표를 명확히 해야 한다. 정서 관리는 항상 조직의 가치와 목표 준거 틀 내에서 볼 필요가 있다. 따라서 리더는 가치 조망을 정의하고 가치 조망과 정서적 조망과의 상호작용을 정의해야 하며, 정서와 함께 노력하고 그러한 동기를 제공하는 오프너로서 조직의 가치를 명료화해야 한다.

슈워츠(Schwartz, 1992)는 인간 조건의 세 가지 보편적인 필요조건, 즉 생물학적인 유기체의 욕구, 협력적인 사회적 상호작용의 욕구 및 집단의 생존과 복지에 대한 욕구로부터 도출될 수 있는 동기적으로 구별되고, 독특하고 기본적이며 광범위한 10가지 가치를 실증적으로 확립하였다.

10가지 기본 가치는 다음과 같다.

1. 자기 주도성: 창의성, 자유, 독립성, 호기심, 자기 자신의 목표 선택하기
2. 자극: 창의적이고 지적이며, 육체적인 도전을 하고자 하는 욕망, 즉 다양하고 흥미진진한 삶을 살고자 한다.
3. 쾌락: 자신에 대한 즐거움, 기쁨, 감각적인 만족감
4. 성취: 사회적 기준, 역량, 야망, 영향력, 지능, 자존심에 따른 능력 입증을 통한 개인적인 성공

5. 권력: 사회적 지위와 위신, 인적·물적 자원에 대한 통제와 지배, 권위

6. 안전: 보안, 조화, 사회·관계·자아의 안전, 조화 및 지속성, 가족 보안, 사회 질서의 지속성, 호의의 호혜성, 건강, 소속감

7. 순응: 다른 사람을 기분 나쁘게 하거나 해를 끼치고 사회적 기대나 규범을 위반할 가능성이 있는 행동, 성향 및 충동을 억제, 직원, 연장자, 관습에 대한 순종과 존중

8. 전통: 전통 존중, 헌신 및 전통 문화나 종교가 주는 관습과 생각을 수용

9. 박애: 잦은 개인적인 접촉, 도움, 정직, 용서, 충성, 책임, 우정, 친절, 자선, 정직 및 진실한 사람들과 함께 사람들의 안녕을 유지하고 향상하기, 타인을 위한 또는 타인을 대신하는 자신의 행동에 대해 자신이 책임지는 소유감을 가지기

10. 보편성: 이해, 감사, 인내, 만인의 복지와 자연의 보호, 넓은 마음, 지혜, 사회 정의, 평등, 평화의 세계, 아름다움의 세계, 자연과의 일체, 환경 보호, 내면의 조화, 타인과 함께 하나 됨을 증진시키는 전체적인 관점. 평화와 신뢰에 가치 두기

상이한 정서들은 다음의 상이한 네 가지 맥락에 따라 다르게 보일 것이다. 즉, 자극에 대한 조직의 핵심 가치와 개인의 핵심 가치, 자기주도성 성취 및 권력, 안전과 순응, 박애와 보편성 예를 들어, 분노는 자비에 더 가치 부여될 박애와 보편성의 가치맥락보다 성취와 힘의 가치맥락에서 더 긍정적으로 여겨질 것이다. 흥분과 기쁨의 정서는 차분함에 더 가치를 두는 안전이나 순응의 맥락보다 자극과 자기주도성의 맥락에서 더 가치가 부여될 것이다. 21세기 정서 중심 접근의 리더십에서 중요한 것은 타인을 위한 자비에 조직의 목표를 두고, 상호의존성과 창의성에 가치를 두는 것이 비즈니스 성공에 핵심이라는 점을 인식하는 것이다. 따라서 정서 중심 리더는 인간은 상호 의존적인 존재로서 양자 모두 서로 의존하고 있음을 인정할 뿐만 아니라, 인간사에 경쟁적이고 공격적으로 접근하는 것과 반대로 협력적이고 동정적인 것에 가치를 두어야 한다. 또한, 순응이나 통제에 반대되는 것으로서 창의성과 생산성을 낳는 최대한의 관여, 자극과 자기주도성에 대한 욕구의 중요성에 가치를 두어야 한다.

인간관계와 정서 관리는 조직이 중요시하는 가치에 항상 영향을 받기 때문에, 리더

는 자신과 조직을 안내할 핵심 가치를 앞에서 주어진 목록에서 알아보아야 한다. 이를 통해, 조직의 가치를 발전시키는 정서 관리를 긍정적인 관점에서 보게 될 것이다.

상황에 부합하기

조직의 가치에 부합하는 것 외에도 리더십 유형이 특정 상황에 맞아야 한다. 상황의 맥락은 얼마나 많은 교육과 지원이 필요한지에 따라 범주화될 수 있다. 지시의 고저와 지원의 고저, 두 차원을 교차하여 네 가지의 리더십 유형이 도출된다. 다음에 네 가지 유형의 리더십 행동을 설명하였으며, [그림 15-1]로 제시하였다.

- 공감은 높은 지원과 낮은 지시가 요구되는 상황에서 적절하다.
- 훈련은 높은 지시와 높은 지원이 요구되는 상황에서 적절하다.
- 통제는 높은 지시와 낮은 지원이 요구되는 상황에서 적절하다.
- 무시는 낮은 지원과 지시가 요구되는 상황에서 적절하다.

각 상황은 서로 다른 정서 중심 기술을 필요로 하며, 서로 다른 감정을 생성하는 경향이 있다. 리더십 유형은 직원과 리더가 더 많이 느끼고, 표현하고, 회피하고, 숨길 가능성이 있는 정서에 영향을 미칠 것이다. 그러므로 리더들은 어떤 상황에 어떤 정서 중심 기술을 적용할지 결정해야 한다. 대인관계 기술은 다양한 조직 문화 가치에 따라 적용될 수 있다. 리더십 유형과 마찬가지로 ARRIVE AT의 기술은 모든 상황과 유형에 적합하지만, 대인관계 PEACE 기술은 사분면 중에 어디에 속하는 유형인

지원(Support)

	LO	HI
LO	무시하다 Neglect	공감하다 Empathize
HI	통제하다 Control	가르치다 Teach

지시(Instruction)

[그림 15-1] 상황적 맥락에 기반을 둔 리더십. LO=low, HI=high

가에 따라 다르다. 고자원과 저교육이 요구되는 상황일 때는 정서 중심의 대인관계 기술을 사용하는 것이 가장 적합하다. 여기서는 자비와 자기주도성을 키우는 것이 최고의 결과를 가져올 것이다.

결론

일반적으로 리더는 직원이 자신의 욕구/목표/이해관계가 충족되고 있음을 나타내는 즐거운 감정을 느끼도록 도와야 한다. 이러한 쾌 감정은 직원의 역량을 넓히고 구축하는 데 도움이 된다(더 창의적이고, 조직에 더 많이 투자하고, 더 많이 생각하고, 더 건강하게 함). 또한 리더는 직원이 불쾌한 감정을 너무 많이 느끼지 않도록 해야 한다. 예를 들면, 분노, 수치심, 두려움은 업무 분위기나 조직의 생산성에 좋지 않고 전반적인 협업을 방해하는 모든 종류의 방어 행동을 가져온다.

리더는 직원이 하는 일뿐만 아니라 직원이 어떻게 느끼는가에도 주의를 기울여야 하며, 특히 직원의 부정적인 감정에 대해서 그들과 대화할 수 있어야 한다. 지도자는 또한 사람들이 표현하거나 보여 주는 많은 것들이 그들의 가장 깊은 감정이 아니라 그러한 감정에 대한 방어적인 반응일 수 있다는 것을 인식할 필요가 있다. 지도자는 이차 정서가 사람들과의 상호작용을 부정적으로 상승작용하게 하므로, 이차 정서가 아니라 일차 정서에 반응하여야 한다. 마지막으로, 리더는 사람들의 일차 정서와 욕구에 대해 자비적이고 공감적이어야 한다.

우리가 개발한 ARRIVE AT PEACE 모형은 리더가 효과적인 정서 중심의 리더가 되도록 설계되었다. 정서 표현은 리더가 세우고 있는 조직의 가치 준거 틀에 적합하다고 보여야 하고 적용되어야 한다. 우리의 정서 역량 모형이 협력과 타인의 복지와 이익이 중요한 목표인 조직에 더 적합한 것은 분명하다. 모델의 대인관계 측면에서 보았듯이, ARRIVE AT 단계들은 리더가 자기 자신을 바라보도록 돕기 때문에 조직의 가치와 문화에 상관없이 적용될 수 있다. 하지만 의사소통과 정서 관리 전략의 대인관계적 측면은 상황에 따라 달라져야 한다.

저자 후기

　사람들은 이성을 얻기 위하여 정서적이다. 정서는 인간 지능의 한 부분이다. 정서와 이성 간의 분리, 내면과 외면 간의 분리는 학교와 기관, 그리고 주된 정서적 교훈을 배우는 가장 중요한 장소인 가정에서, 머리와 가슴의 통합이 이루어지는 새로운 문화의 진화 단계에서 치유되어야 한다. 즉, 사람들은 정서에 주의를 기울이도록 배워야 한다. 정서는 가장 귀중한 인적 자원 중의 하나이다. 우리는 정서를 보호하기 위하여 참으로 많은 시간을 들이고 있다. 정서는 소중히 여겨져야 한다. 심리적 삶은 우리 모두에게 영향을 미친다. 모든 인간은 정서를 통해 세상을 경험하고 특정 정서에 대한 욕구에 의해 동기부여된다. 하지만 인간 발달에 따라 정서는 뇌의 한 부분의 통제하에 있으며 그에 대한 이야기는 다른 관할권에 속한다고 오해하는 경우가 많다.

　성인으로서 우리는 끊임없이 자신의 정서를 이해해야 하는 과정 속에 있다. 뇌에서 언어적이며 이성적인 부분을 가장 잘 알고 있기 때문에, 종종 마음의 모든 부분들이 이성과의 논쟁의 대상이 되어야 한다고 생각한다. 하지만 그렇지가 않다. 뇌의 많은 부분은 이성적인 명령에 반응하지 않는다. 우리는 이성으로 정서적인 삶을 이끌 수가 없다. 기분과 정서는 인간 조건의 부분들이기 때문에 피할 수가 없지만, 조화로운 방식으로 정서를 다루고 정서지능을 가진다면 기분과 정서도 변화한다.

　다음 목록은 정서지능 개발에 대해 이 책에서 언급한 모든 내용을 요약한 것이다.

　• 자신의 정서에 대한 더 큰 자각

- 자신과 다른 사람의 정서에 대한 더 큰 공감
- 자각에서 정서를 상징화하고 정서에 반영하여 자신의 정서를 이해하는 더 큰 역량
- 고통스러운 정서를 견딜 수 있는 능력
- 향상된 정서 조절
- 정서 상태를 서로 연결하고 정서로 정서를 변화시키기 위하여 정서 상태를 통합하는 능력

사람들은 자신의 정서 자각과 타인의 정서 인식을 통해 혜택을 얻는다. 느끼고 있는 것을 자각하는 것은 세상에서 방향감을 얻는 데 도움이 되며, 자기 안에서 통합된 방식으로 기능하는 데 도움이 된다. 느끼는 것을 자각하지 않으면 분리되기 시작한다. 슬픔이나 위협감을 느끼면 마음은 다른 방향으로 달리는데 몸의 감각은 한 방향으로 움직일 것이다. 정서를 자각하지 못하면 분열되고 설명할 수 없을 정도로 비루한 느낌이 든다. 정서를 무시하거나, 억압하거나, 두려워하게 되면 자기를 갈라놓기 시작한다.

이 책의 초판을 쓰기 전에, 나는 마치 처음인 것처럼 다시 한번 더 내가 저술하였던 정서 처리 과정, 즉 정서를 가지는 것과 정서를 조절하는 과정의 중요성을 경험하였다. 그때 나는 나 자신의 눈물을 차단하는 과정에 극적으로 빠져들었다. 그 일은 어머니 묘비의 제막식 때 일어났다. 나는 그 행사를 위해 20,000마일의 남아프리카 여정을 거치고 무덤 앞에 섰다. 처음에는 자동적으로 눈물이 제어되었지만, 나의 마음이 울고 있음을 느꼈다. 그러나 그 느낌에 반해, 나는 목에 힘을 주고 의도적으로 눈물을 통제하는 데 집중하여 남들 앞에서 우는 것을 막으려고 애를 썼다. 내가 기도문을 낭독함으로써 남들의 주목을 받는 입장이라서 특히 더 힘들었다. 결국, 식이 끝난 후에 질녀의 위로를 받으며 그녀의 팔에 안겨 있는 걸 느꼈을 때에야 비로소 눈물을 흘리고 울 수 있었다.

이런 울음은 우리 모두에게 필요한 것이었고, 나에게도 좋았다. 어떤 이유로든 억압되어 지연된 정서는 그 정서를 느끼는 것이 안전하다고 감지될 때에 표현된다. 제막식 때의 일은 느끼는 것을 경험하기 위하여 타인이 우리에게 안전하다는 것을 입증하는 것이 얼마나 중요한가를 상기시켜 주었다. 지금 이 글을 쓰면서도 눈물이 흐

르고, 그 눈물이 좋다. 눈물은 내가 여전히 슬퍼하고 있고, 살아 있고, 돌보고, 부드러워짐을 느낀다는 것을 알려 준다. 눈물은 마음을 가라앉히는 향유처럼, 가슴에 사무치면서 위안을 주고 나를 씻어 내린다.

그렇다 하더라도, 나는 마주해야 할 운명처럼, 제2판을 작업하기 직전에 사고로 아내를 잃었다. 추도사에서 나는 죽음을 도둑이라고 불렀고, 한 발자국 길을 건너는 가운데, 한 느낌 가운데, 한 생각 가운데서 죽음이 그녀를 훔쳐갔다. 나는 메리 올리버(Mary Oliver)의 말에서 위안과 안도를 찾았다.

> 이 세상에서 살아가기 위하여
> 당신은 세 가지 일을 할 수 있어야 한다.
> 필멸의 존재를 사랑하는 것,
> 당신의 골수가 아는 것을 거슬러
> 이 존재를 안는 것,
> 당신의 삶은 거기에 달려 있다.
> 그리고 때가 오면 그걸 내려놓는 것.

슬픔의 도움으로, 그녀를 내려놓았다. 이제 그녀를 상상할 때 나의 사랑이 슬픔보다 크며, 정서가 어떻게 정서를 변화시키는지 다시 나에게 보여 준다. 나는 슬픔에 대해 말한 릴케(Rilke, 1934)의 문구를 떠올렸다.

> 이는 새로운 어떤 것, 미지의 어떤 것이 우리에게로 들어온 순간들이다! 우리의
> 감정은 수줍은 당혹감에 침묵하게 되고, 우리 안에 있는 모든 것이 물러나고, 고요
> 함이 오며, 아무도 모르는 새로운 것들이 그 한가운데 서서 침묵한다(p. 17).

이러한 유형의 슬픔은 삶에 의미를 부여하고 독특한 방식으로 그 모든 것의 강렬함에서 활력과 함께 지치는 느낌도 남겨 놓는다. 감정은 에너지가 필요하고 우리의 자원을 사용한다는 것은 의심의 여지가 없다. 정서를 경험한 후에는 회복하고 보충할 시간이 필요하다. 나이가 들어 감에 따라 감정의 에너지가 더 많이 소모되는 것을 느낀다.

초기 성인기에는 이성적인 삶을 살고 삶의 공포와 정서성을 뛰어넘으려는 노력이 중요하다는 것을 깊이 믿었으므로, 나는 철학적 접근을 개발하려고 노력하였다. 그로 인해 나는 고통, 고난, 상실은 피할 수 없으며, 거기에서 오는 디스트레스를 받는 것에는 아무런 목적이 없다는 견해를 옹호하여 냉정한 자세를 취하게 되었다. 통제나 고통으로부터의 면역이 나의 진정한 목표였다. 하지만 인생 경험과 나이에서 오는 지혜 덕분에 이 견해의 오류를 보게 되었다. 즉, 반응을 통제하고 과정 성향을 인식하려는 노력을 포기함으로써 삶의 질이 향상되는 것을 알게 되었다. 나는 정서 처리 과정을 통제하는 것이 아니라 허용할 필요가 있음을 이해하게 되었고, 그리하여 성향의 정서적인 측면을 받아들이고 가슴속의 마음을 존중하도록 성장하였다. 합리성의 중요함을 거부하기보다는, 합리성에 다른 역할을 부여하였다. 즉, 정서를 이해하는 것과 의미를 만들기 위하여 정서에 반영하는 것이다.

개인의 이야기를 구성하는 것은 정체성에 매우 중요하다. 우리가 누구인지에 대해 말해 주는 이야기를 만듦으로써 우리의 현실을 규명할 수 있다. 정서가 없으면 어떤 이야기도 의미가 없으며, 맥락을 제공하는 이야기가 없으면 어떤 정서도 존재하지 않는다. 그러므로 우리는 자신이 누구인지 저술함으로써 머리와 마음을 통합한다.

코칭을 통해 정서성의 존재를 인정하는 것은 더 만족스러운 삶을 향해 나아가도록 돕는 데 매우 중요하다. 타인의 정서적인 순간뿐만 아니라 자신의 정서적인 순간에도 머물러야 하고 이들 정서를 인정할 수 있어야 한다. 사람들은 힘든 감정에서 도망가지 않고, 휘둘리지 않고, 그 감정으로 자신을 대하지 않는 방법에 대해 코치를 받을 필요가 있다. 불행히도 어떤 정서적인 것은 이성이 통하지 않는다. 그렇게 불안하거나 우울한 것은 합리적이지 않다고 자신에게 말하는 것은 그다지 효과적이지 않다. 치료에서, 이성만으로는 쉽게 치유될 수 없다. 뇌의 정서 중심에서 이성 중심으로의 연결이 그 반대 방향으로의 연결보다 훨씬 강하다(LeDoux, 1996). 그러므로 사람들은 이성적인 통제에 의해 정서를 움직일 수 있는 것보다 정서에 의해서 더 많이 움직인다. 이것이 뇌 건축의 실체이다. 따라서 정서로 정서를 변화시키는 것이 더 쉽다. 기분을 매체로 한 기분이 기분을 매체로 한 정신보다 더 효과적이다. 사람들은 합리적 통제와 자기조종의 법칙에 따라 살기보다는 자신을 움직이는 정서와 조화롭게 살아야 한다. 결국, '운동해야 한다.' 또는 '건강한 음식을 먹어야 한다.'와 같이 삶의 합리적인 '해야 할 것'조차도 정서적으로 중요해야 하며 성공하기 위한 의지력만의 산물이 아니어야 한다.

　행동을 지연하는 능력이 본질적으로 인간적이긴 하지만, 자발성을 차단하는 것은 위험하다. 완전히 합리적인 것은 행동에 적응적인 정보 제공과 문제 해결 및 의사결정을 돕는 미묘한 정서적 앎의 원천에 대한 접근을 부인한다(Damasio, 1994). 과도한 정서 통제는 흔히 그 반대의 결과를 가져온다. 즉, 이성적 통제도 무너질 가능성이 있다. 정서 조절은 스트레스가 너무 커지면 실패하는 경우가 많다. 또한 인간의 확인이라는 빛에 노출되지 않은 정서 경험의 내적인 삶은 사회적으로 적합한 형태로 성장하고 분화될 수 없다. 캄캄한 어둠 속에 남겨지면, 정서는 고통스럽고 고문당하고 왜곡될 수 있다. 예를 들어, 닫힌 병뚜껑 속에서 해결되지 않은 분노가 복수할 생각으로 변할 때, 이러한 상황이 일어난다. 정서 코칭은 정서를 사회적으로 적합한 표현으로 발전시킬 한낮의 햇빛으로 가져가는 데 도움이 될 수 있다.

　이 책의 전반에 걸쳐 논의한 바와 같이, 정서 코치는 내담자를 정서에 도달하려고 하는 훈련생으로 봄으로써 이러한 목표를 달성하도록 도울 수 있다. 이는 내담자가 그 순간에 자신의 몸에서 느끼고 있는 것을 확인하도록 도움으로써 가능하다. 의미로 가득 채워진 내적 감각의 복합성에 주의를 기울이도록 도움으로써, 내담자는 자신의 감정과 정서를 이해하게 된다. 또한 정서 코치는 건강한 정서를 적응적인 행동과 문제 해결의 길잡이로 사용하도록 코칭하여 사람들을 돕는다. 마지막으로, 코치는 사람들이 비생산적인 정서 반응 유형을 인식하고 중단시키며 생산적이지 않은 정서를 뒤로 물리도록 도울 수 있어야 한다.

부록: 연습

내담자의 정서지능을 높이기 위하여 다음과 같은 연습이 도움이 될 수 있다. 대부분의 연습은 크게 두 가지 범주로 나누어지며, 내담자가 자신의 감정을 자각하는 것(국면 1: 도착하기)과 자신의 감정을 다루고 변화시키는 것(국면 2: 떠나기)이다. 연습부분의 내용은 정서에 도착하기, 정서를 떠나기, 정서에 도착하기와 떠나기, 부부관계를 위한 구체적인 연습으로 구성된다.

정서에 도착하기 위한 연습

연습 1: 자신의 정서를 알기

정서 자각을 높이는 첫 번째 과업은 감정 일지를 적는 것이다. 하루에 세 번, 그날의 마지막 경험 정서를 기록하고 설명한다. 이때, 다음 사항을 수록한다.

1. 그 정서에 자신이 붙인 이름은 무엇인가?
   - 좌절감, 행복 등과 같이 몇 단어만 반복해서 사용하고 있다면 정서 단어를 더 찾는다.
   - 정서 단어에 대해서는 제4장에 분류되어 있는 단어 목록을 참고한다.
2. 감정이 평소보다 더 갑자기 시작되었는가, 아니면 더 은근하게 나타났는가?

－얼마나 오래 지속되었는가?

3. 정서와 함께 느껴지는 몸의 감각은 어떠하였는가?

　　－몸, 턱, 주먹의 긴장감

　　－떨림

　　－땀이나 열감

　　－냉감

　　－심장 박동감

　　－다른 감각은?

4. 생각이 떠올랐는가?

　　－어떤 생각들이었는가?

　　－과거, 미래 또는 현재에 관한 것이었는가?

5. 어떤 것을 하는 것처럼, 또는 표현하는 것처럼 행동하거나 느꼈는가?

　　－그 정서에 더 가까워지거나 더 멀어져 보라.

　　－그 정서에 극적으로 다가가 보라.

　　－얼굴 표정을 지어 보라.

6. 그 정서나 기분과 함께 어떤 것이 일어나는가?

　　－그 상황을 설명하라.

　　－내면적인 사건인가?

7. 정서가 당신에게 어떤 정보를 알려 주고 있는가?

　　－자신에 대한 것을 알려 주고 있는가?

　　－관계에 대한 것을 알려 주고 있는가?

　　－목표의 진행 상황에 대해 알려 주고 있는가?

자신의 상황에 대한 정서 반응을 반영하여 느끼는 것을 이해하려고 하라.
또한, 의사결정하도록 정서가 알려 주고 있는 것이 무엇인지 확인하라.

　• 느낌을 따라야 하는가?

　• 감정 뒤에 있는 것을 알아야 하는가?

　• 감정을 바꾸기 위하여 관점을 확대하여야 하는가?

연습 2: 정서 일지

잠자기 전이나 하루를 마치고 나서 정서 일지를 작성한다(⟨표 A−1⟩). 그날에 어떤 정서를 느꼈는지 검토한다.

표 A−1 정서 일지

작성방법: 매일 몇 분 정도 (아침이나 저녁 시간 언제든지) 시간을 내어서 자신이 느끼는 것에 집중한다. 그 느낌이 고통스럽게 느껴질 수도 있다. 감정을 판단하지 말고, 자신의 정서에 자비적인 태도로, 보살피고, 받아들이고, 흥미를 가져라. 정서들은 욕구나 목표에 대해서 가치 있는 정보를 가지고 있다. 다음 회기에 치료사와 함께 이 부분에 대해서 논의하기 위하여 이 일지를 가져가라.

날짜	신체 감각과 느끼는 곳	적합한 단어를 찾아라(정서 표현).	적합한 단어(정서 표현)를 찾을 수 없으면, 신체의 느낌을 묘사하는 것에 집중하라.
예: 월요일 아침	예: 목의 뻣뻣함	예: 스트레스? 좌절? 불안!	욱신거리는 통증

연습 3: 적응적인 정서를 경험하기

앞에서 논의한 정서에 집중하는 단계들을 따라가면 지나치게 정서 접근을 통제하는 것을 극복할 수 있다. 이는 자신의 정서를 다루는 가장 기본적인 과정이다. 간단하지만 매우 중요하다. 이 단계에서 슬픔을 경험해 보자.

1. 부드럽고 가볍게 느낌에 머물라.
2. 느낌을 말로 상징화하라.
3. 느낌을 온전히 받아들이라.

다음은 슬픔을 통해 적응적인 정서에 접근하는 과정에 도움이 되는 몇 가지 지침들이다.

- 슬픈 상태에 들어갈 때 경험을 방해하거나 슬픔에 다가가는 것을 회피하고 있다면, 자신이 어떻게 그렇게 하고 있는지에 대해서 알아야 한다. 어쩌면 '나는 어떻게 할 수 없다.'고 하거나, 지레 겁먹거나, 다른 것을 생각할 수도 있다. 자신이 정서에 다가가는 것을 방해하고 있음을 자각하고 슬픔에 집중할 수 있는 다른 경로를 택하라. 내면의 경험, 감각 및 몸으로 느낀 감각에 집중할 필요가 있다. 내면에서 일어나고 있는 것에서 주의가 멀어질 때나, 집중이 잘 안 되면, 주의에 재초점화하여 슬픔과 함께 머무르게 하고, 슬픔이 오게 하여 그 느낌이 나타나도록 하여야 한다. 내면의 모습이 어떠한지 묻고 묘사하면서 현재의 경험에 집중한 채로 머물러라. 슬픔을 표현할 때 그때의 비언어적인 측면, 특히 얼굴 표정, 입술 떨림, 얼굴 근육의 움직임뿐만 아니라 전반적인 자세에 주의하라. 그리하여 경험이 더욱더 온전히 오도록 하라.
- 한숨을 알아차리라. 한숨은 슬픔의 억제 및 공기를 더 많이 마셨을 때의 완화감, 둘 다를 나타내는 매우 중요한 표현이다. 그러므로 그렇게 쉬는 한숨은 그 감정을 강화하게 한다. 이 슬픔을 느꼈던 상황에 대한 기억은 심상을 이용하여 가능한 한 구체적이고 생생하게 환기될 수 있다. 어떤 일을 하거나, 사람들에게 말하는 것을 상상할 수 있다. 그리하여 잃어버린 사람과 애도 속에서 대화하여 그 사람으로 인하여 잃어버린 것이나 그 사람으로부터 얻은 것에 대해 말하게 되기도 한다. 자신이 어린이로 되는 것을 심상화하여 집에서 다시 혼자 있고, 두려움과 버려진 느낌으로 자신을 혼자 있게 내버려 둔 어머니를 불러내거나, 아니면 냉혹한 아버지에게 뺨을 맞았던 경험을 되살릴 수도 있다. 이렇게 하는 것의 목표는 감정의 허용과 표현을 촉진하여 눈물이 나오도록 하고, 온전히 그리고 완전히 표현하여 완화감을 경험하도록 돕는 것에 있다. 이는 슬픔만이 가지고 있는 고유한 측면과 그 의미를 상징화하는 데 도움이 될 것이다.
- 적응적인 슬픔을 다룰 때—사랑하는 사람의 상처를 본다는 것을 말하라—먼저 자신의 슬픈 자비를 인식해야 하고 그리고 상대방에게 다가가서 위로를 하여야 한다. 반드시 호흡을 하고 그리고 슬픔이 자신을 씻어 내도록 하라. 신체 접촉으로 위로를 하고 위로를 받아라. 지금 슬픔이 사라지지 않고 남아 있는데, 이는 감정이 항상 상황을 물들이기 때문이며, 사랑하는 사람이 패배감을 느끼거나 상처받고 실패자처럼 느끼는 것은 분명히 슬프다. 어떻게 슬픔을 내려

놓고 다음 단계로 가는가? 우리에게는 정서를 받아들이는 기술에 더하여 정서를 붙들고 있지 않는 기술도 있다. 따라서 자신에 대해서 생각하고 말하는 것이 매우 중요한 시점이다. 이 단계에서의 슬픈 생각과 고통스러운 기억은 슬픔을 유지하고 연장시킬 것이며, 슬픔을 묘사하기 위해 그런 단어를 사용할 때, 자신이 그렇게 싫어서 피해 왔다는 것을 알게 된 그런 슬픔에 빠질 수 있다.

- 공감적으로 조율된 조력자가 그 경험의 의미를 상징화하고 본질적인 욕구와 목표를 포착하도록 도울 수 있지만, 극심한 디스트레스 상황이 아니라면 자신이 할 수 있다. 예를 들어, 상실의 슬픔을 다룰 경우에, "너는 나에게 너무 많은 의미가 있었어. 당신 없이는 어떤 목적도 느끼기가 힘들어."라고 말하면서 경험을 상징화할 수 있다. 그리고 나서 의도, 욕구, 또는 목표를 설정할 필요가 있다. 따라서 "결코 당신을 잊지 않을 거야. 당신이 나에게 준 것을 계속하여 살려 나갈 거야."라고 말할 수도 있다. 고통으로 "나의 가슴이 부서진 것 같고, 안에서 피를 흘리고 있는 것 같아."라는 말로 자신의 경험을 상징화할 수 있고, "나는 그냥 하루하루 치유될 때까지 살아야 해."라고 욕구를 말할 수 있다.

- 슬픔에 머물지 말고 자신에게 도움이 되는 다른 중요한 것에 다시 몰입하라. 슬픔은 파도 속에 다시 올 것이다. 한숨을 쉬어 깊이 숨을 쉬는 것이 중요한데, 이는 한숨을 쉬려면 그 슬픔에 대하여 잠시 기억해야 하기 때문이다. 자신을 압박하여 슬픔을 느끼지 않으려고 하지 말라. 그 대신, 슬픔이 오게 하되 붙들지 않고 놓아 주라. 슬픔을 이해하고, 그것에 대해 다른 사람과 이야기하고, 조망하고, 힘든 삶에 대한 지지와 동정을 받아들이는 것 모두가 도움이 될 수 있다. 그렇게 슬픔을 넘어가서 다시 삶에 몰두하는 것이 중요한 단계이다. 잠자리에 들거나 잠시 잠을 자는 것이 다시 길을 떠나기 위한 주유소 역할을 하듯이 슬픔은 경이로운 일을 할 수 있게 한다. 슬픔이 영원히 멈췄다면, 그 슬픔은 분명히 우울한 쪽으로 가기 시작한 것이며, 이런 경우에는 자신의 발로 다시 서기 위하여 사회적 지지가 반드시 필요하다. 즉, 슬픔은 오고 가며, 슬픔으로 인하여 더 풍부해지고, 더 깊어지고, 좋은 시절에 더 감사하고, 일반적인 삶에 더 반영적으로 된다. 슬프지만 더 현명해진다.

- 느낌의 상태에 들어가기 위해서는, 사고나 행동 상태와는 매우 다르게, 속도를 늦출 수 있어야 한다. 느낌은 느린 과정이다. 빠르게 말하거나, 내용에 집중하

거나, 다른 사람과 의사소통하려고 할 때 느낌을 느낄 수 없는 경우가 많다. 물론 화가 나고 열이 날 때 고함을 지를 수 있고, 또는 절망과 좌절로 울 수 있다. 하지만 여러 가지 감정에 동시에 머무를 수 없고 자신의 분노나 절망감 뒤에 있는 진정한 욕구에 접근할 수 없다. 이 과정에서 생각과 이미지는 지나가게 하고, 자신의 감정과 관련된 정보에 영향을 받고 그 정보를 얻을 수 있을 때까지 느린 느낌 과정에 집중해야 한다.

연습 4: 도구적 정서

자신의 도구적 정서를 더 잘 알기 위하여, 타인과의 관계에서 가장 자주 표현되는 태도가 어떤 것인지 자문해 보라. 자신에게 "나는 항상 정당한 대우를 받지 못하는 느낌이 들고, 화가 나고, 사과를 받으려고 하는가?" "상황이 부당하거나 힘들다고 불평하고 도움을 받으려고 하는가?"라고 자신에게 묻는다. "나는 이 정서를 표현하는 것에서 어떤 이득이라도 얻는가? 그런 표현이 나에게 통제력을 주고, 나에게 연민을 갖게 하거나, 나의 책임에서 벗어나게 하는가?"라고 물어보라. 그렇다면 그러한 정서표현이 마치 고통인 것처럼 보일지라도, 이전에 자신에게 어떤 이득을 가져다준, '라켓' 정서일 가능성이 크다.

연습 5: 메시지 얻기

1. 삶에서 힘든 경험을 상상하라.
2. 몸에서 느껴지는 것에 집중한다. 그 느낌과 싸우지 말라. 그냥 이것을 자신이 느끼는 것으로 받아들인다. 호흡하라. 그리고 그 느낌이 얼마나 고통스럽거나 수치스러울 수 있었던가에 대한 메시지를 환영하라. 이것을 바로 그 느낌으로 수용하라.
3. 감정의 메시지를 받는다. 이것이 자신의 느낌이고 지금으로서는 그 메시지를 등록하는 것 외에 다른 일을 할 필요가 없음을 인정하도록 자신을 허락하라.
4. 감정을 느끼기는 하지만 너무 압도적으로 느껴진다면, 그것도 괜찮다. 느끼지 않아도 되고 다시 그 장면으로 들어가지 않아도 된다. 그 상황에서의 감정에

대한 위기 체계에 의하여 자신에게 보내지는 메시지를 그냥 인정하도록 하라.

5. 메시지를 받은 후에는 할 수 있는 어떤 방법을 쓰더라도 자신을 진정시킨다. 자신과 대화하라. 갈 수 있는 안전한 장소를 상상하라. 호흡하라. 자신에게 좋은 것을 하라.

먼저, 타인이 자신에게 한 일에 대한 생각에 집중하는 것이 아니라, 자기 자신에게 집중하고 자신이 느끼는 것에 집중하라.

1. 흔히 자신이 그렇게 하고 있는 것을 인식하지 못한 채, 많은 시간을 쓰고 있는 문제 상태(예: 분노, 상처)를 확인하고 주의를 기울인다.
2. 그 감정을 허용하고 관심을 가진다. 그 감정이 몸으로 느껴지도록 하라.
3. 그 감정에 대해 자신이 어떻게 느끼는지 확인한다. 수용하는 느낌인가 아니면 거부하는 느낌인가?
4. 그 감정을 기꺼이 수용하라.
5. 이 상태의 느낌이 어떠한지 탐색하라.
6. 이 상태에 수반되는 목소리와 생각을 확인하라.
7. 무엇이 이 상태를 촉발하는지 구체적으로 확인하라.
8. 이 상태와 과거의 어떤 것과 관계가 있는지 탐색하라.
9. 이 상태가 지금 말하고 있는 것을 확인하라.
10. 상태에 내재되어 있는 욕구를 확인하라.
11. 통제하려고 하지 않고 이 상태를 수용하고 협력하라.

연습 6: 초점화

1. 공간을 정리한다. 잠시, 자신과 그냥 함께 있으며, 편안한 자세로 눈을 감는다. 깊게 호흡하고 이완한다.
2. 몸의 느낌 감각에 집중한다. 이제 몸 안에서 느낌이 느껴지는 곳에 주의하여, 지금 거기에서 느껴지는 것을 바라보고, 거기에서 일어나고 있는 신체 감각을 알아차린다.

참고: 내담자가 아무것도 느껴지지 않는다고 하면, 다음과 같이 해 보도록 하라. 자신과 자신에 대한 좋은 감정 사이에 큰 문제가 있다고 생각하라. 이 문제를 반추하면서, 몸에서 일어나는 감각을 알아차린다. 만약 내담자가 집중하고 싶은 특정 문제가 있다면, 이 문제에 집중하는 동안에 몸 안에서 일어나는 신체 감각을 알아차리도록 한다.

감각은 물리적이고 신체적인 것으로 몸에서 일어난다. 가슴이나 목, 대체로 신체의 중간 부분에 있는 특정 장소에서 감지되는 경우가 많다. 이는 신체 내적인 감각이며, 단단한 근육이나 코의 간질임과 같은 신체 외적인 감각을 구별하는 것이 중요하다.

3. 감각을 말로 표현하라. 이제 일어나고 있는 감각에 대한 느낌이나 물리적 특성을 설명하라. 몸의 어느 부분에서 일어나고 있는가? 몸의 그 부분에 손을 얹고 무슨 일이 일어나고 있는지 설명한다. 신체 감각을 압박감, 매듭, 공허감이나 중압감, 또는 통증처럼 묘사하라. 내담자가 '화가 나는' 또는 '두려운'으로 묘사한다면, 그 두려움이나 분노가 몸에서 어떻게 느껴지는지 물어본다. "그 신체 감각의 특징은 어떠한가요? 두려움이라고 부르는 몸의 감각은 어떤 것인가요? 지금 그 감각과 함께 있어도 괜찮을까요?"

도움이 되는 질문은 다음과 같다.

–느낌 감각(felt sense)이 정서적인 것인가요? 가슴에 압박감이 있다면, 그 압박감은 두려운 압박감인가요, 아니면 흥분되거나 행복한 압박감인가요?

–느낌이 그렇게 ……(불안하게, 격하게) 느껴지는 이유는 무엇인가요?

–최악의 느낌은 어떤 것인가요?

참고: 흔히 처음에는 명확성이 부족하기 때문에, 신체 감각에 대해 이야기하는 것이 중요하다. 느껴진 감각은 정서와 다르다.

느낌 감각에 집중하기 위하여 내담자의 허락을 받는 것이 좋다. 물어보라. 내담자가 우호적이고 느낌 감각에 수용적으로 되도록 격려한다. 내담자에게 비록 편하지 않을지라도 자신의 감각에 주의하고 관심을 가지게 함으로써, 느낌 감각을 수용하고 편하게 느끼도록 도울 수 있다. 내담자에게 몸의 감각을 자신의 중요한 부분으로 수용하도록 하며, 감각은 내담자에게 어떤 것을 알려 주기 위하여 있다는 사실을 알려 주라.

4. 말이 적합한지 검토한다. 단어가 느낌 감각을 묘사하는 데 적합한지 알아본다. 느낌을 묘사하는 데 어려움을 겪고 있다면, 치료사가 느끼는 것을 공감적으로 반영함으로써, 그 느낌을 명확하게 말로 표현하도록 돕는 것이 중요하다.

5. 요청하기와 수용하기. 내부에서 일어나고 있는 감각(경직, 통증)에 계속 초점화하면서, 그 감각에서 나오는 그림, 말, 이미지를 받아들인다. 지금 자신에게 오는 것이 무엇이든지 오게 하라, 이해하지 않아도 되며, 그냥 나타나는 것이 무엇이든지 공유하라. 그게 무엇인지 보여 주는, 감각으로부터 자신에게 오는 어떤 말이나 그림이라도 받아들이라.

　　도움이 되는 질문은 다음과 같다.

　　-느낌 감각은 무엇을 필요로 하는가? 느낌 감각은 무엇을 원하는가? 무엇이 그 감각을 더 좋게 만들까?

　　-어떻게 하면 몸에서 좋게 느껴질 것인가?

6. 더 진행하기 및 종결하기. 1분이나 2분 안에 그만두어도 괜찮은가 아니면 바로 지금 더 말하고 싶은 것이 있는가?

　　참고: 내담자가 회기에서 경험 작업을 계속하도록 돕고, 새로운 이해를 돕기 위하여 계속 진행할 것인지에 대해서 논의한다. 내담자가 종결할 지점이 괜찮은지 확인한다. 종결 전에 완수해야 할 것이 있다면, 내담자에게 자신이 있는 지점을 알아차리도록 하고, 가능할 때에 그 지점으로 다시 돌아가도록 요청할 수 있다.

연습 7: 정서 사건 자각 훈련지

〈표 A-2〉는 서로 다른 유형의 정서를 확인하는 데 도움이 된다. 어떤 것을 느끼도록 이끈 최근의 사건과 관련하여 다음의 지시를 단계별로 따라가면 자신의 일차 정서를 확인할 수 있다.

표 A-2 정서 사건 자각 훈련지

1단계	2단계	3단계	4단계	5단계
정서나 행동 경향성은 무엇인가? • 정서나 감정 단어에 의해 가장 잘 표현되는가? • 행동 경향성에 의하여 가장 잘 표현되는가?	반응하고 있는 상황은 무엇인가? • 사건 • 내면 경험 • 다른 사람	정서에 수반되는 생각은 무엇인가?	그 정서/상황에서 충족되거나 충족되지 않은 욕구/목표/관심사는 무엇인가?	일차 정서를 설정한다. 1단계의 정서가 일차적인가? 그렇지 않다면, 이차적인가, 도구적인가? 일차 정서는 충족되지 않은 욕구에 부합해야 한다. 예를 들면 • 욕구를 감추고 있어야 한다면 분노가 아니라 슬픔이 일차 정서이다. • 비폭력에 대한 욕구라면 슬픔이 아니라 분노가 일차 정서이다. • 안전에 대한 욕구라면, 분노가 아니라 두려움이 일차 정서이다.

연습 8: 서로 다른 정서 경험을 확인하기

최근에 느낀 분노, 슬픔, 두려움, 수치심 및 고통의 정서들을 묘사하라. 가능하다면 그 상황과 반사적으로 행동하였던 것, 신체에서 일어난 것, 어떻게 느꼈고 무엇을 행동하였는가에 대해 타인이 잘 이해할 수 있도록 이러한 감정들을 묘사하라. 이때의 타인은 상상의 타인일 수도 있고 실존하는 타인일 수도 있다.

이제 각 정서를 생각하면서 자신이 그 정서를 전형적으로 경험하는 방식에 대한 다음의 질문에 답하라.

- 슬픔이 얼마나 오래 지속되는가?
- 1에서 10까지의 척도에서, 10이 매우 강한 것이라면, 슬픔은 어느 정도인가?
- 슬픔이 일어나는 데 얼마나 걸리는가? 슬픔을 빨리 느끼는가?
- 슬픔이 떠나는 데 얼마나 걸리는가?
- 슬픔을 얼마나 자주 경험하는가?
- 슬픔이 일반적으로 자신에게 도움이 되는가, 아니면 문제가 되는가?

연습 9: 상실의 일차 슬픔 다루기

느낌이 알려 주려는 것을 파악할 때까지 어떤 정서에 머무르는 것이 중요하다. 특히 상실에 대한 슬픔일 때 더욱 그러하다. 이 연습을 통해서 의식적으로 슬픔에 들어가도록 자신을 허용하라.

1. 천천히 의식을 배에 집중하고, 깊이 호흡하라.

   슬픔에 집중하라. 슬픔을 느끼라. 상실을 규명하라.

2. 슬픔과 관련된 상실의 곤란을 느끼라.

   상실이 자신에게 의미하는 바를 느끼라. 무엇을 놓쳤는지 자신에게 분명하게 말로 표현하라.

3. 슬픔이 자신에게 무엇을 말해 주고자 하는가?

   느끼고 기다려라. 분석하지 말라. 그냥 자신의 느낌 속에 머물러라.

4. 편안해지거나 눈물이 나올 때까지 슬픔에 머물러라.

   정보가 나오는 대로 눈물과 슬픔에 머물러라. 눈물이 자신을 편안하게 하도록 하라.

5a. 자신을 더 기분 좋게 만드는 것이 무엇인지 자신에게 알려 주라. 자신에게 부드러워지고 자신을 보살펴라. 자신을 격려하는 구체적인 것을 자신에게 주라.

   또는

5b. 타인이 자신을 도울 수 있게 개방하거나, 자신이 타인의 영향을 받도록 하라.

   또는

5c. 손을 내밀어라. 사랑, 포옹 또는 어떤 종류의 관심을 요청하라. 어려움을 표현하고 친구, 전문가 또는 사랑과 관심을 줄 수 있는 누군가에게 의식적으로 도움을 요청하라.

   또는

5d. 슬픔을 다루는 데 도움이 되도록 일상적이거나 의례적인 것을 하라. 스트레스가 되지 않는 것을 하는 것을 좋아하도록 전환하거나, 상실을 상징화하거나 표현하는 데 도움이 되는 개인적인 의식을 행하라.

   또는

5e. 기억의 내부 저장소로부터 사랑, 능력, 힘, 충만의 순간을 기억하라. 그 순간을 음미하라.

  - 슬픔을 다룰 때, 상실의 생각에 집중하여 슬픔의 감정이 연장되게 할 수 있으며, 따뜻한 사랑의 감정이 나올 때까지 잃어버린 사람에 대한 사랑의 감정이나 상황에 집중할 수 있다.
  - 더 큰 삶을 향한 영감이 나올 때까지 잃어버린 사람에 대한 자신의 사랑이나 자신에 대한 상대방의 사랑에 대한 느낌과 인식에 집중할 수 있다.
  - 행동하고자 하는 욕구와 열망이 생길 때까지 잃어버린 것을 갈망하는 감정에 집중할 수 있다.

연습 10: 치유적인 애도를 개척하라

1. 인생에서 큰 상실이 있었던 상황을 살펴보라.
2. 그 상실에 집중하라. 전체 상황을 다시 시각화한다. 상실을 느끼라.
3. 사랑이 있었던 그 상황의 사람이나 어떤 국면을 시각화하라. 그 사랑을 느끼라.
4. 상실과 사랑의 차이를 경험하라. 상실감으로 돌아가서 상실이 어떠한 느낌인지 경험하라. 그리고 다시 사랑을 느끼고 사랑이 어떻게 느껴지는지 경험하라.
5. 그 사람에게서 받은 선물을 되새겨 보라. 느끼고 싶으면 언제든지 그 사랑을 느끼라. 그 사랑을 간직하라. 그리고 그 사랑에 의한 영향을 계속하여 받도록 하라.
6. 사랑의 느낌 안에서, 자신만의 경험에서 알 수 있는 그 사람의 긍정적인 특성을 기억하라.
7. 그러한 훌륭한 측면들을 상징화하는 방법을 찾아라. 그리고 그 상징들을 자신의 기억 속에 자리 잡게 하라.
8. 상실감으로 빠져들 때마다 사랑으로 전환할 수 있다는 점을 알라.

연습 11: 분노 표현하기

자신에게 분노를 표현하라. 이는 자기 방, 자동차, 또는 혼자 있는 곳과 같은 안전한 장소에서 할 수 있다. 화가 나는 대상을 심상화하라. 그것을 표현하라. 물건을 발로 차거나 베개를 때리고 싶을 수도 있다. 안전하고 적절하다고 느껴지는 것은 무엇이든지 하라. 이렇게 하는 목적은 다음과 같다.

1. 분노가 숨기고 있을지도 모르는 어떤 것이나 또는 자신이 실제로 원하는 것을 분노가 가리고 있는 방식을 찾으라. 자신에 대한 분노를 표현하는 것은 실제로 원하는 것을 찾는 데 도움이 된다.
2. 무엇이 분노를 촉발하는지 확인하라. 자신의 분노 패턴과 표현 방식을 알아낸다.
3. 당신이 할 수 있는 긍정적인 것을 보고, 듣고, 느끼고, 찾아라. 분노는 '할 수 있다.'와 '할 수 없다.' 사이의 싸움임을 알라. 자신에게 유리하도록 긍정적인 조치를 취하면서 싸움에서 벗어나는 데 도움이 될 '할 수 있다.'를 찾기 위하여 신중하게 탐색해야 한다. 고요하게 있고 싶을 때까지 그리고 내면으로 들어가고 싶을 때까지 또는 분노를 내려놓고 싶을 때까지 자신을 표현하라.

자신의 분노를 일어나게 만든 것이 아니라, 실제로 자신이 원하는 것을 알면, 상대방에 대한 자신의 좌절감을 표현할 준비가 되었다고 볼 수 있다. 자신의 분노에 대해서 무언가 할 수 있다는 걸 알게 되면, 더 이상 피해자가 아니다. 더 이상 상대방의 행동에 좌지우지 종속되지 않는다. 이제 자신의 감정을 표현할 수 있을 뿐만 아니라 협상 과정에 들어갈 수 있다.

연습 12: 협상의 목적으로 상대방에게 분노 표현하기

분노를 표현하고 싶은지 확실히 하라. 분노 표현이 최선일 수도 있고 아닐 수도 있다. 모든 생각을 표현하지 않는 것처럼 모든 감정을 표현하지 않아도 된다.

상대방과 협상하고 싶은지 확실하게 한다. 그렇지 않다면, 자기 자신에게 따로 분노를 표현할 수도 있다. 적어도 대안을 찾으려고 하지 않는 한 불만을 듣고 싶은 사람은 아무도 없다.

'너 전달법'이 아니라 '나 전달법'으로 표현을 시작하라. '나 전달법'은 내가 분노를 가지고 있고 상대방이 원인이 아님을 보여 준다. '너 전달법'은 불에 연료를 공급하고, 상대방을 방어적이게 하고, 전쟁을 지속시키며, 말싸움과 단절을 초래한다.

어떻게 하고 싶은지 알고 시작하라. '나 전달법'으로 시작하도록 스스로 훈련하라. 몇 가지 문장을 예로 들면, "내가 미안하다." 또는 "내가 너에게 화내려고 한 건 아니야." "나는 ……에 화가 나." "나는 …… 하는 것이 힘들었어." "나는 그게 당신 잘못이 아니라는 걸 알고 있어." 또는 "나는 ……때를 참을 수 없어." 등이다.

협상 의도를 표현하라. "나는 이것을 해결하고 싶다." "나는 분노를 느끼고 싶지 않다." 또는 "나는 기꺼이 당신 편에서 듣고 싶다."라고 말하라. 듣고 협상하고자 자신의 개방성을 나타내는 말을 하라.

자신의 감정을 표현하기 위하여 다음과 같이 말한다.

- 느끼고 있는 것을 말하라.
- 자신이 본 상대방의 행동을 말하라.
- 자신이 원하는 것을 말하라.
- 상대방이 도울 수 있는 것을 말하라.

연습 13: 분노에서 힘(Power)을 확인하기

일반적으로, 분노는 힘 상실에 대한 정서적 반응이다. 자신이 특정 상황에서나 특정 사람에게 힘을 가지려고 신경 쓰는 것을 바꾸어야 한다고 알려 주는 신호이다. 분노는 자기 힘의 방해가 있는 곳을 정확하게 보여 준다. 방해받기 전에 힘이 있었다고 느꼈거나 믿었던 곳에 놓여 있을 것이다.

1. 화가 났을 때 어떤 행동을 하고 있었는지 자신에게 물어보라.
2. 그 순간에는 힘이 없는 것으로 느껴질지라도, 좌절감과 분노를 느끼게 하는 것은 목표 방해임을 기억하라. 방해받기 전에는 힘이 있게 느껴졌던 활동들을 확인하라. 다음의 문장을 완성하는 것이 도움이 될 것이다. "방해받은 것에 마음이 쓰이는 것은……." "나는 …… 느꼈다." 또는 "나는 …… 하고 싶었다." 이는 자신의 목표, 욕구, 관심사이다.
3. 관심 있는 목표에 더 가까이 가기 위해 지금 할 수 있는 것을 확인하라.

연습 14: 고통에 직면하기

안전함을 확실하게 느끼도록 하라. 너무 고통스러워 잠시 물러나야 할 경우에 자신이 갈 수 있는 내외적으로 안전한 장소를 확인하라. 고통스러운 사건이나 경험을 심상화하라. 호흡하라. 이미지와 신체 감각을 말로 표현하라.

신체 감각, 이미지, 사건의 요소들을 일관된 이야기로 연결하라. 먼저, 예를 들어 '섬뜩하였다.'거나 '망가진 느낌이었다.'와 같이 자신이 느낀 감정을 말로 명확하게 표현하라. 호흡하라.

감정이 올라오게 하라. 감정을 경험하고 표현하라. 필요하다고 느껴지면 잠시 동안 내면의 안전한 곳으로 물러나라. 그런 다음 감정으로 돌아가라. 고통이 자신을 무너뜨릴 것이기 때문에 그 고통에 직면할 수 없었을 것이라는 믿음에도 불구하고, 자신은 여전히 거기에 있음을 알아차리라.

의자에 기대어 있는 자신을 느끼라. 발이 바닥에 닿는 느낌을 느끼라. 고통을 허용하고 욕구와 만나라. 고통을 경험하고 표현하는 것에서 오는 안도감을 느끼라. 이제 새로운 방식으로 일어난 일을 이해하게 된다. 무엇을 알게 되었는가? 무엇을 내려놓을 수 있는가? 타인에게 그리고 자신에게 더 자비롭게 된 것에 대해 새로운 이야기를 만들라.

정서를 떠나기 위한 연습

연습 15: 부적응적인 정서의 촉발 요인과 주제를 확인하기

자주 후회하게 되는 느낌을 확인하라. 가끔 화를 내고 나서는 화내지 않았으면 하고 바라는가? 자신이 하는 말이나 행동을 슬퍼하고, 절망스러워하거나, 수치심을 느끼고 후회하는가? 다음의 질문지를 작성하고 일지로 보관하라.

1. 느끼고 싶지 않지만 느끼는 정서는 무엇인가?
2. 스스로 그 정서를 인식하는가, 아니면 타인이 알려 주는가?

3. 이 정서를 느끼기 전에 무슨 일이 있었는가? 가능한 한 자세하게 묘사하라.

4. 이 감정을 일으키게 만든 상황은 어떠한가? 일어난 것에 대한 이야기를 알게 된다면, 그 주제는 무엇이었겠는가? 주장 선수는 누구였는가? 상황, 줄거리, 결론은 무엇이었는가? 주제가 유기, 지배, 무시, 박탈, 의존 중의 하나였는가? 자신에게 이러한 느낌을 촉발하는 것처럼 보이는 주제를 어떻게 설명하겠는가?

5. 이 이야기의 기원은 무엇이며 자신의 삶의 주제는 무엇인가? 어디에서 이 주제를 가져오고 있는가? 이 주제가 무엇을 생각나게 하는가?

6. 이 촉발 요인에 자신이 알 수 있는 표시를 하라. "나는 X가 일어날 때 후회하는 정서 반응이 있다." 다음의 느낌 중 하나를 X에 넣는다.

   • 나는 박탈감을 느낀다.

   • 나는 놀림당하고 있는 느낌이다.

   • 나는 간과되거나 버려진 느낌이 든다.

   • 나는 비난받는 느낌이다.

   • 나는 통제받는 느낌이다.

   • 나는 중요하지 않게 느껴진다.

   • 나는 경쟁적으로 느껴진다.

   • 나는 외롭다.

   • 기타.

7. 이러한 상황이 자신의 분노, 슬픔, 두려움, 수치심 또는 자신이 후회하게 되는 다른 정서를 촉발한다는 점을 자각하라. 다음에 이러한 느낌을 경험하면, "내가 촉발 요인에 반사적으로 행동하고 있는가?"라고 자문하라.

연습 16: 자신에게 전반적으로 영향을 미치는 정서를 경험하기와 변화시키기

이 연습을 위하여 최소 20분을 할애하라.

1. 편안한 음악을 선택하라. 편안한 자세를 취한 다음에 듣기 시작하라. 느낌에 들어가는 시간을 주기 위하여 느린 템포의 음악을 선택하는 것이 더 좋다.

2. 자신에게 영향을 미치는 상황을 심상화하라.

3. 자신에게 오는 첫 번째 정서 반응을 느끼도록 허용하라.

4. '이 첫 번째 반응(또는 이 첫 느낌)이 나를 ……느끼게 한다.'고 말하라. 그 느낌을 말로 표현하라.

5. 생각이 마음으로 들어오면, 그 생각이 자신을 어떻게 느끼게 하는가에 의식을 집중하라.

6. 배 속 깊이 호흡하라. 중요하게 느껴지는 정보를 발견할 때까지 하나의 느낌이 또 다른 느낌을 이끌어 내도록 자신을 허용하여, 계속하여 더 깊이 들어가도록 하라. 핵심 경험에 도달하고 귀중한 메시지를 얻는 때를 감지할 수 있을 것이다. 그 메시지는 깊고 실제적으로 느껴지기 때문에 받으면 기쁨이 올라올 것이다. 이러한 형태의 앎은 그 메시지를 받아들일 수 있거나 받아들일 수 없는 것을 떠나서 앎에 대한 만족감을 제공한다.

7. 초점을 다시 외부 세계로 전환하라. 이어지고 있는 행동으로 관심과 생각을 다시 돌려라.

   감정 상태에 더 깊이 들어가기 위해서는, 두뇌 지향적인 사고와 행동에서 오는 방해를 언제든지 거부해야 한다. 자신에게 가져다줄 정보를 받기 위하여 어떤 느낌에 충분히 오랫동안 머무르고자 한다면, 결론을 내려야 하거나 느낌에 기반하여 행동을 정하려는 어떤 욕구에도 얽매이지 않아야 한다.

연습 17: 힘든 정서 다루기

때로는 단순히 정서를 느끼기보다는, 정서에서 객관적인 거리를 두는 것이 유익하다. 특히 압도적이고 건강하지 않은 정서인 경우에 그러하다. 다음의 연습에서 내용보다는 과정에 주의를 기울임으로써 정서에 거리를 둘 수 있다. 그리고 나서 다른 정서에서도 이러한 시도를 할 수 있다.

1. 이러한 힘든 정서를 만들어 내는 상황이나 인간관계를 상상하라. 분노, 무가치감, 불쾌함과 같은 힘든 정서를 느끼게 되는 것이 부모나 파트너와의 대화일 수도 있다.

2. 정서가 나타나면서 감지 과정에 주의를 돌려라. 감각을 묘사하라. 그 감각의

특질, 강도, 위치 및 이러한 것에서의 어떤 변화라도 묘사하라. 호흡하라.

3. 동반되는 생각에 주의를 기울이라. 생각이든, 기억이든, 또는 비난이든 간에 자신이 관여하고 있는 정신 과정을 묘사하라. 호흡하라.

4. 고통스러운 정서 안의 정서적 욕구에 집중하라. 자신의 욕구를 인정하라. "그래. 나는 편안함, 지지, 인정이 필요해."

5. 사랑, 기쁨, 자비심처럼, 그 욕구를 진정시킬 더 부드럽고 좋은 다른 정서에 집중하라. 이런 정서가 느껴지는 상황이나 인간관계를 상상하라. 지금 그 정서를 느끼라. 그 정서가 자신을 채우도록 하라.

6. 새롭고 더 건강한 정서를 가지고 자신의 공간에서 오래되고 힘든 정서와 대화하라. 더 좋은 정서로 전환하는 데 도움이 되기 위하여 나쁜 정서에게 어떤 말을 할 수 있는가? 그렇게 말하라.

연습 18: 심상에 의한 전환

이 연습은 학대와 아동 학대 경험자에게 가장 적합하다. 외상이 너무 심하지 않은 경우여야 하며, 심한 경우에는 더 일반적인 의미에서 방치되고 인정받지 못하거나 비난받는 느낌을 갖게 될 수 있다.

1. 그 장면으로 다시 들어간다.
   눈을 감고 외상적이었던 아동기 경험의 그 상황을 상기하라. 어떤 상황도 분명하지 않으면, 고통스러운 경험과 관련된 핵심 정서를 상기하라. 구체적인 기억을 심상화하라. 무슨 일이 있었는지 설명하라. 그 상황에서 무엇을 보고, 냄새 맡고, 듣는가? 마음속에 어떤 것이 일어나고 있는가?

2. 그 장면을 지금 성인으로서 바라보라.
   무엇을 보고, 느끼고, 생각하는가? 아이의 표정을 보는가? 무엇을 하고 싶은가? 그것을 하라. 자신이 어떻게 개입할 수 있는가? 심상 속에서 개입을 시도하라.

3. 그 아이에게 무엇이 필요한가?
   아이가 돼라. 그 아이로서 무엇을 느끼고 생각하는가? 그 아이는 어른에게 무엇을 필요로 하는가? 필요로 하거나 원하는 것을 달라고 하라. 그 어른은 무엇을 하는가? 그걸로 충분한가? 그 외에 무엇이 필요한가? 그것을 달라고 하라. 자신을 도와주었으면 하고 바라는 다른 사람이 있는가? 그 사람들이 제공해 주는 보살핌과 보호를 받아들이라.

4. 마무리

지금 기분이 어떠한지 점검한다. 이 모든 것이 자신에게 어떤 의미가 있는가? 욕구에 어떤 의미가 있는가? 현재로, 성인인 지금의 자신에게로 돌아온다. 기분이 어떠한가? 지금 그 아이와 작별하라.

연습 19: 자기자비

연습의 목적: 자기자비를 훈련하는 목적은 자신을 받아들이고, 지지하고, 돌보는 것에 생각과 감정을 재초점화하기 위한 것이다.

- 오늘 일어난 사건이나 상황과 최근에 있었던 고민되거나 기분 나쁜 사건이나 상황을 묘사하라.
- 이제, 이러한 힘든 사건이나 상황에 대하여 자신에게 한 단락의 편지를 쓰라. 자신의 정서적 고통에 관하여 자비를 나타내면서 돌보는 마음으로 이 편지를 써야 한다. 자신에게 편지 쓰기를 시작할 때, 타인에게 친절하고 이해력 있는 자신의 부분을 느끼려고 하라. 나와 같은 입장에 있는 친구에게 말을 한다면 어떤 말을 할 것인지, 또는 이러한 상황에서 친구는 나한테 어떤 말을 할지 생각하라.

  자신의 디스트레스를 이해하려 하고(예: "나는 네가 ……게 힘드는 것이 슬프다."), 그 디스트레스가 그럴 만하다고 깨닫는다. 자신에게 좋게 하려고 하라. 무엇이든 떠오르는 것을 적되, 스트레스 상황이나 사건에 대하여 마음을 어루만져 주고 지지받는 느낌을 갖기 위하여 자신이 들을 필요가 있다고 생각하는 것을 이 편지가 제공한다는 사실을 분명히 하라.

연습 20: 욕구와 소망에 도달하기

힘을 키우는 것의 핵심은 정서에 숨어 있는 욕구와 소망에 도달하여 그렇게 할 권리가 있음을 느끼는 것이다. "나는 사랑, 위로, 공간, 휴식이 필요해."라든가, 자신이 다시 온전함을 느끼게 하는 것이 무엇이든 말할 수 있어야 한다. '할 수 있다.'는 것에 도달하는 것 또한 효능감을 빼앗아 가는 무력감을 극복하는 데 매우 중요하다.

1. 지금 가질 수 없다고 자신이 생각하는 욕구나 소망을 확인하라. 다음의 문장을 완성하라.
   -내가 잃어버린 것, 또는 상실된 목표는 _____이었고,
   -내가 원했던 것은 _____이었다.
2. 욕구가 충족되지 않고 있는 것에 대해 어떤 감정이 올라오는지 보라.
   -그것이 상실의 슬픔이라면, 잃어버린 것을 애도하라.
   -그것이 빼앗겨 버린 것에 대한 분노라면, 강하게 자신을 표명하라.
3. 다음에 답한다.
   -지금 가질 수 없는 것은 _____.
   -지금 가질 수 있거나 할 수 있는 것은 _____.
   -'할 수 있다.'와 '할 수 없다.' 간의 투쟁을 느끼라.
4. 욕구나 소망을 느끼라.
5. 원하는 것을 얻는 데 도움이 될 수 있는 새로운 느낌이나 생각이 들 때까지 소망의 감정에 머무르라. 해결책이 나타날 때까지 기다려라. 목표를 알고 문제를 규명하게 되면, 마음은 해결해 내려고 할 것이다.
6. 소망이 자신을 행동으로 이끌 때까지 그 소망을 느끼라.
7. 어떤 행동을 택하였는가? 그 행동으로 어떤 일이 일어났는가?

연습 21: 정서를 재구성하기

〈표 A-3〉은 고통스러운 정서를 극복하는 데 도움이 될 것이다. 그렇게 되기 위해서, 정서를 그냥 개념화하지 않고 모든 정서를 경험하여야 한다. 새로운 정서와

표 A-3 정서 변화 훈련지

1단계	2단계	3단계	4단계	5단계
신체에서 느껴지는 부적응적인 일차 정서는 무엇인가? 그 정서를 환영하라. • 강도는 어떠한가 (1~10)? • 조절이 필요한가? 아니면 거리를 두어야 하는가? 그렇다면 어떻게?	머릿속의 파괴적인 목소리, 생각, 신념은 무엇인가? • 그 목소리의 정서 색조는 어떠한가 (대체로 경멸적이거나 적대적인)? • 어디에서 오는가?	적응적인 일차 정서의 기본 욕구, 목표, 관심은 무엇인가? 자신이나 타인으로부터 필요한 것은 무엇인가? 이를 인정하고 자신이 이러한 욕구를 충족시킬 자격이 현재에도 있고 과거에도 있었음을 확증하라. 욕구가 부적응적인 신념에 대항하게 하라.	자신의 욕구에 자격이 있음을 느끼게 된 것에 대한 반응으로 지금 무엇을 느끼는가? 건강한 정서 반응을 확인하라. • 반응에 목소리를 부여하라. • 그러한 정서가 느껴지는 지지적인 감정이나 상황을 심상화하라. • 그 정서나 상황으로 들어가라.	적응적인 정서나 욕구를 자신의 부적응적인 상태와 접촉하게 하라. • 정서와 욕구로 파괴적인 생각과 싸우라. • 강점과 자원을 통합하라.

욕구를 경험해야 하며, 새로운 목소리가 경험적으로 나와야 할 것이다. 이는 어려운 과정이며, 건강하지 않은 정서에서 실제적인 변화를 겪으려면 시간이 걸린다.

연습 22: 과거 사건에 대한 부적응적인 분노를 치유하기

이 연습에서는 미해결 감정을 처리하기 위하여 과거의 중요한 사람과의 상상의 대화를 할 것이다. 이 연습의 목표는 자신에 대한 확신을 가지는 것이며 상대방에게 책임을 묻거나, 이해하고 용서하거나, 다음 단계로 나아가는 것이다.

1. 자신에게 시간을 할애하고, 편안한 자세를 취한다. 치유하고 싶은 상황은 어렸을 때 일어난 것이며, 지금 현재는 성인이다. 몸과 마음이 다르고 더 많은 지식을 가지고 있다. 오래전에 일어난 상황에 대해 이야기하고 있지만, 지금의 자신을 온전하게 힘이 있는 성인으로 시각화하라.
2. 상대방의 얼굴을 시각화하라. 그리고 그 사람과 마주 보고 있다고 상상하라. 마주 보면서 지금의 느낌이 어떠한지 관찰하라.
3. 이 사람에게 자신의 원망을 알려 주라. 구체적으로 하라.

4. 자신의 원망에 반응하는 상대방을 상상하라.

5. 다시 자신으로 돌아오라. 그리고 지금까지와 다르게 느낀 것이 있는지 확인하라. 이제 초기 장면으로 돌아가도록 하라. 그 장면의 어린아이가 되어 상대방에게 얘기하라. 가지지 못하였던 것에 대한 일차적인 슬픔뿐만 아니라 부당하게 느꼈던 것에 대한 일차적인 분노를 확실하게 표현하라. 느꼈던 어떤 핵심 감정이라도 표현하라.

6. 상대방에게 자신이 필요하였던 것과 상대방이 어떻게 다르게 행동해 주기를 바랐는지 알려 주라.

7. 상대방이 자신에게 응답한다고 상상하라. 자신이 그 상대방인 척할 때, 방어하거나 부정적이거나 상처받은 태도를 가지기보다 그 사람이 말하고 있는 것을 경청하고, 자신의 마음이 어떠한지 설명하라. 자신에게 상처가 되거나 부정적으로 되게 한 갈등, 어려움, 이유는 무엇이었는가?

8. 해결책에 도달할 때까지 계속하라. 상대방에게 그 사람이 한 행동에 대한 책임을 지우고, 내려놓거나, 그 사람을 용서하라. 각각 다른 일과 관련된 타인에게 이 작업을 계속하라. 성공하면, 더욱더 자기확신감이 들고 이해하게 될 것이며, 상대방이 나에게 한 행동의 책임을 지게 할 것이다.

9. 돌아오라. 그리고 성인으로서 분노를 일으킨 최근의 상황을 시각화하라. 방금 경험한 새로운 대화법으로 반응하는 자신을 상상하라.

연습 23: 현재의 부적응적인 분노 다루기

이 연습의 목적은 현재의 느낌을 과거의 느낌과 연결하는 것을 돕고 자기돌봄과 자기지지를 돕는 것이다.

1. 자신이 분노하고 있는 사람과 분노하는 사건이 일어난 상황을 심상화하라.

2. "당신이 나의 분노의 원인이다."에서 자신을 분노하게 만드는 것이 무엇인지 자기 내면에서 확인하는 쪽으로 전환하라. 이 상황의 어떤 부분이 자기 내면이나 정서에서 무엇을 촉발하는지 확인하라. 원하는 것을 얻을 수 없었기 때문에 상처를 느꼈던 이전의 상황을 상기시켜 주는지 보라.

3. '왜'가 아니라 '언제'라고 물어보라. 예를 들어, "나는 왜 화가 나는가?"라고 묻는 대신에 "이러한 것이 이전의 내 삶에서 언제 일어났는가? 이것은 ……를 상기시켜 준다."라고 묻는다. 과거를 점검하라. 적합하다고 여겨지는 상황에서 멈추라. 부모와의 최초의 장면이 가장 심각한 경우가 많다. 부모의 사랑에 대한 자신의 욕구 때문에, 원하는 것을 얻지 못하는 초기의 기억은 가장 깊은 상처와 분노를 담고 있는 경우가 많다. 자신이 어떤 상황을 선택하든, 그 상황이 화나게 하는 현재의 상황과 비슷한지 확인한다.

4. 앞의 상황을 다시 시각화하고 느껴라. 그 장면을 보고, 그 장면으로 들어가서, 그 장면에 젖어들어라. 자기 자신에게 공감하는 방법을 찾아라. 자기 앞에 앉아 있는 아이로 자신을 상상하라. 이 상처받고 있는 아이를 어떻게 돌볼 수 있을까? 자기 자신에게 공감할 때까지 이 아이의 상처는 지속된다는 것을 기억하라.

5. 그 상황에서 자신의 고통을 느끼고 있는 동안에, 그 당시에 실제로 무엇을 필요로 하였는지 또는 원하였는지 찾으라.

6. 지금 자신에게 그것을 주려고 하는가? 지금 자신에게 그것을 줄 수 있는가, 아니면 상대방이 그것을 주어야 한다고 계속 주장하고 싶은가? 그것을 주지 않는 상대방에게 계속 화를 내거나, 또는 스스로 그것을 자신에게 줄 것인지 결정할 수 있다. 상대방은 줄 수 없거나 주지 않았던 것을 자신이 줌으로써 복수를 끝내거나, 아니면 원망과 분노를 계속 이어 갈 수 있다.

7. 상대방이 자신에게 주지 않았거나 하지 않은 것이 무엇이든지 간에 자신이 기꺼이 자신에게 주고자 한다면, 언제, 어디서, 어떻게 나에게 줄지 물어보라. 아니면 다음 주나 다음 달 안으로 그렇게 하라. 신중하게 계획하고, 자신에게 한 어떤 약속이라도 지켜라.

8. 필요한 것을 자신에게 주는 것을 시각화하라.

삶에서 놓치고 있었던 것을 발견하게 해 주는 것이 상대방에 대한 자신의 분노였다는 사실을 더 많이 자각할수록 그 사람에게 더 좋은 감정을 느낄 것이다.

정서에 도착하기와 떠나기 연습

연습 24: 정서 코칭의 전 과정

1. 자신의 몸을 경청하라.

   몸통, 위, 가슴, 팔, 목 등의 기본 감각에 주의를 기울이고, 얼굴에도 주의를 기울여라. "나의 몸 안은 어떠한가? 몸에서 무엇을 느끼고 있는가?"라고 자신에게 물어보라.

2. 정서를 느끼도록 하라.

   정서를 환영하라. 정서를 부정적으로 평가하지 말라. 받아들이라.

3. 정서에 이름을 붙이라.

   정서에 단어를 붙이라. 내면의 모습을 명확하게 말로 표현할 수 있는 말을 찾으라. 가능한 한 느낌에서 말로 나오도록 하라.

4. 가장 기본적인 정서를 확인하라. 자신에게 다음을 질문하라.

   −이것이 내가 진정으로 맨 밑바닥에서 느끼는 감정인가?

   −이것이 나의 가장 핵심적인 정서인가?

   　이를 테스트하기 위하여 다음의 질문을 한다.

   −이 정서 전에 오는 다른 정서가 있는가?

   −내가 가장 알고 있는 정서 외에 어떤 것을 느끼는가?

   −이 정서로 무언가를 성취하려고 하는가?

   마지막 세 가지 질문에 '예.'라고 답하면, 그 정서는 핵심 정서가 아닐 것이다. 그러면 다시 몸에 귀를 기울이고 1단계와 2단계를 다시 한번 더 진행한다. 그렇지 않다면, 다음을 진행한다.

5. 자신의 정서가 적응적인지 부적응적인지 정하라. 자신에게 질문하라.

   −이 정서가 도움이 되는가? 이 정서가 나 자신이나 다른 사람들과의 유대를 향상시키는가?

- 이 정서는 현재 일어나는 일에 주로 반응하는 것이 아니라 다른 과거 경험에 대한 반응인가?
- 나쁜 정서가 반복되는 이곳에 패턴이 있는가?
- 이 정서가 익숙하고 고착된 것인가?

이러한 질문에 대한 답변이 '예.'이면 건강하지 않은 정서일 수 있으므로 6단계로 가야 한다. 앞의 질문에 대한 답변이 현재 상황에 대한 반응으로 신선하고 새롭고 건강한 느낌으로 나타나면, 7단계로 진행하라.

6. 부정적인 목소리와 파괴적인 생각을 확인하라.
   - 먼저, 건강하지 않은 정서를 온전히 인정하라. 그 정서를 느끼고 이름을 붙여 주라. 예를 들면, '산산이 부서진 느낌이다.' '불같이 화가 난다.' '창피하다.' 등. 그 정서를 받아들여라. 환영하라. 들어오게 하라.
   - 느낌이 강렬하고 무섭다면 자신을 진정시키고, "괜찮아. 나는 네가 너무 수치스럽게 느끼고, 화가 난다는 걸 알아. 괜찮아. 내가 돌봐 줄게. 너는 괜찮아."라고 말한다.
   - 감각에 주의를 기울이면서, 나쁜 감정과 관련된 생각을 말로 표현하라. "나는 하찮고 무가치해." "혼자 힘으로 살아갈 수 없을 거야. 도움이 없으면 죽을지도 몰라." 또는 "나는 쓸모없고, 사랑스럽지 않고, 좋은 사람이 아니야."와 같은, 핵심 신념을 파악하라. 이 신념들은 건강하지 않은 정서 상태를 지속시키는 데 일조하는 부정적인 목소리와 역기능적인 신념들이다.
   - 자기에 대한 적대적이고 부정적인 생각을 '너 전달법'으로 표현하라. 그 생각들을 자신에게 말하라. "너는 쓸모가 없어." "너는 네 힘으로 살아갈 수 없어." 이러한 비판을 자세하게 파악하고 가능한 한 구체적이게 하라. 이러한 비판들이 너무나 많은 문제를 일으키는 파괴적인 목소리들이다.
7. 자신의 일차적인 고통 정서에서 욕구나 목표를 확인하라. 충족되지 않은 가장 기본적인 욕구나 주요 관심사나 목표를 확인하라. 이를 말로 분명하게 표현하라. 예를 들어, 초조하게 불안감을 느낀다면 위로나 진정이 필요하고, 슬프고 외로움을 느낀다면 친밀감이 필요하고, 수치심을 느낀다면 인정이 필요하다.

이러한 욕구들은 자신에게 생존 의지와 성장 역량을 제공할 것이다. 이는 지적인 과정이 아니라 느낌의 과정임을 명심하라.

진정한 욕구를 경험해야 하고 그 욕구를 충족시키는 것이 당연하다는 느낌을 가져야 한다. 건강하지 않은 정서에 들어 있는 충족되지 않은 욕구나, 적응적인 일차 정서를 느끼고 있다면, 이 정서 속에 있는 욕구를 확인하라. 두 가지 욕구 모두 변화를 위해 자신을 재동원하는 데 도움이 된다. 마땅히 욕구를 충족시켜야 한다는 정서에서 새롭고 더 건강한 정서를 느낀다. 예를 들어, 좀 더 쉽게 수용하고 넘어갈 수 있게 하는 애도의 건강한 슬픔을 느낄 수도 있거나, 충족되지 않은 욕구에서 오는 상처에 대한 자비 또는 부당한 대우를 받거나 인정받지 못했음에 대하여 힘이 부여된 분노를 느낄 수도 있다.

욕구를 확인하기 위하여 다음의 질문을 자신에게 하라.

• 나는 무엇이 필요한가? 정서적인 상태에서 답이 나오도록 한다.
• 여기서 나의 목표는 무엇인가?
• 나는 무엇을 바꾸고 싶거나 다르게 하고 싶은가?
• 나는 무엇을 하고 싶어 하는가?

무엇이 욕구나 목표가 될 것인가에 대한 지침은 다음과 같다.

• 화가 난다면 그 화는 침해에 대한 보호인가?
• 슬프다면 그 슬픔이 접촉과 위로를 구하는 것인가?
• 두렵다면 그 두려움이 안전과 탈출인가, 아니면 진정 작용인가?
• 수치스럽다면 프라이버시인가 아니면 인정인가?
• 혐오감을 느낀다면 그 혐오감이 나쁜 것을 없애는 것인가?
• 고통을 느낀다면 보살핌과 치유가 필요한가?

이제 다음을 질문하라.

- 나는 어떻게 욕구를 충족시킬 수 있는가?
- 욕구를 충족시키기 위하여 나는 무엇을 준비해야 하는가?
- 나의 정서와 욕구는 나의 가치관과 충돌되는 행동을 촉발하는가?
- 이러한 행동 과정의 결과, 비용 및 이득은 무엇인가?
- 이 행동이 지금의 나의 정서를 표현하는 데 도움이 될 것인가, 아니면 이 행동을 보류해야 하는가?

정서와 욕구가 자신에게 말해 주고 있는 것을 이해하라. 다음의 질문을 통하여 이를 분명하게 하라.

- 이런 식으로 느끼게 하는 상황은 어떠한가?
- 실제적인 문제는 무엇인가?
- 이에 대해 책임 있는 사람은 누구인가?

이전의 과정에 갇혀 있다면 이러한 차단이 일어나게 하는, 다음에 그 이름이 붙여진, 매우 근본적인 문제 중의 하나를 건드렸을 수도 있다.

8. 이제 적응적인 일차 정서와 그 배경에 있을 수도 있는 욕구에서 나오는 건강한 목소리를 탐색하라. 충족되지 않은 욕구에 대한 반응에서 건강한 핵심 정서를 확인하라. 건강한 정서가 자신에게 알려 주는 것을 이해하라. 다음은 건강한 정서에 대한 예들이다.

- 분노는 자신이 침해당하고 있다는 것을 말해 준다.
- 슬픔은 자신이 무언가를 상실하였음을 말해 준다.
- 두려움은 자신이 위험에 처해 있다고 말해 준다.
- 수치심은 자신이 과도하게 노출되었음을 말해 준다.
- 혐오감은 경험하고 있는 것이 자신에게 나쁘다는 것을 말해 준다.
- 고통은 자신에 대한 감각이 부서지고 있음을 말해 준다.

정서를 수용하고 그 정서가 자신을 조직한 것에 대한 행동 지침으로 정서를 사용하라.

- 경계를 보호하려는 분노
- 울기 위한 또는 물러나기 위한 슬픔
- 도망가려는 두려움
- 숨으려는 수치심
- 쫓아내려는 혐오감
- 고통스러운 사건을 반복하지 않으려는 고통

원하는 것과 필요한 것 그리고 하고 싶은 것을 더 명확하게 표현하기 위하여 다음을 자신에게 질문하라.

- "언제 나는 건강하지 않은 정서에 반대되는 정서를 느끼는가? 언제 나는 가치 있고, 안전하고, 유능하고, 더 통합된 느낌을 느끼는가?"
- 그 상태에 집중하라. 이러한 대안적인 상태의 정서를 느끼라. 이 또한, 자신이다. 그런 다음 "무엇이 필요한가?"라고 다시 묻는다.
- "욕구를 충족시키기 위하여 나는 무엇을 할 수 있는가?" 또는 간단히 "나 자신을 돕기 위해 나는 무엇을 할 수 있는가?" 자신이 필요한 것을 줄 수 있는지 알아보라.
- "필요한 것을 얻기 위하여 다른 사람에게로 향할 수 있을까?"

일차 정서가 고통이라면, 그 고통에 직면하고, 그 고통을 버텨 나가고, 살아남을 것임을 배우라. 고통을 겪고 있다면, 고통 속의 욕구에 반응하라. 자신을 건강하지 않은 정서를 느끼고 있는 어린아이로 상상하라. 이 아이에게 무엇을 줄 수 있고, 할 수 있는가?

부부를 위한 연습

연습 25: 사이클을 확인하기와 변화시키기

1. 자신의 역할을 확인하라.

   다음에서 자신이 맡고 있는 역할과 배우자가 맡고 있는 역할을 택한다.

   −친밀감과 관련된 역할

추적하기	거리 두기
매달리기	밀어내기
요구/잔소리	철수
공격	방어
침범하기	담쌓기

   −정체감과 관련된 역할

지배	복종
옳음	그름
이끌기	따르기
과도한 기능	과소한 기능
도움이 되는	도움이 되지 않는

   −이러한 역할에 따르는 이차적이고, 더 힘든 정서가 무엇인지 확인하라.

2. 자신의 역할 위치에 내재되어 있는, '더 부드럽고' 핵심적인, 애착 관련 정서를 확인하라.

   −파트너를 추적하고 싶은 욕구를 느끼면, 이면에 숨어 있는 취약감, 외로움, 슬픔의 정서를 탐색하라.

   −두려움 때문에 위축되는 느낌이 든다면, 이면의 드러나지 않은 연결 욕구, 부적절감, 표현하지 않은 원망의 정서를 탐색하라.

   −자신이 지배적이라고 느낀다면, 이면의 드러나지 않은 불안감이나 욕구를 통제할 수도 있는 불확실한 느낌을 탐색하라.

   −자신이 복종적이라는 느낌이 든다면, 이면의 드러나지 않은 분노나 불확실

성에 대한 두려움의 정서를 탐색하라.

3. 친밀감, 연결감, 정체감에 대한 애착 욕구를 찾고 표현하라.
   - '나는 슬프다, 외롭다, 또는 두렵다.'고 말하라.
   - '나의 욕구, 경계 및 선호에 대한 인정이 필요하다.'고 말하라.
   - 불평하지 말라. 그 대신, 핵심 정서와 욕구를 표현하라.

4. 배우자의 정서와 욕구를 경청하고 수용하라.
   - 배우자의 경험을 이해하려고 노력하라. 배우자의 신발을 신어 보라. 배우자
     의 관점에서 보라.
   - 배우자의 관점에 대한 자신의 이해와 의견을 의사소통하라.

연습 26: 무승부로 싸우기

일단 부부가 들어서 있는 파괴적인 상호작용 사이클(destructive cycles)을 확인하고 나면, 두 사람이 느끼고 있는 핵심 정서를 결정한다. 배우자에 대한 애착 관련 정서와 욕구를 밝혀내는 것이 목적이다. 배우자의 핵심 정서를 이해하고 나면, 다르게 반응할 수 있으며, 이는 상호 간의 관계 방식에 변화를 가져올 것이다. 이러한 새로운 이해는 지속되고 지지되어야 한다.

1. 이것이 싸움임을 확인하라.
   - 어느 쪽도 싸우고 있다고 생각하지 않는 경우가 많다.
2. 핵심 정서를 찾으라.
   - 자신의 '더 단단한' 느낌 밑에 있는 '더 부드러운' 느낌은 무엇인가?
   - 외롭고, 버림받고, 불안하게 느끼고 있는가?
   - 확신이 없고, 부적절하고, 두렵게 느끼고 있는가?
3. 자신의 애착과 관련된 핵심 관심사와 목표를 명확하게 하라.
   - 친밀함을 원하는가?
   - 경계를 설정하고 싶은가?
   - 목표와 의도는 행동을 결정하는 중요한 요인이 된다.
   - 일차적인 관심사가 조화와 관계 유지라면, 공격이나 모욕과 같은 분노의 상

승작용을 피할 수 있다.

- 일차적인 관심사가 자존감 회복이라면, 분노를 상승시키는 행동이 발생할 가능성이 더 크다. 그 대신 수치심과 손상된 느낌을 갖게 하는 것을 찾으라.

4. 핵심 정서와 관심사를 직접 표현하라.

- "나는 아픔을 느끼고 상처를 받았다."라든가 "나는 화가 난다."와 같이 자신의 정체감과 관련되는 것을 알려 주는 말을 하라.
- 협력적이고 화합적인 자세를 나타내는 "조화를 유지하고 싶다."고 말하라.
- 이 정서가 자신의 민감성, 자신이 잘 알고 있는 버려진 느낌에 대한 취약성, 비난받고, 제대로 평가받지 못하는 정서와 관련되는지 확인하라.
- 타인을 비난하는 대신 그 정서는 자신의 책임으로 하라.
- 어떻게 느끼는가를 표현하라. "나는 당신을 잃을까봐 두려워." "당신을 잃을 것 같아." "당신의 분노가 겁이 나." "당신이 나한테 매달리는 것에 화가 나." 또는 "나의 공간이 더 필요해."

5. 자신의 기본 욕구를 확인하라. 지금 정말로 필요하거나 원하는 것은 무엇인가?

- 이를 비난하지 않고 비요구적인 방식으로 의사소통하라.
- 배우자에게 자신의 견해를 강요하지 말라. 하지만 자신의 느낌을 정당화하라. 배우자도 똑같이 옳다고 느낀다. 배우자가 잘못되었다고 증명하려는 것은 아무런 소용이 없다. 무승부로 싸우거나 둘 다 이기는 싸움을 하라.

6. 욕구 표현을 방해하는 장벽을 확인하라.

- 배우자의 비강압적인, 애착 욕구를 경청하지 못하게 하는 것이 무엇인지 알아차려라.

7. 배우자가 반응할 수 없는 경우에, 자기진정을 실행하라.

- 지금 모든 것이 다 있지는 않다는 점을 명심하라. 어제와 내일이 존재하며, 배우자는 다른 때에 다르게 반응할 수 있다.

연습 27: 힘든 정서 상태 다루기

일단 관계에 들어가기 힘든 정서 상태를 인식하게 되면, 다음 사항이 도움이 된다.

1. 자신의 취약한 상태에 편해질 필요가 있으며, 그 상태를 배우자와의 관계로 가져와야 한다. 자신이 어떻게 느끼는가를 배우자에게 말해 주라.
2. 힘든 상태를 유발하는 것을 서로 피하라.
3. 공격적이고 보호적인 상태에서 벗어나도록 배우자를 도우라.
4. 진정하거나 상태 전환을 위하여 쉬는 시간을 가지라.
5. 힘든 상태를 해결하기 위하여 시간과 공간을 배우자에게 제공하라.

🐦 참고문헌

Alexander, J. F., Holtzworth-Munroe, A., & Jameson, P. B. (1994). The process and outcome of marital and family therapy: Research review and evaluation. In A. E. Bergin & S. L. Garfield (Eds.), *Handbook of psychotherapy and behavior change* (4th ed., pp. 585-630). Oxford, England: Wiley.

American Psychological Association. (Producer). (2007a). *Emotionally focused therapy with couples* [DVD]. Available from http://www.apa.org/pubs/videos/index.aspx

American Psychological Association. (Producer). (2007b). *Emotionally focused therapy for depression* [DVD]. Available from http://www.apa.org/pubs/videos/index.aspx

American Psychological Association. (Producer). (2007c). *Emotionally focused therapy over time* [DVD]. Available from http://www.apa.org/pubs/videos/index.aspx

American Psychological Association. (Producer). (2012a). *Three approaches to psychotherapy with a female client: The next generation* [DVD]. Available from http://www.apa.org/pubs/videos/index.aspx

American Psychological Association. (Producer). (2012b). *Three approaches to psychotherapy with a male client: The next generation* [DVD]. Available from http://www.apa.org/pubs/videos/index.aspx

Angus, L. E., & Greenberg, L. S. (2011). *Working with narrative in emotion-focused therapy: Changing stories, healing lives.* Washington, DC: American Psychological Association.

Angus, L. E., & McLeod, J. (Eds.). (2004). *The handbook of narrative and psychotherapy: Practice, theory and research.* London, England: Sage.

Aristotle. (1941). Rhetoric. In R. McKeon (Ed.), *The basic works of Aristotle* (pp. 1325-1454). New York, NY: Random House.

Augustine, Saint. (2006). *Confessions* (2nd ed., F. J. Sheed, Trans.). Indianapolis, IN: Hackett.

Auszra, L., Greenberg, L. S., & Herrmann, I. (2013). Client emotional productivity-Optimal client in-session emotional processing in experiential therapy. *Psychotherapy Research, 23*, 732-746.

Bargh, J. A., & Chartrand, T. L. (1999). The unbearable automaticity of being. *American Psychologist, 54*, 462-479. http://dx.doi.org/10.1037/0003-066X.54.7.462

Barrett, L. F. (2014). The Conceptual Act Therapy: A précis. *Emotion Review, 6*, 292-297.

Barrett, L. F., & Russell, J. A. (Eds.). (2015). *The psychological construction of emotion.* New York, NY: Guilford Press.

Baucom, D. H., Shoham, V., Mueser, K. T., Daiuto, A. D., & Stickle, T. R. (1998). Empirically supported couple and family interventions for marital distress and adult mental health problems. *Journal of Consulting and Clinical Psychology, 66*, 53-88.

Beck, A. (1976). *Cognitive therapies and the emotional disorders.* New York, NY: International Universities Press.

Bohart, A. (1977). Role playing and interpersonal conflict reduction. *Journal of Counseling Psychology, 24*, 15-24. http://dx.doi.org/10.1037/0022-0167.24.1.15

Bohart, A. C., & Greenberg, L. S. (Eds.). (1997). *Empathy reconsidered: New directions in psychotherapy.* Washington, DC: American Psychological Association. http://dx.doi.org/10.1037/10226-000

Bolger, E. (1999). Grounded theory analysis of emotional pain. *Psychotherapy Research, 9*, 342-362. http://dx.doi.org/10.1080/10503309912331332801

Bananno, G. A., & Keltner, D. (1997). Facial expressions of emotion and the course of conjugal bereavement. *Journal of Abnormal Psychology, 106*, 126-137. http://dx.doi.org/10.1037/0021-843X.106.1.126

Borkovec, T. (1994). The nature, functions, and origins of worry. In G. Davey & E. Tallis (Eds.), *Worrying: Perspectives on theory, assessment, and treatment* (pp. 131-162). New York, NY: Wiley.

Bowlby, J. (1969). *Attachment.* New York, NY: Basic Books.

Bruner, J. (1986). *Actual minds, possible worlds.* Cambridge, MA: Harvard University Press.

Brunet, A., Orr, S. P., Tremblay, J., Robertson, K., Nader, K., & Pitman, R. K. (2008). Effect of postretrieval propranolol on psychophysiologic responding during subsequent script-driven traumatic imagery in post-traumatic stress disorder. *Journal of Psychiatric Research, 42*, 503-506.

Buber, M. (1958). *I and thou* (2nd ed.). New York, NY: Scribners.

Bushman, B. J., Baumeister, R. F., & Stack, A. D. (1999). Catharsis, aggressin and persuasive influence: Self-fulfilling or self-defeating prophecies? *Journal of Personality and Social Psychology, 76,* 367-376. http://dx.doi.org/10.1037/0022-3514.76.3.367

Campos, J. J., Frankel, C. B., & Camras, L. (2004). On the nature of emotion regulation. *Child Development, 75,* 377-394.

Carryer, J. R., & Greenberg, L. S. (2010). Optimal levels of emotional arousal in experiential therapy of depression. *Journal of Consulting and Clinical Psychology, 78,* 190-199.

Chance, C., & Fiese, B. H. (1999). Gender-stereotyped lessons about emotions in family narratives. *Narrative Inquiry, 9,* 243-255. http://dx.doi.org/10.1075/ni.9.2.03cha

Coan, J. A., Schaefer, H. S., & Davidson, R. J. (2006). Lending a hand: Social regulation of the neural response to threat. *Psychological Science, 17,* 1032-1039.

Cozolino, L. (2002). *The neuroscience of psychotherapy: Building and rebuilding the human brain.* New York, NY: W. W. Norton.

Cushman, P. (1995). *Constructing the self, constructing America.* Reading, MA: Addison-Wesley.

Dahl, H. (1991). The key to understanding change: Emotions as appetitive wishes and beliefs about their fulfillment. In J. Safran & L. Greenberg (Eds.), *Emotion, psychotherapy, and change* (pp. 130-165). New York, NY: Guilford Press.

Damasio, A. (1994). *Descartes' error: Emotion, reason, and the human brain.* New York, NY: Putnam.

Damasio, A. (1999). *The feeling of what happens.* New York, NY: Harcourt Brace.

Darwin, C. (1872). *The expression of emotions in man and animals.* New York, NY: Philosophical Library. http://dx.doi.org/10.1037/10001-000

Davidson, R. J. (2000). Affective style, mood, and anxiety disorders: An affective neuroscience approach. In R. Davidson (Ed.), *Anxiety, depression, and emotion* (pp. 88-102). Oxford, England: Oxford University Press. http://dx.doi.org/10.1093/acprof:oso/9780195133585.003.0005

Dolhanty, J., & Greenberg, L. S. (2008). Emotion-focused therapy in the treatment of eating disorders. *European Psychotherapy, 7,* 97-118.

Eisenberg, N. I., Master, S. L., Inagaki, T. K., Taylor, S. E., Shirinyan, D., Lieberman, M. D., & Naliboff, B. (2011). Attachment figures activate a safety signal-related neural region and reduce pain experience. *Proceedings of the National Academy of Sciences, USA,*

108, 11721-11726.

Ekman, P., & Davidson, R. (1994). *The nature of emotion: Fundamental questions*. New York, NY: Oxford University Press.

Ekman, P., & Friesen, W. (1975). *Unmasking the face*. Englewood Cliffs, NJ: Prentice Hall.

Ekman, P., Levenson, R. W., & Friesen, W. V. (1983). Autonomic nervous system activity distinguishes among emotions. *Science, 221*, 1208-1210.

Elliott, R. (2013). Person-centered/experiential psychotherapy for anxiety difficulties: Theory, research and practice. *Person-Centered and Experiential Psychotherapies, 12*, 16-32.

Elliott, R., Greenberg, L. S., & Lietaer, G. (2004). Research on experiential psychotherapy. In M. J. Lamberg (Ed.), *Bergin and Garfield's handbook of psychotherapy and behavior change* (pp. 493-539). New York, NY: Wiley.

Elliott, R., Watson, J. C., Goldman, R. N., & Greeberg, L. S. (2003). *Learning emotion-focused therapy: The process-experiential approach to change*. Washington, DC: American Psychological Association.

Ellison, J. A., Greenberg, L. S., Goldman, R. N., & Angus, L. (2009). Maintenance of gains following experiential therapies for depression. *Journal of Consulting and Clinical Psychology, 77*, 103-112.

Ellsworth, P. C. (1994). William James and emotion: Is a century of fame worth a century of misunderstanding? *Psychological Review, 101*, 222-229. http://dx.doi.org/10.1037/0033-295X.101.2.222

Field, T. (1995). Psychologically depressed parents. In M. Bornstein (Ed.), *Handbook of parenting* (Vol. 4, pp. 85-99). Hillsdale, NJ: Erlbaum.

Flack, W. F., Jr., Laird, J. D., & Cavallaro, L. A. (1999). Emotional expression and feeling in schizophrenia: Effects of specific expressive behaviors on emotional experiences. *Journal of Clinical Psychology, 55*, 1-20. http://dx.doi.org/10.1002/(SICI)1097-4679(199901)55:1⟨1::AID-JCLP1⟩3.0.CO;2-K

Forgas, J. (2000). *Feeling and thinking*. Cambridge, England: Cambridge University Press.

Fosha, D. (2008). Transformance, recognition of self by self, and effective action. In K. J. Schneider (Ed.), *Existential-integrative psychotherapy: Guideposts to the core of practice* (290-320). New York, NY: Routledge.

Frankl, V. (1959). *Man's search for meaning*. Boston, MA: Beacon Press.

Fredrickson, B. L. (2001). The role of positive emotions in positive psychology: The broaden–and–build theory of positive emotions. *American Psychologist, 56,* 218–226.

Fredrickson, B. L., Mancuso, R. A., Branigan, C., & Tugade, M. M. (2000). The undoing effect of positive emotions. *Motivation and Emotion, 24,* 237–258.

Frijda, N. H. (1986). *The emotions.* Cambridge, England: Cambridge University Press.

Geller, S. M., & Greenberg, L. S. (2012). *Therapeutic presence: A mindful approach to effective therapy.* Washington, DC: American Psychological Association.

Gendlin, E. T. (1962). *Experiencing and the creation of meaning.* New York, NY: Free PRess.

Gendlin, E. T. (1969). Focusing. *Psychotherapy: Theory, Research and Practice, 6,* 4–15.

Gendlin, E. T. (1996). *Focusing–oriented psychotherapy: A manual of the experiential method.* New York, NY: Guilford Press.

Gergen, K. (1985). The social constructionist movement in modern psychology. *American Psychologist, 40,* 266–275. http://dx.doi.org/10.1037/0003-066X.40.3.266

Gilbert, P. (1992). *Depression: The evolution of powerlessness.* Hove, England: Erlbaum.

Goldman, R. N., & Greenberg, L. S. (2015). *Case formulation in emotion–focused therapy: Co-creating clinical maps for change.* Washington, DC: American Psychological Association.

Goldman, R. N., Greenberg, L. S., & Angus, L. (2006). The effects of adding emotion-focused interventions to the client–centered relationship conditions in the treatment of depression. *Psychotherapy Research, 16,* 536–546.

Goleman, D. (1995). *Emotional intelligence: Why it can matter more than IQ.* New York, NY: Bantam, Books.

Gottman, J. (1997). *The heart of parenting: How to raise an emotionally intelligent child.* New York, NY: Simon and Schuster.

Gottman, J. (1998). *Raising an emotionally intelligent child.* New York, NY: Simon and Schuster.

Gottman, J. M., Katz, L. F., & Hooven, C. (1996). Parental meta–emotion philosophy and the emotional life of families: Theoretical models and preliminary data. *Journal of Family Psychology, 10,* 243–268. http://dx.doi.org/10.1037/0893-3200.10.3.243

Greenberg, L. S. (1979). Resolving splits: The use of the two–chair technique. *Psychotherapy: Theory, Research and Practice, 16,* 310–318.

Greenberg, L. S. (1984). Task analysis of intrapersonal conflict resolution. In L. N. Rice & L. S. Greenberg (Eds.), *Patterns of change: Intensive analysis of psychotherapy process* (pp. 124-149). New York, NY: Guilford Press.

Greenberg, L. S. (2002). *Emotion-focused therapy: Coaching clients to work through their feelings*. Washington, DC: American Psychological Association.

Greenberg, L. S. (2011). *Emotion-focused therapy*. Washington, DC: American Psychological Association.

Greenberg, L. S., & Angus, L. E. (2004). The contributions of emotion processes to narrative change in psychotherapy: A dialectical constructivist approach. In L. E. Angus & J. McLeod (Eds.), *The handbook of narrative and psychotherapy: Practice, theory, and research* (pp. 331-349). London, England: Sage.

Greenberg, L. S., & Auszra, L. (2010). *The basic emotions process in leadership: An overview* (Manual). Toronto, Ontario, Canada: York University.

Greenberg, L. S., Auszra, L., & Herrmann, I. R. (2007). The relationship among emotional productivity, emotional arousal and outcome in experiential therapy of depression. *Psychotherapy Research, 17*, 482-493.

Greenberg, L. S., & Bolger, E. (2001). An emotion-focused approach to the over-regulation of emotion and emotional pain. *Journal of Clinical Psychology: In Session, 57*, 197-211.

Greenberg, L. S., & Clarke, K. M. (1979). The differential effects of the two-chair experiment and empathic reflections at a split. *Journal of Counseling Psychology, 26*, 79-85.

Greenberg, L. S., & Elliott, R. (1997). Varieties of empathic responding. In A. Bohart & L. Greenberg (Eds.), *Empathy reconsidered: New directions in psychotherapy* (pp. 167-186). Washington, DC: American Psychological Association. http://dx.doi.org/10.1037/10226-007

Greenberg, L. S., & Foerster, F. S. (1996). Task analysis exemplified: The process of resolving unfinished business. *Journal of Consulting and Clinical Psychology, 64*, 438-446.

Greenberg, L. S., Ford, C. L., Alden, L. S., & Johnson, S. M. (1993). In-session change in emotionally focused therapy. *Journal of Consulting and Clinical Psychology, 61*, 78-84. http://dx.doi.org/10.1037/0022-006X.61.1.78

Greenberg, L. S., & Geller, S. M. (2001). Congruence and therapeutic presence. In G. Wyatt (Ed.), *Roger's therapeutic conditions: Evolution, Theory and Practice: Vol. 1. Congruence* (pp. 131-149). Ross-on-Wye, Herefordshire, England: PCCS Books.

Greenberg, L. S., & Goldman, R. (2007). Case formulation in emotion-focused therapy. In T. D. Eells (Ed.), *Handbook of psychotherapy case formulation* (pp. 379-412). New York, NY: Guilford Press.

Greenberg, L. S., & Goldman, R. N. (2008). *Emotion-focused couples therapy: The dynamic of emotion, love, and power.* Washington, DC: American Psychological Association.

Greenberg, L. S., James, P. S., & Conry, R. F. (1988). Perceived change processes in emotionally focused couples therapy. *Journal of Family Psychology, 2,* 5-23. http://dx.doi.org/10.1037/h0080484

Greenberg, L. S., & Johnson, S. M. (1988). *Emotionally focused therapy for couples.* New York, NY: Guilford Press.

Greenberg, L. S., & Malcolm, W. (2002). Resolving unfinished business: Relating process to outcome. *Journal of Consulting and Clinical Psychology, 70,* 406-416.

Greenberg, L. S., & Mateu Marques, C. (1998). Emotions in couples systems. *Journal of Systemic Therapies, 17,* 93-107.

Greenberg, L. S., & Paivio, S. C. (1997). *Working with emotions in psychotherapy.* New York, NY: Guilford Press.

Greenberg, L. S., & Pascual-Leone, A. (2006). Emotion in psychotherapy: A practice-friendly research review. *Journal of Clinical Psychology, 62,* 611-630.

Greenberg, L. S., & Pascual-Leone, J. (1995). A dialectical constructivist approach to experiential change. In R. A. Neimeyer & M. J. Mahoney (Eds.), *Constructivism in psychotherapy* (pp. 169-191). Washington, DC: American Psychological Association. http://dx.doi.org/10.1037/10170-008

Greenberg, L. S., & Pascual-Leone, J. (1997). Emotion in the creation of personal meaning. In M. Power & C. Brewin (Eds.), *The transformation of meaning in psychological therapies* (pp. 157-174). Chichester, England: Wiley.

Greenberg, L. S., & Pascual-Leone, J. (2001). A dialectical constructivist view of the creation of personal meaning. *Journal of Constructivist Psychology, 14,* 165-186. http://dx.doi.org/10.1080/10720530151143539

Greenberg, L. S., Rice, L. N., & Elliott, R. (1993). *Facilitating emotional change: The moment-by-moment process.* New York, NY: Guilford Press.

Greenberg, L. S., & Safran, J. D. (1986). *Emotion in psychotherapy: Affect, cognition and the process of change.* New York, NY: Guilford Press.

Greenberg, L. S., & van Balen, R. (1998). Theory of experience centered therapy. In L. Greenberg, J. Watson, & G. Lietaer (Eds.), *Handbook of experiential psychotherapy: Foundations and differential treatment* (pp. 28-57). New York, NY: Guilford Press.

Greenberg, L. S., Warwar, S. H., & Malcolm, W. M. (2008). Differential effects of emotion-focused therapy and psychoeducation in facilitating forgiveness and letting go of emotional injuries. *Journal of Counseling Psychology, 55*, 185-196.

Greenberg, L. S., Warwar, S. H., & Malcolm, W. M. (2010). Emotion-focused couples therapy and the facilitation of forgiveness. *Journal of Marital and Family Therapy, 36*, 28-42.

Greenberg, L. S., & Watson, J. (1998). Experiential therapy of depression: Differential effects of client-centered relationship conditions and active experiential interventions. *Psychotherapy Research, 8*, 210-224. http://dx.doi.org/10.1080/10503309812331332317

Greenberg, L. S., & Watson, J. C. (2006). *Emotion-focused therapy for depression.* Washington DC: American Psychological Association.

Griffiths, P. E. (1997). *What emotions really are: The problem of psychological categories.* Chicago, IL: University of Chicago Press.

Gross, J. J. (1999). Emotion and emotion regulation. In L. A. Pervin & O. P. John (Eds.), *Handbook of personality theory and research* (pp. 525-552). New York, NY: Guilford Press.

Gross, J. J. (2002). Emotion regulation: Affective, cognitive and social consequences. *Psychophysiology, 39*, 281-291.

Guidano, V. F. (1991). *The self in process.* New York, NY: Guilford Press.

Guidano, V. F. (1995). Self-observation in constructivist therapy. In R. A. Neimeyer & M. J. Mahoney (Eds.), *Constructivism in psychotherapy* (pp. 155-168). Washington, DC: American Psychological Association.

Haidt, J. (2007). The new synthesis in moral psychology. *Science, 316*, 998-1002.

Harmon-Jones, E., Vaughn-Scott, K., Mohr, S., Sigelman, J., & Harmon-Jones, C. (2004). The effect of manipulated sympathy and anger on left and right frontal cortical activity. *Emotion, 4*, 95-101.

Herrmann, I. R., Greenberg, L. S., & Auszra, L. (in press). Emotion categories and patterns of change in experiential therapy for depression. *Psychotherapy Research.*

Isen, A. (1999). Positive affect. In T. Dagleish & M. Power (Eds.), *Handbook of cognition and emotion* (pp. 520-542). London, England: Wiley.

Izard, C. E. (1991). *The psychology of emotions*. New York, NY: Plenum.

James, W. (1950). *The principles of psychology*. New York, NY: Dover. (Original work published 1890).

Johnson, S. M. (2004). Attachment theory: A guide for healing couple relationships. In W. S. Rholes & J. A. Simpson (Eds.), *Adult attachment: Theory, research and clinical implications* (pp. 367-387). New York, NY: Guilford Press.

Johnson, S. M., & Greenberg, L. S. (1985). Differential effects of experiential and problem-solving interventions in resolving marital conflict. *Journal of Consulting and Clinical Psychology, 53*, 175-184. http://dx.doi.org/10.1037/0022-006X.53.2.175

Johnson, S. M., & Greenberg, L. S. (1994). *The heart of the matter*. New York, NY: Guilford Press.

Johnson, S. M., Hunsley, J., Greenberg, L., & Schindler, D. (1999). Emotionally focused couples therapy: Status and challenges. *Clinical Psychology: Science and Practice, 6*, 67-79.

Kabat-Zinn, J. (1993). *Full catastrophe living*. New York, NY: Delta.

Kant, I. (1953). *Critique of pure reason* (N. K. Smith, Trans.). London, England: MacMillan.

Kennedy-Moore, E., & Watson, J. C. (1999). *Expressing emotion: Myths, realities, and therapeutic strategies*. New York, NY: Guilford Press.

Kircanski, K., Lieberman, M. D., & Craske, M. G. (2012). Feelings into words: Contributions of language to exposure therapy. *Psychological Science, 23*, 1086-1091.

Klein, M. H., Mathieu-Coughlan, P., & Kiesler, D. J. (1986). The experiencing scales. In L. Greenberg & W. Pinsof (Eds.), *The psychotherapeutic process* (pp. 21-71). New York, NY: Guilford Press.

Kottler, J. (1996). *The language of tears*. San Francisco, CA: Jossey-Bass.

Lane, R. D. (2008). Neural substrates of implicit and explicit emotional processes: A unifying framework for psychosomatic medicine. *Psychosomatic Medicine, 70*, 214-231.

Lane, R. D., Ryan, L., Nadel, L., & Greenberg, L. S. (in press). Memory reconsolidation, emotional arousal and the process of change in psychotherapy: New insights form brain science. *Behavioral and Brain Sciences*.

Lane, R. D., & Schwartz, G. E. (1992). Levels of emotional awareness: Implications for psychotherapeutic integration. *Journal of Psychotherapy Integration, 2*, 1-18.

Lang, P. J. (1994). The varieties of emotional experience: A meditation on James-Lange theory. *Psychological Review, 101*, 211-221.

Lasch, C. (1979). *The culture of narcissism: American life in an age of diminishing expectations.* New York, NY: Warner Books.

Lasch, C. (1984). *The minimal self: Psychic survival in troubled times.* New York, NY: Norton.

LeDoux, J. E. (1993). Emotional networks in the brain. In M. Lewis & J. M. Haviland (Eds.), *Handbook of emotions* (pp. 109-118). New York, NY: Guilford Press.

LeDoux, J. E. (1996). *The emotional brain: The mysterious underpinnings of emotional life.* New York, NY: Simon and Schuster.

LeDoux, J. E. (2012). Rethinking the emotional brain. *Neuron, 73*, 653-676.

Legerstee, M., & Varghese, J. (2001). The role of maternal mirroring on social expectancies in 3-month-old infants. *Child Development, 72*, 1301-1313. http://dx.doi.org/10.1111/1467-8624.00349

Levine, S. (1989). *A gradual awakening.* New York, NY: Anchor Books.

Lieberman, M. D., Eisenberger, N. I., Crockett, M. J., Tom, S. M., Pfeifer, J. H., & Way, B. M. (2007). Putting feelings into words: Affect labeling disrupts amygdala activity in response to affective stimuli. *Psychological Science, 18*, 421-428.

Lietaer, G. (1993). Authenticity, congruence and transparency. In D. Brazier (Ed.), *Beyond Carl Rogers* (pp. 17-46). London, England: Constable.

Linehan, M. M. (1993). *Cognitive-behavioral treatment of borderline personality disorder.* New York, NY: Guilford Press.

Luborsky, L., & Crits-Christoph, P. (1990). *Understanding transference: The core conflictual relationship theme method.* New York, NY: Basic Books.

Magai, C., & McFadden, S. (1995). *The role of emotions in social and personality development.* New York, NY: Plenum.

Mahoney, M. (1991). *Human change processes.* New York, NY: Basic Books.

Mayer, J. D., & Salovey, P. (1997). What is emotional intelligence? In P. Salovey & D. Sluyter (Eds.), *Emotional development and emotional intelligence* (pp. 3-31). New York, NY: Basic Books.

McCullough, M. E., Pargament, K. I., & Thoresen, C. E. (2000). The psychology of forgiveness: History, conceptual issues, and overview. In M. E. McCullough, K. I. Pargament, & C. E. Thoresen (Eds.), *Forgiveness: Theory, research and practice* (pp.

1-14). New York, NY: Guilford Press.

McKinnon, J. M., & Greenberg, L. S. (2013). Revealing underlying vulnerable emotion in couple therapy: Impact on session and final outcome. *Journal of Family Therapy, 35,* 303-319.

Missirlian, T. M., Toukmanian, S. G., Warwar, S. H., & Greenberg, L. S. (2005). Emotional arousal, client perceptual processing, and the working alliance in experiential psychotherapy for depression. *Journal of Consulting and Clinical Psychology, 37,* 861-871.

Nadel, L., & Moscovitch, M. (1997). Memory consolidation, retrograde amnesia and the hippocampal complex. *Current Opinion in Neurobiology, 7,* 217-227.

Nader, K., Schafe, G. E., & LeDoux, J. E. (2000). The labile nature of consolidation theory. *Nature Reviews Neuroscience, 1,* 216-219.

Neimeyer, R. A., & Mahoney, M. J. (1995). *Constructivism in psychotherapy.* Washington, DC: American Psychological Association.

Oatley, K. (1992). *Best laid schemes: The psychology of emotions.* New York, NY: Cambridge University Press.

O'Brien, K., Timulak, L., McElvaney, J., & Greenberg, L. S. (2012). *Emotion-focused case conceptualization of generalized anxiety disorder: Underlying core emotional pain in clients with generalized anxiety disorder.* Paper presented at the 43rd annual conference of the International Society for Psychotherapy Research, Virginia Baach, VA.

Paivio, S. C., & Greenberg, L. S. (1995). Resolving "unfinished business": Efficacy of experiential therapy using empty-chair dialogue. *Journal of Consulting and Clinical Psychology, 63,* 419-425.

Paivio, S. C., & Greenberg, L. S. (2001). Introduction to special issue on treating emotion regulation problems in psychotherapy. *Journal of Clinical Psychology: In Session, 57,* 153-155.

Paivio, S. C., Hall, I., Holowaty, K., Jellis, J., & Tran, N. (2001). Imaginal confrontation for resolving child abuse issues. *Psychotherapy Research, 11,* 433-453.

Paivio, S. C., & Nieuwenhuis, J. A. (2001). Efficacy of emotion focused therapy for adult survivors of child abuse: A preliminary study. *Journal of Traumatic Stress, 14,* 115-133.

Paivio, S. C., & Pascual-Leone, A. (2010). *Emotion-focused therapy for complex trauma: An integrative approach.* Washington, DC: American Psychological Association.

Pascual-Leone, A. (2009). Dynamic emotional processing in experiential therapy: Two steps forward, one step back. *Journal of Consulting and Clinical Psychology, 77,* 113–126.

Pascual-Leone, A., & Greenberg, L. S. (2007). Emotional processing in experiential therapy: Why "the only way out is through." *Journal of Consulting and Clinical Psychology, 75,* 875–887.

Pascual-Leone, J. (1991). Emotions, development and psychotherapy: A dialectical-constructivist perspective. In J. Safran & L. Greenberg (Eds.), *Emotion, psychotherapy and change* (pp. 302–335). New York, NY: Guilford Press.

Pennebaker, J. W. (1990). *Opening up: The healing power of confiding in others.* New York, NY: Morrow.

Pennebaker, J. W. (1995). Emotion, disclosure, and health: An overview. In J. W. Pennebaker (Ed.), *Emotion, disclosure, and health* (pp. 3–10). Washington, DC: American Psychological Association.

Perls, F. (1969). *Gestalt therapy verbatim.* Lafayette, CA: Real People Press.

Perls, F., Hefferline, R. F., & Goodman, P. (1951). *Gestalt therapy.* New York, NY: Dell.

Polanyi, M. (1966). *The tacit dimension.* Garden City, NY: Doubleday.

Polster, I., & Polster, M. (1973). *Gestalt therapy integrated.* San Francisco, CA: Jossey-Bass.

Porges, S. W. (1998). Love: An emergent property of the mammalian autonomic nervous system. *Psychneuroendocrinology, 23,* 837–861.

Porges, S. W. (2011). *The polyvagal theory: Neurophysiological foundations of emotions, attachment, communication, and self-regulation.* New York, NY: Norton.

Pos, A. E., Greenberg, L. S., Goldman, R. N., & Korman, L. M. (2003). Emotional processing during experiential treatment of depression. *Journal of Consulting and Clinical Psychology, 71,* 1007–1016.

Pos, A. E., Greenberg, L. S., & Warwar, S. H. (2009). Testing a model of change in the experiential treatment of depression. *Journal of Consulting and Clinical Psychology, 77,* 1055–1066.

Rennie, D. (2001). *Reflexivity in person-centered counseling.* Manuscript submitted for publication.

Rice, L. N., & Kerr, G. P. (1986). Measures of client and therapist vocal quality. In L. S. Greenberg & W. M. Pinsof (Eds.), *The psychotherapeutic process: A research handbook* (pp. 73-105). New York, NY: Guilford.

Rilke, R. M. (1934). *Letters to a young poet* (M. D. Harter, Trans.). New York, NY: Norton.

Rogers, C. R. (1957). The necessary and sufficient conditions of therapeutic personality change. *Journal of Consulting Psychology, 21*, 95-103.

Rogers, C. R. (1959). A theory of therapy, personality and interpersonal relationships, as developed in the client-centered framework. In S. Koch (Ed.), *Psychology: A study of a science* (Vol. 3, pp. 184-256). New York, NY: McGraw-Hill.

Russell, J. A. (2015). My psychological constructionist perspective, with a focus on conscious affective experience. In L. F. Barrett & J. A. Russell (Eds.), *The psychological construction of emotion* (pp. 183-208). New York, NY: Guilford Press.

Sarbin, T. R. (1986). *Narrative psychology: The storied nature of human conduct.* Westport, CT: Praeger.

Scharmer, C. O. (2009). *Theory U: Leading from the future as it emerges.* San Francisco, CA: Berrett-Koehler.

Scherer, K. R. (1984a). Emotion as a multicomponent process: A model and some cross-cultural data. In P. Shaver (Ed.), *Review of personality and social psychology* (Vol. 5, pp. 37-63). Beverly Hills, CA: Sage.

Scherer, K. R. (1984b). On the nature and function of emotion: A component process approach. In K. R. Scherer & P. Ekman (Eds.), *Approaches to emotion* (pp. 293-317). Hillsdale, NJ: Erlbaum.

Schore, A. N. (2003). *Affect dysregulation and disorders of the self.* New York, NY: Norton.

Schwartz, S. H. (1992). Universals in the content and structure of values: Theoretical advances and empirical tests in 20 countries. In M. P. Zanna (Ed.), *Advances in experimental social psychology* (Vol. 25, pp. 1-65). New York, NY: Academic Press.

Shahar, B. (2014). Emotion-focused therapy for the treatment of social anxiety: An overview of the model and a case description. *Clinical Psychology & Psychotherapy, 21*, 536-547.

Shaver, P., Schwartz, J., Kirson, D., & O'Connor, C. (1987). Emotion knowledge: Further exploration of a prototype approach. *Journal of Personality and Social Psychology, 52*, 1061-1086. http://dx.doi.org/10.1037/0022-3514.52.6.1061

Sicoli, L., & Greenberg, L. S. (2000, June). *A task analysis of hopelessness events in therapy.* Paper presented at the International Society for Psychotherapy Research,

Indian Hills, IL.

Singer, J., & Salovey, P. (1993). *The remembered self.* New York, NY: Free Press.

Soeter, M., & Kindt, M. (2010). Dissociating response systems: Erasing fear from memory. *Neurobiology Learning & Memory, 94,* 30-41.

Spinoza, B. (1967). *Ethics (Part IV).* New York, NY: Hafner. (Original work published 1677)

Sroufe, L. A. (1996). *Emotional development: The organization of emotional life in the early years.* New York, NY: Cambridge University Press. http://dx.doi.org/10.1017/CBO9780511527661

Stanton, A. L., Danoff-Burg, S., Cameron, C. L., Bishop, M., Collins, C. A., Kirk, S. B., . . . Twillman, R. (2000). Emotionally expressive coping predicts psychological and physical adjustment to breast cancer. *Journal of Consulting and Clinical Psychology, 68,* 875-882. http://dx.doi.org/10.1037/0022-006X.68.5.875

Stein, R. (1991). *Psychoanalytic theories of affect.* New York, NY: Praeger.

Stern, D. (1985). *The interpersonal world of the infant.* New York, NY: Basic Books.

Stern, D. (1995). *The motherhood constellation.* New York, NY: Basic Books.

Taylor, C. (1989). *Sources of the self: The making of modern identity.* Cambridge, England: Cambridge University Press.

Thelen, E., & Smith, L. B. (1994). *A dynamic systems approach to the development of cognition and action.* Cambridge, MA: MIT Press.

Titchener, E. B. (1909). *Experimental psychology of the thought-processes.* New York, NY: MacMillan. http://dx.doi.org/10.1037/10877-000

Tomkins, S. S. (1963). *Affect, imagery, and consciousness: The negative affects* (Vol. 1). New York, NY: Springer.

Tomkins, S. S. (1983). Affect theory. In P. Ekman (Ed.), *Emotion in the human face* (pp. 137-154). New York, NY: Cambridge University Press.

Toukmanian, S. G. (1992). Studying the client's perceptual processes and their outcomes in psychotherapy. In D. L. Rennie & S. G. Toukmanian (Eds.), *Psychotherapy process research: Paradigmatic and narrative approaches* (pp. 77-107). Thousand Oaks, CA: Sage.

Tweed, S. (2013). *Group-based emotion focused therapy (EFT) for women with binge spectrum eating disorders in an outpatient setting: A preliminary comparison* (Unpublished doctoral dissertation). York University, Toronto, Canada.

van den Boom, D. C. (1994). The influence of temperament and mothering on attachment and exploration: An experimental manipulation of sensitive responsiveness among lower-class mothers with irritable infants. *Child Development, 65,* 1457-1477. http://dx.doi.org/10.2307/1131511

van der Kolk, B. A. (1994). The body keeps the score: Memory and the evolving psychobiology of posttraumatic stress. *Harvard Review of Psychiatry, 1,* 253-265. http://dx.doi.org/10.3109/10673229409017088

van Gogh, V. (1889, July 6). Letter from Vincent van Gogh to Theo van Gogh. Retrieved from http://www.vggallery.com/letters/to_theo_saintremy.htm

Vingerhoets, A. (2013). *Why only humans weep. Unravelling the mysteries of tears.* Oxford, England: Oxford University Press.

Warwar, N., & Greenberg, L. (2000, June). *Emotional processing and therapeutic change.* Paper presented at the annual meeting of the International Society for Psychotherapy Research, Indian Hills, IL.

Warwar, S. H. (2005). Relating emotional processing to outcome in experiential psychotherapy of depression. *Dissertation Abstracts International: Section B. The Sciences and Engineering, 66,* 581.

Warwar, S. H., & Greenberg, L. S. (1999). *Client Emotional Arousal Scale-III.* Unpublished manuscript, York University, Toronto, Ontario, Canada.

Watson, J., Gordon, L. B., Stermac, L., Kalogerakos, F., & Steckley, P. (2003). Comparing the effectiveness of process-experiential cognitive-behavioral psychotherapy in the treatment of depression. *Journal of Consulting and Clinical Psychology, 71,* 773-781.

Watson, J. C., & Greenberg, L. S. (1996). Emotion and cognition in experiential therapy: A dialectical-constructivist position. In H. Rosen & K. T. Kuehlwein (Eds.), *Constructing realities: Meaning-making perspective for psychotherapists* (pp. 253-274). San Francisco, CA: Jossey-Bass.

Weiser Cornell, A. (1996). *The power of focusing: A practical guide to emotional self-healing.* Oakland, CA: New Harbinger.

Weston, J., & Greenberg, L. (2000, June). *Interrupting emotion in psychotherapy.* Paper presented at the annual meeting of the International Society for Psychotherapy Research, Indian Hills, IL.

Whalen, P. J., Rauch, S. L., Etcoff, N. L., McInerney, S. C., Lee, M. B., & Jenike, M. A. (1998). Masked presentations of emotional facial expressions modulate amygdala activity without explicit knowledge. *Journal of Neuroscience, 18,* 411-418.

Whelton, W., & Greenberg, L. (2000). The self as a singular multiplicity: A process experiential perspective. In C. J. Muran (Ed.), *Self-relations in the psychotherapy process* (pp. 87-106). Washington, DC: American Psychological Association.

Whelton, W., & Greenberg, L. (2005). Emotion in self-criticism. *Personality and Individual Differences, 38,* 1583-1595.

White, R. W. (1959). Motivation reconsidered: The concept of competence. *Psychological Review, 66,* 297-333. http://dx.doi.org/10.1037/h0040934

Winkielman, P., & Berridge, K. (2004). Unconscious emotion. *Current Directions in Psychological Science, 13,* 120-123.

Wiser, S., & Arnow, B. (2001). Emotional experiencing: To facilitate or regulate? *Journal of Clinical Psychology, 57,* 157-168. http://dx.doi.org/10.1002/1097-4679(200102)57:2〈157::AID-JCLP3〉3.0.CO;2-8

Wnuk, S., Greenberg, L., & Dolhanty, J. (in press). Emotion-focused group therapy for women with symptoms of bulimia nervosa. *Eating Disorders: The Journal of Treatment and Prevention.*

Worthington, E. L., Jr., & Wade, N. G. (1999). The psychology of unforgiveness and forgiveness and implications for children practice. *Journal of Social and Clinical Psychology, 18,* 385-418.

Wundt, W. (1912). *An introduction to psychology.* London, England: George Allen.

Yerkes, R. M., & Dodson, J. D. (1908). The relation of strength of stimulus to rapidity of habit-formation. *Journal of Comparative Neurology and Psychology, 18,* 459-482.

Young, J. (1990). *Cognitive therapy for personality disorders: A schema-focused approach.* Sarasota, FL: Professional Resources Exchange.

찾아보기

내용

저자 소개

레스 그린버그(Leslie S. Greenberg)

그린버그 박사는 캐나다 온타리오, 토론토에 있는 요크대학교의 심리학 명예 연구교수로 재직 중이다. 정서중심 접근으로 개인치료와 부부치료에 대한 주요 저서들을 집필하였다. 『심리치료에서의 정서(Emotion in Psychotherapy』(1986), 『부부를 위한 정서중심치료(Emotionally Focused Therapy for Couples』(1988)와 같은 초기의 저서들에 이어서, 『정서중심치료—정서, 사랑 및 권력의 역동(Emotion-Focused Couples Therapy: The Dynamics of Emotion, Love, and Power)』(2008), 『정서중심치료—이론과 실제(Emotion Focused Therapy: Theory and Practice)』(2010), 『정서중심치료에서 이야기 작업—이야기 바꾸기, 삶을 힐링하기(Working With Narrative in Emotion-Focused Therapy: Changing stories, Healing Lives, 2011)』및 『치료적 현전(Therapeutic Presence, 2012)』등의 저서를 발간하였다. 그린버그 박사는 국제 심리치료연구학회의 우수연구상(The Distinguished Research Career Award of the International Society for Psychotherapy Research)뿐만 아니라, 칼 로저스 상(The Carl Rogers Award), 미국심리학회의 응용심리 연구 분야의 우수공로상(The Award for Distinguished Professional Contributions to Applied Research of the American Psychological Association)을 수상하였다. 또한 캐나다 심리학회로부터 심리학에 공헌한 공로로 상을 받았다. 현재 그린버그 박사는 개인과 부부를 위한 심리치료와 사람들에게 정서중심적인 접근을 국제적으로 훈련하고 있다.

역자 소개

윤명희(Yun Myung Hee)
미국 뉴햄프셔대학교 가족치료학 석사
경성대학교 교육학과 상담심리전공 박사
국제정서중심부부치료전문가과정 수료
현 오로라부부가족상담센터 소장

정은미(Jung Eun Mi)
동명대학교 외래교수
한국상담학회 수련감독자
해군작전사령부 심리상담자문위원
부산가정법원 소년보호사건 상담전문가
부산광역시교육청 교원힐링센터, 부산마음치유학교 외래상담원
부산남부아동보호전문기관 학대 부모 상담 · 교육 전문가
현 봄길심리상담센터 소장

천성문(Choen Sung Moon)
(사)한국상담학회 학회장
미국 스탠퍼드대학교 연구교수
서울대학교 객원교수
현 부경대학교 평생교육상담학과 교수
　　한국부부가족상담연구학회 학회장

정서중심치료
-내담자가 자신의 감정을 다루도록 코칭하기-

Emotion-Focused Therapy:
Coaching Clients to Work Through Their Feelings, 2nd Edition

2021년 1월 15일 1판 1쇄 발행
2023년 3월 20일 1판 3쇄 발행

지은이 • Leslie S. Greenberg
옮긴이 • 윤명희 · 정은미 · 천성문
펴낸이 • 김 진 환
펴낸곳 • ㈜ 학지사

　　　　04031 서울특별시 마포구 양화로 15길 20 마인드월드빌딩 5층

대표전화 • 02) 330-5114　　　팩스 • 02) 324-2345
등록번호 • 제313-2006-000265호

홈페이지 • http://www.hakjisa.co.kr
페이스북 • https://www.facebook.com/hakjisabook

ISBN 978-89-997-2248-6 93180

정가 24,000원

출판미디어기업 **학지사**

간호보건의학출판 **학지사메디컬** www.hakjisamd.co.kr
심리검사연구소 **인싸이트** www.inpsyt.co.kr
학술논문서비스 **뉴논문** www.newnonmun.com
원격교육연수원 **카운피아** www.counpia.com